Maennig
Außenwirtschaft

Außenwirtschaft

Theorie und Politik

von

Prof. Dr. Wolfgang Maennig

2., vollständig überarbeitete Auflage

Verlag Franz Vahlen München

Prof. Dr. Wolfgang Maennig lehrt Wirtschaftspolitik an der Universität Hamburg. Seine Arbeitsschwerpunkte sind internationale Wirtschaftspolitik, Verkehrswissenschaft sowie Immobilien- und Sportökonomik.

ISBN 978 3 8006 4262 5

Satz: Fotosatz Buck
Zweikirchener Str. 7, 84036 Kumhausen
Druck und Bindung: Beltz Bad Langensalza GmbH
Neustädter Str. 1–4, 99947 Bad Langensalza
Umschlaggestaltung: fernlicht Kommunikationsdesign
Gregor Schmidpeter
Bildnachweis: © iStockphoto/CarpathianPrince

Gedruckt auf säurefreiem, alterungsbeständigem Papier
(hergestellt aus chlorfrei gebleichtem Zellstoff)

Vorwort

Fünfzehn Jahre sind vergangen seit der ersten Auflage. Es erscheint fast unglaublich, dass es so lange her ist. Erst wenn man sich vergegenwärtigt, was seither passiert ist, wird die lange Zeit plausibler. Euro-Einführung, New Economy „bubble“ und „bust“, die Terrorattacken von 9/11 und die daraus folgenden militärischen Interventionen und wirtschaftspolitischen Konsequenzen, die Erweiterung der EU um 12 weitere Staaten aus Mittel- und Osteuropa, Basel II (und später III), die schwere Immobilien-, Banken- und Weltwirtschaftskrise, die souveräne Staaten ins finanzielle Straucheln und unter „Rettungsschirme“ brachte und die Energiewende samt Ausstieg aus der Atomenergie mit ungeahnten Konsequenzen für den internationalen Stromhandel. Die Liste ließe sich verlängern, auch um den Untergang traditionsreicher, international tätiger Unternehmen.

Manches, was damals noch wichtig erschien (z. B. „Multifaserabkommen“), hat seine Relevanz verloren. Bei anderen wirtschaftspolitischen Maßnahmen war die Bedeutung geringer oder sie wurde unterschätzt. So erwies sich die damalige Prognose an dieser Stelle, „dass das wirtschaftspolitische Interesse an der Europäischen Währungsunion (EWU) schon bald deutlich zurückgehen wird …, weil erkannt wird, dass die *messbaren* kurz- und mittelfristigen Kosten bzw. Nutzen kleiner ausfallen als vielfach behauptet“, wohl zumindest als verfrüht. Die wirtschaftlichen Schwierigkeiten von Ländern wie Griechenland, Spanien oder Portugal, insbesondere während der Niederschrift im Jahre 2012, werden häufig wesentlich auf die EWU und den nunmehr fehlenden Anpassungsmechanismus von Abwertungen zurückgeführt. Zwar hat sich die Lage Anfang 2013 etwas entspannt, auch weil anderweitige Zahlungsbilanz-Ausgleichsmechanismen inzwischen greifen. Dennoch wird die Thematik der innereuropäischen Disparitäten in den nächsten Jahren wichtig bleiben, weil – hier wird wieder das Risiko einer Prognose eingegangen – die Themen Fiskalunion und Finanzausgleich stärker diskutiert werden.

Auch ansonsten hat sich Einiges geändert, was Einfluss auf ein solches Lehrbuch hat. Die Rechtschreibreform(en) lassen die vielen „ß“ der ersten Auflage fast wie Sütterlin erscheinen. Die Neugliederung des Studiums in Bachelor- und Master-Studiengänge an den europäischen Hochschulen führte zu einer unmittelbaren, studienabschluss-relevanten Bewertung „modularen“ Wissens in Form von „Credit-Points“, was die Studierenden von Anfang an stärker auf „Verwertbarkeit“ des Erlernten orientiert. Die Ende der neunziger Jahre übliche Präsentationstechnik mithilfe von Overhead-Folien, welche die Studierenden abschrieben, erscheint angesichts von der aktuell verwendeten Powerpoint-

Technik „barock“. Einige Studierende empfinden diese Powerpoint-Folien als „Skript“ (nein, das sind sie nicht!) und fragen, ob das Lehrbuch dennoch gelesen werden müsse (ja!).

Einiges ist aber auch geblieben. Das vorliegende Buch stellt weiterhin den Versuch dar, die wichtigsten traditionellen und neuen außenwirtschaftlichen Theorieansätze zu vermitteln und die möglichen Implikationen für die Außenwirtschaftspolitik aufzuzeigen. Dabei wird besonderer Wert auf die Verdeutlichung gelegt, dass es sich bei den geschilderten Sachverhalten um wirtschaftliche Probleme handelt, die entweder hochaktuell sind oder aber jederzeit wieder aktuell werden können.

Sehr gerne nutze ich die Gelegenheit, mich bei Personen zu bedanken, ohne deren Mithilfe das Buch so nicht hätte entstehen können. Für die konstruktiven Kommentare von Studierenden der letzten Jahre bedanke ich mich besonders herzlich. Ihr Feedback war das Wichtigste bei der Neuauflage. Meine Mitarbeiter Oliver Bischoff, Metje Kehrwieder, Felix Richter, Malte Steenbeck, Rasmus Thönnessen und Markus Wilhelm haben Daten beschafft, Grafiken erstellt und teilweise Entwürfe für Überarbeitungen geliefert – auch Ihnen danke ich sehr herzlich. Marina Rahlfs hat dankenswerterweise kritisch Korrektur gelesen. Schließlich bedanke ich mich bei Herrn Hermann Schenk vom Verlag Vahlen für die Anstöße und Ermunterungen zur Fertigstellung dieser Neuauflage.

Hamburg, im Frühjahr 2013 *Wolfgang Maennig*

Inhaltsübersicht

Abkürzungsverzeichnis

BSP	Bruttosozialprodukt
Cif	cost, insurance, freight
CDS	Credit Default Swaps
CMO	Collateralised Mortgage Obligations
DEG	Deutsche Investitions- und Entwicklungsgesellschaft
EU	Europäische Union
EWS	Europäisches Währungssystem
Fob	free on board
GATE	German Appropriate Technology Exchange Programme
GATS	General Agreement on Trade in Services
GATT	General Agreement on Tariffs and Trade
GE	Geldeinheit
GIZ	Deutsche Gesellschaft für Internationale Zusammenarbeit
i. e. S.	im engeren Sinne
IMF	International Monetary Fund (s. a. IWF)
IWF	Internationaler Währungsfonds (s. a. IMF)
i. w. S.	im weiteren Sinne
LIBOR	London Inter Banking Offer Rate
MBS	Mortgage Backed Securities
NIE	Newly Industrialized Economies
OECD	Organisation for Economic Co-operation and Development
OPEC	Organisation of Petrol Exporting Countries
ROECD	„Rest of" Organisation for Economic Co-operation and Development (alle Mitgliedsländer außer USA)
TRIPS	Agreement on Trade-related Aspects of Intellectual Property Rights
WTO	World Trade Organisation
Z	marginale Importquote

1 Einführung

Kapitelübersicht

1.1 Bedeutung und Erkenntnisgegenstand der Außenwirtschaftslehre

Hochschullehrer neigen dazu, ihr jeweiliges Lehr- und Forschungsgebiet als das „Fach der Fächer“ anzusehen. Obwohl wir uns dieser berufsbedingt verzerrten Sichtweise durchaus bewusst sind, soll an dieser Stelle trotzdem die folgende These aufgestellt werden: Die **Außenwirtschaftslehre**, also die Sammlung wirtschaftstheoretischer und -politischer Erkenntnisse über die Gesamtheit der wirtschaftlichen Beziehungen zwischen In- und Ausländern, gehört derzeit zu den **wichtigsten Erkenntnisgebieten** der modernen Wissenschaften.

In rohstoffarmen Ländern wie Deutschland, Österreich oder der Schweiz ist die Bedeutung des internationalen Handels schon immer (auch in wirtschaftlich eher uninteressierten Kreisen) relativ bekannt gewesen: Um lebenswichtige **Importe** zu finanzieren, müssen in anderen Sektoren **Exportmöglichkeiten** gesucht werden. Seit den beiden Ölkrisen bzw. -embargos Anfang der 70er und Anfang der 80er Jahre ist diese Abhängigkeit noch deutlicher geworden. Darüber hinaus führten die damaligen Ölpreiserhöhungen zu deutlichen Anpassungsproblemen sowohl in den Industrie- als auch in den Entwicklungsländern. In den Industrieländern wird die Entstehung (oder zumindest der zeitgleiche Beginn) der **Massenarbeitslosigkeit** in einen engen Zusammenhang mit den beiden Ölkrisen gebracht. Auch die **Verschuldungskrise** in vielen Entwicklungs- und Schwellenländern steht in ähnlich engem Zusammenhang (vgl. Abschnitt 5.3).

Die heutige Arbeitslosigkeit mit den Ölkrisen aus der Vergangenheit in Verbindung zu bringen, fällt nicht leicht. Dennoch, Erklärungsansätze auf dem Prinzip der **Hysterese** (d. h. dem Fortbestehen eines Phänomens nach Wegfall seiner Ursache) können hier einen Beitrag leisten (vgl. Abschnitt 4.3). Es gibt jedoch genug andere außenwirtschaftliche Phänomene, die (teilweise zu Recht, teilweise zu Unrecht) für die aktuellen Probleme nationaler Volkswirtschaften verantwortlich gemacht werden:

- Die **fernöstliche Expansion** hat europäischen Automobil-, Fototechnik-, Textil- und Unterhaltungselektronikherstellern große Schwierigkeiten bereitet. Nicht wenige sind in den letzten Dekaden aus dem Markt geschieden.
- **Internationale Wanderungen** von zumeist ärmeren Arbeitnehmern aus südlichen und östlichen Ländern nach Nordamerika und Mitteleuropa in legaler und illegaler Form, als Um- und Rücksiedler, als Asylsuchende, „Wirtschaftsflüchtlinge" oder „normale" Migranten wirken direkt arbeitsangebotserhöhend und damit bei gegebener (bzw. genauer: rationierter) Arbeitsnachfrage arbeitslosigkeitserhöhend. Indirekt werden internationale Wanderungen in einen weiteren Zusammenhang mit der Arbeitslosigkeit gebracht: Immigranten führen unter Umständen zu erhöhten Anforderungen an die Finanz- und sozialen Sicherungssysteme der Einwanderungsländer. Sie können damit steuer- und sozialabgabentreibend wirken.
- Auch die **internationalen Kapitalbewegungen** werden oft negativ im Hinblick auf die nationale wirtschaftliche Entwicklung beurteilt: Zuvor rein inländische Unternehmen verlagern ihren Standort zumindest teilweise ins Ausland. Multinationale Unternehmen erreichen oder übersteigen in ihren Jahresabschlussrechnungen manches Staatsbudget und erscheinen zunehmend unkontrollierbar. Und die Kapitalbewegungen, die durch die Ausnutzung internationaler Zinsdifferenzen induziert werden oder aus rein spekulativen Gründen erfolgen, sollen zu Wechselkursschwankungen bzw. spektakulären Währungskrisen und verzerrenden Wirkungen auf die Wettbewerbsfähigkeit und den Handel der beteiligten Länder führen.
- Langfristig ungeeignete **Wirtschaftspolitiken in anderen Ländern** können wesentliche Wirkungen auf die inländische Volkswirtschaft haben. Hierzu mag eine ungeeignete ausländische Finanzpolitik gehören, welche die Zahlungsfähigkeit zunächst nur des Auslandes gefährdet, aber über Vertrauensverluste auch die Bonität anderer Länder (und/oder seiner Banken) gefährdet (und in der Folge beispielsweise die Zinszahlungen erhöht). Selbst eine ungeeignete Vermögenspolitik kann schwerwiegende internationale Wirkungen auslösen, wie das Beispiel der USA zeigt, wo über staatlich beeinflusste Kreditpolitik möglichst viele Bürger in die Lage versetzt werden sollten, Immobilieneigentum zu erwerben. Kurzfristig trieb dies die US-Immobilienpreise in die Höhe, aber als steigende Zinsen und Ölpreise den US-Bürgern die Bedienung der Kredite erschwerte, brachte dies zunächst US-Finanzinstitutionen in große Bedrängnis. Da die US-Finanzinstitutionen ihre Engagements in gebündelter und intransparenter Weise teilweise an Finanzinstitutionen in anderen Kontinenten weiterveräußert hatten, kam es auch dort zu Schwierigkeiten. Da die (viele Jahre zurückliegenden) unglücklichen (De-)Regulierungspolitiken im Bankenwesen zu Marktkonzentrationen führten, bei denen die Insolvenz einzelner Finanzinstitutionen in der Wahrnehmung der Entscheidungsträger unverantwortliche Risiken generieren, verstärkten Bankenkrisen möglicher Weise Staatsschuldenproblematiken.

Die vorstehende Liste ließe sich problemlos fortsetzen, worauf wir an dieser Stelle jedoch verzichten möchten. Auch eine weitere Motivation, die Mechanismen und Zusammenhänge **außenwirtschaftlicher Instrumente** (wie z. B. Handelshemmnisse, Zuzugssperren und Kapitalverkehrskontrollen) zu erlernen, erscheint angesichts aktueller Entwicklungen kaum nötig. Nötig erscheint allerdings schon hier die folgende Ermahnung: Schilderungen vom obigen Typ über die negativen Wirkungen der Außenwirtschaft bzw. über die positiven Effekte aus der Anwendung außenwirtschaftlicher Instrumente sind oft einseitig. Die Nutzen bzw. Vorteile außenwirtschaftlicher Beziehungen sowie die Kosten des Protektionismus werden gerne vernachlässigt. Ein wichtiges Ziel dieses Buches ist eine umfassende Darstellung der Kosten und Nutzen der Außenwirtschaft und der außenwirtschaftlichen Instrumente.

Spätestens jetzt sollte folgendes klar geworden sein: Das private Wohlergehen der Menschen in den meisten Ländern ist eng mit den außenwirtschaftlichen Entwicklungen verknüpft, was die eingangs aufgestellte These zur Bedeutung des Erkenntnisstandes der Außenwirtschaftslehre zumindest untermauert. Dennoch wird oft die Frage nach der Berechtigung einer **eigenständigen Außenwirtschaftslehre** gestellt. Tatsächlich bestehen viele Parallelen zu den „normalen“ Austauschbeziehungen zwischen inländischen Unternehmen, Haushalten und dem Staat. So lassen sich die unterschiedlichen Arten von wirtschaftlichen Transaktionen sowohl international als auch national in Waren- und Dienstleistungsverkehr, Geld- und Kapitalverkehr, Transfers sowie Wanderungen unterteilen. Auch das Instrumentarium, dessen sich die Außenwirtschaftslehre bedient, entspricht den mikro- und makroökonomischen Instrumenten, die für rein nationale Problemlösungen verwendet werden. Und dennoch weisen Binnen- und Außenwirtschaft erhebliche Unterschiede auf:

- Im Außenwirtschaftsverkehr stehen sich häufig **Staaten als Vertragspartner** gegenüber, deren Motive sich von denen der Privaten stark unterscheiden können. Zudem wirken die Entscheidungen von Staaten aufgrund ihrer Größe und Machtposition oft anders als die einzelner Wirtschaftssubjekte. Z. B. können Staaten durch Abkommen den internationalen Waren- und Kapitalverkehr stark beeinflussen.
- Nationalökonomien sind im Allgemeinen **Währungsgemeinschaften**. Beim grenzüberschreitenden Wirtschaftsverkehr birgt der möglicherweise notwendige Umtausch der Währungen für die Beteiligten ein zusätzliches **Währungsrisiko**, das sich auf Art und Umfang des internationalen Wirtschaftsverkehrs auswirkt. Ferner ist die **Inflation** innerhalb eines Nationalstaates regional nur wenig unterschiedlich, während sich die Inflationsraten in verschiedenen Ländern unterschiedlich stark entwickeln können. Auch hiervon können nachhaltige Wirkungen auf die Außenwirtschaft ausgehen.
- Nationalwirtschaften sind **Finanzgemeinschaften**, insbesondere gekennzeichnet durch ein einheitliches Steuersystem. Die Unterschiede der Steuer- und Soziallasten sowie der Subventionen von Land zu Land können zu stärkeren Wettbewerbsverzerrungen führen als innerhalb einer Binnenwirtschaft.

- Nationalökonomien sind **soziokulturelle Gemeinschaften**, die eine mehr oder weniger große Gemeinsamkeit in Lebensform, Sprache, Rechtsordnung und Geschäftsusancen aufweisen. Das Fehlen dieser Gemeinsamkeit kann zusätzliche Risiken und Erschwernisse für den grenzüberschreitenden Geschäftsverkehr mit sich bringen.
- Nationalstaaten bilden **Abhängigkeitsgemeinschaften**. Interessenkollisionen mit anderen Staaten können zu Maßnahmen wie Zöllen, Kontingenten, Exportsubventionen oder Handelsboykotten führen, in deren Gefolge die durch den Außenhandel zuvor erzielte internationale Arbeitsteilung zu einem gemeinschaftlichen Risiko wird. Dieses spezifische Risiko, das vor allem für kleinere Staaten spürbar werden kann, existiert im binnenwirtschaftlichen Bereich in dieser Form nicht.

Bei einigen der aufgezählten Unterschiede handelt es sich zwar nicht um grundsätzliche, sondern nur um graduelle Verschiedenheiten. Dennoch führen das Ausmaß und die Gewichtigkeit der Unterschiede oft zu erheblichen qualitativen Disparitäten zwischen binnen- und außenwirtschaftlichen Vorgängen. Es lohnt sich also, die Außenwirtschaft einer eigenständigen Betrachtung zu unterziehen. Im Vordergrund stehen dabei jedoch nicht die Beschreibungen des Erscheinungsbildes (d.h. des technischen und institutionellen Ablaufs), sondern die Zusammenhänge und Wechselwirkungen zwischen außenwirtschaftlichen Transaktionen und anderen ökonomischen Größen. Daraus ergibt sich eine zweifache Aufgabe: (a) die Erklärung außenwirtschaftlicher Vorgänge als Folgewirkung anderer sowohl ökonomischer als auch außerökonomischer Größen sowie (b) umgekehrt, die Erklärung des Einflusses bzw. der Rückwirkung einer Änderung außenwirtschaftlicher Vorgänge auf andere ökonomische Variablen wie z. B. auf Einkommen, Nachfrage oder Preisniveau (**Außenwirtschaftstheorie**).

Eine fundierte Beantwortung dieser Fragen ist die Voraussetzung für die zielgerechte Durchführung einer **Außenwirtschaftspolitik**. Diese versucht unter Ausnutzung der aufgezeigten Wirkungszusammenhänge (a) die Außenwirtschaft durch Variation bestimmter binnenwirtschaftlicher ökonomischer Daten oder (b) die Binnenwirtschaft durch Variieren von Faktoren im außenwirtschaftlichen Bereich zu beeinflussen. Den außenwirtschaftspolitischen Betrachtungen ist in diesem Buch ein erheblicher Raum gewidmet.

1.2 Teilgebiete der Außenwirtschaftslehre und Aufbau des Buches

Die **Zahlungsbilanz** ist die statische Erfassung aller wirtschaftlichen Transaktionen zwischen In- und Ausländern. Obwohl das Erlernen des Zahlungsbilanzvokabulars nicht zu den aufregendsten Themen der Außenwirtschaftslehre gehört, muss die Erarbeitung der Zahlungsbilanz und ihrer Zusammenhänge an erster Stelle stehen. Das 2. Kapitel stellt deshalb den Aufbau der Zahlungsbilanz dar und klärt, ob und inwieweit ein „**Zahlungsbilanzausgleich**" (definiert anhand der Salden einzelner bzw. aggregierter Teilbilanzen) wirtschaftlich wünschenswert ist. Weiterhin wird der Frage nachgegangen, ob im Falle eines Ungleichgewichtes hinreichend starke **Automatismen** in Richtung eines „Zahlungsbilanzausgleichs" existieren. Ergebnis dieser Prüfung ist, dass die existierenden Automatismen nur in (zu) langfristiger Sicht hinreichend stark sind. Insofern erscheint es sinnvoll, in den folgenden Kapiteln jene Phänomene (bzw. deren Determinanten) genauer zu untersuchen, die hinter den drei „großen" Teilbilanzen (Leistungs-, Kapitalverkehrs-, Devisenbilanz) stehen.

Die erste „große" Teilbilanz, die **Leistungsbilanz**, fasst die grenzüberschreitenden Waren- und Dienstleistungsströme zusammen. Das 3. Kapitel behandelt die Ursachen, den Umfang und die Richtung dieser internationalen Waren- und Dienstleistungsströme. Hier werden die traditionellen Erklärungsansätze des **internationalen Handels** und dessen Wirkungen auf die Wohlfahrt, die Faktorpreise und die Verteilung beschrieben. Die internationale Handelstheorie ist eines der ältesten Gebiete der Wirtschaftswissenschaften. Ihre Grundzüge gehen zurück auf Adam Smith, David Ricardo, John Stuart Mill und Alfred Marshall. Die zentrale Erkenntnis, dass Freihandel zu einer Spezialisierung der beteiligten Länder führt, die dort den Wohlstand erhöht, ist und bleibt von fundamentaler Bedeutung für die handelspolitische Auffassung der meisten professionellen Ökonomen. Die dennoch in der Realität vielfach anzutreffenden **Handelsbarrieren** (z. B. Zölle, Kontingente und zunehmend nichttarifäre Handelshemmnisse) und die Argumente für einen derartigen Protektionismus werden ebenfalls in diesem Kapitel diskutiert. Es wird deutlich, dass für alle Ziele, die durch die traditionellen handelspolitischen Instrumente angestrebt werden, effizientere Politikinstrumente existieren.

Allerdings schien das aus der traditionellen Handelstheorie entwickelte „**Freihandelsdogma**" ins Wanken zu geraten, als Mitte der 80er Jahre eine „**Neue**" bzw. „**Strategische Handelstheorie und -politik**" entwickelt wurde. Dieser Theoriestrang zeigt auf, dass Freihandel per se nur dann wohlfahrtsoptimal ist, wenn keine Verletzungen der Annahmen vollkommener Märkte vorliegen. Insbesondere bei Skalenerträgen und/oder externen Effekten können sich andere Schlussfolgerungen ergeben. Das 4. Kapitel untersucht, wie stark diese Argumente sind und ob tatsächlich eine Neuformulierung der internationalen Handelstheorie und -politik notwendig ist.

Die zweite „große" Zahlungsteilbilanz ist die **Kapitalverkehrsbilanz**. Die ihr zugrundeliegenden **Kapitalströme** sind Gegenstand des 5. Kapitels. Im Zentrum der Analyse steht die Frage, warum und in welchem Umfang Wirtschaftssubjekte ihr Kapital international bewegen und welche Konsequenzen sich hieraus für die beteiligten Volkswirtschaften ergeben. Da sich die **internationalen Wanderungen**, also die grenzüberschreitenden Bewegungen des Faktors Arbeit, mit einem ähnlichen Instrumentarium analysieren lassen, werden diese ebenfalls in Kapitel 5 behandelt.

Das 6. Kapitel greift die letzte wichtige Zahlungsteilbilanz, die **Devisenbilanz**, auf. Dazu wird zunächst auf die grundsätzlichen Mechanismen von Devisenmärkten eingegangen. Anschließend erfolgt eine Beschreibung der Faktoren, die die Entwicklung der Wechselkurse maßgeblich beeinflussen. Die

Bedeutung dieser Wechselkurstheorien mag manchen Wirtschaftsstudenten schwindend erscheinen, besonders vor dem Hintergrund der Europäischen Währungsunion, durch die die bisherigen Wechselkursrelationen zwischen den teilnehmenden Währungen verschwunden sind. Zu beachten ist jedoch, dass auch nach der Einführung einer gemeinsamen europäischen Währung äußerst wichtige Wechselkursrelationen, wie US-Dollar/Euro oder Yen/Euro, verbleiben. Ihre Bedeutung wird in dem Umfang steigen, wie der internationale Handel und die internationalen Faktorbewegungen wachsen. Ferner ist das Verständnis der Wechselkurstheorien von zentraler Bedeutung für die Beurteilung der Sinnhaftigkeit einer Währungsunion oder alternativer Konstruktionen der internationalen Währungsordnung.

In den Kapiteln 3 bis 6 steht in erster Linie der wirtschaftspolitische Handlungsspielraum einzelner Staaten im Vordergrund. Im abschließenden 7. Kapitel soll nun geklärt werden, ob und durch welche Formen der **internationalen Abstimmung der Wirtschaftspolitiken** eventuell bessere Ergebnisse erzielbar sind als bei den eigenständigen Optimierungsversuchen einzelner Staaten. Hierzu wird zunächst auf die Wirkungen eingegangen, die eine aktive Wirtschaftspolitik aufgrund der zuvor behandelten **Handelsbeziehungen** und **Finanzverflechtungen** auf andere Länder haben kann. Es stellt sich die Frage, ob diese internationalen Wirkungen eine Begründung für eine internationale Koordinierung der Wirtschaftspolitik liefern können. Obwohl in diesem Buch die Frage nach der Wünschbarkeit einer internationalen Koordinierung exemplarisch anhand der Geldpolitik geprüft wird, lassen sich das dargestellte Instrumentarium und die wesentlichen Ergebnisse auf andere Bereiche der Wirtschaftspolitik übertragen (sofern von diesen Effekte ausgehen, die über die eigenen Grenzen hinausreichen). Die Erkenntnisse dieses Kapitels sind damit zentral für die Ausgestaltung der Wirtschaftspolitik beispielsweise innerhalb eines gemeinsamen Wirtschaftsraumes wie der Europäischen Wirtschafts- und Währungsunion oder für die Gestaltung der transatlantischen Wirtschaftsbeziehungen in der asiatisch-amerikanisch-europäischen Triade.

2 Die Zahlungsbilanz als Indikator der Außenwirtschaftspolitik

Kapitelübersicht

Die **Zahlungsbilanz** ist eines der zentralen Analysekriterien der Außenwirtschaftstheorie und -politik. Sie erfasst alle wirtschaftlichen Transaktionen zwischen In- und Ausländern. Da zwischen der Struktur der Zahlungsbilanz und anderen makroökonomischen Größen wie Volkseinkommen, Preisen und Wechselkursen enge Wechselbeziehungen bestehen, ist die Zahlungsbilanz insbesondere dann von öffentlichem Interesse, wenn die Handels- und Kreditbeziehungen des Inlandes mit dem Ausland vom „Normalen" abweichen.

Im Folgenden werden zunächst der Aufbau der Zahlungsbilanz und die Grundzüge der Buchungsmethodik beschrieben. Anschließend wird auf die Ursachen und Folgen von Zahlungsbilanzungleichgewichten eingegangen, um zu überprüfen, inwieweit derartige Ungleichgewichte tatsächlich problematisch sind. Die damit implizit begonnene Diskussion, ob bestimmte Zahlungsbilanzsituationen einen Anlass für Änderungen der (Außen-)Wirtschaftspolitik eines Landes bieten, wird im abschließenden Abschnitt über Möglichkeiten und Grenzen eines **automatischen Zahlungsbilanzausgleichs** vertieft.

2.1 Der Aufbau der Zahlungsbilanz

> Die Zahlungsbilanz eines Landes ist die Zusammenstellung aller wirtschaftlichen Transaktionen, die sich innerhalb einer bestimmten Periode zwischen Inländern und Ausländern vollzogen haben.

Die Zahlungsbilanz basiert auf statistischen Daten der Vergangenheit und ist eine **ex-post-Rechnung**. Ferner enthält sie Wertangaben von Transaktionen, die während eines Zeitraumes stattgefunden haben und ist damit eine **Stromgrößenrechnung**.

Der Begriff „Zahlungsbilanz" ist also zweifach problematisch: Erstens werden auch Transaktionen erfasst, denen keine Zahlungsströme zugrunde liegen, wie z. B. Warenschenkungen von In- an Ausländer. Zweitens handelt es sich nicht um eine „Bilanz" im Sinne des betrieblichen Rechnungswesens, wo sich dieser Begriff eindeutig auf eine Bestandsrechnung bezieht.

Die Zahlungsbilanz ist ein Abbild der wirtschaftlichen Verflechtung einer Volkswirtschaft mit dem Ausland. Bei entsprechend starker Untergliederung spiegelt sie nicht nur den Umfang, sondern auch die Struktur der Wirtschaftsbeziehungen in sachlicher und regionaler Hinsicht wider. Für die wirtschaftspolitischen Entscheidungsträger hat sie zunächst diagnostischen Wert, indem sie über den Status quo Auskunft gibt. Darüber hinaus lassen sich durch den Vergleich mit zurückliegenden Bilanzen Veränderungen erkennen und möglicherweise Entwicklungstrends identifizieren.

Die Zahlungsbilanzstatistik unterscheidet zwischen Inländern und Ausländern nach dem **Wohnsitzprinzip**. Alle Wirtschaftssubjekte, die ihren festen und dauerhaften Wohnsitz im Inland haben, gelten in der Zahlungsbilanzstatistik als Inländer. Auch Arbeitskräfte ausländischer Nationalität (z. B. Gastarbeiter) gelten als Inländer.[1]

Damit wird deutlich, dass Transaktionen, die von der Zahlungsbilanz erfasst werden, zwar in der Regel, aber nicht notwendigerweise „grenzüberschreitend" sind. Der Ankauf eines ausländischen Unternehmens oder einer Immobilie durch ein inländisches Wirtschaftssubjekt bei gleichzeitiger Finanzierung im Ausland hat beispielsweise keinerlei grenzüberschreitende Waren- oder Kapitalströme zur Folge und wird dennoch in der Zahlungsbilanz erfasst. Ähnliche Konstellationen sind auch bei Geschäften möglich, die sich ausschließlich im Inland abspielen.

2.1.1 Kontenmäßige Gliederung der Zahlungsbilanz

Die Zahlungsbilanz ist ein aus **Teilbilanzen** bestehendes **Kontensystem.** Jede Teilbilanz enthält eine bestimmte Kategorie von außenwirtschaftlichen Transaktionen. Die Verbuchung eines jeden Vorgangs erfolgt nach den Grundsätzen der **doppelten Buchführung**, d. h. durch Buchung und Gegenbuchung, so dass das **Kontensystem jederzeit ausgeglichen** ist.

Gliederungskriterium bei der Unterteilung der Zahlungsbilanz in Teilbilanzen ist zunächst die Art der Transaktion. Grob ergibt sich zunächst eine Unterteilung in die **Leistungsbilanz**, die **Bilanz der Vermögensübertragungen** sowie die **Kapitalverkehrs-** und **Devisenbilanz**.[2]

Die Leistungsbilanz selbst lässt sich in weitere Teilbilanzen untergliedern. Zunächst enthält sie die **Handelsbilanz**, welche die Warenexporte und -importe erfasst, sowie die **Dienstleistungsbilanz**, in der die Exporte und Importe von Dienstleistungen registriert werden. Eine weitere eigenständige Kategorie der Leistungsbilanz bilden die aus dem Ausland empfangenen bzw. an das Ausland geleisteten **Erwerbs- und Vermögenseinkommen**. Den letzten Posten der Leistungsbilanz bilden schließlich die empfangenen bzw. geleisteten **laufenden Übertragungen**, worunter man grob unentgeltliche Waren- und Geldleistungen (Schenkungen) versteht.

Neben diesen laufenden Übertragungen, die der Leistungsbilanz zugerechnet werden, gibt es weiterhin die nicht zur Leistungsbilanz zählende **Bilanz**

---

[1] Angehörige ausländischer Vertretungen, internationaler Institutionen oder ausländischer Streitkräfte werden hingegen als Ausländer betrachtet.

[2] Anstelle des Begriffes „Kapitalverkehrsbilanz" wird synonym häufig der verkürzte Ausdruck „Kapitalbilanz" verwendet.

der Vermögensübertragungen. Auf den Unterschied zwischen laufenden und Vermögensübertragungen wird ausführlicher in den Abschnitten 2.1.2.3 und 2.1.2.4 eingegangen.

In der **Kapitalverkehrsbilanz** wird der Kapitalverkehr zwischen Inländern und Ausländern aufgenommen. Zur Erhöhung der Aussagekraft werden die Kapitalbewegungen weiter untergliedert in Direktinvestitionen, Wertpapieranlagen, Kreditverkehr und sonstige Transaktionen (vgl. Abschnitt 2.1.2.7).

In der Kapitalverkehrsbilanz werden ebenfalls die Veränderungen der Währungsreserven der Zentralbank (zu Transaktionszwecken) verbucht, weil auch hier Forderungen und Verbindlichkeiten von Inländern gegenüber Ausländern erfasst werden. Teilweise wird von einer solchen Betrachtungsweise abgewichen, weil sich die Beweggründe der Entscheidungsträger und ihrer Transaktionen bei einer Zentralbank von denen anderer Wirtschaftssubjekte unterscheiden. Eine Zentralbank hat als Hauptziel die Währungsstabilität und ihre Handlungen sind zumindest zum Teil darauf gerichtet, die Zahlungsbilanz bzw. ihre Determinanten explizit zu beeinflussen.

Die korrekte Verbuchung eines außenwirtschaftlichen Vorgangs in der Zahlungsbilanz bereitet häufig Schwierigkeiten. Als vereinfachende Faustregel kann von folgendem ausgegangen werden:

> Vorgänge, die zu **Zahlungseingängen** führen oder führen könnten, werden auf der Aktivseite verbucht. Die Verbuchung von Vorgängen, die zu **Zahlungsausgängen** führen oder führen könnten, erfolgt hingegen auf der Passivseite.

In Anlehnung an die Terminologie des betrieblichen Rechnungswesens werden die linke Kontenseite als **Aktiv-** und die rechte als **Passivseite** bezeichnet. Von einem **Aktivsaldo** spricht man, wenn die Zuflüsse in einer Teilbilanz größer sind als die Abflüsse, von einem **Passivsaldo** im umgekehrten Fall.

2.1.2 Teilbilanzen

Je nach Art der außenwirtschaftlichen Transaktion erfolgen die Buchung und Gegenbuchung eines Vorganges in unterschiedlichen Konten der Zahlungsbilanz. Aufbauend auf den Überlegungen des vorigen Abschnittes sollen die einzelnen Teilbilanzen nun genauer beschrieben werden.

2.1.2.1 Handelsbilanz

In der Handelsbilanz werden Warenexporte und -importe erfasst. Gemäß dem generellen Buchungsgrundsatz muss die Wertsumme aller Exporte auf der linken (Aktiv-)Seite des Handelsbilanzkontos erscheinen, weil Exporte zu Zahlungseingängen führen oder führen könnten. Importe dagegen führen in der Regel zu Mittelabflüssen und erscheinen deshalb auf der rechten (Passiv-)Seite. Wenn – was normal ist – die Exporte und Importe eines Landes innerhalb des Betrachtungszeitraumes nicht gleich groß sind, so spricht man von einem

Export- bzw. **Importüberschuss** oder von einem **Aktiv-** bzw. **Passivsaldo** der Handelsbilanz. Das Konto 1 stellt eine aktive Handelsbilanz dar.

Konto 1: Handelsbilanz

Aktiv			Passiv
Warenexporte	1.000	Warenimporte	800

Handelt es sich bei den Ex- und Importen nicht um unentgeltliche Übertragungen („Geschenke"), so müssen die Gegenbuchungen zwangsläufig auf einem der Kapitalverkehrskonten erfolgen: Die Exporteure erwerben je nach den Konditionen des Exportgeschäftes kurz- oder langfristige Forderungen oder verringern ihre Verbindlichkeiten. Der erste Fall ist gegeben, wenn der ausländische Käufer sofort oder in kurzer Frist in ausländischer Währung zahlt. Der Exporteur besitzt dann **Devisen**, also fällige Forderungen in ausländischer Währung. Solange er die Devisen nicht in heimische Währung umtauscht, betreibt er aus der Sicht des Inlandes Geld- oder Kapitalexport, denn er hat Forderungen gegen Ausländer erworben. Dies gilt auch, wenn der Exporteur dem ausländischen Abnehmer einen längerfristigen Lieferantenkredit gewährt. In beiden Fällen kommt es gleichzeitig mit dem Export der Güter zugleich zu einer Darlehensvergabe an das Ausland. Entsprechend der generellen Buchungsregel ist es daher auch konsequent, die Gegenbuchung auf der Passivseite des Kapitalverkehrskontos vorzunehmen.[3]

Für die Importe gelten entsprechende Überlegungen mit umgekehrtem Vorzeichen. Verzichten die ausländischen Lieferanten für kürzere oder längere Zeit auf den Transfer der ihnen zustehenden Beträge, so importiert das Inland neben den Waren auch Kredite. Es kommt zu einer tendenziellen Aktivierung der Kapitalverkehrsbilanz. Entsprechend der generellen Buchungsregel werden die von den ausländischen Lieferanten erworbenen Forderungsrechte auf der linken Seite als Zunahme der Verbindlichkeiten gegenüber dem Ausland verbucht.

Konto 2: Kapitalverkehrsbilanz

Aktiv			Passiv
Zunahme der Verbindlichkeiten gegenüber dem Ausland (Kapitalimport)	800	Zunahme der Forderungen gegenüber dem Ausland (Kapitalexport)	1.000

Im Beispiel des Kontos 2 übersteigt der durch die Warenexporte induzierte Kapitalexport den durch die Warenimporte induzierten Kapitalimport um 200 Geldeinheiten (GE). Es kommt also per Saldo zu einer Passivierung der Kapital-

[3] Es bereitet dem Anfänger oft Schwierigkeiten, dass Kapital- und Warenexporte auf verschiedenen Seiten der jeweiligen Teilbilanzen verbucht werden. Auf diesen Umstand wird ausführlich bei der Beschreibung der Kapitalverkehrsbilanz eingegangen.

verkehrsbilanz (Kapitalexport) in Höhe von 200. Dieser Passivsaldo entspricht dem gleich hohen Aktivsaldo der Handelsbilanz.

Zahlt der ausländische Empfänger der Waren – der Einfachheit halber sei zunächst von einem US-Importeur ausgegangen – in inländischer Währung (Euro), so stellt dies aus Sicht des Inlandes eine Verringerung der Verbindlichkeiten der Inländer gegenüber den Ausländern dar. In Konto 2 würde dann die Zunahme der Forderungen auf der Passivseite durch eine Verringerung der Verbindlichkeiten gegenüber dem Ausland um 1.000 Euro ersetzt werden. Zusammen mit der Zunahme der Verbindlichkeiten aus dem Warenimport in Höhe von 800 Euro würde sich per Saldo eine Verringerung der Verbindlichkeiten um 200 Euro ergeben, was ebenfalls einer tendenziellen Passivierung der Kapitalbilanz entspricht. Es ist also für den Saldo der Kapitalbilanz belanglos, ob die Transaktionen in in- oder ausländischer Währung abgewickelt werden.

Es ist international üblich, dass Güterex- und -importe, nach dem **„fob" Prinzip** bewertet werden. Fob (free on board) bedeutet, dass in die Bewertung der Außenhandelsgüter auch diejenigen Kosten eingehen, die dem Erwerber durch die Verlade-, Transport- und Versicherungskosten bis zur Grenze des Lieferlandes entstehen. Teilweise wird aber die **cif-Bewertung** (cost, insurance, freight) berichtet, bei welcher zusätzlich die bis zur Grenze des Empfängerlandes anfallenden Kosten eingeschlossen sind. Bei einer gemeinsamen Grenze des Ex- und Importlandes sind fob- und cif-Werte identisch.

2.1.2.2 Dienstleistungsbilanz

Die Ex- und Importe von Dienstleistungen werden in der Dienstleistungsbilanz verbucht. Auch hier kommt es nicht auf den Ort der Transaktion an. Ein anschauliches Beispiel stellen inländische Touristen dar, die während ihres Aufenthaltes im Ausland ausländische Dienstleistungen wie Hotels, Mietwagen oder Verpflegung in Anspruch nehmen. Aus Sicht der deutschen Zahlungsbilanzstatistik handelt es sich um Dienstleistungsimporte der Bundesrepublik. Ausländische Touristen im Inland hingegen induzieren Dienstleistungsexporte (vgl. Konten 3 und 4).

Konto 3: Dienstleistungsbilanz

Aktiv			Passiv
Einnahmen aus Käufen ausländischer Touristen im Inland (= Dienstleistungsexport)	200	Ausgaben deutscher Touristen im Ausland (= Dienstleistungsimport)	300

Konto 4: Kapitalverkehrsbilanz

Aktiv		Passiv	
Zunahme der Verbindlichkeiten gegenüber dem Ausland (= Kapitalimport)	300	Zunahme der Forderungen gegenüber dem Ausland (= Kapitalexport)	200

In den Industrieländern dominieren die Dienstleistungen das jeweilige Bruttoinlandsprodukt und ihr Anteil steigt tendenziell an. Für den Anteil am Welthandel, aber auch für die Dienstleistungstransaktionen gilt dies hingegen nicht. Auch für die Bundesrepublik machen die Dienstleistungen sowohl bei der Ein- als auch bei der Ausfuhr stets weniger als ein Drittel des Gesamthandels aus (vgl. Tab. 2.2 in Box 2.1). Etwas anders stellt sich die Situation in Österreich dar. Die starke österreichische Tourismus-Branche führt zu einem Anteil der Dienstleistungsexporte von fast 50 % der Gesamtausfuhren. Die Schweiz nimmt bei den Dienstleistungsexporten eine Zwischenstellung ein, während ihre Dienstleistungsimportquote noch unterhalb der deutschen liegt (vgl. Box 2.1).

Box 2.1: Import- und Exportgüterstrukturen: Deutschland, Österreich, Schweiz

Die Ex- und Importaktivitäten von Deutschland, Österreich und der Schweiz weisen Gemeinsamkeiten, aber auch Unterschiede auf: Die deutschen Importe beliefen sich im Jahr 2011 auf 11.020 €/ Kopf und die Exporte betragen ca. 12.950 €/Kopf (Österreich: Importe 15.490 €/ Kopf, Exporte 14.473 €/ Kopf, Schweiz: Importe 18.190 €/ Kopf, Exporte 20.670 €/ Kopf). Die Handelsstrukturen differieren deutlicher: Bei den deutschen Exporten dominieren die Investitions- und Vorleistungsgüter, bei den österreichischen und schweizerischen Exporten die Konsumgüter. Ursächlich für die deutsche Export-Besonderheit sind die relativ hohen Anteile an Maschinen, elektronischen Erzeugnissen und (den entsprechend der internationalen Normen als Investitionsgüter verbuchten) Straßenfahrzeugen, welche zusammen fast 48 % des Gütergesamtexports Deutschlands ausmachen. Bei den Importen der Schweiz und Österreichs dominieren ebenfalls die Konsumgüter, während in Deutschland die Vorleistungsgüter eine zentrale Rolle einnehmen.

Tab. 2.1 Handelsbilanzstrukturen Deutschlands, Österreichs und der Schweiz 2011

Position (Anteil am Gesamtvolumen in %)	Deutschland		Österreich		Schweiz	
	Einfuhr	Ausfuhr	Einfuhr	Ausfuhr	Einfuhr	Ausfuhr
Hauptgruppen:						
Vorleistungsgüter	32,0	32,8	28,8	19,7	24,4	18,8
Investitionsgüter	28,9	44,3	32,5	37,8	23,5	26,1
Konsumgüter	19,2	16,3	36,9	41,4	43,2	51,8
Ausgewählte Gütergruppen:						
Chemische/Pharmaz. Erzeugnisse	12,7	14,6	12,7	13,0	21,5	37,7
Maschinen/Elektr. Erzeugnisse	19,8	30,0	22,0	27,8	17,7	18,6
(Straßen-)Fahrzeuge	9,3	17,6	10,6	10,1	9,7	n.a.
Gesamtvolumen (in Mrd. €)	90,2	106,0	130,8	143,1	143,1	162,6

Quellen:
Für Deutschland: Monatsbericht der Deutschen Bundesbank, März 2012, S. 16–17.
Für Österreich: Österreichisches Statistisches Zentralamt, Online-Statistiken, die Prozentzahlen beziehen sich auf 2010.
Für die Schweiz: Schweizerische Nationalbank, Stat. Monatsheft März 2012 I1, I2.
Zur Umrechnung wurde der Wechselkurs, Stand 31.12.11, von 1,2165 SFR/€ verwendet.

Tab. 2.2 Dienstleistungsex- und -importe: Deutschland, Österreich und Schweiz in Mio. €

Jahr	Deutschland		Österreich		Schweiz	
	Ausfuhr	Einfuhr	Ausfuhr	Einfuhr	Ausfuhr	Einfuhr
2006	151.325	168.671	36.784	26.622	55.125	23.587
2007	164.578	179.430	40.667	28.393	63.343	26.892
2008	175.695	187.280	43.397	29.148	67.011	26.763
2009	167.637	178.074	39.356	26.507	66.270	29.540
2010	181.037	189.386	41.167	27.838	69.689	28.910
2011	192.836	200.420	43.962	30.312	70.386	32.926

Quellen:
Für Deutschland: Deutsche Bundesbank, Zahlungsbilanzstatistik, Stand 28.09.12.
Für Österreich: Österreichische Nationalbank, Leistungsbilanz, Stand 27.09.12.
Für die Schweiz: Schweizerische Nationalbank, Zahlungsbilanz 2011, Stand 01.08.12.
Zur Umrechnung wurde der Wechselkurs vom 30.12.11 verwendet: 1,2165 SFR/€.

Tab. 2.3 Dienstleistungsbilanzsalden Deutschlands, Österreichs und der Schweiz 2010 und deren Zusammensetzung

	Deutschland (Mio. €)	Österreich (Mio. €)	Schweiz (Mio. €)
Insgesamt	**−7.584**	**+13.650**	**+37.460**
Darunter:			
Reiseverkehr	−33.782	+6.736	+2.617
Transport	+7.475	−55	+1.796
Finanzdienstleistungen	+3.702	+605	+11.039
Patente und Lizenzen	+843	−476	−1.587
Regierungsleistungen	+2.546	+336	–
Übrige Dienstleistungen	−3.630	−34	+3.472

Quellen:
Für Deutschland: Deutsche Bundesbank, Zahlungsbilanzstatistik, Stand 28.09.12.
Für Österreich: Österreichische Nationalbank, Leistungsbilanz, Stand 27.09.12.
Für die Schweiz: Schweizerische Nationalbank, Zahlungsbilanz, Stand 01.08.12.
Zur Umrechnung wurde der Wechselkurs vom 30.12.11 verwendet: 1,2165 SFR/€.

Die Tabelle 2.3, welche die Salden der wichtigsten Elemente der Dienstleistungsbilanz für Deutschland, Österreich und die Schweiz für das Jahr 2010 ausweist, verdeutlicht die hohe Bedeutung des Tourismus (Reiseverkehr) auf der deutschen Dienstleistungsimportseite. In der Schweiz und besonders in Österreich hat der Reiseverkehr dagegen einen deutlich aktivierenden Effekt auf die Dienstleistungsbilanz, was die wirtschaftliche Bedeutung der Tourismus-Branche in beiden Ländern widerspiegelt.

2.1.2.3 Bilanz der Erwerbs- und Vermögenseinkommen

Die **Erwerbs- und Vermögenseinkommen** werden seit einiger Zeit international als eigenständige Kategorie dargestellt, um die besondere Rolle dieser Transaktionen als **Faktoreinkommen** zu betonen. Unter Erwerbseinkommen versteht man dabei Einkommen aus unselbständiger Arbeit, unter Vermögenseinkommen Kapitalerträge (z. B. Zinsen, Dividenden).

Gemäß der generellen Buchungsregel werden vom Ausland empfangene Erwerbs- und Vermögenseinkommen auf der Aktivseite verbucht, während an das Ausland abfließende Einkommen auf der Passivseite gebucht werden. Die Gegenbuchungen entsprechen denen des Warenhandels, d. h. sie erfolgen in der Regel in der Kapitalverkehrsbilanz. Die Verbuchung von Kapitalerträgen (Vermögenseinkommen) in einer eigenständigen Teilkategorie der Zahlungsbilanz (und nicht etwa in der Kapitalbilanz) erscheint sinnvoll, weil hiermit die vorangegangene Zurverfügungstellung von Kapital (= zeitweiliger Konsumverzicht) als eine spezielle (dienstleistungsähnliche) Transaktion zwischen In- und Ausland honoriert wird. Kapitalerträge haben eine hohe Bedeutung auf der Aktivseite der deutschen Zahlungsbilanz. Der Saldo der Erwerbs- und

Vermögenseinkommen betrug in den Jahren 2007 bis 2011 durchschnittlich über 40 Mrd. Euro jährlich; dieser Überschuss stammt nahezu ausschließlich aus Kapitalerträgen.

2.1.2.4 Laufende Übertragungen

Unentgeltliche Waren- oder Geldleistungen **(Schenkungen, Übertragungen)** bedürfen einer besonderen Verbuchung, weil die Gegenleistung fehlt. Hier wird hinsichtlich der Übertragungen zwischen **laufenden Übertragungen** und **Vermögensübertragungen** (Abschnitt 2.1.2.6) unterschieden. Als laufende Übertragungen gelten dabei solche Transfers, bei denen davon ausgegangen wird, dass sie einen direkten Einfluss auf Einkommen und Verbrauch ausüben.

Bei einer unentgeltlichen Warenlieferung ins Ausland (interpretiert als laufende Übertragung, z. B. im Rahmen regelmäßiger Zuwendungen an Entwicklungsländer) werden zunächst Güter exportiert, so dass eine Buchung auf der Aktivseite der Handelsbilanz erfolgt (vgl. Konto 5). Da es sich aber um eine Schenkung handelt, erwirbt das Inland keinerlei Forderungsrechte gegenüber dem Ausland. Bei einer Warenschenkung an das Ausland erfolgt die Gegenbuchung als **geleistete Übertragung** auf der Passivseite des Zahlungsbilanzpostens „laufende Übertragungen" (vgl. Konto 6). Dementsprechend erfolgen bei unentgeltlichen Warenbezügen aus dem Ausland Buchung und Gegenbuchung als Importe (Passivseite) in der Handelsbilanz sowie **empfangene Übertragungen** (Aktivseite) in der Kategorie „laufende Übertragungen".

Konto 5: Handelsbilanz

Aktiv			Passiv
Export	100		

Konto 6: Übertragungsbilanz

Aktiv			Passiv
		Geleistete Übertragungen	100

Neben Warenlieferungen kommt es häufig auch zu Übertragungen in Form von Geld, z. B. in Form von Übertragungen an die EU oder der regelmäßigen finanziellen Unterstützungen von Inländern an ausländische Verwandte. Dabei wird nicht die Handelsbilanz, sondern die Kapitalverkehrsbilanz berührt. Dem Inland entstehen Verbindlichkeiten gegenüber dem Ausland (Konto 7), während die Gegenbuchung bei den laufenden Übertragungen wie in Konto 6 unverändert auf geleistete Übertragungen lautet.

Konto 6: Übertragungsbilanz

Aktiv		Passiv	
		Geleistete Übertragungen	50

Konto 7: Kapitalverkehrsbilanz

Aktiv		Passiv	
Zunahme der Verbindlichkeiten gegenüber dem Ausland	50		

In der wirtschaftspolitischen Diskussion Mitteleuropas wird die Bedeutung der sog. „Überweisungen der Gastarbeiter" übrigens regelmäßig überschätzt. In Deutschland beliefen sich diese laufenden Übertragungen im Durchschnitt der Jahre 2007 bis 2011 auf ca. 3 Mrd. Euro. Von größerer Bedeutung waren in diesem Zeitraum die Übertragungen an die Europäische Union, welche sich auf durchschnittlich 23,4 Mrd. Euro pro Jahr beliefen. Unter Abzug der von der Europäischen Union empfangenen Übertragungen reduziert sich dies allerdings auf netto 12,85 Mrd. Euro im Durchschnitt der Jahre 2007 bis 2011. Im Vergleich mit den Volumen und Salden der Handelsbilanz sind auch diese Volumen relativ gering.

2.1.2.5 Außenbeitrag und Leistungsbilanz

Fasst man die Handels- und Dienstleistungsbilanz sowie die empfangenen und geleisteten Erwerbs- und Vermögenseinkommen zusammen, so erhält man eine Gegenüberstellung aller realen Leistungsströme pro Periode in Form von Waren, Dienstleistungen und Faktoreinkommen. Der Saldo dieser zusammengefassten Bilanz wird als **Außenbeitrag** bezeichnet.

Erweitert man die Zusammenfassung der Handels- und Dienstleistungsbilanz sowie der Erwerbs- und Vermögenseinkommen um die empfangenen und geleisteten laufenden Übertragungen, so ergibt sich die **Leistungsbilanz:**

$$\begin{aligned}\text{Leistungsbilanz} &= \text{Handelsbilanz}\\ &+ \text{Dienstleistungsbilanz}\\ &+ \text{Bilanz der Erwerbs- und Vermögenseinkommen}\\ &+ \text{Bilanz der laufenden Übertragungen}\end{aligned} \tag{2.1}$$

Die Abb. 2.1 stellt den Saldo der deutschen Leistungsbilanz im Zeitverlauf dar.

Charakteristisch für die deutsche Wirtschaft sind Handelsbilanzüberschüsse. Demgegenüber stehen regelmäßig Defizite bei den Dienstleistungen sowie eine traditionell passive Bilanz der laufenden Übertragungen. Die dominierenden Handelsbilanzüberschüsse führten in der Regel insgesamt zu einer aktiven Leistungsbilanz. Zu Defiziten in der Leistungsbilanz kam es lediglich um 1980 (Ölkrise) sowie nach 1990 im Zuge der deutschen Wiedervereinigung. Die deut-

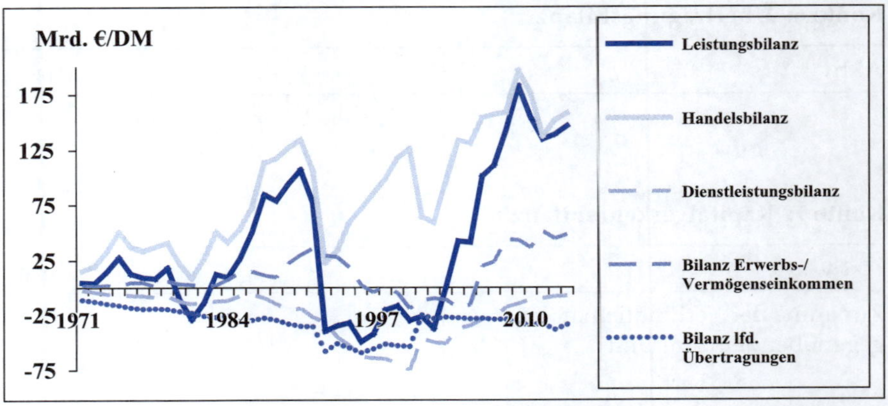

Abb. 2.1: Die deutsche Leistungsbilanz von 1971 bis 2011, in laufenden Preisen
Quelle: Deutsche Bundesbank, Zahlungsbilanzstatistik, Stand September 2012.

schen Leistungsbilanzüberschüsse sind ein internationaler Diskussionsgegenstand von zunehmender Bedeutung (vgl. Box 2.2).

Box 2.2: Zum Problem der deutschen Leistungsbilanzüberschüsse

Im Zusammenhang mit den deutschen Exportüberschüssen wird der Vorwurf von Christine Lagarde, ehemalige französische Wirtschafts- und Finanzministerin und derzeitige IWF-Chefin diskutiert, dass die niedrigen deutschen Lohnkosten („Dumpinglöhne") zu Defiziten anderer europäischer Staaten führen und langfristig das Gleichgewicht stören.

Durch die Lohnzurückhaltung werden die Bedingungen für den Export in Deutschland besser und deutsche Firmen wettbewerbsfähiger, insbesondere im Vergleich zu anderen Euro-Staaten. Die Länder der Euro-Zone haben untereinander keine Möglichkeit mehr, unterschiedliche Entwicklungen der Wettbewerbsfähigkeit durch Wechselkursanpassungen auszugleichen. Südeuropäische Staaten, in denen die Löhne stärker gestiegen sind, müssen sich der Wettbewerbsfähigkeit anderer Länder wie Deutschland „ergeben" und bauen eine Nettoschuldnerposition auf. Darauf beruht der Vorwurf, Deutschlands Wirtschaft sei ein *„Exportpanzer"*, der auf seine wirtschaftlichen Interessen auf Kosten hoher Defizite europäischer Nachbarstaaten und gleichzeitig einer niedrigen Binnennachfrage durchsetze.[1]

Zunächst kann entgegengehalten werden, dass die verbesserte Wettbewerbsfähigkeit Deutschlands auch durch Qualität und Innovation bei Produkten entstanden sein kann und nicht nur durch niedrige Löhne.

Zudem müssen die Leistungsbilanzüberschüsse nicht als Stärke angesehen werden; sie können gar als Schwäche interpretiert werden. Länder mit alternder Bevölkerung weisen (in Antizipation der kommenden Schwierigkeiten) eine geringere Konsumneigung bzw. eine höhere Ersparnis auf, als Staaten mit junger, wachsender Bevölkerung, die ihren Konsum und ihre Investitionen in Erwartung eines Wachstums über (Auslands)Verschuldung finanzieren.

Literatur:

[1] DIW Wochenbericht Nr. 1+2/2012, 4. Januar 2012.

2.1.2.6 Bilanz der Vermögensübertragungen

Bei Vermögensübertragungen handelt es sich um Transfers, die sich durch einen „einmaligen" Charakter auszeichnen. Beispiele für Vermögensübertragungen sind Schuldenerlasse, Erbschaften, bestimmte Investitionszuschüsse oder Vermögensmitnahmen von Aus- bzw. Einwanderern.

Solche Vermögensübertragungen sind für Deutschland, Österreich und die Schweiz meist von nur untergeordneter Bedeutung. Der Durchschnitt der empfangenen Übertragungen belief sich in den Jahren 2000 bis 2010 auf 3,5 (D)/ 0,6 (A) Mrd. Euro und 0,8 Mrd. CHF (CH), bei den geleisteten Übertragungen auf 3,6 (D) und 0,65 (A) Mrd. Euro. Im Falle der Schweiz sind die geleisteten Übertragungen mit 4,6 Mrd. CHF spürbarer.

Die Trennung zwischen den laufenden Übertragungen (Abschnitt 2.1.2.4) kann problematisiert werden. Vermögen und Einkommen sind wesensgleich; auch bei Vermögensübertragungen kann sich ein verändertes Nachfrageverhalten ergeben.

2.1.2.7 Kapitalverkehrsbilanz und „Devisenbilanz"

Die Kapitalverkehrsbilanz umfasst Änderungen der **Forderungen** und **Verbindlichkeiten** der Inländer gegenüber den Ausländern. Die Buchungsregel für Vorgänge, welche die Kapitalverkehrsbilanz berühren, lautet wie folgt:

> Veränderungen der Verbindlichkeiten gegenüber dem Ausland werden auf der Aktivseite verbucht, Veränderungen der Forderungen gegenüber dem Ausland auf der Passivseite.

Es wirkt auf den ersten Blick paradox, dass Forderungen auf der rechten und Verbindlichkeiten auf der linken Kontoseite erscheinen. Die Konsistenz dieser Verbuchung lässt sich jedoch zweifach zeigen: Zum einen führt der Erwerb von Forderungen (z. B. durch den Kauf ausländischer Wertpapiere) zu einem Zahlungsausgang, der sich nach dem generellen Buchungsgrundsatz auf der Passivseite niederschlagen muss. Wegen des Mittelabflusses spricht man auch von einem **Kapitalexport**. Entsprechend führt das Entstehen von Verbindlichkeiten gegenüber dem Ausland (**Kapitalimport**) zu Zahlungseingängen, die auf der Aktivseite erscheinen. Schon bei der Gegenbuchung von aus Waren- und Dienstleistungsgeschäften resultierenden Forderungen bzw. Verbindlichkeiten ist in dieser Weise verfahren worden (vgl. Konten 2 und 4). Zum anderen muss noch einmal darauf hingewiesen werden, dass es sich bei der Zahlungsbilanz nicht um eine Bestandsrechnung handelt, bei der Forderungen auf der Aktivseite verbucht werden, sondern um eine Stromrechnung, bei der die Veränderung der Forderungen richtigerweise auf der „rechten" Kontoseite verbucht wird, die hier „Passiv" genannt wird (vgl. die Analogie zur betriebswirtschaftlichen Gewinn- und Verlustrechnung).

Da im Kapitalverkehrskonto Bestandsveränderungen verbucht werden, ergibt sich die Notwendigkeit, Vorzeichen zu verwenden. Die Forderungen als auch die Verbindlichkeiten gegenüber dem Ausland können während des Betrachtungszeitraumes sowohl zunehmen (+) als auch abnehmen (–). Wenn kein Vorzeichen vermerkt ist, kennzeichnet dies eine positive Veränderung.

Die Kapitalbilanz wird funktional weiter in die folgenden Hauptkategorien untergliedert: **Direktinvestitionen** (Erwerb oder Gründung von Unternehmen, Niederlassungen im Ausland sowie Beteiligungen), **Wertpapieranlagen** und Finanzderivate (Erwerb ausländischer Wertpapiere und Aktien ohne Beteiligungsabsicht), **Kreditverkehr** und die **Veränderungen der Forderungen und Verbindlichkeiten der Notenbank gegenüber dem Ausland**. Beim Kreditverkehr wird weiterhin zwischen kurz- und langfristigen Transaktionen unterschieden, wobei Forderungen und Verbindlichkeiten mit Laufzeiten von mehr als einem Jahr als langfristig eingestuft werden.

Die Veränderungen der Forderungen und Verbindlichkeiten der Notenbank gegenüber dem Ausland (**„Veränderungen der Währungsreserven zu Transaktionswerten")** wurden teilweise auch gesondert erfasst **(„Devisenbilanz")**. Da auch Private über Devisen verfügen (Devisen = Forderungen in ausländischer Währung), ist diese Bezeichnung problematisch.

Insbesondere in Währungssystemen, in denen die Notenbank unter Einsatz ihrer Devisenreserven den Wechselkurs konstant halten oder in bestimmter Weise beeinflussen soll, ist die Entwicklung der zentralen Währungsreserven von großer Bedeutung. Die Devisenreserven bestehen üblicherweise aus **Sichtguthaben bei ausländischen Banken, ausländischen Geldmarktpapieren** sowie **Ziehungs-** und **Sonderziehungsrechten**.[4]

Ob eine Transaktion in den Veränderungen der Forderungen oder Verbindlichkeiten gegenüber dem Ausland verbucht wird, hängt von der Finanzierung ab. Angenommen ein inländischer Unternehmer importiert Waren im Wert von 1000 GE (siehe Konto 8). Zur Bezahlung tauscht er Inlandswährung bei einer Bank in Devisen. Die Devisenforderungen der Bank schrumpfen und die Gegenbuchung des Warengeschäftes erfolgt als Verringerung der Forderungen bilanzverkürzend auf der Passivseite in der Kapitalverkehrsbilanz (vgl. Konto 9). Bei einer Kreditfinanzierung der Importe kommt es zu einer Zunahme der Verbindlichkeiten (Bilanzverlängerung).

[4] Ziehungsrechte sowie Sonderziehungsrechte bieten den Währungsbehörden eines Landes die Möglichkeit, Devisen beim Internationalen Währungsfonds (im Fall von Sonderziehungsrechten auch bei anderen Ländern) gegen Hergabe der heimischen Währung zu erlangen.

Konto 8: Handelsbilanz

Aktiv		Passiv
	Importe	1.000

Konto 9: Kapitalverkehrsbilanz

Aktiv		Passiv
	Verringerung der kurzfristigen Forderungen	–1.000

Alternativ ist es auch möglich, dass die Bank die Devisen auf dem Devisenmarkt nachfragt, also in der Regel die Devisen von einem Ausländer gegen Hingabe von inländischer Währung ersteht. Dann würde in der Kapitalverkehrsbilanz eine Zunahme der Verbindlichkeiten gegenüber dem Ausland verbucht werden.

Die obige Veränderung in der Kapitalverkehrsbilanz wurde durch eine güterwirtschaftliche Transaktion induziert. Den meisten Verbuchungen, welche in der Kapitalverkehrsbilanz verbucht werden, liegen jedoch Vorgänge zugrunde, die sich ausschließlich im monetären Bereich abspielen. Bei derartigen Transaktionen gehen sowohl Buchung als auch Gegenbuchung in die Kapitalverkehrsbilanz ein, so dass lediglich die Bilanzstruktur, nicht aber der Saldo der gesamten Kapitalbilanz geändert wird. Man spricht von **Aktiv-** bzw. **Passivtausch**, wenn durch eine Transaktion nur die Art und nicht der Umfang einer vorhandenen Forderung bzw. Verbindlichkeit verändert wird. Wird ein Forderungserwerb (z. B. Wertpapierkauf) durch gleichzeitige Verschuldung im Ausland finanziert, so wird von einer **Bilanzverlängerung** gesprochen. Hier verändern sich Forderungen und Verbindlichkeiten in gleichem Umfang, so dass eine Veränderung der Auslandsposition nicht eintritt.

2.1.2.8 „Restposten"

Theoretisch müsste die Anwendung des Prinzips der doppelten Buchführung zu einer ausgeglichenen Zahlungsbilanz in dem Sinne führen, dass sich die Salden aller Teilbilanzen ausgleichen. In der Praxis wird ein vollkommener Saldenausgleich allerdings so gut wie nie erreicht. Zum formalen Ausgleich der Zahlungsbilanz wird deshalb der sogenannte **Restposten („Saldo der statistisch nicht aufgliederbaren Transaktionen")** als Korrekturgröße in die Zahlungsbilanz eingesetzt.

Die Gründe zur Entstehung dieses Restpostens liegen in der Unvollkommenheit der statistischen Erhebungstechnik. Einige relevante Transaktionen wie z. B. geschmuggelte Wareneinfuhren und Überweisungen unterhalb der Meldegrenze werden nicht erfasst. Aber selbst die erfassten Transaktionen sind meist nicht frei von (Erfassungs-)Fehlern und Ungenauigkeiten.

Die wohl gewichtigste Ursache für die Entstehung des Restpostens ist jedoch der reguläre Außenhandel. Hier ist die Einräumung von Zahlungszielen üblich und die Tendenz zur Einräumung langfristiger Lieferantenkredite steigend. Diese Außenhandelskredite werden zum größten Teil nur indirekt und mit zeitlicher Verzögerung erfasst, wenn sich die Forderung oder deren Begleichung in den Auslandspositionen der Banken oder den Devisenbeständen der Notenbank niederschlägt. Der Restposten gleicht den durch das zeitweilige Nichterfassen der Kreditbeziehungen entstehenden Saldo aus.

2.1.3 Saldenmechanik und typische Strukturen der Zahlungsbilanz

Die Zusammenfassung aller Teilbilanzen veranschaulicht den Charakter der Zahlungsbilanz:

Zahlungsbilanz

Aktiv	Passiv
Warenexporte	Warenimporte
Dienstleistungsexporte	Dienstleistungsimporte
empfangene Erwerbs- und Vermögenseinkommen	geleistete Erwerbs- und Vermögenseinkommen
empfangene laufende Übertragungen	geleistete laufende Übertragungen
empfangene Vermögensübertragungen	geleistete Vermögensübertragungen
Kapitalimporte (Zunahme der Verbindlichkeiten gegenüber dem Ausland (+) Abnahme der Verbindlichkeiten gegenüber dem Ausland (–))	Kapitalexporte (Zunahme von Forderungen gegenüber dem Ausland (+) Abnahme von Forderungen gegenüber dem Ausland (–))
(darunter: Abnahme der Devisenreserven der Zentralbank)	(darunter: Zunahme der Devisenreserven der Zentralbank)
Restposten	

Hieraus ein saldenmechanisch interpretierbarer Zusammenhang:

$$\begin{aligned} \text{Devisenbilanzsaldo} &= \text{Leistungsbilanzsaldo} \\ &+ \text{Saldo der Vermögensübertragungen} \\ &+ \text{Kapitalverkehrssaldo} \\ &+ \text{Restposten} \end{aligned} \tag{2.2}$$

Da Vermögensübertragungen – wie oben beschrieben – für Deutschland, Österreich und die Schweiz, aber auch für die meisten anderen Staaten eher von untergeordneter Bedeutung sind und der Restposten lediglich eine bilanztechnische Korrekturgröße darstellt, erscheint es gerechtfertigt, die Salden dieser beiden Posten bei der saldenmechanischen Interpretation der Zahlungsbilanz zu vernachlässigen. Aus (2.2) folgt dann, dass die Zunahme der Devisenreserven den Salden der Leistungs- und der Kapitalverkehrsbilanz entspricht. Mit anderen Worten: Die Zentralbank kann/muss in dem Umfang Devisenreserven aufbauen wie etwaige Leistungsbilanzüberschüsse nicht durch Nettokapitalexporte Privater kompensiert werden (bzw. wie etwaige Nettokapitalzuflüsse durch Leistungsbilanzdefizite überkompensiert werden).

Allerdings muss vor einer übertriebenen saldenmechanischen Betrachtung gewarnt werden. Die Gleichung 2.2 kann z. B. auch nach dem Leistungsbilanzsaldo aufgelöst werden – dann würde die Leistungsbilanz als die endogene Größe erscheinen. Hiernach wäre ein positiver Leistungsbilanzsaldo nur möglich, wenn die (Netto-)Forderungen der Privaten und der Notenbank gegenüber Ausländern per Saldo zunehmen. Ist die Veränderung der Netto-Forderungsposition einer der beiden Gruppen negativ und kann dies nicht durch die andere Gruppe ausgeglichen werden, so muss der Leistungsbilanzsaldo negativ sein.

Auch eine solche Betrachtung kann Sinn machen: Wenn beispielsweise die Privaten in erheblichem Umfang Kredite im Ausland aufnehmen und die erworbenen Devisen auf den Devisenmärkten anbieten, führt dies zu einer Aufwertung der inländischen Währung und in der Folge zur Passivierung der Leistungsbilanz. Die drei großen Teilbilanzen unterliegen also gegenseitigen Abhängigkeiten, auf deren Mechanismen im folgenden Abschnitt näher eingegangen wird.

2.1.4 Zusammenfassung

- In der Zahlungsbilanz eines Landes werden die wirtschaftlichen Transaktionen zwischen Inländern und Ausländern für eine bestimmte Periode systematisch aufgezeichnet. Als Faustformel gilt, dass Transaktionen, die zu Zahlungseingängen führen, auf der Aktivseite, zu Zahlungsausgängen führende auf der Passivseite des Kontensystems erscheinen.
- Teilbilanzen der gesamten Zahlungsbilanz sind die Handels- und Dienstleistungsbilanz, die Bilanzen der Erwerbs- und Vermögenseinkommen (diese drei Teilbilanzen bilden den Außenbeitrag) sowie der laufenden Übertragungen (diese vier Teilbilanzen bilden die Leistungsbilanz), die Bilanz der Vermögensübertragungen, die Kapitalbilanz im engeren Sinne sowie die Devisenbilanz (Veränderung der Auslandsposition der Währungsbehörde). Weiterhin gibt es den Restposten (Saldo der statistisch nicht aufgliederbaren Transaktionen), der als statistische Korrekturgröße den formalen Ausgleich der Zahlungsbilanz sicherstellt.
- Aufgrund der doppelten Buchführung ist die Zahlungsbilanz im statistischen Sinne stets „ausgeglichen“ (vgl. die zusammenfassende Darstellung der Zahlungsbilanz aus Abschnitt 2.1.3). Saldenmechanisch entspricht die Veränderung der Devisenreserven (abgesehen von Vermögensübertragungen und Restposten) dem Saldo der Leistungs- und Kapitalverkehrsbilanz.

2.2 Zahlungsbilanz(un)gleichgewichte und Folgen

Obwohl die Zahlungsbilanz aufgrund der doppelten Buchführung stets ausgeglichen ist, wird in der wirtschaftspolitischen Diskussion häufig von einer unausgeglichenen Zahlungsbilanz gesprochen. Dieser Widerspruch erklärt sich daraus, dass nicht die gesamte Zahlungsbilanz, sondern nur einzelne bzw. aggregierte Teilbilanzen der Gesamtbilanz gemeint sind. Einzelne Teilbilanzen, wie z. B. die Handelsbilanz, sind mit hoher Wahrscheinlichkeit unausgeglichen, weil die Entscheidungen über Im- und Exporte von verschiedenen Wirtschaftssubjekten getroffen werden, die ihre Pläne nicht unmittelbar koordinieren.

Die Beurteilung von Zahlungsbilanzzuständen basiert auf verschiedenen Teilbilanzkonzepten, deren Auswahl je nach Wechselkurssystem und Analysezweck unterschiedlich sinnvoll ist. Im Folgenden werden die wichtigsten Teilbilanzkonzepte dargestellt.[5]

2.2.1 Konstanz der Devisenreserven

Das älteste Zahlungsbilanzkonzept spricht von einem Zahlungsbilanzausgleich, wenn die **Devisenreserven der Notenbank konstant** bleiben. Hierzu kommt es, wenn sich die Salden der einzelnen Teilbilanzen gerade kompensieren: Weist z. B. die Leistungsbilanz einen Aktivsaldo (**Leistungsbilanzüberschuss**) auf, so muss diesem ein Passivsaldo der Kapitalverkehrsbilanz im engeren Sinne (**Netto-Kapitalexport**) in gleicher Höhe gegenüberstehen.[6]

Sinnvoll ist dieses Zahlungsbilanzkonzept insbesondere in einem **Währungssystem mit festen Wechselkursen**. Da die Notenbank verpflichtet ist, die Wechselkurse konstant zu halten, muss sie Ungleichgewichte auf dem Devisenmarkt durch eigene Nachfrage oder eigenes Angebot ausgleichen. Ein Überwiegen der zahlungsbilanzpassivierenden, **autonomen Transaktionen** (d. h. der durch private Wirtschaftssubjekte und nicht durch wirtschaftspolitische Entscheidungsträger induzierten Transaktionen) im Leistungs- und Kapitalverkehr bedeutet einen Nachfrageüberschuss nach Devisen, der durch Devisenverkäufe der Notenbank gedeckt werden muss. Dieser Aufgabe kann die Notenbank jedoch nur so lange nachkommen, wie die **Devisenreserven nicht erschöpft** sind.

Aber auch der Fall steigender Devisenreserven ist nicht unproblematisch, wenn es sich um einen dauerhaften Vorgang erheblichen Ausmaßes handelt. Dies gilt zum einen, weil die Devisenüberschüsse des einen Landes in der Regel **Defizite für die anderen Länder**, verbunden mit der Gefahr entsprechender korrigierender ausländischer Wirtschaftspolitiken, bedeuten. Zum anderen führt der Ankauf von Devisen durch die Notenbank zu einer Erhöhung der Zentralbankgeldmenge, falls die Devisenmarktinterventionen nicht z. B. durch eine neutralisierende Offenmarktpolitik (**Sterilisierungspolitik**) ausgeglichen

---

5 International Monetary Fund, Balance of Payments and International Investment Position Manual 6th Ed., Washington D.C. 2009.

6 Im Folgenden wird aufgrund ihrer zumeist geringen Bedeutung von Vermögensübertragungen abgesehen (vgl. die Ausführungen hierzu aus Abschnitt 2.1.2.6).

werden. Eine solche expansive Zentralbankgeldmenge kann via steigender Geldmenge zur **Inflation** führen.

Der Nachteil des Konzeptes der Konstanz der Devisenreserven liegt zum einen darin, dass die Verknüpfung zu anderen zentralen wirtschaftspolitischen Zielgrößen wie Einkommen und Beschäftigung nur relativ lose ist. Zum anderen haftet dem Konzept bei flexiblen Wechselkursen etwas Tautologisches an: **Flexible Wechselkurse** sind ex definitione dadurch gekennzeichnet, dass die Notenbank nicht auf den Devisenmärkten eingreift. Der Saldo der Devisenbilanz ist daher stets gleich Null. Tatsächlich ist ein häufig angeführtes Argument in der Diskussion um feste versus flexible Wechselkurse, dass flexible Wechselkurse stets zum Zahlungsbilanzausgleich, nämlich zum automatischen Gleichgewicht zwischen den Transaktionen im Leistungs- und Kapitalverkehr, zur Konstanz der offiziellen Devisenreserven und zu den damit verbundenen Vorteilen führen. Allerdings hat ein Indikator, der stets den Idealwert erreicht, für die Wirtschaftspolitik nur einen begrenzten Orientierungswert.

2.2.2 Außenbeitrag

Der Außenbeitrag entspricht dem Saldo aus der Zusammenfassung von Handels- und Dienstleistungsbilanz sowie der Kategorie „Erwerbs- und Vermögenseinkommen". In der Öffentlichkeit kommt dieser realwirtschaftlichen Größe (und dem im Folgenden beschriebenen Leistungsbilanzsaldo) bei der Beurteilung der außenwirtschaftlichen Situation eines Landes im Allgemeinen eine größere Beachtung zu als der bisher behandelten monetären Größe (Konstanz der Devisenreserven). Der Grund liegt darin, dass die Verknüpfung zu zentralen Variablen wie Einkommen und Beschäftigung enger ist. Der Außenbeitrag ist als Indikator für das nach dem bundesdeutschen Stabilitäts- und Wachstumsgesetz von 1967 anzustrebende außenwirtschaftliche Gleichgewicht festgelegt.

Die Rolle des **Außenbeitrags** im Wirtschaftskreislauf verdeutlicht sich anhand der **Verwendungsgleichung des Sozialproduktes** in einer offenen Volkswirtschaft:

(2.3) $Y = C + I + EX - IM$

In dieser ex-post-Identität bezeichnet Y das Nettosozialprodukt zu Marktpreisen, C die Summe aus privatem und staatlichem Konsum, I die privaten und staatlichen Nettoinvestitionen sowie EX bzw. IM die exportierten bzw. importierten Waren, Dienst- und Faktorleistungen. Die Differenz (EX – IM) symbolisiert somit den Außenbeitrag. Aus der Gleichung (2.3) folgt unmittelbar

(2.4) $Y + IM = C + I + EX$

In einer Volkswirtschaft kann also ex post nur in dem Umfang konsumiert, investiert und exportiert (kurz: nachgefragt) werden, wie an Gütern aus der eigenen Produktion (Y) und Importen (IM) zur Verfügung steht (kurz: angeboten wird). Zu beachten ist hierbei, dass die Importe entweder unmittelbarer Bestandteil des Gesamtangebots sind (Direktimporte) oder aber als Bestandteil in den inländischen Produktionsprozess einfließen. Fasst man die **Gesamtausgaben der Inländer** für Konsum und Investitionen (sowohl für in- als auch für ausländische Güter) zur sogenannten **Absorption**

(2.5) $AB = C + I$

zusammen, so folgt aus (2.3):

(2.6) $Y - AB = EX - IM$

Damit ergeben sich folgende **Zusammenhänge zwischen Außenbeitrag und Absorption**:

- Der Außenbeitrag ist positiv, wenn die inländische Produktion die Absorption der Inländer übersteigt. Umgekehrt folgt daraus teilweise das Drängen nach einem positiven Außenbeitrag, weil damit scheinbar Produktion und somit Arbeitsplätze in einem größeren Ausmaß induziert werden können, als es auf der Grundlage der inländischen Nachfrage möglich wäre (vgl. Box 2.3).
- Ein negativer Außenbeitrag erlaubt einer Volkswirtschaft und ihren Wirtschaftssubjekten, mehr Leistungen zu absorbieren als von ihnen selbst hergestellt werden. Diese Möglichkeit wird für Entwicklungs- und Transformationsländer insbesondere dann als positiv beurteilt, wenn die absorbierten Güter zum erheblichen Teil aus Investitionsgütern bestehen und somit langfristig ein Anwachsen der inländischen Produktionsmöglichkeiten und eine Umkehr der Situation erwartet werden kann. Als problematisch und als ein „Leben über die eigenen Verhältnisse" wird ein negativer Außenbeitrag hingegen dann angesehen, wenn auf absehbare Zeit keine Umkehr erkennbar ist, der negative Außenbeitrag nicht dauerhaft durch Nettoübertragungen an das Inland ausgeglichen wird und sich eine unangemessene Verschuldung des Inlandes aufbaut (vgl. die Ausführungen zur Leistungsbilanz in Abschnitt 2.2.3).

2.2.3 Leistungsbilanz

Der Leistungsbilanzsaldo (in Zeichen: LB oder LB_{Saldo}) gleicht dem Außenbeitrag zuzüglich dem Saldo der laufenden Übertragungsbilanz. Der Leistungsbilanzsaldo wird häufig als Indikator für das Ziel des außenwirtschaftlichen Gleichgewichtes herangezogen, weil er – wie zu zeigen ist – approximativ der **Veränderung der Nettoposition gegenüber dem Ausland** entspricht. Ein dauerhaft negativer Leistungsbilanzsaldo führt zu einer permanent steigenden Nettoschuldnerposition gegenüber dem Ausland. Dieses wird vom Ausland jedoch nur solange hingenommen, wie es dem Inland (bzw. den Inländern) die Bedienung der Schulden zutraut. Ist aufgrund einer zu hohen Auslandsverschuldung die **Kreditwürdigkeit** verspielt, wird das Ausland nicht bereit sein, weitere Nettoforderungspositionen aufzubauen. Mit anderen Worten wird das Ausland auch nicht bereit sein, weiterhin Leistungsbilanzüberschüsse gegenüber dem Inland aufrechtzuerhalten. Da der daraufhin notwendige **Anpassungsprozess** im Inland schmerzhaft sein kann, ist es sinnvoll, die Entwicklung der Leistungsbilanzsalden aufmerksam zu verfolgen.

Zusätzlich zur Verwendungsgleichung (2.3) soll nun die **Aufteilung des Nettosozialproduktes** zu Marktpreisen betrachtet werden. Die inländischen Wirtschaftssubjekte können ihr Einkommen sowie die per saldo empfangenen Laufenden Übertragungen *LÜ* verwenden, um sie zu konsumieren (C) oder zu sparen (S). Oder, relevanter für den deutschen Fall ausgedrückt, wo die Übertragungsbilanz „negativ" ist: die Inländer können ihr Einkommen verwenden, um sie zu konsumieren (C) oder zu sparen (S), oder um es dem Ausland in Form von laufenden Nettoübertragungen *LÜ* zur Verfügung zu stellen:

(2.7) $Y + LÜ = C + S$ bzw. $Y = C + S - LÜ$

Die Subtraktion der Gleichungen (2.7) und (2.3) liefert dann

(2.8) $S - I = EX - IM + LÜ = LB_{Saldo}$

Die Gleichung (2.8) impliziert unmittelbar:

Der Leistungsbilanzsaldo entspricht der Differenz zwischen Ersparnis und Investition.

Box 2.3: Buy british, achetez français und die Tradition des Merkantilismus

Der merkantilistische Gedanke fördert Exporte und versucht, die Inländer von der Einfuhr ausländischer Güter abzuhalten und deren Nachfrage auf inländische Güter zu lenken. Hintergrund war die bei der damals geltenden Goldwährung mit Exportüberschüssen mögliche Akkumulation von Gold. In der heutigen Ausprägung geht es nicht um Gold, sondern vornehmlich um Arbeitsplätze bzw. um den Export von Arbeitslosigkeit. Die Gleichung (2.6) verdeutlicht, dass ein positiver Außenbeitrag Raum schafft für eine inländische Produktion (und somit eine inländische Beschäftigung), die über die inländischen Absorptionsverhältnisse hinausgeht.

Der Zusammenhang zwischen dem inländischen Sozialprodukt und einem merkantilen Verhalten wird deutlicher, wenn die Importgüter aufgeteilt werden in importierte Investitions- (I_f) und Konsumgüter (C_f):

(B1) $IM = I_f + C_f$

wobei der Index *f* ausländische Güter kennzeichnet. Ferner bietet es sich an, sowohl den inländischen Konsum *C* als auch die inländische Investition *I* in in- und ausländische Produkte zu unterscheiden:

(B2) $C = C_f + C_h$

(B3) $I = I_f + I_h$

wobei der Index *h* Güter kennzeichnet, die im Inland hergestellt wurden. Die Gleichungen (B1) bis (B3) in (2.4) eingesetzt ergibt:

(B4) $Y = C_h + I_h + EX$

Somit ist das inländische Sozialprodukt ex post ausschließlich abhängig von den im Inland konsumierten, dort auch hergestellten Gütern und dem Export. Wirtschaftspolitisch wird daraus oft der (Kurz-)Schluss gezogen, dass

Einkommen und Beschäftigung durch eine Stimulierung der Nachfrage nach inländischen Gütern nach merkantilem Muster gefördert werden können. Abgesehen davon, dass hierbei die angebotsseitigen Bestimmungsfaktoren von Einkommen und Beschäftigung vernachlässigt werden, krankt der Ansatz daran, dass den vom **Merkantilismus** angestrebten positiven Außenbeiträgen gleich hohe negative Außenbeiträge der Partnerländer mit entsprechend negativen Folgen entgegenstehen. Aufgrund der zu erwartenden wirtschaftspolitischen Gegenmaßnahmen des Auslandes ist eine dauerhafte Sicherung von Einkommen und Beschäftigung durch merkantilistisches Verhalten kaum möglich.

Werden im Rahmen der Zahlungsbilanzstatistik Vermögensübertragungen und Restposten vernachlässigt, so entspricht dem Saldo der Leistungsbilanz dem Betrage nach ein gleich großer Saldo der Kapitalverkehrsbilanz (einschließlich Devisenbilanz). Bezeichnet man die Differenz aus Kapitalexporten und Kapitalimporten (Nettokapitalexporte) mit *KE*, so gilt

(2.9) $EX - IM - L\ddot{U} = LB_{Saldo} = KE$

KE umfasst dabei die Nettokapitalexporte aller inländischen Wirtschaftssubjekte (Haushalte, Unternehmen, Geschäftsbanken, Staat) sowie die Veränderung der Nettoauslandsaktiva der Zentralbank und beschreibt somit die Veränderung des **Nettoauslandsvermögens** der Volkswirtschaft. Aus der Gleichung (2.9) folgt also:

Ein positiver (negativer) Leistungsbilanzsaldo bewirkt eine Zunahme (Abnahme) des Nettoauslandsvermögens einer Volkswirtschaft.[7] Das Nettoauslandsvermögen einer Volkswirtschaft entspricht grundsätzlich der Summe aller Leistungsbilanzsalden der Vergangenheit und Gegenwart (zu Ausnahmen siehe Box 2.4).

Gleichung (2.8) nach der **Ersparnis** aufgelöst ergibt

(2.10) $S = I + LB_{Saldo}$

X In einer offenen Volkswirtschaft setzt sich der Vermögenszuwachs (*S*) zusammen aus dem Zuwachs an Sachvermögen (*I*) und dem Leistungsbilanzsaldo.

Die beiden letztgenannten Implikationen eines Leistungsbilanzdefizites, die Verringerung der Nettoauslandsposition und die tendenzielle Verringerung des volkswirtschaftlichen Vermögens(zuwachses) sind die **Hauptargumente** gegen Leistungsbilanzdefizite.

Allerdings gibt es auch zu dieser pessimistischen Einschätzung Einschränkungen. Leistungsbilanzdefizite einer Volkswirtschaft können analog zur Entscheidung einzelner Wirtschaftssubjekte gesehen werden, besondere Aktivitäten zu

[7] Länder mit insgesamt positivem (negativem) Nettoauslandsvermögen werden als **Gläubigerland (Schuldnerland)** bezeichnet.

finanzieren, indem man sich sic h temporär verschuldet – oder zuvor aufgebaute Ersparnisse abbaut. So kann das deutsche Leistungsbilanzdefizit Anfang/Mitte der 90er Jahre über ein kurzfristig erhöhtes Konsumbedürfnis interpretiert werden, für welches das zuvor aufgebaute (Auslands-)Vermögen geschmälert wurde. Andererseits kann das Leistungsbilanzdefizit gemäß Gleichung (2.8) nicht nur als das Ergebnis einer zu geringen inländischen Ersparnis (bzw. eines zu hohen inländischen Konsums), sondern auch als Ergebnis oder als Finanzierungsmittel einer gesteigerten Investitionsneigung gesehen werden. Insbesondere bei einer hohen Investitionstätigkeit werden deshalb angemessene Leistungsbilanzdefizite von Entwicklungs- und Transformationsländern zumeist nicht negativ beurteilt.

Auch in Industrieländern kann ein Leistungsbilanzdefizit als Ausfluss einer hohen Investitionsneigung und somit einer hohen Standortqualität des Inlandes gesehen werden. So werden die US-amerikanischen Leistungsbilanzdefizite seit Anfang der 80er Jahre teilweise als Zeichen für die hohe Investitionsattraktivität und Produktivität der USA gesehen (s. Box 2.4), während die deutschen Leistungsbilanzüberschüsse der 80er Jahre als das Ergebnis einer verringerten Attraktivität des Wirtschaftsstandortes interpretiert werden.

Abgesehen von solchen Erwägungen können Leistungsbilanzsalden – unter Vernachlässigung der laufenden Nettotransfers – als **intertemporale Allokationsentscheidung** einer Volkswirtschaft zwischen gegenwärtiger und zukünftiger Absorption gesehen werden. Ausschließlich vorübergehende Leistungsbilanzdefizite, die unter Bezug auf die zukünftig zu erwartende wirtschaftliche Entwicklung des Landes angemessen erscheinen, sollten nicht negativ bewertet werden.

Box 2.4: USA: Trotz Leistungsbilanzdefiziten kein Nettoschuldnerland

Die nachstehende Grafik zeigt die zeitliche Entwicklung des Leistungsbilanzsaldos sowie des Nettoauslandsvermögens der USA zwischen 1980 und 2011. Bis 1981 war die Leistungsbilanz der USA mehr oder weniger ausgeglichen. Seit 1982 sind jedoch anhaltende Defizite in der Leistungsbilanz zu erkennen mit einem Tiefstsaldo von mehr als –802 Mrd. US-$ im Jahre 2006. In einigen Perioden, z. B. zwischen 1994 und 2000, stieg trotz eines negativen Leistungsbilanzsaldos das Nettoauslandsvermögen. Die Ursache sind Wechselkurseffekte und andere Neubewertungen der in der Leistungsbilanz befindlichen Posten. Insgesamt hatten die USA trotz ihres inzwischen systematischen Leistungsbilanzdefizites bis 2010 ein positives Nettoauslandsvermögen.

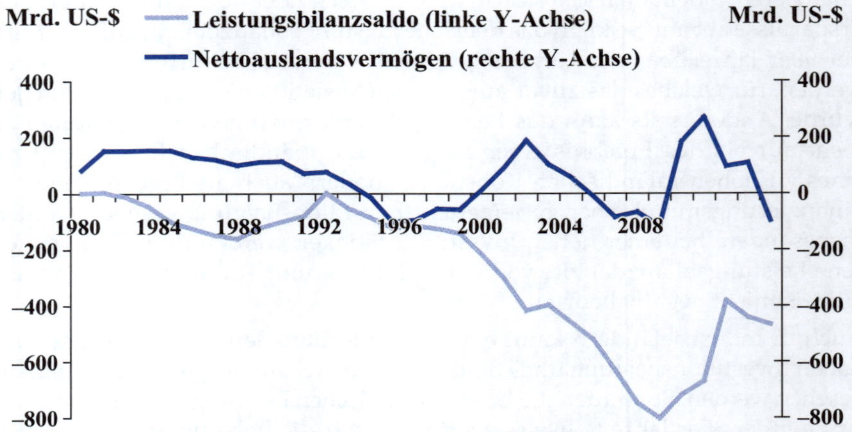

Leistungsbilanzsaldo und Nettoauslandsvermögen der USA zwischen 1980 und 2011
Quelle: IMF, World Economic Outlook Database, Oktober 2012. Bureau of Economic Analysis, Stand 27.10.2012.

Die nachstehende Tabelle verdeutlicht die Entstehung der Leistungsbilanzdefizite anhand der Gleichung (2.8):

(B.1) $LB_{Saldo} = S - I$

Spaltet man die volkswirtschaftliche Ersparnis weiter in private (S_p) und staatliche Ersparnis (S_g) auf, so ergibt sich

(B.2) $LB_{Saldo} = S_p + S_g - I$

Die Daten in der Tabelle sind als prozentuale Anteile des US-Brutto-Sozialprodukts ausgedrückt. Aufgrund von Erhebungsfehlern spiegeln die Zahlen die Zusammenhänge (B.1) bzw. (B.2) nicht exakt wider. Trotzdem lässt sich die Entstehung der Leistungsbilanzdefizite ab den 80er Jahren an den Daten recht gut nachvollziehen. Gemäß (B.1) bzw. (B.2) führt c. p. sowohl eine Verringerung der Ersparnis $S = S_p + S_g$ als auch eine Erhöhung der inländischen Investitionen zu einer Passivierung der Leistungsbilanz. Die Daten suggerieren, dass die Verringerung der Ersparnis als treibender Faktor für die Leistungsbilanzdefizite zu sehen ist.

Leistungsbilanz, Ersparnis und Investition in den USA zwischen 1980 und 2011 (in % vom BIP)

Jahr	LB_{Saldo}	S_p	S_g	S	I
1980	0,3	19,0	0,5	19,5	21,1
1984	−2,3	20,0	−1,5	19,2	20,0
1987	−3,3	17,2	−0,7	16,5	17,2
1990	−1,3	16,5	−0,7	15,8	17,3
1994	−1,6	16,2	−0,8	15,5	17,0
1997	−1,6	16,5	1,8	18,3	18,1
2000	−4,1	13,8	4,3	18,1	16,7
2004	−5,3	16,0	−1,3	14,7	14,5
2007	−5,1	14,2	0,4	14,6	14,5
2010	−3,3	19,2	−6,6	12,5	12,5
2011	−3,5	21,3	−7,4	13,8	17,6

Quelle: Bureau of Economic Analysis, Stand 26.10.12.

Die Abnahme der gesamten Ersparnis, z. B. in den 80er Jahren lässt sich aus der Wirtschaftspolitik zur Zeit der Präsidentschaft Ronald Reagans (1980-1988) erklären **(Reaganomics)**. Steuersenkungen bei gleichzeitiger Erhöhung der Staatsausgaben vor allem im Rüstungssektor führten zu steigenden Staatsdefiziten (= negative staatliche Ersparnis) und hierüber zu einer verringerten Gesamtersparnis („Zwillingsdefizite des Staatshaushalts und der Leistungsbilanz").

2.2.4 Zusammenfassung

- Die Gleichgewichtigkeit oder Ungleichgewichtigkeit einer Zahlungsbilanz wird anhand von Salden einzelner bzw. aggregierter Teilbilanzen der Gesamtbilanz beurteilt. Bei festen Wechselkursen eignet sich insbesondere der Saldo der Devisenbilanz. Da bei flexiblen Wechselkursen die Interventionstätigkeit der Notenbanken auf den Devisenmärkten entfällt und der Devisenbilanzsaldo im Allgemeinen gleich Null ist, eignen sich in diesem Fall der Außenbeitrag sowie der Leistungsbilanzsaldo besser zur Analyse.
- Ein andauernder negativer Devisenbilanzsaldo ist problematisch, weil die Erschöpfung der Devisenreserven und die Handlungsunfähigkeit der Notenbank drohen. Ein andauernder positiver Devisenbilanzsaldo ist unerwünscht, weil die Erhöhung der Devisenreserven mit expansiven Wirkungen auf Zentralbankgeldmenge, Geldmenge und inländische Inflation einhergeht.
- Aus der Verwendungsgleichung des Nettosozialproduktes zu Marktpreisen folgt, dass der Außenbeitrag nur dann positiv ist, wenn das Sozialprodukt die Absorption übersteigt. Ein positiver Leistungsbilanzsaldo setzt voraus, dass im Inland mehr gespart als investiert wird.

- Ein Leistungsbilanzüberschuss (-defizit) führt zu einer Zunahme (Verringerung) des Nettoauslandsvermögens einer Volkswirtschaft. Da sich der Vermögenszuwachs einer offenen Volkswirtschaft aus der inländischen Investition und der Veränderung des Nettoauslandsvermögens zusammensetzt, verringert ein Leistungsbilanzdefizit das Volksvermögen.

2.3 Automatischer Zahlungsbilanzausgleich: Möglichkeiten und Grenzen

Im vorangegangenen Abschnitt wurden die Ursachen und Folgen einer unausgeglichenen Zahlungsbilanz untersucht. Zur Beantwortung der Frage, ob und welche wirtschaftspolitischen Maßnahmen zur Beseitigung etwaiger Zahlungsbilanzungleichgewichte durchzuführen sind, ist zunächst zu klären, ob automatische, systemimmanente Mechanismen existieren, die in angemessener Frist zum Gleichgewicht zurückführen. Falls solche Mechanismen existieren, sollte sich die Außenwirtschaftspolitik darauf beschränken, eine Ordnungspolitik zu betreiben, welche die Existenz dieser Mechanismen sichert.

In den folgenden Abschnitten wird gezeigt, dass tatsächlich **automatische Zahlungsbilanzausgleichsmechanismen** bestehen, die eine Tendenz zum Ausgleich hervorrufen. Die Anpassungsmechanismen sollen eingeteilt werden in solche, die bei **festen Wechselkursen** oder **flexiblen Wechselkursen** wirksam werden. Aufgrund seiner Bedeutung wird zunächst kurz auf den Wechselkursbegriff eingegangen.

2.3.1 Devisenmärkte, flexible und feste Wechselkurse

Der Devisenmarkt ist der Allokationsmechanismus von Angebot und Nachfrage der **Devisen**. Unter Devisen sind dabei **kurzfristige Forderungen in ausländischer Währung** zu verstehen. (Ausländische Banknoten dagegen tragen die Bezeichnung **Sorten**.)

Je nach Fristigkeit der zugrundeliegenden Devisengeschäfte wird von **Kassa- und Terminmärkten** gesprochen: Während bei Termingeschäften zwischen Vertragsschließung und Vertragserfüllung eine vorher vereinbarte Frist (zumeist 1, 3, 6 oder 12 Monate) liegt, fallen bei Kassageschäften Vertragsvereinbarung und -erfüllung zeitlich zusammen (in der Praxis müssen die Verträge innerhalb von zwei Tagen erfüllt werden).

Prinzipielle Quellen des **Devisenangebotes** (Devisen, die in Inlandswährung umgetauscht werden sollen) sind Waren- und Dienstleistungsexporte, Kapitalimporte und aus dem Ausland empfangene Übertragungen. Quellen der **Devisennachfrage** (Devisen, die gegen Hingabe von Inlandswährung erworben werden sollen) sind Waren- und Dienstleistungsimporte, Kapitalexporte und an das Ausland geleistete finanzielle Übertragungen.

Als **Wechselkurs** bezeichnet man die Austauschrelation zweier Währungen. Wechselkurse können auf zweierlei Weise ausgedrückt werden. Einmal, indem man angibt, wie viel inländische Währungseinheiten für eine ausländische Währungseinheit (z. B. 1 US-$) in Inlandswährung zu zahlen sind (z. B. 0,80 Euro). Dieser Wechselkurs gibt den Preis der Auslandswährung ausgedrückt in Inlandswährung an (**Preisnotierung**). Aus deutscher Sicht wäre die Preisnotierung für den Dollar z. B.

$$w = 0{,}80 \, \frac{€}{\$}$$

Die **Mengennotierung** gibt die erforderliche Menge an Auslandswährung für den Erwerb einer Einheit Inlandswährung an. Die Mengennotierung ergibt sich als der reziproke Wert der Preisnotierung:

$$w_{me} = \frac{1}{w} = \frac{1\,\$}{0{,}80\,€} = 1{,}25 \, \frac{\$}{€}$$

An den Finanzmärkten und in der Wirtschaftsberichterstattung wird die Mengennotierung verwendet. Im Folgenden werden die Wechselkurse – sofern nicht ausdrücklich anders vermerkt – in Preisnotierung angegeben, weil auf diese Weise die gewohnten Zusammenhänge erhalten bleiben (beim Angebot positiver Zusammenhang zwischen angebotener Menge und „Preis", bei der Nachfrage negativer Zusammenhang).

Von einer **Abwertung** der Inlandswährung spricht man, wenn die Preise der Auslandswährungen, gerechnet in Inlandswährung, steigen. Die Wechselkurse in Preisnotierung liegen dann also höher als bisher. Steigt z. B. der Dollar-Wechselkurs von

$$w_0 = 0{,}75 \, \frac{€}{\$}$$

auf

$$w_1 = 0{,}85 \, \frac{€}{\$}$$

so wertet der Euro ab. Entsprechend spricht man von einer **Aufwertung**, wenn für eine Einheit ausländischer Währung weniger inländische Währungseinheiten aufgewendet werden müssen.

In der Regel kann von einem negativen Zusammenhang zwischen Wechselkurs (in Preisnotierung) und der Devisennachfrage ausgegangen werden: Ein steigender Wechselkurs verteuert bei gegebenen Weltmarktpreisen die Inlandspreise der Importgüter, woraufhin sich die Nachfrage nach diesen Gütern und die Notwendigkeit, sich hierfür Devisen zu beschaffen, zurückgehen wird. Auch im Bereich der Finanztransaktionen hat ein steigender Wechselkurs im Allgemeinen einen nachfragedämpfenden Effekt. Finanzanlagen in ausländischer Währung werden, in inländischer Währung gerechnet, teurer und somit unattraktiver. In einer grafischen Darstellung ist die Devisennachfragefunktion somit negativ geneigt.

Der Zusammenhang zwischen Wechselkurs und dem Devisenangebot ist dagegen in der Regel positiv. Ein steigender Wechselkurs führt bei gegebenem inländischem Preisniveau zur Erhöhung der internationalen Wettbewerbsfähigkeit, da die Preise im Ausland gesenkt werden können. Unter bestimmten (später zu präzisierenden) Voraussetzungen werden die erzielten Devisenerlöse und somit das Devisenangebot des Exporteurs ansteigen. Auch im Kapitalverkehr kann ein positiver Zusammenhang bestehen: Bei steigenden Wechselkursen werden von den Anlegern vermehrt Währungsgewinne realisiert, d. h. ausländische Wertpapiere veräußert und die entsprechenden Devisenerlöse gegen inländische Währung verkauft. Die Devisenangebotsfunktion ist somit im Allgemeinen positiv geneigt.

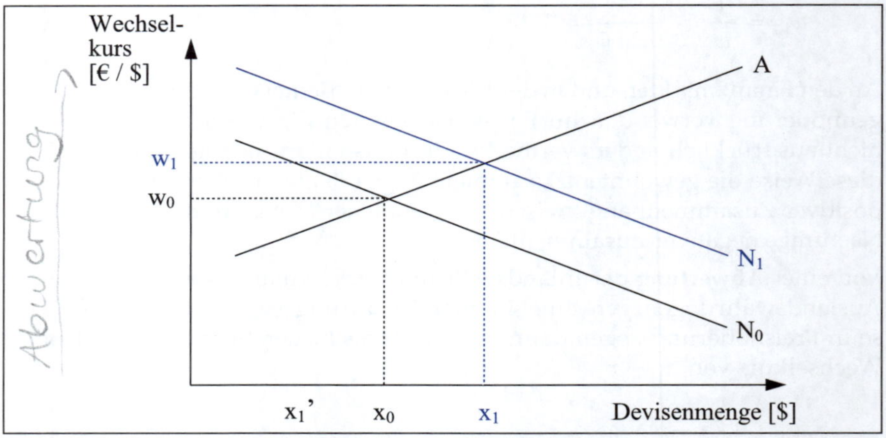

Abb. 2.2: Der Devisenmarkt

Die Abb. 2.2 stellt diese Überlegungen grafisch dar. *A* ist die Funktion des Devisenangebotes und N_0 die Funktion der Devisennachfrage. Da von flexiblen Wechselkursen und funktionierendem **Marktmechanismus** ausgegangen wird, wird sich ein Gleichgewichtskurs w_0 bilden, bei dem nachgefragte und angebotene Devisenmenge gleich groß sind und x_0 entsprechen.

Im Allgemeinen ist der Transparenzgrad auf dem Devisenmarkt, verglichen mit anderen Märkten, sehr hoch. Die Marktteilnehmer – in der Hauptsache die Devisenhändler der Banken – sind hochspezialisiert und verfügen Dank leistungsfähiger Kommunikationssysteme stets über eine gute Marktübersicht. Da in der Regel die Zahl der Anbieter und Nachfrager groß ist, kommt der Devisenmarkt dem Idealtypus eines **vollkommenen Marktes** näher als die meisten anderen in der Realität anzutreffenden Märkte. Somit ist er ein einheitlicher Markt mit einem einheitlichen Preis.

Von **flexiblen Wechselkursen** wird gesprochen, wenn sich die Notenbanken an der Kursfindung auf den Devisenmärkten nicht beteiligen. **Feste Wechselkurse** bedeuten eine meist bilaterale Vereinbarung zweier Länder, den Wechselkurs ihrer beiden Währungen mittels Devisenmarktinterventionen oder anderen währungspolitischen Maßnahmen auf einem bestimmten Niveau zu fixieren. Beim sogenannten **schmutzigen Floaten** liegt keine starre und länger gültige Vereinbarung über ein Wechselkursziel vor, die Notenbanken intervenieren aber dennoch in weniger voraussagbarer Form, um Einfluss auf die Kursgestaltung zu nehmen.

Das Erscheinungsbild des Wechselkursverlaufes beim schmutzigen Floaten entspricht eher dem der flexiblen Wechselkurse. Wirtschaftstheoretisch ist dieser Fall jedoch eher den festen Wechselkursen zuzuordnen, da zum einen ein Devisenbilanzsaldo von Null und damit ein automatischer Zahlungsbilanzausgleich nach dem entsprechenden Konzept nicht mehr gesichert sind. Zum anderen können die Ad-hoc-Interventionen als auf ein bestimmtes, im Zweifelsfall täglich neu von den Interventionspartnern festgelegtes, Wechselkursziel interpretiert werden. In dieser Interpretation unterscheidet sich das schmutzige Floaten von den festen Wechselkursen nur durch die Dauerhaftigkeit der Wechselkursziele.

2.3.2 Zahlungsbilanzausgleich bei flexiblen Wechselkursen – Der Wechselkursmechanismus

Wie hängt nun der Devisenmarkt mit der Zahlungsbilanz zusammen? Einführend sei wiederholt, dass die beteiligten Notenbanken bei flexiblen Wechselkursen nicht in die Devisenmärkte eingreifen. Die Gleichheit von Devisenangebot und -nachfrage bedeutet damit, dass die Wertsumme aller Transaktionen, die zu einem Devisenangebot führen, übereinstimmt mit der Wertsumme aller Transaktionen, die eine Devisennachfrage bedingen. Die Salden der Leistungs- und Kapitalverkehrsbilanz kompensieren sich also.[8] Die Devisenreserven der Notenbanken ändern sich nicht. Zumindest nach dem oben besprochenen Zahlungsbilanzausgleichskriterium der ausgeglichenen Devisenbilanz kann somit von einem **automatischen Ausgleich der Zahlungsbilanz** gesprochen werden.

Dies sei anhand des partialanalytischen Preis-Mengen-Diagramms in Abb. 2.2 näher erläutert, das im Übrigen von der vereinfachenden Annahme ausgeht, dass auf dem Devisenmarkt nur eine ausländische Währung (Dollar) gehandelt wird. Zusätzlich wird unterstellt, dass sowohl die Leistungs- als auch die Kapitalverkehrsbilanz in der Ausgangssituation ausgeglichen sind. Von der Existenz des Restpostens wird abstrahiert. Die Devisenbilanz ist (und bleibt) ausgeglichen.

Es komme nun zu einer Störung dieses allgemeinen Zahlungsbilanzgleichgewichtes, indem ein Inländer von einem Ausländer ausländische Wertpapiere in erheblichem Umfang erwirbt. Zur Finanzierung wird die Devisennachfrage auf N_1 in Abb. 2.2 erhöht. Der Wechselkurs steigt dann auf den neuen Gleichgewichtskurs w_1, bei dem eine vergrößerte Devisenmenge x_1 umgesetzt wird. Der Devisenmarkt befindet sich wieder im Gleichgewicht. Der aufgrund des Kapitalexportes des Inländers gestiegene Wechselkurs (verringerter Außen-

[8] Bei den folgenden Überlegungen werden Vermögensübertragungen erneut vernachlässigt.

wert der inländischen Währung) verbessert nach dem oben beschriebenen Muster die internationale Wettbewerbsfähigkeit der inländischen Exporteure und führt im Allgemeinen zu erhöhten Devisenerlösen. Andererseits führt der erhöhte Wechselkurs zu einer verringerten inländischen Nachfrage nach Importgütern und Devisen. Diese Vorgänge sind im Preis-Mengen-Diagramm (Abb. 2.2) abzulesen. Dabei soll zunächst vereinfachend angenommen werden, dass das Devisenangebot A und die Devisennachfrage N_0 nur aus dem Außenhandel stammen. x_0 stellt dann die Devisenerlöse aus Exporten und die Devisenzahlungen für Importe dar, die beim Gleichgewichtskurs w_0 zustande kommen. Tritt nun infolge des Kapitalexports zusätzliche Devisennachfrage in Höhe von x_1–x_1' auf (Rechtsverschiebung der Nachfragekurve von N_0 nach N_1), so wird das neue Gleichgewicht zwischen Devisenangebot und -nachfrage beim Wechselkurs w_1 dadurch erreicht, dass steigende Exporte zu einer um x_1–x_0 größeren angebotenen Devisenmenge führen, während sich gleichzeitig die für Importe nachgefragten Devisen um x_0–x_1' verringern. Es hat sich also (gemessen in ausländischer Währung) ein Aktivsaldo in Höhe von x_1–x_1' in der Leistungsbilanz gebildet, der den gleichgroßen Passivsaldo der Kapitalverkehrsbilanz ausgleicht.

In der Realität wird die Erhöhung des angebotenen Devisenmengen um x_1–x_0 zum erheblichen Teil darauf zurückzuführen sein, dass Inländer die mit der ausländischen Aufwertung verbundenen Gewinne ausländischer Finanzanlagen realisieren. Auch die Verringerung der Devisennachfrage um x_0–x_1' ist zum erheblichen Teil auf eine verringerte Bereitschaft, zu dem erhöhten Wechselkurs Forderungen gegenüber dem Ausland zu erwerben, zurückzuführen. Diese beiden Anpassungsreaktionen bedeuten eine tendenzielle Rückführung der zuerst eingetretenen Kapitalbilanzpassivierung. Auch wenn in der Realität diese zweite Reaktion die bedeutendere ist (vgl. Box 6.1), dürfte per Saldo eine Aktivierung der Leistungs- und eine Passivierung der Kapitalverkehrsbilanz verbleiben, da der Außenhandel auf Wechselkursänderungen reagiert.

Insgesamt bleibt die Zahlungsbilanz „ausgeglichen", wenn als Ausgleichskriterium die Devisenbilanz herangezogen wird, denn die Notenbank interveniert nicht. Der Wechselkursmechanismus ist somit mit einem automatischen Ausgleich der autonomen leistungs- und finanzorientierten Transaktionen verbunden.

2.3.2.1 Wechselkursmechanismus und Inflation

Durch den Wechselkursmechanismus wird **keine Geldmengenveränderung** bewirkt, so dass auch keine dadurch verursachte Veränderung des allgemeinen Preisniveaus zustande kommen kann. Die Preiswirkungen, die der Wechselkursmechanismus auslöst, wirken allenfalls auf das **Preisgefüge**, d. h. sie verändern die Relationen der Importgüter zu den Inlandsgütern. Der Wechselkursmechanismus stellt somit auch einen **Schutz gegen eine importierte Inflation** dar.

Die Abb. 2.3 veranschaulicht die Wirkungsweise des Wechselkursmechanismus bei ausländischer Inflation. Bei normaler Reaktion kommt es zu einer Aktivierung der Leistungsbilanz des preisstabileren Inlandes, weil das Ausland im relativ preiswerter werdenden Inland vermehrt kauft (steigende Exporte des Inlandes). Das Inland vermindert dagegen seine Importe wegen der gestiegenen Auslandspreise. Infolge der Exportausweitung steigt das Devisenangebot auf A_1, während die Devisennachfrage aufgrund der Importeinschränkung auf N_1 zurückgeht. Bei konstantem Wechselkurs w_0 würde sich ein Angebotsüberschuss in Höhe von x_A–x_N ergeben. Aufgrund des flexiblen Wechselkurses führt das entstehende Überangebot an Devisen zu einem Fallen des Kurses auf w_1. Bei voller Gültigkeit der **Kaufkraftparität** (Kapitel 6) muss der Wechselkurs genauso so stark fallen, dass die Preise der Importgüter in inländischer Währung unverändert bleiben. Die Preise der Exportgüter in ausländischer Währung müssen durch die Abwertung der ausländischen Währung im gleichen Umfang steigen wie die ausländischen Güter durch die dortige Inflation zuvor gestiegen waren. Nur so ist sichergestellt, dass es letztlich weder durch steigende Importpreise noch durch steigende Preise der Güter, die exportiert (aber in der Regel auch zum Teil im Inland konsumiert) werden, zur Inflation im Inland kommt. Für eine solche Inflation ist ceteris paribus auch keinerlei Raum: Die Nicht-Intervention der Zentralbank bedeutet, dass sich die Geldmenge nicht ändert. Eine prozentuale Abwertung der ausländischen Währung, welche nicht identisch ist mit der Inflation im Ausland kann in diesem Modellrahmen keine Gleichgewichtssituation darstellen. Angenommen, die Abwertung der ausländischen Währung würde geringer ausfallen als die ausländische Inflation. In diesem Fall würden die Importgüter aus dem Ausland, gerechnet in inländischer Währung, dauerhaft teurer bleiben als zuvor. Und die inländischen Exportgüter würden in ausländischer Währung dauerhaft billiger bleiben als die ausländischen Konkurrenzprodukte. Es käme zu einem Leistungsbilanzdefizit, verbunden mit einem Überschussangebot an Devisen. Der Preisvorteil der Inlandsgüter durch die Inflation im Ausland wird also durch den Wechselkursmechanismus wieder abgebaut. Es kommt also weder zu einer realen Exportsteigerung, noch zu einer Importverringerung. Die in Abb. 2.3 eingezeichnete Erhöhung der gehandelten Devisenmenge ist lediglich nominaler Natur.

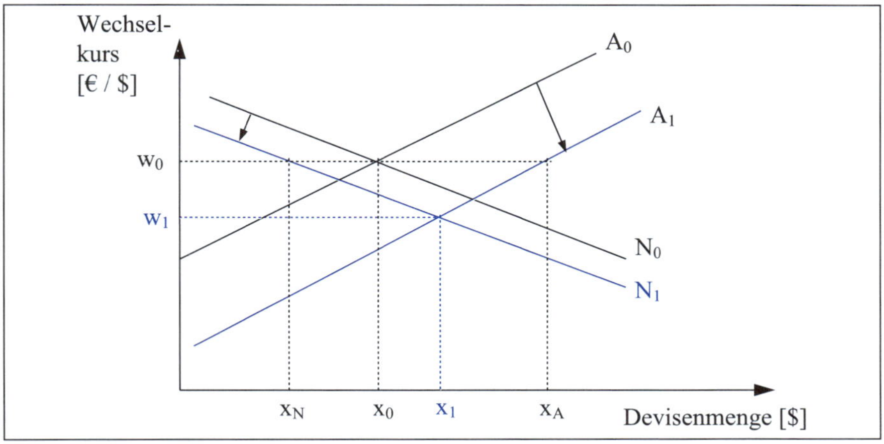

Abb. 2.3: Der Devisenmarkt bei ausländischer Inflation

Bei den obigen Überlegungen handelt es sich um eine Analyse unter relativ engen Annahmen, die später erläutert werden. Es ist nicht sicher, dass der Anpassungsprozess keine Preisniveausteigerungen im Inland nach sich zieht. Dennoch bleibt hervorzuheben:

> Beim Wechselkursmechanismus bleibt die Geldmenge c. p. konstant, denn die Notenbank interveniert nicht auf dem Devisenmarkt. Eine schwerwiegende Inflationsquelle, die bei der Inflationsübertragung zwischen Volkswirtschaften mit festen Wechselkursen eine entscheidende Rolle spielt, ist damit ausgeschaltet.

2.3.2.2 Wechselkursmechanismus und Spekulation

Die bisherige Betrachtungsweise vernachlässigte den **Zeitbedarf der Anpassungsprozesse**. Dabei ist hervorzuheben, dass die Reagibilität von Ex- und Importen auf Wechselkursänderungen träge ausgeprägt sein kann. Kommt es beispielsweise wie oben angenommen zu einer Steigerung der Devisennachfrage aufgrund eines Kapitalexportes, so ist das Devisenangebot aus Güterexporten kurzfristig unelastisch. Es dauert eine gewisse Zeit, bis die Exporte wegen der erhöhten Wechselkurse zu steigen beginnen. In der Abbildung 2.4 wird gezeigt, wie in einer solchen Situation der Übergang vom ursprünglichen zum endgültigen Gleichgewicht durch **Spekulation** beschleunigt werden kann.

Aufgrund der erhöhten Devisennachfrage steigt der Wechselkurs zunächst auf w_1. Da das Devisenangebot aus Exporten zunächst unelastisch ist, bleibt die umgesetzte Devisenmenge zunächst unverändert ($x_1 = x_0$). Zu diesem Zeitpunkt werden Devisenspekulanten aktiv. Wenn diese die Situationen richtig einschätzen und ein baldiges Wiederabsinken des Wechselkurses erwarten, werden sie zum einen Devisen anbieten, weil sie vorher Devisen billiger (zu w_0) erworben haben und jetzt einen Gewinn realisieren können. Zum anderen können sie

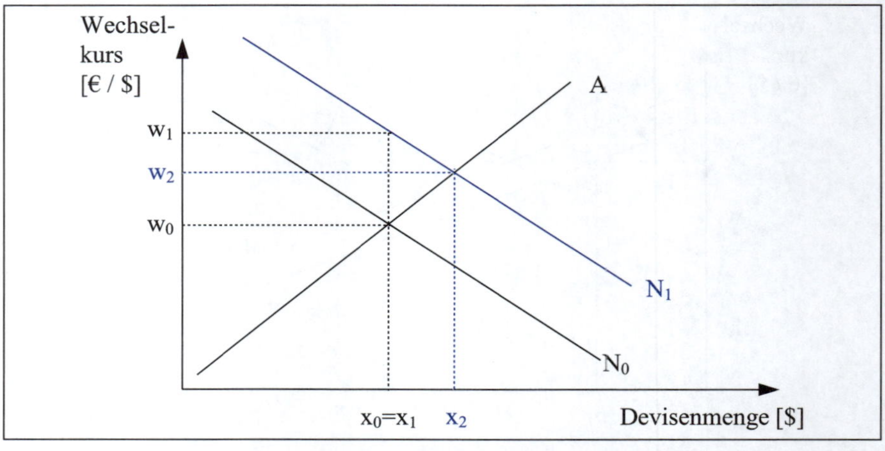

Abb. 2.4: Die Rolle der Spekulation am Devisenmarkt

nach dem erwarteten Kursrückgang mit der erworbenen Inlandswährung einen höheren Devisenbetrag zurücktauschen.

Da Spekulanten schneller reagieren als Außenhändler, werden die Anpassungszeiträume bis zur Ausdehnung des Devisenangebotes auf die Menge x_2, bei der sich der endgültige Gleichgewichtswechselkurs w_2 ergibt, verkürzt. Zusätzlich werden die Wechselkursausschläge gedämpft, weil bei steigenden Kursen das Devisenangebot aus Spekulationsquellen erhöht wird und bei sinkenden Kursen zusätzliche Nachfrage seitens der Spekulation auftritt. Als Fazit ergibt sich also:

Die Spekulation kann dazu beitragen, bei zufälligen und kurzfristigen Störungen des Gleichgewichtes den Gleichgewichtskurs schneller und unter geringeren Kursausschlägen wieder zu erreichen. Bei trendmäßigen Entwicklungen vom ursprünglichen Gleichgewichtskurs fort, kann eine funktionsfähige Spekulation bewirken, dass der Weg zum neuen Gleichgewichtswechselkurs gleichmäßiger verläuft als ohne Spekulation.

Allerdings sind einige Voraussetzungen nötig, damit die Spekulation[9] ihre stabilisierende Wirkung entfalten kann:

- Die Spekulation verfügt über genügend Mittel, den Markt zu beeinflussen.
- Die Spekulanten konkurrieren miteinander.
- Die Spekulanten sind gut informiert und schätzen die Entwicklung im Durchschnitt und der Tendenz nach richtig ein.
- Das Währungs- und Wechselkurssystem als solches steht nicht in Frage, weil sonst destabilisierende Spekulationen in eine Richtung **(one-way-speculation)** in Gang gesetzt werden, die die erwartete Systemänderung antizipieren sollen.

2.3.2.3 Anomale Reaktion des Devisenangebotes

Bisher wurde stets ein **normaler Verlauf** der Devisenangebots- und Devisennachfragekurven unterstellt. Für die Devisennachfragekurve ist tatsächlich ein **anomaler Verlauf** (d. h. positive Steigung der Kurve) mit großer Wahrscheinlichkeit auszuschließen: Die Devisennachfrage für Importe ergibt sich als Produkt aus importierter Gütermenge und Preis in ausländischer Währung. Bei steigendem Wechselkurs (in Preisnotierung) verteuern sich die Auslandswaren aus der Sicht der Inländer, weil sie pro Dollar mehr Euro aufwenden müssen. Als Reaktion ist ein Rückgang der Importe zu erwarten. Im äußersten Fall wäre es denkbar, dass die Importmenge konstant bleibt, weil das Inland auf die Importe angewiesen ist (die **Preiselastizität** der Importnachfrage wäre dann gleich Null). Die Preise der Importgüter (in Auslandswährung) reduzieren sich tendenziell wegen des Rückgangs der mengenmäßigen Importnachfrage oder bleiben allenfalls konstant.[10]

---

[9] Auf einige Arten der Währungsspekulation geht das Kapitel 6 näher ein.

[10] Ein Sinken der Auslandspreise aufgrund eines Rückgangs der Importnachfrage tritt nur dann ein, wenn die inländischen Importe einen merkbaren Anteil der Weltnachfrage ausmachen. Andernfalls sind die Wirkungen von Veränderungen der Im-

Für das Devisenangebot hingegen gilt, dass mit steigendem Wechselkurs die Inlandsgüter für die Ausländer zwar billiger werden, so dass sie mehr nachfragen und die Exportgütermenge steigen wird. Dass steigende Exportmengen auch zu steigenden Devisenerlösen führen, ist jedoch deswegen nicht sicher, weil wegen des gestiegenen Kurses der pro Gütereinheit aufzuwendende Devisenbetrag sinkt. Der gestiegenen Exportmenge steht also ein gesunkener Preis in Auslandswährung gegenüber. Welche der beiden entgegengerichteten Tendenzen überwiegt, hängt von der Elastizität des Exportangebots und der Exportnachfrage ab.

An einem einfachen Zahlenbeispiel lässt sich das veranschaulichen. Der Preis eines bestimmten inländischen Exportgutes sei 16 Euro. Bei einem Wechselkurs von 0,8 [€/$] beträgt der Preis dieses Gutes im Ausland (16/0,8 =) 20 $. Werden zu diesem Preis 1 Mill. Einheiten des Gutes exportiert, so beträgt der Devisenerlös (= Devisenangebot) 20 Mill. $. Steigt der Wechselkurs nun auf 0,9 [€/$] (Abwertung des Euro), so sinkt der Preis in Dollar auf 17,78 $. Steigt aufgrund dieser Preissenkung die Exportmenge beispielsweise auf 1,1 Mill. Einheiten, so sinkt der Devisenerlös (Devisenangebot) gegenüber der Ausgangssituation auf (17,78 × 1,1 =) 19,5612 Mill. $. Steigt dagegen die Exportmenge stärker, z. B. auf 1,2 Mill. Einheiten, so steigt der Devisenerlös (= Devisenangebot) von 20 auf (17,78 × 1,2 =) 21,3 Mill. $.

Verläuft in einem derartigen Fall die negativ geneigte Devisenangebotskurve flacher als die ebenfalls negativ geneigte Devisennachfragekurve, so wird der Wechselkursmechanismus außer Kraft gesetzt (siehe Abb. 2.5). Tritt hier nämlich eine Störung des Gleichgewichts ein, z. B. durch Verschiebung der Angebotskurve von A_0 nach A_1, so entsteht bei einem Wechselkurs von w_0 ein Angebotsüberschuss in Höhe von x_1–x_0. Ein Überangebot führt aber auf funktionsfähigen Märkten zu Preissenkungen. In unserem Fall würde daher der Wechselkurs unter w_0 sinken. Der anomale Verlauf der Devisenangebotskurve bewirkt aber, dass das Devisenangebot mit sinkendem Wechselkurs zunimmt und zwar stärker als die Devisennachfrage. Der Angebotsüberschuss vergrößert sich also noch. Die Wechselkursänderung beseitigt damit nicht das Ungleichgewicht auf dem Devisenmarkt (und in der Zahlungsbilanz), sondern vergrößert es – eine instabile Marktsituation.

Der Fall eines anomalen Devisenangebotes erfreut sich immer wieder größerer theoretischer Aufmerksamkeit. Dennoch ist die praktische Relevanz nur begrenzt. Offensichtlich existiert gerade auf den Devisenmärkten jederzeit ein Gleichgewicht, was frei ist von den mit einem anomalen Angebot verbundenen explosiven Bewegungen. Ursache dürfte unter anderem die Dominanz der finanzorientierten Transaktionen und die nur kurzfristig unelastische Verhaltensweise von Exportangebot und -nachfrage sein.

---

portnachfrage eines einzelnen Landes so gering, dass sie die Weltmarktpreise nicht beeinflussen.

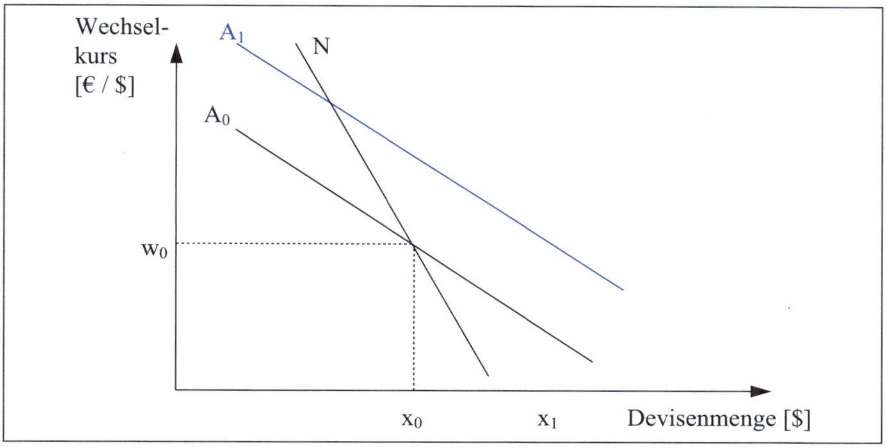

Abb. 2.5: Instabiler Devisenmarkt

2.3.3 Zahlungsbilanzausgleich bei festen Wechselkursen

In dem zurzeit herrschenden Wechselkurssystem besteht zwischen wichtigen Währungen wie dem US-Dollar, dem Euro und dem Yen keinerlei dauerhaft gültige, vertraglich festgehaltene Wechselkursvereinbarung. Aufgrund der hohen Bedeutung dieser Währungen besteht in der Öffentlichkeit häufig der Eindruck, die Weltwirtschaft befände sich in einem System flexibler Wechselkurse. Tatsächlich ist ein **Weltwährungssystem**, in dem sich die Wechselkurse vollkommen frei bilden, noch nie praktiziert worden.[11] Vielmehr besteht zwischen den meisten Währungen der Welt eine gewisse Fixierung. Die Box 2.5, die die verschiedenen Wechselkursvereinbarungen in der Weltwirtschaft darstellt, zeigt deutlich, dass in praxi Systeme fester Wechselkurse von hoher wirtschaftspolitischer Bedeutung sind.

Im Folgenden wird gezeigt, dass auch in Systemen fester Wechselkurse endogene Mechanismen existieren, die etwaige Zahlungsbilanzungleichgewichte tendenziell ausgleichen.

Box 2.5: Die Weltwirtschaft – weit entfernt von einem System flexibler Wechselkurse

Nach dem sogenannten **System von Bretton Woods**, das mit der Gründung des Internationalen Währungsfonds (IWF, engl.: International Monetary Fund, IMF) Ende 1945 in Kraft trat, hatten sich die Notenbanken von zunächst 44 wichtigen Industrienationen zur Einhaltung fester Wechselkurse untereinander verpflichtet. 1973 wurde das System aufgegeben, nachdem es den Notenbanken nicht mehr gelang, durch angemessene Interventionen

[11] Eine detaillierte Darstellung der verschiedenen Weltwährungssysteme im Zeitablauf findet sich z. B. in Argy, V., International Macroeconomics, London and New York, 1994, Kapitel 1.

die Wechselkursparitäten einzuhalten. Seither wird teilweise von einem währungspolitischen „Non-System“ der Weltwirtschaft gesprochen. De facto sind jedoch auch heute die meisten Wechselkursrelationen offiziell reguliert.

System	Anzahl Länder
Feste Wechselkurse	**91**
Bindung an Einzelwährung	84
US-Dollar	51
Euro	26
Andere Währungen	7
Bindung an Währungskorb	7
Feste, aber anpassungsfähige Wechselkurse	**13**
Bindung an Einzelwährung	8
Bindung an Währungskorb	5
Weitgehend flexible Wechselkurse	**83**
Schmutziges Floaten	44
Unabhängiges Floaten	39
Gesamt:	**187**

Quelle: IMF, International Financial Statistics, April 2008.

Heute verfügen die 187 Mitgliedsstaaten (Stand: April 2012) des IWF über die Wahlfreiheit hinsichtlich der Gestaltung ihres Wechselkurssystems. Ein System fester Wechselkurse wird zurzeit von 91 Ländern praktiziert. 7 dieser Staaten banden zu diesem Zeitpunkt ihre Wechselkurse an einen speziell definierten Währungskorb. Die verbleibenden 84 Länder orientieren sich an Einzelwährungen wie dem US-Dollar (51) oder dem Euro (26). Die Bindung an Einzelwährungen wird häufig von kleineren Entwicklungsländern verfolgt und ist Ausdruck einer traditionellen Verbundenheit mit dem Leitwährungsland oder aber der Versuch, sich von der Glaubwürdigkeit der Ankerwährung zu profitieren.

Feste Wechselkurse mit Möglichkeiten zur Anpassung bestehen gegenwärtig in 13 IWF-Mitgliedsländern (sog. **„Intermediate Regimes“**).

Die Kategorie der Nationen mit weitgehend flexiblen Wechselkursen (84 Länder) wird in der IWF-Statistik noch weiter untergliedert. Als Unterscheidungsmerkmal dient dabei die Art der Zentralbankinterventionen zur Stabilisierung von starken Schwankungen der ansonsten flexiblen Wechselkurse. Zu den 39 Ländern mit einem System des unabhängigen **Floatens** zählen z.B. die USA, Japan, Kanada und Australien, in denen lediglich extreme Wechselkursschwankungen durch sporadische Zentralbankeingriffe ausgeglichen werden. Im Gegensatz hierzu verfolgen die 44 Länder mit schmutzigem Float (z.B. Indien, Ägypten, Singapur) eine systematische Stabilisierung der ansonsten flexiblen Wechselkurse. Davon verfolgen 3 Länder ein Indikator-orientiertes Floaten, das im Wesentlichen einer stufenflexiblen Wechselkursanpassung entspricht.

2.3.3.1 Paritätsänderungen

Es mag verwundern, dass bei den sogenannten automatischen Zahlungsbilanzausgleichsmechanismen mit Paritätsänderungen, also einer wirtschaftspolitischen Aktion und keiner endogenen Variablen begonnen wird. Tatsächlich besteht jedoch bei erheblichen Zahlungsbilanzungleichgewichten in Festkurssystemen regelmäßig großer Druck, die Paritäten zu ändern: Bei Zahlungsbilanzüberschüssen (Vergrößerung der Devisenreserven) entstünde sonst ein inflationärer Druck im Inland. Bei Zahlungsbilanzdefiziten droht ein Erschöpfen der Devisenreserven, was das Aufrechterhalten der Paritäten dauerhaft unmöglich machen würde.

Insofern ist es gerechtfertigt, die politische Reaktion der Paritätsänderung als endogen zu betrachten. Der Erfolg einer solchen Paritätsänderung hängt entscheidend davon ab, ob die neue Parität annähernd dem Kurs entspricht, bei dem weitere Interventionen in der bisherigen Richtung unnötig werden. Der zielgerechte Einsatz dieser währungspolitischen Maßnahme setzt somit voraus, dass man ihre Wirkung auf die Zahlungsbilanz möglichst zuverlässig bestimmen kann. Im Zusammenhang mit der Erklärung des Wechselkursmechanismus (bei flexiblen Wechselkursen) waren schon einige tendenzielle Aussagen darüber gemacht worden, wie erstens der Wechselkurs auf Zahlungsbilanzungleichgewichte reagiert und zweitens die Wechselkursänderung ihrerseits auf die Handels- und Dienstleistungsbilanz (Leistungsbilanz[12]) einwirkt. Insbesondere die zweite Phase des Problems, nämlich die **Reaktion der Zahlungsbilanz auf Wechselkursänderungen**, gleicht sich bei flexiblen und festen Wechselkursen. Der Unterschied besteht lediglich darin, dass die Wechselkursänderung im ersten Fall durch den Marktmechanismus, im zweiten Fall durch politische Entscheidung zustande kommt.

Es hat sich bereits gezeigt, dass erhöhte Wechselkurse (Abwertung) tendenziell zu einer Aktivierung und verringerte Wechselkurse (Aufwertung) zu einer Passivierung der Leistungsbilanz führen. Dieses „normale“ Ergebnis muss jedoch nicht eintreten. Vielmehr kann es nach einer Abwertung auch zu einer Passivierung bzw. nach einer Aufwertung zu einer Aktivierung der Leistungsbilanz kommen. Die folgenden Überlegungen gelten daher der Frage, von welchen Voraussetzungen es abhängt, ob die Leistungsbilanz normal oder anomal reagiert. Die Beschränkung der Betrachtung auf die Handels- und Dienstleistungsbilanz erfolgt auch hier wegen der Schwierigkeit, einen eindeutigen Zusammenhang zwischen Wechselkurs und den von vielfältigen Motiven bestimmten internationalen Kreditbewegungen herzustellen.

Den Einfluss einer Wechselkursänderung auf die Leistungsbilanz erhält man, wenn man die Veränderung der Exporte und Importe kennt. In die Zahlungsbilanz gehen **Export- und Importwerte** ein, die sich als Produkt aus Mengen und Preisen der umgesetzten Außenhandelsgüter ergeben. Neben der Mengenänderung muss man also auch die **induzierte Preisänderung** bei Export- und Im-

[12] Zwecks Abkürzung wird im Folgenden der Begriff Leistungsbilanz für die Zusammenfassung von Handels- und Dienstleistungsbilanz sowie der Erwerbs- und Vermögenseinkommen verwendet (laufende Übertragungen werden also ausgeklammert).

portgütern kennen, wenn man eine Aussage über die Veränderung ihrer Werte machen will. Aus einer Gegenüberstellung der Veränderung von Import- und Exportwert ergibt sich die Wirkung auf die Zahlungsbilanz. Eine Aktivierung tritt ein, wenn ein gestiegener Exportwert einem gesunkenen, konstanten oder schwächer gestiegenen Importwert oder wenn ein gesunkener Exportwert einem stärker gesunkenen Importwert gegenübersteht. Entsprechendes gilt für die Passivierung. Eine solche vergleichende Gegenüberstellung der Export- und Importwertänderungen ist natürlich nur dann sinnvoll, wenn die Werte vergleichbar sind, d. h. in derselben Währung angegeben werden.

Im Folgenden werden die Wirkungen einer Wechselkursänderung auf Importe und Exporte untersucht. Für die Entwicklung der Devisensituation ist die Reaktion der Leistungsbilanz in Auslandswährung ($) interessant, für die binnenwirtschaftliche Konjunktur dagegen die Reaktion in Inlandswährung (€). Die folgenden Ausführungen konzentrieren sich auf die Reaktion in inländischer Währung. Bei den Analysen wird von einer Abwertung der Inlandswährung ausgegangen. Für den Fall einer Aufwertung lassen sich die Ergebnisse übertragen.

2.3.3.1.1 Importwert in Inlandswährung bei Abwertung

Die Angebots- und Nachfragestrukturen auf dem Importgütermarkt lassen sich aus den Angebots- und Nachfragestrukturen auf den jeweiligen nationalen Märkten ableiten. Dabei sollen die beteiligten Länder vereinfachend in Inland und Ausland eingeteilt werden. In Abb. 2.6 wurde eine Konstellation gewählt, bei der der gleichgewichtige Inlandspreis (P_0) über dem Gleichgewichtspreis im Ausland (P_0*) liegt.

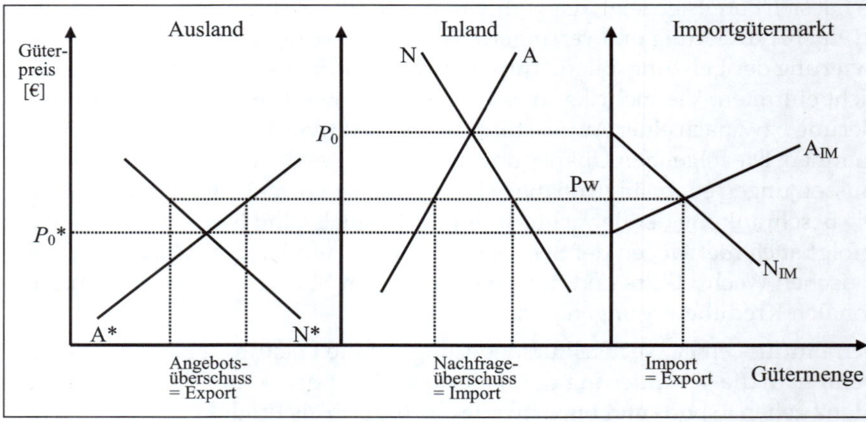

Abb. 2.6: Ableitung des Importgütermarktes

Das Importangebot aus dem Ausland beginnt bei P_0*. Erst bei Preisen, die höher liegen, entsteht im Ausland ein Angebotsüberschuss, der dort nicht mehr abgesetzt werden kann und zum Export zur Verfügung steht. Aus den bei verschiedenen Preisen sich bildenden Angebotsüberschüssen im Ausland ergibt sich das **Importangebot** (A_{IM}) des Auslandes.

Analog beginnt die Importnachfrage des Inlandes bei P_0. Zu niedrigeren Preisen ergibt sich im Inland ein wachsender Nachfrageüberschuss, weil die Inlandsproduktion zu diesen Preisen die Nachfrage nicht mehr deckt. Die Nachfrageüberschüsse bei den verschiedenen Preisen ergeben die **Importnachfrage** des Inlandes (N_{IM}).

Bei **Transparenz** auf dem Weltmarkt und Fehlen jeglicher **Handelshemmnisse** wie **Zöllen**, **Transportkosten** usw. wird das Inland das Gut importieren. Das zusätzliche Angebot aus dem Ausland lässt den Inlandspreis sinken, die zusätzliche Nachfrage vonseiten des Inlandes lässt den Preis im Ausland steigen. Das Importgleichgewicht ergibt sich im Schnittpunkt der Kurven des Importangebots und der Importnachfrage beim **Weltmarktpreis** P_W. Bei diesem Preis ist der Angebotsüberschuss des Auslandes gleich dem Nachfrageüberschuss im Inland.

Das Ausland kann also gerade so viel exportieren, wie das Inland importieren muss, um die Nachfrage zu decken, die mit Hilfe der Inlandsproduktion nicht befriedigt werden kann. Die nationalen Märkte sind damit zu einem einheitlichen Weltmarkt verschmolzen. Der **Importgütermarkt** isoliert den Teil des Angebotes, der aus dem Ausland stammt und den Teil der Nachfrage, der aus dem Ausland befriedigt wird.

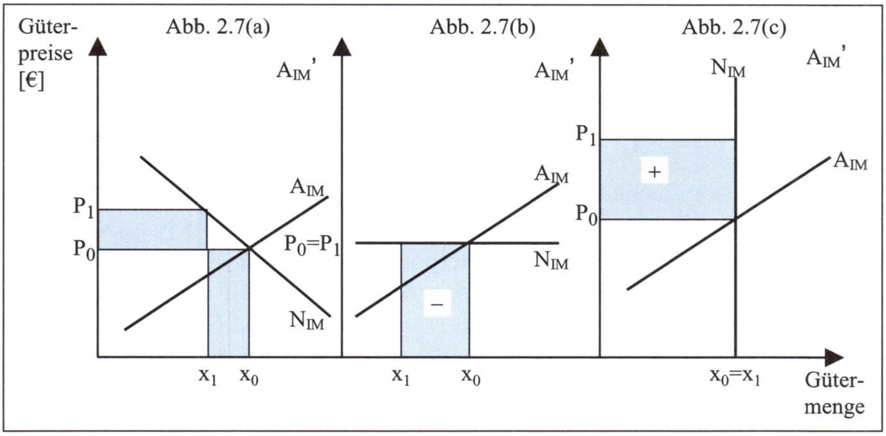

Abb. 2.7: Importgütermarkt

Gerechnet in Inlandswährung bleibt die Nachfragekurve durch eine Abwertung unberührt, denn die inländischen Nachfrager werden nach der Abwertung für gegebene Euro-Preise die gleichen Mengen abnehmen wie vorher. Für die ausländischen Anbieter, die in „ihrer" ausländischen Währung rechnen, muss sich der Preis in Euro um den Abwertungssatz erhöhen, wenn sie nach Umtausch in Auslandswährung dasselbe erlösen wollen wie vorher. Die Kurve des Importangebots verschiebt sich daher proportional um den Abwertungssatz nach oben (von A_{IM} nach A_{IM}' in Abb. 2.7(a)). Die Folge ist eine Verringerung der Importmenge auf x_1 einerseits und eine Erhöhung der Importpreise auf P_1 andererseits.

Diese entgegengesetzte Veränderung von Preis und Menge tritt immer ein, außer das Importangebot ist völlig preisunelastisch ($\varepsilon_{IM} = 0$). In diesem Fall verschiebt sich die Importangebotskurve quasi auf sich selbst nach oben. Folglich bleiben Importmenge, -preis und -wert unverändert.

Abgesehen von diesem Grenzfall bedeuten die gegenläufigen Preis- und Mengeneffekte, dass der Importwert infolge einer Abwertung zu- oder abnehmen kann, je nachdem, welche der entgegengesetzten Tendenzen überwiegt. Bei elastischem Importangebot ($\varepsilon_{IM} > 0$) entscheidet darüber die **Elastizität der Importnachfrage** (η_{IM}). In Abb. 2.7 ist diese Abhängigkeit anhand dreier Spezialfälle dargestellt. Bei völlig elastischer Importnachfrage (Abb. 2.7(b)) verringert sich der Importwert (Verminderung der Importmenge bei konstantem Preis). Bei unelastischer Importnachfrage (Abb. 2.7(c)) erhöht sich der Importwert (höherer Preis bei konstanter Menge). Bei einer Nachfrageelastizität von 1 (Abb. 2.7(a)) bleibt der Importwert konstant. Insgesamt gilt:

1. $|\eta_{IM}| > 1$ $\rightarrow$ sinkender Importwert infolge einer Abwertung
2. $|\eta_{IM}| = 1$ $\rightarrow$ konstanter Importwert infolge einer Abwertung
3. $|\eta_{IM}| < 1$ $\rightarrow$ steigender Importwert infolge einer Abwertung

2.3.3.1.2 Exportwert in Inlandswährung bei Abwertung

Der Exportgütermarkt kann mit ähnlichen Überlegungen abgeleitet werden wie der Importgütermarkt. Das Exportangebot ergibt sich als das Überschussangebot des inländischen Marktes zu den jeweiligen inländischen Preisen, die Exportnachfrage als Überschussnachfrage des ausländischen Marktes zu den jeweiligen ausländischen Preisen. Die Abb. 2.8 gibt die resultierende Exportmarktstruktur mit dem Exportangebot wieder.

Das Exportangebot der inländischen Exporteure bleibt von der Abwertung unberührt. Sie bieten nach wie vor zu entsprechenden Euro-Preisen die gleichen Mengen an. Die ausländischen Nachfrager inländischer Exportgüter jedoch können einen um den Abwertungssatz erhöhten Preis in Inlandswährung akzeptieren, ohne dass sich der Preis (in Dollar gerechnet) erhöht. Die Nachfragekurve verschiebt sich daher um den Abwertungssatz proportional nach oben. Das Ergebnis ist eine erhöhte Exportmenge (x_1) bei erhöhtem Preis (P_1) (vgl. Abb. 2.8(a)). Der Exportwert in Inlandswährung steigt unabhängig von der **Elastizität des Exportangebotes** (ε_{EX}).

Allerdings ist das Ausmaß der Exportwertsteigerung von der Elastizität der Exportnachfrage (η_{EX}) abhängig. Die Abb. 2.8(b) und 2.8(c) zeigen die Extremfälle einer vollkommen elastischen bzw. vollkommen unelastischen Exportnachfrage ($|\eta_{EX}| = \infty$ und $\eta_{EX} = 0$). Es ist offensichtlich, dass die Exportwertsteigerung (blaue Flächen) mit sinkender Elastizität der Exportnachfrage abnimmt und bei unelastischer Exportnachfrage gleich Null ist.

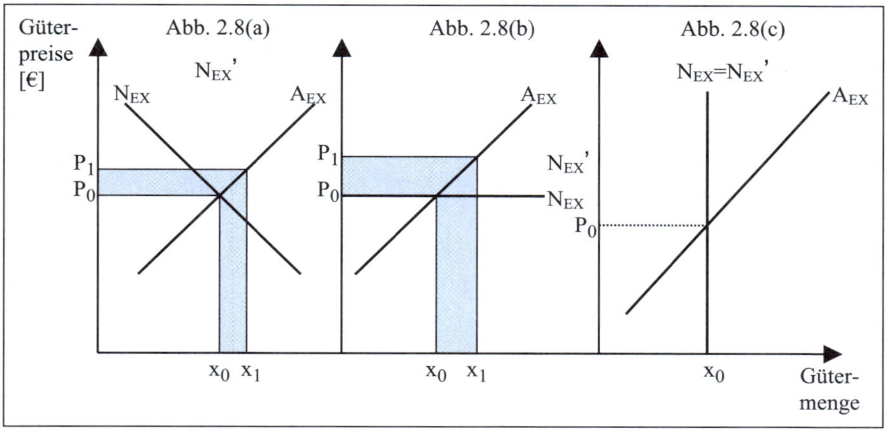

Abb. 2.8: Exportgütermärkte

Aus der Zusammenfassung der Resultate für Importwert und Exportwert ergibt sich für die Wirkung auf den Saldo der Leistungsbilanz (in Inlandswährung):

Tab. 2.3: Wirkungen einer Abwertung

Exportwert	Importwert	Leistungsbilanz
steigt immer (Ausnahme: $\eta_{EX} = 0$)	sinkt bei $\lvert\eta_{IM}\rvert > 1$	Aktivierung
	konstant bei $\lvert\eta_{IM}\rvert = 1$	Aktivierung
	steigt bei $\lvert\eta_{IM}\rvert < 1$	
	a) steigt weniger als Exportwert	Aktivierung
	b) steigt genau wie Exportwert	keine Wirkung
	c) steigt stärker als Exportwert	Passivierung (anomal)

Unter bestimmten Konstellationen kann es also, entgegen der Absicht der Paritätsänderung (inländische Abwertung), zu einer **Passivierung der Leistungsbilanz** als Folge einer Abwertung kommen.

2.3.3.1.3 Formale Bedingungen für eine normale Reaktion der Zahlungsbilanz

Die Marshall-Lerner-Bedingung

Eine formalere und exaktere Antwort auf die Frage, wann Abwertungen zu Leistungsbilanz- und damit zu Zahlungsbilanzaktivierungen führen, hat der englische Nationalökonom Alfred Marshall 1923 gegeben. Diese wurde 1944 vom Amerikaner A.P. Lerner bestätigt. Die nach ihnen benannte **Marshall-Lerner-Bedingung** besagt folgendes:

Die Leistungsbilanz reagiert auf Wechselkursänderungen dann normal, wenn die Summe der absoluten Elastizitäten der Export- und Importnachfrage größer als eins ist.[13]

Formal lässt sich diese Bedingung schreiben als

(2.11) $|\eta_{EX}| + |\eta_{IM}| > 1 \quad \text{oder} \quad \eta_{EX} + \eta_{IM} < -1$

Diese Bedingung für eine normale Reaktion der Handels- und Dienstleistungsbilanz gilt unter zwei Voraussetzungen:

1. Export- und Importangebot müssen völlig elastisch sein ($\varepsilon_{EX} = \varepsilon_{IM} = \infty$).
2. Vor der Wechselkursänderung muss die Handels- und Dienstleistungsbilanz ausgeglichen gewesen sein ($EX = IM$).

Die Robinson-Bedingung

Die grafische Analyse der vorigen Abschnitte zeigte, dass auch die Angebotselastizitäten den Zahlungsbilanzeffekt einer Wechselkursänderung mitbestimmen. So stellte sich z. B. heraus, dass eine Veränderung des Importwertes nicht eintreten konnte, wenn das Importangebot völlig unelastisch war. Bei $\varepsilon_{IM} > 0$ jedoch war eine Änderung des Importwertes möglich und bei gegebenem ε_{IM} von der Nachfrageelastizität (η_{IM}) abhängig. Der englischen Nationalökonomin Joan Robinson ist 1947 die Klärung des Einflusses der Angebotselastizitäten von Export und Import auf die Zahlungsbilanzwirkung von Wechselkursänderungen gelungen. Die nach ihr benannte **Robinson-Bedingung** lautet:[14]

(2.12) $\eta_{EX} + \eta_{IM} < -1 + \dfrac{\eta_{IM} \cdot \eta_{EX}}{\varepsilon_{IM} \cdot \varepsilon_{EX}}(\varepsilon_{IM} + \varepsilon_{EX} + 1)$

Ein Vergleich mit der Marshall-Lerner-Bedingung zeigt, dass diese ein Spezialfall der Robinson-Bedingung ist. Setzt man die Angebotselastizitäten (ε_{EX} und ε_{IM}) in (2.12) entsprechend der Voraussetzungen der Marshall-Lerner-Bedingung gleich unendlich, so wird der Ausdruck

$$\frac{\eta_{IM} \cdot \eta_{EX}}{\varepsilon_{IM} \cdot \varepsilon_{EX}}(\varepsilon_{IM} + \varepsilon_{EX} + 1)$$

gleich Null und (2.12) ist mit der Marshall-Lerner-Bedingung identisch.

Ferner sieht man, dass derselbe Ausdruck bei endlichen Elastizitäten positiv werden muss. Das aber bedeutet, dass die Zahlungsbilanz auch dann normal reagiert, wenn die Summe der Nachfrageelastizitäten ($\eta_{EX} + \eta_{IM}$) um diesen positiven Betrag größer ist als –1, in absoluten Werten also kleiner als 1 ist. Ein Bei-

[13] Zur Ableitung, vgl. Anhang A2 sowie Marshall, A., Money, Credit and Commerce, London 1923, S. 167 ff. sowie Lerner, A.P., The Economics of Control (New York, 1944). 9. Wiederabdruck, New York 1957, S. 377 ff.

[14] Robinson, J., The Foreign Exchanges, in: Essays in the Theory of Employment, 2. Aufl., Oxford 1947, S. 139 ff. Zur Ableitung vgl. Anhang A2.

spiel: Gesetzt den Fall, der Ausdruck, der mit fallenden Angebotselastizitäten anwächst, ergäbe 0,4, so reagiert die Zahlungsbilanz auch dann normal, wenn

$$\eta_{EX} + \eta_{IM} < -1 + 0{,}4 \quad \text{also} \quad \eta_{EX} + \eta_{IM} < -0{,}6$$

ist. Mit anderen Worten: Je kleiner die Angebotselastizitäten sind, desto kleiner können auch die Nachfrageelastizitäten sein, ohne dass es zu einer anomalen Zahlungsbilanzreaktion kommt. Insgesamt lässt sich das folgende Fazit ziehen:

Die Reaktion der Zahlungsbilanz (Handels- und Dienstleistungsbilanz) auf Wechselkursänderungen hängt sowohl von den Nachfrage- als auch von den Angebotselastizitäten ab. Sie reagiert umso eher normal, je größer die Nachfrageelastizitäten und je geringer die Angebotselastizitäten sind.

2.3.3.1.4 Wirkungen aufgrund von Paritätsänderungen: Bestehende Leistungsbilanzsalden und deren Denominierung

Eine Einschränkung hinsichtlich der Robinson-Bedingung (2.12) muss noch gemacht werden: Sie gilt nur unter der Voraussetzung, dass Export- und Importwerte vor der Wechselkursänderung gleich groß sind ($EX = IM$). Da aber gerade die Unausgeglichenheit der Handels- und Dienstleistungsbilanz eine der wichtigsten Ursachen für administrative Wechselkursänderungen darstellt, erscheint eine Ausweitung der Robinson-Bedingung auf den allgemeineren Fall einer unausgeglichenen Handelsbilanz sinnvoll.

Die im Anhang A2 abgeleitete Bedingung (A2.18) zeigt, dass bei gegebenen Angebots- und Nachfrageelastizitäten auf dem Export- und Importmarkt eine normale Reaktion der Leistungsbilanz in ausländischer Währung desto wahrscheinlicher wird, je größer ein in der Ausgangssituation vorhandenes Leistungsbilanzdefizit bzw. je kleiner ein vorhandener -überschuss ist.

Bei Existenz eines Leistungsbilanzsaldos wird nun eine Unterscheidung bei der Berechnung in in- und ausländischer Währung bedeutsam. Diese war bei einer zum Ausgangszeitpunkt ausgeglichenen Leistungsbilanz irrelevant, weil eine durch eine Wechselkursänderung bewirkte Saldoveränderung stets in die gleiche Richtung läuft: Die Entstehung jedes noch so kleinen Aktiv-Saldos in Euro gerechnet bedeutet auch einen (unter Umständen kleineren) Dollar-Aktiv-Saldo.

Besteht jedoch vor der Wechselkursänderung schon ein Euro-Saldo, dessen Dollarwert sich als

$$LB_{\$0} = \frac{LB_{€_0}}{w_0}$$

ergibt, so kann eine Paritätsänderung auf w_1 entgegengesetzte Veränderungen des Euro- und des Dollar-Saldos bewirken. Beispielsweise mag, unter den genannten Bedingungen, nach einer inländischen Abwertung auf w_1 ($w_1 > w_0$) eine tendenzielle Aktivierung der Leistungsbilanz, gerechnet in inländischer Währung erfolgen. Für die Bedingungen einer gleich gerichteten Veränderung des Euro- und des Dollar-Saldos der Leistungsbilanz nach einer Wechselkursänderung gilt folgendes:

1. Ein Ansteigen des Euro-Saldos in absoluten Werten (Vergrößerung eines Exportüberschusses oder eines Importüberschusses)

   $$|LB_{DM_0}| < |LB_{DM_1}|$$

   nach einer Wechselkursänderung führt nur dann auch zu einer Vergrößerung des absoluten Dollar-Saldos

   $$\frac{|LB_{DM_0}|}{w_0} < \frac{|LB_{DM_1}|}{w_1}$$

   wenn

   $$(2.13) \quad \frac{w_1}{w_0} < \frac{LB_{DM_1}}{LB_{DM_0}}$$

   d. h., wenn die proportionale Änderung des Wechselkurses geringer ausfällt als die proportionale Änderung des Leistungsbilanzsaldos oder wenn der Wechselkurs gar sinkt.

2. Beim Sinken des absoluten Euro-Saldos

   $$|LB_{€_0}| > |LB_{€_1}|$$

   gilt: Der Dollar-Saldo sinkt,

   $$\frac{|LB_{€_0}|}{w_0} > \frac{|LB_{€_1}|}{w_1}$$

   wenn

   $$(2.14) \quad \frac{w_1}{w_0} > \frac{LB_{€_1}}{LB_{€_0}}$$

   d. h., wenn der Wechselkurs proportional weniger fällt als der Leistungsbilanzsaldo, gerechnet in inländischer Währung, oder wenn der Wechselkurs steigt.

Der unter 2. analysierte Fall ist der für die wirtschaftspolitische Praxis relevantere, da mit einer Paritätsänderung zumeist ein Leistungsbilanzausgleich angestrebt wird. Deshalb sei für den Fall der Verringerung des Leistungsbilanzsaldos kurz auf die beiden Fälle eines zuvor bestehenden Leistungsbilanzdefizites oder -überschusses eingegangen.

Zur Verringerung eines Leistungsbilanzdefizites, gerechnet in inländischer Währung, wird – eine normale Reaktion vorausgesetzt – üblicherweise eine Abwertung der inländischen Währung ($w_0 < w_1$) vorgenommen. Nach (2.14) kommt es bei normaler Leistungsbilanzreaktion stets zu einer gleich gerichteten und erwünschten Aktivierung der Leistungsbilanz in in- und ausländischer Währung.

Zur Verringerung eines Leistungsbilanzüberschusses, gerechnet in inländischer Währung, wird – eine normale Reaktion vorausgesetzt – üblicherweise eine Aufwertung der inländischen Währung ($w_0 > w_1$) vorgenommen. Nach (2.14) kommt es zu einer gleich gerichteten und erwünschten Passivierung der Leistungsbilanz in in- und ausländischer Währung, wenn der Leistungsbilanzsaldo in Inlandswährung proportional stärker fällt als der Wechselkurs. Auf eine z. B. 10 %-ige Aufwertung muss also der Leistungsbilanzsaldo, gerechnet in inländischer Währung, um mehr als 10 % zurückgehen. Ansonsten erhöht sich der Leistungsbilanzsaldo, gerechnet in ausländischer Währung.

Insbesondere Situationen, in denen sich der absolute Euro-Saldo und der Außenwert des Euro gegenläufig verändern, rufen Leistungsbilanzänderungen hervor, die – gerechnet in in- und ausländischer Währung – unterschiedlich ausfallen. Aus diesen Überlegungen lässt sich das folgende Fazit ziehen:

Ist die Leistungsbilanz ausgeglichen ($LB = 0$), so hat ein durch eine Wechselkursänderung hervorgerufener Leistungsbilanzsaldo sowohl in Inlands- als auch in Auslandswährung das gleiche Vorzeichen (entweder Aktiv- oder Passivsaldo in beiden Währungen). Bei Existenz eines Leistungsbilanzsaldos ($LB \neq 0$) vor der Wechselkursänderung gilt diese Aussage nicht. Unter bestimmten Voraussetzungen kann die Wechselkursänderung entgegengesetzte Veränderungen der Euro- und der Dollar-Salden bewirken.

Dieses Ergebnis ist wirtschaftspolitisch von Bedeutung, denn es beinhaltet die Möglichkeit einer **Zielkollision**. Ist z. B. die konkrete wirtschaftliche Situation durch Stagnation bei gleichzeitiger Passivität der Leistungsbilanz gekennzeichnet, so wäre sowohl eine Steigerung von Einkommen und Beschäftigung als auch ein Abstoppen der Devisenabflüsse durch Aktivierung der Zahlungsbilanz anzustreben. Eine zu diesem Zweck unternommene Abwertung kann jedoch unter Umständen einerseits die Leistungsbilanz in Inlandswährung aktivieren und damit einkommenssteigernd wirken, andererseits aber die Leistungsbilanz in Auslandswährung passivieren und damit die Auslandsverschuldung noch verstärken.

2.3.3.1.5 Grenzen der Elastizitätsanalyse

Für die Ermittlung, ob auf eine Paritätsänderung eine normale Reaktion der Leistungsbilanz erwartet werden kann, ist die Kenntnis der Angebots- und Nachfrageelastizitäten auf Import- und Exportgütermärkten von zentraler Bedeutung. Die empirische Ermittlung von Elastizitäten ist jedoch selbst auf kleinen, gut abgrenzbaren Teilmärkten mit großen Schwierigkeiten verbunden. Diese Schwierigkeit wird mit der Notwendigkeit der **Aggregation** der einzelnen Gütermärkte zu „Import-" und „Exportgüter-Märkten" noch erhöht.

Eine weitere Schwierigkeit bei der Elastizitätsermittlung besteht darin, dass es sich nicht um fixe Größen handelt. Vielmehr sind sie erstens von verschiedenen ökonomischen Faktoren abhängig und (teilweise hiermit verbunden) zweitens **im Zeitablauf veränderlich**. Eine sich ändernde Wettbewerbsintensität im In- oder Ausland, technischer Fortschritt oder veränderte Konsumgewohnheiten haben unmittelbaren Einfluss auf die Elastizitäten. Was die Veränderlichkeit der Elastizitäten im Zeitablauf betrifft, so reagieren die am Außenhandel Beteiligten in der Regel mit gewissen **Zeitverzögerungen auf eine Wechselkursänderung**. Dieses führt dazu, dass häufig zwar kurzfristig eine anomale Reaktion zu konstatieren ist, langfristig jedoch die normale Reaktion der Leistungsbilanz eintritt (vgl. Box 2.6).

Box 2.6: Der J-Kurven-Effekt

Auf eine Abwertung wird normalerweise eine tendenzielle Aktivierung der Leistungsbilanz erwartet. In der Wirtschaftspraxis wird jedoch häufig beobachtet, dass sich der Leistungsbilanzsaldo, gerechnet in inländischer Währung, nach einer Abwertung zunächst tendenziell passiviert. Dieser in der Literatur entsprechend seiner grafischen Form **J-Kurven-** (oder auch **Spazierstock-**) **Effekt** genannte Sachverhalt lässt sich wie folgt erklären:

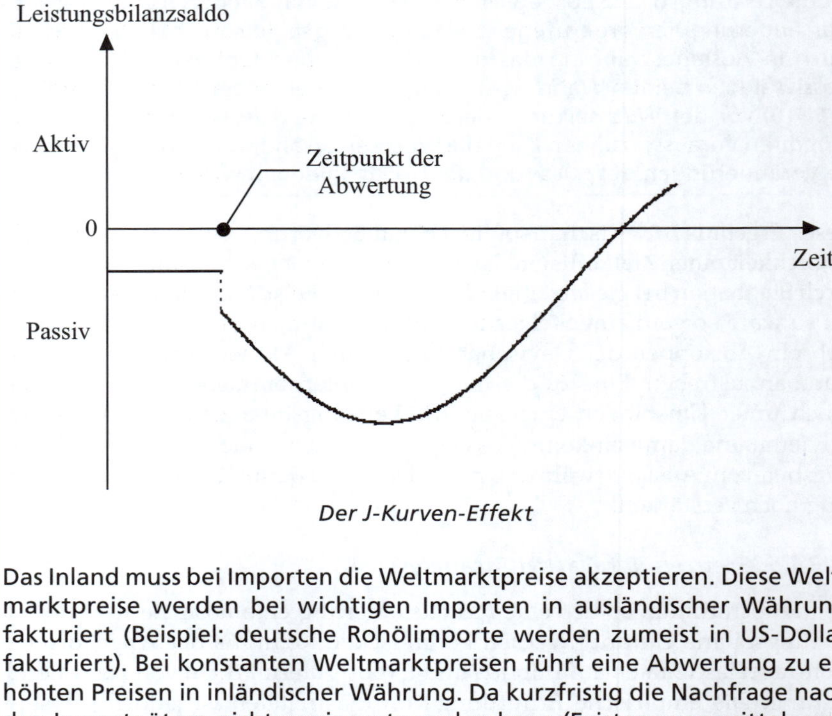

Der J-Kurven-Effekt

Das Inland muss bei Importen die Weltmarktpreise akzeptieren. Diese Weltmarktpreise werden bei wichtigen Importen in ausländischer Währung fakturiert (Beispiel: deutsche Rohölimporte werden zumeist in US-Dollar fakturiert). Bei konstanten Weltmarktpreisen führt eine Abwertung zu erhöhten Preisen in inländischer Währung. Da kurzfristig die Nachfrage nach den Importgütern nicht verringert werden kann (Existenz von mittel- und langfristigen Bezugsverträgen; nur geringe Möglichkeiten, das Importgut kurzfristig durch inländische Güter zu substituieren oder den Verbrauch zu drosseln), steigt der Importwert in inländischer Währung. Andererseits werden die inländischen Exporteure eine Abwertung häufig nicht dazu nutzen, die Exportpreise in inländischer Währung zu erhöhen, sondern versuchen, ihre Weltmarktanteile langfristig zu erhöhen. Kurzfristig wird jedoch auch die Exportnachfrage, aus ähnlichen wie den bereits genannten Gründen kaum steigen, so dass der Exportwert kurzfristig zur Stagnation neigt.

Insgesamt kann sich somit kurzfristig eine Passivierung der Leistungsbilanz nach einer Abwertung ergeben. Mittel- bis langfristig sind die Anpassungsmöglichkeiten hingegen hinreichend hoch, um eine normale Reaktion der Leistungsbilanz hervorzurufen.

Der Spazierstock-Effekt spielte in den 80er und 90er Jahren eine gewisse Rolle bei der Erklärung japanischer und US-amerikanischer Leistungsbilanzdefizite. Die USA wiesen Mitte der 80er Jahre ein erhebliches Leistungsbilanzdefizit auf. Nach der seit Anfang 1985 sukzessiv erfolgten, deutlichen Abwertung des Dollars reagierte die US-Leistungsbilanz jedoch nicht mit einer tendenziellen Aktivierung. Vielmehr passivierte sich die Leistungsbilanz weiter. Zur Erklärung wurde teilweise eine Verkettung von sukzessiven, sich überlagernden J-Kurven-Effekten nach den schubweisen Abwertungen des Dollars herangezogen. Ähnlich verlief die Diskussion in Japan, wo es trotz einer erheblichen Aufwertung des Yen zu steigenden Leistungsbilanzüberschüssen kam.

Literatur:

Magee, S. P., Currency Contracts, Pass-Through and Devaluation, Brookings Papers on Economic Activity, 1973, No. 1 (1973).

Trotz dieser „empirischen Lücke" hatte sich nach dem Zweiten Weltkrieg in wissenschaftlichen Kreisen – im Gegensatz zu der im politischen Bereich verbreiteten Ansicht – zunächst die Meinung durchgesetzt, dass die Nachfrageelastizitäten im Außenhandel im Allgemeinen so klein seien, dass nicht mit normalen Leistungsbilanzreaktionen auf Wechselkursänderungen zu rechnen sei **(Elastizitätspessimismus)**.

Mit der starken **Ausdehnung des Welthandels** nach dem Zweiten Weltkrieg ist ein Meinungsumschwung eingetreten. Mit zunehmender Zahl der am Welthandel Beteiligten stiegen für die Nachfrager die Substitutionsmöglichkeiten, während das Gewicht der einzelnen Anbieter am Gesamtmarkt abnahm. Dies führte zu gesteigerten Angebots- und Nachfrageelastizitäten.

Verallgemeinerte Aussagen sind jedoch fragwürdig, weil die wirtschaftliche, insbesondere die außenwirtschaftliche Situation der einzelnen Länder oft erhebliche Unterschiede aufweist. Deshalb können sich Aussagen über die zu erwartende Leistungsbilanzreaktion nur auf ein bestimmtes Land oder äußerstenfalls auf eine Gruppe von Ländern beziehen, deren Wirtschaftsstrukturen weitgehende Ähnlichkeiten aufweisen.

Kleine Länder werden grundsätzlich aufgrund der nur geringen Zahl inländischer Produzenten, deren Produktionen die Importgüter substituieren können, unter einer erhöhten Importabhängigkeit bzw. einer geringeren Elastizität der Importnachfrage leiden. Ähnliches gilt wegen der nur begrenzten Anzahl der inländischen Nachfrager, welche die Exportgüter absorbieren könnten, bzgl. ihrer Exportabhängigkeit und für die Elastizität des Exportangebotes. Auch die **Struktur des Außenhandels** ist von Belang. Werden vorwiegend lebensnotwendige Güter wie Nahrungsmittel importiert, so ist die Nachfrageelastizität gering.

Die Elastizitätsdiskussion erfährt regelmäßig neue Aktualität, da der **Internationale Währungsfonds** Entwicklungs- oder Schwellenländern im Rahmen der **konditionellen Kreditvergabe** häufig eine Abwertung zur tendenziellen Aktivierung der Leistungsbilanzen vorschreibt. Abgesehen von dem entstehenden inflationären Druck aufgrund der möglichen Erhöhung der inländischen Preise wichtiger Importgüter wird in die Diskussion eingebracht, dass die erhoffte Leistungsbilanzaktivierung nicht eintreten könne, weil die inländische Wirtschaft für die importierten Konsum- und Investitionsgüter keine Substitutionsgüter fertigen könne.

Bei der Elastizitätsanalyse wird von vollkommener Konkurrenz ausgegangen. Bei vermachteten Märkten gelten jedoch wesentliche Schlussfolgerungen nicht. Während bei vollkommener Konkurrenz und einer Aufwertung der inländischen Währung die Exporteure gezwungen sind, ihre Preise in Auslandswährung zu erhöhen, um damit den ursprünglichen Preis in Inlandswährung zu halten, besteht diese Notwendigkeit im Monopol nicht unbedingt. Ein Monopolist kann (zumindest zeitweise im strategischen Kalkül), um potentielle Neuanbieter vom Markt fernzuhalten, den alten Preis (in Auslandswährung) auf Kosten seines Gewinns beibehalten. Er müsste zwar einen Rückgang der Stückerlöse in heimischer Währung hinnehmen, nicht jedoch einen Rückgang der Absatzmenge. Das Exportangebot wäre also in Bezug auf die Preise in Inlandswährung unelastisch. Daraus resultierte dann ein anderer Exportwert als auf einem polypolistischen Markt.

Die Elastizitätsanalyse beruht auf einem partialanalytischen Ansatz. Dabei bleibt unbeachtet, dass Preisveränderungen auf dem Exportmarkt auch auf den Binnenmarkt durchschlagen, sofern die Exportgüter auch im Inland abgesetzt werden. Diese Preisveränderungen können Substitutionsprozesse nach sich ziehen, die unter Umständen auch den Importgütermarkt beeinflussen. Eine unmittelbare Beziehung zwischen Importen und Exporten ist dann gegeben, wenn Importgüter als Vorprodukte in die Exportgüter eingehen. Eine abwertungsbedingte Ausdehnung des Exportgüterabsatzes würde in diesem Fall direkt eine Ausdehnung der Importnachfrage bewirken und damit den Importwert entgegen dem Abwertungseffekt beeinflussen.

Unberücksichtigt bleiben bei der Elastizitätsanalyse auch andere sekundäre Wirkungen von Wechselkursänderungen. Z. B. geht mit einer Änderung des Außenbeitrages eine Änderung des Volkseinkommens einher. Da das Volkseinkommen die Importhöhe positiv beeinflusst, wird die aus einer Abwertung resultierende Steigerung des Volkseinkommens eine Importsteigerung induzieren, die die abwertungsbedingte Aktivierung der Leistungsbilanz teilweise wieder rückgängig macht.

2.3.3.2 Preise und Zahlungsbilanz

Neben dem zuvor ausführlich besprochenen Quasi-Ausgleichsautomatismus über Paritätsänderungen existieren bei festen Wechselkursen auch Ausgleichsautomatismen, die nicht des Zutuns der Wirtschaftspolitiker bedürfen. Ein erster solcher Mechanismus ist der **Geldmengen-Preis-Mechanismus.**

Die Wirkungsweise soll an einem Beispiel veranschaulicht werden. Angenommen ein Inländer erhält einen Kredit aus dem Ausland, ohne den Kredit zu Güterkäufen im Ausland zu verwenden. Im kreditnehmenden Inland kommt es zu einer Erhöhung des Devisenangebots. Die Notenbank muss zwecks Stabilisierung des Wechselkurses Devisen aufkaufen und erhöht die Zentralbankgeldmenge, was via Geldschöpfungsprozess zur Erhöhung der inländischen Geldmenge führt. Im Inland steigen die Preise. Das entstehende Preisgefälle zwischen In- und Ausland bewirkt sinkende Exporte und steigende Importe, also eine Passivierung der Leistungsbilanz im kreditnehmenden Inland. Die durch den Kapitalimport verursachte Aktivierung der Zahlungsbilanz wird kompensiert.

Die Wirksamkeit des Geldmengen-Preis-Mechanismus erfährt in der Praxis vielfache Einschränkungen:

1. Zunächst einmal müssen Devisenangebot oder -nachfrage durch die Zahlungsbilanzstörung verändert werden. In den meisten Fällen, in denen dies nicht geschieht (Verwendung des Kredites zur Importfinanzierung), kommt es auf direkte Weise und ohne den Mechanismus zu einem Ausgleich.
2. Kommt es wie geschildert zur Erhöhung des Devisenangebotes, so führt dies nur dann zu einer gleich hohen Devisenreservenerhöhung bei der Zentralbank, wenn die Zentralbank zur Intervention verpflichtet ist.
3. Eine Erhöhung der Devisenreserven muss die Zentralbankgeldmenge nicht im gleichen Umfang erhöhen, weil typischerweise eine **neutralisierende Offenmarktpolitik** betrieben wird.
4. Ob die Erhöhung der Zentralbankmenge zur Ausweitung der Geldmenge führt, hängt wesentlich vom **Verhalten der Geschäftsbanken**, aber auch vom Verhalten der Nichtbanken ab. Bei erhöhter Neigung zur Haltung von Überschussreserven seitens der Geschäftsbanken oder erhöhter Bargeldhaltung der Nichtbanken kann der expansive Effekt auf die Geldmenge aufgrund der verringerten Geldschöpfungsmöglichkeiten gedämpft werden.
5. Selbst wenn die Geldmenge steigt, ist ein steigendes Preisniveau insbesondere kurzfristig nicht gesichert. Dies gilt insbesondere dann, wenn dem gewachsenen Geldangebot eine adäquat gestiegene Geldnachfrage z. B. nach Vorsichts- oder Spekulationskasse gegenübersteht. In diesem Fall verringert sich die Umlaufgeschwindigkeit des Geldes (definiert als Bruttosozialprodukt/Geldmenge), und der **quantitätstheoretische Ansatz** zeigt, dass der inflationäre Effekt einer steigenden Geldmenge in diesem Fall verhindert werden kann. Selbst wenn diese Verringerung der Geldumlaufgeschwindigkeit nicht ausreichen sollte und die nominale Güternachfrage wächst, so ist eine proportionale Zunahme des Preisniveaus nur zu erwarten, wenn die reale Produktion nicht steigt.
6. Die eventuell dennoch eintretenden Preisniveausteigerungen müssen die Leistungsbilanz nicht passivieren. So wie bei den administrativen Wechselkursänderungen ist auch hier eine anomale Leistungsbilanzreaktion möglich. Eine Erhöhung der Inlandsnachfrage aufgrund der Geldmengenexpansion führt zur Nachfrageerhöhung auf dem Importgütermarkt, weil die Nachfrageüberschüsse bei den jeweiligen Preisen gestiegen sind. Für den Fall

einer völlig unelastischen Importnachfrage ($|\eta_{IM,\,PIM}| = 0$)[15] bleiben jedoch sowohl Importmenge als auch Importpreis und damit auch der Importwert konstant.
Was den Exportwert betrifft, so führt die Nachfrageerhöhung im Inland zu einer Verringerung des inländischen Exportangebotes, weil die Inlandsnachfrage jetzt einen größeren Anteil des Gesamtangebots absorbiert. Folglich steigen tendenziell die Preise auf dem Exportgütermarkt, während die abgesetzten Mengen sinken. Welche der beiden Wirkungen auf den Exportwert überwiegt, hängt von der Preiselastizität der Exportnachfragekurve im relevanten Bereich ab. Ist diese hoch, ($|\eta_{EX,\,PEX}| > 1$), so schrumpft der Exportwert. Andernfalls ($|\eta_{EX,\,PEX}| < 1$) erhöht sich der Exportwert.
Im letzteren Fall einer Erhöhung des Exportwertes aufgrund der Verknappung des inländischen Exportangebotes ist eine anomale Aktivierung der Leistungsbilanz möglich. Als eine Bedingung für eine normale Reaktion (d. h. hier Passivierung) der Leistungsbilanz auf eine Preisniveauänderung ergibt sich

$$\left|\eta_{EX,P_{EX}}\right| + \left|\eta_{IM,P_{IM}}\right| > 1$$

Die Bedingung ähnelt der Marshall-Lerner-Bedingung, deren Erfüllung die normale Reaktion der Leistungsbilanz auf Wechselkursänderungen bei unendlichen Angebotselastizitäten sicherstellt.

7. Die zuvor geschilderte Mechanik ging von einer Störung in der Kapitalbilanz aus. Die Argumentation lässt sich auf eine Störung in der Leistungsbilanz, z. B. aufgrund einer Verringerung der inländischen Wettbewerbsfähigkeit oder eines Ernteausfalles, übertragen. Hier führt das gesunkene autonome Devisenangebot zur erzwungenen Notenbankintervention, welche die beschriebenen Verringerungen der Devisenreserven, Geldmenge und inländischen Preise auslöst und somit zum tendenziellen Wiederausgleich der Leistungsbilanz führt.
Sofern dieser Fall des Wiederausgleichs der Leistungsbilanz eintritt, ist er eng mit den sonstigen wirtschaftspolitischen Zielsetzungen verbunden. Dies gilt jedoch weniger bei den Fällen einer ursprünglichen Störung in der Kapitalbilanz. Hier gilt der Begriff des Zahlungsbilanzausgleichs ausschließlich bei Verwendung des Kriteriums der Devisenbilanz. Der zuvor geschilderte Ausgleich der Kapitalbilanzaktivierung durch eine Leistungsbilanzpassivierung mag jedoch den **Einkommens- und Beschäftigungszielen widersprechen**.

2.3.3.3 Einkommen und Zahlungsbilanz

Neben (oder bei Preisstarrheiten: anstatt) des Geldmengen-Preis-Mechanismus kann in einem System fester Wechselkurse der **Geldmengen-Einkommens-Mechanismus** zum Zahlungsbilanzausgleich beitragen. Die Wirkungskette läuft dabei bis zu dem Argumentationspunkt, dass es zur Erhöhung der inländischen

---

[15] Im Gegensatz zu den vorhergehenden Preiselastizitäten (bei denen Preisänderungen durch Paritätsänderungen induziert wurden) bezieht sich diese Elastizitätsnotation auf direkte (also nicht durch Wechselkursveränderungen bedingte) Preisänderungen.

Geldmenge komme, analog zu der des Geldmengen-Preis-Mechanismus. Danach verläuft die Argumentation wie folgt: Die erhöhte Geldmenge bzw. die daraus resultierende Erhöhung der nominalen Nachfrage führt zur Erhöhung des (realen) Volkseinkommens. In der Folge steigen die Importe und es kommt zu einer Passivierung der Leistungsbilanz, welche die ursprüngliche Aktivierung der Kapitalverkehrsbilanz infolge der Kreditaufnahme (= Kapitalimport) tendenziell ausgleicht.

Einige kurze Überlegungen zeigen, dass der Geldmengen-Einkommens-Mechanismus ebenso wenig wie der Geldmengen-Preis-Mechanismus den automatischen und vollständigen Wiederausgleich der Zahlungsbilanz garantiert. Vielmehr handelt es sich auch hier um eine Tendenz, die je nach den Gegebenheiten des betreffenden Landes in der speziellen Situation mehr oder weniger stark wirksam wird.

1. Es ist nicht sichergestellt, dass Zahlungsbilanzstörungen Einkommensänderungen in der skizzierten Weise hervorrufen. Zunächst lassen sich die Kritikpunkte (1) bis (4), die beim Geldmengen-Preis-Mechanismus genannt wurden, übertragen. Diese liefen insgesamt darauf hinaus, dass eine Geldmengenänderung nach einer Zahlungsbilanzstörung nicht gesichert ist.
2. Der ebenda genannte Kritikpunkt (5) lässt sich analog übertragen: Der einkommenssteigernde Effekt einer steigenden Geldmenge kann durch eine verringerte Umlaufgeschwindigkeit des Geldes verhindert werden. Selbst wenn diese Verringerung der Geldumlaufgeschwindigkeit nicht ausreichen sollte und die nominale Nachfrage steigt, so ist eine proportionale Zunahme des Einkommens nur zu erwarten, wenn das Preisniveau nicht steigt.
3. Schließlich muss angemerkt werden, dass eine Einkommensänderung nicht immer zu den erwarteten Änderungen in der Leistungsbilanz führen muss. Inländische Einkommensverringerungen führen nur begrenzt zu Importverringerungen und Leistungsbilanzaktivierungen, wenn die Einkommenselastizität der Importnachfrage gering ist – was z. B. bei Entwicklungsländern bei Grundnahrungsmitteln oder auch bestimmten Investitionsgütern zumindest kurzfristig der Fall sein mag. Zu verweisen ist ferner auf die Möglichkeit, dass die Importe aus **inferioren Gütern** (Gütern mit negativer Einkommenselastizität) bestehen. Hier würden inländische Einkommenssteigerungen zur verringerten Importnachfrage führen. Die nach einem Einkommenszuwachs zu erwartenden Veränderungen der Importe werden üblicherweise durch die **marginale Importquote** $\xi = dIM/dY$ berechnet.

2.3.3.4 Die Transfertheorie

Bislang standen bei der Frage nach endogenen Mechanismen des Zahlungsbilanzausgleichs als Ursache der Zahlungsbilanzstörung autonome Transaktionen wie Kreditgewährungen durch Private im Vordergrund. Von gesondertem wirtschaftspolitischem Interesse ist die Frage, welche Zahlungsbilanzwirkungen exogene, staatlich induzierte Transfers haben. Beispiele für solche Transfers sind Entwicklungshilfezahlungen, EU-Transfers von reicheren Staaten in ärmere Länder oder Schuldenerlasse wie im Falle Griechenlands Anfang 2012. Entwickelt wurde die Theorie, um die Zahlungsbilanzwirkungen von

Reparationszahlungen insbesondere durch Deutschland an die Siegermächte der Weltkriege zu untersuchen. Grundaussage der Transfertheorie ist, dass dem monetären Transfer ein Realtransfer folgt. Die wirtschaftspolitische Brisanz ist schnell hergestellt: **Keynes** und andere Ökonomen warnten Großbritannien, dass die Reparationszahlungen Deutschlands zu einer Passivierung der britischen Leistungsbilanz führen könnten. Umgekehrt wurde aus deutscher Sicht die Last der Reparationszahlungen gemindert, weil mit neuen Export- bzw. Absatzmöglichkeiten für die deutsche Industrie zu rechnen war. Im Falle von Entwicklungshilfeleistungen kommt immer wieder Kritik auf, dass sich die Geberländer hiermit zumindest indirekt Absatzmöglichkeiten sichern. Und im Falle von Schuldenerlassen wie im Falle Griechenlandes, welche unter Auflagen der Restrukturierung der griechischen Wirtschaft gewährt wurden, ist zu warnen, dass die gleichfalls angestrebte Aktivierung der griechischen Leistungsbilanz unter dem Transfermechanismus leiden wird. Übertragungen der Transfertheorie auf andere Politikbereiche, z. B. auf die **Finanztransfers** der alten in die neuen Bundesländer sind möglich, wenngleich der Begriff der Zahlungsbilanz hier nicht unmittelbar anzuwenden ist.

Bei den folgenden Ausführungen soll zwecks besserer Vergleichbarkeit mit den Ausführungen zu den anderen Zahlungsbilanzausgleichsmechanismen von einer staatlichen Aktivität ausgegangen werden, welche in der Bilanz der Vermögensübertragungen gebucht wird (z. B. einmalige Zahlungen, Schuldenerlasse). Im Falle von laufenden Übertragungen wie EU-Transfers, welche in der Leistungsbilanz verbucht werden, ist eine gedankliche Übertragung der im Folgenden geschilderten Mechanismen möglich, wenn die Wirkungen auf den Saldo der Handels- und Dienstleistungsbilanz bedacht werden.

Was den ursächlichen monetären Transfer betrifft, so soll hier vereinfachend von einem 2-Länder-Modell ausgegangen werden, in dem Land 1 einen monetären Transfer an Land 2 leistet. Verwendet Land 2 diese Transferleistungen unmittelbar und vollständig, um Güter von Land 1 zu erwerben, so ist der vollständige Realtransfer sofort sichergestellt. Der Passivierung der Bilanz der Vermögensübertragungen steht eine gleich hohe Aktivierung der Leistungsbilanz entgegen. Werden die Transferleistungen zunächst nicht oder nicht vollständig zu einem solchen Bezug von Gütern aus Land 1 verwendet, steht der Passivierung der Bilanz der Vermögensübertragungen eine Aktivierung der Kapitalverkehrsbilanz gegenüber – die Verbindlichkeiten des Landes 1 (= Forderungen des Landes 2) nehmen zu.

Der darauf folgende theoretische Transfermechanismus hängt vom zugrundeliegenden wirtschaftspolitischen Dogma ab. Der klassische Transfermechanismus geht von einem Vollbeschäftigungsgleichgewicht aus. Die geplante Ersparnis stimmt im Ausgangsgleichgewicht mit der geplanten Investition überein. Eine Finanzierung des Transfers durch Geldschöpfung oder durch Fremdfinanzierung ist annahmegemäß nicht möglich.

Bei flexiblen Wechselkursen, welche die klassische Theorie üblicherweise annimmt, führt ein vermehrtes Angebot der Währung des Landes 1 durch das transferempfangende Land 2 zur Verringerung des Außenwertes der Währung 1. Dies kann zu Importsteigerungen des Landes 2 bzw. Exportsteigerungen des Landes 1 führen, was einen entsprechenden realen Transfer nach sich ziehen würde.

Bei – für die klassische Theorie eher unüblichen – festen Wechselkursen könnte ein erhöhtes Devisenangebot der Währung 1 die Zentralbank des Landes 1 zu Verkäufen der Währung des Landes 2 und die Zentralbank des Landes 2 zu Ankäufen der Währung des Landes 1 zwingen, um den Wechselkurs zu stabilisieren. Die Geldmenge in Land 1 verringert sich, die Geldmenge in Land 2 erhöht sich – und der bereits angesprochene **Geldmengen-Preis-Mechanismus** mit entsprechender Leistungsbilanzaktivierung könnte starten. Die durch die Devisenreserveverkäufe verursachte Kontraktion der Geldmenge in Land 1 lässt zudem die dortigen Zinsen ansteigen, während die erhöhte Geldmenge in Land 2 die dortigen Zinsen sinken lässt. Das entstehende internationale Zinsgefälle kann zu vermehrten Kapitalimporten in das Land 1 bzw. zu vermehrten Kapitalexporten aus dem Land 2 führen – die Kapitalverkehrsbilanz des Landes 1 erfährt eine Aktivierung **(Zins-Kredit-Mechanismus)**. Der Realtransfer ist umso höher, je stärker das den monetären Transfer leistende Land 1 seine Importe verringert bzw. je stärker das den monetären Transfer empfangende Land seine Importe erhöht. Die **keynessche Transfertheorie** geht im Gegensatz zur klassischen von Unterbeschäftigung, zumindest kurzfristig starren Preisen, Wechselkursen, Zinsen, Löhne und damit auch die **Terms-of-Trade** aus. Dafür gestattet das keynesianische Modell, dass der monetäre Transfer auch durch Geldschöpfung oder entsprechende Aufbringungsarten (z. B. Kredite) und nicht oder nicht ausschließlich durch Ausgabenreduktionen in Land 1 finanziert wird. Hierdurch wird das keynesianische Modell etwas komplexer, wobei Parameterkonstellationen existieren, bei denen das klassische und das keynesianische Modell zu den gleichen Ergebnissen kommen.[16] Allerdings unterscheiden sich die dahinter stehenden Mechanismen: So kann im keynesianischen Modell nicht – wie bei der Klassischen Transfertheorie – der Geldmengen-Preis-Mechanismus oder der Wechselkursmechanismus greifen. Zur Verfügung steht jedoch der Geldmengen-Einkommens-Mechanismus. Zusammenfassend kann folgendes festgestellt werden:

> Auf monetären Transfers folgen regelmäßig reale Transfers, die diese zumindest teilweise kompensieren können. Eine vollständige Kompensation ist unter speziellen (Parameter-)Konstellationen möglich. Günstig für einen hohen Realtransfer sind hohe marginale Importneigungen bzgl. des Einkommens bzw. der Transfers sowie eine nur geringe Möglichkeit, den Transfer durch Geldschöpfung oder Kreditfinanzierung und nicht über eine Ausgabenverringerung zu finanzieren. Besonders unwahrscheinlich wird ein vollständiger Realtransfer z. B. dann, wenn ein nur geringer Anteil des Transfers im Empfängerland für Importe verwendet wird.

[16] Zu den Einzelheiten des keynesianischen Transfermodells vgl. Johnson, H.G., The Transfer Problem and Exchange Stability, Journal of Political Economy 64 (1956), S. 212–225 und Metzler, L.A., The Transfer Problem Reconsidered, Journal of Political Economy 50 (1942).

Als **außenwirtschaftspolitische Konsequenz** ergibt sich, dass autonome Kapitalbewegungen die Leistungsbilanz grundsätzlich in eine Richtung beeinflussen, mit welcher der vom monetären Transfer ausgehende Zahlungsbilanzeffekt kompensiert wird. Es existiert also auch im Falle von exogenen Transfers ein automatischer Mechanismus, der tendenziell zum Zahlungsbilanzausgleich führt. Allerdings werden die Mechanismen erneut nur mit erheblichen Verzögerungen wirksam.

2.3.4 Zusammenfassung

- Für die Charakterisierung automatischer Zahlungsbilanzausgleichsmechanismen ist das bestehende Wechselkurssystem von besonderem Interesse. Unter dem Wechselkurs versteht man dabei die Austauschrelation zweier Währungen. In der üblichen Notierung gibt der Wechselkurs den Preis der Auslandswährung ausgedrückt in Inlandswährung an (Preisnotierung). Von flexiblen Wechselkursen spricht man, wenn sich die Notenbanken nicht an der Kursfindung auf den Devisenmärkten beteiligen. Feste Wechselkurse bedeuten dagegen eine bilaterale Vereinbarung zweier Länder, den Wechselkurs ihrer Währungen durch Devisenmarktinterventionen (seitens der Zentralbanken) oder andere währungspolitische Maßnahmen auf einem bestimmten Niveau zu fixieren.
- Zieht man als Zahlungsbilanzausgleichskriterium die Konstanz der Devisenreserven heran, so existiert bei flexiblen Wechselkursen per definitionem ein automatischer Zahlungsbilanzausgleich, da sich die Zentralbank jeglicher Intervention auf dem Devisenmarkt enthält (Konstanz der Devisenreserven). Der Wechselkursmechanismus führt zu einem automatischen Ausgleich leistungs- und finanzorientierter Transaktionen. Weiterhin bleibt beim Wechselkursmechanismus die Geldmenge c. p. konstant, so dass bei flexiblen Wechselkursen eine schwerwiegende Inflationsquelle, die bei der Inflationsübertragung zwischen Volkswirtschaften mit festen Wechselkursen eine entscheidende Rolle spielen kann, ausgeschaltet ist.
- Auch in Systemen fester Wechselkurse existieren endogene Mechanismen, die etwaige Zahlungsbilanzungleichgewichte tendenziell ausgleichen. Obwohl nicht auf Anhieb ersichtlich, kann die wirtschaftspolitische Aktion einer Paritätsänderung aufgrund des aus einem Zahlungsbilanzungleichgewicht entstehenden großen äußeren Drucks als endogen interpretiert werden. Wie im Fall flexibler Wechselkurse stellt sich auch in Festkurssystemen die Frage nach der Reaktion der Leistungsbilanz in Folge einer Wechselkursänderung (über eine Paritätsänderung).
- Grundsätzlich muss die Leistungsbilanzreaktion aufgrund von Paritätsänderungen auf verschiedene Weisen analysiert werden. Hierzu gehören Unterscheidungen in der Denominierung der Leistungsbilanzsalden (in Inlands- oder Auslandswährung) bzw. in der Form der Paritätsänderung (Auf- oder Abwertung).

  Wird die Leistungsbilanzreaktion in Inlandswährung betrachtet, so ergibt sich aufgrund einer Abwertung der Inlandswährung für Import- und Exportwerte (= Produkt aus Mengen und Preisen der umgesetzten Außenhandelsgüter) folgendes: Der Exportwert steigt immer (mit Ausnahme einer völlig (preis-)unelastischen Exportnachfrage). Der Importwert kann bei elastischem Importangebot sinken, konstant bleiben oder steigen, je nachdem, ob die betragliche (Preis-)Elastizität der Importnachfrage größer, gleich oder kleiner als 1 ist. Aus den genannten Reaktionen der Export- und Importwerte folgt in den meisten Situationen eine Aktivierung der Leistungsbilanz auf eine Abwertung der Inlandswährung (normale Reaktion). Jedoch kann es durchaus zu einer Passivierung der Leistungsbilanz kommen.

- Formalere und exaktere Antworten auf die Frage, wann Abwertungen der Inlandswährung zu Leistungsbilanzaktivierungen (normale Reaktion) führen, liefern die Marshall-Lerner- sowie die Robinson-Bedingung. Die Marshall-Lerner-Bedingung gilt allerdings nur unter zwei Voraussetzungen: (a) Export- und Importangebot müssen völlig elastisch sein und (b) die Leistungsbilanz muss vor der Wechselkursänderung völlig ausgeglichen gewesen sein. Die Robinson-Bedingung ist eine Erweiterung der Marshall-Lerner-Bedingung in der Hinsicht, dass die Bedingung (a) nicht erfüllt sein muss. Jedoch geht auch die Robinson-Bedingung weiterhin von der Voraussetzung (b) aus.
- Weitere endogene Zahlungsbilanzausgleichsmechanismen in Festkurssystemen sind der Geldmengen-Preis- sowie der Geldmengen-Einkommens-Mechanismus. Der Geldmengen-Preis-Mechanismus kann beispielhaft wie folgt beschrieben werden: Angenommen im Inland kommt es zu einem Kapitalimport (der nicht für Güterimporte genutzt wird), so dass sich die Zahlungsbilanz tendenziell aktiviert. Dies führt aufgrund der festen Wechselkurse und der damit verbundenen Verpflichtung der inländischen Zentralbank, die Devisen aufzukaufen, zu einer Erhöhung der Zentralbankgeldmenge und via Geldschöpfungsprozess zu einer Erhöhung der inländischen Geldmenge. Als Resultat können die Preise im Inland steigen. Das Preisgefälle zwischen In- und Ausland bewirkt eine tendenzielle Passivierung der Leistungsbilanz (über sinkende Exporte, steigende Importe), was die ursprüngliche Zahlungsbilanzaktivierung aufgrund des Kapitalimports kompensiert. Während beim Geldmengen-Preis-Mechanismus die erhöhte Geldmenge über inländische Preissteigerungen eine Passivierung der Leistungsbilanz bewirkt, führt die inländische Geldmengenerhöhung infolge des ursprünglichen Kapitalimports beim Geldmengen-Einkommens-Mechanismus über eine Nachfrageerhöhung zu einer Steigerung des inländischen Volkseinkommens. Das erhöhte Einkommen wird dann für Importsteigerungen genutzt, was die Leistungsbilanz passiviert und die Aktivierung der Kapitalbilanz aufgrund des ursprünglichen Kapitalimports tendenziell ausgleicht. Sowohl der Geldmengen-Preis- als auch der Geldmengen-Einkommens-Mechanismus unterliegen in der Realität vielfachen Einschränkungen.
- In der Transfertheorie wird der Frage nachgegangen, ob und in welchem Ausmaß die von Veränderungen der exogenen Kapitalbewegungen induzierten Effekte die Leistungsbilanz beeinflussen. Die entscheidende Frage hierbei ist, ob die von den Transfers ausgehenden Zahlungsbilanzeffekte durch nachfolgende Leistungsbilanzeffekte kompensiert werden. Dabei

kann zwischen Klassischer Transfertheorie und keynesianischem Transfermechanismus unterschieden werden. In allen Theorien folgen den monetären Transfers regelmäßig Realtransfers, welche die ersteren zumindest teilweise kompensieren. Allerdings erfolgt eine vollständige Kompensation im Allgemeinen nur unter speziellen Gegebenheiten.

Anhang A2: Ableitung von Bedingungen für eine normale Reaktion der Leistungsbilanz auf Wechselkursänderungen

Die analytische Herleitung von Bedingungen für eine normale Reaktion der Leistungsbilanz auf Wechselkursänderungen greift auf verschiedene Notationen der vorhergehenden Abschnitte zurück. Der Übersichtlichkeit halber seien deshalb die Bezeichnungen für die Angebots- und Nachfragekurven auf den Import- und Exportgütermärkten wiederholt:

A_{EX} (inländische Angebotskurve auf dem Exportgütermarkt),
N_{EX} (ausländische Nachfragekurve auf dem Exportgütermarkt),
N_{IM} (inländische Nachfragekurve auf dem Importgütermarkt),
A_{IM} (ausländische Angebotskurve auf dem Importgütermarkt).

Aus den Abschnitten 2.3.3.1.1 und 2.3.3.1.2 (vgl. Abb. 2.6 bis 2.8) ging hervor, dass sich sowohl Inländer als auch Ausländer bei ihren Nachfrage- und Angebotsentscheidungen an den Preisen in ihren jeweiligen heimischen Währungen orientieren. Daher werden die Gleichgewichtspreise auf den einzelnen Märkten wie folgt notiert:

P_{EX} (Gleichgewichtspreis auf dem Exportgütermarkt in Inlandswährung),
$P_{EX,f}$ (Gleichgewichtspreis auf dem Exportgütermarkt in Auslandswährung),
P_{IM} (Gleichgewichtspreis auf dem Importgütermarkt in Inlandswährung),
$P_{IM,f}$ (Gleichgewichtspreis auf dem Importgütermarkt in Auslandswährung).

Mit dem Wechselkurs w (in Preisnotierung) gilt dann

$$\text{(A2.1)} \quad P_{EX,f} = \frac{P_{EX}}{w}$$

bzw.

$$\text{(A2.2)} \quad P_{IM,f} = \frac{P_{IM}}{w}$$

Im Gleichgewicht ergeben sich auf den Import- und Exportgütermärkten somit die folgenden Gleichungen:

$$\text{(A2.3)} \quad A_{EX}(P_{EX}) - N_{EX}(P_{EX,f}) = 0 \quad \text{(Exportgütermarkt)}$$

$$\text{(A2.4)} \quad A_{IM}(P_{IM,f}) - N_{IM}(P_{IM}) = 0 \quad \text{(Importgütermarkt)}$$

Zunächst sollen die Effekte von Wechselkursänderungen auf den Leistungsbilanzsaldo in **Inlandswährung** (*LB*) untersucht werden. Für diesen ergibt sich:

$$\text{(A2.5)}\quad LB = P_{EX} \cdot A_{EX}(P_{EX}) - P_{IM} \cdot N_{IM}(P_{IM})$$

Zur Charakterisierung von Wechselkurseffekten auf die Gleichgewichtspreise und den Leistungsbilanzsaldo in inländischer Währung werden die Gleichungen (A2.3) bis (A2.5) nach *w* differenziert. Unter Berücksichtigung der Gleichung (A2.1) ergibt sich dann für die Ableitung von (A2.3):

$$\text{(A2.6)}\quad \frac{dA_{EX}}{dP_{EX}} \cdot \frac{dP_{EX}}{dw} - \frac{dN_{EX}}{dP_{EX,f}} \cdot \left(\frac{w \cdot \frac{dP_{EX}}{dw} - P_{EX}}{w^2} \right) = 0$$

Entsprechend folgt unter Berücksichtigung der Gleichung (A2.2) für die Ableitung von (A2.4):

$$\text{(A2.7)}\quad \frac{dA_{IM}}{dP_{IM,f}} \cdot \left(\frac{w \cdot \frac{dP_{IM}}{dw} - P_{IM}}{w^2} \right) - \frac{dN_{IM}}{dP_{IM}} \cdot \frac{dP_{IM}}{dw} = 0$$

Die Ableitung des Leistungsbilanzsaldos in Inlandswährung ergibt sich aus (A2.5) zu

$$\text{(A2.8)}\quad \begin{aligned} \frac{dLB}{dw} = {} & \frac{dP_{EX}}{dw} \cdot A_{EX} + P_{EX} \cdot \frac{dA_{EX}}{dP_{EX}} \cdot \frac{dP_{EX}}{dw} \\ & - \frac{dP_{IM}}{dw} \cdot N_{IM} - P_{IM} \cdot \frac{dN_{IM}}{dP_{IM}} \cdot \frac{dP_{IM}}{dw} \end{aligned}$$

Das Gleichungssystem (A2.6) bis (A2.8) lässt sich in Matrixform schreiben:

$$\text{(A2.9)}\quad \begin{pmatrix} \left(\frac{dA_{EX}}{dP_{EX}} - \frac{dN_{EX}}{dP_{EX,f}} \cdot \frac{1}{w} \right) & 0 & 0 \\ 0 & \left(\frac{dA_{IM}}{dP_{IM,f}} \cdot \frac{1}{w} - \frac{dN_{IM}}{dP_{IM}} \right) & 0 \\ \left(A_{EX} + P_{EX} \cdot \frac{dA_{EX}}{dP_{EX}} \right) & -\left(N_{IM} + P_{IM} \cdot \frac{dN_{IM}}{dP_{IM}} \right) & -1 \end{pmatrix} \times \begin{pmatrix} \frac{dP_{EX}}{dw} \\ \frac{dP_{IM}}{dw} \\ \frac{dLB}{dw} \end{pmatrix} = \begin{pmatrix} -\frac{dN_{EX}}{dP_{EX,f}} \cdot \frac{P_{EX}}{w^2} \\ \frac{dA_{IM}}{dP_{IM,f}} \cdot \frac{P_{IM}}{w^2} \\ 0 \end{pmatrix}$$

Die Nachfrage- und Angebotselastizitäten auf Export- und Importgütermärkten sind wie folgt definiert:

$$\eta_{EX} \equiv \frac{dN_{EX}}{dP_{EX,f}} \cdot \frac{P_{EX,f}}{N_{EX}}, \quad \varepsilon_{EX} \equiv \frac{dA_{EX}}{dP_{EX}} \cdot \frac{P_{EX}}{A_{EX}} \text{ (Exportgütermarkt)}$$

$$\eta_{IM} \equiv \frac{dN_{IM}}{dP_{IM}} \cdot \frac{P_{IM}}{N_{IM}}, \quad \varepsilon_{IM} \equiv \frac{dA_{IM}}{dP_{IM,f}} \cdot \frac{P_{IM,f}}{A_{IM}} \text{ (Importgütermarkt)}$$

Mit den Gleichgewichtsbedingungen für die Mengen auf Export- und Importgütermärkten

$$A_{EX} = N_{EX} \equiv ex \quad \text{bzw.} \quad A_{IM} = N_{IM} \equiv im$$

sowie den zu (A2.1) und (A2.2) äquivalenten Beziehungen zwischen in- und ausländischen Gleichgewichtspreisen

$$P_{EX} = w \cdot P_{EX,f} \quad \text{bzw.} \quad P_{IM} = w \cdot P_{IM,f}$$

lässt sich das Gleichungssystem (A2.9) überführen in

$$\text{(A2.10)} \quad \begin{pmatrix} \frac{ex}{P_{EX}} \cdot (\varepsilon_{EX} - \eta_{EX}) & 0 & 0 \\ 0 & \frac{im}{P_{IM}} \cdot (\varepsilon_{IM} - \eta_{IM}) & 0 \\ ex \cdot (1 + \varepsilon_{EX}) & -im \cdot (1 + \eta_{IM}) & -1 \end{pmatrix} \times \begin{pmatrix} \frac{dP_{EX}}{dw} \\ \frac{dP_{IM}}{dw} \\ \frac{dLB}{dw} \end{pmatrix} = \begin{pmatrix} -\eta_{EX} \cdot \frac{ex}{w} \\ \varepsilon_{IM} \cdot \frac{im}{w} \\ 0 \end{pmatrix}$$

Dieses System mit 3 Gleichungen und 3 Unbekannten lässt sich eindeutig lösen (z. B. durch die Cramer'sche Regel) und es ergibt sich:

$$\text{(A2.11)} \quad \frac{dP_{EX}}{dw} = \frac{-\eta_{EX} \cdot P_{EX}}{(\varepsilon_{EX} - \eta_{EX}) \cdot w}$$

$$\text{(A2.12)} \quad \frac{dP_{IM}}{dw} = \frac{\varepsilon_{IM} \cdot P_{IM}}{(\varepsilon_{IM} - \eta_{IM}) \cdot w}$$

$$\text{(A2.13)} \quad \frac{dLB}{dw} = \frac{(1 + \varepsilon_{EX}) \cdot \eta_{EX}}{-(\varepsilon_{EX} - \eta_{EX})} \cdot \frac{EX}{w} - \frac{(1 + \eta_{IM}) \cdot \varepsilon_{IM}}{(\varepsilon_{IM} - \eta_{IM})} \cdot \frac{IM}{w}$$

wobei $EX = P_{EX} \times ex$ sowie $IM = P_{IM} \times im$ jeweils den Export- bzw. Importwert in **inländischer** Währung bezeichnen.

Die Reaktion des Leistungsbilanzsaldos in **ausländischer Währung** (LB_f) auf Wechselkursänderungen lässt sich aus der Gleichung (A2.13) herleiten, denn wegen

$$LB_f = \frac{LB}{w}$$

gilt:

$$\text{(A2.14)}\quad \frac{dLB_f}{dw}=\frac{d\left(\frac{LB}{w}\right)}{dw}=\frac{\frac{dLB}{dw}\cdot w-LB}{w^2}=\frac{1}{w}\cdot\frac{dLB}{dw}-\frac{LB}{w^2}$$

Durch Einsetzen der Gleichung (A2.13) in (A2.14) erhält man nach einigen Umformungen zunächst:

$$\text{(A2.15)}\quad \frac{dLB_f}{dw}=\frac{\varepsilon_{EX}\cdot(1+\eta_{EX})}{-(\varepsilon_{EX}-\eta_{EX})}\cdot\frac{EX}{w^2}-\frac{\eta_{IM}\cdot(1+\varepsilon_{IM})}{(\varepsilon_{IM}-\eta_{IM})}\cdot\frac{IM}{w^2}$$

In Gleichung (A2.15) sind die Außenhandelswerte wie in (A2.13) in Inlandswährung ausgedrückt. Export- und Importwerte in Auslandswährung ergeben sich jedoch aus den entsprechenden Werten in Inlandswährung gemäß

$$EX_f=\frac{EX}{w}\quad \text{bzw.}\quad IM_f=\frac{IM}{w}$$

so dass sich (A2.15) letztendlich schreiben lässt als

$$\text{(A2.16)}\quad \frac{dLB_f}{dw}=\frac{\varepsilon_{EX}\cdot(1+\eta_{EX})}{-(\varepsilon_{EX}-\eta_{EX})}\cdot\frac{EX_f}{w}-\frac{\eta_{IM}\cdot(1+\varepsilon_{IM})}{(\varepsilon_{IM}-\eta_{IM})}\cdot\frac{IM_f}{w}$$

Die Gleichungen (A2.13) und (A2.16) beschreiben also die Reaktion des Leistungsbilanzsaldos in Inlands- und Auslandswährung auf Wechselkursänderungen. Kommt es nun zu einer **Abwertung** der inländischen Währung (d. h. w steigt), so wäre ein Anstieg des LB-Saldos (Aktivierung) die normale Reaktion. Bewertet in Inlandswährung ergibt sich aus (A2.13) demnach die folgende Bedingung für eine normale Reaktion:

$$\frac{dLB}{dw}>0$$

$$\Leftrightarrow\quad \frac{(1+\varepsilon_{EX})\cdot\eta_{EX}}{-(\varepsilon_{EX}-\eta_{EX})}\cdot EX>\frac{(1+\eta_{IM})\cdot\varepsilon_{IM}}{(\varepsilon_{IM}-\eta_{IM})}\cdot IM$$

Durch weitere algebraische Umformungen lässt sich die letzte Ungleichung überführen in

$$\text{(A2.17)}\quad \begin{aligned}&\varepsilon_{EX}\varepsilon_{IM}\frac{EX}{IM}\left(\eta_{EX}+\frac{IM}{EX}\eta_{IM}+\frac{IM}{EX}\right)\\ <\;&\eta_{EX}\eta_{IM}\left(\varepsilon_{EX}\frac{EX}{IM}+\varepsilon_{IM}+\frac{EX}{IM}\right)+\eta_{EX}\varepsilon_{IM}\left(1-\frac{EX}{IM}\right)\end{aligned}$$

Eine analoge Überlegung liefert die entsprechende Bedingung für eine normale Reaktion des LB-Saldos in **Auslandswährung** infolge einer Abwertung. Aus (A2.16) ergibt sich diese zu

$$\frac{dLB_f}{dw} > 0$$

$$\Leftrightarrow \quad \frac{\varepsilon_{EX} \cdot (1+\eta_{EX})}{-(\varepsilon_{EX} - \eta_{EX})} \cdot EX_f - \frac{\eta_{IM} \cdot (1+\varepsilon_{IM})}{(\varepsilon_{IM} - \eta_{IM})} \cdot IM_f > 0$$

und letztendlich

$$\text{(A2.18)} \quad \begin{aligned} & \varepsilon_{EX}\varepsilon_{IM} \frac{EX_f}{IM_f}\left(\eta_{EX} + \frac{IM_f}{EX_f}\eta_{IM} + 1\right) \\ < \quad & \eta_{IM}\eta_{EX}\left(\varepsilon_{EX}\frac{EX_f}{IM_f} + \varepsilon_{IM} + 1\right) - \eta_{IM}\varepsilon_{EX}\left(1 - \frac{EX_f}{IM_f}\right) \end{aligned}$$

Werden in (A2.17) und (A2.18) ausgeglichene Leistungsbilanzen unterstellt (also $EX = IM$ bei Bewertung in Inlandswährung bzw. $EX_f = IM_f$ bei Bewertung in Auslandswährung), so führen beide Bedingungen jeweils zur **Robinson-Bedingung**:

$$\text{(A2.19)} \quad \eta_{EX} + \eta_{IM} < -1 + \frac{\eta_{IM}\eta_{EX}}{\varepsilon_{EX}\varepsilon_{IM}}(\varepsilon_{IM} + \varepsilon_{EX} + 1)$$

Werden in der Robinson-Bedingung (A2.19) die beiden Angebotselastizitäten ε_{IM} und ε_{EX} unendlich groß, so folgt

$$\begin{aligned} & \lim_{\varepsilon_{IM}, \varepsilon_{EX} \to \infty} \frac{\eta_{IM}\eta_{EX}}{\varepsilon_{EX}\varepsilon_{IM}}(\varepsilon_{IM} + \varepsilon_{EX} + 1) \\ = \quad & \lim_{\varepsilon_{EX} \to \infty} \frac{\eta_{IM}\eta_{EX}}{\varepsilon_{EX}} + \lim_{\varepsilon_{IM} \to \infty} \frac{\eta_{IM}\eta_{EX}}{\varepsilon_{IM}} + \lim_{\varepsilon_{IM}, \varepsilon_{EX} \to \infty} \frac{\eta_{IM}\eta_{EX}}{\varepsilon_{EX}\varepsilon_{IM}} = 0 \end{aligned}$$

wodurch sich die **Marshall-Lerner-Bedingung** als Spezialfall ergibt:

$$\text{(A2.20)} \quad \eta_{EX} + \eta_{IM} < -1$$

Weiterführende Literatur

Aktuelle Informationen zu Außenwirtschaft und der außenwirtschaftlichen Bestandsstatistik sowie Wechselkurse und aktuelle Posten der deutschen Zahlungsbilanzstatistik finden sich auf der Homepage von Europäischer Zentralbank www.ecb.int und Deutscher Bundesbank www.bundesbank.de.

International Monetary Fund, Balance of Payments Manual, 6. Auflage, Washington, D. C. 2011.

Sarno, L., Taylor, M.P., Official Intervention in the Foreign Exchange Market: Is It Effective and, If So, How Does It Work?, Journal of Economic Literature 39 (2001).

Higgins, M., Klitgaard, T., Reserve Accumulation: Implications for Global Capital Flows and Financial Markets, Current Issues in Economics and Finance 10 (2004).

Internationaler Handel 3

Kapitelübersicht

Bei einigen Betrachtern kommt der Eindruck auf, der internationale Handel sei aufgrund des weitaus größeren Volumens der reinen Finanztransaktionen nur noch von untergeordneter Bedeutung für die im vorangegangenen Abschnitt besprochenen Zahlungsbilanzstrukturen und für die internationale Verknüpfung der einzelnen Länder. Dieser Eindruck täuscht. Die Vorteile, die Länder genießen, die sich international geöffnet haben, sind ohne den Handel mit Waren und Dienstleistungen kaum zu erklären. Dies mag auch daran liegen, dass Finanztransaktionen oft komplementär zu Handelstransaktionen sind. Beispiele sind Direktinvestitionen, die dem Aufbau einer Absatz- und Serviceorganisation im Ausland dienen (vgl. Kapitel 5). Und schließlich richten sich auch andere, nicht direkt komplementäre internationale Finanztransaktionen nach Risiko- und Renditeerwägungen. Bei der Betrachtung, in welchem Land sich ein finanzielles Engagement lohnen könnte, spielt die reale wirtschaftliche Aktivität und besonders auch die internationale Handelsposition des Landes noch immer eine entscheidende Rolle.

3.1 Strukturmerkmale des Welthandels

Zunächst sollen anhand markanter statistischer Daten wichtige Strukturmerkmale und Entwicklungstendenzen des Welthandels aufgezeigt werden. Diese Vorinformationen dienen der Konkretisierung des Phänomens Außenhandel und geben zugleich erste Aufschlüsse über bestehende Probleme.

3.1.1 Die Entwicklung des Welthandels in der Nachkriegszeit

Der Welthandel hat in der Nachkriegszeit stark zugenommen. Die Tabelle 3.1 und die anschließende Abb. 3.1 veranschaulichen die Entwicklung von 1950 bis 2009. Die Welthandelsaktivität wird dabei durch die Exporte in Mrd. US-Dollar zu laufenden Preisen gemessen. Bei der Interpretation der Daten ist also zu beachten, dass es sich um nominale Werte handelt.

Die Entwicklung des Welthandels begann in den 50er Jahren auf einem sehr niedrigen Ausgangsniveau, da der Welthandel während des 2. Weltkrieges stark geschrumpft war. Eine markante Steigerung setzte in den 70er Jahren ein, gefolgt von einem besonders starken Anstieg nach dem Fall des „Eisernen Vorhangs" 1990 bis heute. Insgesamt stieg der Welthandel zwischen 1960 (118,1 Mrd. $) und 2009 (14.865 Mrd. $) um den Faktor 126. Das US-amerikanische Preisniveau stieg „nur" um den Faktor 7,3.

Tab. 3.1: Weltexporte f.o.b. (Mrd. US-$) und Exportanteile (in %) einzelner Länder

Jahr	Weltexporte	Industrieländer	Anteil am Weltexport (in %)		
			Deutschland	Schweiz	Österreich
1950	58,7	36,4	3,4	1,5	0,6
1960	118,1	83,9	9,7	1,6	0,9
1970	291,8	222,4	11,7	1,7	1,0
1980	1.896,8	1.265,1	10,2	1,6	0,9
1990	3.336,9	2.453,7	12,3	1,9	1,2
2000	7.377,0	6.008,1	9,2	1,7	1,1
2009	14.865,0	10.344,3	9,3	1,9	1,3

Quellen:
Bis 1960: IMF, International Financial Statistics, Yearbook 1985, S. 108.
Bis 1992: IMF, International Financial Statistics, Yearbook 1994, S. 110.
Bis 2009: IMF, World Economic Outlook Database, April 2011.

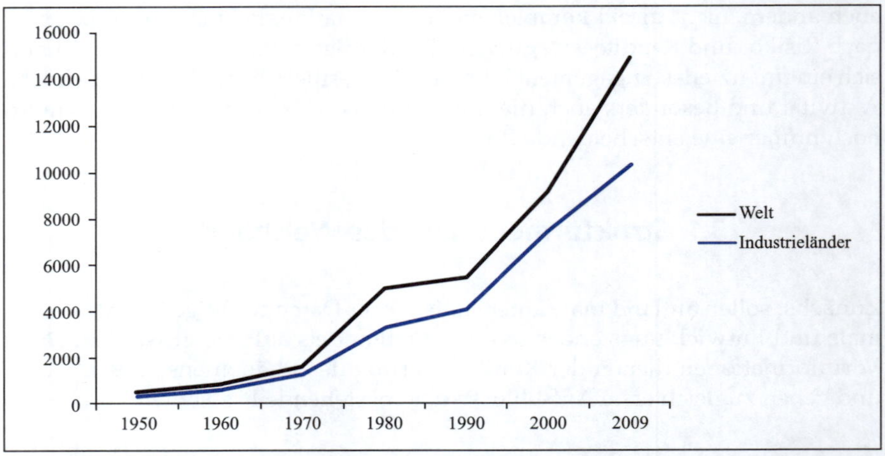

Abb. 3.1: Entwicklung des Welthandels (Exporte f.o.b. in Mrd. US-$, Preisbasis: Consumer Price Index USA 2009 = 100)

3.1.2 Die Güterstruktur des Welthandels

Bei der Analyse der Warenstruktur des Welthandels ist wie bei der Zahlungsbilanzstatistik (vgl. Kap. 2) prinzipiell zwischen dem Waren- und dem Dienstleistungshandel zu unterscheiden. Für den Handel mit Sachgütern beschreibt die Tabelle 3.2 den prozentualen Anteil bestimmter Warengruppen am Welthandel (Exportanteile am gesamten Weltexport). Dominierend sind die industriellen Erzeugnisse (Zeilen 1 bis 3) mit einem Anteil von ca. 69 % am Welthandel gefolgt von Mineralölen (14,3 %), landwirtschaftlichen Produkten (11,9 %) sowie anderen Rohstoffen (4,0 %).

Tab. 3.2: Exportanteile bestimmter Warengruppen am Weltexport (2009)

Warengruppe	Anteil der Warengruppe am Welthandel (in %)
Maschinen und Transportausrüstungen	33,9
Andere Industriewaren	24,0
Chemische Produkte	11,3
Mineralöle und verwandte Produkte	14,3
Landwirtschaftliche Produkte, Nahrungsmittel	11,9
Rohstoffe (ohne Mineralöle), Öle und Fette	4,0

Quelle: UN: Monthly Bulletin of Statistics, September 2011.

Wesentlich schwieriger als beim Handel mit Sachgütern fällt eine genaue Beurteilung des internationalen Dienstleistungshandels. Neben allgemeinen Definitions- und Klassifizierungsproblemen gestaltet sich eine exakte Erfassung internationaler Dienstleistungsströme in der Regel recht schwierig. Anhand der in den Zahlungsbilanzen ausgewiesenen Werte wird das gesamte Volumen an internationalen Dienstleistungen derzeit auf ca. 20 % des Warenhandels geschätzt.

Von zunehmender Bedeutung für die Warenstruktur des Welthandels ist der sogenannte **intraindustrielle Handel** zwischen den Industrieländern, d. h. der Austausch ähnlicher Produkte (des gleichen Sektors). Für das Jahr 2009 ergaben sich z. B. für Deutschland die folgenden Import- bzw. Exportanteile (an den Gesamtimporten, -exporten) einiger wichtiger Warengruppen (vgl. Box 2.1): Bei chemischen Erzeugnissen 15,3 % bzw. 13,1 %, bei Straßenfahrzeugen 15,3 % bzw. 9,7 % oder bei elektronischen Erzeugnissen von 14,6 % bzw. 15,5 %. Tendenziell vergleichbare Import-Export-Relationen zwischen ähnlichen Gütern finden sich in den meisten Industrieländern.

3.1.3 Die länderspezifische Struktur des Welthandels

Bei näherer Betrachtung wird allerdings deutlich, dass einzelne Länder bzw. Ländergruppen in sehr unterschiedlichem Umfang am Anstieg des Welthandels beteiligt waren. Aus der Grafik 3.1 ersieht man sofort, dass der Außenhandel maßgeblich von den **Industrienationen** geprägt wird. Gleichwohl wird anhand der Spreizung beider Kurven ebenso – implizit – deutlich, dass **Schwellen-** und **Entwicklungsländer seit den 70er Jahren immer stärker am Außenhandel partizipieren**.

Innerhalb dieser Gruppen gibt und gab es wiederum erhebliche Disparitäten. In der Gruppe der Entwicklungsländer waren es zunächst die Erdölländer, die seit der ersten drastischen Ölpreiserhöhung im Jahr 1973 einen weit überdurchschnittlichen Anstieg des Außenhandels erlebten. Außerdem gab es eine Reihe von Ländern, deren Entwicklung relativ rasche Fortschritte machte und macht, z. B. Brasilien, China, Indien, Südafrika und Mexiko. Ihr Außenhandel expandierte besonders schnell.

Auch die westlichen Industrieländer untereinander weisen keineswegs homogene Außenhandelszuwächse auf. Die größten Handelsländer der Welt sind

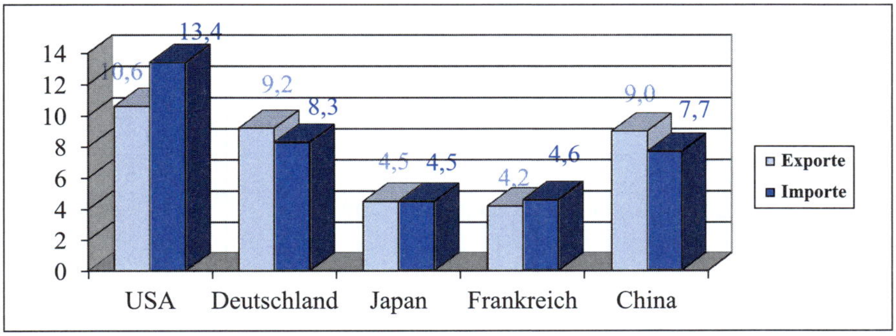

Abb. 3.2: Welthandelsanteile (in %) der größten Handelsländer für 2009
Quelle: IMF, World Economic Outlook Database, April 2011.

zurzeit die USA, Deutschland, China, Japan und Frankreich. Die Abbildung 3.2 zeigt ihre Anteile an den Weltexporten und -importen für das Jahr 2009.

Insbesondere die Zuwächse Japans und Deutschlands lagen in den vergangenen Dekaden deutlich über dem Gruppendurchschnitt. Diese Verlaufsdaten lassen bereits vermuten, dass die Industrieländer weiterhin einen großen Teil des Welthandels bestreiten, während der Anteil der Schwellen- und Entwicklungsländer immer noch geringer ist. Die Zahlen für 2009 bestätigen das in vollem Umfang. Danach betrugen die Anteile der beiden Gruppen an den Weltexporten 65 % bzw. 35 %.

Hieraus ergibt sich zwangsläufig, dass sich der größte Teil des internationalen Handels zwischen den westlichen Industrieländern abspielt. Die Entwicklungsländer hingegen treiben untereinander nur in geringem Umfang Handel. Den größten Teil ihres Außenhandels wickeln sie vielmehr mit den Industrieländern ab. Diese ungleiche Struktur des Welthandels – insbesondere die Unterrepräsentation der Entwicklungsländer – stellt eines der wichtigen weltwirtschaftlichen Probleme dar und ist Anlass sowohl für heftige Auseinandersetzungen wie auch für weitreichende Reformbestrebungen.

Der Außenhandel ist für einzelne Länder von unterschiedlicher Bedeutung. Als Maßzahlen für die Außenhandelsabhängigkeit einer Volkswirtschaft dienen die **Export-** und **Importquoten**:

Die Exportquote (Importquote) stellt den Anteil der Waren- und Dienstleistungsexporte (-importe) am Bruttoinlandsprodukt dar.

Tab. 3.3: Export-, Importquoten (in %) für das Jahr 2009

Land	Exportquote	Importquote
Belgien	70,8	69,6
Deutschland	41,2	36,3
Frankreich	23,2	25,0
Japan	13,4	12,9
Niederlande	65,0	57,6
Österreich	49,7	46,0
Schweiz	57,0	49,6
USA	11,1	13,8
China	26,7	22,3
Singapur	198,7	177,6
Hongkong	195,0	187,6

Quelle: IMF, World Economic Outlook Database, April 2011.

Die Tabelle 3.3 beschreibt die Außenhandelsabhängigkeit von insgesamt elf Ländern für das Jahr 2009. Hohe Exportquoten weisen innerhalb Europas insbesondere Belgien, die Niederlande, aber auch Österreich, die Schweiz und Deutschland auf. In Hongkong und Singapur lagen die Export- und Importquoten sogar über 100 %. Möglich ist dieses zunächst etwas verblüffende Ergebnis in Ländern, die die Funktion von Handelsumschlagsplätzen und Veredlungsstätten wahrnehmen – Länder also, bei denen ein Großteil der Importe nicht durch inländische Konsum- und Investitionswünsche, sondern durch anschließende Exportvorhaben motiviert sind. Aus der **Verwendungsgleichung** des Sozialproduktes (vgl. Abschnitt 2.2.2, Formel (2.3))

$$Y = C + I + EX - IM$$

ergibt sich nach Division der gesamten Gleichung durch Y und leichtem Umformen

$$\frac{EX}{Y} = 1 + \frac{IM}{Y} - \frac{C}{Y} - \frac{I}{Y}$$

Eine Exportquote von über 100 % ($EX/Y > 1$) ergibt sich demnach, wenn

$$\frac{IM}{Y} > \frac{C}{Y} + \frac{I}{Y}$$

bzw. wenn $IM > C + I$

3.1.4 Die deutsche Außenhandelsposition

Bei der Beurteilung der deutschen Außenhandelsposition ist zunächst festzustellen, dass die Bundesrepublik einer der größten Exporteure und Importeure der Welt ist. Im Jahr 2009 war sie an 9,2 % des Weltexports und 8,3 % des Weltimports beteiligt. Bemerkenswert ist dies vor dem Hintergrund, dass ihre Bevölkerung nur ungefähr 1,5 % der Weltbevölkerung ausmacht. Aus dieser starken wirtschaftlichen Verflechtung mit dem Ausland ergibt sich eine **hohe Außenhandelsabhängigkeit** der deutschen Wirtschaft. Die Auslandsmärkte sind für die exportierende deutsche Industrie als Absatzmärkte unersetzlich, aber auch als Bezugsmärkte spielen sie eine ähnlich wichtige Rolle. Letzteres wird noch dadurch unterstrichen, dass die Bundesrepublik als rohstoffarmes Land auf Rohstoffeinfuhren angewiesen ist. Abrupte Störungen und Eingriffe in den Außenhandel müssen daher nachhaltige Wirkungen auf die Inlandswirtschaft zur Folge haben. In ähnlicher Position befinden sich noch viele andere Staaten (Tab. 3.3). Aus dieser gegenseitigen Abhängigkeit resultiert ein weitverbreitetes, gemeinsames Interesse an der Aufrechterhaltung eines möglichst störungsfreien Welthandels, so dass das mit einer starken Außenhandelsverflechtung verbundene Risiko erheblich vermindert wird.

Der größte Teil des deutschen Außenhandels wird mit den anderen Mitgliedsstaaten der EU abgewickelt (62 % der deutschen Exporte und 57 % der Importe). Der Außenhandel mit Asien und den USA nimmt ebenfalls eine bedeutsame Rolle ein (14 % bzw. 7 % bei den Exporten und 18 % bzw. 6 % bei den Importen).

Auch die Warenstruktur des deutschen Außenhandels hat charakteristische Merkmale. Die Güter der **Land- und Ernährungswirtschaft** spielen erwartungsgemäß eine untergeordnete Rolle. Allerdings liegt ihr Anteil an den Gesamtimporten deutlich über ihrem Exportanteil. Die weitaus bedeutendste Warengruppe sind die **gewerblichen Fertigwaren**.

Besonders die Energiekrisen der 70er Jahre haben die **Rohstoffabhängigkeit** Deutschlands deutlich werden lassen. Ungefähr die Hälfte des deutschen Primärenergiebedarfs wird durch Importe gedeckt.

3.1.5 Zusammenfassung

- In der Nachkriegszeit hat das Volumen des Welthandels insgesamt stark zugenommen. Allerdings spielt sich der größte Teil des internationalen Handels zwischen den westlichen Industrienationen ab, während die Entwicklungsländer in Bezug auf die Einwohnerzahlen unterrepräsentiert sind. Die größten Handelsnationen sind derzeit die USA, Deutschland, China, Japan und Frankreich.
- Die Abhängigkeit einer Volkswirtschaft vom Außenhandel kann anhand von Export- und Importquoten gemessen werden. Die Exportquote (Importquote) stellt den Anteil der Exporte (Importe) am Bruttoinlandsprodukt dar.

3.2 Klassische Handelstheorie

Der folgende Abschnitt befasst sich mit der Erklärung des internationalen Handels und seiner Wirkungen. Da dabei von der Existenz des Geldes abstrahiert wird, findet sich häufig die Bezeichnung der **Reinen Außenhandelstheorie.** Grundlage der Argumentation sind Preis- und Kostenrelationen, nicht jedoch absolute Preise bzw. Kosten. Damit wird implizit unterstellt, dass **vom Geld bzw. von Veränderungen der Geldmenge keine oder nur vernachlässigbare Wirkungen auf das reale Wirtschaftsgeschehen** ausgehen.

Die reale, geldlose Wirtschaft ist die erste Voraussetzung der traditionellen reinen Theorie. Darüber hinaus liegen ihr **weitere Voraussetzungen** zugrunde:

1. In der Regel werden **vollkommene Märkte** unterstellt. Da daraus Flexibilität der Preise nach unten folgt, ist gleichzeitig ständige **Vollbeschäftigung** gesichert.
2. Das Modell des vollkommenen Marktes ist mit der Vorstellung eines Marktes ohne räumliche Ausdehnung und damit ohne Raumüberwindungskosten verbunden. **Transport-** und **Informationskosten** bleiben in der reinen Theorie meist unberücksichtigt, obwohl sie im konkreten Einzelfall einen erheblichen Einfluss auf den Außenhandel ausüben können.
3. Die in den beteiligten Ländern verfügbaren **Faktormengen** werden meist als **unveränderlich** angesehen. Eine Erhöhung der **Faktorpreise** (Lohn, Zins, Rente) führt damit nicht zur Ausweitung des Angebots (unelastisches Angebot). Auch wird eine **internationale Immobilität der Faktoren** angenommen, weil andernfalls grenzüberschreitende Faktorbewegungen zu Veränderungen des

Faktorangebots in den betrachteten Ländern führen könnten.[17] Innerhalb eines Landes wird meist von vollkommener Mobilität der Produktionsfaktoren ausgegangen.

4. Die qualitativen Unterschiede der Produktionsfaktoren werden in der Regel vernachlässigt (**Homogenität der Produktionsfaktoren**). Demzufolge werden in der Regel ausschließlich Unterschiede der **quantitativen Ausstattung** mit Produktionsfaktoren zur Erklärung des Außenhandels herangezogen. In der Realität beeinflussen jedoch auch **qualitative Ausstattungsunterschiede** den Außenhandel.
5. Die Technologie innerhalb eines Landes wird als einheitlich angenommen. Alle Produzenten eines Gutes verfügen über das gleiche Know-how und bedienen sich der gleichen Produktionstechnik (**identische Produktionsfunktionen**). In Wirklichkeit versuchen Anbieter auf den verschiedensten Märkten immer wieder erfolgreich, technische Vorsprünge vor ihren Konkurrenten zu erreichen. Der Außenhandel bleibt davon nicht unberührt.
6. Durch die Annahme **konstanter Nutzenvorstellungen** der Nachfrager werden durch Nachfrageschwankungen ausgelöste Wirkungen auf den Außenhandel in der Regel ausgeschaltet. Konstante Nutzenvorstellungen implizieren gleichzeitig eine **konstante Einkommensverteilung**, denn Änderungen der Einkommensverteilung führen in der Regel zu Nachfrageänderungen und können somit auch den Außenhandel berühren.
7. Die Möglichkeit **externer Effekte** bleibt weitgehend unberücksichtigt. Es wird also davon ausgegangen, dass die Produzenten die Produktionskosten gänzlich selber tragen und nichts – z. B. in Form von Umweltschäden – auf die Allgemeinheit abwälzen.

Diese Prämissen mögen den Realitätsgehalt der reinen Handelstheorie einengen. Allerdings sind diese Annahmen in einem ersten Schritt sinnvoll, um die vielfältige Wirklichkeit auf ein übersichtliches und gut zu handhabendes Modell zu reduzieren, in dem jedoch gleichzeitig die als wichtig angesehenen Bestimmungsfaktoren des Außenhandels enthalten sind. Anschließend, nach der Darstellung der Grundzüge der traditionellen Reinen Theorie, wird daher nach weiteren Erklärungsansätzen gesucht.

Der folgende Abschnitt beschreibt zunächst zwei der ältesten Ansätze zur Erklärung des Außenhandels. Dabei wird in erster Linie mit **relativen (komparativen) Preis- und Kostenunterschieden** identischer Güter in unterschiedlichen Ländern argumentiert. Da auf vollkommenen Märkten die Preise durch die Kosten bestimmt werden, bieten sich internationale Kostenunterschiede als wichtige Erklärungsgröße für den internationalen Handel an.

Diese Theorien sind unter anderem von zentraler Bedeutung, weil sie mit einer Schlussfolgerung aufräumen, die aus der auf absoluten Preisunterschieden basierenden, rudimentären Handelstheorie von **Adam Smith** häufig gezogen wird: Smith führte richtigerweise aus, dass es zu Importen (Exporten) kommt, wenn ausländische (inländische) Anbieter das kosten- und damit preisgünstigere

[17] Auf die Wirkungen internationaler Faktorbewegungen wird in Kapitel 5 näher eingegangen.

Angebot haben. Falsch war jedoch die Schlussfolgerung, dass ein Land, das alle Produkte mit geringerem Aufwand herstellen kann als das Ausland, auch preislich in allen Produkten überlegen ist und deshalb nichts importiert. Vielmehr wird aufgezeigt, dass der Handel stets in beide Richtungen fließen muss.

3.2.1 Unterschiedliche Umweltbedingungen oder Produktionstechniken als Handelsursache: Das Ricardo-Theorem

Der englische Nationalökonom **David Ricardo** (1778–1823) war der erste, der die genannte Fehlinterpretation korrigierte. Die Quintessenz seiner **Theorie der komparativen Kosten** kann wie folgt beschrieben werden:

> Auch für ein in allen Produktionen überlegenes Land kann die Aufnahme von Außenhandelsbeziehungen vorteilhaft sein. Dazu muss sich das Land auf die Produktionen spezialisieren, bei denen es den relativ größten Kostenvorsprung vor dem Ausland besitzt und die Produktion derjenigen Güter aufgeben oder einschränken, bei denen sein Kostenvorteil vergleichsweise gering ist. Die Deckung des Inlandsbedarfs dieser Güter erfolgt dann durch Importe, die mit Exporten relativ kostengünstiger Güter bezahlt werden.

Profitable Außenhandelsbeziehungen basieren also nicht auf **absoluten Kostenunterschieden**. Auch bei Vorliegen nur **relativer Kostenunterschiede** kann der Außenhandel für alle Beteiligten vorteilhaft sein. Die Verwechslung von absoluten und relativen Vorteilen stellt eine häufige Fehlerquelle in der Diskussion über internationale Handelsbeziehungen dar.

Zum Beweis des **Ricardo-Theorems** wird auf einen verbreiteten Modellansatz mit **2 Ländern, 2 Gütern** und **2 Produktionsfaktoren** zurückgegriffen. Es wird davon ausgegangen, dass beide Länder über gleiche Faktorausstattungen verfügen, d.h. über die gleiche Menge an Arbeitskraft und Kapital. Etwaige Unterschiede in den Produktionsfähigkeiten der beiden Länder gehen somit ausschließlich auf unterschiedliche **natürliche Umwelt- oder Produktivitätsunterschiede** zurück. Ricardo führte diese in erster Linie auf das Klima und die geologischen Verhältnisse zurück. Internationale Produktivitätsunterschiede lassen sich jedoch auch damit erklären, dass im In- und Ausland (bei annahmegemäß begrenztem Technologietransfer) unterschiedliche Produktionstechniken angewendet werden. Ist dabei die Bedingung erfüllt, dass das fortgeschrittenere Verfahren bei gegebener Faktorausstattung das gleiche Faktoreinsatzverhältnis erfordert wie das ältere Verfahren (sogenannter **Hicks-neutraler technischer Fortschritt**), so erbringt es bei absolut gleichem Faktoreinsatz und gleichen Einsatzrelationen einen höheren Output. Das fortgeschrittenere Land arbeitet dann bei gleicher Faktorausstattung mit höherer Produktivität.

Im Ausgangspunkt der Autarkie erzeugen sowohl das In- als auch das Ausland die beiden homogenen Güter Tuch und Weizen. Bei gleichem Faktoreinsatz erzielen die Länder jedoch unterschiedliche Produktionsergebnisse. Das Inland kann mit einer vorgegebenen Faktormenge maximal 50 Weizeneinheiten oder 100 Tucheinheiten herstellen. Das Ausland dagegen kann mit gleichem Faktoreinsatz ein besseres Produktionsergebnis erzielen, nämlich maximal entweder 100 Weizeneinheiten oder 120 Tucheinheiten.

Tab. 3.4: Der Ricardo-Fall: Maximale Produktionsmöglichkeiten bei gegebener Faktorausstattung

	Weizen	Tuch
Inland	50	100
Ausland	100	120

Aus den Zahlen der Tabelle 3.4 ergibt sich somit zweierlei:

1. Das Ausland ist dem Inland bei beiden Gütern **absolut überlegen**.
2. Die Überlegenheit des Auslandes ist beim Weizen größer als beim Tuch, denn es kann doppelt so viel Weizen produzieren wie das Inland, aber nur 20 % mehr Tuch.

Das Ausland hat also einen **komparativen (relativen) Vorteil** bei der Weizenproduktion, während das Inland bei absoluter Unterlegenheit in beiden Produktionen den relativ geringeren Nachteil bei der Tuchproduktion hat. Damit ist eine Situation gegeben, in der gemäß der Theorie der komparativen Kosten der Außenhandel für beide Länder vorteilhaft ist, indem sich das Ausland auf die Produktion von Weizen spezialisiert, den Überschuss exportiert und im Austausch dafür Tuch importiert, während das Inland genau umgekehrt verfährt.

3.2.1.1 Außenhandel bei konstanten marginalen Opportunitätskosten

Die getroffene Aussage kann anhand der Abb. 3.3 verdeutlicht werden. Die beiden Grafiken bestehen jeweils aus einem Koordinatensystem, auf dessen Achsen die Mengen der beiden Güter (Weizen und Tuch) aufgetragen sind. Sie zeigen die **Transformations-** bzw. **Produktionsmöglichkeitskurven** der beiden Länder, d. h. die alternativen Güterkombinationen, die mit dem gegebenen Bestand an Produktionsfaktoren produziert werden können.

Die Endpunkte der beiden Kurven sind durch die Zahlen in Tabelle 3.4 gegeben. Sie bezeichnen die maximale Ausbringung des jeweiligen Gutes unter der Voraussetzung, dass nur dieses Gut unter Einsatz aller Produktionsfaktoren produziert wird. Alle anderen Punkte auf den Kurven stellen die Güterkombinationen dar, die bei vollem Einsatz der Faktoren erreichbar sind. Güterkombinationen oberhalb der Kurven sind nicht realisierbar. Dagegen sind alle Punkte unterhalb der Kurven erreichbar, jedoch sind die Produktionsfaktoren dann nicht vollbeschäftigt. Die Linien veranschaulichen, dass bei ausgelasteten Kapazitäten die Mehrproduktion des einen Gutes durch die Minderproduktion des anderen Gutes „erkauft" werden muss. So geht aus den Grafiken hervor, dass das Inland 100 Einheiten Tuch in 50 Einheiten Weizen **transformieren** kann. Die durchschnittliche **Transformationsrate** beträgt also 2:1, d. h. zwei Einheiten Tuch müssen aufgegeben werden, um die Weizenproduktion um eine Einheit zu steigern. Die durchschnittliche Transformationsrate des Auslandes hingegen

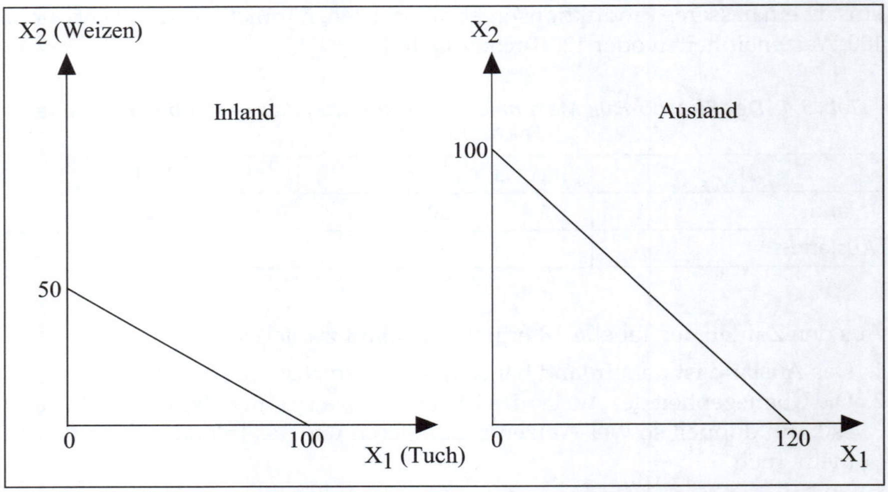

Abb. 3.3: Inländische und ausländische Transformationskurven

beträgt 1,2 : 1. Der lineare Verlauf der Transformationskurve besagt darüber hinaus, dass die Transformationsrate in jedem Punkt der Kurve 2 : 1 (1,2 : 1 für das Ausland) ist, da die Steigung der Kurve über den gesamten Verlauf konstant ist. Anders formuliert: Die **marginale Transformationsrate** ist konstant und gleich der durchschnittlichen Transformationsrate.

3.2.1.1.1 Der Opportunitätskosten-Ansatz

Die Aussagekraft des Ergebnisses kann erhöht werden, wenn man quantitative und qualitative Unterschiede in der Faktorausstattung zulässt. Dabei entsteht allerdings die Schwierigkeit, den unterschiedlichen Faktoreinsatz zu ermitteln. Eine Möglichkeit, diese Schwierigkeit zu umgehen, geht auf **Gottfried Haberler** zurück.[18] Seinem **Opportunitätskosten-Ansatz** liegt die folgende Überlegung zugrunde:

> Man kann den für die Produktion eines Gutes erforderlichen Aufwand anstatt durch den benötigten Faktoreinsatz auch durch den Verzicht an Gütern ausdrücken, der erforderlich ist, um eine bestimmte Menge eines Gutes zu produzieren **(Opportunitätskosten).** Denn bei Vollauslastung der Produktionsfaktoren muss man die Produktionssteigerung bei einem Gut mit einer Produktionsminderung bei anderen Gütern bezahlen.

Für unser Zahlenbeispiel lassen sich die Opportunitätskosten der Weizen- und Tuchproduktion in beiden Ländern direkt aus den Transformationskurven entnehmen. Die Transformationsraten liefern das Verhältnis, in dem Ausdehnung des einen und Einschränkung des anderen Gutes zueinander stehen. Demnach sind die marginalen Opportunitätskosten mit den marginalen Transformations-

[18] Vgl. Haberler, G., Der internationale Handel, Berlin 1933.

raten identisch und wie diese konstant. Konkret müssen im Inland 100 Tucheinheiten (TE) aufgegeben werden, um 50 Weizeneinheiten (WE) zu produzieren. Die marginalen Weizenkosten betragen also 2 TE für 1 WE. Die Tuchkosten ergeben sich logischerweise aus dem reziproken Wert, denn 100 Tucheinheiten (TE) erfordern den Verzicht von 50 Weizeneinheiten (WE). Die Tuchkosten betragen also 0,5 WE für 1 TE. Entsprechend ergeben sich für das Ausland marginale Weizenkosten von 1,2 TE für 1 WE sowie aus dem reziproken Wert Tuchkosten von 0,83 WE für 1 TE. Die Werte sind in der Tabelle 3.5 zusammengefasst.

Das Inland weist bei der Tuchproduktion geringere Opportunitätskosten auf als das Ausland (0,50 zu 0,83 [WE/TE]). Bei dieser Produktion hatte das Inland gegenüber dem Ausland auch den relativ geringsten Nachteil. Das Ausland dagegen hat bei der Weizenproduktion geringere Opportunitätskosten als das Inland (1,2 zu 2,0 [TE/WE]). Das war die Produktion, bei der das Ausland gegenüber dem Inland den relativ größten Vorteil hatte. Auch hier ist die Schlussfolgerung zu ziehen, dass sich das Inland auf die Tuch- und das Ausland auf die Weizenproduktion spezialisieren müssten.

Tab. 3.5: Der Ricardo-Fall: Opportunitätskosten

	Opportunitätskosten	
	für Weizenproduktion	**für Tuchproduktion**
Inland	2,0 [TE/WE]	0,50 [WE/TE]
Ausland	1,2 [TE/WE]	0,83 [WE/TE]

Aus den Transformationskurven geht auch hervor, in welchem Verhältnis die beiden Güter in beiden Ländern jeweils getauscht werden:

> Bei **vollkommener Konkurrenz** und ohne Außenhandel (autarker Zustand) muss das **Tauschverhältnis** der beiden Güter auf dem jeweiligen Binnenmarkt genau den marginalen Kosten entsprechen. Abweichungen werden durch den Marktmechanismus sofort korrigiert.

Zur Verdeutlichung sei angenommen, dass sich auf dem Inlandsmarkt Weizen in Relation zu Tuch von 2 [TE/WE] auf 2,5 [TE/WE] verteuere. Dann würden die Produzenten die Weizenproduktion zu Lasten der Tuchproduktion steigern: Wenn sie ihre Tuchproduktion z. B. um zwei Einheiten verringern, könnten sie die freigewordenen Produktionsfaktoren zur Produktion einer zusätzlichen Weizeneinheit verwenden. Für diese Weizeneinheit erhalten sie am Markt 2,5 Tucheinheiten – also mehr als den Produktionsrückgang beim Tuch.

Die aus solchen Tendenzen resultierende Steigerung der Weizenproduktion führt zu einem Mehrangebot an Weizen, zum verringerten Tuchangebot und damit zum Absinken der Tauschrelation. Der Prozess der **Reallokation** der Produktionsfaktoren setzt sich so lange fort, bis sich die „Umwegproduktion" des Tuches nicht mehr lohnt. Dieses ist erst gewährleistet, wenn das Tauschverhältnis den Opportunitätskosten entspricht. Dann ist der Erlös aus der

Umwegproduktion gleich Null. Würde andererseits das Tauschverhältnis im Inland unter 2:1 sinken, würden Produktion und Angebot von Tuch ausgedehnt (und die des Weizens verringert) bis das Tauschverhältnis wieder dem Kostenverhältnis entspricht.

Die Steigung der Transformationskurve misst daher nicht nur die Opportunitätskosten, sondern auch das **Austauschverhältnis** der beiden Güter am Markt. Damit gibt sie aber auch die **Preisrelation** der beiden Güter an, denn das Preisverhältnis zweier Güter ist der reziproke Wert ihres Tauschverhältnisses. Eine Linie, deren Steigung die Tausch- bzw. Preisrelation zweier Güter angibt, kann man daher als **Preislinie** bezeichnen. Im Falle einer linearen Transformationskurve (konstante Grenzkosten) fallen Preislinie und Transformationskurve zusammen.

3.2.1.1.2 Vorteile des Außenhandels

Beendet man den Zustand der Autarkie durch die Beseitigung von Handelshemmnissen, so verschmelzen die Märkte der beiden Länder zu einem einheitlichen Markt. Auf diesem Markt kann es für ein homogenes Gut auch nur einen einheitlichen Preis geben. Plausibler Weise wird der neue einheitliche Preis zwischen den Autarkiepreisen des Inlandes und des Auslandes liegen, also in unserem Fall zwischen 2 [TE/WE] und 1,2 [TE/WE]. Angenommen, er pendelt sich bei 1,5 [TE/WE] ein. Wenn sich außerdem die beiden Länder entsprechend der Ricardo-These völlig auf das jeweils kostengünstigere Gut spezialisieren (das Inland auf Tuch, das Ausland auf Weizen), so ergibt sich für beide Länder eine von ihren Transformationskurven abweichende Preislinie (Abb. 3.4).

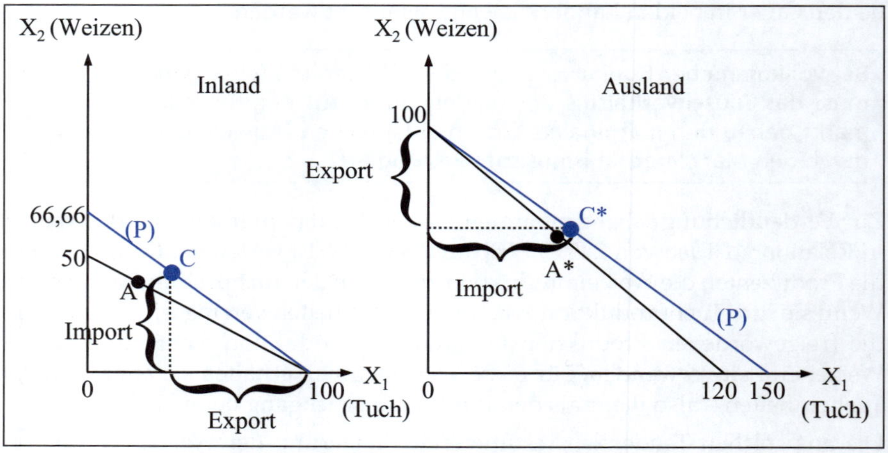

Abb. 3.4: Inländische und ausländische Außenhandelsvorteile

Die neuen Preislinien (*P*) in beiden Ländern haben die gleiche Steigung (–2/3) und zeigen bezogen auf das In- und Ausland folgendes: Das auf Tuch spezialisierte Inland kann für die von ihm produzierten 100 TE jetzt maximal

66,66 WE eintauschen, während es im autarken Zustand nur maximal 50 WE produzieren konnte. Das auf Weizen spezialisierte Ausland kann für die von ihm produzierten 100 WE nunmehr maximal 150 TE eintauschen, während es im autarken Zustand maximal 120 TE selber produzieren konnte. Auf marginale Größen bezogen lautet die entsprechende Argumentation: Das Inland spezialisiert sich auf die Tuchproduktion und exportiert diese teilweise. Das Ausland spezialisiert sich auf die Weizenproduktion und wird diese teilweise exportieren. Dabei erhält das Inland 1 WE für 1,5 TE. Bei nationaler Produktion dagegen kostet 1 WE den Verzicht von 2 TE. Das Ausland erhält 1 TE für 0,66 WE. Bei nationaler Tuchproduktion dagegen kostet 1 TE den Verzicht von 0,83 WE. Als Fazit ergibt sich:

Nach der Spezialisierung gemäß der komparativen Vorteile tauschen beide Länder international günstiger als es ihrer nationalen Transformationsrate entspricht.

Box 3.1: Preisgrenzen

Eine genaue Bestimmung des internationalen Preisverhältnisses nach Aufnahme des Außenhandels wurde in den vorangegangenen Ausführungen nicht vorgenommen. Sie ist letztlich auch erst bei Berücksichtigung der Nachfragepräferenzen möglich (vgl. Abschnitt 3.2.1.2). Allerdings muss sich das **internationale Tauschverhältnis** (Preisverhältnis) zwischen den **nationalen Opportunitätskosten** (nationalen Preisrelationen) vor Aufnahme des internationalen Handels bewegen. Im vorliegenden Beispiel muss das internationale Tauschverhältnis also zwischen 1,2 [TE/WE] und 2 [TE/WE] liegen.

Zur Verdeutlichung sei angenommen, das Tauschverhältnis stiege auf 2,1 [TE/WE]. Dieser hohe Weizenpreis würde nach dem oben geschilderten Zusammenhang zwischen den Opportunitätskosten und dem Preisverhältnis sowohl die in- als auch die ausländischen Produzenten dazu veranlassen, sich gegebenenfalls vollständig auf die Weizenproduktion zu spezialisieren: Die „Umwegproduktion" des Tuches (Produktion von Weizen und günstiger Tausch gegen Tuch) wäre lukrativer. Die Spezialisierung beider Länder auf Weizen hat ein steigendes Weizenangebot bei gleichzeitig sinkendem Tuchangebot zur Folge, was tendenziell zum relativen Preisverfall des Weizens führen muss. Dieser Preisverfall endet, wenn die einseitige Spezialisierung auf die Weizenproduktion endet. Dies ist aber erst der Fall, wenn das **Preisverhältnis** die Marke von 2 [TE/WE] nicht mehr überschreitet.

Andererseits kann das **Tauschverhältnis** nicht unter 1,2 [TE/WE] sinken. Bei einem Preisverhältnis von z. B. 1,1 [TE/WE] wird für die in- und ausländischen Produzenten ausschließlich die Tuchproduktion interessant, was zu entsprechenden Spezialisierungen und Preisanpassungen führt. Das internationale Tauschverhältnis kann also nur zwischen den nationalen Tauschverhältnissen (Transformationsraten) liegen.

Theoretisch denkbar ist der Fall, dass eine der Preisgrenzen erreicht wird und sich Angebot und Nachfrage nicht unmittelbar im Gleichgewicht befinden. Auf diesen Fall geht die Box 3.2 näher ein.

Box 3.2: Handel zweier unterschiedlich großer Länder bei linearer Transformationsrate

Im Gegensatz zu den bisherigen Überlegungen wird bei der folgenden Analyse von zwei sehr **unterschiedlich großen Ländern** ausgegangen. Ansonsten werden die oben genannten Annahmen beibehalten. In der nachstehenden Grafik sind die Verbrauchs- und Produktionspunkte im autarken Zustand durch *A* und *A** bezeichnet. Die Opportunitätskosten belaufen sich auf 2 [TE/WE] im Inland und 1 [TE/WE] im Ausland. Wie bisher würde sich das Inland auf Tuch und das Ausland auf den relativ kostengünstigeren Weizen spezialisieren.

Angenommen nach Aufnahme des Außenhandels ergibt sich zunächst ein einheitliches Tauschverhältnis von 1,5 [TE/WE], also die (gestrichelten) Preislinien in der nachstehenden Abbildung. Wollen die Länder bei diesem Preisverhältnis die Konsumpunkte C_0 und C^* realisieren, so ergibt sich ein Marktungleichgewicht. Der vom Ausland beabsichtigte Tuchimport T_1^* ist größer als die Exportwünsche des Inlandes (T_3–T_1). Gleichzeitig möchte das Ausland mehr Weizen exportieren (W_4^*–W_1^*) als das Inland importieren möchte (W_1). Es herrschen also ein Überangebot an Weizen und ein Nachfrageüberhang bei Tuch.

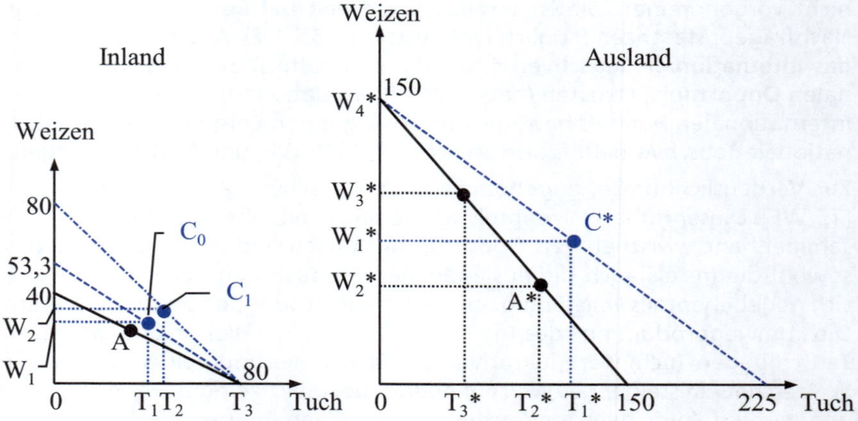

Inländische und ausländische Preisgrenzen

Das angenommene **internationale Austauschverhältnis** von 1,5 [TE/WE] ist somit zu hoch. Wenn es sinkt, nähert es sich dem ursprünglichen autarken Preisverhältnis des Auslandes (1 [TE/WE]). Hat es 1 [TE/WE] erreicht, so ist im Ausland die neue Preislinie wieder mit der im autarken Zustand identisch. Nur im Inland gilt die Preislinie der Autarkie nicht mehr, sondern die strichpunktierte Linie.

Allerdings zeigt die Abbildung, dass auch beim Tauschverhältnis 1 [TE/WE] der internationale Markt noch nicht im Gleichgewicht ist. Wenn nämlich C_1 und *A** die Konsumpunkte der beiden Länder bei diesem Tauschverhältnis sind, so würde der Tuchimport des Auslandes T_2^* betragen und damit immer noch deutlich über dem Tuchexport des Inlandes (T_3–T_2) liegen. Beim Weizen gibt es nach wie vor einen Angebotsüberschuss, denn der Weizenexport des Auslandes (W_4*–W_2*) liegt über dem Weizenimport des Inlandes (W_2). Das Inland kann also auch zu diesem Preis die Importwünsche des Auslandes nicht erfüllen.

Da andererseits das Tauschverhältnis nicht unter 1 [TE/WE] sinken kann, kann das Marktungleichgewicht nur auf folgende Weise beseitigt werden: Das Ausland importiert so viel Tuch wie das Inland zum Preis von 1 [WE/TE] liefert. Das sind T_3–T_2 und auf das Auslandsdiagramm übertragen T_2*–T_3*. Um seinen Eigenbedarf voll zu decken, muss das Ausland seine totale Spezialisierung auf Weizen aufgeben und die Tuchmenge T_3* selbst produzieren. Damit reduziert sich natürlich auch die produzierte Weizenmenge, und zwar von W_4* auf W_3*. Sie liegt jedoch noch über dem Eigenbedarf, so dass die Differenzmenge (W_3*–W_2*) exportiert werden kann. Dieser Export stimmt mit der Importnachfrage des Inlandes (W_2) überein. Damit ist das Gesamtgleichgewicht auf den Märkten hergestellt.

Das Inland kann seine **totale Spezialisierung** auf Tuch beibehalten, da sein Weizenbedarf ganz durch Importe gedeckt werden kann. Bemerkenswert ist, dass unter diesen Modellbedingungen der gesamte Vorteil des Außenhandels dem kleineren Land zufällt. Denn für das größere Ausland haben sich nach Aufnahme des Außenhandels weder Preis noch konsumierte Gütermengen geändert. Für das Inland dagegen hat sich der Preis „seines" Gutes (Tuch) im Vergleich zu Weizen verteuert und die Versorgung mit beiden Gütern wurde verbessert (von *A* auf C_1).

Dieses Ergebnis der Vorteile für das kleinere Land widerspricht der verbreiteten Intuition über die Vorteile aus dem Außenhandel. Es sei an dieser Stelle darauf hingewiesen, dass das Ergebnis von einer Reihe von Annahmen abhängt und in das Gegenteil umschlagen kann, wenn entgegen der hier getroffenen Annahmen z. B. keine vollkommene Konkurrenz herrscht.

Die Vorteilhaftigkeit des Außenhandels lässt sich grafisch noch besser veranschaulichen. Da noch nichts über die Nachfragepräferenzen bekannt ist, soll zunächst angenommen werden, dass die Punkte *A* und *A** die Güterkombinationen angeben, die im autarken Zustand produziert und konsumiert wurden. Ergibt sich nach Spezialisierung und Aufnahme des Außenhandels die neue Preislinie *P*, so ist es beiden Ländern im Prinzip möglich, jede beliebige Güterkombination auf der Preislinie zu konsumieren. Wenn die Länder nun die neuen Konsumpunkte *C* und *C** realisieren möchten, so ergibt sich eine verbesserte Güterversorgung in beiden Ländern, denn beide können sowohl ihren Tuchverbrauch als auch ihren Weizenverbrauch gegenüber *A* bzw. *A** steigern.

Hierzu muss das Inland, das ja ausschließlich Tuch produziert, seinen gesamten Weizenbedarf importieren und dafür einen Teil seiner Tuchproduktion exportieren. Die Abb. 3.4 zeigt, dass das auf Weizen spezialisierte Ausland seinen Tuchbedarf importiert und dafür einen Teil seiner Weizenproduktion exportiert. Dabei wird sich der Preis einstellen, bei dem sich Gesamtangebot und Gesamtnachfrage im Gleichgewicht befinden, also Export- und Importmengen jedes Gutes übereinstimmen. In Abb. 3.4 ist diese Situation gegeben. Wäre das nicht der Fall, so würde sich das Preisverhältnis so lange ändern, bis bestehende Ungleichgewichte abgebaut sind.

3.2.1.2 Außenhandel bei steigenden marginalen Opportunitätskosten

Bei steigenden marginalen Opportunitätskosten wird das nationale Tauschverhältnis nicht mehr allein durch die Transformationskurve bestimmt. Auf jedem Punkt der Transformationskurve sind die Opportunitätskosten unterschiedlich (die Transformationskurve ist nun keine Gerade mehr), so dass neben den Produktions- auch die Nachfragebedingungen das Austauschverhältnis beeinflussen. Zur Beschreibung gesamtwirtschaftlicher Nachfragebedingungen eignen sich prinzipiell **gesellschaftliche (soziale) Indifferenzkurven**:

Gesellschaftliche Indifferenzkurven spiegeln die Nutzenschätzungen der Gesamtbevölkerung eines Landes hinsichtlich zweier Güter wider. Jede Indifferenzkurve ist der geometrische Ort aller Güterkombinationen, die der Gesellschaft den gleichen Nutzen bringen. Sie ergeben sich aus der Aggregation der **individuellen Indifferenzkurven**, wie sie aus der Mikroökonomik zur Beschreibung individueller Präferenzstrukturen bekannt sind.

Im Folgenden soll zunächst von gleichen bzw. ähnlichen Nachfragebedingungen in beiden Ländern ausgegangen werden, um die Rolle der Angebotsbedingungen klar herauszuarbeiten.

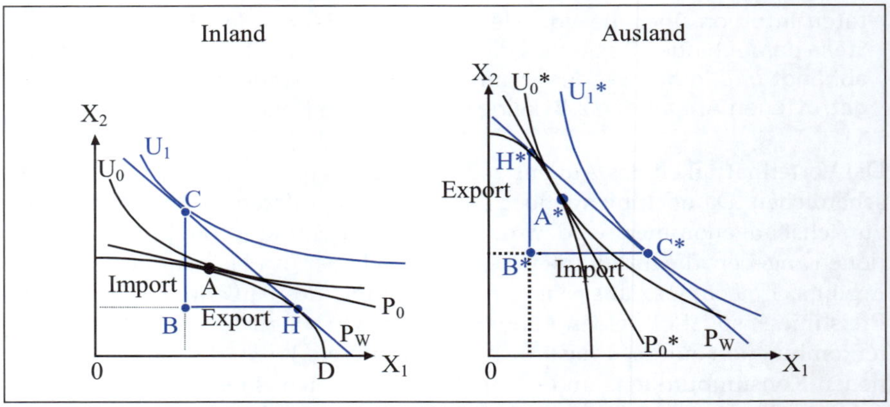

Abb. 3.5: Außenhandel bei steigenden Opportunitätskosten im In- und Ausland

Betrachtet wird nun zunächst die Situation des Inlandes im autarken Zustand (linker Teil der Abb. 3.5). Das Inland wird diejenige Güterkombination auf der Produktionsmöglichkeitenkurve realisieren, die den höchsten sozialen Nutzen erbringt. Das ist im Punkt *A* der Fall, wo die Transformationskurve eine Indifferenzkurve U_0 berührt. Ein höheres Nutzenniveau ist mit den gegebenen Produktionsmöglichkeiten nicht erreichbar. Klar ist auch, dass bei gegebenen Produktionsbedingungen die Lage des nutzenmaximierenden Produktions- und Verbrauchspunktes A von der Lage und der Gestalt der Indifferenzkurven, also von den Nachfragebedingungen abhängt. Wird im Inland die Güterkombination A produziert, so muss die Preisrelation zwischen den beiden Gütern gleich der **Grenzrate der Transformation** bzw. der gleich großen **Substitutionsrate** im Punkt A sein. Beide entsprechen der Steigung der Tangente P_0 **(Preisgerade)** durch diesen Punkt.

Der autarke Zustand des Auslands ist im rechten Teil der Abb. 3.5 dargestellt. Analog zur Situation im Inland ergeben sich hier der optimale Produktions- und Verbrauchspunkt A^* sowie die Preisgerade P_0^*. Die Preisrelationen in beiden Ländern sind unterschiedlich, wie die unterschiedlichen Steigungen von P_0 und P_0^* zeigen. Dies liegt daran, dass die Produktionsmöglichkeiten unterschiedlich sind. Offensichtlich hat das Inland komparative Vorteile beim Gut X_1 und das Ausland bei X_2.

Lässt man nun den Außenhandel zu, so bildet sich in beiden Ländern das gleiche Preisverhältnis, das in der Abb. 3.5 durch die Preisgerade P_W wiedergegeben wird. Infolge des neuen Preisverhältnisses passen sich in beiden Ländern die Produktionen an. Im Inland ist Gut X_1 relativ teurer geworden und die Produktion von X_1 wird zu Lasten von X_2 ausgedehnt. Der neue Produktionspunkt ist H. Es hat also eine **teilweise Spezialisierung** des Inlandes auf Gut X_1 stattgefunden, bei dem es gegenüber dem Ausland einen relativen Kostenvorteil besitzt.

Da die Preislinie P_W alle möglichen Güterkombinationen von X_1 und X_2 wiedergibt, die bei dem herrschenden Preisverhältnis mit einem bestimmten Geldbetrag gekauft werden können, wird die Kombination nachgefragt werden, die den höchsten gesellschaftlichen Nutzen erbringt. Das ist im Punkt C der Fall, wo die Preislinie die Indifferenzkurve U_1 tangiert. Es zeigt sich also zum einen, dass nach Beginn des Außenhandels und Bildung des einheitlichen internationalen Preisverhältnisses das Inland nicht mehr die Güterkombination konsumiert, die es produziert, und dass zum anderen ein **höheres Nutzenniveau** erreicht wird.

Beides wird ermöglicht durch den Außenhandel. Denn im neuen Produktionspunkt H übersteigt die Eigenproduktion von X_1 den in C gegebenen Eigenbedarf. Dieser Überschuss (BH) wird exportiert. Die Eigenproduktion von X_2 dagegen ist zu gering, um den Eigenbedarf voll zu decken. Die Differenz in Höhe BC wird importiert. Es findet also zwischen beiden Ländern ein Austausch von X_1 und X_2 zu dem durch P_W gegebenen Tauschverhältnis statt.

Im Ausland geschieht nach Aufhebung aller Handelsschranken Entsprechendes. Hier kommt es gegenüber dem autarken Zustand zu einer Verteuerung von X_2. Das Ausland dehnt folgerichtig die X_2-Produktion zu Lasten von X_1 aus. Es kommt also zu einer Teilspezialisierung auf das relativ kostengünstigere Gut. Neuer Produktionspunkt ist H^*, da in diesem Punkt die neue Preislinie die Transformationskurve tangiert. Die Preislinie tangiert auch eine höhere Indifferenzkurve, nämlich U_1^* im Punkt C^*. Das ist der nutzenmaximierende Konsumpunkt, dessen Realisierung eine Erhöhung des Nutzenniveaus gegenüber dem autarken Zustand mit sich bringt. Auch hier lässt sich der neue Verbrauchspunkt nur mit Hilfe des Außenhandels realisieren. Die Abb. 3.5 zeigt, dass das Ausland einen erheblichen Teil seines Bedarfs an X_1 durch Importe (B^*C^*) decken muss. Nur der Restbedarf kommt aus der Eigenproduktion. Dafür liegt die Produktion von X_2 um B^*H^* über dem Eigenverbrauch. Diese Menge steht zum Export zur Verfügung und reicht bei der durch P_W vorgegebenen Preisrelation gerade aus, die erforderlichen Importe zu finanzieren.

Bei funktionierenden Märkten wird sich das Preisverhältnis einstellen, das zum Gleichgewicht auf beiden Gütermärkten führt, bei dem also der X_1-Export des Inlandes gleich dem X_1-Import des Auslandes ($BH = B^*C^*$) und der X_2-Export des Auslandes gleich dem X_2-Import des Inlandes ($B^*H^* = BC$) ist. Abweichende Preisverhältnisse haben Nachfrage- oder Angebotsüberschüsse zur Folge und führen demnach über Preisveränderungen zu Anpassungsreaktionen in Richtung auf das Marktgleichgewicht.[19] Als Ergebnis bleibt bislang also festzuhalten:

> Bei steigenden Opportunitätskosten kommt es zu einer **partiellen Spezialisierung** der Länder auf ihr jeweils relativ kostengünstigeres Gut. Eine totale Spezialisierung wie bei konstanten marginalen Opportunitätskosten ist also nicht der Regelfall. Für beide am Außenhandel beteiligten Länder ergibt sich eine **Nutzensteigerung**.

Allerdings kann es bei einem der Länder auch zu einer totalen Spezialisierung kommen. Das wäre z. B. für das Inland der Fall, wenn die sich aus den einheitlichen Weltmarktpreisen ergebende neue Preislinie P_W die Transformationskurve des Inlandes gerade in D tangierte. Der Produktionspunkt des Inlandes H würde dann nach D wandern.

Tauschkurven und Austauschverhältnis

Bisher wurde noch nicht explizit auf die Bestimmung des Austauschverhältnisses nach Aufnahme des Außenhandels eingegangen. Die Ableitung des gleichgewichtigen Austauschverhältnisses kann über sogenannte **Tauschkurven (offer-curves)** erfolgen. Diese fassen das Exportangebot und die Importnachfrage eines Landes bei verschiedenen Austauschrelationen in einer Kurve zusammen.

Im Folgenden werden die Tauschkurven unter der Annahme steigender Opportunitätskosten dargestellt. Im rechten Teil der Abb. 3.6 wird zunächst die **inländische Tauschkurve** abgeleitet.

Aus dem linken Teil der Abb. 3.6 ergibt sich im Inland zunächst ohne Außenhandel das Tauschverhältnis P_0. Das Inland produziert und konsumiert im Punkt A_0. Beim Preisverhältnis P_W würde das Inland im Punkt H_W produzieren. Von der erhöhten Produktionsmenge an X_1 würde es H_WB_W zum Export anbieten und dafür B_WC_W des Gutes X_2 als Import nachfragen. Bei Verwirklichung dieser Pläne könnte es im Punkt C_W konsumieren und das Nutzenniveau U_W erreichen. Würde das Gut X_1 noch teurer und das internationale Preisverhält-

[19] Im nächsten Abschnitt wird genauer auf die Bestimmung des Austauschverhältnisses eingegangen.

nis P_1 betragen, so würde es im Punkt H_1 produzieren, H_1F_1 des Gutes X_1 zum Export anbieten und F_1C_1 des Gutes X_2 als Import nachfragen.

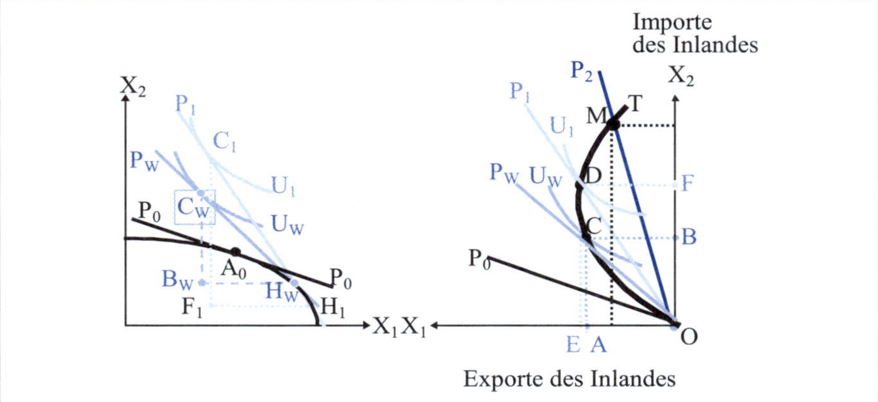

Abb. 3.6: Herleitung der inländischen Tauschkurve

Der rechte Teil der Abb. 3.6 zeigt genau diesen Sachverhalt aus einer anderen Perspektive. Beim Preisverhältnis P_0 besteht für das Inland kein Anreiz zum Außenhandel. Es bietet dementsprechend keine Exporte an und fragt keine Importe nach. Folglich lassen sich Angebot und Nachfrage durch einen Punkt im Ursprung kennzeichnen. Beim Preisverhältnis P_W jedoch bietet es $OA = B_WH_W$ des Gutes X_1 zum Export an und fragt $OB = B_WC_W$ des Gutes X_2 als Import nach. Daraus ergibt sich der Punkt C als zweites Element der Tauschkurve T. Der Punkt D entsteht auf analoge Weise bei Annahme des Preisverhältnisses P_1. Das Inland plant bei diesem Preisverhältnis $OE = H_1F_1$ Exporte von X_1 und $OF = F_1C_1$ Importe von X_2.

Der Verlauf der Tauschkurve verdeutlicht, dass die Verbilligung des Gutes X_2 zur **Ausdehnung oder Verringerung** des Exportes von X_1 führen kann. Bei der Bewegung von O nach C und von C nach D wird das Exportangebot erhöht. Bei einer weiteren Verringerung des relativen Preises von X_2 steigt zwar die Importnachfrage in Bezug auf X_2, das Exportangebot an X_1 geht jedoch zurück. Das liegt an den Präferenzen der Inländer, die in den Indifferenzkurven des linken Teils der Abb. 3.6 deutlich werden. Im Punkt C_1, der nur durch Handel entsprechend dem Punkt D im rechten Teil der Abbildung realisiert werden kann, ist der Grenznutzen des Gutes X_1 in Relation zum Grenznutzen des Gutes X_2 hoch.

Der im Vergleich zu X_2 schon in C_1 relativ hohe Grenznutzen des Gutes X_1 (hohe Grenzrate der Substitution, deutlich über die große Steigung der Indifferenzkurve in C_1 b) bedeutet, dass die Inländer nur noch gegen Hergabe von sehr großen Mengen X_2 bereit sind, auf relativ geringe Mengen X_1 zu verzichten. Wäre die Preislinie noch steiler als in P_1 (z. B. wie in P_2 im rechten Teil der Abb. 3.6), so, wäre diese Grenzrate der Substitution noch größer. Der Substitutionseffekt führt somit nur zu einer relativ geringen Zunahme der Nachfrage nach X_2 bzw.

zu nur einer geringen Verringerung der Nachfrage nach X_1. Der mit der Preiserhöhung des inländischen Exportgutes verbundene Einkommenseffekt führt dazu, dass die Inländer von beiden Gütern mehr zu konsumieren wünschten. Per Saldo kann es dazu kommen, dass die Nachfrage nach X_1 recht stark steigt (nicht eingezeichnet). Die Produktion des Gutes X_1 kann jedoch kaum ausgedehnt werden, da bereits nahe an der absoluten Kapazitätsgrenze (Schnittpunkt der Transformationskurve mit der X_1-Achse, nicht eingezeichnet) produziert wird. Entsprechend bleibt für den Export nur weniger übrig als vorher (Punkt *M* im rechten Teil der Abb. 3.6).

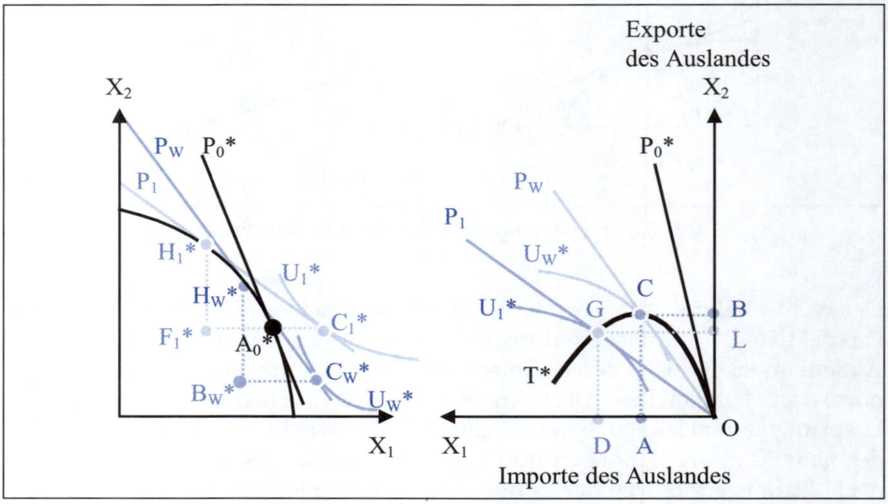

Abb. 3.7: Herleitung der ausländischen Tauschkurve

In der Abb. 3.7 wird die **Tauschkurve des Auslandes** konstruiert. Vor Aufnahme des Außenhandels wird im Punkt A_0* (linker Teil der Abb. 3.7) produziert und konsumiert. Das ausländische Preisverhältnis ist durch die Linie P_0* gegeben. Offensichtlich verfügt das Ausland über einen komparativen Kostenvorteil beim Gut X_2. Nach Aufnahme des Außenhandels wird das Gut X_1 relativ billiger, so dass sich das Ausland auf die Produktion von X_2 spezialisiert. Entspricht das internationale Preisverhältnis der Linie P_W, so kann das Ausland beim Produktionspunkt H_W* durch den Export von H_W*B_W* Mengeneinheiten X_2 und Import von B_W*C_W* Mengeneinheiten X_1 das Nutzenniveau U_W* erreichen (Konsumpunkt C_W*). Bei einem Preisverhältnis P_1 könnte durch X_2-Exporte in Höhe von H_1*F_1* und X_1-Importe in Höhe von F_1*C_1* im Punkt C_1* das Nutzenniveau U_1* erreicht werden. Genau wie bei der Konstruktion der inländischen Tauschkurve werden nun für das Ausland die optimalen Import- und Exportmengen bei alternativen Preisverhältnissen in den rechten Teil der Abb. 3.7 übertragen.

Die Verbindungslinie der Import- und Exportpläne des Auslandes ergibt die ausländische Tauschkurve T^*.[20]

Gemäß der Konstruktion der Tauschkurven ergeben sich die geplanten Austauschmengen somit durch das Berühren der Preislinien und Indifferenzkurven. Es gilt also:

> Entlang der Tauschkurven entsprechen die **marginale Substitutionsrate** und das **Preisverhältnis** einander.

Insofern sind die erreichbaren Nutzenniveaus auch aus den Tauschkurven der Abb. 3.6 und 3.7 rekonstruierbar. Z. B. könnte das Inland beim Preisverhältnis P_1 bei Realisierung seiner Austauschpläne (Punkt *D* in Abb. 3.6) das Nutzenniveau U_1 erreichen bzw. beim Preisverhältnis P_W das Nutzenniveau U_W. Analog können für das Ausland die Indifferenzkurven U_1^* und U_W^* in den rechten Teil der Abb. 3.7 übertragen werden.

Die ausländischen Indifferenzkurven im rechten Teil der Abb. 3.7 sind im Vergleich zu den inländischen (rechter Teil der Abb. 3.6) in die entgegengesetzte Richtung gekrümmt. Die unterschiedliche Krümmung lässt sich mit dem **Gesetz der abnehmenden Grenzrate der Substitution** erklären: Ausgehend von Punkt *D* auf der inländischen Tauschkurve bedeutet eine Bewegung auf U_1 in nordwestlicher Richtung zunehmenden Import (und Konsum) von X_2. Nach dem Gesetz der abnehmenden Grenzrate der Substitution ist das Inland bei zunehmendem Konsum von X_2 nur zu immer geringerem zusätzlichen Verzicht auf Gut X_1 bereit. Deshalb muss die inländische Indifferenzkurve in der dargestellten Form gekrümmt sein. Entsprechend bedeutet, ausgehend von Punkt *G* auf der ausländischen Tauschkurve, eine Bewegung entlang der U_1^*-Kurve in nordwestlicher Richtung einen zunehmenden ausländischen Import (und Konsum) von X_1. Das Ausland ist bei zunehmendem Konsum von X_1 nur zu immer geringerem zusätzlichem Verzicht auf X_2 bereit, was die abgebildete Krümmung der Indifferenzkurve begründet.

In Abb. 3.8 werden die beiden Tauschkurven *T* und T^* in einem gemeinsamen Koordinatensystem dargestellt. Es ergibt sich unmittelbar, dass nur beim Austauschverhältnis P_W bzw. im Punkt *C* ein **Außenhandelsgleichgewicht** herrscht. Das Inland plant den Export von *OA* Mengeneinheiten des Gutes X_1 und den Import von *OB* Mengeneinheiten X_2. Dies entspricht mit umgekehrten Vorzeichen den Ex- und Importplänen des Auslandes. Das internationale Preisverhältnis liegt also zwischen den beiden nationalen Preisverhältnissen P_0 und P_0^*, die sich bei Autarkie ergeben würden. Das inländische Nutzenniveau bei Außenhandel beträgt U_W, das ausländische U_W^*.

Warum existiert nur im Punkt *C* ein Gleichgewicht und warum muss das Austauschverhältnis bei Außenhandel der Linie P_W entsprechen? Angenommen, das Preisverhältnis entspricht der Linie P_1. Das Inland bietet *OH* Mengeneinheiten X_1 zum Export an und fragt *OK* Mengeneinheiten X_2 als Import

[20] Für die Punkte im rechten Teil der Abb. 3.7 gilt natürlich: $OD = F_1^*C_1^*$, $OL = F_1^*H_1^*$, $OA = B_W^*C_W^*$, $OB = B_W^*H_W^*$.

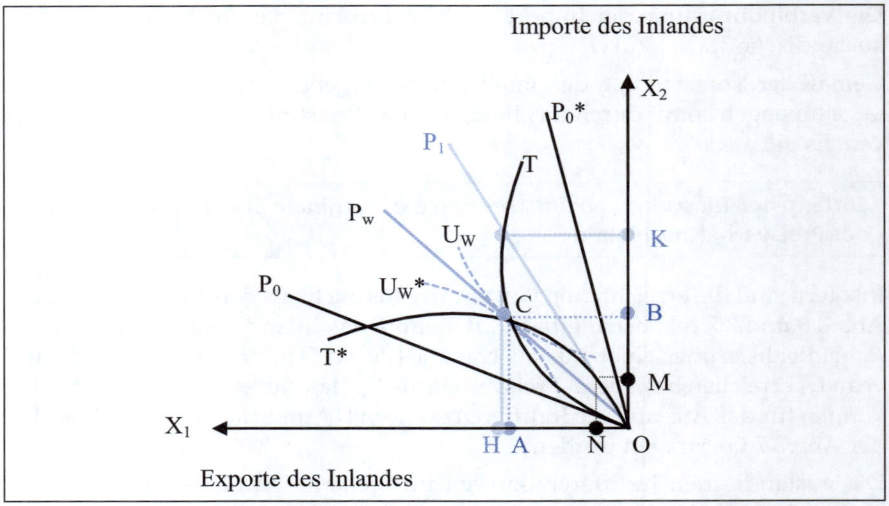

Abb. 3.8: Außenhandelsgleichgewicht

nach. Das Ausland bietet entsprechend seiner Tauschkurve jedoch nur *OM* Mengeneinheiten X_2 an und fragt *ON* Mengeneinheiten X_1 nach. Nach dem Gut X_2 besteht also eine Überschussnachfrage in Höhe von *K–M*. Für das Gut X_1 existiert hingegen ein Überschussangebot in Höhe von *H–N*. Der Preis von Gut X_1 fällt also, während der Preis von X_2 steigt. Damit bleibt die Preislinie P_1 nicht dauerhaft erhalten. Das Austauschverhältnis wird sich zugunsten von X_2 verbessern, bis die Preislinie der Linie P_W entspricht und sich Angebot und Nachfrage für X_1 und X_2 auf dem Weltmarkt entsprechen.

3.2.2 Unterschiedliche Faktorausstattungen: Das Heckscher-Ohlin- und Neofaktorproportionentheorem

Die Aussage des gerade vorgestellten Ricardo-Theorems war, dass bei unterschiedlichen natürlichen Umweltbedingungen (Klima) auch bei **identischer Faktorausstattung** und **gleichen Produktionsverfahren komparative Kostenunterschiede** resultieren können, die bei entsprechenden Nachfragebedingungen zu Preisunterschieden und damit zu Außenhandel führen.

Die Faktorausstattung der Länder weist nun in der Realität häufig beträchtliche Unterschiede auf, d.h. die absoluten Mengen, Relationen bzw. Proportionen, in denen die Produktionsfaktoren in den einzelnen Ländern vorhanden sind, weichen oft stark voneinander ab. Die schwedischen Nationalökonomen **Eli Heckscher** und **Bertil Ohlin** haben gezeigt, dass sich bei **identischen Umweltbedingungen, gleichen Produktionsverfahren** und **gleichen Präferenzen** aus diesen unterschiedlichen Faktorausstattungen die gleichen Schlussfolgerungen ziehen lassen wie beim Ricardo-Theorem unter steigenden Opportunitätskosten.[21]

Zur Veranschaulichung sei angenommen, dass das Inland relativ reich mit Arbeitskraft ausgestattet sei, während das Ausland über relativ viel Kapital bzw. Boden verfügt. Von Bedeutung ist nun, dass es Güter gibt, die bei gegebener Produktionstechnik relativ bodenintensiv gefertigt werden (z. B. Weizen), während andere einen vergleichsweise hohen Arbeitsanteil erfordern (z. B. Tuch). Wenn sich das Inland auf die Produktion des arbeitsintensiven Gutes spezialisieren würde, könnte es relativ viel davon produzieren – vom bodenintensiven Gut hingegen relativ wenig. Umgekehrt könnte das bodenreiche Ausland vom bodenintensiven Weizen relativ viel, und vom arbeitsintensiven Tuch relativ wenig produzieren. Die grafische Darstellung dieses Falles gleicht der in Abb. 3.5, die für den Ricardo-Fall verwendet wurde.

Bei Autarkie würde in jedem Land der relativ reichlich verfügbare Faktor billig und der relativ knappe Faktor teuer sein. Im „arbeitsreichen" Inland sind also die Löhne niedrig, die Bodennutzungskosten oder die Zinsen dagegen relativ hoch, im „bodenreichen" Ausland ist es umgekehrt. Entsprechend wäre bei Autarkie bei identischen bzw. ähnlichen Präferenzen das arbeitsintensive Gut im Inland relativ billig, während dieses Gut im Ausland relativ teuer wäre. Das Inland würde aufgrund dieser Knappheitsrelationen relativ viel vom arbeitsintensiven Gut produzieren und konsumieren (Punkt *A* in Abb. 3.5), während das Ausland relativ viel vom bodenintensiven Gut Weizen produziert und konsumiert (Punkt *A**).

Der Rest der Argumentationskette gleicht der beim Ricardo-Fall: Das „arbeitsreiche" Land verfügt wegen seiner niedrigen Lohnkosten über einen Kostenvorteil bei der arbeitsintensiven Tuchproduktion, während das „bodenreiche" Land Kostenvorteile bei der bodenintensiven Weizenproduktion besitzt. Nach Aufnahme des Handels und Spezialisierung entsprechend der komparativen Kostenvorteile gilt:

Nach Aufnahme des Außenhandels wird sich jedes Land auf dasjenige Gut spezialisieren, bei dem der Inputanteil seines reichlich verfügbaren Produktionsfaktors besonders groß ist.

In unserem Beispiel also würde sich das „arbeitsreiche" Inland auf die arbeitsintensive Tuchproduktion und das „bodenreiche" Ausland auf die Weizenproduktion spezialisieren.

Der wesentliche Unterschied des Heckscher-Ohlin-Theorems zum Ricardo-Fall liegt zunächst in der expliziten Berücksichtigung mehrerer verschiedener Produktionsfaktoren bzw. in möglicherweise unterschiedlichen Ausstattungsrelationen bei diesen Faktoren. In der Schlussfolgerung bzgl. der Spezialisierung entsprechend der komparativen Kostenunterschiede sind sie identisch. Die

[21] Vgl. Heckscher, E., The Effect of Foreign Trade on the Distribution of Income, Economisk Tidskrift 21 (1919) bzw. Ohlin, B., Interregional and International Trade, Cambridge 1933.

Heckscher-Ohlin-Schlussfolgerung der Spezialisierung auf diejenige Produktion, die den relativ reichlich vorhandenen Faktor intensiv nutzt, ist zunächst eine Verfeinerung des Ricardo-Falles. Allerdings hat diese Aussage einen besonderen Stellenwert bei der Beurteilung der Verteilungseffekte des internationalen Handels (vgl. Abschnitt 3.2.3.2).

Die theoretische Konsistenz dieses **Faktorproportionentheorems** ist unbestritten. Was die empirische Erklärungskraft für den Welthandel betrifft, sind jedoch Erweiterungen notwendig. **W. Leontief** untersuchte 1953 den Außenhandel der USA, dem damals sicherlich am relativ reichsten mit Kapital ausgestatteten Land (vgl. Box 3.5).[22] Dabei kam er zu dem überraschenden Ergebnis, dass der Arbeitsgehalt der US-Exporte größer ist als der der Importe und dass das Umgekehrte für den Kapitalgehalt galt **(Leontief-Paradoxon)**. Obwohl die Studie mit einigen methodischen Problemen behaftet war, führte sie richtigerweise zur Schlussfolgerung, dass nicht nur die Quantitäten der Produktionsfaktoren, sondern auch deren Qualitäten zu beachten sind. Insbesondere der Produktionsfaktor Arbeitskraft ist im Gegensatz zu den Annahmen im Heckscher-Ohlin-Theorem nicht homogen. Vielmehr bietet sich zumindest eine Unterscheidung in qualifizierte und unqualifizierte Arbeitskraft an. Ein entsprechend erweitertes **Neo-Faktorproportionentheorem** kann das Leontief-Paradoxon erklären: Die USA waren damals im Vergleich zum Rest der Welt besonders reichhaltig mit hochqualifizierter Arbeitskraft ausgestattet und spezialisierten sich auf die entsprechende Produktion.

Dieser Ansatz wird als **Neo-Faktorproportionentheorem** bezeichnet, weil er letztlich wie die alte Faktorproportionentheorie die internationalen Unterschiede in der Faktorausstattung als Ursache für die Spezialisierung und den Außenhandel zwischen den Ländern ansieht, allerdings nun erklären kann, dass sich z. B. Industrieländer im internationalen Handel auf diejenigen Güter spezialisieren, die in erheblichem Umfang den Einsatz von hochqualifizierten Arbeitskräften erfordern. Die Entwicklungsländer haben dagegen komparative Kostenvorteile bei den Gütern, deren Produktion vorwiegend niedrig qualifizierte Arbeitskräfte erfordert und werden sich entsprechend spezialisieren.

Schließlich muss an dieser Stelle darauf hingewiesen werden, dass Unterschiede in den im Heckscher-Ohlin-Theorem als identisch angenommenen Präferenzen, Produktionstechniken und Umweltbedingungen die Wirkungen überlagern können. Später (vgl. Abschnitt 3.2.4.1) wird detaillierter auf den allerdings vornehmlich theoretisch interessanten Fall des **inversen Handels** eingegangen. Hier werden die produktionsseitig bedingten Außenhandelsimpulse durch Unterschiede der nationalen Präferenzstrukturen überkompensiert. Z. B. wäre es denkbar, dass ein arbeitsreiches Land eine derartig starke Präferenz für das arbeitsintensive Gut hat, dass es dieses nicht exportiert, sondern importiert.

---

[22] Vgl. Leontief, W., Domestic Production and Foreign Trade: The American Capital Position Re-Examined, Proceedings of the American Philosophical Society 97 (1953).

3.2.3 Wirtschaftliche Wirkungen des Handels im klassischen Modell

3.2.3.1 Außenhandel und Wohlstand

Bei der Betrachtung der Wohlstandseffekte des internationalen Handels sollen zunächst darauf hingewiesen werden, dass der internationale Handel zu einer **größeren Auswahl an Produkten** für den Konsumenten führt. Diese Auswahlmöglichkeit ist im Prinzip nutzensteigernd, wenn neue, bisher nicht verfügbare Produkte zur Wahl stehen. Sie ist aber auch positiv zu beurteilen, wenn im Rahmen der Produktdifferenzierung zusätzlich zu bereits verfügbaren Produkten ähnliche hinzukommen. Allerdings ergeben sich in letzter Zeit Hinweise, dass es auch ein „Zuviel" an Auswahl geben könnte (Box 3.3).

Box 3.3: Das Paradox der Auswahl

Mehr Auswahl bedeutet mehr Nutzen. Menschen aus derzeitigen oder ehemaligen Planwirtschaften, wo es regelmäßig von den Produkten allenfalls eine Variante zu kaufen gab, können Menschen, die an Auswahl gewöhnt sind, dies schnell bestätigen. Allerdings kann es unter Umständen auch ein Zuviel an Auswahl geben – eine Erfahrung, die vielleicht Leser schon gemacht haben, wenn sie unvorbereitet in einen Elektronik-Markt gegangen sind, um ein Fernsehgerät zu kaufen. Häufig werden sie, überfordert von der Auswahl, unverrichteter Dinge wieder nach Hause gehen. Der amerikanische Psychologe Barry Schwartz beschreibt in seinem Buch **„The Paradox of Choice"** wieso ab einer bestimmten Anzahl an Wahlmöglichkeiten mehr Auswahl den Nutzen verringert.[1]

Mehr Auswahl führt u.a. dazu dass Menschen die Informationsflut kaum bearbeiten können, in ihren Entscheidungen unsicher und schließlich unzufriedener mit ihrer Entscheidung werden. Zahlreiche experimentelle Studien auf dem Gebiet der Verhaltensökonomik zeigen ebenfalls dass eine zu große Auswahl an Produkten den Nutzen mindert. Z.B. hat der Anstieg an verfügbaren TV-Programmen nicht den Freizeitwert erhöht, sondern die Lebenszufriedenheit verringert.[2] Studien in der Konsumforschung und in der Psychologie widmen sich ebenfalls diesem Thema und versuchen theoretisch und empirisch zu zeigen wo ein Sättigungspunkt einsetzt.[3]

Schwarz berichtet von einem Experiment, bei dem ein Supermarkt zunächst 24 Sorten Konfitüre zum Probieren und Kaufen anbot. Am nächsten Tag wurde das Angebot auf sechs Sorten verringert – und zehnmal mehr Konfitüre verkauft. Meta-Analysen zu derartigen Tests können zwar nicht bestätigen, dass eine größere Auswahl an Produkten im Durchschnitt zu weniger Kaufentscheidungen führt.[4] Allerdings sind die Konsumenten im Durchschnitt mit ihren Käufen unzufriedener. Die optimale Auswahlmenge hängt auch vom Produkt ab. So konnte gezeigt werden, dass Menschen in Länder mit nur 3 TV Sendern bei Kontrolle anderer Einflussfaktoren – eine höhere Lebenszufriedenheit als Menschen in Ländern mit 10 TV Sendern.[2]

Literatur:

[1] Schwartz, B., The Paradox of Choice: Why More Is Less, Harper Collins Publishers (2003).

[2] Frey, B., Benesch, C., Stutzer, A., TV Channels, Self-Control and Happiness, The B.E. Journal of Economic Analysis & Policy, Vol. 10(1), Article 86 (2010).

[3] Botti, S., Iyengar, S., The dark side of choice: When choice impairs social welfare, Journal of Public Policy and Marketing 25 (2006), S. 24–38.

Reutskaja, E., Hogarth, R., Satisfaction in Choice as a Function of the Number of Alternatives: When "Goods Satiate", Psychology and Marketing, Vol. 26, Issue 3 (2009).

[4] Scheibehenne, B., Greifeneder, R., Todd, P., Can There Ever Be Too Many Options? A Meta-Analytic Review of Choice Overload, Journal of Consumer Research 37 (2010), S. 409–425.

Zweitens kommt es durch den Handel zu einer **Wettbewerbsintensivierung**, welche die bekannten Vorteile mit sich bringt: Die **Preisentwicklung** wird tendenziell gedämpft und der **technische Fortschritt** – sei es über Innovationen oder Imitationen – tendenziell beschleunigt. Der letztgenannte Effekt wird häufig als wichtigster Erklärungsgrund herangezogen, weshalb international offene Länder durchschnittlich höhere Wachstumsraten aufweisen als geschlossene Volkswirtschaften.

Aus den vorangegangenen Abschnitten wurde immer wieder deutlich, dass in international offenen Ländern durch den Handel ein höheres Nutzenniveau erreicht wird. Dies impliziert die Aussage, dass die am Handel Beteiligten Wohlfahrtsgewinne erzielen. Im Folgenden wird verdeutlicht, dass – und weshalb – jedes der beteiligten Länder insgesamt profitiert. Deutlich wird auch, dass diese Wohlfahrtsgewinne unterschiedlich hoch ausfallen können. Und schließlich wird gezeigt, dass einzelne Branchen oder Wirtschaftseinheiten durchaus auch negativ vom Handel betroffen sein können. Zunächst wird der Nutzenzuwachs in einen **Handels-** und **Spezialisierungsgewinn** zerlegt.

3.2.3.1.1 Handelsgewinn

Der Außenhandel kann schon durch bloße internationale Umverteilung der vorhandenen Güter – also ohne Veränderung der Produktionsstruktur – zu einer Wohlstandssteigerung in den beteiligten Ländern führen. Um alle Effekte auszuschalten, die von Produktionsumstellungen ausgehen können, wird zunächst die völlige **Immobilität der Produktionsfaktoren** auch innerhalb der beteiligten Länder vorausgesetzt. Vor und nach Aufnahme des Außenhandels wird also in beiden Ländern die gleiche Güterkombination produziert. Wie im Diagramm 3.9 dargestellt, haben die Transformationskurven beider Länder unter dieser Voraussetzung eine rechteckige Form, nämlich *ACB* und *DCE*. Die Produktionseinschränkung bei einem Gut führt also nicht zur Produktionsausdehnung des anderen Gutes. Vollbeschäftigung und Outputmaximum sind daher jeweils im Eckpunkt *C* gegeben. Die Preisrelation beeinflusst den Output nicht. Es wird im autarken Zustand bei jedem Preisverhältnis die Güterkombination *C* produziert und konsumiert. Die Strecken *AE* und *BD* geben nun die Weltproduktion der Güter X_1 und X_2 an. Durch *C* geht jeweils eine Indifferenzkurve (U_0 und U_0*) der beiden Länder. Sie bezeichnen das im Autarkiezustand erreichbare maximale Nutzenniveau. Die Preisgeraden P_0 und P_0*, als Tangenten an U_0 bzw. U_0* im Punkt *C* kennzeichnen die nationalen Preisrelationen im autarken Zustand.

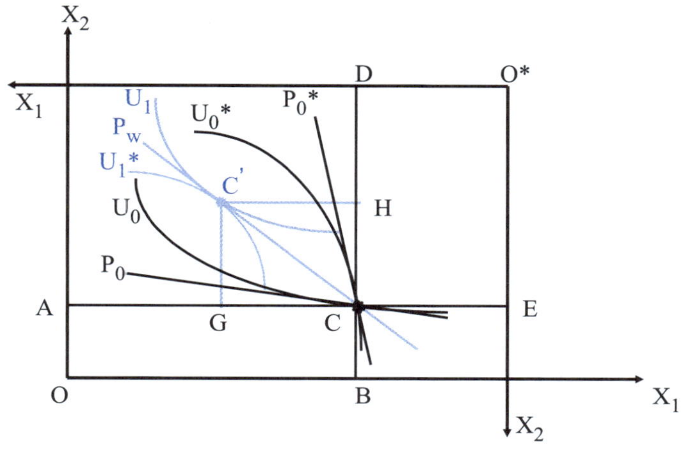

Abb. 3.9: Handelsgewinn

Nach Aufnahme des Außenhandels bildet sich eine einheitliche Preisrelation auf dem Weltmarkt (P_W), die zwischen den Preisrelationen bei Autarkie liegen muss. Auch bei den neuen Preisen wollen die Länder ihr **Nutzenmaximum** verwirklichen, was zu einer veränderten Nachfrage in beiden Ländern führt. Die beiden Nutzenmaxima sind in den Punkten erreicht, wo die Preisgerade die jeweiligen „höchsten" Indifferenzkurven berühren. Preisrelation und Grenzrate der Substitution stimmen hier überein (Punkt *C'* in Abb. 3.9). Hier lässt sich der Nutzen eines Landes nicht mehr erhöhen, ohne den Nutzen des anderen Landes zu beeinträchtigen. Der neue Konsumpunkt *C'* sichert beiden Ländern ein höheres Nutzenniveau (U_1 und U_1*). Er lässt sich jedoch nur durch Außenhandel realisieren. Das Inland exportiert seinen X_1-Überschuss in Höhe von *GC* und importiert X_2 in Höhe von *GC'*. Das Ausland verfährt genau umgekehrt (X_2-Export = *CH*, X_1-Import = *C'H*). Als Fazit ergibt sich:

Ohne jede Veränderung der Produktionsstruktur ziehen beide Länder aus der internationalen Umverteilung der Güter durch Außenhandel einen zusätzlichen Nutzen (**Handelsgewinn**).

Voraussetzung für die Erzielung eines Handelsgewinns ist, dass sich die durch den Punkt *C* gehenden Indifferenzkurven der beiden Länder (U_0 und U_0*) schneiden. Tangieren sie einander, dann stimmen bereits im autarken Zustand die nationalen Preisverhältnisse überein und die optimale internationale Güterverteilung ist damit bereits verwirklicht. Es besteht dann kein Anreiz zum Außenhandel.

Zur näheren ökonomischen Fundierung dieses Handelsgewinnes kann auf das mikroökonomische Instrumentarium des **Substitutions- und Einkommenseffektes** verwiesen werden. Der Substitutionseffekt des Inlandes wäre zu verdeutlichen, indem eine Parallele zur Geraden P_W gezeichnet würde, welche die Indifferenzkurve U_0 tangiert: Das zuvor im Inland relativ billige, aber nur einen geringen Grenznutzen stiftende Gut X_1 wird nach der Preissenkung des Gutes X_2, das einen hohen Grenznutzen stiftet, durch dieses substituiert. Der Einkommenseffekt wird durch die Bewegung von diesem nicht eingezeichneten Punkt auf U_0 zum Punkt C' deutlich. Er ließe sich in Einheiten von X_1 ausdrücken, wenn sowohl die Preisgerade P_W als auch die nicht eingezeichnete Parallele bis zur X_1- bzw. X_2-Achse durchgezeichnet würden.

Zur ökonomisch-intuitiven Begründung des Handelsgewinnes sei angeführt, dass das Inland das vor Aufnahme des Handels knappe und hochgeschätzte Gut X_2 mit dem Handel gegen das vom ihm reichlich produzierte, aber gering geschätzte Gut X_1 zu einem wesentlich günstigeren Preisverhältnis eintauschen kann.

3.2.3.1.2 Spezialisierungsgewinn

Weitere Wohlstandsgewinne lassen sich nachweisen, wenn man die unrealistische Annahme **immobiler Produktionsfaktoren** aufhebt und damit Produktionsumstellungen ermöglicht. Die Transformationskurven verlaufen dann wieder konkav zum Ursprung (steigende marginale Opportunitätskosten). Das Diagramm 3.10 zeigt die Transformationskurven des In- und Auslandes (T und T^*) derart, dass die Produktions- und Konsumpunkte der beiden Länder im Autarkiezustand (A) aufeinander liegen. Die Weltproduktion beträgt damit für $X_1 = OB$ und für $X_2 = OD$. Sie entspricht also den Koordinaten des Punktes H_W. Angenommen es existiert eine **aggregierte Nutzenfunktion** beider Länder (Weltnutzenfunktion). Der realisierte Weltnutzen entspricht dann dem Nutzenniveau der durch H_W gehenden Indifferenzkurve U_{W0}.

Es ist ersichtlich, dass sich die Weltproduktion beider Güter steigern lässt, indem sich die beiden Länder gemäß ihrer komparativen Kostenvorteile spezialisieren: Das Inland produziert mehr X_1, das Ausland mehr X_2. Diese Spezialisierung entlang der jeweiligen Transformationskurven wird optimaler Weise erst dann gestoppt, wenn die Grenzraten der Transformation in beiden Ländern gleich sind. Wird in Abb. 3.10 nun der Ursprung des ausländischen Koordinatensystems so verschoben, dass die beiden neuen Produktionspunkte wieder aufeinander liegen (H' in Abb. 3.10), so ergibt sich das blau gezeichnete Koordinatensystem für das Ausland.

Die Weltproduktion ist nunmehr gestiegen auf $X_1 = OE$ und $X_2 = OF$. Jetzt ist es nicht mehr möglich, die Weltproduktion eines Gutes zu erhöhen, ohne die des anderen einzuschränken. Der neue Weltproduktionspunkt H'_W ist demgemäß ein Punkt auf der **Welttransformationskurve**. Da er auf einer höheren Weltindifferenzkurve (U_{W1}) liegt als H_W, ist der Weltwohlstand gestiegen.

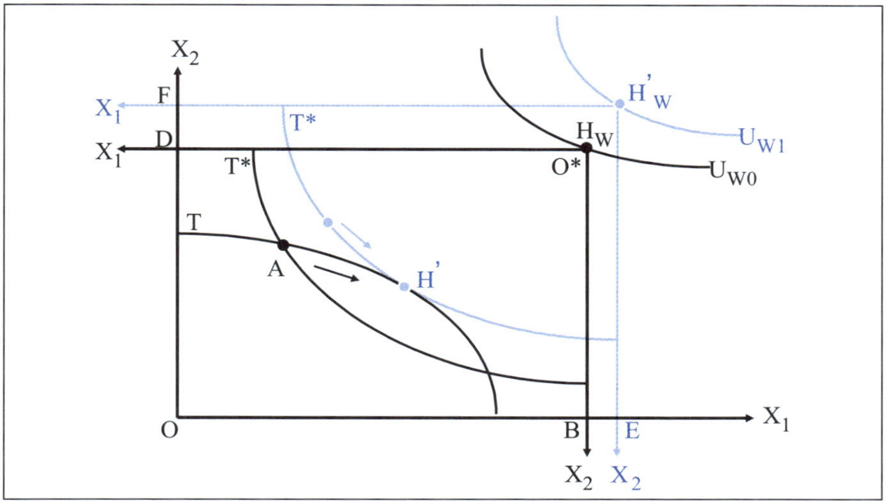

Abb. 3.10: Spezialisierungsgewinn

Die Produktumstellungen gemäß der komparativen Kostenvorteile ermöglichen die Ausdehnung der Weltproduktion **(Spezialisierungsgewinn)**. Der neue Weltproduktionspunkt H'_W ist jedoch nur ein Punkt auf der Welttransformationskurve. Die gesamte Kurve erhält man, indem man die Transformationskurve des Auslandes entlang der Transformationskurve des Inlandes verschiebt. Dieser Vorgang wird in der Abb. 3.11 dargestellt. Der Punkt H'_W (Ursprung des ausländischen Koordinatensystems) beschreibt dann die Welttransformationskurve T_W. Alle Punkte auf T_W stellen Optima der Weltproduktion im oben beschriebenen Sinne dar, denn sie ergeben sich aus Berührungspunkten der nationalen Transformationskurven. In ihnen sind also die marginalen Transformationsraten der beiden Länder gleich. Damit ist die Bedingung für die optimale Arbeitsteilung erfüllt.

Die positive Wirkung des Außenhandels besteht nun darin, dass er die Realisierung eines Punktes auf der Welttransformationskurve in der Regel erst ermöglicht. Denn es ist äußerst unwahrscheinlich, dass zwei Länder im autarken Zustand jeweils gerade auf dem Punkt ihrer nationalen Transformationskurven produzieren, wo diese gleiche Steigungen aufweisen.

Bei unterschiedlichen marginalen Transformationsraten aber differieren auch die nationalen Preise. Der Außenhandel bewirkt eine Angleichung der relativen Preise und induziert damit in beiden Ländern eine Veränderung der Produktionsstruktur. Dadurch wird eine Erhöhung der Weltproduktion ermöglicht. Zusammenfassend ergibt sich also die folgende Kernaussage:

> Freier Außenhandel führt zu **Handels- und Spezialisierungsvorteilen** für die beteiligten Volkswirtschaften und erhöht damit den Weltwohlstand. Handelsbeschränkungen dagegen verringern die internationale Arbeitsteilung und verschlechtern die Allokation der Ressourcen.

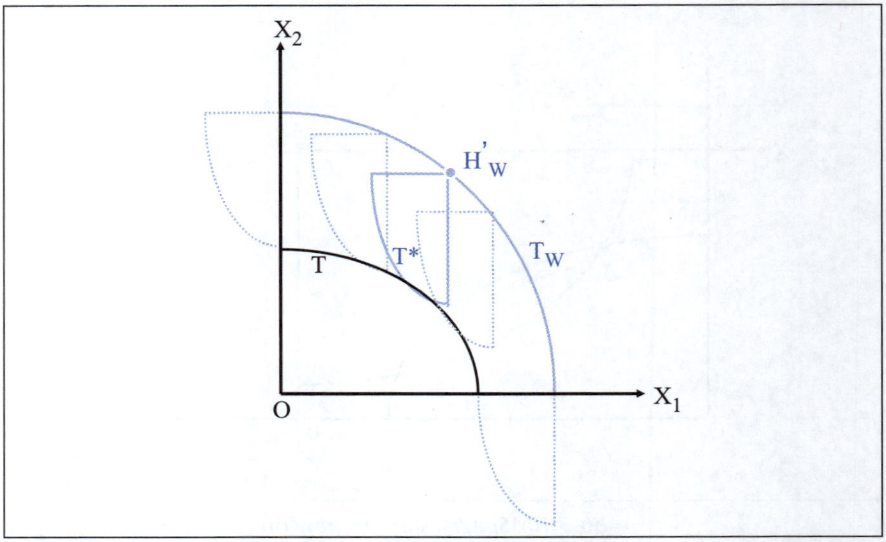

Abb. 3.11: Welttransformationskurve

3.2.3.2 Verteilungseffekte des internationalen Handels

Die Handels- und Spezialisierungsgewinne bei freiem internationalem Handel beziehen sich auf den Weltwohlstand insgesamt. Der in allen beteiligten Ländern gesteigerte Wohlstand führt jedoch im Allgemeinen zu **Veränderungen der Einkommensverteilung** innerhalb eines Landes. Den aus dem Freihandel resultierenden Gewinnen einiger Wirtschaftssubjekte können Verluste anderer gegenüberstehen. Diese noch näher zu beschreibenden Umverteilungswirkungen stellen eine Verletzung der 6. Annahme der klassischen Handelstheorie (vgl. Einleitung zu 3.2) dar und sind ein Argument, um die in den vorigen Abschnitten aufgezeigten positiven Wohlfahrtswirkungen des internationalen Handels grundsätzlich in Frage zu stellen.

Zur Beschreibung dieses Sachverhalts wird nun auf den Zusammenhang zwischen **Außenhandel und Faktorpreisen** eingegangen. Ausgangspunkt der Überlegungen ist zunächst eine typische **Heckscher-Ohlin-Welt**, in der wie bisher das Inland relativ reich mit Arbeit, das Ausland relativ reich mit Kapital ausgestattet ist. Weiterhin sei angenommen, dass sich die Preise für die Produktionsfaktoren Arbeit und Kapital (Lohn-, Zinssatz) aus Angebot und Nachfrage auf den entsprechenden Faktormärkten ergeben. Im Autarkiezustand ist zu erwarten, dass der Preis des Faktors Arbeit im Inland relativ gering ist, der Preis des Faktors Kapital dagegen relativ teuer. Im Ausland ist es umgekehrt. Kommt es zu unbehindertem Außenhandel, so wird sich jedes Land gemäß dem Faktorproportionentheorem jeweils auf das Gut spezialisieren, bei dem der Inputanteil seines reichlich verfügbaren Faktors besonders hoch ist. Auf den nationalen Faktormärkten kommt es somit zu außenhandelsinduzierten Nachfrageverschiebungen. In jedem Land wird die Nachfrage nach dem reichlich verfügbaren Faktor steigen und die nach dem knappen Faktor sinken. Funktionierende Faktormärkte sorgen dann in jedem Land für einen Preisanstieg des reichlich verfügbaren Faktors sowie für eine Preissenkung des knappen Faktors. Insgesamt besteht also eine **Tendenz zur internationalen Angleichung der Faktorpreisverhältnisse**.

Die hier beschriebene Tendenz zur Angleichung der relativen Faktorpreise bei der Aufnahme unbehinderten Handels lässt sich unter einer Fülle von technischen Voraussetzungen zum sogenannten **Faktorpreisausgleichstheorem** erweitern, das Aussagen nicht nur in Bezug auf eine Angleichung der Faktorpreisverhältnisse, sondern der jeweils absoluten nationalen Faktorpreise macht.

> Unter bestimmten Voraussetzungen kommt es im **Heckscher-Ohlin-Modell** bei unbehindertem Außenhandel infolge einer Anpassung der Güterpreisverhältnisse zu einer Angleichung der jeweiligen absoluten Faktorpreise.[23]

Zu bemerken ist allerdings, dass die dem Faktorpreisausgleichstheorem zugrundeliegenden Voraussetzungen restriktiv sind und sich der absolute Faktorpreisausgleich durch freien Außenhandel in der Praxis nur mit einer deutlichen Verzögerung und selten vollständig einstellt.

Auch wenn es nicht zu einem exakten Faktorpreisausgleich zwischen den beiden Ländern kommt, so hat die Veränderung der Faktorentgelte dennoch einen Effekt auf die Einkommensverteilung eines Landes:

> Diejenigen, die ihr **(Faktor-)Einkommen** aus dem bei Autarkie relativ reichlich zur Verfügung stehenden Faktor beziehen, gewinnen durch den freien Außenhandel. Dagegen können diejenigen verlieren, die ihr Einkommen aus dem knappen Faktor beziehen.

Zur Darstellung der unterschiedlichen Nutzenänderungen und der Wohlfahrtswirkungen des internationalen Handels, die sich über eine veränderte Einkommensverteilung ergeben, soll der Einfachheit halber vom 2-Güter-Fall ausgegangen werden, bei dem sich außerdem nur zwei Wirtschaftssubjekte das Sozialprodukt teilen. Greift man nur eine der unendlich vielen Güterkombinationen auf der Transformationskurve einer Volkswirtschaft heraus, so sind unendlich viele optimale Aufteilungen auf die beiden Wirtschaftssubjekte möglich. Eine **Pareto-optimale** Verteilung ist dabei immer dann gegeben, wenn sich der Nutzen eines Wirtschaftssubjektes nicht mehr durch Umverteilung erhöhen lässt, ohne den Nutzen eines anderen Wirtschaftssubjektes zu verringern. Das ist in den Berührungspunkten der Indifferenzkurven U_1 und U_2 der beiden Wirtschaftssubjekte im Boxdiagramm 3.12 der Fall, denn in ihnen stimmen die Grenzraten der Substitution überein. Diese Punkte optimaler Verteilung bilden die **Kontraktkurve** K.

Aus der Kontraktkurve lässt sich nun eine **Nutzenmöglichkeitskurve** bilden, indem man die Punkte der Kontraktkurve auf ein Koordinatensystem überträgt, auf dessen Achsen die Nutzen der beiden Wirtschaftssubjekte (u_1 und

[23] Vgl. Samuelson, P.A., International Trade and the Equalization of Factor Prices, The Economic Journal 58 (1948), 163–184.

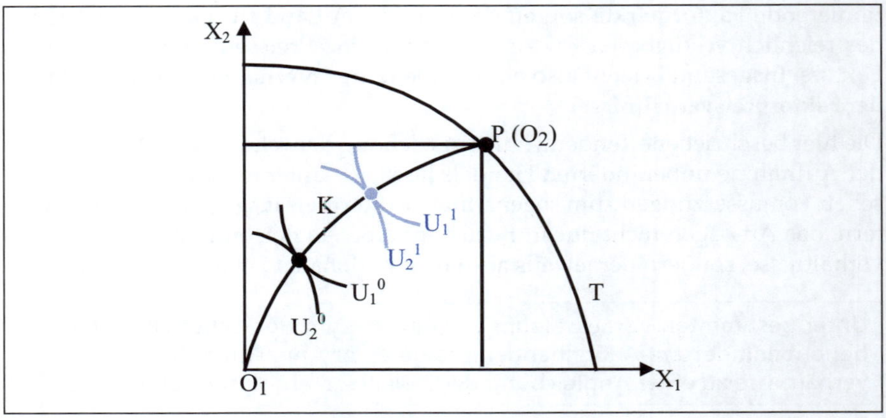

Abb. 3.12: Kontraktkurve

u_2) aufgetragen sind (Abb. 3.13). Die Nutzenmöglichkeitskurve muss stets eine negative Steigung haben, denn der Nutzenzuwachs eines Individuums ist mit einer Nutzenminderung des anderen Individuums verbunden. Genauer sind der Verlauf der Kurve und ihre Krümmung nicht zu beschreiben, weil auf den Achsen der individuelle Nutzen nur ordinal gemessen wird. Der Nutzen wächst also mit zunehmender Entfernung vom Ursprung, der genaue Betrag ist jedoch unbekannt.

Die Nutzenmöglichkeitskurve aus Abb. 3.13 gibt nun die Nutzenkonstellationen zweier Wirtschaftssubjekte für unterschiedliche Verteilungen **einer einzigen Güterkombination** wieder (Punkt *P* auf der Transformationskurve *T* in Abb. 3.12). Für jeden Punkt auf der Transformationskurve gibt es also eine Nutzenmöglichkeitskurve **(Punkt-Nutzen-Möglichkeitskurven)**. Würde man sie alle in ein Diagramm zeichnen, so könnte man aus den jeweils am weitesten vom Ursprung entfernt liegenden Punkten eine **Umhüllungskurve** zeichnen.

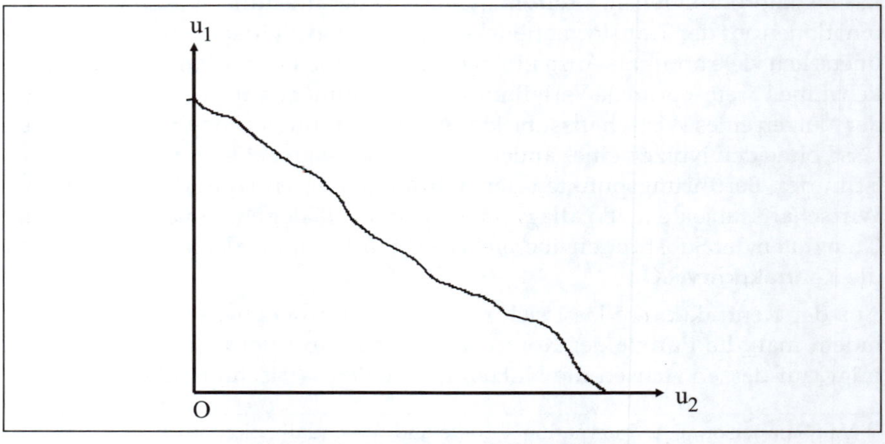

Abb. 3.13: Nutzenmöglichkeitskurve

Die Abb. 3.14 enthält nur drei (gestrichelte) Punkt-Nutzenmöglichkeitskurven (*ABCD, EFCG* und *HFBI*). Die jeweils am weitesten nordöstlich liegenden Segmente der drei Kurven bilden die Umhüllungskurve (*HFCD*). Sie stellt eine Wohlstandsgrenze dar und wird auch als **Situations-Nutzenmöglichkeitskurve** bezeichnet. Sie zeigt den maximalen Nutzen, den ein Wirtschaftssubjekt bei jeweils vorgegebenem Nutzen des anderen Wirtschaftssubjektes verwirklichen kann, wenn alle Punkte auf der Transformationskurve Berücksichtigung finden.

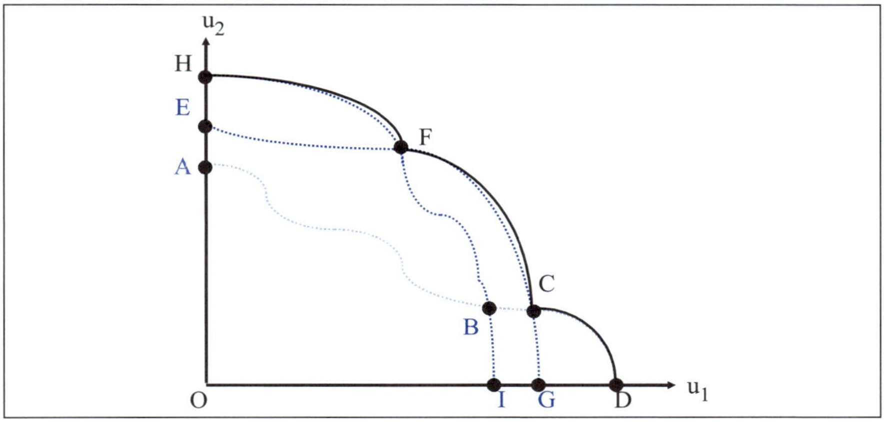

Abb. 3.14: Punkt- und Situations-Nutzenmöglichkeitskurve

Durch Außenhandel kann ein Land Güterkombinationen erreichen und konsumieren, die jenseits seiner Transformationskurve liegen. Für jede dieser Güterkombinationen gibt es wieder eine Punkt-Nutzenmöglichkeitskurve, deren Umhüllungskurve eine Situations-Nutzenmöglichkeitskurve bei Freihandel bildet. Weil die möglichen Konsumpunkte bei Außenhandel alle (bis auf einen) jenseits der Transformationskurve bei Autarkie liegen, verläuft auch die Situations-Nutzenmöglichkeitskurve bei Freihandel nordöstlich der Autarkiekurve. Die beiden Nutzenmöglichkeitskurven können sich in einem Punkt berühren: Wenn vor Aufnahme des Freihandels ein Produktionspunkt wahrgenommen wurde, bei dem im In- und Ausland die relativen Preise und gleichzeitig auch die Faktorpreisrelationen identisch waren, ist kein Wohlfahrtsgewinn durch Handel möglich. Folglich würden sich die beiden Nutzen-möglichkeitskurven in diesem Punkt berühren. Die Kurven *AB* und *CD* in Abb. 3.15 stellen die beiden Nutzenmöglichkeitskurven in der Situation der Autarkie und des Außenhandels dar.

Ist z. B. bei Autarkie die Nutzenkonstellation *E* gegeben und stellt sich nach Aufnahme des Außenhandels die Konstellation *F* ein, so hat das Individuum 1 in *F* einen größeren Nutzen als in *E*, während für das Individuum 2 der Nutzen in *F* kleiner ist als in *E*. Eine direkte Aussage über den gesamten Wohlfahrtseffekt des Handels hängt somit von der Wahl des Wohlfahrtskriteriums ab.

Nach dem **Pareto-Kriterium** wäre angesichts der Nutzeneinbußen des Wirtschaftssubjektes 2 keine Aussage möglich. Grund hierfür ist, dass sich individuelle Nutzeneinbußen einzelner Wirtschaftssubjekte nicht gegen Nutzenzuwächse bei den anderen aufrechnen lassen, da **interpersonelle Nutzenvergleiche** nicht möglich sind. Nach dem **Kaldor-Hicks-Kriterium** hingegen kann von einer Wohlfahrtssteigerung gesprochen werden, wenn ausgehend vom Punkt *F* das Individuum 1 aus seinen Nutzenzuwächsen dem Individuum 2 dessen Verluste voll kompensieren könnte und dennoch einen Nutzenzuwachs behalten würde. Alle Kompensationen, die zu Punkten innerhalb des Kurvenabschnitts *GH* führen würden, kommen hierfür in Frage. Wichtig ist in diesem Zusammenhang, dass die Kompensation nicht ausgeführt werden muss, um das Kaldor-Hicks-Kriterium zu erfüllen. Allein die **Möglichkeit** einer Kompensation genügt zur Erfüllung des Kaldor-Hicks-Kriteriums.

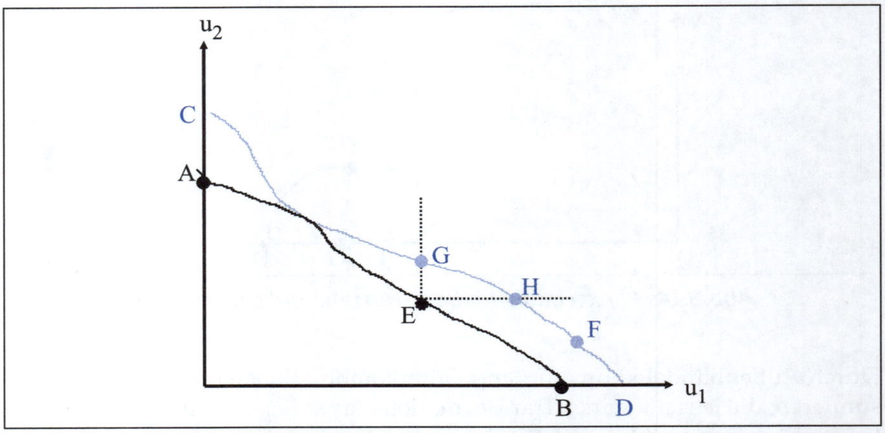

Abb. 3.15: Nutzenmöglichkeitskurve bei Autarkie und Außenhandel

Auch für jeden anderen Punkt auf der Autarkiekurve *AB* gibt es einen Bereich auf der Freihandelskurve, in dem beide Individuen einen höheren Nutzen haben. Daraus folgt:

> Die Beurteilung der Wohlfahrtswirkungen des internationalen Handels hängt vom zugrunde gelegten Wohlfahrtskriterium ab. Bei Verwendung des **Kaldor-Hicks-Kriteriums** kann festgehalten werden, dass Freihandel wohlfahrtssteigernd ist. Nutzeneinbußen einzelner Wirtschaftssubjekte sind aufgrund des internationalen Handels möglich.

Box 3.4: Globalisierung

Die **Globalisierungsthese** behauptet einen quantitativen Schub in der internationalen Wirtschaftsverflechtung, der insofern eine neue Qualität auslöst, als dass eine neue Konfiguration von Raum (weltweit orientiert) und Zeit (real time) im Wirtschaftsprozess entsteht. Diese neue Konfiguration zeichne sich dadurch aus, dass Industrie (und zunehmend auch Dienstleister) in weltweiten **Unternehmensnetzen** agieren und tendenziell eine **Dezentralisierung** der Produktionsprozesse vornehmen **(Subcontracting, Joint Ventures, World Wide Sourcing)**. Einhergehend hiermit ist eine **Standardisierung** der Produkte und der Produktionstechnologien. Globalisierung soll dabei weitergehen als die vorhergehende **Internationalisierung**, bei der die wirtschaftlichen Beziehungen zwischen klar voneinander abgrenzbaren nationalen Wirtschaftssubjekten im Vordergrund standen und bei der „traditionelle" multinationale Unternehmen eine klare räumliche Hierarchie in Bezug auf ihr Ursprungsland hatten. Globale Unternehmen seien „multi-nodal", „multi-hierarchisch" und sollen mehr **strategische Allianzen** eingehen als dies früher üblich war. In jedem Falle zeichne sich die Globalisierung durch eine komplizierte, aber deutlich **flexibilisierte weltweite Verflechtung** aus. Schneller als zuvor werden neue Produktionspartnerschaften eingegangen, aber auch wieder gelöst, um die Wettbewerbsfähigkeit zu erhöhen. Der **Strukturwandel** in einzelnen Regionen oder Sektoren werde tendenziell beschleunigt. Übrigens lösen sich auch auf der Nachfrageseite die traditionellen Verhaltensmuster: Die frühere räumliche Enge werde durch weltweite Informationsmöglichkeiten über Produkte, Preise und ihre Alternativen abgelöst. Der traditionelle „Einkaufsprozess" werde teilweise durch virtuelles **online-shopping** ersetzt.

Als **Voraussetzung für die Globalisierung** können die neuen Informations- und Kommunikationstechnologien, die weiter verringerten Transportkosten, die Flexibilisierung der Produktionsprozesse (Just In Time, Lean Production, Outsourcing), der Abbau nationaler Regulierungen z. B. in der Energie-, Kommunikations- und Verkehrswirtschaft sowie internationale Deregulierungen (Abbau von Zöllen und nichttarifären Handelshemmnissen, Einschränkungen von Subventionen) gesehen werden. Insbesondere die Kommunikationstechnologie hat einen entscheidenden Anteil. Die Möglichkeit, weltweit und auf anspruchsvollem Niveau in Echtzeit zu kommunizieren und Vereinbarungen zu treffen, ist eine wesentliche Voraussetzung für die Globalisierung.

Als wichtigste **Folge der Globalisierung** gilt der verschärfte Wettbewerb zwischen verschiedenen Anbietern. War es zu Zeiten einer nur unvollkommenen Information in regional oder sektoral abgegrenzten Märkten teilweise möglich, am Markt zu bleiben, obwohl andere Anbieter aus anderen Regionen günstiger waren, so wird dies durch die Globalisierung zunehmend schwieriger. Aus dem verschärften Wettbewerb der Anbieter folgt ein tendenzieller verstärkter Druck zum Faktorpreisausgleich. Dieser betrifft insbesondere die nur gering qualifizierte Arbeitskraft, die auch in den neuen, am internationalen Wettbewerb teilnehmenden Ländern relativ reichlich vorhanden ist. Sofern keine hinreichende Lohnflexibilität nach unten vorhanden ist, kann es in den Industrieländern zur erhöhten Arbeitslosigkeit kommen (vgl. ausführlicher Abschnitt 4.5). Nicht vergessen werden darf, dass die „Globalisierung" im weltwirtschaftlichen Maßstab die Effizienz und das Welteinkommen fördert (vgl. Kapitel 3 und 5).

Die **Datenlage zur Globalisierung** ist allerdings weniger dramatisch als Medienberichte vermuten lassen. Zwar macht der Umsatz auslandskontrollierter Unternehmen inzwischen ein Viertel des Welt-Bruttoinlandsproduktes aus und der Welthandel wird zu drei Vierteln von multinationalen Unternehmen getragen, wobei der Anteil konzerninterner Transaktionen auf ein Drittel des Handels geschätzt wird. Ein „Globalisierungsschub", also ein qualitativer Sprung gegenüber der bereits lange bekannten Internationalisierung, ist allerdings nicht zu erkennen. Der nominale Welthandel wächst nur in dem Umfang schneller als die Weltproduktion, wie dies früher der Fall war, und weniger stark als die Auslandsproduktion. Er beträgt weiterhin rund 20 % des Welt-BIPs. Dies ist ein Indiz, dass Direktinvestitionen und Auslandsproduktion weiterhin absatzorientiert erfolgen und der Aufbau kostenorientierter Auslandsproduktion nicht so schnell vorankommt wie vielfach erwartet.

Die **deutsche Wirtschaft** ist am „Globalisierungsprozess" übrigens durchschnittlich beteiligt. Sie hat ihre weltwirtschaftliche Position, gemessen an Maßstäben wie Welthandelsanteilen und Pro-Kopf-Einkommen, bis Anfang der 90er Jahre gehalten und seitdem nur geringe Verluste hinnehmen müssen. Ex- und Importquoten sind, allerdings auch bedingt durch die deutsche Vereinigung, gar gesunken. Auch anhand der Direktinvestitionen ist ein besonders ausgeprägtes „Outsourcing" statistisch nicht zu belegen. Der Anteil der in Deutschland bei auslandskontrollierten Unternehmen Beschäftigten liegt konstant bei ungefähr 10 %, während der Anteil der Beschäftigten deutscher Unternehmen im Ausland, gemessen an der inländischen Beschäftigung, leicht gestiegen ist und bei über 10 % liegt.

Es fällt schwer, dies mit der Globalisierungsthese in Einklang zu bringen. Zudem muss für Deutschland eher von einer „**Europäisierung**" denn von einer Globalisierung gesprochen werden. Dies gilt sowohl für die Handelsausrichtung als auch für die Direktinvestitionen. So werden rund zwei Drittel des deutschen Handels mit EU-Ländern abgewickelt. Bei erheblichen Anteilen der Direktinvestitionen handelt es sich um absatzorientierte Investitionen oder um den Aufbau von Standorten für eine „passive Lohnveredelung" in osteuropäischen Staaten.

Selbst solche Auslagerungen in **„Niedriglohnländer"** dürften sich eher positiv auf die deutsche Wirtschaft auswirken. Die **absatzorientierten Investitionen** verdrängen kaum bisherige Exporte, führen aber durchaus zu Vorleistungsexporten. Die **lohnkostenbedingten Verlagerungen** führen vorrangig zum Abbau von Arbeitsplätzen mit geringen Qualifikationsanforderungen, die auch ohne diese Direktinvestition mittelfristig verloren gegangen wären. In einem korrekten Mit-und-Ohne-Vergleich kann sich im Einzelfall durchaus ergeben, dass ohne die Verlagerung die Wettbewerbsfähigkeit des gesamten Unternehmens und damit noch mehr Arbeitsplätze verloren gegangen wären. Selbst in den Fällen, wo dies nicht so ist, muss gesehen werden, dass die engere Verflechtung Deutschlands mit der Welt und insbesondere mit den Niedriglohnländern zwar in einigen Sektoren zum Verlust von Arbeitsplätzen führt, sich aber andererseits für andere Sektoren neue Absatzchancen ergeben. Der deutsche Exportüberschuss mit den osteuropäischen Ländern und die annähernd ausgeglichene Handelsbilanz Deutschlands mit den „Niedriglohnländern" zeigen insgesamt, dass diese Chancen auch genutzt werden.

Alles in allem ist festzuhalten, dass es sich bei der sogenannten Globalisierung letztlich nur um die graduelle Weiterentwicklung der längst bekannten Internationalisierung handelt und die teilweise geschürten Ängste unberechtigt sind. Chauvinismen helfen nicht weiter – weder bei der Lösung der mit dem Strukturwandel verbundenen Probleme, noch bei der Umsetzung der neuen Chancen.

Literatur:

Stiglitz, J., Die Chancen der Globalisierung, 2. Aufl., München 2006.

3.2.4 Erweiterungen im klassischen Handelsmodell

Das **Ricardo- und das Heckscher-Ohlin-Theorem** können einige in der Realität auftretende Handelsströme gut erklären. Ein Beispiel für Ricardo-Handel ist der Austausch von Agrargütern zwischen Industrieländern mit vergleichbarer Faktorausstattung (z. B. Deutschland und Italien). Unterschiedliche klimatische Verhältnisse führen bei der Produktion bestimmter Agrargüter zu Produktivitätsunterschieden zwischen den beiden Ländern. Gemäß der Theorie kommt es dann zu Spezialisierung und Außenhandel. Mit dem Heckscher-Ohlin-Theorem lässt sich erklären, dass in mehreren dicht bevölkerten (arbeitsreichen) Entwicklungsländern die Fertigung arbeitsintensiver Produkte ausgeweitet und diese zunehmend in relativ arbeitsarme (kapitalreiche) Industrieländer exportiert wurden. Hier vollzog sich offensichtlich eine Spezialisierung aufgrund nationaler Unterschiede in der Faktorausstattung. Ein Beispiel ist die Textilindustrie.

Allerdings lässt sich durch dieses Muster nicht der gesamte Handel zwischen Industrie- und Entwicklungsländern erklären. Noch weniger geben die traditionellen Ansätze für die Erklärung des Außenhandels zwischen Industrieländern her. Besonders der sogenannte **intraindustrielle Handel,** der den gegenseitigen Austausch von sehr verwendungsähnlichen Gütern (enge Substitute) kennzeichnet, lässt sich mit der herkömmlichen Theorie nicht begründen.[24] Aber auch bei einer großen Zahl von gehandelten Gütern, die keine engen Substitute darstellen, greifen die Heckscher-Ohlin- und die Ricardo-These nicht: Die Ausstattung der Industrieländer mit den herkömmlichen Produktionsfaktoren ist recht ähnlich und etwaige Produktivitäts- bzw. Kostenunterschiede lassen sich in vielen Fällen nicht mit Unterschieden in den „natürlichen Umweltbedingungen" erklären.

[24] Zur ausführlichen und systematischen Behandlung des intraindustriellen Handels vgl. insbesondere Grubel, H.G., Lloyd, P.J., Intra-Industry-Trade, London 1975.

Da aber gerade der Handel zwischen den Industrienationen den bei weitem größten Teil des Welthandels ausmacht, wurden zahlreiche Versuche unternommen, die traditionelle Theorie auszubauen und ihre Aussagekraft zu verbessern. Die nachfolgenden Schilderungen gehen zunächst auf diejenigen (zum Teil vernachlässigten) Handelstheorien ein, die die wesentlichen Schlussfolgerungen der klassischen Handelstheorie hinsichtlich ihrer Wohlfahrtswirkungen nicht in Frage stellen.[25] Es sei vorab angemerkt, dass alle der folgenden Ansätze geeignet sind, einen Teil des internationalen Handels zu erklären. Jedoch eignet sich keine der Theorien dazu, den gesamten Handel zu erklären.

3.2.4.1 Nachfragepräferenzen und inverser Handel

Bisher wurden identische bzw. ähnliche Nachfragebedingungen in den beteiligten Ländern angenommen. Im Folgenden wird gezeigt, dass von unterschiedlichen Präferenzen eigenständige Wirkungen auf den Außenhandel ausgehen. Für die Analyse dieses Aspektes liegt es nahe, gleiche Produktionsbedingungen anzunehmen. Von der Produktionsseite besteht in diesem Fall kein Anreiz zum Außenhandel. Richtung und Umfang des Außenhandels werden ausschließlich von den Nachfrageverhältnissen bestimmt.

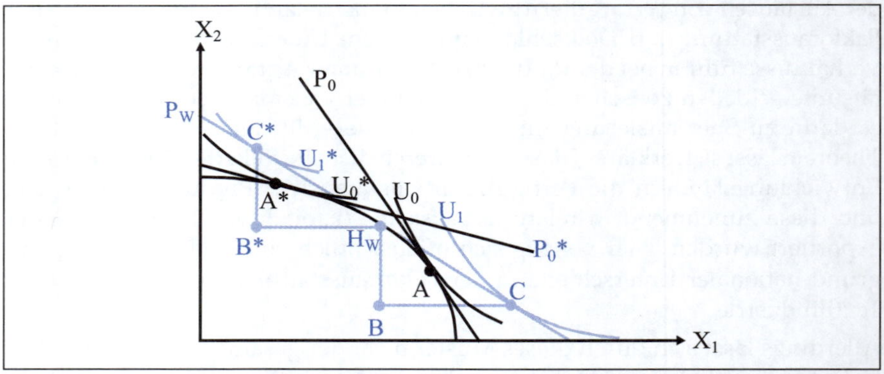

Abb. 3.16: Außenhandel bei unterschiedlicher Nachfrage

Die Abb. 3.16 zeigt die Situation beider Länder in einem Diagramm und enthält zunächst die für beide Länder identische Transformationskurve. Die unterschiedlichen Indifferenzkurven zeigen, dass das Inland eine stärkere Präferenz für Gut X_1 und das Ausland eine stärkere Präferenz für Gut X_2 hat. Bei Autarkie wird demzufolge im Inland überwiegend X_1 produziert und konsumiert (Produktions-Konsum-Punkt *A*), während es im Ausland gerade umgekehrt ist (Produktions-Konsum-Punkt *A**). Daraus ergeben sich zwangsläufig unterschiedliche Preisrelationen. Im Inland ist das dort stark präferierte Gut X_1 teurer als X_2 (Preislinie P_0), während es im Ausland umgekehrt ist (Preislinie P_0*).

[25] Weitere Erklärungsansätze und Bestimmungsfaktoren des internationalen Handels, die zu anderen Schlussfolgerungen gelangen, werden später in Kapitel 4 aufgegriffen.

Wird nun unbehinderter Außenhandel möglich, so muss sich eine einheitliche Preisrelation bilden. Die Preislinie P_W kennzeichnet die Preisrelation, bei der das Marktgleichgewicht erreicht wird, weil Exporte und Importe jeweils übereinstimmen. Als neuer einheitlicher Produktionspunkt für beide Länder ergibt sich H_W. Die Länder gleichen also ihre Produktionsprogramme völlig an, indem sie Produktionsumschichtungen in entgegengesetzter Richtung vornehmen. Das Inland spezialisiert sich in Richtung auf X_2, das Ausland in Richtung auf X_1. Die jeweiligen nationalen Überschuss- bzw. Fehlmengen werden im Außenhandel ausgetauscht. Und zwar exportiert das Inland X_2 im Umfang BH_W und importiert dafür im Austausch X_1 in Höhe von BC. Das Ausland dagegen exportiert X_1 und importiert X_2 in den entsprechenden Mengen (B^*H_W und B^*C^*). Auch hier gelingt es beiden Ländern, ihren Wohlstand zu erhöhen. Die neuen nutzenmaximierenden Konsumpunkte C und C^* liegen jeweils auf einem höheren Nutzenniveau.

Wenn die relativen Preise in den beteiligten Ländern bei Autarkie differieren, kommt es auch ohne relative Kostenunterschiede zu Außenhandel. Solche relativen Preisunterschiede können bei identischen Kostenstrukturen nur auf unterschiedliche Präferenzstrukturen in den Ländern zurückgeführt werden. In diesem speziellen Fall sind die Nachfragedifferenzen ausschließliche Ursache des Außenhandels.

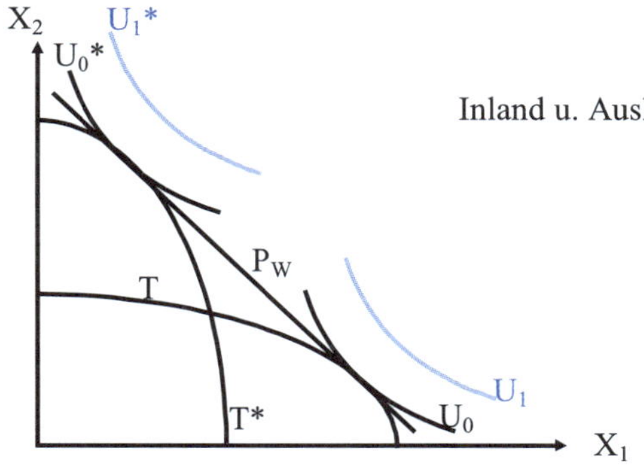

Abb. 3.17: Angebot, Nachfrage und Außenhandel

In der Realität unterscheiden sich normalerweise sowohl die Angebots- als auch die Nachfragebedingungen in den beteiligten Ländern. Ihr Einfluss auf die nationalen Preisrelationen und damit auf den Außenhandel kann sich kumulieren oder kompensieren. Eine tendenzielle Kompensation produktions- und nachfrageseitiger Einflüsse auf die Preise tritt dann ein, wenn in beiden Ländern das jeweils kostengünstigere Gut auch am stärksten nachgefragt wird. Die Abb. 3.17 zeigt einen Fall völliger Kompensation. Das Inland hat komparative Vorteile bei der X_1-Produktion (Transfomationskurve T), das Ausland hingegen bei der X_2-Produktion (Transformationskurve T^*). Das Inland bevorzugt besonders stark

X_1 (Indifferenzkurven U_0, U_1), das Ausland dagegen X_2 (Indifferenzkurven U_0^*, U_1^*). Schon im autarken Zustand ergeben sich in beiden Ländern gleiche Preisrelationen (P_W). Es besteht also keinerlei Anreiz zum Außenhandel.

Komparative Produktionsvorteile können durch extreme Präferenzunterschiede auch überkompensiert werden, wenn in jedem Land jeweils das Gut mit dem komparativen Kostenvorteil teurer ist als im anderen. Der Außenhandel hätte dann zur Folge, dass jedes Land das Produkt mit dem relativen Kostenvorteil importiert und das mit dem komparativen Nachteil exportiert **(inverser Handel)**. Die Abb. 3.18 stellt diesen Fall grafisch dar.

Die Preislinien der beiden Länder P_0 und P_0^* zeigen an, dass X_1 im Inland teurer ist als im Ausland. Für X_2 gilt das Umgekehrte. Nach Aufnahme des Außenhandels gleichen sich die Preise an: Im Inland wird X_1 billiger und X_2 teurer, im Ausland verhält es sich umgekehrt. Daraufhin schränkt das Inland seine X_1-Produktion zugunsten der X_2-Produktion ein, das Ausland hingegen schränkt die X_2-Produktion ein. Die jeweiligen Produktionspunkte verschieben sich von *A* nach *H* bzw. von *A** nach *H**. Damit kann das Inland seine noch gestiegene Nachfrage nach X_1 nicht mehr aus eigener Produktion decken, sondern muss X_1 im Umfang von *BC* importieren. Im Austausch dagegen exportiert es X_2 im Umfang von *BH*. Das Ausland dagegen importiert sein günstiges Produkt X_2 (*B*C**) und exportiert X_1 (*B*H**).

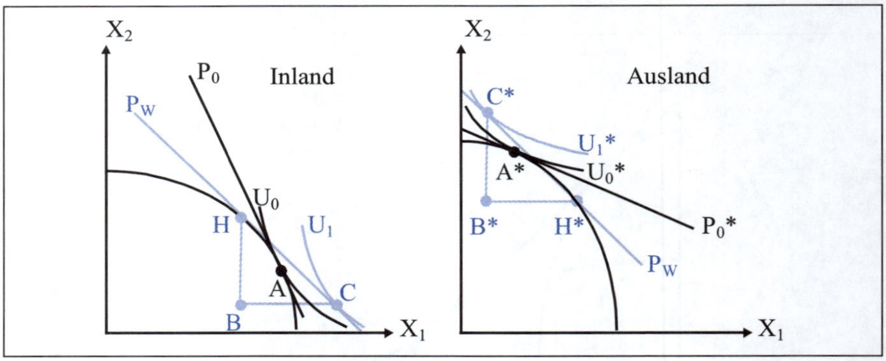

Abb. 3.18: Inverser Handel

Dieser **inverse Handel** erweitert die Theorie der komparativen Kosten, die ausschließlich auf die Produktionsbedingungen abstellt: Komparative Kostenunterschiede sind unter bestimmten Umständen ungeeignet zur Erklärung der internationalen Handelsrichtungen, wenn die Nachfragebedingungen vernachlässigt werden.

3.2.4.2 Handelseffekte bei Wachstum

Als nächste Erweiterung des klassischen Handelsmodells sollen die Auswirkungen ökonomischen Wachstums auf den internationalen Handel untersucht werden. Grafisch äußert sich das Wachstum eines Landes durch eine Verschiebung der Produktionsmöglichkeitenkurve nach außen. Ökonomisches Wachstum resultiert aus einer Erhöhung der Faktorausstattung und/oder aus technologischem Fortschritt. Es ist zu erwarten, dass sich das Wachstum eines Landes auf dessen Handelsvolumen auswirkt. Ob es dabei zu einer Ausdehnung oder Verringerung des Handels kommt, hängt im Wesentlichen von zwei Faktoren ab, nämlich der Form der Produktionssteigerung (beider Güter) als auch den möglicherweise veränderten Konsumwünschen, die sich aus den Einkommensveränderungen ergeben können.

In der folgenden Analyse wird zunächst vereinfachend von einem kleinen wachsenden Land ausgegangen, so dass das Weltmarkttauschverhältnis von einer möglichen Veränderung des Handelsvolumens unberührt bleibt.

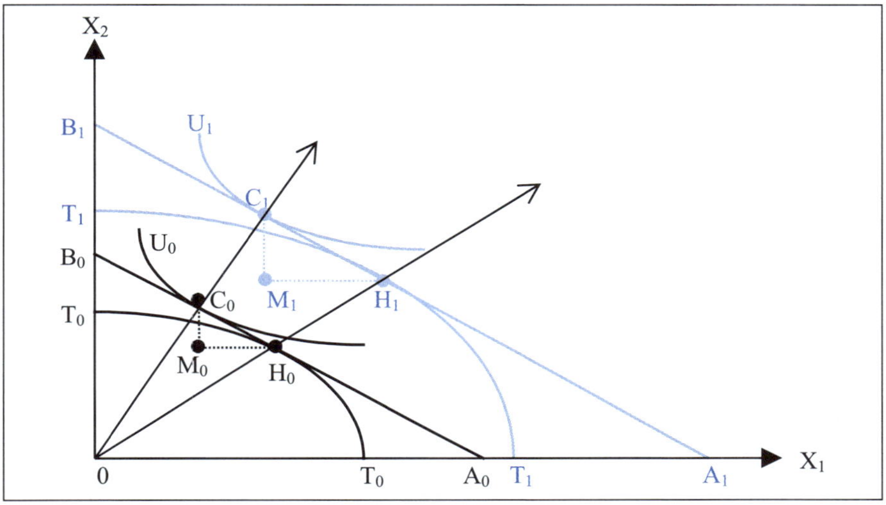

Abb. 3.19: Neutrales Handelswachstum

Im Ausgangszustand (vor der Wachstumsphase) ist die Transformationskurve des Landes durch T_0T_0 gegeben. Das Land produziert bei gegebener Weltmarktpreisgerade A_0B_0 im Punkt H_0 und konsumiert in C_0. Dementsprechend stehen M_0H_0 Mengeneinheiten des Gutes X_1 zum Export zur Verfügung, während das Gut X_2 in Höhe von M_0C_0 importiert wird. Aufgrund des Wachstumsprozesses verschiebt sich die Transformationskurve des Landes auf T_1T_1. Diese Verschiebung ist speziell in dem Sinne, dass der neue Produktionspunkt H_1 (bei unverändertem Preisverhältnis) auf einer Geraden vom Ursprung durch den alten Produktionspunkt H_0 liegt. Das bedeutet aber, dass die Produktion beider Güter im gleichen Verhältnis gestiegen ist **(neutrales Produktionswachstum, neutraler Produktionseffekt)**.

Ferner wird unterstellt, dass das Land nach der Wachstumsphase im Punkt C_1 konsumiert, so dass nun M_1H_1 Mengeneinheiten des Gutes X_1 exportiert sowie M_1C_1 Einheiten des Gutes X_2 importiert werden. Auch hinsichtlich des neuen Konsumpunktes C_1 ist die dargestellte Situation speziell. Offensichtlich liegt der Punkt C_1 auf einer Geraden vom Ursprung durch den alten Konsumpunkt C_0. Genau wie bei der Produktion bedeutet dies, dass auch der Konsum beider Güter im gleichen Verhältnis gestiegen ist **(neutrales Konsumwachstum, neutraler Konsumeffekt)**. Darüber hinaus entspricht der proportionale Anstieg des Konsums beider Güter dem proportionalen Produktionsanstieg beider Güter.

Aus dem simultanen (und proportional gleichen) neutralen Produktions- und Konsumwachstum folgt zunächst, dass sowohl die Exporte des Gutes X_1 als auch die Importe von X_2 um genau die gleiche Proportion (wie Produktion bzw. Konsum) gestiegen sind. Ferner kann man zeigen, dass die verhältnismäßige Zunahme des Handels (gemessen entweder anhand der Exporte von X_1 oder aber der Importe von X_2) genau der proportionalen Wertzunahme der gesamten Produktion zu Weltmarktpreisen entspricht. Diese letzte Aussage lässt sich anhand der Punkte und Strecken in Abb. 3.19 ausdrücken als $M_1H_1/M_0H_0 = 0A_1/0A_0$ (Exporte) bzw. $M_1C_1/M_0C_0 = 0B_1/0B_0$ (Importe).

Die in Abb. 3.19 dargestellte Situation, in der der proportionale Handelszuwachs dem proportionalen (Wert-)Zuwachs der Gesamtproduktion entspricht, wird als **neutrales Handelswachstum (neutraler Handelseffekt)** bezeichnet und dient als Referenzmaßstab für andere Formen des Handelswachstums.[26] Insgesamt unterscheidet man die folgenden vier Formen hinsichtlich des Handelswachstums:

1. **Negativer Handelseffekt:** Die proportionale Zunahme des Handels fällt geringer aus als der proportionale Einkommenszuwachs.
2. **Stark negativer Handelseffekt:** Der Einkommenszuwachs führt zu einer absoluten Abnahme des Handelsvolumens.
3. **Positiver Handelseffekt:** Die proportionale Zunahme des Handels fällt höher aus als der verhältnismäßige Einkommenszuwachs.
4. **Stark positiver Handelseffekt:** Die absolute Handelszunahme ist größer als die absolute Einkommenserhöhung.

Welcher Handelseffekt nun tatsächlich eintritt, hängt sowohl von der Form des Produktions- als auch des Konsumeffektes ab. Ist z. B. der Konsumeffekt neutral, während sich die Produktion des importkonkurrierenden Gutes überproportional im Vergleich zum Exportgut erhöht, so wird dies einen negativen Handelseffekt nach sich ziehen.

Dieses Beispiel legt es nahe, die oben beschriebenen Handelseffekte mit den alternativen Wachstumsmustern für Produktion und Konsum in Verbindung zu bringen. Die Abb. 3.20 verdeutlicht die unterschiedlichen Handelseffekte bei alternativen Wachstumsformen für die Produktion und den Konsum.

In den jeweiligen Teilen der Abb. 3.20 stellt X_1 das Exportgut dar. In 3.20(a) ist der ursprüngliche Produktionspunkt durch H_0 gegeben. Das Weltmarkttauschverhältnis ist durch A_0B_0 gekennzeichnet. Falls sich der Post-Wachstums-Produktionspunkt (bei konstantem Preisverhältnis) links von der Neutralitätslinie, aber rechts von der Senkrechten durch H_0 realisiert, so hat zwar die Produktion

[26] Man beachte, dass das gleichzeitige Auftreten neutraler Produktions- und Konsumeffekte zwar hinreichend, nicht jedoch notwendig für ein neutrales Handelswachstum ist. Im Allgemeinen ist ein neutrales Handelswachstum auch dann möglich, wenn weder neutrale Produktions- noch Konsumeffekte vorliegen.

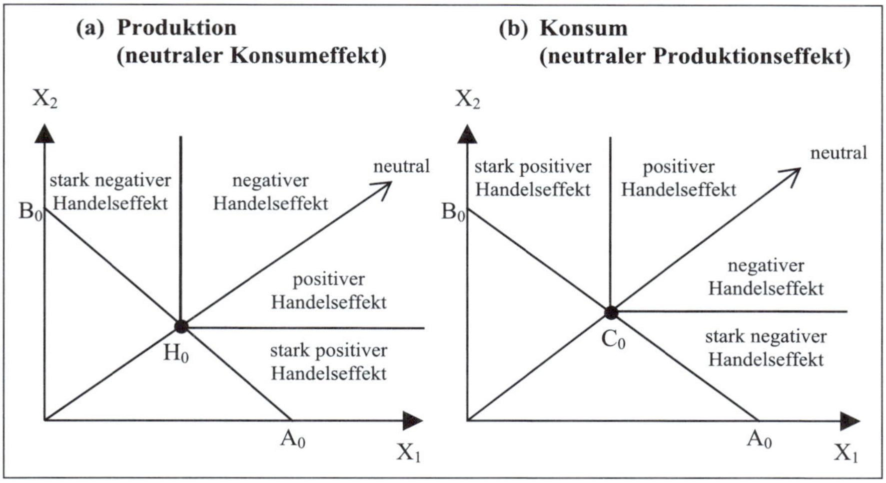

Abb. 3.20: Handelseffekte bei unterschiedlichen Wachstumsformen für Produktion und Konsum

des Exportgutes X_1 absolut zugenommen, allerdings in geringerem Verhältnis als die Produktion des importkonkurrierenden Gutes X_2 (negativer Handelseffekt). Liegt der neue Produktionspunkt links der Senkrechten durch H_0, so hat die Produktion des Exportgutes absolut abgenommen (stark negativer Handelseffekt). Der Teil (b) der Abb. 3.20 zeigt entsprechend die Handelseffekte bei alternativen Konsummustern.

Bei der Erläuterung der Handelseffekte in Abb. 3.20 wurde stets ein Wachstumsmuster der einen Größe (Produktion, Konsum) an ein neutrales Wachstum der anderen Größe (Konsum, Produktion) gekoppelt. Wenn beide Größen infolge des Wachstumsprozesses gleichzeitig vom jeweiligen neutralen Wachstumspfad abweichen, ist es z. B. möglich, dass ein positiver Handelseffekt aufgrund der Produktion exakt durch einen negativen Handelseffekt aufgrund des Konsums ausgeglichen wird, so dass sich insgesamt ein neutraler Handelseffekt einstellt. Ferner kann ein positiver Handelseffekt aufgrund der Produktion (des Konsums) an einen neutralen Handelseffekt aufgrund des Konsums (der Produktion) gekoppelt sein, so dass der aggregierte Handelseffekt sowohl positiv als auch stark positiv ausfallen kann. Insgesamt ergibt sich das folgende Fazit:

Der **totale Handelseffekt** infolge ökonomischen Wachstums setzt sich zusammen aus den einzelnen Handelseffekten aufgrund der Produktion und des Konsums. Die einzelnen Handelseffekte können gegenläufig ausfallen oder sich gegenseitig verstärken. Je nach Richtung und relativer Größer der **Produktions- und Konsumeffekte** kann der **Handelseffekt** von absolut negativ bis überproportional positiv alle Ausprägungen annehmen.

3.2.4.3 Veränderungen der Faktorausstattung und internationaler Handel: Das Rybczynski-Theorem

Eine offensichtliche Quelle wirtschaftlichen Wachstums stellt die Erhöhung der Faktorausstattung einer oder mehrerer Produktionsfaktoren dar (z. B. aufgrund von Zuwanderungen oder Kapitalimporten). Die folgende Aussage – das sogenannte **Rybczynski-Theorem**[27] – beschreibt die Veränderung der Produktionsstruktur eines Landes, wenn sich der Bestand des einen Produktionsfaktors exogen vergrößert, während der andere konstant bleibt:

> Wenn sich bei **konstantem internationalem Preisverhältnis** nur ein Produktionsfaktor vermehrt, so nimmt die Produktion desjenigen Gutes überproportional zu, das diesen Faktor relativ intensiv nutzt. Die Produktion des anderen Gutes verringert sich dagegen absolut.

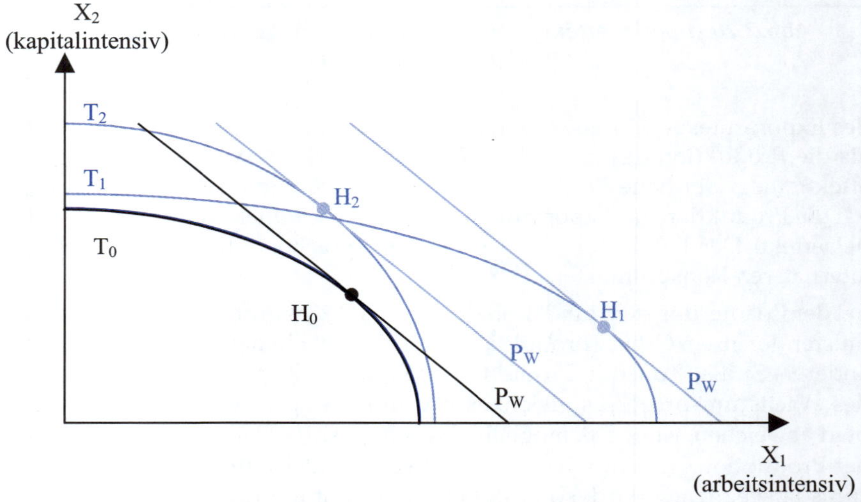

Abb. 3.21: Das Rybczynski-Theorem

Die Abb. 3.21 verdeutlicht den grundsätzlichen Zusammenhang geometrisch. Das Gut X_1 sei arbeitsintensiv, X_2 kapitalintensiv. Im ursprünglichen Zustand gelte das internationale Preisverhältnis P_W, so dass sich der Produktionspunkt H_0 einstellt. Nun kommt es zu einer exogenen Erhöhung des Produktionsfaktors Arbeit, während die Kapitalausstattung konstant bleibt. Aus der Erhöhung der Gesamtfaktorausstattung resultiert eine generelle Steigerung der Produktionsmöglichkeiten. Die Transformationskurve verschiebt sich von T_0 nach T_1. Es leuchtet unmittelbar ein, dass die Produktionsmöglichkeiten des arbeitsintensiven Gutes X_1 stärker steigen als die des kapitalintensiven Gutes X_2. Bei einem

[27] Vgl. Rybczynski, T.M., Factor Endowments and Relative Commodity Prices, Economica 22 (1955), 336–341.

konstanten internationalen Preisverhältnis liegt der neue Produktionspunkt bei H_1.

Die Transformationskurve T_2 zeigt dagegen den Fall, bei dem der Produktionsfaktor Arbeit konstant bleibt, während der Kapitalstock exogen erhöht wird. Bei konstantem Preisverhältnis ergibt sich dann der Produktionspunkt H_2. Aus der Grafik geht hervor, dass sich jeweils die Produktion desjenigen Gutes überproportional erhöht, die den einseitig vermehrten Produktionsfaktor intensiv nutzt, während sich die Produktion des anderen Gutes absolut verringert.

Das Rybczynski-Theorem lässt sich ökonomisch wie folgt interpretieren: Angenommen der Faktor Arbeit wird c. p. ausgedehnt. Da das Güterpreisverhältnis als konstant vorausgesetzt ist, kann sich auch das Faktorpreisverhältnis nicht verändert haben. Dies impliziert, dass auch die Faktorintensitäten in beiden Sektoren erhalten bleiben. Zur Ausdehnung der Produktion des Gutes X_1 ist neben zusätzlicher Arbeit (die durch die exogene Erhöhung vorhanden ist) auch mehr Kapital erforderlich. Zur Bereitstellung des erforderlichen Kapitals ist von daher die Einschränkung der Produktion von X_2 zwingend erforderlich. Durch die Produktionssenkung von X_2 wird zwar auch Arbeit freigesetzt, jedoch nicht im dem Ausmaß, wie es in Verbindung mit dem freigesetzten Kapital zur generellen Mehrproduktion von X_1 benötigt wird. Diese Faktorlücke kann nun durch die exogen vermehrte Arbeitseinsatzmenge geschlossen werden.

Das Rybczynski-Theorem gestattet im Rahmen des Heckscher-Ohlin-Modells Aussagen über den Zusammenhang zwischen wirtschaftlichem Wachstum (aufgrund einer einseitigen Faktorvermehrung) und Außenhandel. Angenommen das Land sei im Ausgangszustand relativ reich mit Arbeit ausgestattet. Das Heckscher-Ohlin-Modell prognostiziert, dass das Land das Gut X_1 exportiert und X_2 importiert. Eine einseitige exogene Erhöhung des Faktors Arbeit erhöht nach dem Rybczynski-Theorem die Produktion des Exportgutes X_1 und verringert die des Importgutes X_2. Hierdurch ergibt sich ein **stark positiver Handelseffekt** aufgrund der Produktion. Wird dagegen der Kapitalstock exogen erhöht (bei fixiertem Arbeitspotential), so sinkt die Produktion von X_1 (Exportgut), während X_2 (Importgut) verstärkt produziert wird. Der **Handelseffekt ist dann stark negativ.**[28]

3.2.4.4 Technischer Fortschritt und Handel

Neben der Ausdehnung der Faktorausstattung stellt der **technische Fortschritt** eine weitere Quelle ökonomischen Wachstums dar. Technischer Fortschritt kann sich generell in zwei Formen vollziehen:

1. Verbesserung des Produktionsverfahrens bei gleichbleibendem Produkt **(Verfahrensinnovation)** oder
2. Einführung eines neuen Produktes bzw. Verbesserung eines Produktes im Hinblick auf Funktionsfähigkeit und Qualität **(Produktinnovation)**.

[28] Man beachte, dass dieses Ergebnis nur auf den Handelseffekt aufgrund der Produktion abstellt. Mögliche Nachfrageveränderungen (Konsumeffekte) bleiben unberücksichtigt.

Die **Wirkung einer Verfahrensinnovation** auf den Außenhandel gleicht prinzipiell der einer Ausdehnung des Faktorbestandes (vgl. Abschnitt 3.2.4.3). Die **Erhöhung der Produktivität** eines oder beider Faktoren erhöht den Gesamtoutput des Landes, was zu einer Verschiebung der Transformationskurve nach außen führt.[29] Wichtig ist auch hier die Frage, in welcher Weise sich die Produktionsmöglichkeitenkurve verschiebt, denn **bei unverändertem Weltmarktpreisverhältnis** (Fall eines kleinen Landes) bestimmt die Art der Verschiebung den neuen Produktionspunkt. Es lässt sich zeigen, dass die genaue Lage der neuen Transformationskurve (a) vom Verhältnis der Produktivitätszuwächse beider Faktoren und (b) vom Sektor (Export- bzw. Import-Güter-Industrie), in dem sich die Verfahrensinnovation vollzieht, abhängt.

Die **unterschiedlichen Gattungen des technischen Fortschritts bei der Verfahrensinnovation** innerhalb eines Sektors lassen sich anhand der Muster für die Produktivitätszuwächse beider Faktoren klassifizieren. Kommt es aufgrund von Verfahrensinnovationen zu einer gleichmäßig proportionalen Erhöhung beider Faktorproduktivitäten, so spricht man von **neutralem technischen Fortschritt**. Erhöht sich die Arbeitsproduktivität (Kapitalproduktivität) dagegen in relativ höherem Maße als die Kapitalproduktivität (Arbeitsproduktivität), so bezeichnet man den Fortschritt als **arbeitsvervielfachend (kapitalvervielfachend)**.[30]

Von besonderem Interesse ist nun die sich aus der Verfahrensinnovation (über den Produktionseffekt) ergebende Wirkung auf den Außenhandel. Insgesamt lässt sich hierzu unter Einbeziehung aller genannten Modellvoraussetzungen folgendes nachweisen:

Im Rahmen des Heckscher-Ohlin-Modells ergibt sich aus einer Verfahrensinnovation im Export-Güter-Sektor ein **stark positiver Handelseffekt**, wenn der technische Fortschritt neutral ist oder zu einer relativen Vervielfachung desjenigen Faktors führt, der in diesem Sektor relativ intensiv genutzt wird. Dagegen ergibt sich ein **stark negativer Handelseffekt**, wenn die genannten Formen des technischen Fortschritts im importkonkurrierenden Sektor auftreten.

Die bisherigen Ausführungen zum technischen Fortschritt bezogen sich lediglich auf die Wirkungen von Verfahrensinnovationen (erste Form des technischen Fortschritts) auf den Außenhandel (über den Produktionseffekt). In der Realität kommt jedoch auch beiden Varianten der **Produktinnovation** (Einführung eines neuen Produktes [zweite Form des technischen Fortschritts]

---

[29] Bei der Argumentation wird weiterhin von einem 2-Länder-2-Güter-2-Faktoren-Modell und der Vollbeschäftigung beider Produktionsfaktoren ausgegangen.

[30] Die Begriffe arbeits- und kapitalvervielfachend stützen sich auf die Intuition, dass der technische Fortschritt implizit die gleiche Wirkung erzielt wie eine Erhöhung der jeweiligen Faktorausstattung. Das Klassifikationsschema des technischen Fortschritts geht auf J.R. Hicks zurück und bezieht sich auf linear homogene Produktionsfunktionen 1. Ordnung (vgl. Hicks, J.R., The Theory of Wages, London 1932). In der Literatur sind auch die alternativen Begriffe arbeits- und kapitalsparend gebräuchlich. Hierdurch soll die Möglichkeit der Faktoreinsparung bei gegebenem Output zum Ausdruck gebracht werden.

sowie Verbesserung der Funktionsfähigkeit und Qualität eines bereits auf dem Markt befindlichen Produktes [dritte Form]) eine besondere Bedeutung zu. Grundlegende Änderungen der Außenhandelsstruktur eines Landes lassen sich meist nur unter Berücksichtigung aller drei verschiedenen Formen des technischen Fortschritts erklären. Die nachfolgenden Erläuterungen sollen dies verdeutlichen.

Ob ein Anbieter auf einem Markt sein Absatzgebiet über die nationalen Grenzen hinaus ausdehnen und damit zum Exporteur werden kann, hängt ceteris paribus davon ab, ob sein Angebot in den Augen der Nachfrager besondere Vorzüge aufweist. Die Realisierung technischer Fortschritte bietet ihm eine Möglichkeit, einen Wettbewerbsvorsprung gegenüber den Konkurrenten zu erringen. Die drei Formen technischen Fortschrittes (Verfahrensinnovation, beide Varianten der Produktinnovation) treten in der Praxis oft kombiniert auf und lassen sich nicht sauber voneinander trennen. Häufig ermöglicht erst die Verbesserung des Fertigungsverfahrens die Qualitätssteigerung eines Produktes. Auch die Erzeugung neuer Produkte beruht meistens auf der Entwicklung neuer Fertigungstechniken.

Gelingen einem oder mehreren Anbietern derartige Fortschritte, so versetzt sie dieser Vorsprung gegenüber ihren Konkurrenten in eine monopolähnliche Lage. Bei der 1. Form erlaubt ihnen die mit der Verfahrensänderung verbundene Kostenminderung eine Preissenkung, die zu einer Steigerung ihres Marktanteils auch im Ausland führt. Im Falle der 2. Form entsteht mit dem neuen Produkt ein gänzlich neuer Markt. Hier ist die Monopolsituation am stärksten ausgeprägt. Der Monopolist versorgt den gesamten Markt, also auch das Ausland. Bei der 3. Form führt die neue Variante eines bereits vorhandenen heterogenen Gutes zur Bildung eines weiteren monopolistischen Teilmarktes, auf dem lediglich der Neuerer als Anbieter auftritt. Da der neue Produkttyp aber in engerer Substitutionsbeziehung zu den schon vorhandenen Varianten des heterogenen Gutes steht, ist die Marktstellung des Anbieters weniger stark und sein Handlungsspielraum kleiner als der eines echten Monopolisten. Im Prinzip jedoch beherrscht auch er seinen über die Landesgrenzen reichenden Teilmarkt und exportiert daher auch ins Ausland.

Die Entwicklungsvorsprünge eines Anbieters sind allerdings wegen des fortdauernden Wettbewerbsprozesses prinzipiell temporärer Natur. Die Konkurrenten werden versuchen, den technologischen Vorsprung aufzuholen bzw. ihrerseits einen Vorsprung zu erlangen. Mit **temporärem monopolistischem Entwicklungsvorsprung** lässt sich der obige Gesamtsachverhalt recht treffend kennzeichnen.

Ein wichtiges Merkmal dieses Ansatzes ist der **dynamische Charakter** eines wesentlichen Teils des Außenhandels. Das Zustandekommen von Außenhandel beruht dabei nicht auf dauerhaft vorhandenen Unterschieden der natürlichen Gegebenheiten (Ricardo-These) oder der quantitativen und qualitativen Ausstattung mit Produktionsfaktoren (Faktorproportionentheorem). Es kommt vielmehr auch dann zu Außenhandel, wenn diese Gegebenheiten in den betreffenden Ländern weitgehend übereinstimmen.

Der durch den Wettbewerb induzierte technische Fortschritt liefert auch Teilerklärungen für den **intraindustriellen Handel**. Zunächst bringt er neue, qualitativ verbesserte Varianten eines bereits bestehenden Produktes hervor. Die neue Produktvariante wird vorerst nur vom Neuererland exportiert. Gleichzeitig jedoch geht der Außenhandel mit den bereits vorhandenen Produktvarianten weiter, denn der neue Produkttyp wird die alten zumindest nicht kurzfristig vom Markt verdrängen. So werden die alten Produkttypen z. B. auch weiter ins Neuererland importiert, was intraindustriellen Handel darstellt.

Darüber hinaus kann auch technischer Fortschritt in Form von Verfahrensinnovationen intraindustriellen Handel induzieren. Angenommen das Neuererland hat das betreffende Produkt bisher nur importiert. Kommt es nun infolge des verbesserten Produktionsverfahrens und der damit verbundenen Kostensenkung zu Exporten, ohne dass die Importe gänzlich versiegen, so ist damit intraindustrieller Handel gegeben.[31]

3.2.4.5 Vernachlässigte Erklärungsansätze des Handels

Wie bereits zu Beginn des Abschnitts 3.2.4 erwähnt, können das Ricardo- und das Heckscher-Ohlin-Theorem sowie die bisher dargestellten Erweiterungen im klassischen Handelsmodell einige in der Realität auftretende Formen des internationalen Handels ausreichend erklären. Der vorige Teilabschnitt 3.2.4.4 (Technischer Fortschritt und Handel) lieferte darüber hinaus Teilerklärungen für das Zustandekommen von intraindustriellem Handel.

Im Folgenden werden einige oft vernachlässigte Ansätze des internationalen Handels beschrieben, die einen Erklärungsbeitrag zum Handel mit homogenen oder zumindest ähnlichen Produkten leisten können. Dabei sei an dieser Stelle erneut darauf hingewiesen, dass im Kapitel 4 weitere Argumente für einen derartigen Handel genannt werden. Allerdings sind die dort angeführten Argumente nicht vernachlässigt, sondern zentral für eine Diskussion, die die wesentliche Aussage der bisherigen Handelstheorien – Freihandel als Wohlfahrtsoptimum – anzweifelt. Mit den folgenden Argumenten werden solche Zweifel nicht verbunden, weshalb eine getrennte Behandlung erfolgt.

3.2.4.5.1 Handel mit homogenen Gütern

In der Realität werden auch homogene, d. h. identische Güter zwischen Ländern gehandelt. Ein Beispiel sind Kohlelieferungen, die sowohl von Frankreich nach Deutschland als auch in die umgekehrte Richtung laufen. Mit den bisher behandelten Handelstheorien, die an komparativen Kosten und/oder Präferenzunterschieden ansetzten, war eine Erklärung dieses Phänomens nicht möglich, denn aus diesen Ansätzen ergeben sich eine Produktionsspezialisierung und eindeutige Handelsrichtungen. Jedes der analysierten Güter wird danach nur in eine Richtung gehandelt.

---

[31] Wegen der mehr oder minder eingeschränkten Transparenz auf fast allen realen Märkten und der meist begrenzten Kapazität des Neuerers ist eine vollständige Substitution der Importe in kürzerer Frist meist ausgeschlossen.

Eine erste Erklärung liegt im **Grenzhandel,** insbesondere bei Massengütern wie z. B. Sand, Kies, Zement, Kohle, bei denen die Transportkosten einen gewichtigen Kostenfaktor darstellen. Ist die Produktion außerdem – wie bei den genannten Beispielen – standortgebunden, so kommt es vor, dass ausländische Produzenten grenznahe inländische Abnehmer preisgünstiger beliefern als weiter entfernte inländische Produzenten. Diesen Importen können beim gleichen Produkt Exporte gegenüberstehen, wenn in anderen (Grenz-)Regionen die inländischen Produzenten „dichter" an ausländischen Abnehmern produzieren als die ausländischen.

Dieser **Grenzhandel** spielt eine gewisse Rolle zwischen Ländern mit einer längeren gemeinsamen Grenze. Er ist aber ansonsten von untergeordneter Rolle, weil nur wenige Produktionen standortgebunden sind. Bei nicht standortgebundenen Produktionen kann erwartet werden, dass die jeweilig inländischen Produzenten ihren Standort in Nähe der Abnehmer wählen. Es sei abschließend bemerkt, dass die klassischen Ansätze diesen Handel nicht erklären können, weil sie von Raumüberwindungskosten abstrahieren **(Punktmarktansatz)**.

Zum **saisonalen Außenhandel** kann es insbesondere bei Agrarprodukten kommen, die nur einmal jährlich geerntet werden. Sind sie verderblich, so kann der Inlandsmarkt nur für kurze Zeit aus inländischer Produktion bedient werden. Im restlichen Jahr werden die Waren importiert. Fallen nun in zwei Partnerländern die Erntezeitpunkte aus klimatischen Gründen deutlich auseinander, so werden die beteiligten Länder die gleichen Güter innerhalb eines Jahres sowohl exportieren als auch importieren. Die empirische Relevanz dieses Handels ist aufgrund der rückläufigen Entwicklung des Agrarsektors und der zunehmend klima- und saisonentkoppelten Produktionsmethoden gering.

Auch **divergierende Konjunkturentwicklungen** können Handel mit homogenen Gütern induzieren. Angenommen, das Inland importiert ein Gut. Kommt es nun im Inland infolge eines Konjunktureinbruchs zu einem Rückgang der Inlandsnachfrage nach diesem Gut, während gleichzeitig im Ausland die Nachfrage konjunkturbedingt steigt, dann versiegen zunächst die Importe des Inlandes. Kann das Inland auch seine Eigenproduktion nicht mehr voll an Inlandskunden absetzen, so drängen die Anbieter auf den Exportmarkt. Auch dieser konjunkturbedingte oder zyklische Außenhandel spielt im internationalen Handel nur eine untergeordnete Rolle. Aufgrund zunehmender internationaler wirtschaftlicher Verflechtungen ist eine Tendenz zur Synchronisierung der nationalen Konjunkturen zu vermerken.

Schließlich kommt die **eingeschränkte Transparenz** als Handelsursache in Frage. Verantwortlich hierfür sind letztlich Informationskosten, die mit der Zahl der Anbieter, der Komplexität des Produkts und der räumlichen Ausdehnung des Marktes steigen. Die Wirtschaftssubjekte setzen ihre Informationsbeschaffung nur solange fort, bis die entstehenden Grenzkosten gleich dem erwarteten Grenznutzen (z. B. in Form von Ausgabeneinsparungen durch günstigere Preise) aus dieser Information sind. Diese Markt(in)transparenz für die Nachfrager kann unterschiedlich sein, so dass auch ihre Kaufentscheidungen voneinander abweichen. So können z. B. einige inländische Nachfrager die Auslandswaren kaufen, während einige Ausländer das Inlandsangebot wahrnehmen.

Realistisch erscheint in diesem Zusammenhang der Fall von Dauerbeziehern bestimmter Güter und Leistungen, wie es insbesondere auch die Unternehmen sind. Diese verschaffen sich zwar vor der Anfangsentscheidung eine möglichst gute Marktübersicht, verzichten dann aber wegen zu hoher Kosten darauf, die Informationen ständig auf aktuellem Stand zu halten. So werden Anschlussentscheidungen möglicherweise auf der Grundlage eines überholten Informationsstandes gefällt.

3.2.4.5.2 Präferenzunterschiede und -vielfalt als Außenhandelsursache

Die Spezialisierung mancher Länder auf bestimmte Produktvarianten lässt sich auch damit erklären, dass sich einheimische Produzenten auf diejenigen Varianten spezialisieren, für welche die stärkste Inlandsnachfrage besteht. Denn Inlandsanbieter profitieren von ihrer größeren Marktnähe und den daraus resultierenden Informationsvorsprüngen.[32] Bestehen zwischen den Ländern signifikante **Präferenzunterschiede**, so spezialisieren sich die Länder jeweils auf die Produkte und Produktvarianten, mit denen sie ihren Auslandskonkurrenten sowohl auf dem Inlands- als auch auf dem Auslandsmarkt überlegen sind. Besonders klar ist der Fall bei Produkten mit **economies of scale** und/oder **Lerneffekten**. Jedes Land deckt seinen großen Inlandsbedarf und über Exporte auch den vergleichsweise geringen Bedarf ausländischer Minderheiten. Der Bedarf der inländischen Minderheit nach anderen Produktvarianten wird dagegen durch Importe gedeckt.

Der durch Produktdifferenzierung und nationale Spezialisierung zustande kommende Außenhandel kann aber auch von der **Präferenzvielfalt** der Konsumenten abhängen. Mit steigendem Einkommen nimmt die Differenzierung der Käuferpräferenzen gewöhnlich zu, da die Konsumenten dann eher Produktvarianten nach ihrem individuellen Geschmack auswählen können. Individuelle Präferenzstrukturen sind nicht konstant, sondern verfeinern sich bei steigenden Konsummöglichkeiten. Besonders zwischen Ländern mit ähnlich hohem Lebensstandard kann es aufgrund intensiver politischer, kultureller und touristischer Beziehungen zu einer internationalen Angleichung der differenzierten Präferenzen kommen. Dadurch wachsen auch die Außenhandelsmöglichkeiten, wenn sich die Produzenten vor der internationalen Angleichung der Präferenzen auf bestimmte Produktvarianten spezialisiert haben und Kostenvorteile (economies of scale) realisieren. So kommt es zu einer Erhöhung des Außenhandels, wobei die ursprüngliche Spezialisierungsstruktur im Wesentlichen erhalten bleibt. Ein Beispiel ist der griechische Export von Ouzo und Retsina-Wein bei gleichzeitigem Import von grundsätzlich ähnlichen deutschen Alkoholika.

3.2.4.5.3 Verfügbarkeit der Ressourcen als Außenhandelsursache

Insbesondere der Außenhandel zwischen Industrie- und Entwicklungsländern lässt sich auch auf die **dauerhafte Nichtverfügbarkeit bestimmter Ressourcen** zurückführen. Auf der einen Seite gibt es Güter, die zwar in bestimmten

[32] Der Erklärungsansatz geht zurück auf Linder, S.B., An Essay on Trade and Transformation, London 1961.

Entwicklungsländern, dagegen in vielen Industrieländern nicht produziert werden können. Die Industrieländer müssen diese zur Deckung ihres Bedarfs importieren. Dabei handelt es sich besonders um mineralische Rohstoffe (Erdöl, Zinn, Zink, Kupfer, Platin) sowie um pflanzliche Rohstoffe und Agrarprodukte (Kaffee, Tee, Kautschuk, Baumwolle, Bananen, Ananas).

Auf der anderen Seite gibt es Industrieprodukte, die von den meisten Entwicklungsländern wegen der Nichtverfügbarkeit unerlässlicher Inputs nicht produziert werden können. Hierbei handelt es sich besonders um High-Tech-Produkte, deren Produktion hohes technisches Wissen und hochqualifizierte Arbeitskräfte voraussetzt.

Die Nichtverfügbarkeit kann als Extremfall der Theorie der komparativen Kosten angesehen werden: Die Opportunitätskosten der Produktion des nicht verfügbaren Gutes sind unendlich hoch (und die Transformationskurve des Landes liegt auf der Abszisse, wenn das nicht verfügbare Produkt auf der Ordinate abgetragen wird).

3.2.4.5.4 Produktzyklus und Außenhandel

Der **Produktzyklus-These** liegt der Gedanke zugrunde, dass die Produkte von ihrer Einführung in den Markt bis zu ihrem möglichen Wiederausscheiden in der Regel mehrere typische Phasen durchlaufen. Die erste Phase **(Innovationsphase)** ist die der Erfindung bzw. Entwicklung. Das Produkt wird bis zur Marktreife gebracht und in den Markt eingeführt. Es folgt die **Ausreifungsphase**, in der sich durch Experimentieren und Fortentwickeln diejenigen Formen, Qualitäten und Eigenarten des Gutes herauskristallisieren, die den Präferenzen der Nachfrager am besten entsprechen. Gleichzeitig findet in dieser Phase die Fortentwicklung der Fertigungsverfahren in Richtung auf Kostensenkung oder Qualitätssteigerung statt. In der dritten Phase, der **Standardisierungsphase**, haben sich dann bestimmte Produktvarianten durchgesetzt und die Produktionsverfahren sind standardisiert. Schließlich kann sich eine **Schrumpfungsphase** anschließen, in der das Produkt durch neue, überlegene Produkte oder durch Bedürfnis- und Geschmackswandel ganz oder teilweise vom Markt verdrängt wird. Ein derartiger Phasenverlauf kann den Außenhandel insbesondere zwischen Entwicklungs- und Industrieländern in charakteristischer Weise beeinflussen.

Die beiden ersten Phasen sind forschungs- und entwicklungsintensiv und erfordern zwangsläufig einen relativ hohen Anteil an hochqualifizierten Arbeitskräften. In diesen Phasen besitzen die Industrieländer komparative Vorteile gegenüber den Entwicklungsländern. In der Standardisierungsphase vollzieht sich jedoch ein Wandel. Mit der Standardisierung von Produkt und Produktionstechnik werden Forschung und Entwicklung für die Produktion dieser Güter weitgehend entbehrlich und die komparativen Vorteile der Industrieländer schwinden. Damit kann sich die Richtung des Außenhandels ändern.

Für diesen Erklärungsansatz bietet die Realität eindrückliche Beispiele. So entspricht das Vordringen einiger Entwicklungsländer auf dem Bekleidungs- und Textilsektor ganz dem obigen Erklärungsmuster. Es handelt sich um eine nach jahrzehntelanger Entwicklungsarbeit standardisierte Produktion mit nicht übermäßig komplizierter Technik, die demzufolge leicht übertragbar ist. Da sie außerdem relativ arbeitsintensiv ist, kommen Lohnkostenvorteile der Entwicklungsländer voll zur Geltung. Eine Reihe von Ländern wie Indien, Südkorea, Hongkong und Taiwan haben diesen Vorteil genutzt und eine eigene Textilindustrie errichtet, die den alteingesessenen Unternehmen in den Industrieländern mit Erfolg Konkurrenz machen. Die genannten Länder sind zu bedeutenden Textilexporteuren geworden. Auch bei anderen standardisierten und arbeitsintensiven Produkten lassen sich ähnliche Entwicklungen nachweisen.

3.2.5 Zusammenfassung

- Die Theorie der komparativen Kosten geht auf den englischen Nationalökonom David Ricardo zurück. Ausgangspunkt der Überlegungen ist der 2-Länder-2-Güter-2-Faktoren-Fall. Bei gleichem Faktoreinsatz erzielen beide Länder unterschiedliche Produktionsergebnisse, was Ricardo auf unterschiedliche Umweltbedingungen zurückführt.
- Gemäß des Ricardo-Ansatzes basieren Außenhandelsbeziehungen nicht auf absoluten, sondern auf relativen Kostenunterschieden. Auch für ein Land, das in allen Produktionen überlegen ist, kann Außenhandel vorteilhaft sein. Dafür spezialisiert sich das Land auf die Produktionen mit dem relativ größten Kostenvorsprung vor dem Ausland und gibt die Produktion der Güter auf, bei denen sein Kostenvorteil vergleichsweise gering ist. Der Inlandsbedarf dieser Güter wird dann durch Importe gedeckt, die mit Exporten relativ kostengünstiger Güter bezahlt werden.
- Die Vorteile des Außenhandels können durch den Opportunitätskosten-Ansatz verdeutlicht werden. Es ist zwischen konstanten, steigenden und sinkenden marginalen Opportunitätskosten zu unterscheiden, was für das Ausmaß der Spezialisierung gemäß der komparativen Vorteile von Bedeutung ist.
- Bei steigenden (sinkenden) Opportunitätskosten beeinflussen neben den Produktions- auch die Nachfragebedingungen den Außenhandel. So können unterschiedliche Nachfragebedingungen in beiden Ländern alleinige Ursache des Außenhandels sein und bei extremer Ausprägung inversen Handel induzieren.
- Die Heckscher-Ohlin-Theorie führt den Außenhandel auf unterschiedliche Faktorausstattungen der Länder zurück. Infolge differierender Faktorpreise entstehen dann Kostenvorteile bzw. -nachteile bei der Produktion bestimmter Güter. Nach Aufnahme des Außenhandels wird sich jedes Land auf dasjenige Gut spezialisieren, bei dem der Inputanteil seines reichlich verfügbaren Produktionsfaktors besonders groß ist.
- Das Neo-Faktorproportionentheorem ergänzt das Hekscher-Ohlin-Theorem um den Gedanken, dass die Produktionsfaktoren, insbesondere die Arbeitskraft, inhomogen sein können und für die jeweilige Spezialisierung die Verfügbarkeit der einzelnen Qualitäten der Produktionsfaktoren von Bedeutung ist.
- Der Handel steigert aufgrund der Spezialisierungsgewinne die zur Verfügung stehende Gesamtproduktionsmenge. Eine eindeutige Interpretation als

Wohlfahrtsverbesserung ist jedoch aufgrund der mit dem Handel verbundenen Umverteilung schwierig. Der Produktionsfaktor, der intensiv in der importkonkurrierenden Industrie eingesetzt wird, erleidet Einkommensverluste, während der intensiv in der Export- Industrie eingesetzte Faktor Einkommensgewinne erzielt. Die konkrete Beurteilung hängt somit vom zugrunde gelegten Wohlfahrtskriterium ab. Nach dem in der empirischen Ökonomie üblichen Kaldor-Hicks-Kriterium ist jedoch nicht nur weltweit, sondern in jedem der beteiligten Länder aufgrund von Handels- und Spezialisierungsvorteilen mit einem Wohlfahrtsgewinn zu rechnen. Von ebenfalls hoher Wohlfahrtsbedeutung sind die erhöhte Auswahl für die Konsumenten, die Erhöhung des Wettbewerbs sowie die daraus resultierenden Wirkungen auf Preise und technischen Fortschritt.

- Die klassischen Außenhandelstheorien können nicht alle Formen des internationalen Handels erklären. Ein Grund dafür liegt in den strengen Voraussetzungen vollkommener Märkte, d.h. vollkommener Markttransparenz, fehlender räumlicher Marktausdehnung, einer großen Zahl von Anbietern und sofortiger Anpassungsreaktionen von Angebot und Nachfrage. Besonders der intraindustrielle Handel kann durch die klassischen Theorien nicht erklärt werden. Teilerklärungen hierfür, die die wesentliche Schlussfolgerung eines für jedes Land wohlfahrtssteigernden Handels nicht in Frage stellen, liefern besonders der Handel mit homogenen Gütern wie der Grenz- und Saisonhandel, Präferenzunterschiede und Präferenzvielfalt sowie der Produktzyklus.

Box 3.5: Empirischer Erklärungsgehalt der Handelstheorien

Das Ricardo-Theorem (Modell der komparativen Vorteile)

Die ersten Versuche einer empirischen Überprüfung theoretischer Handelsmodelle gehen auf G.D.A. MacDougall zu Beginn der 50er Jahre zurück,[33] dessen Resultate weitestgehend als empirische Evidenz für das Theorem komparativer Kostenunterschiede gesehen werden.[34] MacDougalls Untersuchungen basieren auf einem Datensatz mit Informationen über 25 verschiedene Industrien in den USA und Großbritannien aus dem Jahre 1937. Für jede Industrie verglich er das Verhältnis von amerikanischer zu britischer Arbeitsproduktivität (jeweils Output pro Arbeiter) mit dem Verhältnis von amerikanischen zu britischen Exporten. Der bilaterale Handel zwischen den USA und Großbritannien war zum betrachteten Zeitpunkt aus verschiedenen Gründen gering. Deshalb betrachtete MacDougall Exporte an Drittländer anstatt in die beteiligten Länder selbst. Sein Test bezog sich somit auf den Zusammenhang zwischen relativen Exporten an Drittländer und relativen Arbeitsproduktivitäten.

[33] Vgl. MacDougall, G.D.A., British and American Exports: A Study Suggested by the Theory of Comparative Costs, Part II, Economic Journal 62 (1952).

[34] Für eine kritische Würdigung von MacDougalls Ergebnissen vgl. Deardorff, A.V., Testing Trade Theories and Predicting Trade Flows, in: R.W. Jones and P.B. Kenen (ed), Handbook of International Economics (1984), Vol. I, S. 467 ff. .

Zum Zeitpunkt der Untersuchung waren die Industrielöhne in den USA im Durchschnitt ungefähr doppelt so hoch wie in Großbritannien. Aus diesem Grund argumentierte MacDougall, dass die USA die Exporte auf Drittmärkte in den Sektoren dominieren müssten, in denen ihre Arbeitsproduktivität mehr als doppelt so hoch war wie die in Großbritannien. Auf der anderen Seite müsste Großbritannien der größere Exporteur in den Industrien sein, in denen die Arbeitsproduktivität mehr als 50 Prozent der amerikanischen betrug. Für den Fall, dass die Arbeitsproduktivität einer US-Industrie genau doppelt so hoch war wie die des entsprechenden britischen Sektors rechnete MacDougall mit ungefähr gleichen Exportanteilen beider Länder auf Drittmärkten.

Die Studie ergab eine signifikant positive Korrelation zwischen den Verhältnisgrößen (US-Exporte/GB-Exporte) und (US-Produktivität/GB-Produktivität). Allerdings lag die Grenzlinie zwischen amerikanischen und britischen Exporten nicht wie erwartet bei einem Produktivitätsverhältnis von 2. Die amerikanischen Industrien benötigten einen höheren Produktivitätsvorteil von ca. 2,4, um mit den britischen Exporten auf Drittmärkten gleichzuziehen. Zur Erklärung dieser Abweichung von der Modellvorstellung können unterschiedliche Zollbestimmungen in Drittländern für britische bzw. amerikanische Importe, die geographische Nähe und vor allem die historisch bedingte politische Verbundenheit vieler Abnehmerländer zu Großbritannien herangezogen werden.

Die Ergebnisse von MacDougall werden bis heute als Bestätigung für das allgemeine Ricardianische Argument interpretiert, dass relative Produktivitätsunterschiede zu komparativen Vorteilen führen und so bestimmte Exportstrukturen nach sich ziehen. Einige Nachfolgestudien, die MacDougalls Ergebnisse prinzipiell bestätigen, finden sich in Stern (1962) und Balassa (1963).[35] Ein wichtiger Einwand gegen die Aussagekraft der genannten Studien besteht jedoch darin, dass sich die dargestellten empirischen Beziehungen nicht ausschließlich aus dem Ricardo-Modell, sondern auch aus einer realistischen Erweiterung des Heckscher-Ohlin-Modells ableiten lassen. Somit ist es im Grunde unklar, ob die MacDougall-Studie das Ricardo- oder das Heckscher-Ohlin-Modell testet.[36]

Das Heckscher-Ohlin-Modell (Faktorproportionentheorie)

Es gibt wohl nur wenige Handelstheorien, die im Laufe der Jahre so ausgiebig getestet wurden wie das Heckscher-Ohlin-Modell und seine Implikationen. Den Auslöser vieler empirischer Studien zu diesem Komplex stellte die Arbeit von Leontief aus dem Jahre 1953 dar (vgl. Abschnitt 3.2.2), die das bekannte **Leontief-Paradoxon** formuliert.[37]

---

[35] Vgl. Stern, R.M., British and American Productivity and Comparative Costs in International Trade, Oxford Economic Papers 14 (1962), S. 275–296 sowie Balassa, B., An Empirical Demonstration of Classical Comparative Cost Theory, Review in Economics and Statistics 45 (1963), S. 231–238.

[36] Vgl. Deardorff A.V., a. a. O., S. 476 ff.

[37] Vgl. Leontief, W., Domestic Production and Foreign Trade: The American Capital Position Re-examined, Proceedings of the American Philosophical Society 97 (1953), S. 331–349.

Nach der Heckscher-Ohlin-Theorie exportiert ein Land dasjenige Gut (die Güter), dessen Produktion den reichlich verfügbaren Faktor intensiv nutzt und importiert das Gut (die Güter), dessen Produktion intensiv vom knappen Faktor abhängt. Die Studie von Leontief bezieht sich auf die USA im Jahre 1947. Zu diesem Zeitpunkt galt die USA als das kapitalreichste Land der Welt. Gemäß dem Faktorproportionentheorem wäre also zu erwarten gewesen, dass die USA kapitalintensive Güter exportiert und arbeitsintensive Güter importiert. Nach Leontiefs Studie zeigte sich jedoch genau das Gegenteil, d. h. die US-Exporte waren relativ arbeitsintensiv, die Importe relativ kapitalintensiv.

Auf der Grundlage einer **Input-Output-Analyse** schätzte Leontief die Auswirkungen auf die Verwendung der Produktionsfaktoren Arbeit und Kapital in den USA, die sich aus einer Verringerung der Exportgüterproduktion bei gleichzeitiger Erhöhung der Importsubstitutionsgüterproduktion um jeweils 1 Mill. US-$ ergeben.[38] Klar ist, dass die Verringerung der Exportgüterproduktion sowohl Arbeit als auch Kapital freisetzt, während für eine Erhöhung der Produktion der importkonkurrierenden Güter Arbeit und Kapital benötigt wird. Im Rahmen der Heckscher-Ohlin-Theorie würde man nun erwarten, dass relativ mehr Kapital aus dem Exportgutsektor freigesetzt und relativ mehr Arbeit in den importkonkurrierenden Industrien benötigt wird. Die nachfolgende Tabelle beschreibt die Schätzungen Leontiefs. Offensichtlich stehen die Zahlen im Gegensatz zu den Erwartungen des Faktorproportionentheorems. Trotz ihrer immensen Kapitalausstattung waren die amerikanischen Exporte relativ arbeitsintensiv, die Importe dagegen relativ kapitalintensiv.

Freigesetzte bzw. benötigte Produktionsfaktoren bei einer Verringerung der Exportproduktion bzw. Erhöhung der Importsubstitutionsgüterproduktion um 1 Mill. US-$

	Exporte	Importsubstitute
Kapital (1000-$ zu 1947-Preisen)	2.551	3.091
Arbeit (Mann-Jahre)	182	170
Kapital / Arbeit	14,01	18,18
Arbeit / Kapital	0,07	0,05

Die Arbeit von Leontief verursachte in der Folgezeit (und bis heute) eine Flut empirischer Folgestudien und theoretischer Aufsätze, in denen versucht wurde, das Paradoxon zu widerlegen, zu erklären oder mit der theoretisch konsistenten Heckscher-Ohlin-Theorie in Einklang zu bringen. Ein gelungener Versuch hierfür ist bereits in Abschnitt 3.2.2 beschrieben worden. Das **Neo-Faktorproportionen-Theorem** beachtet bei den einzelnen Produktionsfaktoren nicht nur die Quantität, sondern fächert die Faktoren in qualitative Facetten auf. Besonders einleuchtend scheint dies beim Faktor Arbeit, bei

[38] Seine Berechnungen basierten dabei auf einer Input-Output-Tabelle für die USA aus dem Jahre 1947. Leontief selbst ist der wichtigste Begründer der Input-Output-Analyse.

dem sich eine Differenzierung in unterschiedliche Qualifikationskategorien anbietet. Das Leontief-Paradoxon kann hierdurch größtenteils relativiert werden, da die USA Ende der 40er Jahre besonders reich an hochqualifizierter Arbeit waren und sich deshalb auf die entsprechende Produktion spezialisierten.

Eine weitere Kritik an der Leontief Studie stammt von E. Leamer, der das Leontief-Paradoxon als Resultat einer Fehlinterpretation des Heckscher-Ohlin-Modells bei einer unausgeglichenen Handelsbilanz ansieht.[39] Ist die Handelsbilanz eines kapitalreichen Landes nicht ausgeglichen, so kann aus dem Heckscher-Ohlin-Theorem nicht unmittelbar geschlossen werden, dass das Land auch relativ kapitalintensive Güter exportiert. Die USA hatte 1947 eine stark überschüssige Handelsbilanz.

Neben den angesprochenen Erklärungen für das Leontief-Paradoxon gibt es eine Reihe weiterer Ansätze). Eine Vielzahl empirischer Studien existiert ferner für fast alle Theoreme, die im Zusammenhang mit dem Heckscher-Ohlin-Modell stehen, wie dem Rybczynski- oder dem Faktorpreisausgleichstheorem.

Vernachlässigte Erklärungsansätze des Handels

Der Abschnitt 3.2.4.5 beschrieb vernachlässigte Erklärungsansätze des internationalen Handels. Dabei wurde zunächst der Handel mit homogenen Gütern aufgegriffen und als eine Erklärung hierfür der Grenzhandel angeführt. Obwohl der reine Grenzhandel vom Volumen her eine eher untergeordnete Rolle spielt, so liegt ihm dennoch die Vorstellung zugrunde, dass die geographische Nähe zweier Länder einen prinzipiellen Handelsfaktor darstellen kann. Auf ähnlichen Argumenten für die Struktur internationaler Handelsströme basieren die sogenannten **Gravitätsmodelle**. Die einfachsten Gravitätsmodelle beschreiben im Wesentlichen (loglineare) Beziehungen zwischen dem bilateralen Handel zweier Länder und deren Einkommensniveaus, den jeweiligen Bevölkerungsgrößen sowie der geographischen Distanz. Die Verwendung weiterer sozioökonomischer und kultureller Erklärungsgrößen für den bilateralen Handel liegt auf der Hand, wie z. B. Dummy-Variablen für eine gemeinsame Sprache oder die Zugehörigkeit zu bestimmten Handelsunionen (EU, British Commonwealth etc.). Die empirische Schätzung von Gravitätsmodellen reicht zurück bis in die 50er Jahre.[40] Studien bestätigen einen signifikanten Einfluss der geographischen Entfernung auf den bilateralen Handel zweier Länder.[41]

---

[39] Vgl. Leamer, E., The Leontief Paradox Reconsidered, Journal of Political Economy 88 (1980), S. 495–503.

[40] Vgl. z. B. Beckermann, W., Distance and the Pattern of Intra-European Trade, Review of Economics and Statistics 38 (1956) oder Tinbergen, J., Shaping the World Economy: Suggestions for an International Economic Policy, New York 1962.

[41] Frankel. J., Is a Yen Bloc Forming a Pacific Area? In R. Brien (Ed.), Finance and the International Economy, Oxford 1991 sowie Leamer, E.E., U.S. Manufacturing and an Emerging Mexiko, North American Journal of Economics and Finance 4 (1993), S. 51–89, Baier, S., Bergstrand, J., Do Free Trade Agreements Actually Increase Members' International Trade?, Journal of International Economics 71 (2007), S. 72–95.

3.3 Nationale Handelspolitik und Zolltheorie im klassischen Modell

Unter **Handelspolitik** sind alle Maßnahmen wirtschaftspolitischer Entscheidungsträger zu verstehen, die auf die **Beeinflussung des zwischenstaatlichen Außenhandels** abzielen. In der Regel sollen dabei die Importe reduziert bzw. die Exporte erhöht werden. Die handelspolitischen Eingriffe führen somit zu einem Abweichen des internationalen Handels von der Freihandelssituation, wie sie in den vorhergehenden Abschnitten analysiert wurde. Sie **verzerren** den Handel in **Volumen, Güterzusammensetzung** oder **regionaler Struktur** im Vergleich zur Freihandelssituation. Sie führen zu einer Allokationsstruktur, die den weltwirtschaftlichen Wohlstand nicht maximiert und sind daher als **Handelshemmnisse** zu betrachten, selbst wenn z. B. durch Subventionen zusätzliche Exporte induziert werden.

Je nachdem, ob die Träger der Handelspolitik nationale oder internationale Instanzen sind, ist zwischen **nationaler und internationaler Handelspolitik** zu unterscheiden. Auf nationaler Ebene beeinflussen in den meisten Ländern die Wirtschaftsministerien die Handelspolitik. Streng genommen können auch die jeweiligen Zentralbanken als Träger der Handelspolitik gesehen werden, sofern diese durch Eingriffe auf den Devisenmärkten die Wechselkurse und damit Import- und Exporthöhen beeinflussen. Träger internationaler Handelspolitik sind z. B. die Europäische Union (**EU**) oder WTO.[42] Die Bundesrepublik Deutschland und die anderen EU-Mitgliedsländer haben ihre außenhandelspolitischen Kompetenzen an die EU abgetreten. Offiziell betreibt die Bundesrepublik somit keine eigene Handelspolitik mehr.

Im Folgenden werden zunächst gängige handelspolitische Instrumente beschrieben. Ihre Wirkungen werden anschließend beispielhaft anhand des Einfuhrzolles und des Einfuhrkontingentes erklärt.

3.3.1 Handelspolitische Instrumente

3.3.1.1 Zölle

Die bekannteste Art von staatlichen Eingriffen in den Freihandel stellen Zölle dar. Zölle sind Abgaben an den Staat für Waren und Dienstleistungen, die die Staatsgrenzen beim Export, Import oder auch nur beim Transport überschreiten. Im Rahmen des Erhebungsereignisses unterscheidet man dementsprechend zwischen **Ausfuhr-, Einfuhr-** und **Durchfuhrzöllen**.

Nach der Bemessungsgrundlage unterscheidet man zwischen **spezifischen Zöllen, Wertzöllen** und **Misch-** bzw. **Gleitzöllen**. Diese Formen werden im Folgenden anhand der Importzölle dargestellt, da diese die größte Relevanz

[42] Vgl. hierzu Abschnitt 3.4.

aufweisen. Für Exportzölle, die heute ab und zu von Entwicklungsländern verwendet werden, gilt Entsprechendes.[43]

3.3.1.1.1 Der spezifische Zoll

Der **spezifische Zoll** bezieht sich auf Maßeinheiten, die charakteristisch für das gehandelte Gut sind (z. B. Stück, Gewicht, Länge). Die effektive Zollbelastung durch einen spezifischen Zoll nimmt mit zunehmendem Preis und – sofern Qualität und Preis positiv korreliert sind – mit steigender Qualität ab. Beträgt der spezifische Zoll 100 Euro pro Stück, so beträgt die prozentuale Zollbelastung bei einem Handelspreis von 1.000 Euro 10 %, bei einem Handelspreis von 2.000 Euro jedoch nur 5 %. Die Abbildung 3.22 veranschaulicht dies: Die Angebotskurve verschiebt sich um den Zollbetrag parallel nach oben, von A_1 (Angebotskurve bei Freihandel) auf A_2 (Angebotskurve bei spezifischem Zoll).

Der spezifische Zoll verliert mit steigenden Weltmarktpreisen seine relative Bedeutung, während seine Bedeutung bei sinkenden Weltmarktpreisen wächst.

Da bei steigenden (sinkenden) Weltmarktpreisen die Schutzbedürftigkeit der inländischen Industrie sinkt (steigt), schwanken der **Zollschutz** und die Schutzbedürftigkeit des Inlandes tendenziell in die gleiche Richtung.

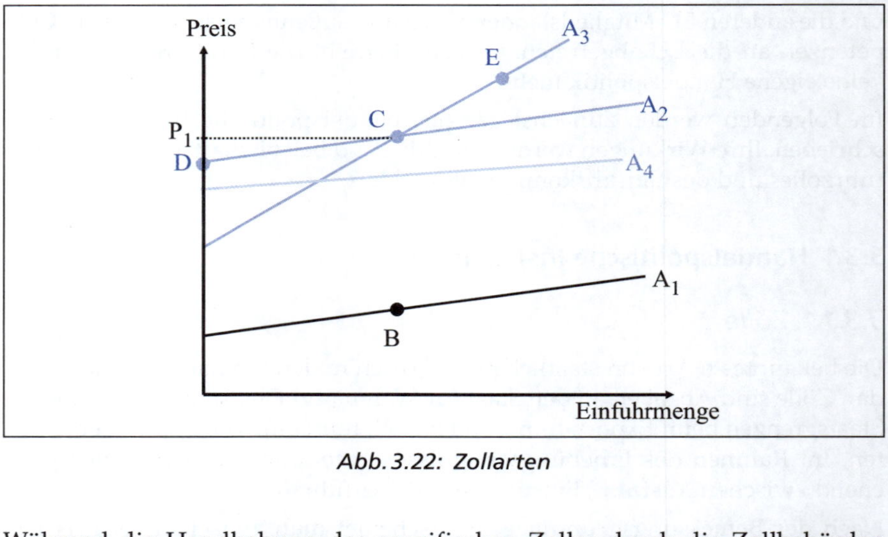

Abb. 3.22: Zollarten

Während die Handhabung des spezifischen Zolles durch die Zollbehörden und die Schutzwirkung relativ günstig sind, erweist sich die Gesetzgebung als

[43] In Entwicklungsländern dienen die Exportzölle häufig als Ersatz für ein intaktes Steuersystem zur Einnahmenerzielung sowie zur Verhinderung eines „zu schnellen" Rohstoffabbaus. Das OPEC-Kartell (Gründung 1973) kann als Exportsteuererhebung auf Erdölexporte angesehen werden.

schwierig. Nur homogene bzw. standardisierte Güter (z. B. einige Rohstoffe) eignen sich zur Verzollung nach Gewicht oder anderen Maßeinheiten. Industriegüter wie Maschinen oder elektronische Bauteile eignen sich hierzu nicht, weil für jedes Industriegut ein gesonderter spezifischer Zoll erhoben werden müsste. Aus diesem Grund ist die Bedeutung der spezifischen Zölle auch in Deutschland deutlich zurückgegangen, wie die Abb. 3.23 verdeutlicht. 1959 betrug der Anteil der mit spezifischen Zöllen belegten Importe an den zu verzollenden Gesamtimporten noch 21,5 %. 1993 waren es nur 2,4 %.

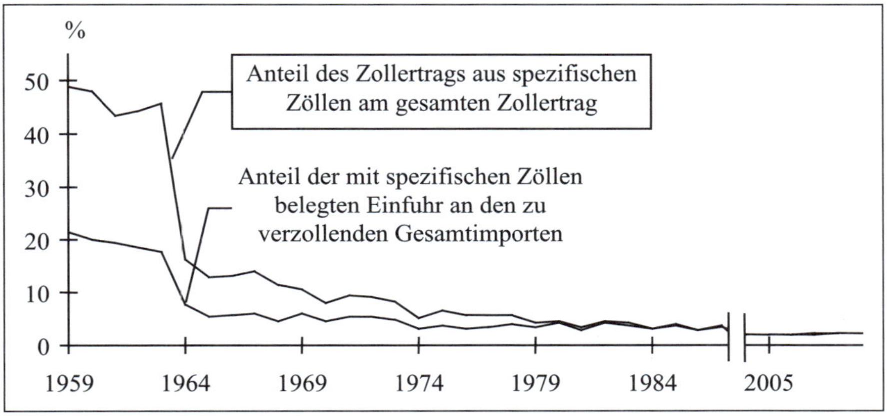

Abb. 3.23: Die sinkende Bedeutung spezifischer Zölle in Deutschland
Quelle: Statistisches Bundesamt, Außenhandelsstatistiken 2011.

Der Anteil des spezifischen Zollertrags an den gesamten Zolleinnahmen sank im gleichen Zeitraum noch drastischer von 49 % auf 2,2 %.

3.3.1.1.2 Der Wertzoll

Bemessungsgrundlage beim **Wertzoll** ist der Preis des jeweiligen Gutes. Z. B. führt ein zehnprozentiger Wertzoll auf Kraftfahrzeuge für ein 10.000 Euro teures Auto zu Zollabgaben in Höhe von 1.000 Euro. In der Abbildung 3.22 führt die Zollerhebung somit zur Verschiebung und Drehung der Angebotskurve ($A_1 \rightarrow A_3$). Damit liegt der erste Unterschied zum spezifischen Zoll auf der Hand:

> Die relative Bedeutung des Wertzolles bleibt bei Preisschwankungen konstant. Der Zollschutz des Wertzolles passt sich nicht an die Schutzbedürftigkeit der inländischen Industrie an.

Ein zweiter Unterschied liegt darin, dass keine komplizierte Zollnomenklatur notwendig ist, um die angestrebte Schutzfunktion des Zolles zu erreichen. Sie muss nur soweit aufgefächert werden, wie eine unterschiedliche Belastung verschiedener Gütergruppen gewünscht wird. Innerhalb der Gütergruppen muss jedoch im Gegensatz zum spezifischen Zoll nicht für jede einzelne Qualität ein gesonderter Zollsatz festgelegt werden, da unterschiedliche Qualitäten sich in unterschiedlichen Preisen niederschlagen und somit zu automatisch erhöhten Zollabgaben führen.

Die Hauptschwierigkeit des Wertzolles liegt in der Ermittlung des angemessenen Preises eines zu verzollenden Gutes. In den meisten Staaten ist heute der **Normalpreis** die übliche Bemessungsgrundlage. Unter dem Normalpreis versteht man den Preis eines Gutes, der unter freiem Wettbewerb im Inland erzielt werden kann. Die Ermittlung eines solchen Preises stößt in der Praxis allerdings auf Schwierigkeiten.

3.3.1.1.3 Misch- und Gleitzölle

Obwohl sich der Wertzoll in den letzten Jahrzehnten weltweit immer mehr durchgesetzt hat, führten die mit ihm verbundenen Probleme (mangelnde Ausrichtung an der Schutzbedürftigkeit des Inlandes, Problem der Wertermittlung) zu Modifikationen.

Beim **Mischzoll** werden Wertzoll und spezifischer Zoll kombiniert. Für den Zollpflichtigen kann dabei je nach Gesetzgebung der günstigere oder der ungünstigere der beiden Zollsätze gelten. So kann z. B. grundsätzlich ein Wertzoll gelten. Bei Unterschreiten eines bestimmten Mindestzollsatzes (*BC* in Abb. 3.22) würde statt des Wertzolles dann ein spezifischer Zoll in Höhe von *BC* gelten. Ab dem Preis P_1 geht also die Angebotskurve A_3 in A_2 über. Die Angebotslinie lautet *DCE*. Mit einem derartigen Zoll soll das Risiko stark fallender Weltmarktpreise vermieden werden.

Mit dem **Gleitzoll** soll die relative Zollbelastung bei steigenden Preisen noch stärker sinken als dies beim spezifischen Zoll der Fall ist. In Abb. 3.22 ist ein solcher Zoll durch den Übergang von A_1 nach A_4 veranschaulicht. Erreicht wird eine solche Drehung und Verschiebung der Angebotskurve z. B. durch einen spezifischen Zoll in der Höhe *BC*, von dem allerdings zehn Prozent des Normalpreises abgezogen werden. Ziel eines solchen Zolles ist zum einen die Dämpfung von Weltmarktpreisschwankungen. Zweitens kann mit einem solchen Zoll inländischen landwirtschaftlichen Produzenten geholfen werden, deren Produktion starken Schwankungen unterliegt. In Zeiten einer relativ knappen Produktion ist der Preis hoch, in Zeiten reichlicher Produktion gering. Die daraus resultierenden Preisschwankungen werden durch einen Gleitzoll verringert.

Box 3.6: Die sinkende Bedeutung von Einfuhrzöllen

Die nachstehende Abbildung verdeutlicht, dass die Höhe der Einfuhrzölle in Deutschland im Laufe der Zeit deutlich zurückgegangen ist. Von 1880 bis 1896 stieg die durchschnittliche Zollbelastung von 11,6 % auf 19,8 %. Ursache hierfür war das Streben der Reichsregierung unter Otto von Bismarck nach größerer finanzieller Unabhängigkeit von den Reichsstaaten. Bis zum Beginn des ersten Weltkrieges blieb das Niveau dann konstant. 1925 lag das durchschnittliche Zollniveau bei 17 %, stieg hiernach bis 1938 auf 64 % an.

Der größte Teil des Anstiegs kam dabei noch vor dem Ende der Weimarer Republik zustande, also vor 1933. Anlass war die Weltwirtschaftskrise 1929.

In der Bundesrepublik Deutschland nahm die durchschnittliche Einfuhrbelastung von 1959 bis 1968 zunächst kontinuierlich ab (von 15 % auf 7,6 %). Die starke Verringerung vor 1964 erklärt sich durch den Wegfall der relativ hohen Zölle auf Mineralölimporte. Der Anstieg nach 1968 begründet sich durch die Abschaffung der Zölle im EG-Handel: Da die Zölle auf Importe aus EG-Staaten geringer waren als auf Importe aus anderen Staaten, erhöhte sich durch deren Wegfall der durchschnittliche Zollsatz auf die zu verzollenden Importe.

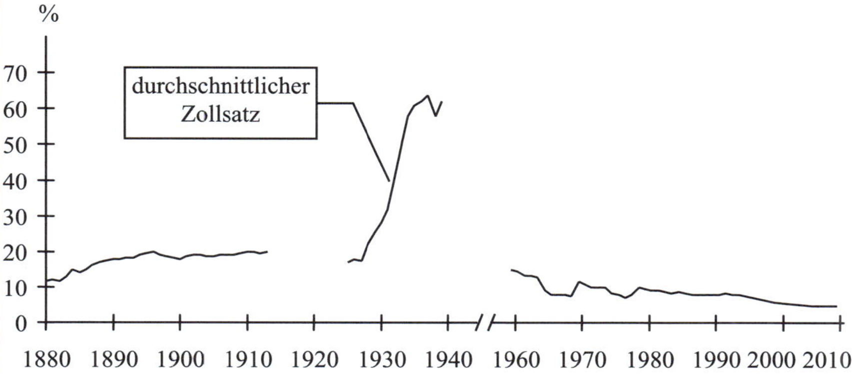

Durchschnittliche Importzölle in Deutschland[44]
Quellen:
Glismann, H.H., Weiss, F.O., On the Political Economy of Protection in Germany. World Bank Staff Paper No. 427, Washington 1980, und WTO Trade Profiles http://stat.wto.org/Home, Oktober 2011.

Die im **GATT** 1967 vereinbarten Zollkürzungen („**Kennedy-Runde**") konnten dies nicht ausgleichen. Nicht zuletzt aufgrund dieser Vereinbarung sank der durchschnittliche Einfuhrzoll jedoch bis Mitte der 70er Jahre, bevor er ab 1977 wieder zunahm. Diese Zunahme hängt mit dem Beginn des Neuen **Protektionismus** zusammen. Seit Beginn der 80er Jahre zeigt sich eine geringfügig abnehmende Tendenz des Zollsatzes in einem Bereich zwischen 8 und 9 %. Durch die Gründung der **World Trade Organisation (WTO)** im Jahre 1995 und die immer stärkere Harmonisierung innerhalb der EU wurden Handelshemmnisse seitdem weiter abgebaut. Der Handel innerhalb der EU ist vollständig von Zöllen befreit. Der Anteil der zu verzollenden Importe nach Deutschland liegt derzeit bei nur noch 10 %. Rund 2/3 der deutschen Einfuhren kommen aus europäischen Nachbarländern, während von 1/3 der außereuropäischen Importe in 2010 ca. 30 % verzollt wurden. Der durchschnittliche

[44] Die durchschnittlichen Zollsätze werden berechnet als Quotient aus Zolleinnahmen und Volumen der zu verzollenden Importe.

Zollsatz der Bundesrepublik und der EU lag im Jahr 2010 bei ca. 5 %. Die gesamten Zolleinnahmen der Bundesrepublik Deutschland beliefen sich 2011 auf rund 51 Milliarden Euro. Dies entspricht knapp 1 % der gesamten deutschen Staatseinnahmen, wobei die Einnahmen der EU zustehen.

3.3.1.2 Nichttarifäre Handelshemmnisse

Als **nichttarifäre Handelshemmnisse** werden alle staatlichen Maßnahmen außer den Zöllen bezeichnet, die den Handel in Volumen, Güterzusammensetzung oder regionaler Struktur verzerren. Die nur noch begrenzte Einsetzbarkeit von Zöllen (vgl. Box 3.6) hat in den letzten Jahren dazu geführt, dass viele Regierungen heute nichttarifäre Handelshemmnisse bevorzugen. Die Anzahl nichttarifärer Handelshemmnisse und ihrer Nuancen ist groß, so dass hier nur die wichtigsten dargestellt werden können. Dabei wird auf die Belastungen der Einfuhr- und Ausfuhrseite getrennt eingegangen. In beiden Fällen soll zwischen preislichen Belastungen und quantitativen Beschränkungen des Handels unterschieden werden.

3.3.1.2.1 Preisliche Belastungen der Einfuhr

Die preislichen Belastungen der Einfuhr sind relativ leicht identifizierbar. Sie erhöhen die Preise ausländischer Güter und verringern dadurch die Importe.

Abschöpfungen: Das Ziel von Abschöpfungen besteht darin, den Inlandspreis oberhalb des Weltmarktpreises zu halten und gleichzeitig zu stabilisieren. Die zweite Zielsetzung begründet den wesentlichen Unterschied zu den Zöllen, denn über die Höhe der Abschöpfung wird bei jedem Einfuhrvorgang neu entschieden. Dabei wird die Abschöpfung so gewählt, dass der Handelspreis dem inländischen Preis in vollem Umfang angepasst wird, d. h. sie werden auf das höhere Inlandsniveau „herauf geschleust". Aufgrund dessen werden Abschöpfungen teilweise auch als variable Zolltaxen oder „Schleusensystem" bezeichnet. Die Handelslenkung erfolgt also über eine Preisbeeinflussung, was die Einordnung in dieses Kapitel rechtfertigt.

Andererseits wäre auch eine Einordnung bei den quantitativen Maßnahmen gerechtfertigt, denn die Produzenten außerhalb des Zollgebietes können nur diejenigen **Residualmengen** liefern, welche die inländischen Produzenten zu dem politisch bestimmten Preis nicht anbieten. Die Abb. 3.24 veranschaulicht diesen Zusammenhang. Ohne jeden handelspolitischen Eingriff würden sich die Überschuss- oder Importnachfrage der EU IM_{EU} und das Überschuss- oder Exportangebot der Nicht-EU Länder EX_{NEU} bei einem Preis P_0 und einer Handelsmenge Q_0 ausgleichen. In der EU gelte jedoch der Richtpreis P_R. Deshalb wird eine Abschöpfung in Höhe von AB erhoben. Importiert wird die Menge Q_R. Erhöht sich die Importnachfrage der EU (z. B. wegen einer Missernte) auf IM'_{EU}, so verringert sich die Abschöpfung auf DE und die Handelsmenge steigt auf Q'. Steigt das Exportangebot der Nicht-EU Länder auf EX'_{NEU} (z. B. aufgrund einer besonders guten Ernte), so erhöht sich die Abschöpfung auf AC bei gleichbleibender Handelsmenge. Umgekehrt verringert sich die Abschöpfung bei Verknappung des Exportangebotes.

Die Abschöpfungen wirken also bei gegebener Importnachfrage **mengenregulierend** und gleichen insofern einem **Kontingent**. Der internationale Preiszusammenhang wird hier – im Unterschied zum normalen Einfuhrzoll und in Analogie zum noch zu behandelnden Kontingent – aufgehoben.

Bekannt ist dieses Zollverfahren insbesondere vom Agrarmarkt der Europäischen Union (EU). Das Weltmarktpreisniveau für Agrargüter liegt normalerweise unter dem der EU. Abschöpfungen für Importe führen dazu, dass deren Preise auf das hohe EU-Niveau geschleust werden und EU-Anbieter nicht von anderen Anbietern verdrängt werden können. Umgekehrt werden EU-Produktionsüberschüsse mit Hilfe von Exportsubventionen auf das niedrige Weltmarktniveau hinunter geschleust, um auf dem Weltmarkt konkurrenzfähig zu sein.

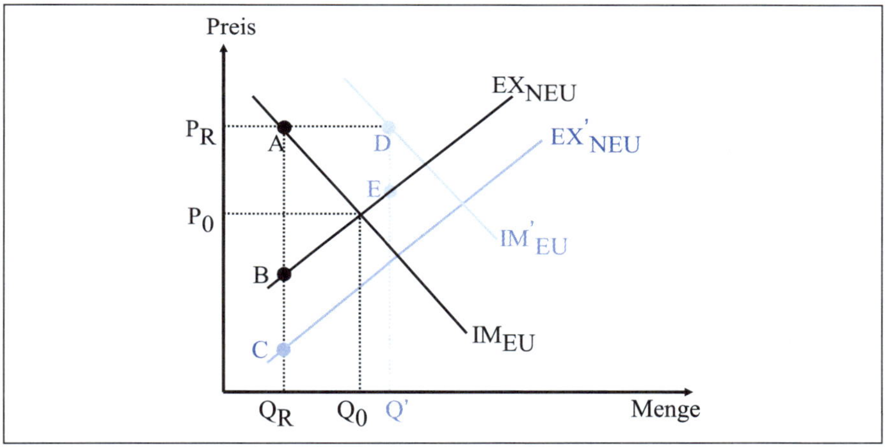

Abb. 3.24: Abschöpfungen

Einfuhrausgleichssteuern: Diese Abgaben sollen etwaig höhere **Steuerbelastungen** der inländischen Güter ausgleichen. Damit **unterscheiden** sie sich von den bisher genannten **Handelshemmnissen**, denen **keine nationalen Abgaben** gegenüberstehen. Wenn das ausländische Gut im Ausland z. B. mit nur 10 % Steuern belastet wird, das gleichartige Gut im Inland jedoch mit 20 % Steuern, so ergibt sich ein Handelsvorteil des ausländischen Gutes allein aufgrund der unterschiedlichen Steuersysteme. Dieser Unterschied soll durch Grenzausgleichssteuern abgebaut werden. Im geschilderten Fall böten sich Einfuhrausgleichssteuern von ca. 10 % an. Diese Einfuhrausgleichssteuern unterscheiden sich in ihrer Erscheinungsform und Wirkungsweise nicht von Zöllen. Allein ihre (finanzpolitische) Begründung unterscheidet sich.

Solche Ausgleichsabgaben wirken z. B. dann protektionistisch, wenn der Basispreis der Besteuerung absichtlich hoch gewählt wird. Wenn beispielsweise als **Bemessungsgrundlage** der cif-Warenwert dient, dann werden ungerechtfertigterweise Transport- und Versicherungskosten sowie Zollzahlungen mit versteuert.

Zollzuschläge, Einfuhrgebühren, Einfuhrdepots: Die zweite Untergruppe der preislichen Belastungen der Einfuhr bilden die Zollzuschläge (**Einfuhrzuschläge, Einfuhrsonderabgaben**). Sie sind nichts weiter als ein zusätzlicher Einfuhrzoll, der allerdings nur zeitlich und regional begrenzt gelten soll. Ihre Wirkung entspricht der des Zolles. Ihre Zielsetzung liegt meistens in der Verbesserung der Zahlungsbilanz oder im Ausüben politischen Drucks. Bei **Einfuhrdepots** ist der inländische Importeur gezwungen, für einen bestimmten Zeitraum vor der Einfuhr Bargeld oder unverzinsliche Sichtguthaben bei den Zollbehörden oder der Zentralbank zu hinterlegen. Die Höhe des Bardepots ist dabei proportional zum Einfuhrvolumen, kann dieses aber durchaus übersteigen. Die Erschwerung der Importe ergibt sich aus der Zinslast (bei Innenfinanzierung in Form von Opportunitätskosten aufgrund verlorener Zinseinkünfte), den Liquiditätsverlusten für das gebundene Kapital sowie aus der sinkenden Kreditwürdigkeit des Importeurs. Durch **Einfuhrgebühren** sollen die Kosten ausgeglichen werden, die dem inländischen Staat bei der Abfertigung entstehen. Im Gegensatz zu den Zollzuschlägen und Einfuhrdepots stellen Einfuhrgebühren nicht von vornherein eine Diskriminierung der ausländischen Güter dar. Allerdings sind die Einfuhrgebühren nur selten kostendeckende Gebühren, sondern versteckte Nebenzölle.

3.3.1.2.2 Quantitative Beschränkungen der Einfuhr

Kontingente: Kontingente sind zu unterscheiden in den totalen **Importstopp**, das **Global-** und das **Einzelkontingent**. Importstopps werden meist aus nicht-ökonomischen Gründen verfügt. So ist in vielen Ländern der Import von Waffen und Stoffen, die als Rauschgift missbraucht werden können, zumindest durch private Importeure untersagt. Sie sind insofern nicht protektionistisch, als dass auch inländischen Produzenten zumeist eine freie Verbreitung der Güter untersagt ist. Beim Globalkontingent wird eine Obergrenze für den gesamten Import eines bestimmten Gutes festgelegt. Beim Einzelkontingent wird für den einzelnen Lieferstaat eine maximale Einfuhrmenge festgesetzt. Dabei kann weiter unterschieden werden in **Wertkontingente** und **Mengenkontingente**, je nachdem auf welche Weise das Kontingent festgelegt wird. Ein **Zollkontingent** nennt eine maximale Importmenge, nach deren Ausschöpfung zusätzliche Importe nur unter Zollbelastung möglich sind.

Freiwillige Exportbeschränkungen: Von zunehmender Aktualität sind sogenannte freiwillige Exportbeschränkungen. Formal sind sie Ausfuhrkontingente des Exportlandes, ihre Funktion und ihre Ziele entsprechen jedoch einem Einfuhrkontingent des Importlandes. Sie unterscheiden sich vom Einfuhrkontingent dadurch, dass sie vom Export- und Importland gemeinsam ausgehandelt werden. Allerdings ist dies oft nur ein scheinbarer Unterschied, da beim Scheitern einer solchen Vereinbarung das Importland zu einseitigen Maßnahmen greifen kann und bei den Verhandlungen entsprechende Absichten durchblicken lässt. Die Liefermengen kontrolliert das Importland, während die Durchsetzung des Abkommens, also die Quotierung zwischen den Exportfirmen, dem Exportland zufällt. Eines der bekanntesten Beispiele für eine freiwillige Exportbeschränkung ist die Begrenzung japanischer Autoexporte in die Europäische Union.

Devisenbestimmungen: Ein Staat kann auf vielerlei Art über Devisenbestimmungen Einfluss auf die Einfuhr ausüben. Die bekanntesten Instrumente sind die **Beschränkungen von laufenden Zahlungen** und die **gespaltenen Wechselkurse**. Bei den Beschränkungen der laufenden Zahlungen stellt der Staat im Extremfall für den Import bestimmter Güter (meist Luxusartikel) keinerlei Devisen zur Verfügung. Derartige Maßnahmen können einem Importstopp gleichkommen. Im weniger restriktiven Fall der Devisenrationierung wird den Importeuren ein Devisenkontingent zugeteilt, das kleiner ist als ihr Devisenbedarf. Dieser Fall entspricht dem oben genannten Wertkontingent.

Im Falle der gespaltenen Wechselkurse erhalten Importeure die Devisen nur zu einem hohen Verkaufskurs, der weit über dem Ankaufskurs oder dem international gültigen Wechselkurs liegt. Die Importe verteuern sich entsprechend. Hier sind die Devisenbestimmungen als preisliche Belastung der Einfuhr zu betrachten.

Staatliche Beschaffungspolitik: Staatliche Beschaffungspolitik kann die internationalen Güterströme stark zugunsten des Inlandes beeinflussen, wenn die entsprechenden Behörden ohne Rücksicht auf Preis und Qualität inländischen Produzenten den Vorzug geben. Solches Verhalten ist in nahezu allen Staaten vorzufinden, wobei oft Sicherheitsüberlegungen vorgeschoben, tatsächlich aber protektionistische Gründe maßgeblich sind. In den USA ist dieses Vorgehen sogar gesetzlich fixiert. Grundlage der Vergabe von öffentlichen Aufträgen in den USA ist der **Buy American Act** von 1933. Danach dürfen öffentliche Aufträge für Rohmaterial, Fertigerzeugnisse und Dienstleistungen nur an amerikanische Produzenten vergeben werden. Zwei der wenigen Ausnahmen hiervon sind hohe Kosten der inländischen Produkte und inländische Nichtverfügbarkeit. Eine Verschärfung erhielt das Gesetz 1972 durch die **Buy American Clause**. Hiernach darf das amerikanische Verteidigungsministerium keine Waffen kaufen, in denen Edelstahl oder Edelmetalle ausländischer Herkunft enthalten sind. Nur bei der Unterstützung von Kampfoperationen oder unzureichendem Angebot an amerikanischem Edelstahl sind Ausnahmen erlaubt.

Indirekt protektionistische Maßnahmen: Der internationale Handel unterliegt einer Reihe von Vorschriften, die aus Gründen des Verbraucher-, Gesundheits-, Umweltschutzes und aufgrund technischer Erfordernisse bestehen. Insofern unterliegt ihnen keine protektionistische Absicht. Dies gilt nicht mehr, wenn derartige Vorschriften nur unter dem Vorwand des berechtigten Schutzes erstellt oder aufrechterhalten werden. Oft ist dann das eigentliche Ziel der Schutz der inländischen Industrie. Ein Beispiel hierfür ist das inzwischen jedoch aufgehobene Verkaufsverbot für Biere, die nicht dem deutschen Reinheitsgebot entsprechen. Es kam, da die ausländischen Produzenten sich nach den dort geltenden Bestimmungen richteten, einem Importverbot gleich.

3.3.1.2.3 Preisliche Beeinflussung der Ausfuhr

Neben den Maßnahmen zur Verringerung der Einfuhr kann die handelspolitische Situation eines Landes durch nichttarifäre Handelshemmnisse verändert werden, die teils zur Erhöhung, teils zur Verringerung der Exporte führen. Aus Gründen der wirtschaftspolitischen Relevanz soll im Folgenden ausschließlich auf die exportfördernden Maßnahmen eingegangen werden.

(Export-)Subventionen: Ursprünglich als Kompensation ausländischer Einfuhrzollerhebungen gedacht, dienen direkte **Exportzuschüsse** heute meist dem Ziel, die Wettbewerbsfähigkeit und somit die Exportmengen zu erhöhen. Sie sind trotzdem als Handelshemmnisse anzusehen, weil sie die Handelsstruktur verzerren. Auch **Subventionen**, die nicht nur speziell die Exportgüter betreffen, senken die privaten Kosten der inländischen Produktion und verbessern die Wettbewerbsfähigkeit. Sie werden bevorzugt in Form von produktionsabhängigen Zuschüssen, verbilligten Krediten, Steuererleichterungen oder Verringerungen der Soziallasten und an Branchen wie Schiffsbau, Energieversorgung, Landwirtschaft, sowie Stahl-, Luftfahrt- und Textilindustrie vergeben. Der Handel wird dabei nicht unbedingt verringert, er kann im Gegenteil größer sein als vorher, aber unter Umständen bei einer Handelsrichtung, welche nicht den komparativen Kostenvorteilen entspricht. Wer welches Gut exportiert, entscheiden nicht mehr komparative Kostenvorteile, sondern die Subventionshöhen.

Die Produktionssubventionen, aber auch die Exportsubventionen werden heute insbesondere im Stahlsektor unter dem Vorwurf des **Dumping** diskutiert. Unter Dumping wird der Verkauf von Produkten zu Preisen unterhalb der Produktionskosten verstanden.[45] Ziel ist es, auf dem ausländischen Markt Fuß zu fassen bzw. die Konkurrenz zu verdrängen, um danach die Preise auf ein kostendeckendes, möglichst aber ein noch höheres Niveau zu heben. Insbesondere wenn durch Dumping inländische Anbieter verdrängt werden, die bei normaler Preisgestaltung wettbewerbsfähig wären und sich die Marktstrukturen in Richtung Oligopol oder gar Monopol entwickeln, wird Dumping zu einem volkswirtschaftlichen Problem. Die **Diagnose** des Dumping ist umstritten, da Unternehmen ihre Produktionskosten nicht offenbaren. 1976 beschloss die EG einen Referenzpreis für fünf Produktgruppen, der den niedrigsten ausländischen Produktionskosten plus Transportkosten entspricht. Importe unterhalb dieses Referenzpreises fallen unter die Anti-Dumpingbestimmungen und werden mit einem Zoll belegt, der der Differenz zwischen Referenz- und Einfuhrpreis entspricht.

Teilweise werden derartige Referenzpreise absichtlich hoch gewählt, um unter dem Deckmantel einer **Anti-Dumpingmaßnahme** eigene handelshemmende Politik betreiben zu können.

[45] Teilweise wird von Dumping im internationalen Zusammenhang auch gesprochen, wenn der ausländische Preis eines Gutes geringer ist als der inländische Preis. Dabei taucht jedoch das Problem auf, dass eine räumliche Preisdifferenzierung bei Anbietern mit Marktmacht üblich ist. Dumping nach dieser Definition träte bereits auf, wenn ein inländischer Anbieter seine ausländischen Preise dem dort herrschenden geringeren Preisniveau anpassen würde, ohne es zu unterschreiten.

Grenzausgleichssteuern: Die Grenzausgleichssteuern wurden bereits im Zusammenhang mit den preislichen Belastungen der Einfuhr behandelt. Im Exportfall finden diese Ausgleichssteuern meist in Form von Steuerrückvergütungen Anwendung. Ziel ist es dabei, die als besonders hoch empfundene inländische Besteuerung rückgängig zu machen, um internationale Wettbewerbsnachteile der inländischen Güter auszugleichen.

3.3.1.2.4 Quantitative Exportbeschränkungen

Die quantitativen Exportbeschränkungen entsprechen in ihren Ausgestaltungsmöglichkeiten den oben geschilderten Einfuhrkontingenten. Ziel von Ausfuhrverboten oder Ausfuhrbeschränkungen ist es, die inländische Versorgung zu angemessenen Preisen sicherzustellen. Im Falle von Rohstoffen kann es Ziel sein, die Weiterverarbeitung ins Inland zu ziehen. Ein anderes Ziel kann darin bestehen, den Weltmarktpreis des Exportgutes zu erhöhen bzw. zu stützen. Als Beispiel hierfür kann das **Kartell erdölexportierender Länder (OPEC)** gesehen werden. Schließlich stecken politische Ziele hinter Exportbeschränkungen. Z. B. verbietet das Kriegswaffenkontroll- und das Außenwirtschaftsgesetz der Bundesrepublik Deutschland den Export von Rüstungsgütern in Krisengebiete. Bekannt sind weiter vorübergehende **Handelsembargos**. Ein Beispiel sind Handelsverbote der westlichen Welt gegen den Irak nach dessen Einmarsch in Kuwait im Jahre 1991 oder die in 2012 nochmals verschärften Import- und Export-beschränkungen gegen den Iran wegen des dort vermuteten Atomwaffenprogrammes.

3.3.2 Wirkungen handelspolitischer Eingriffe

Im Folgenden werden beispielhaft die Wirkungen eines Einfuhrzolles und eines Einfuhrkontingentes betrachtet, die die bekanntesten Handelseingriffe darstellen. Damit ist das Instrumentarium für die Analyse anderer Eingriffe bereitgestellt. Preisliche Beeinflussungen können weitgehend analog zum Einfuhrzoll und quantitative Beeinflussungen wie das Einfuhrkontingent untersucht werden.[46] Allerdings ist sofort einschränkend anzumerken, dass die zunehmende Beliebtheit der nichttarifären Handelshemmnisse gerade auf ihrer Undurchsichtigkeit und dem vielseitigen Aktionsspielraum der Administration beruht, der den protektionistischen Wirkungsgrad beträchtlich erhöht. Insofern ist ihre Analyse grundsätzlich erschwert.

3.3.2.1 Partialanalyse des Einfuhrzolles

Zunächst werden nur die Wirkungen eines Einfuhrzolles auf das zollgeschützte Gut untersucht. Es wird also nur ein Teil der Volkswirtschaft betrachtet, nämlich der Importgutsektor. Das Vorgehen ist somit **partialanalytisch**. Es wird davon ausgegangen, dass der Staat die Zolleinnahmen in vollem Umfang zu zusätzlichen Ausgaben nutzt.

[46] Vgl. Lerner, A.P., The Symmetry between Import and Export Taxes, Economica 3 (1936).

In der Abb. 3.25 wird das ausländische Exportangebot grafisch abgeleitet. Der Wechselkurs wird als konstant angenommen, so dass der Preis in inländischen Währungseinheiten gemessen werden kann. Es wird deutlich, dass das Ausland erst bei einem Preis oberhalb von P_1 anfängt zu exportieren. Bei P_1 wird das gesamte ausländische Angebot S^* von der ausländischen Nachfrage D^* absorbiert. Unterhalb von P_1 ist das Angebot kleiner als die Nachfrage. Das ausländische Exportangebot S_{EX}^* ergibt sich nun als Überschussmenge auf dem ausländischen Markt bei jeweiligen Preisen, also als Differenz zwischen Angebot S^* und Nachfrage D^*. Beim Preis P_0 ist dies AB.

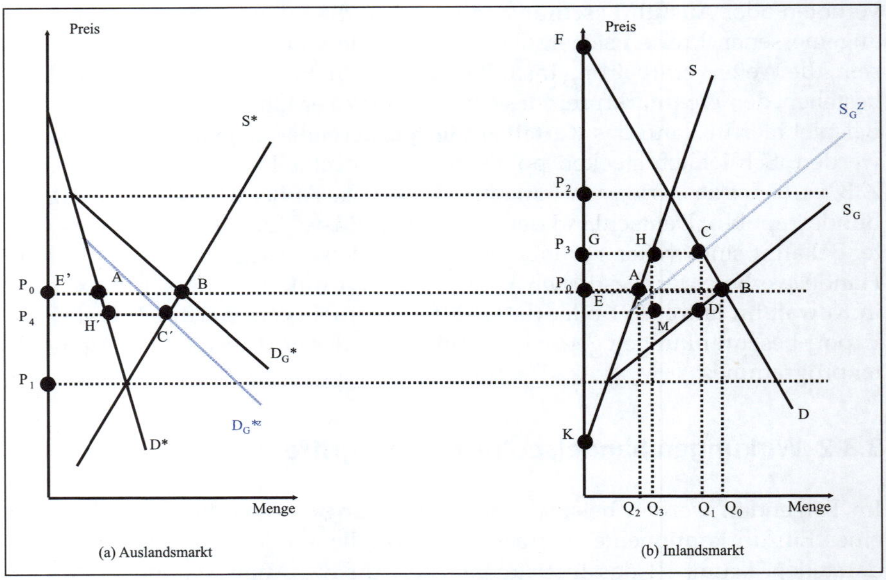

Abb. 3.25: Zollwirkungen (Partialanalyse)

Analog zum ausländischen Exportangebot kann aus dem Inlandsmarkt die inländische Importnachfrage N_{IM} abgeleitet werden. Es ist dies bei jedem Preis die Überschussnachfrage, z. B. bei P_2 gleich Null und bei P_0 gleich AB.

Auf dem Inlandsmarkt in Abb. 3.25(b) muss das ausländische Exportangebot mit dem inländischen Angebot S zum Gesamtangebot S_G aggregiert werden. Dafür wird bei jedem Preis zur inländischen Produktionsmenge das ausländische Exportangebot aggregiert. Auf dem Auslandsmarkt kommt zur ausländischen Nachfrage D^* die Importnachfrage des Inlandes D_{IM} hinzu. Als Gesamtnachfrage auf dem Auslandsmarkt in Abb. 3.25(a) ergibt sich somit D_G^*.

Zur Analyse preislicher Belastungen der Einfuhren wird davon ausgegangen, dass im Inland ein **spezifischer Zoll** eingeführt wird. Auf dem Inlandsmarkt verteuert sich das Angebot. In der Abb. 3.25(b) verschiebt sich das Gesamtangebot um CD parallel nach oben auf $S_G{}^z$. Aus der Sicht des Auslandes sinkt die Nachfrage, da die Inländer bei jeder gegebenen Menge nun eine verringerte Zahlungsbereitschaft aufweisen. Entsprechend verringert sich auch die Gesamtnachfrage auf dem ausländischen Markt ($D_G{}^* \rightarrow D_G{}^{*z}$). Der Umfang der Verschiebungen von der inländischen Gesamtangebotsfunktion und der ausländischen Gesamtnachfragefunktion hängt von den Elastizitäten von Angebot und Nachfrage auf den beiden Märkten ab, worauf sogleich anhand des Beispiels eines kleinen Landes näher eingegangen wird. Im Zusammenspiel mit der Verschiebung der Gesamtangebotskurve im inländischen Markt muss die Verschiebung der Gesamtnachfragekurve im Ausland genau so groß ausfallen, dass im Endergebnis die Differenz zwischen dem neuen Inlandspreis und dem neuen Auslandspreis dem Zollsatz entspricht.

Auf die einzelnen Anpassungsprozesse wird im Folgenden eingegangen.

3.3.2.1.1 Preiswirkungen

Der inländische Preis des Gutes erhöht sich. Allerdings zeigt die Abb. 3.25(b), dass die Preiserhöhung geringer ist als der Zollsatz. Denn der Zoll beträgt *CD*, die Preiserhöhung dagegen nur P_3–P_0. Der ausländische Preis muss sich hingegen wegen der rückläufigen Inlandsnachfrage verringern ($P_0 \rightarrow P_4$ in Abb. 3.25(a)).

Diese Aussagen gelten jedoch nur für ein **relativ großes Inland**. Ist das Inland klein, dann hat der Rückgang der inländischen Nachfrage keine Auswirkung auf das Ausland bzw. auf den Weltmarktpreis. Für ein kleines Inland ist das ausländische Exportangebot vollkommen elastisch, h. h. die inländische Gesamtangebotskurve bei Außenhandel läuft „waagerecht". Jeder noch so kleinen Preiserhöhung im Inland steht eine relativ große Exportangebotszunahme gegenüber. Auf dem Auslands- bzw. Weltmarkt wäre ein kleines Land durch eine nicht wahrnehmbare, „senkrechte" Importnachfragekurve darzustellen. Auch wenn die inländische Nachfrage variiert, so spielen diese Nachfrageschwankungen des kleinen Landes im Weltmaßstab keine Rolle. Die Gesamtnachfragekurve im Ausland verschiebt sich dann überhaupt nicht. Diese, vom Weltmarkt somit nicht spürbare Veränderung der inländischen Nachfrage ließe den Auslands- bzw. Weltmarktpreis unberührt. Als Fazit ergibt sich:

> Durch eine inländische Zolleinführung oder -erhöhung steigt tendenziell der inländische Preis des verzollten Gutes, während der Preis im Ausland fällt. Sofern die Preise der inländischen Exportgüter konstant bleiben, verbessert sich somit das Austauschverhältnis zwischen in- und ausländischen Gütern. Dies ist der **terms-of-trade-Effekt** der Zollerhebung.

3.3.2.1.2 Wirkungen auf die Konsumenten

Die Abb. 3.25(b) verdeutlicht, dass die inländischen Konsumenten den Verbrauch des Gutes einschränken. Betrug die gleichgewichtige Nachfragemenge ohne Zoll Q_0, so beträgt sie nach Verzollung nur noch Q_1. Dies ist der **Konsumeffekt des Zolles**.

Die Mengeneinschränkung und die Preiserhöhung bedeuten einen Wohlfahrtsverlust für die inländischen Konsumenten. Gemessen wird dieser Wohlfahrtsverlust durch die **Konsumentenrente** (Differenz zwischen der maximalen Zahlungsbereitschaft und den Konsumausgaben). In Abb. 3.25(d) entspricht die Konsumentenrente vor Verzollung der Fläche *BEF*, nach Verzollung hingegen *CGF*. Der Verlust an inländischer Konsumentenrente beträgt also *CBEG*.

Der Effekt auf die **ausländische** Konsumentenrente ist hingegen positiv (Abb. 3.25(a)). Denn die sinkenden Preise und der erhöhte ausländische Verbrauch bewirken eine Zunahme der Konsumentenrente um *AHG'E'*. Insgesamt ergibt sich damit:

> Die inländische Zollerhebung führt zu einem Wohlfahrtsverlust der inländischen, jedoch zu einem Wohlfahrtsgewinn der ausländischen Konsumenten.

3.3.2.1.3 Wirkungen auf die Produzenten

Im Gegensatz zu den Konsumenten profitieren die inländischen Produzenten des verzollten Gutes. Je teurer das ausländische Gut wird, desto mehr wird die inländische Produktion nachgefragt. Die inländischen Produzenten setzen mehr als vorher ab, und das zu einem höheren Preis. Auch dies wird aus der Abb. 3.25(b) deutlich. Die inländische Produktion steigt von Q_2 auf Q_3 **(Produktions- oder Schutzeffekt)**. Es ist offensichtlich, dass die Zunahme der inländischen Produktion auf Kosten der ausländischen Anbieter geht, denn die inländische Importmenge verringert sich von *AB* auf *HC*.

Der positive Mengen- und Preiseffekt führt zu einem Zuwachs an **Produzentenrente** (Differenz zwischen Erlös und Kosten). Vor dem Zoll betrug die inländische Produzentenrente *AEK*, nach dem Zoll *HGK*. Sie wächst also um *AEGH*.

Für die ausländischen Produzenten wirkt der Zoll negativ (Abb. 3.25(a)). Fallender Preis und sinkende Absatzmenge führen zu einem Verlust an ausländischer Produzentenrente in Höhe von *BCG'E'*.

> Die inländische Zolleinführung führt zu einem Wohlfahrtsgewinn der inländischen, jedoch zu einem Wohlfahrtverlust der ausländischen Produzenten.

3.3.2.1.4 Wirkungen auf die Staatseinnahmen

Die inländischen Zolleinnahmen belaufen sich auf CDMH in Abb. 3.25(b). Die absolute Höhe der Zolleinnahmen ist übrigens bei gegebenem Zollsatz für ein großes Inland höher als für ein kleines Land, was anhand Abb. 3.26 verdeutlicht werden kann. Im Falle eines kleinen Inlandes ist das ausländische Angebot für den Inlandsmarkt vollkommen elastisch, und das Gesamtangebot im Inland somit eine Waagerechte. In Abb. 3.26 entspräche das Gesamtangebot S_g beispielsweise der Linie *AB* auf der Höhe von P_0 (nicht eingezeichnet). Die Zolleinnahmen entsprechen dem Produkt aus Zollsatz *BL* und Importmenge *QN* und können in Abb. 3.26 durch die Fläche *QNPO* dargestellt werden.

Für ein großes Inland, dessen Gesamtangebot nicht völlig elastisch ist, können die Zolleinnahmen in Abb. 3.26 durch das Rechteck *CDMH* dargestellt werden.

Bei gleichem Zollsatz ist die Importmenge des großen Landes höher, weil die inländischen Preise nach Zollerhebung weniger ansteigen und die Importmengen nicht so stark sinken.

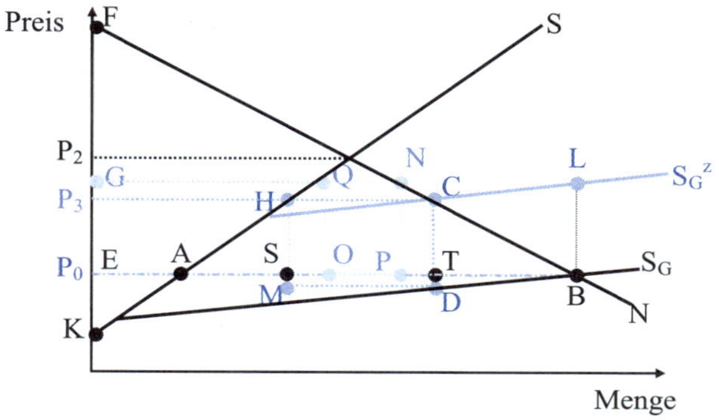

Abb. 3.26: Zölle und Wohlfahrtswirkungen

Box 3.7: Der effektive Zollschutz

Die Schutzwirkung eines Einfuhrzolles ist nur dann sicher, wenn ausschließlich das entsprechende Gut, nicht aber auch die Vorleistungen einem Zollschutz unterliegen. Z. B. wird ein Produzent von Küchengeräten unter einer Zollerhebung auf Stahl und Kautschuk leiden, weil sich seine Produktion verteuert. Sind die Zölle auf die Vorleistungen hoch, so kann die inländische Produktion von Küchengeräten trotz eines Zolles auf Küchengeräte geringer sein als im Zustand ohne jegliche inländische Zollerhebung. Die Zollstruktur hat in diesem Fall einen **negativen Schutzeffekt**.

Die Theorie des **Effektivzolles** nimmt als Grundlage der Berechnung des Zollschutzes die Veränderung der **Wertschöpfung** der geschützten Industrie.[47] Die Wertschöpfung eines Unternehmens oder Industriezweiges wird gemessen durch die Differenz zwischen dem **Bruttoproduktionswert** (entspricht im Allgemeinen der zu Verkaufspreisen bewerteten Produktion) und den Vorleistungen von anderen Unternehmen oder Sektoren. Der Grundgedanke kann an einem Beispiel verdeutlicht werden (siehe die Grafik): Ein Küchengerät habe auf dem inländischen Markt einen Preis von 200 Euro. Von den Verkaufserlösen in Höhe von 200 Euro pro Gerät müssen die Produzenten 150 Euro für Vorleistungen von anderen Produzenten aufwenden. Die Differenz von 50 Euro ist die Wertschöpfung der inländischen Produzenten.

[47] Die Einordnung der Theorie des effektiven Zollschutzes in die Partialanalyse wird dadurch gerechtfertigt, dass ausschließlich die Wirkungen auf inländische Importgüter betrachtet werden. In der Totalanalyse werden auch die Wirkungen auf die Exportgüter berücksichtigt.

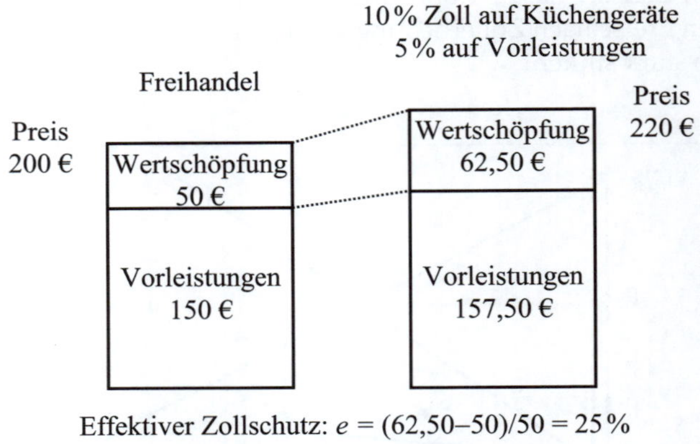

Effektiver Zollschutz

Angenommen das Inland führt einen Wertzoll von 10 % auf Küchengeräteimporte ein. Außerdem soll von einem kleinen Land ausgegangen werden, so dass die inländische Preiserhöhung dem Zollsatz entspricht. Der inländische Preis erhöht sich auf 220 Euro, die neue Wertschöpfung beträgt bei konstantem Preis für Vorleistungen nun 70 Euro. Die prozentuale Zunahme der Wertschöpfung beläuft sich dann auf (70 – 50)/50 = 40 %. Nun soll die Einfuhr von Vorleistungsgütern mit einem Zoll von 5 % belegt werden. Der Wert der Vorleistungen steigt dann auf 157,50 Euro, die Wertschöpfung beträgt 220 – 157,50 = 62,50 Euro. Der effektive Zollschutz beträgt nun nur noch (62,5 – 50)/50 = 25 %. Damit ist deutlich, dass der nominale Zollsatz nur wenig Aussagen darüber zulässt, wie stark ein Industriezweig geschützt wird und wie stark sein Produktionswert steigt.

Der effektive Zollschutz soll nun in allgemeiner Form berechnet werden. Dabei werden die Preiseinheiten so festgelegt, dass der Freihandelspreis des Gutes gleich eins ist. Die Wertschöpfung w_j des Gutes j beträgt dann

$$\text{(B.1)} \quad w_j = 1 - \sum a_{ij}$$

wobei a_{ij} der Kostenanteil des i-ten Vorleistungsgutes am Wert des Endproduktes j ist. Werden das Endprodukt mit einem Zollsatz t_j und die Vorprodukte mit den Zollsätzen t_i geschützt, dann ergibt sich im Falle eines kleinen Landes als neue Wertschöpfung nach Zollerhebung

$$\text{(B.2)} \quad w_j^z = 1 + t_j - \sum a_{ij}(1+t_i)$$

sofern die Weltmarktpreise von der Zollerhebung unberührt bleiben und die inländischen Preise dem Zollsatz entsprechend steigen. Der inländische Preis des Endproduktes beträgt nach Zollerhebung $1+t_j$, die Vorproduktkosten pro Endprodukt steigen auf $\sum a_{ij} \times (1+t_i)$. Als effektiver Zollschutz ergibt sich somit

$$\text{(B.3)} \quad e_j = \frac{w_j^z - w_j}{w_j} = \frac{t_j - \sum a_{ij} t_i}{1 - \sum a_{ij}}$$

Als zentrale Aussagen der Theorie des Effektivzolles ergeben sich:

1. Der Zollschutz für ein bestimmtes Gut ist umso geringer, je höher die benötigten Vorprodukte verzollt werden.
2. Der Effektivzoll entspricht dem Nominalzoll ($e_j = t_j$), wenn der Zollsatz auf End- und Vorprodukte gleich groß ist ($t_i = t_j$). Wenn der nominale Zollsatz auf das Endprodukt größer ist als auf die Vorprodukte, so ist der Effektivzoll größer als der Nominalzoll der Endprodukte.
3. Der Effektivzoll ist positiv für den Fall $t_j > \sum a_{ij} t_i$. Ist diese Bedingung nicht erfüllt, so verringert sich die Wertschöpfung im Endproduktsektor. Die Kosten des Sektors steigen stärker als seine Erlöse, was eine Produktionseinschränkung zur Folge hat. Die Zollstruktur benachteiligt dann die inländischen Produzenten des Endproduktes.

3.3.2.1.5 Wohlfahrtswirkungen

Betrachtet wird zunächst wieder ein kleines Land. In Abb. 3.26 sinkt die Konsumentenrente um *BEGN*. Die Produzentenrente hingegen steigt um *AEGQ*. Auch die staatlichen Zolleinnahmen in Höhe von *QNPO* stellen eine Wohlfahrtserhöhung dar, denn die Zolleinnahmen könnten in soziale Projekte fließen oder für entsprechende Steuerkürzungen verwendet werden.

Um die Wohlfahrtswirkungen auf die gesamte Volkswirtschaft zu bestimmen, müssen die Effekte auf die drei Gruppen zusammengefasst werden. Allerdings ist hierzu ein Werturteil notwendig, wie die einzelnen Wohlfahrtsänderungen der Gruppen zu gewichten sind. Die einfachste Analyse gewichtet alle Gruppen gleich. Der nationale Wohlfahrtsverlust durch die Zollerhebung entspricht dann der Flächensumme *BPN* + *AOQ*. Als Fazit ergibt sich:

Ein kleines Land verliert durch eine Zollerhebung immer.

Diese Aussage muss eingeschränkt werden, wenn – was offensichtlich in der wirtschaftspolitischen Praxis häufig passiert – die Wohlfahrtsänderungen der drei Gruppen nicht gleich gewichtet werden. Werden die Wohlfahrtszuwächse des Staates und der Produzenten höher gewichtet als die Wohlfahrtsverluste der Konsumenten, dann kann eine Zollerhebung die gesamtwirtschaftliche Wohlfahrt erhöhen.

Nun soll ein großes Land unter Gleichgewichtung der Wohlfahrtsänderungen betrachtet werden. Die Differenz zwischen der Änderung von Produzenten- und Konsumentenrente beträgt in Abb. 3.26 *HCBA*. Diesem Nettowohlfahrtsverlust stehen Zolleinnahmen in Höhe von *CDMH* entgegen. Diese Einnahmen werden in Höhe von *DMST* durch das Ausland getragen, weil es eine entsprechende Preisverringerung hinnehmen muss. Das große Land erfährt somit eine Wohlfahrtsänderung in Höhe von *DMST-AHS-BTC*. Damit wird klar, dass ein Zoll die Wohlfahrt eines großen Landes erhöhen kann, wenn das Exportangebot des Auslandes sehr unelastisch ist, und die Fläche *DMST*, die einen (unfreiwilligen) Wohlfahrtstransfer des Auslandes an das Inland darstellt, größer wird. Der Zollsatz, der den Nettowohlfahrtsgewinn des Inlandes maximiert, heißt **Optimalzoll**. Auf ihn wird in Abschnitt 3.3.3.1 genauer eingegangen. Abschließend soll noch folgendes gezeigt werden:

Die Zollerhebung eines Landes verringert die Weltwohlfahrt immer.

Im Fall des kleinen Landes ändert sich auf dem Weltmarkt nichts, deshalb bleibt die Wohlfahrt des Restes der Welt unberührt. Zusammen mit dem eindeutig negativen Wohlfahrtseffekt des Inlandes ergibt sich eine Senkung der Weltwohlfahrt. Im Falle eines großen Landes ist die Analyse etwas aufwendiger. Ausgehend von der Freihandelssituation entspricht die negative Summe der Veränderungen der ausländischen Produzenten- und Konsumentenrenten der Fläche *A'B'C'H'* in Abb. 3.25(a). Die ebenfalls negative Änderung von inländischen Produzenten- und Konsumentenrenten ist *ABCH*. Ein etwaig per Saldo positiver Wohlfahrtseffekt im Inland kann nur zustande kommen, wenn die Fläche DMNR in Abb. 3.25(b) hinreichend groß ist, um die (negative) Summe des Saldo aus inländischer Konsumenten- und Produzentenrente (BAHC) zuzüglich RNHC auszugleichen. Für die Weltwirtschaft kann es jedoch selbst dann nicht zu einem Wohlfahrtszuwachs kommen: Die Fläche R'N'H'C' entspricht absolut RNHC. Per Saldo entsteht für die Weltwirtschaft ein Wohlfahrtsverlust in Höhe der Dreiecke RBC + AHN + R'B'C' + A'H'N'

3.3.2.2 Totalanalyse des Einfuhrzolles

Die Argumentation erstreckt sich im Folgenden nicht mehr ausschließlich auf den Markt des Importgutes, sondern berücksichtigt Rückwirkungen auf das Exportgut. Wie in der Partialanalyse geht die Untersuchung auch hier davon aus, dass der Staat seine Zolleinnahmen in vollem Umfang zu zusätzlichen Ausgaben nutzt.

3.3.2.2.1 Schutz-, Konsum- und terms-of-trade-Effekt

Ein Ergebnis der Partialanalyse war, dass die Wohlfahrt eines kleinen Landes durch Zollerhebung sinkt. Ein großes Land dagegen kann seine Wohlfahrt erhöhen, wenn es ihm gelingt, den Weltmarktpreis seines Importgutes durch Zolleinführung zu senken. Hierauf soll im Folgenden näher eingegangen werden.

Die Analyse beginnt mit dem **kleinen Land** und stützt sich zunächst auf die Abb. 3.27. Ausgangspunkt ist die Situation bei Freihandel. *TT* ist die Transformationskurve des Inlandes, die Preislinie P_0 stellt das internationale Austauschverhältnis zwischen den Gütern X_1 und X_2 dar. Das Inland produziert also im Punkt *H*, und zwar *HB* Einheiten vom Gut X_1 und *HD* Einheiten vom Gut X_2. Durch freien Außenhandel erreicht das Inland sein maximales Nutzenniveau U_0 im Punkt C_0, indem es *DF* Einheiten des Gutes X_1 exportiert und *EB* Einheiten des Gutes X_2 importiert. Durch die Einführung eines Importzolles steigt der inländische Preis des Importgutes, so dass die inländische Preisrelation nun der Preislinie P_1 entspricht. Die inländischen Produktionsfaktoren werden **realloziiert**, d. h. aus der Produktion des Gutes X_1 abgezogen und in die Produktion von X_2 gelenkt. Die Anpassung endet, wenn die Opportunitätskosten dem neuen inländischen Preisverhältnis entsprechen. Der Punkt H^Z kennzeichnet die neue inländische Produktion. Dies ist der **Schutz- oder Produktionseffekt** des Zolles. Der positive Produktionseffekt für das Importgut wurde auch aus der Partialanalyse deutlich. Die Totalanalyse veranschaulicht, dass der Exportsektor negative Zolleffekte hinnehmen muss. Insgesamt ist der **Produktionseffekt negativ** zu beurteilen, denn das Realeinkommen des Inlandes sinkt. Gemessen in Einheiten des Exportgutes beträgt die Verringerung des Sozialproduktes *SG*.

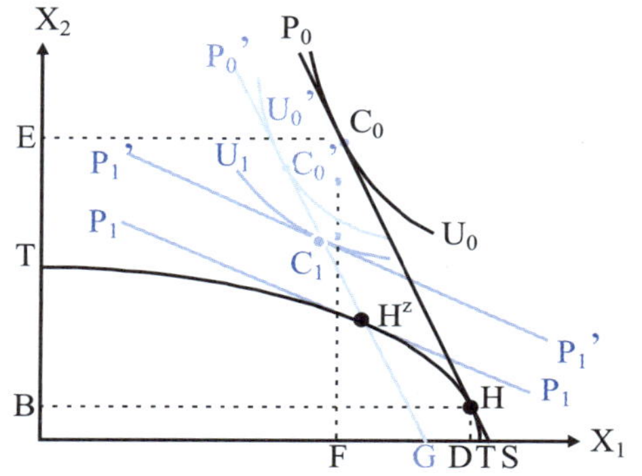

Abb. 3.27: Zollwirkungen (Totalanalyse)

Das kleine Land trägt die Zollbelastung in vollem Umfang selbst. Die verringerte inländische Importnachfrage hat keinen preissenkenden Effekt auf dem Weltmarkt. Dementsprechend bleibt das internationale Preisverhältnis unverändert. Das Inland kann seine Exportproduktion nur zum alten Preisverhältnis P_0 gegen das Gut X_2 eintauschen. Deshalb läuft die neue internationale Preislinie P_0' durch H^Z parallel zur alten Preislinie P_0. Das alte Nutzenniveau ist nicht mehr erreichbar. Maximal erreichbar wäre das Nutzenniveau U_0' mit dem Konsumpunkt C_0'. Der Konsumpunkt C_0' wird jedoch nicht vom Inland gewählt, weil die dort herrschende Grenzrate der Substitution nicht dem inländischen Preisverhältnis entspricht. Nach der inländischen Preisrelation P_1 ist das Gut X_2 im Punkt C_0' zu teuer, so dass es durch das Gut X_1 substituiert wird.

Das Inland maximiert seinen Nutzen im Punkt C_1. Hier sind beide Bedingungen für ein Handelsoptimum erfüllt. Erstens entspricht die inländische Grenzrate der Substitution dem inländischen Preisverhältnis der Güter X_1 und X_2. Zweitens liegt der Punkt auf der Preislinie P_0'. Die Bewegung von C_0' nach C_1 ist der **Konsumeffekt des Zolles**. Der Konsumeffekt kommt zustande, weil sich die inländischen Konsumenten an dem zollverzerrten Preisverhältnis P_1, und nicht am internationalen Austauschverhältnis P_0 orientieren. Wie bei der Partialanalyse ergibt sich insgesamt auch hier:

Ein kleines Land muss durch Einfuhrzölle Wohlfahrtseinbußen hinnehmen.

Die Erhebung eines Einfuhrzolles durch ein **großes Land** führt zu einer Verringerung des Weltmarktpreises, wie im Rahmen der Partialanalyse festgestellt wurde. Bei konstanten Preisen für die inländischen Exportgüter verbessert sich also das internationale Austauschverhältnis zugunsten des Inlandes. Das inländische Exportgut wird relativ teurer. Die Abb. 3.28 veranschaulicht die Zolleffekte eines großen Landes.

Ausgangspunkt ist wieder die Situation bei Freihandel. Bei Freihandel produziert das Inland im Punkt H und konsumiert im Punkt C_0. Dabei wird das Nutzenniveau U_0 erreicht. Nach Zollerhebung wird im Punkt H^Z produziert, weil sich das inländische Preisverhältnis (Linie P_1) zugunsten von X_2 geändert hat (im Inland ist X_2 teurer geworden). Das neue internationale Austauschverhältnis wird durch eine steilere Preislinie P_2 veranschaulicht. Sie ist steiler als die Linie P_0, weil der Weltmarktpreis von X_2 gesunken ist.

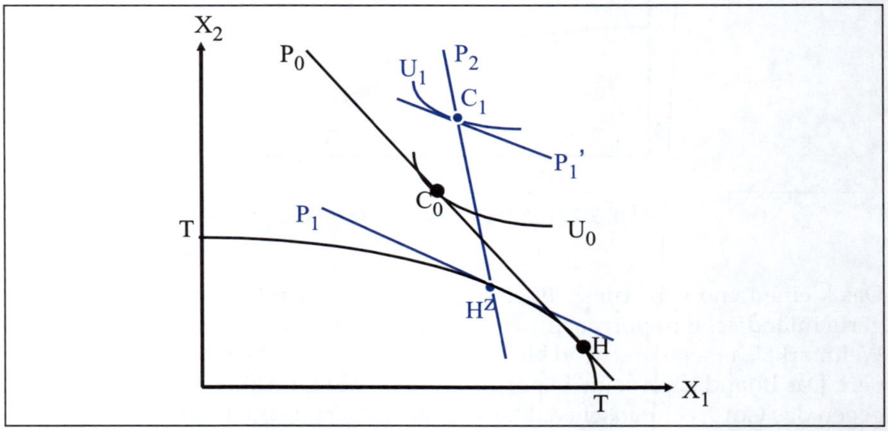

Abb. 3.28: Terms-of-Trade-Effekt

Nun kann das Inland ein maximales Nutzenniveau U_1 erreichen, indem es im Punkt C_1 konsumiert und entsprechend exportiert und importiert. Der Punkt C_1 erfüllt wieder beide Bedingungen eines Handelsoptimums. Erstens liegt er auf der Preislinie P_2 und zweitens entspricht in C_1 das inländische Preisverhältnis P_1 bzw. P_1' der inländischen Grenzrate der Substitution. U_1 stellt trotz des auch hier vorhandenen negativen Produktions- und Konsumeffektes ein deutlich höheres Nutzenniveau als U_0 dar.

Insgesamt stehen sich also drei verschiedene Effekte eines Einfuhrzolles gegenüber:

1. Der **Schutz- oder Produktionseffekt** ($H \rightarrow H^Z$) führt zu einer suboptimalen Produktionsstruktur. Er beinhaltet einen negativen Realeinkommenseffekt. Das Sozialprodukt verringert sich.
2. Der **Konsumeffekt** besteht darin, dass die Inländer ihre Konsumgewohnheiten nicht am internationalen, sondern am zollverzerrten inländischen

Preisverhältnis orientieren. Er ist negativ zu beurteilen, weil das erreichte Nutzenniveau weiter verringert wird.

3. Der **terms-of-trade-Effekt** verteilt das (gesunkene) Weltsozialprodukt zugunsten eines großen Inlandes um, weil das Inland seine Importgüter zu einem geringeren Preis beziehen kann. Dieser positive Realeinkommenseffekt könnte gemessen werden, indem die Linien P_0 und P_2 in Abb. 3.28 nach oben verlängert werden, bis sie die X_2-Achse schneiden. Gemessen in Einheiten von X_2 gleicht der positive Einkommenseffekt der Differenz zwischen den Schnittpunkten von P_2 und P_0 mit der X_2-Achse.

Der **Produktions-, terms-of-trade-** und **Konsumeffekt** zusammen bestimmen für ein großes Land den **Wohlfahrtseffekt des Zolles.** Bei einem großen Inland kann ein starker terms-of-trade-Effekt die negative Realeinkommenswirkung des Produktionseffektes und den negativen Konsumeffekt überkompensieren, so dass die **Wohlfahrt** insgesamt steigt. Für ein kleines Land ist die Zollwirkung jedoch stets negativ, weil kein terms-of-trade-Effekt zustande kommt.

3.3.2.2.2 Verteilungseffekte: Das Stolper-Samuelson-Theorem

Zu Beginn der **Totalanalyse** wurde gezeigt, dass der Einfuhrzoll das inländische Preisverhältnis zugunsten des Importgutes erhöht und die inländischen Produzenten dieses Sektors ihre Importgutproduktion ausdehnen werden. Dies gelingt ihnen unter der Annahme der Vollbeschäftigung nur, wenn sie Produktionsfaktoren aus der Exportgutproduktion abziehen können. Hierzu müssen sie höhere Faktorentgelte zahlen.

Wenn die Produktion des Exportgutes X_1 kapitalintensiv ist, führt der Zoll zu einer Verringerung der kapitalintensiven Produktion. Damit wird im Exportsektor relativ weniger Arbeit, aber relativ mehr Kapital freigesetzt als der arbeitsintensive Importgutsektor bei gegebenen Faktorpreisen aufnehmen möchte. Der Lohn im Importsektor wird somit stärker steigen als die Kapitalverzinsung. Im Punkt H^Z der Abb. 3.27 ist das neue Gleichgewicht erreicht. Hier müssen in beiden Industrien gleiche Löhne und gleiche Zinsen gezahlt werden, ansonsten würden die Produktionsfaktoren weiter von einem Produktionszweig in den anderen wandern. Daraus folgt, dass nicht nur im Importgutsektor, sondern auch im Exportgutsektor höhere Löhne gezahlt werden als vor der Zollerhebung. Die Kapitalentlohnung fällt hingegen in beiden Sektoren, weil die volkswirtschaftliche Knappheit des Kapitals gemindert wird.

Zusätzlich wurde gezeigt, dass das Volkseinkommen durch eine Zollerhebung sinkt, wenn positive terms-of-trade-Effekte außer Acht gelassen werden (in Abb. 3.27 sinkt es gemessen in X_1-Einheiten um SG). Demnach steht dem Kapital aus einem kleineren Kuchen ein relativ kleineres Stück zur Verfügung, während die Arbeit ein relativ größeres Stück erhält. Allgemein gilt das **Stolper-Samuelson-Theorem**:

> Ein **Einfuhrzoll** führt zur **Einkommensumverteilung** zugunsten des Faktors, der in der geschützten Industrie relativ intensiv eingesetzt wird.

Das Stolper-Samuelson-Theorem gilt allerdings nur **langfristig**. Im genannten Beispiel begünstigt der Zoll den Produktionsfaktor Arbeit des Importsektors in kurz- und langfristiger Sicht. Im Exportsektor steigt der Lohn hingegen nur langfristig. Der Produktionsfaktor Kapital profitiert kurzfristig von der Zolleinführung, sofern er im Importsektor eingesetzt wird. Langfristig sinkt seine Entlohnung in beiden Sektoren. Die Tabelle 3.6 fasst die Realeinkommenseffekte eines Zolles auf arbeitsintensive Produkte zusammen.

Tab. 3.6: Realeinkommenseffekte eines Zolles auf arbeitsintensive Produkte

	kurzfristig	**langfristig**
Arbeit im arbeitsintensiven Sektor	+	+
Arbeit im kapitalintensiven Sektor	–	+
Kapital im arbeitsintensiven Sektor	+	–
Kapital im kapitalintensiven Sektor	–	–

Die Zollerhebung ist nicht das bestmögliche Instrument zur Erreichung der im Stolper-Samuelson-Theorem betonten Umverteilungsmöglichkeiten. Angenommen, das Gut X_2 in Abbildung 3.27 ist relativ arbeitsintensiv. Ziel sei eine Umverteilung zugunsten des Faktors Arbeit. Eine Subventionierung des Gutes X_2 und eine gleichzeitige Besteuerung von X_1 führt genau wie eine Zollerhebung zur Veränderung des Produktionspunktes von H nach H^Z. Im Falle des Zolles konsumiert das Inland in C_1, anderenfalls in C_0'. Der Produktionseffekt ist in beiden Fällen identisch (und negativ aufgrund der Fehlallokation), nur kommt im Fall der Zollerhebung der negative Konsumeffekt hinzu, weil das inländische Preisverhältnis vom internationalen abweicht.

In einer sich entwickelnden Weltwirtschaft wird es immer Veränderungen der komparativen Kostenvorteile geben, die zu Härten in alteingesessenen Industriesektoren führen. Eine angemessene Politik zielt jedoch nicht auf die Aufrechterhaltung bestehender Strukturen ab, sondern fördert die Reallokation der Ressourcen in Sektoren, die zukünftig wettbewerbsfähig sein werden. Insofern ist der Zoll nicht einmal die zweitbeste Lösung, sondern höchstens die drittbeste.

3.3.2.3 Ökonomische Wirkungen eines Einfuhrkontingentes

Die Effekte eines Einfuhrkontingentes können anhand der Abb. 3.25 (Partialanalyse der Zollwirkungen) veranschaulicht werden. Der Weltmarktpreis des Importgutes vor der Kontingentierung sei P_0. Das Inland (Abb. 3.25(b)) fragt BE Mengeneinheiten nach und produziert selbst AE Mengeneinheiten. Die Importe betragen somit BA. Jetzt beschließt das Inland, seine Importe durch ein Kontingent auf HC zu reduzieren.

Die Effekte eines Kontingentes entsprechen weitgehend denen eines Einfuhrzolles. Der inländische Preis steigt auf P_3 (Preiseffekt), der inländische Verbrauch sinkt auf *CG* (Konsumeffekt), die inländische Produktion steigt auf *HG* (Produktionseffekt). Der ausländische Preis fällt auf P_4 (Abb. 3.25(a)).

Allerdings bestehen auch Unterschiede zwischen Einfuhrzöllen und Kontingenten. Hier wird nur auf die wichtigsten eingegangen.

3.3.2.3.1 Vorteile gegenüber dem Zoll

Im Falle eines unelastischen ausländischen Exportangebotes wird bei Zollerhebung der Inlandspreis nur geringfügig steigen. Der ausländische Preis wird stark sinken, die Importmenge jedoch nur unwesentlich reduziert.

Die Abbildung 3.29 veranschaulicht dies. Im Fall eines relativ **elastischen Angebotes** (A_{G0} bzw. $A_{G0}{}^{Z}$) steigt der inländische Preis bei der Erhebung eines spezifischen Zolles in Höhe von *DC* von P_0 auf P_1. Bei einem **unelastischen Angebot** (A_{G1} bzw. $A_{G1}{}^{Z}$) steigt der Preis bei gleicher Zollbelastung dagegen nur auf P_2. Während die importierte Menge bei elastischem Angebot um Q_0–Q_1 sinkt, beträgt die Importreduktion bei unelastischem Angebot nur Q_0–Q_2.

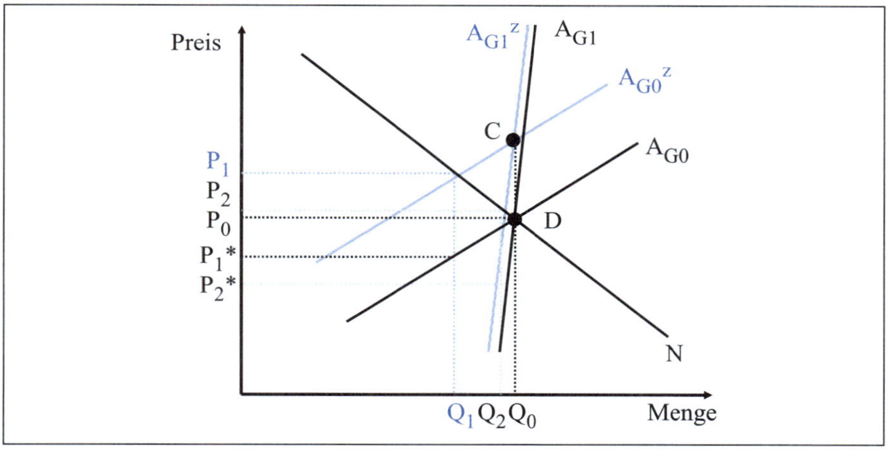

Abb. 3.29: Zoll versus Kontingent

Die inländischen Preis- und Importmengenreaktionen fallen also gering aus. Diesen geringen inländischen Wirkungen steht eine starke Verringerung des ausländischen Preises gegenüber. Der ausländische Preis entspricht dem inländischen Preis abzüglich des Zollbetrages. Bei elastischem Angebot fällt er auf P_1*, bei unelastischem Angebot auf P_2*. Die terms-of-trade verbessern sich zwar somit bei unelastischem Angebot stärker zugunsten des Inlandes, jedoch ergibt sich kein spürbarer Schutzeffekt. Mit der Einführung eines Kontingents können hingegen (auch ohne Kenntnis der Elastizitäten) die Reduzierung der Importmenge und damit der Schutzeffekt genau abgestimmt werden.

3.3.2.3.2 Nachteile gegenüber dem Zoll

Die Differenz zwischen dem inländischen Preis und dem ausländischen Preis fiel im Falle der Zollerhebung dem Staat zu. Wem diese Einnahmen bei Kontingentierung **(Kontingentrente)** zufallen, ist nicht von vornherein feststellbar. In dem einen Extremfall könnte der Importeur das Gut zum Preis von P_4 (Abb. 3.25) vom ausländischen Exporteur kaufen und für P_3 im Inland weiterverkaufen. Dann fiele ihm die Kontingentrente in vollem Umfang zu. Hierzu müsste der Importeur jedoch **Monopsonist** (d. h. der einzige Importeur) sein.

Im anderen Extremfall ist der ausländische Anbieter **Monopolist** für das Importgut. Dann wird er dem Importeur das Gut zum Preis von P_3 verkaufen und somit die Kontingentrente abschöpfen. Im bilateralen Monopol (ein Importeur, ein Exporteur) oder anderen Marktformen wird eine Einigung zwischen diesen beiden Extremen erfolgen. Es wäre aber auch möglich, dass der inländische Staat die Importlizenzen versteigert. In diesem Fall würde er die Kontingentrente erhalten.

Der inländische Staat kann auch auf jede Beeinflussung der Lizenzverteilung verzichten und dies dem ausländischen Staat überlassen. In diesem Fall fällt die Kontingentrente in vollem Umfang der ausländischen Wirtschaft zu. Entweder erhält der ausländische Staat die Kontingentrente oder die ausländischen Exporteure erzielen einen höheren Preis. Dies ist der Hintergrund **freiwilliger Exportbeschränkungen** im Textil- oder Automobilsektor. Für Exportländer aufgrund der Möglichkeit, die Kontingentrente abschöpfen zu können, sinnvoller sein, ihre Exporte freiwillig zu beschränken, anstatt die Einführung von Importkontingenten zu provozieren.

Ein weiterer Nachteil des Kontingentes ist, dass der Preismechanismus ausgeschaltet wird. Bei Zöllen dagegen behält der Preis zumindest einen Teil seiner Allokationsfunktion. Wenn sich z. B. im Ausland eine Produktivitätssteigerung ergibt und der Weltmarktpreis zuzüglich des Zolles unter den inländischen Preis fällt, so nehmen die Importe zu. Im Falle eines Kontingents bleibt die Importmenge konstant, egal wie stark der Weltmarktpreis sinkt.

3.3.3 Abweichungen vom Optimum des Freihandels im klassischen Modell

3.3.3.1 Der Optimalzoll

In Abschnitt 3.3.2.2.1 wurde gezeigt, dass ein **kleines Land** durch Zollerhebung stets verliert, da es aufgrund fehlender Marktmacht keinen positiven terms-of-trade-Effekt erzielen kann, die Summe seines Konsum- und Produktionseffektes jedoch stets negativ ist. Ein **großes Land** kann hingegen bei einem hinreichend großen terms-of-trade-Effekt seine Wohlfahrt durch Erhebung eines Zolles steigern. Der Zoll, der den Wohlfahrtszuwachs maximiert, heißt **Optimalzoll**. Seine Ableitung erfolgt über das Konzept der Tauschkurven. In Abb. 3.30 sind zunächst noch einmal die inländischen und ausländischen Tauschkurven T und T^* dargestellt.

Ausgangspunkt ist der Punkt *A*. Das internationale Austauschverhältnis beträgt *AD/DO* und wird durch die Linie P_B dargestellt. Bei Freihandel werden die Inländer *OD* Einheiten des Gutes X_1 exportieren gegen *OE* Importeinheiten von X_2. Angenommen, das Inland belegt die Einfuhr von X_2 mit einem Wertzoll von 100 %, der in Einheiten des Gutes X_1 zu bezahlen ist. Die Inländer werden dann für *OE* Einheiten X_2 nicht mehr *OD* Einheiten X_1 an das Ausland liefern wollen, sondern nur noch die Hälfte, nämlich *AE* Einheiten. Mit der anderen Hälfte *AA′* bezahlen sie den Zoll auf ihre X_2-Einfuhren. *A′* ist damit ein Punkt der neuen inländischen Tauschkurve. Auf analoge Weise lassen sich nun alle anderen Punkte der neuen Tauschkurve ableiten. Für jede gegebene Importmenge reduzieren die Inländer ihr Exportangebot um genau die Hälfte (siehe Punkte *B* und *B′*). Damit ist der horizontale Abstand zwischen der X_2-Achse und der neuen Tauschkurve T^Z bei einem 100 %-igen Zoll in jedem Punkt genau halb so groß wie der Abstand zur alten Tauschkurve.

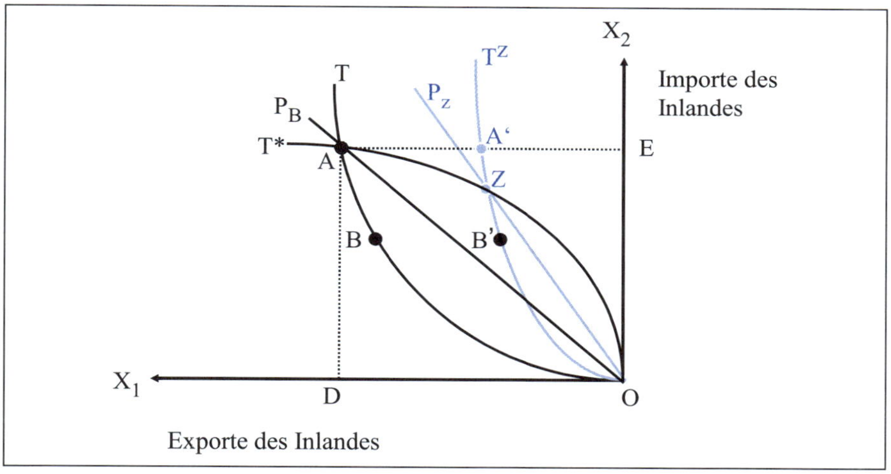

Abb. 3.30: Tauschkurve und Zollerhebung

Die Drehung der inländischen Tauschkurve führt zu einem neuen Schnittpunkt mit der ausländischen Tauschkurve *T**. Lag das Handelsgleichgewicht ohne Zollerhebung beim Punkt *A*, so liegt es jetzt beim Punkt *Z*. Das neue Austauschverhältnis wird durch die Linie P_z dargestellt. Das Gut X_2 ist international relativ billiger geworden.

Dieser Grundgedanke muss in die Darstellung der Zollwirkungen integriert werden. Dabei soll wieder in zwei Schritten vorgegangen werden. Zunächst wird die Freihandelssituation dargestellt, anschließend die Situation des Optimalzolls.

Die Abb. 3.31 veranschaulicht die Freihandelssituation. Die inländische Transformationskurve ist T_0T_0, das internationale Preisverhältnis entspreche der Linie P_W. Das Inland produziert in *H* und will einen Teil seiner X_1-Produktion gegen X_2-Güter mit dem Ausland tauschen. Das Ausland ist zu einem solchen Tausch bereit, und zwar entsprechend seiner Tauschkurve T^*. Die T^*-Linie wird mit ihrem Ursprung in H gezeichnet (die nicht eingezeichneten Achsen der ausländischen Tauschkurve sind parallel zu den Achsen des Diagramms). C stellt das inländische Konsumgleichgewicht dar: Erstens ist P_W Tangente an T_0T_0 und die inländische Produktion ist im Gleichgewicht. Zweitens ist P_W Tangente an U_0 und der inländische Konsum ist im Gleichgewicht. Drittens befinden sich in- und ausländische Import- und Exportpläne im Gleichgewicht. Das inländische Wohlstandsniveau ist U_0. Allerdings ist U_0 niedriger als das maximal erreichbare Nutzenniveau, da U_0 die Linie T^* nicht tangiert, sondern schneidet.

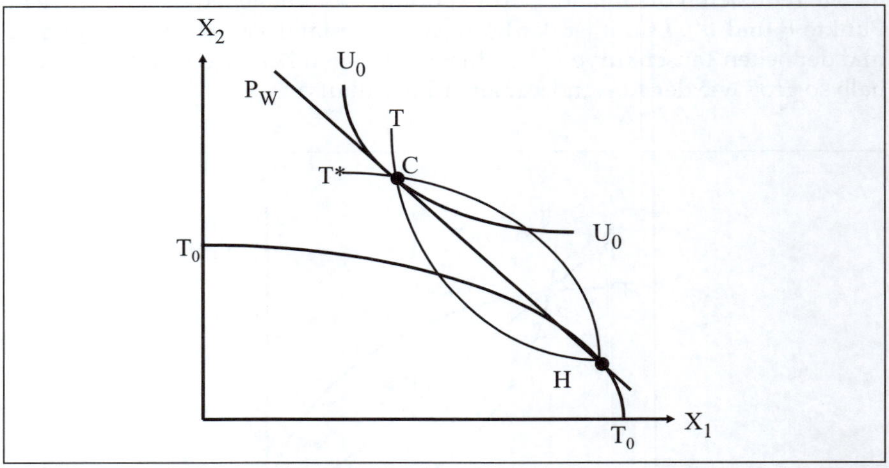

Abb. 3.31: Tauschkurven bei Freihandel

Gesucht wird nun nach dem Zoll, der die inländische Wohlfahrt maximiert. Ein Zoll erhöht das inländische Preisverhältnis zugunsten von X_2, so dass der Produktionspunkt H entlang der Transformationslinie nach Nordwesten wandert. Mit dem Produktionspunkt wandert auch der Ursprung der ausländischen Tauschkurve T^*.

Die Abb. 3.32 zeigt das Resultat der Suche nach dem Optimalzoll. Nach Erhebung des Optimalzolles beträgt das inländische Preisverhältnis P_z bzw. P_z'. Der inländische Produktionspunkt liegt in H^z. Das internationale Preisverhältnis $P_W{}^z$. Der Konsumpunkt liegt in C^z, wo die Preislinie P_z' die ausländische Tauschkurve T^* berührt. Die Indifferenzkurve U_1 tangiert ebenfalls T^* in C^z. Somit ist U_1 die höchste für das Inland erreichbare Indifferenzkurve.

Der Optimalzoll zeichnet sich dadurch aus, dass im Tauschgleichgewicht das inländische Preisverhältnis (P_z bzw. P_z') der Steigung der ausländischen Tauschkurve (T^*) entspricht.

Die Höhe des Optimalzolls Beträgt, gemessen in Einheiten von X_1 erhoben, *AA′/A′E*.

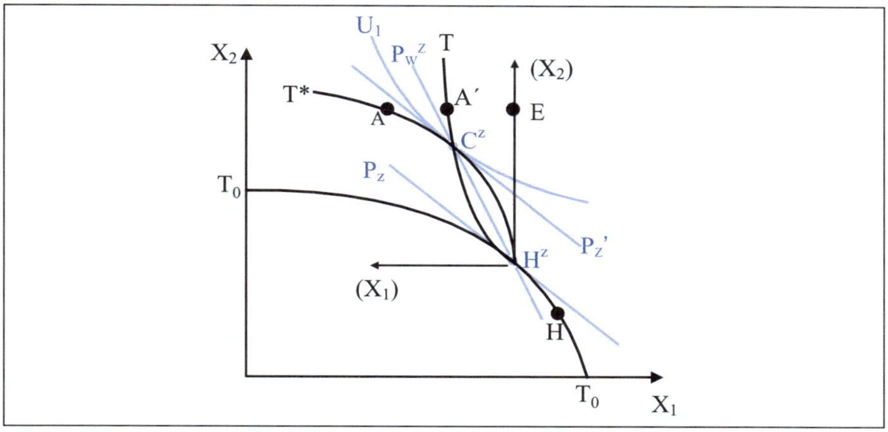

Abb. 3.32: Außenhandel und Optimalzoll

Die obige Eigenschaft eines Optimalzolls kann durch die Abb. 3.33 verdeutlicht werden. Im Freihandelsgleichgewicht C ist das inländische Preisverhältnis P_W größer als die Steigung der ausländischen Tauschkurve T^*. Dies bedeutet, dass die Inländer bei Verzicht auf eine Importeinheit von X_2 (Bewegung von C nach K) KM Einheiten X_1 weniger exportieren müssen. Die Ausländer wären aber auch bereit, auf KA Güter von X_1 zu verzichten. Deshalb sollte das Inland einen Einfuhrzoll erheben und den Handel einschränken. Umgekehrt wäre der Handel zu gering bzw. der Einfuhrzoll zu hoch, wenn das inländische Preisverhältnis kleiner ist als die Steigung der ausländischen Tauschkurve.

In der Abb. 3.33 ist auch noch einmal der Optimalzoll in Höhe von $AA'/A'E$ eingezeichnet. Bei diesem Zollsatz verschiebt sich die inländische Tauschkurve so, dass sie die ausländische Tauschkurve im Punkte A' schneidet. A' ist Tangentialpunkt zwischen der ausländischen Tauschkurve T^* und der inländischen Indifferenzkurve U_1. U_1 stellt das höchste, durch Außenhandel erreichbare inländische Nutzenniveau dar.

Bleibt der Punkt A' erhalten? Kaum, denn das Ausland kann seine Nutzenverluste zum Teil ausgleichen, indem es – sofern es kein kleines Land ohne Marktmacht ist – seinerseits Zölle auf seine X_1-Importe erhebt **(Retorsionszoll)**. Dabei wird es optimaler Weise einen Zoll so wählen, dass die neue ausländische Tauschkurve die inländische (zollgestörte) Tauschkurve in einem Punkt schneidet, bei dem die Steigung der inländischen zollgestörten Tauschkurve dem ausländischen Preisverhältnis entspricht. Dies sei im Punkte D der Fall. Hier erreicht das Ausland das Nutzenniveau U_1^*. Dieses Nutzenniveau ist das höchste, das das Ausland noch erreichen kann, nachdem das Inland einen Einfuhrzoll erhoben hat. Klar ist, dass es (ausgehend von Punkt D) nun für das Inland sinnvoll sein kann, seine Zölle weiter zu erhöhen. Es droht also die Gefahr eines **Handelskrieges**, der unter Umständen zum Erliegen des Außenhandels führt. In diesem Fall ist der Wohlfahrtseffekt nach Abschluss des Handelskrieges sicherlich auch für das Inland negativ.

Zoll zu hoch, wenn inländisches Preisverhältnis < Steigung der ausl. Tauschkurve

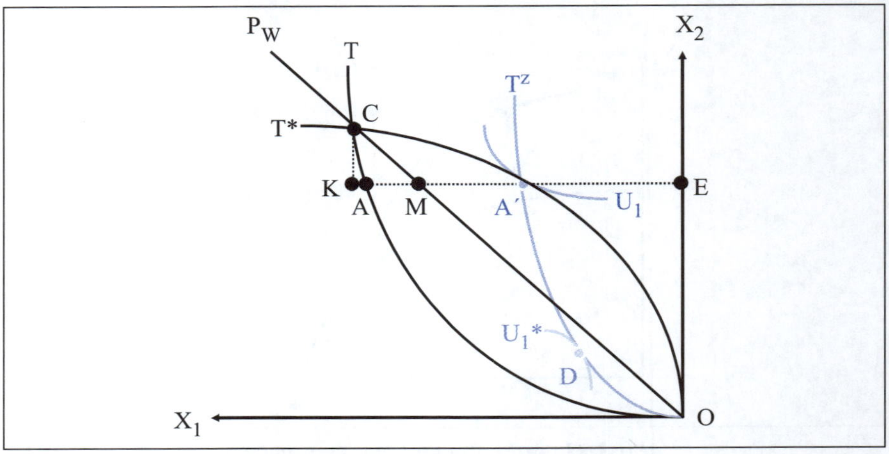

Abb. 3.33: Optimalzoll und Retorsionszölle

Im Übrigen sind die Retorsionszölle nur ein **Second-Best-Instrument**. Angenommen, das Inland deutet dem Ausland seine Zollabsicht an. Das Ausland kann darauf reagieren, indem es Retorsionszölle androht. Das Ausland hat auch eine andere Möglichkeit. Es kann dem Inland eine Abfindung zahlen, die ausreicht, um das Inland auf das Nutzenniveau U_1 in Abb. 3.32 zu bringen. Diese Transferzahlung würde den Wohlstand international umverteilen, ohne ihn zu reduzieren. Die Wohlstandseinbuße des Auslandes wäre geringer als in dem Fall, in dem das Inland seinen Optimalzoll erhebt. Allerdings dürfte sich die First-Best-Lösung in Form einer derartigen Transferzahlung im Ausland politisch kaum durchsetzen lassen.

Ein großes Land, das den **Weltmarktpreis** seines **Importgutes** beeinflussen kann, kann seine Wohlfahrt durch Zollerhebung zunächst maximieren. Ob diese Wohlfahrtsgewinne erhalten bleiben, hängt davon ab, ob das Partnerland in der Lage ist, wirksame **Retorsionszölle** zu erheben. Die Weltwohlfahrt sinkt in jedem Falle. Die Wohlfahrt des Handelspartners wird stärker verringert als die Wohlfahrt des Inlandes erhöht wird. Aus globaler Sicht ist der **Optimalzoll gleich Null**.

3.3.3.2 Lists Erziehungszoll

Bei Gütern mit aufwendigen Produktionsprozessen können **Lerneffekte** auftreten. In diesem Fall hängen die Durchschnittskosten negativ von der Anzahl der bisher gefertigten Mengen ab. Hierfür hat sich der Begriff der **dynamisch steigenden Skalenerträge** eingebürgert. Es ist von Bedeutung, diese scharf von den **statisch steigenden Skalenerträgen** zu trennen. Bei letzteren hängen die Durchschnittskosten von der zurzeit gefertigten Produktionsmenge ab. Bei ersteren kann, muss aber eine solche Beziehung nicht bestehen. Vielmehr ist eine Situation denkbar, in der zwar (statisch) sinkende Skalenerträge bezüglich der momentan gefertigten Stückzahl, jedoch (dynamisch) steigende Skalenerträge bezüglich der **kumulierten Gesamtzahl** der gefertigten Produkte aus Vergangenheit und Gegenwart vorliegen. **Friedrich List** hatte als Beispiel hierfür die „normale" deutsche Industrie (insbesondere den Maschinenbau) im Auge, als er in den 40er Jahren des 19. Jahrhunderts sein **Erziehungszoll-** bzw. **Infant-Industry-Argument** entwickelte. Hier ist es denkbar, dass der Markt von einer Vielzahl kleinerer und mittlerer Betriebe bedient wird, die unter statisch fallenden Skalenerträgen arbeiten. List plädierte für eine temporäre Abschottung Deutschlands gegen die damals übermächtige britische Industrie, um der deutschen Industrie eine Chance zum Aufbau zu geben. Er vermutete, dass nach einer solchen Aufbauphase die deutsche Industrie wettbewerbsfähig sein würde und sich unter Umständen sogar gegen die britische Industrie auf den Weltmärkten durchsetzen könne. Langfristig wäre demnach durch einen Schutzzoll eine Umkehrung der Handelsrichtung denkbar.

Diese mögliche **dauerhafte Umkehr der Handelsrichtung** nach einer **temporären Erziehungszollerhebung** wird durch die Abb. 3.34 erklärt. Diese verdeutlicht zudem anhand des Verlaufs der Transformationskurven, dass es sich um statisch sinkende Skalenerträge handelt. Für das Inland (ein Entwicklungsland) gelte die Transformationskurve *TT*, das internationale Austauschverhältnis sei durch P_W gekennzeichnet. Das Inland hat in der Ausgangssituation einen komparativen Kostennachteil bei der Produktion von X_2 (z. B. Maschinen), weil es unter anderem an technischem Know-how und an der Fähigkeit, große Mengen an Arbeit und Kapital zu organisieren, fehle. Ohne ein schützendes Handelshemmnis müsste ein Maschinenproduzent deshalb in der Anfangsphase große Verluste hinnehmen. Diese Verluste können nun potentielle Anbieter abschrecken.

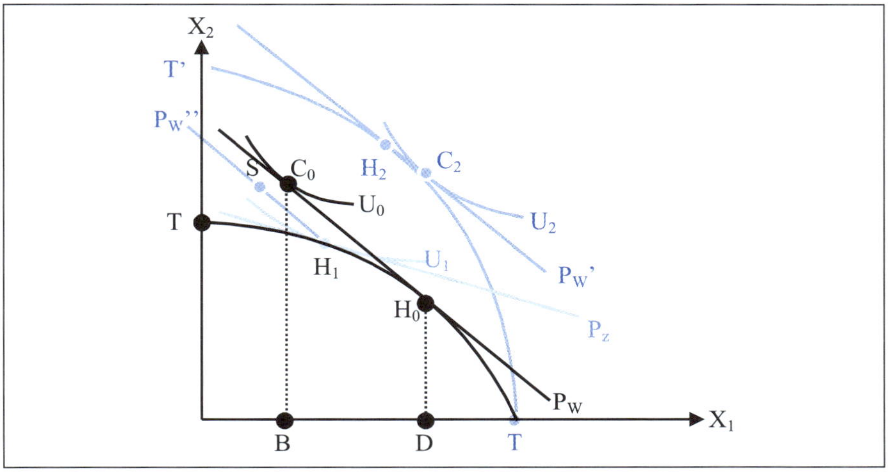

Abb. 3.34: Das Erziehungszollargument

Das Inland spezialisiert sich also auf die Produktion von X_1 und exportiert hiervon *DB* Mengeneinheiten. Das Land produziert in H_0 und konsumiert in

C_0. Das inländische Nutzenniveau ist U_0. Wird hingegen ein Erziehungszoll eingeführt, so haben die in dieser Industrie Beschäftigten die Möglichkeit, sich über **learning-by-doing** das notwendige Wissen anzueignen und so die Kosten ihrer Produktion zu senken. Die nach Abschluss dieses Lernprozesses langfristig erreichbare Transformationskurve ist $T'T$ und deutet auf komparative Kostenvorteile bei der Produktion von X_2.

Um diese Transformationskurve zu erreichen, muss nun für eine Anpassungsperiode die Produktion von X_2 durch einen Erziehungszoll geschützt werden. Der Zoll sei **prohibitiv** und verändere das inländische Tauschverhältnis auf P_z. Das Inland produziert und konsumiert nun im Punkt H_1. Produktions- und Konsumeffekt führen zu einem eindeutigen (vorübergehenden) Wohlfahrtsverlust, denn das neue Nutzenniveau ist U_1.

Nach Abschluss der Erziehungszeit wird der Zoll aufgehoben. Das internationale Austauschverhältnis P_W gelte nun auch wieder im Inland. Die neue Preislinie ist dann P_W'. Das Inland produziert in H_2 und konsumiert in C_2. Damit hat sich das Inland auf die Produktion des Gutes X_2 spezialisiert. Die **Richtung des Güterhandels** hat sich **gedreht**. Das neue **Nutzenniveau** ist U_2 und somit eindeutig **höher** als vorher. Der Erziehungszollgedanke impliziert, dass die während der **Erziehungszeit anfallenden Wohlfahrtsverluste durch die Wohlfahrtsgewinne der Zukunft ausgeglichen** werden können.

Die bei Aufnahme des Freihandels entstehenden Handelsrichtungen müssen also nicht denjenigen entsprechen, die sich bei Berücksichtigung der Kostenrelationen nach Abschluss aller Lernprozesse ergeben würden. Nach diesem Ansatz bleibt langfristig und grundsätzlich der Freihandel wünschenswert, allerdings erst, nachdem die Länder ihre **wahren komparativen Kostenvorteile** realisieren konnten. Bis zu diesem Gleichgewicht ist ein temporärer Erziehungszoll sinnvoll.

Zentral bei dieser Argumentation ist, dass **komparative Kostenvorteile keine feststehenden**, sondern vielmehr **endogene Größen** sind, die von **Zufall** und **Geschichte** abhängen und prinzipiell durch Außenwirtschaftspolitik beeinflusst werden können.

Der Erziehungszollgedanke ist mit einer Reihe von **Problemen** behaftet. So müssen zur Erreichung der Wohlfahrtssteigerungen spezielle Voraussetzungen vorliegen. Die Produktionen müssen mit Lerneffekten verbunden sein und sich durch langfristige komparative Kostenvorteile auszeichnen. Die **Identifizierung der entsprechenden Wirtschaftssektoren** ist problematisch. Häufig wurden und werden von Entwicklungs- und Schwellenländern die Stahlproduktion, der Schiffbau und die Automobilproduktion genannt. Einerseits ist die Eignung dieser kapitalintensiven Industrien für solche Länder umstritten. Andererseits ist es wahrscheinlich, dass auch eine Reihe anderer Industrien Lerngewinne aufweisen. Falsch ist es, einfach alle in Frage kommenden Sektoren zu unterstützen, da – dies bleibt eine unumstrittene Aussage der Theorie komparativer Kostenvorteile – kein Land in allen Sektoren Kostenvorteile realisieren kann. Schließlich bleibt zu erwähnen, dass historisch gesehen die Wirtschaftspolitiker in aller Welt zur gegebenen Zeit stets die gleichen **Infant-Industry-Sektoren** identifiziert haben (Kohle, Stahl, Schiffbau in den heutigen Industrieländern in der Zeit nach dem 2. Weltkrieg). Die weltweit einsetzende Subventionierung führte entsprechend zu einem weltweiten Überangebot.

Weiterhin ist ein Erziehungszoll allenfalls ein **Second-Best-Instrument** zur Erreichung der Wohlfahrtssteigerung. Das Inland kann nämlich eine Produktionsumstellung in Richtung des Punktes H_1 auch durch eine **Besteuerung** von X_1 und **Subventionierung** von X_2 erreichen. Dann bleibt das internationale Austauschverhältnis auch im Inland erhalten (P_W''). Der Produktionseffekt und der negative Realeinkommenseffekt bleiben bestehen, der Konsum- bzw. Substitutionseffekt des Zolles entfällt, so dass das Inland im Punkt S konsumiert und ein Nutzenniveau zwischen U_0 und U_1 (nicht eingezeichnet) erreicht. Folglich können durch Besteuerung bzw. Subventionierung gegenüber der Zollpolitik Wohlfahrtseinbußen während der Erziehungszeit vermieden werden.

Schließlich setzt das Erziehungszollargument voraus, dass es trotz der langfristig möglichen Gewinne keine privaten Kapitalgeber gibt, über die anfängliche Verluste finanziert werden können. Dies kann nur unter folgenden Bedingungen richtig sein: Entweder die privaten Entscheidungsträger haben gegenüber den politischen einen Informationsnachteil bezüglich derjenigen Industrien, in denen langfristig aufgrund der komparativen Kostenverhältnisse eine rentable Produktion möglich ist. Neben dieser unwahrscheinlichen Konstellation ist es möglich, dass der **Zeithorizont** der privaten Entscheidungsträger zu gering (und geringer als derjenige der politischen Entscheidungsträger) ist.[48] Aufgrund der begrenzten Wahlperioden erscheint auch dies unwahrscheinlich, so dass als Argument verbleibt, dass den Privaten das **Risiko** entsprechender Investitionen zu hoch ist. In allen drei Fällen liegt die Ursache der mangelnden weltwirtschaftlichen Anpassung offensichtlich in ineffizienten und unvollkommenen Kapitalmärkten. Es sei dahingestellt, ob in der Realität tatsächlich ein „**Kapitalmarktversagen**" vorliegt. Wenn dem jedoch so ist, dann liegt die angemessene Wirtschaftspolitik in einer Ursachentherapie, nämlich der Beseitigung der Hemmnisse auf dem Kapitalmarkt. Eine solche Wirtschaftspolitik kann in Form einer gezielten **Informationsvermittlung** oder durch die Förderung von **Risikokapitalgeschäften** praktiziert werden.

3.3.4 Das Ricardo-Viner-Modell (Specific Factor Model)

Das Ricardo- und Heckscher-Ohlin-Modell beschreibt die langfristigen Wirkungen des internationalen Handels, nach Abschluss der Anpassungsmodelle. Das Modell nimmt an, dass die Produktionsfaktoren problemlos von einem Sektor in einen anderen transferiert werden können, wenn die internationalen Preisrelationen dies indizieren. In der Realität sind beispielsweise Arbeitskräfte aus dem Kohle- und Bergbau zumindest nicht alle in der Software-Industrie einsetzbar. Auch für Maschinen oder andere Formen von Kapital mag es solche Einschränkungen in der **Transferabilität** zwischen den einzelnen Industriesek-

[48] Ökonomischer formuliert: Die Diskontrate (einschließlich einer etwaigen Risikoprämie) der privaten Entscheidungsträger, mit denen sie zukünftige Erträge abdiskontieren, ist höher als die soziale (bzw. die der politischen Entscheidungsträger).

toren, geben. Die Produktionsfaktoren sind in ihrer laufenden Qualifikation/ Ausprägung nur „spezifisch" einsetzbar.

Das **Ricardo-Viner-Modell** nimmt diesen Gedanken der zumindest kurzfristigen **Nicht-Transferabilität** auf und stellt insofern eine Erweiterung zum **langfristig orientierten Ricardo- und Heckscher-Ohlin- Modell** dar – unter Beibehaltung der sonstigen Annahmen.

Das Ricarda-Viner-Modell kann anhand des Zwei Güter – Zwei Länder – Zwei Faktoren-Modelles bei vollkommenem Wettbewerb erläutert werden. Die Produktionsfaktoren weisen abnehmende Grenzerträge auf, weshalb wie beim Heckscher-Ohlin-Modell eine **abnehmende Grenzrate der Transformation** existiert. Angenommen sei, dass Kapital der spezifische Faktor sei, während die Arbeitskraft flexible transferierbar ist.

Abb. 3.35 stellt das Ausgangsgleichgewicht dar. Die Länge der waagerechten Achse bzw. die Stecke $0_1 0_2$ entspricht der in der Volkswirtschaft insgesamt vorhandenen (Vollbeschäftigungs-)Arbeitsmenge, die als gegeben angenommen wird. Die im Sektor 1 eingesetzte Arbeitsmenge wird von Punkt 0_1 aus gemessen, die in Sektor 2 eingesetzte von Punkt 0_2. Die Kurve WGP_1 veranschaulicht das Wertgrenzprodukt im Sektor 1, welches sich aus dem Produkt des (technischen) Grenzproduktes der Arbeit $WGPL_1$ und dem Preis P_1 für Gut 1 ergibt:

$$WGPL_1 = GPL_1 \times P_1$$

Die klassische Annahme der **abnehmenden Grenzproduktivität** bedeutet, dass bei zunehmendem Einsatz von Arbeitskraft im Sektor 1 bei (international) vorgegebenen Preisen das Wertgrenzprodukt fällt. Die Linie $WGPL_2$ veranschaulicht analog das Wertgrenzprodukt im Sektor 2.

Die Unternehmen maximieren ihren Gewinn, wenn das Wertgrenzprodukt des zuletzt eingestellten Arbeitnehmers dem Lohnsatz, w entspricht. Zudem muss bei Mobilität bzw. Transferabilität der Arbeit der Lohnsatz in beiden Sektoren gleich hoch sein:

$$WGPL_1 = GPL_1 \times P_1 = w_1 = w_2 = GPL_1 \times P_1 = WGPL_1$$

Deshalb entsprechen zunächst die Wertgrenzproduktfunktionen den jeweiligen Arbeitsnachfragefunktionen in den beiden Sektoren. Im Schnittpunkt der beiden Kurven (und nur hier) herrscht Gleichgewicht – in beiden Sektoren existiert ein gleich hoher Lohnsatz, weshalb es keinerlei Veranlassung für die Arbeitskraft gibt, von einem Sektor in den anderen zu migrieren. Im Sektor 1 beträgt die Arbeitseinsatzmenge 0_1A, im Sektor 2 0_2A.

Das hier betrachtete Inland habe einen komparativen Kostenvorteil beim Gut 1 und öffne sich nun dem internationalen Handel. Im Inland wird nach den obigen Erkenntnissen der relative Preis P_1 des Gutes 1 steigen. Der Einfachheit halber nehmen wir an, dass der Preis des Gutes 2 kontant bleibe.

Das Wertgrenzprodukt im Sektor 1 ist gestiegen, während dasjenige in Sektor 2 unverändert bleibt. Dies ist gleichbedeutend damit, dass die Nachfrage nach Arbeitskraft im Sektor 1 gestiegen ist (Linie $WGPL_1'$ in Abb. 3.35). Es kommt zur Reallokation von insgesamt AB Einheiten Arbeitskraft, die vom Sektor 2 in den Sektor 1 migrieren.

Im neuen Gleichgewicht sind die Löhnen erneut in beiden Sektoren gleich hoch; auch diejenigen Arbeitskräfte, welche im Sektor 2 verbleiben, empfangen einen höheren (Nominal)Lohn. Ob sich die Arbeitskräfte im Inland nach Aufnahme des Handels besser stellen, hängt davon ab, welchen Anteil das Gut 1 in ihrem Warenkorb hat: Der Preis von Gut 1 ist stärker gestiegen (Strecke CD) als ihr Nominallohn ($w_1'-w_1$). Dies liegt an der höheren Beschäftigung im Sektor 1, welche die Grenzproduktivität der zuletzt eingesetzten Arbeitskraft verringert. Wenn die Arbeitskräfte große Anteile ihres Einkommens für Gut 1 ausgeben (müssen), kann sich ihr Reallohn verringern.

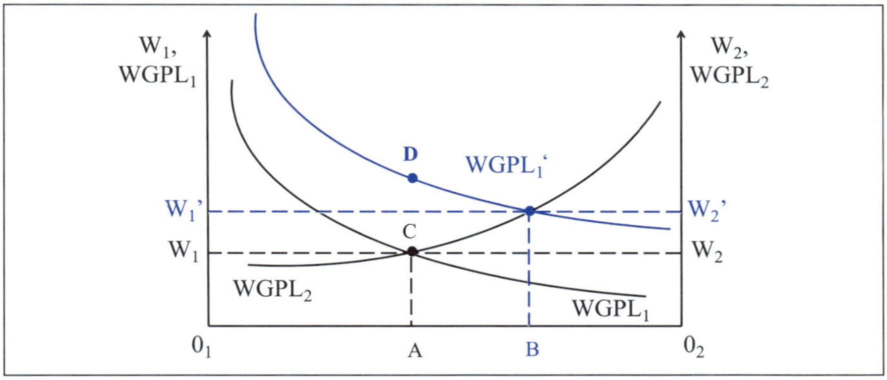

Abb. 3.35: Die sektorale Allokation der Arbeitskraft

Für die Eigentümer des spezifischen Faktors Kapital sind die Folgen eindeutiger, wenngleich nicht einheitlich: Die Eigentümer des Kapitals, welches spezifisch in Sektor 1 eingesetzt wird, profitieren, weil mit der gleichen Kapitaleinsatzmenge mehr vom Gut 1 produziert wird. Zudem wird Gut 1 zu einem höherem Preis verkauft, wobei die Preissteigerung für ihr Gut 1 höher ausfällt als die Lohnsatzerhöhung. Die realen Lohnkosten der Produzenten des Gutes 1 fallen. Die Kapitaleiner des Sektors 1 profitieren vom internationalen Handel. Für die Eigner des Kapitals, welches spezifisch in Sektor 2 eingesetzt wird, gilt das Gegenteil: Der von ihnen erzielte Preis für das Gut 2 bleibt konstant, aber der zu zahlende Lohnsatz steigt, und es wird weniger vom Gut 2 produziert.

Verallgemeinernd und zusammenfassend kann als Ergebnis des Ricardo-Viner-Modelles festgehalten werden, dass diejenigen Produktionsfaktoren vom internationalen Handel profitieren, welche spezifisch in der Exportgüterproduktion eingesetzt werden. Es verlieren diejenigen Produktionsfaktoren sind, die spezifisch in der Produktion des Importgutes eingesetzt werden. Zu den Wohlfahrtseffekten für die nicht spezifischen Produktionsfaktoren kann keine eindeutige Aussage getroffen werden.

Es wird deutlich, weshalb die Vertreter der Interessen und Arbeitskraft und Kapital in einigen Ländern dem internationalen Handel kritisch gegenüberstehen. Außenhandel ist unter den Annahmen des Ricardo-Viner-Modells nicht Pareto-effizient. Allerdings gilt weiterhin, dass die Wohlfahrtsverluste durch die Wohlfahrtsgewinne insgesamt überwogen werden, so dass es möglich wäre, die Verlierer aus den Gewinnen der Gewinner zu kompensieren, ohne dass diese per saldo verlieren. Das Kaldor-Hicks-Kriterium bleibt erfüllt.

3.3.5 Zusammenfassung

- Handelshemmnisse werden unterschieden in Zölle und sogenannte nichttarifäre Handelshemmnisse. Die Wirkungen allgemeiner preislicher und quantitativer Eingriffe in den Außenhandel können stellvertretend anhand des Einfuhrzolles bzw. des Einfuhrkontingentes dargestellt werden.
- Im Rahmen der Partialanalyse führt ein inländischer Einfuhrzoll zu unterschiedlichen Wohlfahrtswirkungen für inländische Konsumenten (Konsumeffekt), Produzenten (Schutzeffekt) und den Staat (Zolleinnahmen). Werden die Wohlfahrtsänderungen der drei Gruppen gleich gewichtet, so kommt es stets zu einem nationalen Wohlfahrtsverlust, wenn das Inland klein ist. Bei einem großen Inland kann ein Zoll die nationale Wohlfahrt erhöhen, wenn das Exportangebot des Auslandes sehr unelastisch ist. Unabhängig von der Größe des zollerhebenden Landes wird jedoch die Weltwohlfahrt stets verringert.
- Auch bei der Totalanalyse (Einbeziehung des Exportgutsektors) ergeben sich Wohlfahrtseinbußen eines kleinen Landes durch Einfuhrzölle. Für ein großes Inland dagegen kann ein starker terms-of-trade-Effekt die negative Realeinkommenswirkung des Produktionseffektes und den negativen Konsumeffekt überkompensieren, so dass die Wohlfahrt insgesamt steigt. Der Zoll, der den Wohlfahrtszuwachs maximiert, heißt Optimalzoll. Dieser zeichnet sich dadurch aus, dass im Tauschgleichgewicht das inländische Preisverhältnis der Steigung der ausländischen Tauschkurve entspricht. Ein Zoll kann allerdings nur aus nationaler Sicht die Wohlfahrt erhöhen. Die Wohlfahrt des Handelspartners wird stärker verringert als die Wohlfahrt des Inlandes erhöht wird, so dass aus globaler Sicht der Optimalzoll gleich Null ist.
- Ein Einfuhrzoll erhöht das inländische Preisverhältnis zugunsten des Importgutes und führt zu einer Ausdehnung seiner inländischen Produktion. Unter der Annahme der Vollbeschäftigung muss es dafür zu einer Änderung der Faktorpreisverhältnisse kommen. Nach dem Stolper-Samuelson-Theorem führt ein Einfuhrzoll langfristig zur Umverteilung zugunsten des Faktors, der in der geschützten Industrie relativ intensiv eingesetzt wird.
- Mit Handelshemmnissen verbundene Verringerungen der Einfuhrmengen dienen oft der Erreichung übergeordneter allokativer, distributiver oder stabilitätspolitischer Ziele. Diese lassen sich fast immer mit effektiveren Instrumenten als Zöllen erreichen. Zölle sind also nicht nur weltwirtschaft-

lich wohlstandsmindernd, sondern auch unter nationalen Gesichtspunkten höchstens Politikinstrumente zweiter Wahl (Second-Best-Natur).

- Nach dem Listschen Erziehungszollgedanken bleibt der Freihandel langfristig wünschenswert, allerdings erst, nachdem die Länder ihre wahren komparativen Kostenvorteile realisieren konnten. Deshalb kann es sich in weniger entwickelten Ländern lohnen, für eine vorübergehende Erziehungszeit Güter mit großen Lerneffekten (dynamisch steigende Skalenerträge) temporär zu schützen. Problematisch an diesem Gedanken ist, dass die Identifizierung der entsprechenden Wirtschaftssektoren in der Realität oft nicht gelingt und dass mit Steuern und Subventionen bessere Instrumente als Zölle zur Verfügung stehen. Zudem setzt List voraus, dass die während der Erziehungszeit anfallenden Wohlfahrtsverluste durch die Wohlfahrtsgewinne der Zukunft ausgeglichen werden können und dass trotz dieser Gewinnmöglichkeiten (z. B. aufgrund eines zu kurzen Zeithorizontes oder eines zu hohen Risikos) keine privaten Kapitalgeber für die zu erziehenden Industrien vorhanden sind.

3.4 Die WTO als Träger der internationalen Handelspolitik

Die Welthandelsorganisation **WTO** (World Trade Organisation) wurde am 1.1.1995 als Nachfolgeinstitution des allgemeinen Zoll- und Handelsabkommen **GATT** (General-Agreement-on-Tariffs-and-Trade) gegründet. Sie umfasst rund 180 Mitgliedsstaaten. Das Hauptziel der WTO ist die Förderung des Welthandels durch die Beseitigung von Handelshemmnissen und -diskriminierung. Durch multilaterale Verhandlungen koordiniert die WTO die Handelspolitik seiner Mitgliedsstaaten und kann mit einem eigenen Schiedsgericht Handelsstreitigkeiten schlichten.

3.4.1 Entstehung und Organisation der WTO

Mit dem Abkommen von **Bretton Woods** (1944) waren die Grundlagen für ein internationales Währungssystem der Nachkriegszeit geschaffen worden. Ein äquivalentes System wurde für den internationalen Handel angestrebt. Durch internationale Vereinbarungen auf möglichst breiter Basis sollten die Voraussetzungen für eine stabile und liberale Welthandelsordnung geschaffen werden. Schon vor der endgültigen Verabschiedung eines Vertragswerkes wurde ein wichtiger Teil davon (das GATT) 1947 auf der internationalen Handelskonferenz in Genf von 23 Ländern unterzeichnet und im Vorgriff auf die Gesamtvereinbarung am 1.1.1948 in Kraft gesetzt. Die Gesamtvereinbarung kam jedoch nicht zustande und das GATT setzte sich durch. Obwohl das GATT juristisch ein multilaterales Abkommen ist, hatte es den Charakter einer internationalen Organisation angenommen und die erforderliche institutionelle Eigenständigkeit gewonnen.

Diese Besonderheit des GATT findet sich heute in den Aufgabenstrukturen der WTO wieder. Die WTO ist als Dachorganisation zuständig für die Einhaltung der GATT Verträgen, aber auch für die (damals neu ausgehandelten) Dienstleistungsabkommen (**GATS**, General Agreement on Trade in Services) und die Koordinierung geistiger Eigentumsrechte (**TRIPS**, Agreement on Trade-Related Aspects of Intellectual Property Rights). Die WTO stellt einen eigenständigen institutionellen Rahmen für die Weiterentwicklung von Handelsvereinbarungen dar, insbesondere im Hinblick auf die Streitschlichtung bei Handelskonflikten.

Das höchste Organ der WTO ist die mindestens alle zwei Jahre tagende **Ministerkonferenz**. Diese entscheidet über grundsätzliche und alle Länder betreffenden Fragen wie z. B. Abänderungen von Übereinkommen oder Befreiungen einzelner Mitglieder von Verpflichtungen. Jeder Mitgliedsstaat hat eine Stimme, Entscheidungen bedürfen der einfachen Mehrheit. Zwischen den Ministerkonferenzen werden die laufenden Geschäfte von drei Organen geregelt, nämlich dem **Allgemeinen Rat** (*General Council*), der sich regelmäßig in Genf trifft, dem **Streitschlichtungsgremium** (*Dispute Settlement Body*), und dem **Gremium für die Überprüfung der Handelspolitik** (*Trade Policy Review Body*). Im Streitschlichtungsgremium entscheiden Rechts- und Handelsexperten über Handelsstreitigkeiten zwischen Mitgliedsstaaten. Um Verlässlichkeit herzustellen muss u. a. nach Inanspruchnahme des Gremiums innerhalb eines Jahres das Streitschlichtungsverfahren zu Ende geführt sein, bei Berufung beträgt die Durchführungsdauer maximal 18 Monate.

3.4.2 Grundsätze und Bestimmungen der WTO

Ein wichtiger Grundsatz der WTO ist das **Meistbegünstigungsprinzip.** Danach sind Zollvorteile und -vergünstigungen, die ein Mitgliedsland einem anderen gewährt, unverzüglich und ohne Bedingungen auch allen anderen Mitgliedsländern einzuräumen. Bilaterale Zollabmachungen bekommen somit automatisch multilateralen Charakter **(Nichtdiskriminierungs-Prinzip)**.

Von diesem Grundsatz gibt es jedoch wichtige Ausnahmen, zum Beispiel Zollunionen oder Freihandelszonen **(„Preferential Trade Agreements")**. Hier verpflichten sich Länder, untereinander keine Zölle zu erheben und auf Importe von Drittländern einheitliche Zölle zu erheben. Solche Zusammenschlüsse werden immer beliebter, derzeit gibt es über 150 von ihnen. Die bekanntesten sind die Europäische Union (EU), das North American Free Trade Agreement (NAFTA), oder die Association of Southeast Asian Nations (ASEAN). Die Duldung solcher Ausnahmen durch die WTO wird damit begründet, dass Freihandelszonen ein wichtiger erster Schritt zum globalen freien Handel seien.

Ein weiterer Grundsatz ist die **Inländergleichbehandlung**. Demnach dürften ausländische Produkte gegenüber inländischen Produkten nicht benachteiligt werden. Entwicklungsländern sind davon häufig ausgeschlossen, um deren technologische Entwicklung nicht durch billigere oder bessere Einfuhrprodukte zu hemmen.

3.4.3 Ergebnisse der Handelsrunden

Im Rahmen des GATT wurden anlässlich der „Handelsrunden" anfänglich eindrucksvolle Ergebnisse erzielt. So wurde z. B. relativ rasch der weitgehende **Abbau der mengenmäßigen Handelsbeschränkungen** erreicht, für welche mittlerweile ein prinzipielles Verbot gibt.

Auf dem Gebiet des **Zollabbaus** war die Ausgangssituation komplizierter. Zölle waren nicht verboten, sie sollten aber reduziert werden. Das GATT-Prinzip der Meistbegünstigung spielte bei den in der letzten Zeit bröckelnden Erfolgen eine gewisse Rolle: Rationaler Weise hielten die Verhandelnden die den Drittländern ohne Gegenleistung zufallenden Vorteile möglichst gering. Das gelang immer dann, wenn sie ihre gegenseitigen Zollzugeständnisse auf Waren beschränkten, bei denen sie die dominierenden Handelspartner waren.

Tab. 3.7: GATT und WTO Handelsrunden

Datum	Bezeichnung	Beteiligte Länder	Themen/ Ergebnisse
1947	Genfer-Runde	23	Zölle, durchschnittl. Senkung um 19 %
1949	Annecy-Runde	13	Zölle, durchschnittl. Senkung um 2 %
1951	Torquay-Runde	38	Zölle, durchschnittl. Senkung um 3 %
1956	Genfer-Runde II	26	Zölle, durchschnittl. Senkung um 2 % Aufnahme Japans
1960–1961	Dillon-Runde	26	Zölle, durchschnittl. Senkung um 7 %
1964–1967	Kennedy-Runde	62	Zölle, durchschnittl. Senkung um 35 %, Anti-Dumping Maßnahmen
1973–1979	Tokio-Runde	102	Zölle, durchschnittl. Senkung um 34 %, zollfremde Handelshemmnisse
1986–1993	Uruguay-Runde	123	Zölle, durchschnittl. Senkung um 50 %, zollfremde Handelshemmnisse, Dienstleistungen, Streitschlichtung, Gründung der WTO
2001–heute	Doha-Runde	141	Zölle, zollfremde Handelshemmnisse, Arbeitsbedingungen, Umwelt, Wettbewerb, Transparenz, Schutz geistigen Eigentums

Quellen: Müller, U., Wohlstandseffekte des internationalen Handels unter den Regeln des Allgemeinen Zoll- und Handelsabkommens (GATT), Köln 1983, S. 57; Deutsche Bundesbank: Weltweite Organisationen und Gremien im Bereich von Währung und Wirtschaft (1997), S. 146; Neary, J., Europe on the Road to Doha: Towards a New Global Trade Round?, CESifo Economic Studies, 2004, 50(2), S. 319–332.

Einen Durchbruch beim Zollabbau brachten die **multilateralen Zollrunden**, von denen bisher acht erfolgreich abgeschlossen wurden. Die neunte Zollrunde, die sog. Dohar-Runde begann am 14. Oktober 2001 und dauert noch an (siehe Tabelle 3.7). Auffällig ist dass die Verhandlungsdauer mit jeder neuen Runde und mit mehr beteiligten Ländern deutlich zunimmt.

In den ersten fünf Zollrunden verfuhr man nach dem Prinzip, für möglichst viele Warengruppen zu bilateralen Einigungen zu kommen. Die sogenannte **Kennedy-Runde** brachte dann mit einem veränderten Verfahren den bis dahin größten Erfolg. Ziel war eine generelle Zollsenkung für gewerbliche Produkte um 50 % und die gänzliche Abschaffung derjenigen Zölle, die nicht höher als 5 % waren. Dieses Ziel wurde zwar nicht erreicht – jedoch betrugen die Zollsenkungen bei Industrieprodukten ca. ein Drittel.

Die **Tokio-Runde** stellte gegenüber den vorangegangenen eine Besonderheit dar. Neben den Zöllen befasste sie sich insbesondere mit **nichttarifären Handelshemmnissen**, insbesondere mengenmäßigen Beschränkungen, Subventionen, und protektionistischen Praktiken im Auftrags- und Beschaffungswesen der öffentlichen Hand. Mit der Verschlechterung der Weltwirtschaftslage Ende der 60er/Anfang der 70er Jahre (Währungskrisen, Wachstumsverlangsamung, Ölkrise) erlebte der Protektionismus weltweit eine Renaissance. Als Gegenmittel wurden mehrere „Kodicés" ausgearbeitet, die bestimmte nichttarifäre Handelshemmnisse reduzieren sollten. Sie umfassen z. B. Subventionen und Ausgleichszölle, Anti-Dumping-Maßnahmen, oder die Vereinheitlichung von Zollwertbestimmungen.

Verschiedene Wirtschaftsbereiche, wie Textilhandel und Landwirtschaft, waren bis in die 90er Jahre von der Anwendung vieler GATT-Bestimmungen weitgehend ausgenommen. Einen zentralen Verhandlungspunkt der **Uruguay-Runde** stellt daher die hochsubventionierte Landwirtschaft dar, bei dem als Ergebnis feste Regeln für den Agrarhandel standen. Durch ein neues Textilabkommen wurde ab 1995 schrittweise größere Mengen des Einfuhrvolumens den WTO-Regeln unterstellt.

Seit 2001 wird in der **Doha-Runde** der WTO über die Reduzierung von Handelshemmnissen für Landwirtschaftsprodukte, über Umweltthemen und die weitere Integration der Entwicklungsländer verhandelt. Wie in Tabelle 3.7 ersichtlich ist, wurden weitere Themenbereiche wie die Stärkung der GATS auf die Agenda gesetzt. Die Verhandlungen dauern jedoch an, da der Grundkonflikt bislang nicht gelöst werden konnte, den das Bundesministerium für Wirtschaft und Technologie damit erklärt, dass „die USA weiterhin auf deutlich verbessertem Marktzugang in Brasilien, China und Indien im Agrar- und Industriegüterbereich bestehen; die Schwellenländer wiederum sind ohne zusätzliche substantielle Gegenleistungen der USA nicht zu weiteren Zugeständnissen bereit."[49]

[49] Bundesministerium für Wirtschaft und Technologie, Stand der WTO-Welthandelsrunde (Doha Development Agenda – DDA), Februar 2012, S. 1. Siehe: http://www.bmwi.de/BMWi/Redaktion/PDF/WTO/wto-handelsrunde-sachstand.pdf vom 17.8.2012.

Box 3.8: Die Außenhandelspolitik der Bundesrepublik Deutschland im Spannungsfeld zwischen GATT und EU-Kompetenzen

Das **GATT** (bzw. die **WTO**) und die Europäische Union setzen der Bundesrepublik enge Grenzen in der Ausgestaltung ihrer Handelspolitik. Bei den GATT-Bestimmungen (vgl. Abschnitt 3.4.2.1) schränken insbesondere das Meistbegünstigungsprinzip, das Verbot mengenmäßiger Handelsbeschränkungen sowie das Verbot der Verschärfung bestehender oder der Einführung neuer sonstiger Handelshemmnisse den Handlungsspielraum ein.

Im Rahmen der Europäischen Union untersagen die Bestimmungen zum Gemeinsamen Binnenmarkt Protektionismus gegenüber **Importen aus anderen EU-Ländern**. Frühere Schlupflöcher wie Verbraucherschutzbestimmungen oder das öffentliche Beschaffungswesen werden zunehmend geschlossen. Auch bei der **Förderung von Exporten** in andere EU-Länder sind enge Grenzen gesteckt. Staatliche Beihilfen sind nur gestattet, wenn diese Vorhaben das europäische Interesse fördern, eine beträchtliche Störung der Wirtschaft des Mitgliedslandes beheben, die Entwicklung bestimmter Wirtschaftszweige oder -gebiete unterstützen und/oder der Förderung und Erhaltung der Kultur dienen. Diese Bedingungen werden von der Kommission der EU streng überwacht.

Der **Handel mit Drittländern** unterliegt der Gemeinsamen Handelspolitik (Art. 110 bis 115 des Vertrages zur Gründung der Europäischen Gemeinschaft). Die gemeinsamen Einfuhrregelungen beinhalten einheitliche Einfuhrzollsätze und einheitliche sonstige Bestimmungen. Die Zolleinnahmen stehen der EU zu. Allerdings erfasst die gemeinsame Handelspolitik nicht alle außenpolitische Teilbereiche.

Importrestriktionen

Insgesamt ist festzuhalten, dass die geltenden Verträge – und die Sorge vor Retorsionsmaßnahmen – die Importpolitik stärker einschränkt als die Exportpolitik. Insofern ist es verständlich, dass die deutsche Außenhandelspolitik sich von Importrestriktionen weitgehend fernhält. Allerdings werden, insbesondere von Anbietern aus Nicht-EU-Ländern, die diversen Einfuhrvorschriften, die zum großen Teil auf die Einhaltung inländischer Normen, Standards und Kennzeichnungspflichten gerichtet sind und das aufwendige Antrags- und Anmeldewesen in Deutschland beklagt. Die in Deutschland geführten Diskussionen um Vorschriften zur Vermeidung von **„Öko- und Sozialdumping"** (Niedrigpreisimporte aufgrund fehlender Umweltschutzmaßnahmen bzw. aufgrund von Niedriglöhnen und fehlender sozialer Absicherung) führen zu ausländischen Befürchtungen über einen neuen Protektionismus. Die **Entsenderichtlinie**, nach der ausländische Bauarbeiter nicht unterhalb des deutschen Mindestlohnes beschäftigt werden dürfen, stellt einen offensichtlichen Protektionismus gegenüber ausländischen Dienstleistungen dar. Anbieter aus Nicht-EU-Ländern sind zudem teilweise mit der **staatlichen Auftragsvergabe** in Deutschland unzufrieden.

Exportförderung

Vorrangiges Ziel deutscher Außenhandelspolitik ist die Förderung der deutschen Exporttätigkeit. Erstes Element der staatlichen **Exportförderung** ist das **systematische Sammeln, Aufbereiten und Verbreiten von Informationen** über ausländische Märkte und Geschäftsmöglichkeiten. Z.B. gibt die **Bundesstelle für Außenhandelsinformation** Materialien heraus, in denen über die allgemeine ausländische Wirtschaftsentwicklung, Investitions-, Kooperations- sowie Liefer- und Bezugsmöglichkeiten, Zoll-, Rechts- und Verfahrensfragen, Messen und Ausstellungen berichtet wird. Die **diplomatischen Auslandsvertretungen**, in denen heute ein großer Teil der Angehörigen des höheren Dienstes mit wirtschaftlichen Aufgaben betraut ist, helfen bei der **Kontaktaufnahme sowie Problemlösungen** und setzen sich für die Verbesserung der Marktzutrittsbedingungen ein. Ergänzt werden sie hierin durch die privatrechtlichen, vom Deutschen Industrie- und Handelstag betreuten, jedoch zu einem Drittel durch die Bundesregierung finanzierten **Auslandshandelskammern**. Ihr Dienstleistungsangebot umfasst nahezu alle Bereiche der Außenwirtschaft, bis hin zur individuellen Unterstützung bei Vertragsverhandlungen und bei der Zahlungsabwicklung.

Die Aufnahme von Handelbeziehungen wird ferner unterstützt durch die Deutsche Gesellschaft für Internationale Zusammenarbeit (GIZ), welche Projekte der bilateralen Zusammenarbeit durchführt und das German Appropriate Technology Exchange (GATE) Programm beherbergt, die **Deutsche Investitions- und Entwicklungsgesellschaft** (DEG), die bei Investitionen in Entwicklungs- und Schwellenländern mit Beratungs- und Finanzierungsleistungen unterstützt, sowie die **KfW-IPEX Bank**, welche Vorhaben deutscher und europäischer Unternehmen finanziert, damit sie sich auf globalen Märkten behaupten. Das hauptsächlich vom Bundesministerium für Wirtschaft und Arbeit finanzierte **Kooperationsbüro der deutschen Wirtschaft** hilft beim Auf- und Ausbau der Geschäftsbeziehungen zu Handelspartnern in Osteuropa.

Die Beteiligung deutscher Unternehmen an **Auslandsmessen** kann unter bestimmten Bedingungen gefördert werden. Messen, auf denen sich auch die deutsche Exportindustrie präsentiert, werden mit öffentlichen Geldern unterstützt.

Die Bundesrepublik hat ferner mit einer Reihe von Entwicklungs- und Transformationsländern **Investitionsförderungs- und Investitionsschutzverträge** geschlossen, die z.B. vor Enteignungen schützen.

Die **Außenwirtschaftsfinanzierung** wird zum einen über die Kreditanstalt für Wiederaufbau mit einer Vielzahl von Programmen staatlich gefördert, die sich von der Exportfinanzierung bis zur Finanzierung von Investitionen im Ausland erstrecken. Der Zinssatz bewegt sich am unteren Ende der Kapitalmarktkonditionen, wobei allerdings die Anforderungen des „Übereinkommens über Leitlinien für öffentlich unterstützte Exportkredite", dem sogenannten OECD-Konsensus, einzuhalten sind.

Die **steuerliche Behandlung** der Außenwirtschaft hat zwar offiziell keine Entlastung der Exportwirtschaft zum Ziel, sondern nur die Vermeidung einer Benachteiligung gegenüber anderen Teilnehmern am Weltmarkt. In dieser Richtung sind § 4 und § 6 des Umsatzsteuergesetzes zu verstehen, nach denen Exportumsätze in Deutschland im Allgemeinen nicht im Inland, sondern im Bestimmungsland mit den dort gültigen Sätzen belastet werden. Auch die zahlreichen Abkommen zur Vermeidung der Doppelbesteuerung sind in diese Richtung zu interpretieren. Allerdings stellen die Bestimmungen des Auslandsinvestitionsgesetzes und des Entwicklungsländerinvestitionsgesetzes, die unter bestimmten Voraussetzungen die Bildung steuerfreier Rücklagen erlaubt, eine Außenhandelsförderung dar.

Die meisten dieser bundespolitischen Instrumente werden durch **länderspezifische Exportförderungsmaßnahmen**, insbesondere bei der Exportberatung, der Auslandsmesseförderung und durch die Stellung von Garantien ergänzt, die ausländische Partner von inländischen Unternehmen, die sich an Ausschreibungen beteiligen wollen, verlangen.

Weitere Maßnahmen

Eine Förderung der Exporttätigkeit resultiert auch daraus, dass die ansonsten restriktive Kartellgesetzgebung sich nicht auf reine Exportkartelle bezieht. Zudem werden traditionelle inländische Vertriebsbindungen nicht angegangen, obwohl dadurch den ausländischen Anbietern der Marktzugang erschwert wird. Drittens wirkt die Forschungs- und Technologieförderung, die vor allem der chemischen, der elektrotechnischen Industrie sowie dem Maschinenbau zugutekommen, kostenentlastend und somit exportfördernd.

Literatur:

Engelhard, J., Exportförderung, Wiesbaden 1992.

Hufbauer, G.C., Schott, J.J., NAFTA Revisited: Achievements and Challenges, Institute for International Economics, Washington D.C. 2005.

Sickenberger, P., Formen staatlicher Exportförderung, in: E. Dichtl, O. Issing (Hrsg.), Exportnation Deutschland, 2. Aufl., München 1992.

Richardson, J.B., Die Außenwirtschaftspolitik der EG, in: Die Europäische Gemeinschaft, Wissenschaftliche Zeitschrift der Humboldt-Universität zu Berlin, Reihe Geistes- und Sozialwissenschaften, Nr. 7 (1992), S. 57–64.

3.5 Zusammenfassung

- Die WTO ist eine internationale Institution mit dem Ziel der Förderung des Welthandels durch Beseitigung von Handelshemmnissen und Diskriminierung, sowie der Schlichtung von Handelsstreitigkeiten. Zu den wichtigsten Grundsätzen des multilateralen Vertragswerks gehören das Meistbegünstigungs- sowie das Inländergleichbehandlungsprinzip. Es wurden Sonderregelungen für Entwicklungsländer vereinbart, um diesen den Aufbau einer leistungs- und konkurrenzfähigen Industrie zu ermöglichen.

- Durch neun multilaterale Zollrunden wurde insgesamt große Fortschritte im Abbau von Zöllen und anderer zollfremder Handelshemmnisse erreicht. Die derzeitige Doha Runde (tagt seit 2001) konnte bisher nicht zum Abschluss gebracht werden.
- Der handelspolitische Spielraum der Bundesregierung ist relativ eng begrenzt. Dennoch existieren diverse Maßnahmen, welche eine Exportförderung implizieren.

Weiterführende Literatur

Bernhofen, D., The empirics of comparative advantage: Overcoming the tyranny of nonrefutability, Review of International Economics 13 (2005), S. 1017–1023.

Davis, D., Weinstein, D., The factor content of trade, in: Choi and Harrigan (Eds.), Handbook of International Trade, Malden 2003, Kapitel 5.

Trefler, D., The case of missing trade and other mysteries, American Economic Review 85 (1996), S. 1029–1046.

Debaere, P., Relative factor abundance and trade, Journal of Political Economy 111 (2003), S. 589–610.

4 Freihandelsversagen, „Neue" und „Strategische" Handelspolitik

Kapitelübersicht

Im Abschnitt 3.2 wurde gezeigt, dass der internationale Handel – abgesehen von einigen vernachlässigten Erklärungsansätzen – auf Unterschieden in den Faktorausstattungen oder in den Präferenzen basiert. Der Abschnitt 3.3 verdeutlichte, dass bei vollkommenen Märkten Freihandel in der Regel die beste Handelspolitik darstellt.[50]

Sind die Annahmen vollkommener Güter- und Faktormärkte verletzt, könnten sich die Schlussfolgerungen bezüglich der Art und Richtung des Handels, aber

[50] Ausnahmen stellten die Fälle eines großen Landes, das mit protektionistischen Maßnahmen die Weltmarktpreise und damit die terms-of-trade zu seinen Gunsten beeinflussen kann und der (allerdings mit gewichtiger Kritik versehene) Erziehungszoll dar.

auch hinsichtlich der Wohlfahrtswirkungen des Protektionismus ändern.[51] In den folgenden Abschnitten wird auf solche Abweichungen eingegangen.

Die Ansätze zum **Freihandelsversagen** weisen eine starke Affinität zur **Theorie des Marktversagens** auf, die eine wichtige Legitimationsbasis staatlichen Handelns in Marktwirtschaften darstellt. Die Säulen der Theorie des Marktversagens finden sich auch beim Freihandelsversagen wieder. So bezieht sich die Theorie des Freihandelsversagens auf **externe Effekte, Informations- und Anpassungsmängel** sowie **Unteilbarkeiten auf den Gütermärkten**. Liegen solche Verletzungen der Annahmen vollkommener Märkte vor, kann ein staatliches Eingreifen wohlfahrtssteigernd sein. In der Außenwirtschaftslehre ist es zumindest zurzeit üblich, diejenigen Handelspolitiken, die auf eine Korrektur der drei erstgenannten Gründe für Marktversagen hinauslaufen, mit „**Neuer Handelspolitik**" zu bezeichnen. Diejenige Untergruppe von Handelspolitiken, die bei Unteilbarkeiten und insbesondere bei ausländischen Produktionen mit monopolistischen Renten anzuwenden sind, wird auch unter dem Begriff „**Strategische Handelspolitik**" geführt. Die unterschiedliche Bezeichnung ist inhaltlich von untergeordneter Bedeutung; beide Politikbereiche können einer gemeinsamen Würdigung unterzogen werden (vgl. Abschnitt 4.4).

Neben den Gütermärkten sind auch **Faktormärkte**, insbesondere die Arbeitsmärkte von Unvollkommenheiten betroffen. In solchen Fällen kann Außenhandel zusätzliche Probleme (z. B. in Form höherer Arbeitslosigkeit) auslösen, die ohne diese Faktormarktunvollkommenheiten nicht entstehen würden. Der Abschnitt 4.5 geht auf diese Faktormarktunvollkommenheiten und mögliche Politikoptionen, die sich allerdings nicht auf die Handelspolitik beschränken, ein.

4.1 Externe Effekte

Die Allokation bei Freihandel kann suboptimal oder ineffizient sein, wenn **externe Effekte** auftreten, d. h. wenn bei der Produktion oder beim Konsum eines Gutes neben den privaten Effekten, die über den Markt zugerechnet werden, Kosten und/oder Nutzen auftreten, die im Preis des Gutes nicht reflektiert werden. Beispiele für **externe Nutzen** bzw. **positive externe Effekte** sind **Spill-Over-Effekte** von Fachwissen, insbesondere bei der Produktion von forschungs- und entwicklungsintensiven Produkten. Die folgenden Ausführungen konzentrieren sich jedoch auf den Fall **externer Kosten** bzw. **negativer externer Effekte der Produktion**, wie sie z. B. bei umweltintensiven Güterproduktionen anzutreffen

[51] Beim Erziehungszoll wurde darauf hingewiesen, dass zumindest implizit von einer Kapital- und somit Faktormarktunvollkommenheit auszugehen ist. Insofern könnte der Listsche Erziehungszoll auch durchaus in diesem Abschnitt behandelt werden. Allerdings ergab sich die Kapitalmarktunvollkommenheit als tatsächliche Ursache für die „Vorteilhaftigkeit" des Erziehungszolles erst nach tieferer Analyse. List selber stellte Lerneffekte in den Vordergrund, die mit vollkommenen Märkten durchaus vereinbar sind.

sind.[52] Es zeigt sich, dass das bekannte Argument aus der Allokationspolitik, wonach unregulierte Märkte bei negativen externen Effekten zu viel vom betreffenden Gut bereitstellen, auch in einer offenen Wirtschaft mit Außenhandel gilt.

Negative externe Effekte der Produktion bestehen z. B. in Umweltbeeinträchtigungen wie Luft- und Wasserverschmutzung, Lärmbelästigung etc. Sie führen zu erhöhten **gesellschaftlichen Kosten** für Maßnahmen zur Beseitigung dieser Zustände und ihrer schädlichen Folgen. Im Übrigen kann dies durchaus auch mit erhöhten **individuellen Kosten** z. B. in Form erhöhter Krankheitskosten, erhöhter Aufwendungen für Freizeit und Erholung etc. einhergehen. Alle diese Kosten stellen aus volkswirtschaftlicher Sicht einen **Ressourcenverzehr** dar, bleiben jedoch bei der Preiskalkulation der Verursacher außer Ansatz. Volkswirtschaftlich gesehen werden diese Güter nicht zu kostendeckenden Preisen produziert bzw. exportiert. Das bedeutet aber auch, dass der Außenhandel nicht zu einer internationalen Arbeitsteilung entsprechend der komparativen Kostenvorteile der Länder führen muss.

In Abb. 4.1 ist T_ST_S die Transformationskurve zu **sozialen (Grenz-)Kosten**. X_2 sei das Gut, bei dessen Produktion negative externe Effekte auftreten. Bei Autarkie läge das gesellschaftliche Optimum, bei dem das Verhältnis der sozialen Grenzkosten der Grenzrate der Substitution entspricht, im Punkt *A*. Allerdings wird dieser Punkt nicht erreicht, weil das Gut X_1 im Punkt *A* relativ „zu teuer" ist: Das Verhältnis des Preises des Gutes X_1 zu dem des Gutes X_2 (ausgedrückt durch die Preislinie P_0) ist dort höher als die Grenzrate der Substitution (Steigung der Indifferenzkurve U_0). Folglich wird das Gut X_2 mehr und das Gut X_1 weniger nachgefragt.

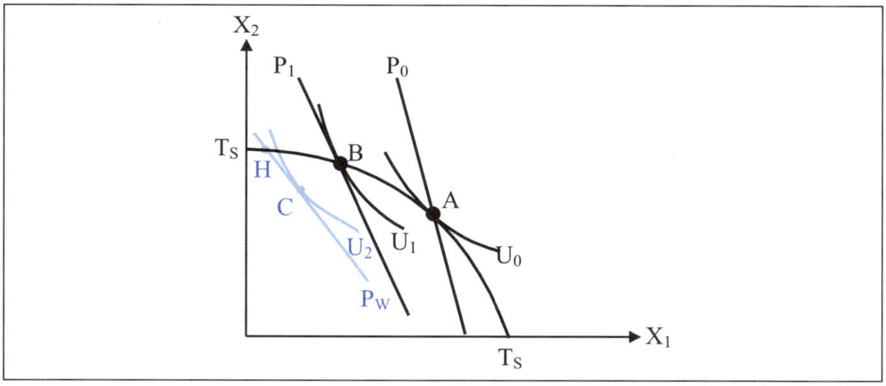

Abb. 4.1: Wohlfahrtsverluste durch Außenhandel bei negativen externen Effekten

Das Autarkiegleichgewicht liegt im Punkt *B*. Dort entspricht die Grenzrate der Substitution dem Verhältnis der privaten Grenzkosten. Die entsprechende Preislinie P_1 ist flacher als P_0, weil die Produktionsausdehnung des Gutes X_2 (und

52 Der Fall externer Effekte des Konsums kann mit dem gleichen Instrumentarium bearbeitet werden.

-verringerung bei X_1) bei steigenden Grenzkosten zu einem erhöhten Grenzkostenverhältnis zulasten von X_2 führt. Das Verhältnis der sozialen Grenzkosten entspricht aufgrund der externen Kosten von X_2 nicht dem Preisverhältnis, welches sich auf dem freien Markt ergibt. Vielmehr ist der relative Preis des Gutes X_2 im Verhältnis zu seinen relativen sozialen Grenzkosten zu klein.

Die bereits bei Autarkie entstehenden Wohlfahrtsverluste ($U_1 < U_0$) können bei **Freihandel** verschärft werden, wenn das Inland sich auf die Produktion des Gutes mit den negativen externen Effekten spezialisiert. Dies wird dann der Fall sein, wenn im Ausland vor Aufnahme des Handels das Gut X_2 relativ noch teurer war als im Inland. Dann kann sich z. B. das Weltmarktpreisverhältnis P_W ergeben, das sich gegenüber P_1 dadurch auszeichnet, dass X_2 relativ teurer ist. Das Inland wird im Punkt *H* produzieren und im Punkt *C* konsumieren.

Der Außenhandel führt also zu einer ineffizienten Spezialisierung auf das Gut X_2, dessen negative externe Effekte vom Markt nicht berücksichtigt werden. Aus dem üblichen Spezialisierungsgewinn des Außenhandels wird ein **Spezialisierungsverlust**. Zwar bleibt der **Handelsgewinn** bestehen, der durch den Vergleich der Indifferenzkurve U_1 im alten Produktionspunkt *B* mit der Indifferenzkurve veranschaulicht werden kann, welche die parallel zu P_W und durch den Punkt *B* verlaufende Preislinie P_W' (nicht eingezeichnet) tangiert. Allerdings ist dieser hier nicht hinreichend hoch, um den Spezialisierungsverlust zu kompensieren. Das vom Inland erreichte Nutzenniveau U_2 ist geringer als das Nutzenniveau U_1.

Der Vollständigkeit halber sei erwähnt, dass der Außenhandel bei negativen externen Effekten die Wohlfahrt des Inlandes nicht zwangsläufig verschlechtern muss. Zum einen ist es möglich, dass der positive Handelsgewinn derartig hoch ausfällt, dass der negative Spezialisierungseffekt überkompensiert wird. Dies wäre dann der Fall, wenn vor Aufnahme des Handels das Gut X_2 im Ausland derartig teuer ist, dass sich bei Handel ein sehr hohes Weltmarktpreisverhältnis zugunsten von X_2 ergibt. In Abb. 4.1 wäre dies durch eine sehr flache Weltmarktpreislinie zu veranschaulichen. In diesem Fall ist es theoretisch möglich, dass ein Konsumpunkt auf einer Indifferenzkurve erreicht wird, die ein höheres Nutzenniveau repräsentiert als U_1 oder gar U_0.

Zum anderen kann das Gut X_2 vor Aufnahme des Außenhandels im Ausland relativ preiswerter sein als im Inland. Dann wird sich das Inland auf die Produktion des Gutes X_1, also in Richtung des sozialen Optimums *A* spezialisieren und einen Spezialisierungs- und Wohlfahrtsgewinn erzielen.

Angenommen, es drohe die Situation, dass sich die Wohlfahrt nach Aufnahme des Handels verringert. Dann besteht grundsätzlich die Möglichkeit, durch Zollerhebung auf das Gut X_1 das inländische Preisverhältnis zugunsten von X_1 zu verändern und so seine Produktion zu fördern. In Abb. 4.2, welche die Abb. 4.1 in weiten Teilen repliziert, ist angenommen, dass die Zollerhebung das inländische Preisverhältnis derart verändert, dass im Punkt H_z produziert wird. Zwar könnte das Inland entsprechend der Preislinie P_W', die das unveränderte internationale Austauschverhältnis darstellt und nun durch den Produktionspunkt H_z läuft, den Konsumpunkt C_z bzw. das Nutzenniveau U_1 erreichen. Jedoch ist hier die Bedingung für ein Haushaltsoptimum nicht erfüllt. Das

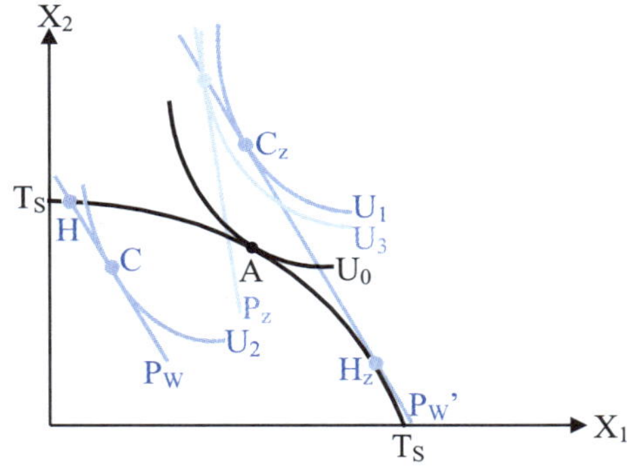

Abb. 4.2: Externe Effekte und Zollwirkungen

nationale Preisverhältnis nach Zollerhebung (dargestellt durch P_z) entspricht in C_z nicht der Grenzrate der Substitution. Bei dem gegebenen Preisverhältnis wünschen die Inländer mehr von dem relativ billigen Gut X_2 und weniger von dem Gut X_1. Das erreichte Nutzenniveau ist U_3. Der Tangentialpunkt von P_z und U_3 liegt auf der Preislinie P_W' und stellt ein Haushaltsoptimum dar.

Die Zollwirkungen unterscheiden sich also bei externen Effekten von denen eines vollkommenen Marktes. Zwar ist der Konsumeffekt auch hier negativ (Bewegung von U_1 nach U_3), allerdings kann insgesamt ein positiver Wohlstandseffekt zustande kommen (Bewegung von U_2 nach U_3). Dies liegt daran, dass der Produktionseffekt des Zolles hier, entgegen dem Fall ohne externe Effekte, positiv ist (Bewegung von H nach H_z).

Allerdings ist an dieser Stelle festzuhalten, dass die Zollerhebung mit zwei zentralen Problemen behaftet ist. Zum einen ist die **Quantifizierung der externen Effekte** und der notwendigen **Zollhöhe** problematisch. Es droht die Gefahr, dass externe Effekte zur Rechtfertigung beliebig starker Handelshemmnisse dienen. Zum anderen stellt die Zollerhebung allenfalls ein **Second-Best-Instrument** zur **Internalisierung** dar. Deutlich wird dies, indem man die Zollerhebung mit einer alternativen inländischen Besteuerung der Produktion des Gutes X_2 bei gleichzeitiger Subventionierung der Produktion von X_1 vergleicht. Die (annahmegemäß budgetneutrale) Besteuerung/Subventionierung sei so stark, dass wiederum im Punkt H_z produziert wird. Im Unterschied zum Zoll fallen nun jedoch nationales und internationales Preisverhältnis nicht mehr auseinander. Das Inland konsumiert also im Punkte C_z und erreicht damit das Nutzenniveau U_1:

Zur **Internalisierung** externer Effekte ist eine Besteuerung/Subventionierung gegenüber der Erhebung eines Zolles überlegen, da der **negative Konsumeffekt** vermieden wird, der daraus resultiert, dass sich die Inländer an zollverzerrten Preisrelationen orientieren.

Die vorangegangenen Argumentationen lassen sich prinzipiell auf den Fall positiver externer Effekte übertragen. Zu solchen positiven externen Effekten zählen grundsätzlich auch die in Abschnitt 4.2.2 zu beschreibenden positiven

Verbundeffekte zwischen Unternehmen, die zu extern steigenden Skalenerträgen führen. In diesem Fall kann die gesamtwirtschaftliche Wohlfahrt gesteigert werden, wenn es gelingt, eine Mindestzahl inländischer Unternehmen anzusiedeln, die groß genug ist, um die Durchschnittskosten der einzelnen Unternehmen hinreichend zu senken. Auf den möglichen wirtschaftspolitischen Handlungsbedarf wird dort noch einmal eingegangen.

4.2 Steigende Skalenerträge und Unteilbarkeiten

Marktversagen aufgrund von **Unteilbarkeiten** kennzeichnet eine Situation, in der entgegen der Annahmen zum vollkommenen Markt nicht eine Vielzahl von Anbietern (und Nachfragern), sondern nur einer (**Monopol**) oder einige wenige (**Oligopol**) existieren. Natürliche Gründe hierfür sind sogenannte **Subadditivitäten**, für die insbesondere **sinkende Durchschnittskosten**, z. B. ausgelöst durch **hohe Fixkosten** oder **steigende Skalenerträge**, verantwortlich sind.[53] Insbesondere bei kleinen Märkten kann es schnell zu einer Situation kommen, in der aufgrund von Fixkosten Monopole entstehen.

Im Vordergrund der Diskussion um das **Freihandelsversagen aufgrund von Unteilbarkeiten** stehen **intern steigende Skalenerträge**, die dazu führen, dass die Durchschnittskosten des Unternehmens mit steigender unternehmensinterner Produktionszahl fallen.[54] Sie führen zu einem (zumindest bereichsweise) fallenden Durchschnittskostenverlauf. Derjenige Anbieter, der in der Ausgangssituation die größte Ausbringungsmenge erzielt, weist die geringsten Durchschnittskosten auf.

Eine gewisse Rolle spielen jedoch auch **extern steigende Skalenerträge** (auf Sektorebene), die dazu führen, dass die Stückkosten der Unternehmen mit steigender Produktionsmenge des gesamten Sektors in der Region, nicht aber notwendigerweise mit einer steigenden Größe des einzelnen Unternehmens, geringer werden.

Beide Formen können in **statischer** oder **dynamischer Ausprägung** existieren. Bei statischen Skalenerträgen ergeben sich sinkende Durchschnittskosten aufgrund der Erhöhung der in der laufenden Periode gefertigten Produktionsmengen. Bei den dynamischen Skalenerträgen ist hingegen – z. B. aufgrund von **Lern-**

53 Eine Kostenfunktion heißt subadditiv, wenn die Summe der Kosten von Teilmengenproduktionen größer ist als die Kosten der Gesamt(mengen)produktion. Wenn $K(X)$ die Kostenfunktion und X_M die gesamte produzierte Menge ist, X_m (m = 1,2,…,z) Teilmengen von X_M bezeichnen und X_M die Summe aller X_m darstellt, so gilt bei Subadditivität: $K(X_M) < K(X_1) + K(X_2) + \ldots + K(X_z)$.

54 Als Ursachen für intern steigende Skalenerträge (bzw. fallende Durchschnittskosten) bei Produktionsausdehnungen eines Produktes kommen insbesondere eine gesteigerte Nachfrage- und Verhandlungsmacht auf den Märkten für Vorleistungen und Vorprodukte, verringerte Stillstandskosten der Maschinen, verringerte Umrüstkosten bei der Produktionsumstellung von einem Produkt auf ein anderes, eine geringere Vielfalt der benötigten Teile und Vormaterialien sowie ein verringerter Organisations- und Verwaltungsaufwand in Frage.

effekten – die kumulierte, in der gesamten Vergangenheit und Gegenwart im Unternehmen bzw. im Sektor erstellte Stückzahl entscheidend.

Diese verschiedenen Dimensionen von Skalenerträgen können isoliert, aber auch gemeinsam auftreten. Die Tabelle 4.1 weiter unten systematisiert die verschiedenen denkbaren Fälle und die unterschiedlichen Konsequenzen für die Handelspolitik. Im Fall ohne jegliche Skalenerträge (weder statisch noch dynamisch, weder intern noch extern) liegt zumindest aufgrund von Skalenerträgen keine natürliche Verletzung der klassischen Annahme eines Polypols vor. Sofern nicht aufgrund wirtschaftspolitischer Regulierungen und/oder aufgrund hoher Fixkosten ein Monopol besteht, gelten die handelstheoretischen und -politischen Aussagen des Abschnittes 3.2: Freihandel ist die beste Option.

Falls aufgrund **intern steigender Skalenerträge** – oder auch aufgrund sonstiger natürlicher Gegebenheiten – ein Monopol existiert, so besteht auch dann kein handelspolitischer Bedarf für das Inland, sofern das **Monopol** auch nach Aufnahme des Handels im **Inland** liegt. Der Abschnitt 4.2.1.1 wird allerdings zeigen, dass sich die Handelswirkungen erweitern bzw. verändern. Aufgrund der Tatsache, dass sich in diesem Fall keine Legitimation für ein handelspolitisches Eingreifen, sondern ausschließlich eine erweiterte Wirkungsanalyse ergibt, passt der Abschnitt streng genommen nicht in dieses Kapitel, sondern hätte eigentlich in Abschnitt 3.2.3 integriert werden können. Es erscheint jedoch sinnvoll, den Fall zusammen mit dem des ausländischen Monopols zu behandeln, bei dem sich durchaus eine Legitimation für handelspolitische Eingriffe ergeben kann.

Zu beachten ist weiterhin, dass häufig nur der Fall der **intern dynamisch steigenden Skalenerträge** als hinreichende Ursache für die Entstehung eines Monopols angesehen wird. Wenn das Monopol z. B. aufgrund intern statisch steigender Skalenerträge existiert, besteht auch ohne staatliche Unterstützung ein Anreiz für private Unternehmen, den Markteintritt zu versuchen, weil in der Anfangsphase keine großen Verluste anfallen. Die daraus entstehende Situation der angreifbaren Märkte bzw. der **monopolistischen Konkurrenz** zeichnet sich dadurch aus, dass die Monopolrenten wegkonkurriert werden und in der Regel sowohl in- als auch ausländische Anbieter existieren (vgl. Abschnitt 4.2.3). In der wirtschaftspolitischen Praxis dürfte die Abgrenzung der intern dynamisch steigenden Skalenerträge von allen anderen denkbaren Ursachen für ein Monopol weniger wichtig sein, da Monopole schnell und oft erfolgreich **Marktzutrittsbarrieren** aufbauen. Deshalb dürfen die wirtschaftspolitischen Empfehlungen, die aus intern dynamisch steigenden Skalenerträgen resultieren, begrenzt auch auf die intern statisch steigenden Skalenerträge (und andere Ursachen für Monopole) übertragen werden.

Übrigens ist es wichtig, den Fall des inländischen Monopols, der automatisch mit Marktmacht verbunden ist, von dem des **Optimalzolles** (Abschnitt 3.3.3.1) zu trennen. Zwar basierte auch der letztere auf **Marktmacht**, jedoch kann diese nicht von den **privaten Wirtschaftssubjekten**, sondern nur durch den **Staat** ausgeübt werden: Im Falle des **Optimalzolles** existierte eine Vielzahl inländischer Nachfrager in einem großen Land, von denen keiner einzeln die Möglichkeit hatte, die Weltmarktpreise zu beeinflussen. Nur durch kollektives bzw. staatliches Handeln in Form eines Importzolles war es unter Umständen möglich, die inländische Wohlfahrt zu steigern, indem die Weltmarktpreise für das Importgut gesenkt werden konnten. Ähnlich verläuft die Argumentation für die Erhebung eines Exportzolles, wenn das Produkt sinnvoll nur im Inland gefertigt werden kann, die einzelnen inländischen Anbieter jedoch aufgrund ihrer Vielzahl keine Marktmacht ausüben können. Im Falle eines inländischen Monopols, das im In- und Ausland Marktmacht besitzt, ist eine solche handelspolitische Intervention hingegen nicht erforderlich. Der Monopolist sichert über sein Preissetzungsverhalten sein **optimales terms-of-trade-Verhältnis**.

Falls intern steigende Skalenerträge – oder andere Gegebenheiten – dazu führen, dass bei Freihandel ein **Monopol im Ausland** entsteht, können sich andere Schlussfolgerungen ergeben. Um die ausländischen Monopolrenten ins Inland zu lenken, kann es sinnvoll sein, durch eine **temporäre Protektion** das ausländische Monopol mit dem Ziel anzugreifen, es zu zerstören und die monopolistische Produktion ins Inland zu ziehen. Gleichzeitig werden die Monopolrenten ins Inland umgelenkt (**rent-shifting**). Eine Handelspolitik mit dem Ziel eines solchen rent-shifting wird **strategische Handelspolitik im engeren Sinne** genannt.

Der Fall **externer Skalenerträge** war implizit bereits bei **Lists Erziehungszollgedanken** (Abschnitt 3.3.3.2) maßgeblich. Bei List fielen die **externen Skalenerträge in dynamischer Form** an. Die Unternehmen konnten ihre Kosten senken, wenn im Inland eine wachsende Erfahrung bei der Produktion des Gutes gesammelt werden konnte. Zu erklären ist dieses Phänomen z. B. dadurch, dass mit dem Wachsen der Industrie eine höhere Anzahl entsprechend qualifizierter und spezialisierter Arbeitskräfte sowie mehr nahegelegene Zulieferbetriebe entstehen. Die Produktions- und Ausbildungstätigkeit eines Unternehmens hat offensichtlich positive externe Effekte auf andere Unternehmen. Als Beispiel für Lists Fall wird häufig die deutsche Maschinenbauindustrie genannt.

Die **Neue Handelstheorie und -politik** greift den Fall externer dynamischer Effekte auf, verfeinert Lists Analyse und erweitert sie um die Fälle, in denen die externen Skalenerträge nicht nur in dynamischer Form, sondern auch in statischer Form anfallen. Die daraus abzuleitenden handelspolitischen Maßnahmen werden **strategische Handelspolitik im weiteren Sinne** genannt. Dies ermöglicht eine Abgrenzung zur **strategischen Handelspolitik im engeren Sinne**, welche auf die Umlenkung von Monopolrenten im Falle interner Skalenerträge zielt. Eine Trennung der altbekannten extern dynamischen Skalenerträge à la List und den extern statischen Skalenerträge ist allerdings problematisch, da sich kaum Fälle finden lassen, in denen zwar statische, aber keinerlei dynamische Skalenerträge anfallen. Eines der noch am besten geeigneten Beispiele dürfte der Fall des Finanzplatzes London sein. London hat trotz relativ hoher Lebenshaltungskosten einen Kostenvorteil, weil typische Geschäfte von Großbanken (Emission von Wertpapieren in großem Volumen, Mergers and Acquisitions) den direkten Kontakt zwischen spezialisierten Bankern und Juristen erfordern, die in London in großer Zahl vorhanden sind. Die hohe Zahl entsprechender Banken ist ein Vorteil per se und hat einen sich selbst verstärkenden Effekt: Der Kostenvorteil führt zu weiteren Geschäften und unter Umständen weiteren

Bankgründungen. Insofern spielen extern statische Skaleneffekte eine Rolle. Bei den dynamischen erscheint dies zunächst weniger bedeutend: Zwar spielt auch Erfahrung eine Rolle, jedoch kann der Vorteil Londons wohl nicht darüber erklärt werden, dass die Anzahl der kumulierten Geschäfte, z. B. in den letzten fünfzig Jahren, dort größer ist als anderswo. Hierzu ist das technische Wissen zu gut transferierbar und zu schnell veraltet. Trotzdem spielt auch hier das **historische Geschehen** eine Rolle. London erwuchs diese Rolle zu einer Zeit, in der Großbritannien der weltweit größte Produzent und Investor war. In London wurden deshalb schon frühzeitig viele Spezialisten beschäftigt, die internatio-

Tab. 4.1: Formen von Skalenerträgen (SkE) und handelspolitische Konsequenzen für das Inland

Zeitbezogenheit / Ortsbezogenheit	weder statische noch dynamische SkE	dynamische, jedoch keine statischen SkE	statische, jedoch keine dynamischen SkE	statische und dynamische SkE
weder interne noch externe SkE	**Freihandel (Abschn. 3.2)** --- **Klassische Handelstheorie**			
interne SkE, Monopol im Inland		**Freihandel**	**Freihandel (Abschn. 4.2.1.1)** --- **Monopolistische Konkurrenz (Abschn. 4.2.3)**	**Freihandel**
externe, aber keine internen SkE		**Strat. Handelspolitik i. w. S. (Abschn. 4.2.2)** --- **Lists Erziehungszoll (Abschn. 3.3.3.2)**	**Strat. Handelspolitik i. w. S. (Abschn. 4.2.2)**	**Strat. Handelspolitik i. w. S. (Abschn. 4.2.2)**
interne SkE, Monopol im Ausland		**Strat. Handelspolitik i. e. S. (Abschn. 4.2.1.2)**	**Strat. Handelspolitik i. e. S.** --- **Monopolistische Konkurrenz (Abschn. 4.2.3)**	**Strat. Handelspolitik i. e. S.**

nale Handelsgeschäfte und Direktinvestitionen (Goldproduktion in Australien und Südafrika, Suezkanal) finanziell begleiteten. Insofern sind statische und dynamische Skaleneffekte kaum eindeutig voneinander zu trennen.

Zu jedem der 9 unterlegten Felder der Tabelle 4.1, in denen in- oder extern steigende Skalenerträge eine Rolle spielen, können getrennt handelspolitische Empfehlungen abgeleitet werden. Da sich jedoch die Empfehlungen innerhalb der Kombinationen ähneln, die in einer Zeile der Tabelle 4.1 stehen, soll es hier genügen, an jeweils einem Beispiel die Argumentation zu verdeutlichen. Die Beschreibungen des inländischen Monopols in Abschnitt 4.2.1.1 basieren auf intern statischen Skalenerträgen. Der Fall des ausländischen Monopols bzw. der strategischen Handelspolitik im engeren Sinne in Abschnitt 4.2.1.2 wird am Fall der intern dynamischen Skalenerträge behandelt. Die Überlegungen zur strategischen Handelspolitik i. w. S. basieren hauptsächlich auf extern dynamischen Skalenerträgen (Abschnitt 4.2.2).

4.2.1 Intern steigende Skalenerträge

4.2.1.1 Intern statisch steigende Skalenerträge und Monopol im Inland

Bereits im Fall der Autarkie kann sich im Inland aufgrund intern steigender Skalenerträge ein (natürliches) **Monopol** ergeben. Dies gilt zumindest dann, wenn die steigenden Skalenerträge nicht ausschließlich bereichsweise gelten und die anfallenden Monopolgewinne – z. B. aufgrund von **Marktzutrittsbarrieren** – keine weiteren Anbieter zur Aufnahme der Produktion eines ähnlichen Produktes bewegen. Im letzteren Fall entstünde eine Situation der **monopolistischen Konkurrenz**, die im Abschnitt 4.2.3 erläutert wird.

Im ersten Schritt soll davon ausgegangen werden, dass ein **Monopolist im Inland** existiert, der sich gewinnmaximierend verhält. Der von diesem gewählte **Cournotsche Punkt** auf seiner **Preis-Absatz-Funktion** bewirkt, dass der Preis oberhalb der Grenzkosten liegt. In Abb. 4.3, welche die Wohlfahrtseffekte des Freihandels in diesem Fall veranschaulicht, wird aufgrund der steigenden Skalenerträge eine konvexe Transformationskurve verwendet (gebogene Linie T_0T_1). Bei gegebenen sozialen Präferenzen (Indifferenzkurve U_0) ergibt sich im autarken Zustand der optimale Produktions- und Konsumpunkt A. Dadurch, dass die Preislinie P_0 im Punkt A steiler ist als die Transformationskurve, wird verdeutlicht, dass das Gut X_1 vom Monopolisten zu einem relativen Preis (im Vergleich zu denen des Gutes X_2) angeboten wird, der über den relativen Grenzkosten dieses Gutes liegt.

Bleibt die Marktmacht des inländischen Monopolisten nach der Öffnung erhalten, so kann das neue nationale und internationale Preisverhältnis durch P_1 veranschaulicht werden. Würde die Marktmacht aufgrund der erhöhten Nachfrage gar steigen, so wäre die Linie P_1 noch steiler. Das Inland wird sich, sofern die ausländische Nachfrage hinreichend groß ist, vollständig auf die Produktion von X_1 spezialisieren (Produktionspunkt T_1) und den Konsumpunkt

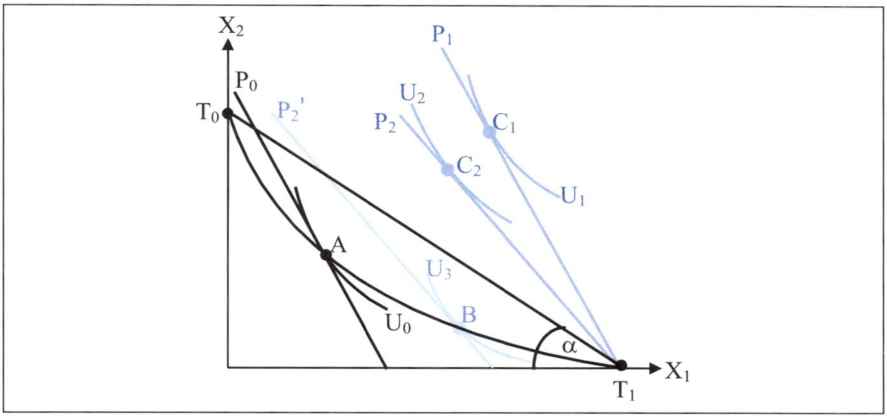

Abb. 4.3: Wohlfahrtseffekte des Freihandels bei einem Monopol im Inland

C_1, verbunden mit dem Nutzenniveau U_1 realisieren. Der internationale Handel ist für das Inland vorteilhaft.

Wird die Marktmacht des inländischen Monopolisten bei der Handelsöffnung verringert und ist er gezwungen, seine Preise zu senken, so würde die neue nationale und internationale Preislinie z. B. bei P_2 liegen. Noch immer würde eine vollständige Spezialisierung vorgenommen, das Nutzenniveau läge allerdings nur noch bei U_2. Es lohnt sich, die Wohlfahrtsveränderung von U_0 auf U_2 in einzelne Elemente zu zerlegen. Die **Verringerung der Marktmacht** des inländischen Monopolisten an sich ist wohlfahrtssteigernd für das Inland. Der **Wettbewerbsgewinn** lässt sich durch die Bewegung von U_0 nach U_3 veranschaulichen. Dieses Nutzenniveau würde bereits ohne Handel (Produktions- und Konsumpunkt *B*) erreicht. Hintergrund sind die wegen der Preissenkungen und Produktionsausdehnungen bei X_1 steigenden Konsumentenrenten im Inland, die durch die sinkenden Produzentenrenten nicht überkompensiert werden. Alternativ kann der Wohlfahrtsgewinn aus dem Handel in den bekannten **Spezialisierungs-** und **Handelsgewinn** aufgeteilt werden (nicht eingezeichnet). Wobei anzufügen ist, dass ein Handelsgewinn nur existiert, wenn sich das bei Autarkie geltende Preisverhältnis vom Weltmarktpreisverhältnis unterscheidet.

Die Preislinie, bei der zu Durchschnitts(opportunitäts)kosten exportiert würde, ergibt sich durch die (gerade) Verbindungslinie zwischen den beiden Vollspezialisierungspunkten T_0 und T_1 auf der Transformationskurve. Nur bei Konsumpunkten, die oberhalb dieser Linie liegen, sind **Monopolrenten** möglich.

Welches Preisverhältnis sich nach Aufnahme des Handels ergibt und wie die Produktspezialisierung der Länder aussieht, hängt wie beim Fall der konstanten Opportunitätskosten von den Angebots- und Nachfragebedingungen in beiden Ländern ab. Im Fall **identischer Angebotsbedingungen** in beiden Ländern könnte bei einem relativen Weltmarktpreis des Gutes X_1, der geringer als tan(α) ist, weder ein in- noch ein ausländischer X_1-Monopolist seine Durchschnittskosten decken. Folglich würden sich beide Länder vollständig auf X_2 spezialisieren, was sofort entsprechende Preiskorrekturen nach sich zöge. Ist der relative Weltmarktpreis nach Aufnahme des Handels des Gutes X_1 größer als tan(α), so würden sich beide Länder vollständig auf X_1 spezialisieren wollen. Auch hier gäbe es sofortige Korrekturen. Folglich kann im Fall identischer Produktionsbedingungen das Preisverhältnis nach Aufnahme des Handels nur der (geraden) Linie T_0T_1 entsprechen. Damit ist klar, dass in diesem Fall auch in dem Land **keine Monopolrenten** anfallen, das sich auf die Produktion mit steigenden Skalenerträgen spezialisiert.

Die vollständige Spezialisierung beider Länder bei identischen Produktionsbedingungen gilt übrigens im Allgemeinen auch bei **identischen Nachfragebedingungen**. Steigende Skalenerträge können somit auch internationalen Handel bei **identischen Angebots- und Nachfragebedingungen** erklären. Bei konstanten oder fallenden Skalenerträgen bestand hingegen in diesem Fall keine Veranlassung zur Aufnahme des Handels. Quelle dieser Vorteilhaftigkeit des Handels sind die Spezialisierungsgewinne.

Die sich bei identischen Produktionsverhältnissen in beiden Ländern ergebenden **Handelsrichtungen** hängen von den zuvor herrschenden Nachfragebedingungen ab: Werden zwei zuvor autarke Märkte mit monopolistischen Strukturen verschmolzen und liegen auch im gemeinsamen Markt steigende Skalenerträge vor, so wird sich der Anbieter desjenigen Landes durchsetzen, der zuvor die **größere Ausbringungsmenge** hatte. Herrschte also vor Aufnahme des Handels im Inland eine größere Präferenz für das monopolistisch gefertigte Gut X_1, so wird die dort gefertigte Stückzahl größer sein. Entsprechend wird sich der inländische Monopolist durchsetzen.

Bei **unterschiedlichen Produktionsverhältnissen** liegt das internationale Preisverhältnis nach Aufnahme des Handels zwischen den Durchschnitts-(Opportunitäts-)kosten, die sich bei vollständiger Spezialisierung auf eines der beiden Güter ergeben würde. Die Abb. 4.4 zeigt mit T_0T_1 die inländische und mit $T_0{}^*T_1{}^*$ die ausländische Transformationskurve. Die durchschnittliche Opportunitätskostenhöhe bei vollständiger Spezialisierung beträgt im Inland P_V und im Ausland $P_V{}^*$. Ist der relative Weltmarktpreis nach Aufnahme des Handels des Gutes X_1 größer als tan(α), so würden sich beide Länder vollständig auf X_1 spezialisieren wollen. Ist er kleiner als tan(β) würden sich beide Länder vollständig auf X_2 spezialisieren wollen. Beides würde korrigierende Preisanpassungen induzieren.

Das Preisverhältnis im Handelsgleichgewicht muss also zwischen den beiden Preisverhältnissen liegen, die sich bei Autarkie ergeben würden: $P_V = \tan(\beta) < P_W < P_V{}^* = \tan(\alpha)$. In Abb. 4.4 ist ein Gleichgewicht mit einem Preisverhältnis P_W angenommen. Das Ausland spezialisiert sich auf X_2 (Produktionspunkt $T_0{}^*$), das Inland auf X_1 (Produktionspunkt T_1). Das Ausland exportiert $T_0{}^*A$ vom Gut X_2 und importiert AC^* vom Gut X_1. Beim Inland ist die Handelsrichtung definitionsgemäß genau umgekehrt (nicht eingezeichnet). Das Inland erreicht das Nutzenniveau U_0, das Ausland $U_0{}^*$. Beide Länder erfahren eine Wohlfahrtssteigerung, da bei Autarkie die entsprechenden Konsumpunkte C und C* nicht erreichbar waren.

Allerdings können auch in diesem Fall die Wohlfahrtssteigerungen unterschiedlich groß ausfallen. Bei den hier getroffenen Annahmen, wo nur ein

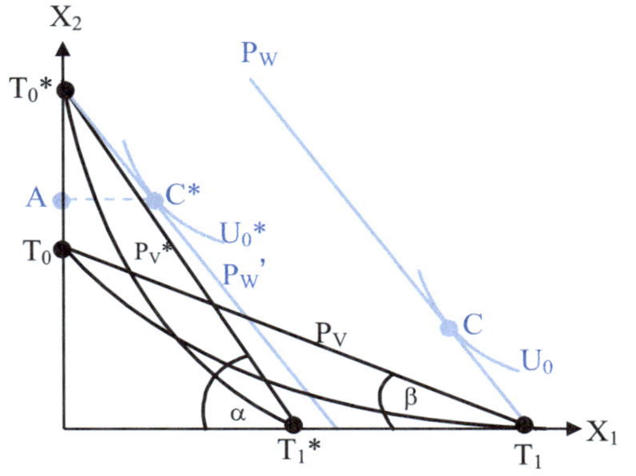

Abb. 4.4: Handelseffekte bei monopolistischen, aber unterschiedlichen Produktionsstrukturen

Produkt mit steigenden Skalenerträgen verbunden ist, das andere aber mit konstanten oder gar fallenden, ergibt sich eine Situation, in der nur ein Land über monopolisierte Produktionen verfügt. Entsprechend können nur dort **Monopolrenten** anfallen.

Es liegt nahe, in diesem Fall über wirtschaftspolitische Eingriffsmöglichkeiten zur Wohlfahrtsverbesserung des Auslandes nachzudenken. Da das Ausland (nicht jedoch der einzelne ausländische Produzent) über **Anbietermarktmacht** auf dem Markt für das Gut X_2 verfügt, liegt eine Besteuerung der X_2-Exporte des Auslandes nahe. Wenngleich sich das Preisverhältnis für die ausländischen Anbieter verschlechtern würde, ergibt sich für die ausländische Volkswirtschaft insgesamt eine Verbesserung der terms-of-trade. P_W' und P_W drehen sich, bei jeweils gegebenem Ursprung T_0^* bzw. T_1, gegen den Uhrzeigersinn. In der Folge steigt das ausländische Nutzenniveau, und das inländische fällt (nicht eingezeichnet). Gleichzeitig muss bedacht werden, dass das Ausland als ein wichtiger Bezieher vom Gut X_1 auf diesem Markt auch über eine **Nachfragemarktmacht** verfügt. Entsprechend liegt es nahe, die Importe von X_1 zu verzollen, wobei die wohlfahrtsmaximierende Zollhöhe mithilfe der Theorie des Optimalzolles abgeleitet werden kann.

Spätestens mit Nennung dieses Stichwortes kann aber auch an die dort behandelten Probleme einer solchen Ausnutzung der Marktmacht erinnert werden. Insbesondere ist zu erwarten, dass das andere Land, das über die spiegelbildliche Marktmacht verfügt, mit Retorsionszöllen antwortet. Als zentraler Erkenntniswert des internationalen Handels bei intern steigenden Skalenerträgen ergibt sich:

Auch bei identischen Produktions- und Nachfragebedingungen kann Außenhandel aufgrund des besonderen Spezialisierungsvorteils bei steigenden Skalenerträgen vorteilhaft sein. Bei unterschiedlichen Produktionsbedingungen können Monopolrenten entstehen. Zölle des Landes, das nicht über dieses Monopol verfügt, die zur Korrektur der sich daraus ergebenden terms-of-trade gedacht sind, sind angesichts der drohenden Retorsionszölle meist wenig Erfolg versprechend.

4.2.1.2 Intern dynamisch steigende Skalenerträge und Monopol im Ausland

Es soll nun der Fall besprochen werden, bei dem das Monopol im Ausland besteht. Dabei wird davon ausgegangen, dass dieses Monopol aufgrund **dynamisch steigender Skalenerträge** bzw. **Lerneffekten** entstanden ist.

Die Abb. 4.5 verdeutlicht die Auswirkungen von Lerneffekten bzw. dynamisch steigenden Skalenerträgen in Anlehnung an die einflussreiche Arbeit von **J. Brander** und **B. Spencer**[55] anhand sogenannter **Lernkurven** für die Produktion von leistungsfähigen 150-Platz-Flugzeugen.[56] So zeigt die Lernkurve des amerikanischen Unternehmens Boeing (L_{Boeing}), dass die Durchschnittskosten von der **kumulierten Anzahl** der gefertigten Produkte abhängen. Damit es sich um interne Lerneffekte handelt, müssen die Produkte im eigenen Unternehmen gefertigt worden sein.

Es sei nun weiter angenommen, dass sich der betrachtete internationale Flugzeugmarkt in der Ausgangssituation ausschließlich in der Hand von Boeing befinde.[57] Zusätzlich sei unterstellt, dass prinzipiell auch das europäische Unternehmen Airbus in der Lage ist, die Flugzeuge des betreffenden Typs zu produzieren. Airbus sei allerdings noch nicht im Markt, erwäge aber den Markteintritt. Untersuchungen sollen ergeben, dass die Boeing-Lernkurve höher liege als die von Airbus. Das bedeutet, dass bei gleichen Erfahrungen (gleiche kumulierte Anzahl produzierter Flugzeuge) Airbus geringere Durchschnittskosten aufweisen würde. Aufgrund des früheren Starts der amerikanischen Luftfahrtindustrie ist Boeing jedoch weit auf der Lernkurve nach unten gewandert (Punkt *B*). Airbus solle in einem für private Investoren überschaubarem und finanziell durchhaltbarem Zeitraum allenfalls eine kumulierte Menge produzieren und (unter Verlusten) absetzen können, mit der der Punkt *A* erreicht werden könnte. Trotz der potentiellen, langfristig günstigeren Produktionsbedingungen von Airbus sind die Durchschnittskosten bei Boeing für diesen Zeitraum geringer sind. Airbus wird den Markteintritt nicht wagen und Boeing Monopolist blei-

[55] Vgl. Brander, J., Spencer, B., International R&D-Rivalry and Industrial Strategy, Review of Economic Studies 50 (1983), 707–722 und Engelmann, D., Normann, H.-T., An Experimental Test of Strategic Trade Policy, Journal of Economic Behavior and Organization, 64 (2007), S. 144–156.

[56] Als weiteres Beispiel für eine Industrie mit intern dynamischen Skalenerträgen wird häufig die Chipproduktion genannt.

[57] Substitutionsmöglichkeiten zu kleineren oder leistungsschwächeren Flugzeugen seien hier vernachlässigt.

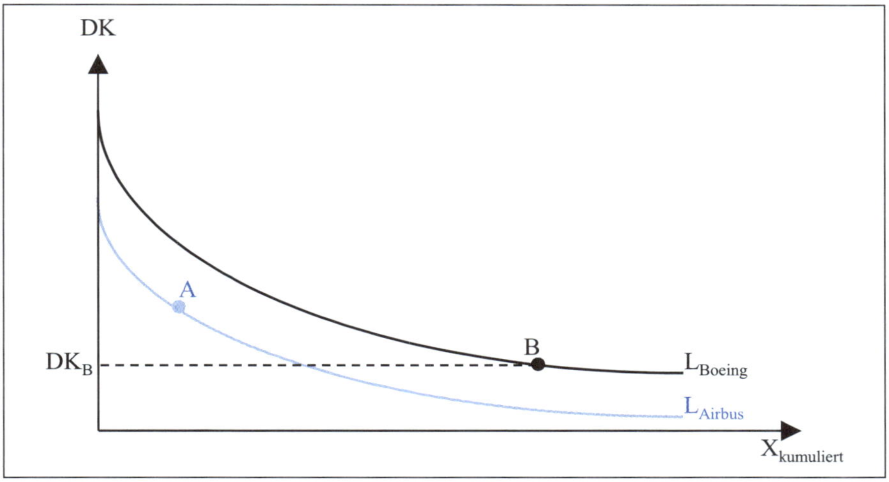

Abb. 4.5: Lernkurveneffekte

ben. In diesem Fall ergeben sich Unteilbarkeiten und monopolistische Marktstrukturen mit entsprechenden **Monopolrenten** in den USA.

Es könnte nun für das europäische Inland attraktiv erscheinen, die Monopolrenten ins Inland zu lenken. Durch zeitweilige Protektion könnte versucht werden, ein zuvor im US-amerikanischen Ausland bestehendes Monopol nach entsprechender Erziehungszeit durch ein inländisches abzulösen. Gleichzeitig würden dabei die Monopolrenten, die zuvor im Ausland anfielen, ins Inland umgelenkt **(Rent-Shifting)**.[58] Die zu diesem Argument passenden handelspolitischen Instrumente werden unter dem Begriff der „**Strategischen Handelspolitik**" zusammengefasst:

> Unter strategischer Handelspolitik im engeren Sinne versteht man Maßnahmen, mit denen gewinnbringende Produktionen ins Inland gezogen werden sollen. Es kommen für die strategische Handelspolitik i. e. S. nur Sektoren mit hohem Konzentrationsgrad, großen Lerneffekten und hohen Marktzutrittsbarrieren in Frage. Kompetitive Märkte eignen sich für strategische Handelspolitik nicht.

Es lohnt sich, diese Definition etwas näher zu betrachten. Erstens liegt in der **grundsätzlichen Zielsetzung** der strategischen Handelspolitik ein wesentlicher Unterschied Erziehungszoll von List. List plädierte für Schutzzölle, um damit langfristig Handelsstrukturen zu schaffen, die den wahren komparativen Kostenvorteilen entsprechen und somit die Weltwohlfahrt maximieren. Die Weltwohlfahrt spielt jedoch bei der strategischen Handelspolitik allenfalls eine untergeordnete Rolle: Es kann, muss aber nicht zu ihrer Erhöhung kommen.

[58] Neben der reinen Umlenkung von Renten ist es auch möglich, durch strategische Wirtschaftspolitik neue Produkte bzw. Märkte zu initiieren. Wenn dies mit monopolistischer Produktionsweise einhergeht, wird von **Rent-Creation** gesprochen.

Zweitens wird die strategische Handelspolitik i. e. S. oft auf **Sektoren mit großen Lerneffekten** eingegrenzt. Wie bereits einleitend betont, ist ein ausländisches Monopol, das ausschließlich auf intern statisch steigenden Skalenerträgen basiert, im Allgemeinen ohnehin wenig dauerhaft, weil auch ohne staatliche Unterstützung ein hinreichend großer Anreiz für Unternehmen besteht, den Markteintritt zu versuchen. Allerdings wurde auch bereits darauf verwiesen, dass ein ausländisches Monopol erfolgreich Marktzutrittsbarrieren im In- und Ausland errichten kann, zu deren Überwindung staatliche Unterstützung in der Regel erforderlich ist. Deshalb dürfen die wirtschaftspolitischen Empfehlungen der strategischen Handelspolitik begrenzt auch auf die statisch steigenden Skalenerträge (und andere Ursachen von Monopolen) übertragen werden.

Was die **Instrumente** der strategischen Handelspolitik betrifft, so sind importhemmende Maßnahmen (vgl. Abschnitt 3.3.1) wie Zölle nur dann erfolgreich, wenn der Inlandsmarkt so groß ist, dass der neue inländische Anbieter die erforderlichen Lerneffekte hinreichend schnell realisieren kann. Zusätzlich muss der Auslandsmarkt bei den importbeschränkenden Maßnahmen relativ klein sein, damit der ausländische Anbieter seine Erfahrungsvorteile nicht weiter ausbaut. Deshalb werden im Rahmen strategischer Handelspolitik meistens Export- und/oder Produktionssubventionen oder, falls der Sektor F&E-intensiv ist, entsprechende F&E-**Subventionen** vorgeschlagen, die über eine Verbilligung der inländischen Produktion auf in- und ausländischen Märkten wirken. Dabei muss eine hinreichend lange und glaubwürdige staatliche Unterstützung sichergestellt werden. Nur so kann im vorliegenden Beispiel Airbus die Anlaufperiode verlässlich planen. Wenn Airbus aufgrund einer solchen staatlichen Unterstützung überzeugt ist, genug Flugzeuge produzieren und Erfahrungen sammeln zu können, um die Durchschnittskosten auf das Niveau DK_B zu drücken, wird der **Markteintritt** versucht.[59]

Wird die Strategie durchgehalten, kann Airbus eines Tages kostengünstiger als Boeing anbieten und einen **Verdrängungswettbewerb** beginnen. Am Ende dieses Verdrängungswettbewerbes wäre Airbus alleiniger Anbieter und würde Monopolrenten, die vorher im Ausland anfielen, nun im Inland erzielen können. Abgesehen davon könnte es zu zusätzlichen Konsumentenrenten kommen, wenn die verringerten Durchschnittskosten an die Flugzeugkäufer weitergegeben werden.

Die Möglichkeit, über temporäre Subventionen dauerhafte volkswirtschaftliche Rentengewinne erzielen zu können, soll an einem fiktiven, aber nicht gänzlich unrealistischen Beispiel etwas ausführlicher dargestellt werden. In der Phase der Gründungsentscheidung von Airbus berechnet eine Wirtschaftlichkeitsstudie (vgl. Tab. 4.2) die Gewinne beider Unternehmen jeweils in Abhängigkeit von der Produktionsentscheidung des Konkurrenten. Jede Tabellenzelle hat zwei Einträge, wobei der linke Eintrag die Gewinne von Boeing, der rechte die von Airbus angibt. In der Ausgangslage macht Boeing einen Gewinn von 100 und Airbus keinen Gewinn, da das Unternehmen noch nicht produziert. Für

[59] Streng genommen muss ein noch niedrigeres Durchschnittskostenniveau erreicht werden, weil bis zum Zeitpunkt des Erreichens von DK_B von Airbus die Durchschnittskosten von Boeing in der Zwischenzeit weiter gesunken sind.

Airbus besteht auch kein Anreiz, die Produktion aufzunehmen. Andernfalls würde das Unternehmen einen Verlust von 5 hinnehmen müssen. Erkennbar ist, dass die Situation genau umgekehrt wäre, wenn Airbus die Produktion vor Boeing aufgenommen hätte, die Ausgangslage also durch die linke untere Zelle beschrieben würde. Dann gäbe es keinerlei Anreiz für einen Markteintritt von Boeing, weil das Unternehmen dadurch nur Verluste erleiden könnte. In diesem Beispiel beeinflusst also Zufall und Geschichte die Weltproduktion und die Richtung der Handelsströme. Dasjenige Unternehmen, das in der Ausgangssituation schneller war, hat Kostenvorteile und wird – zumindest bei Abwesenheit staatlicher Interventionen – langfristig den Markt bedienen.

Box 4.1: Lerneffekte und intern dynamisch steigende Skalenerträge

Der Lerneffekt in der Produktion führt zu Kostensenkungen bei einer Wiederholung von Arbeitsgängen. Insbesondere bei komplexen Produktionsvorgängen kommt dem Lerneffekt eine Bedeutung zu. Im Flugzeugbau wird teilweise geschätzt, dass die Produktionskosten des tausendsten Flugzeugs nur noch 50 % der Kosten des ersten Flugzeugs betragen. Dabei fallen die größten Lerneffekte in der Regel bei den ersten Produktionseinheiten an. Entsprechend ist die Lernkurve dann zu Beginn besonders steil nach unten geneigt.

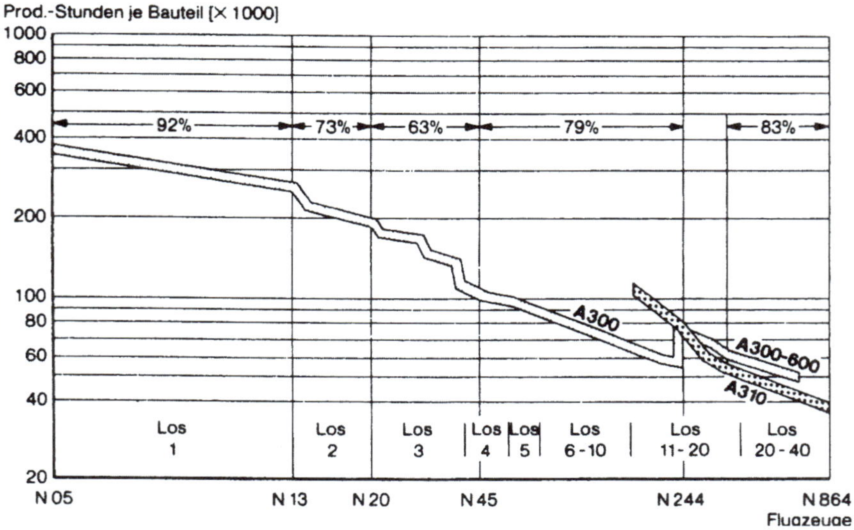

Ablaufkurve MBB-UH-Bauteil

Die vorstehende Abbildung zeigt eine Lernkurve (auch Ablaufkurve genannt) für ein Bauteil (MBB-UH-Bauteil) des Airbus-Flugzeuges A300.[60]

[60] Die Grafik wurde entnommen aus: Flosdorff, H., Stand und Chancen des Airbus-Familien-Programms, in: Schulz, W. und W. Wilke (Hrsg.), Jahrbuch der deutschen Gesellschaft für Luft- und Raumfahrt e.V., Bd. I, Köln 1980, Beitrag Nr. 2.

Sie zeigt die Degression des Fertigungsaufwandes in Produktionsstunden (in doppelt logarithmischem Maßstab, vertikale Achse) über der produzierten Stückzahl (N05 = 5. Flugzeug bis N864 = 864. Flugzeug, horizontale Achse). Die Prozentzahlen über den einzelnen Anzahlbereichen geben die Veränderung des Fertigungsaufwandes an, der sich mit der entsprechenden Produktionsausdehnung ergibt (Lerneffekt). So betrug z. B. der Fertigungsaufwand beim 13. Flugzeug nur noch 92 % des Aufwandes beim 5. Flugzeug. Die zusätzlich angegebene Unterteilung der Produktion in Lose entspricht den Produktionsfreigaben.

Auch in anderen Sektoren fallen signifikante Lerneffekte an. Zimmermann (1992) schätzt, dass in der Anfangszeit des Atomkraftwerkbaus ein Unternehmen durch die Fertigstellung eines ersten Atomkraftwerkes seine Kosten für den Bau eines zweiten um 11,8 % senken konnte. Die zweite Fertigstellung verringerte die Kosten um weitere 4 %. Liebermann (1984) kommt anhand der Untersuchung von 37 chemischen Produkten zu dem Ergebnis, dass eine Verdopplung des kumulierten Outputs die Kosten um ca. 20 % verringert. Für Halbleiter sind ebenfalls starke Lerneffekte vorhanden (Baldwin und Krugman, 1987a).

Literatur:

Baldwin,R.E., Krugman, P., Market access and international competition: A simulation study of 16k random access memory, in: R.C. Feenstra (Ed.), Empirical methods for international trade, Cambridge 1987.

Baldwin, R.E., Krugman, P., Industrial policy in international competition in wide-bodied aircraft, in: R.E. Baldwin (Ed.), Trade policy issues and empirical analysis, Chicago 1987.

Liebermann, M.B., The learning curve and pricing in the chemical processing industry, Rand Journal of Economics 15 (1984), S. 213–228.

Zimmermann, M.B., Learning effects and the commercialization of new energy technologies: the case of nuclear power, Bell Journal of Economics 13 (1982), S. 297–310.

Nun habe Europa den Wunsch, die Monopolrente aus den USA langfristig nach Europa umzulenken. Was die für diese Rentenumlenkung geeigneten Instrumente betrifft, so wurde bereits die **Second-Best-Natur des Erziehungszolles** aufgezeigt, so dass (temporäre) Subventionen geeigneter erscheinen. Angenommen die Europäische Kommission zahlt Airbus eine Subvention von 25, damit das Unternehmen die Produktion aufnimmt und in den Markt eintritt. Die Gewinnmatrix hat dann die Form der Tabelle 4.3. An den Zellen der rechten Spalte ändert sich im Vergleich zur Ausgangslage nichts, wohl aber an denen der linken Spalte. Wenn Airbus in den Markt eintritt, so hängt sein Gewinn nach wie vor davon ab, wie Boeing sich verhält. Bleibt Boeing im Markt, so realisiert das amerikanische Unternehmen einen Verlust von 5. Gleichzeitig wird auch Airbus einen privaten Verlust von 5 machen, durch die Subvention von 25 jedoch insgesamt einen Gewinn von 20 realisieren. Durch gleiche Überlegungen ergeben sich die Gewinne der linken unteren Zelle.

Tab. 4.2: Gewinnmatrix in der Ausgangslage ohne Subvention

Boeing \ Airbus	Produziert	Produziert nicht
Produziert	–5/–5	100/0
Produziert nicht	0/100	0/0

Tab. 4.3: Gewinnmatrix in der Ausgangslage mit Subvention

Boeing \ Airbus	Produziert	Produziert nicht
Produziert	–5/20	100/0
Produziert nicht	0/125	0/0

Airbus wird also aufgrund der Subvention in den Markt eintreten, weil es bei beiden alternativen Reaktionsmöglichkeiten von Boeing einen Gewinn erzielt. Nachdem Airbus eingetreten ist, wird Boeing aber langfristig aus dem Markt ausscheiden (wegen des Verlustes von 5), so dass sich das neue Gleichgewicht in der linken unteren Zelle einstellt. Für Airbus fällt nun ein Gewinn von 125 an, von dem die Subvention von 25 abzuziehen ist, so dass sich ein volkswirtschaftlicher Nettonutzen von 100 ergibt. Durch die Subvention wird Boeing langfristig vom Markt verdrängt und die Monopolrente aus den USA nach Europa umgelenkt („**rent shifting**").

Freihandel stellt in dem hier geschilderten Fall für Europa nicht unbedingt eine wohlfahrtsoptimale Handelspolitik dar. Aufgrund dieser Schlussfolgerung wurde der **Brander-Spencer-Analyse** eine hohe Aufmerksamkeit zuteil. Die kritische Würdigung der Neuen und Strategischen Handelspolitik in Abschnitt 4.4 relativiert diesen Gedanken jedoch erheblich.

4.2.2 Extern steigende Skalenerträge

Wie bereits erwähnt, äußern sich **extern steigende Skalenerträge** (Skalenerträge auf Sektorebene) darin, dass die Stückkosten der Unternehmen mit steigender Produktionsmenge des gesamten Sektors in der Region, nicht aber notwendigerweise mit einer steigenden Größe des einzelnen Unternehmens abnehmen. Als **extern dynamisch steigende Skalenerträge** waren sie bereits ein zentrales Argument beim Erziehungszoll von List, der sich auf den Schutz der deutschen Industrie gegen die damals übermächtige britische Industrie bezog. Als Beispiele für **extern statisch steigende Skalenerträge** werden heute oft die Computerindustrie in Kalifornien, die Uhrenindustrie in der Schweiz und der Bankensektor in London genannt. Hier steht mit zunehmender Sektorgröße und steigender Anzahl gleichartiger Unternehmen in einer Region eine größere Auswahl einschlägig qualifizierter Arbeitskräfte zur Verfügung. Typische Vorprodukte sind in größerer Auswahl vorhanden und es entstehen **Spill-Over-Effekte** aus den Forschungs- und Entwicklungsabteilungen einzelner Unternehmen auf andere.

Charakteristisch für Industrien mit extern steigenden Skalenerträgen ist eine große Anzahl von Unternehmen, die in (nahezu) vollkommenem Wettbewerb stehen. Im Gegensatz dazu stehen die bereits behandelten Industrien mit intern steigenden Skalenerträgen, bei denen sich Monopole bilden können.

Starke externe Skalenerträge können dazu führen, dass historisch und zufällig bedingte **internationale Handelsmuster** entgegen der Theorie komparativer Kosten erhalten bleiben oder sich sogar verfestigen. Die Abb. 4.6 verdeutlicht diese Aussage anhand eines (hypothetischen) Beispiels zweier nationaler Uhrenindustrien (Schweiz und Thailand).

Beide Länder weisen mit steigender Uhrenproduktion X **sinkende Durchschnittskostenverläufe** auf. Dabei soll angenommen werden, dass sowohl die Schweiz als auch Thailand jeweils in der Lage wären, die gesamte Weltnachfrage (N_{Welt}) zu decken. Die thailändische Kostenkurve möge aufgrund niedrigerer Löhne unterhalb der schweizerischen liegen, so dass Thailand bei jeder gegebenen Produktionsmenge potentiell günstiger produzieren könnte als die Schweiz. Zu erwarten wäre nun, dass Thailand aufgrund des Kostenvorteils – sofern er auch einem komparativen Kostenvorteil entspricht – den gesamten Weltmarkt bedient. Dieser Fall muss jedoch dann nicht eintreten, wenn sich die Schweizer Uhrenindustrie zeitlich weit vor den thailändischen Konkurrenten etabliert. Dann wird nämlich die Schweiz zu diesem Zeitpunkt die gesamte Weltnachfrage mit der Produktionsmenge X_1 zum Preis P_1 bedienen (Punkt A).

Da es zu diesem Zeitpunkt jedoch noch keine thailändische Produktion gibt ($X = 0$), sieht sich jedes thailändische Uhrenunternehmen zunächst den Kosten DK_0 gegenüber. Diese übersteigen den Preis P_1, zu dem die etablierte Schweizer Uhrenindustrie produzieren und anbieten kann. Deshalb wird Thailand auf der Grundlage allein privater Initiative keine Uhrenindustrie aufbauen können. Damit wird auch das potentielle neue Weltmarktgleichgewicht im Punkt B beim niedrigeren Preis P_2 nicht erreicht.

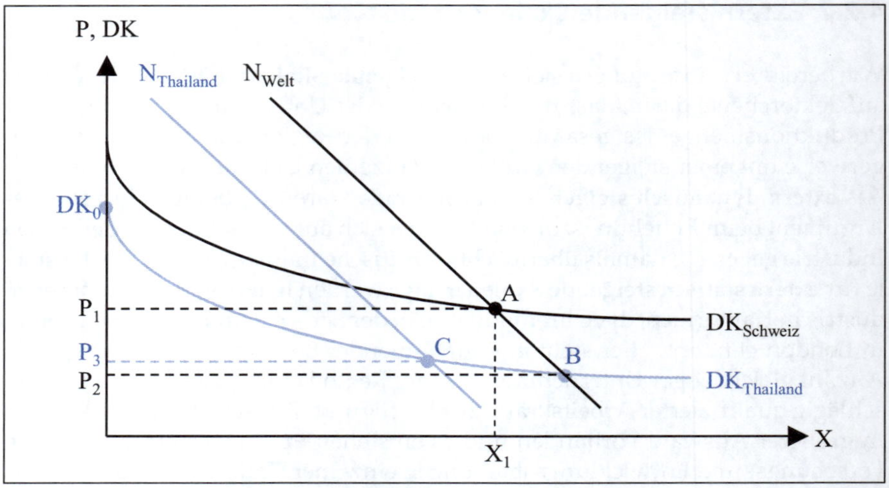

Abb. 4.6: Extern steigende Skalenerträge

Die Abb. 4.6 verdeutlicht ferner, dass internationaler Handel bei externen Skalenerträgen die Wohlfahrt eines Landes im Vergleich zur Autarkie verringern kann. Angenommen die thailändische Inlandsnachfrage nach Uhren verläuft gemäß der Linie N_{Thailand}. Ohne internationalen Handel würde in Thailand eine Uhrenindustrie entstehen, die den Inlandsmarkt zum Preis P_3 und somit unterhalb des schweizer Preises P_1 befriedigen kann. Offensichtlich müssen die thailändischen Konsumenten bei internationalem Handel aufgrund von Importen einen höheren Preis für Uhren in Kauf nehmen als bei Autarkie. Bei Autarkie wären sowohl die thailändischen Konsumenten als auch die Produzenten besser gestellt.

Dieses Beispiel im Rahmen extern steigender Skalenerträge legt nahe, dass durch eine **aktive Handelspolitik** die Wohlfahrt erhöht werden kann. Im Gegensatz zu den externen Effekten aus Abschnitt 4.1 genügt im vorliegenden Fall ein **temporärer Eingriff** zur Erhöhung der Wohlfahrt: Entschlösse sich die thailändische Regierung, den inländischen Markt zeitweilig vor Uhrenimporten zu schützen, so würde sich im Übrigen langfristig nicht nur das Gleichgewicht im Punkt *C*, sondern im Punkt *B* ergeben. Die thailändische Uhrenindustrie würde langfristig die Schweizer Uhrenindustrie verdrängen und deren vormalige Weltmarktführerposition einnehmen. Für die Weltwirtschaft wäre dies vorteilhaft, weil dann die Produktion entsprechend der tatsächlichen, und nicht der historisch bedingten (komparativen) Kostenvorteile alloziiert würde.

4.2.3 Produktdifferenzierung, monopolistische Konkurrenz und intraindustrieller Handel

Die bisherigen Analysen des Außenhandels gingen seitens des Angebotes entweder von **vollständiger Konkurrenz**, in der homogene Güter jeweils von einer Vielzahl von Produzenten hergestellt werden, oder von einem Monopol aus. Zwischen diesen beiden Polen möglicher Marktformen ist die Situation **monopolistischer Konkurrenz** von besonderem Interesse. Zu ihr kann es insbesondere bei **bereichsweise sinkenden Durchschnittskosten** und aufgrund von **Produktdifferenzierungen** kommen.[61] Von den anderen Marktformen unterscheidet sich die monopolistische Konkurrenz dadurch, dass Produkte, Märkte bzw. Teilmärkte entstehen, in denen die einzelnen Anbieter zunächst eine monopolistische **Marktmacht** erhalten. Diese Marktmacht kann über den Markteintritt von Konkurrenten, die ähnliche, wenngleich nicht homogene Substitutionsgüter herstellen, in ein Marktgleichgewicht überführt werden, in dem die Preise den Durchschnittskosten entsprechen und somit letztlich keine Monopolrenten bestehen.

[61] In Abschnitt 3.2.4.4 wurden bereits Produktinnovationen durch technischen Fortschritt behandelt. Änderungen eines Produktes, die nur schwer nachweisbare Funktionsausweitungen des betreffenden Gutes mit sich bringen, werden nicht als technischer Fortschritt, sondern als Produktdifferenzierung betrachtet. Als wichtige Parameter der Produktdifferenzierung dienen die Qualität (Haltbarkeit, Pflegeleichtigkeit, Bedienungskomfort etc.) und Äußerlichkeiten (Stil, Form, Farbe, Aufmachung und Verpackung).

Zur Verdeutlichung und Untersuchung der Auswirkungen dieser Marktform auf den internationalen Handel ist zunächst die Darstellung eines einfachen Modells des **monopolistischen Wettbewerbs** hilfreich. Zunächst wird davon ausgegangen, dass eine Industrie (Sektor innerhalb eines Landes) aus mehreren Unternehmen besteht, wobei jede Firma genau ein Gut produziert. Die Produzenten stellen differenzierte Güter her, d.h. die Güter sind nicht vollkommen homogen, jedoch in gewissem Ausmaß gegeneinander substituierbar. Jedes Unternehmen ist somit zwar ein Monopolist in dem Sinne, dass es der einzige Hersteller eines bestimmten Gutes ist, jedoch wird die Nachfrage nach seinem Produkt von der Anzahl der ähnlichen (substituierbaren) Güter sowie deren Preise beeinflusst. Eine einfache lineare Nachfragefunktion, der sich ein Unternehmen unter monopolistischer Konkurrenz gegenübersieht, kann beschrieben werden durch

(4.1) $$X = X_S \cdot \left(\frac{1}{N} - a \cdot (P - P_S)\right)$$

mit

X = Absatz des Unternehmens,
X_S = Absatz des gesamten Sektors,
N = Anzahl der Unternehmen im gesamten Sektor,
a = Steigungskoeffizient der Preisabsatzfunkion ($a > 0$),
P = Preis des Unternehmens für sein Produkt sowie
P_S = Durchschnittspreis aller Produkte der Konkurrenzunternehmen.

Die Gleichung (4.1) spiegelt wider, dass jede Firma einen Marktanteil von $1/N$ besitzt, wenn alle Unternehmen ein und denselben Preis für ihr jeweiliges Produkt verlangen. Sobald ein Unternehmen einen höheren (niedrigeren) Preis als den Durchschnittspreis des gesamten Sektors verlangt, reduziert (erhöht) sich sein Marktanteil. Im Folgenden soll weiterhin vereinfachend angenommen werden, dass der gesamte Sektorabsatz X_S nicht vom Durchschnittspreis P_S beeinflusst wird. Ein einzelnes Unternehmen kann somit seinen eigenen Absatz nur auf Kosten des Absatzes anderer Unternehmen steigern.[62] Die totalen Kosten eines einzelnen Unternehmens werden als linear unterstellt, d.h.

(4.2) $$K = F + k \cdot X$$

wobei F die Fixkosten und k die variablen Stückkosten und in diesem Fall des linearen Kostenverlaufs die Grenzkosten bezeichnen. Die Durchschnittskosten des Unternehmens ergeben sich damit zu

(4.3) $$DK = \frac{K}{X} = \frac{F}{X} + k$$

d.h. es wird für jedes Unternehmen ein **fallender Durchschnittskostenverlauf** unterstellt.

[62] Die Größe X_S kann somit als ein Maß für Marktgröße interpretiert werden.

Zur Bestimmung des Marktgleichgewichts des monopolistischen Konkurrenzmarktes sei zusätzlich die **Symmetrie aller Unternehmen** unterstellt, d. h. alle Firmen des Sektors sehen sich der gleichen Nachfragefunktion (4.1) gegenüber und weisen identische Kostenfunktionen (4.2 bzw. 4.3) auf, obwohl sie differenzierte Produkte herstellen. Es soll untersucht werden, wie viele Unternehmen (N) sich im Gleichgewicht am Markt beteiligen und wie hoch der gleichgewichtige durchschnittliche Sektorpreis (P_S) sein wird. Dafür wird zunächst ein Zusammenhang zwischen der Anzahl der Firmen und den Durchschnittskosten eines Unternehmens hergeleitet.

Aufgrund der Symmetrie aller Unternehmen werden diese im Gleichgewicht alle denselben Preis für ihr Produkt verlangen, d. h. $P = P_S$. Aus Gleichung (4.1) folgt daher

(4.4) $$X = \frac{X_S}{N}$$

d. h. jedes Unternehmen hat einen Anteil von $1/N$ am gesamten Sektorabsatz. Mit Gleichung (4.3) ergibt sich deshalb für die Durchschnittskosten eines jeden Unternehmens:

(4.5) $$DK = \frac{F}{X_S / N} + k = N \cdot \frac{F}{X_S} + k$$

Aus (4.5) folgt, dass c. p. die Durchschnittskosten eines Unternehmens mit zunehmender Anzahl von Unternehmen im Sektor steigen. Der Grund liegt darin, dass sich bei konstanter Produktion des gesamten Sektors (X_S) der Output des einzelnen Unternehmens mit zunehmender Firmenzahl verringert und sich somit die Kosten pro erzeugte Outputeinheit erhöhen.

Der aus (4.5) hergeleitete Zusammenhang zwischen N und den Durchschnittskosten DK eines Unternehmens wird in der Abb. 4.7 durch die Linie $DKDK$ dargestellt. Als nächstes wird eine Beziehung zwischen der Anzahl N der Unternehmen im Sektor und dem Preis P eines Unternehmens hergeleitet. Dabei ist zunächst zu beachten, dass im Modell der monopolistischen Konkurrenz unterstellt wird, dass eine Preisänderung eines einzelnen Unternehmens die Preise der Konkurrenten unverändert lässt. D. h. jedes Unternehmen sieht die Preise der Konkurrenten als unabhängig von seiner eigenen Preissetzung und damit die Größe P_S als konstant gegeben an.[63] Die Nachfragefunktion (4.1) des einzelnen Unternehmens lässt sich wie folgt umschreiben:

(4.6) $$X = (X_S / N + X_S \cdot a \cdot P_S) - X_S \cdot a \cdot P$$

bzw. aufgelöst nach P:

(4.7) $$P = \frac{(X_S / N + X_S \cdot a \cdot P_S) - X}{X_S \cdot a}$$

[63] Diese Annahme ist eine Vereinfachung gegenüber oligopolistischen Marktmodellen, in denen die Preispolitiken der Unternehmen interdependent sind.

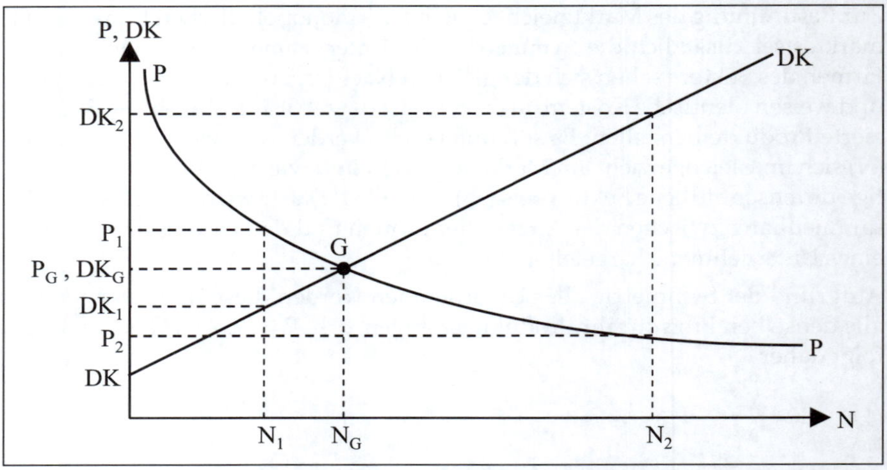

Abb. 4.7: Gleichgewicht auf einem monopolistischen Konkurrenzmarkt

Als Monopolist (hinsichtlich des eigenen differenzierten Gutes) setzt das einzelne gewinnmaximierende Unternehmen nun den Grenzerlös *GE* gleich den Grenzkosten *k*:

(4.8) $$GE = P - \frac{X}{X_s \cdot a} = k$$ [64]

Hieraus folgt für den gewinnmaximierenden Preis des Unternehmens

(4.9) $$P = k + \frac{X}{X_s \cdot a}$$

Da im Gleichgewicht alle Firmen den gleichen Absatz $X = X_S/N$ erzielen, ergibt sich aus (4.9) der folgende Zusammenhang zwischen der Anzahl der Unternehmen *N* und dem gewinnmaximalen Preis *P*:

(4.10) $$P = k + \frac{1}{N \cdot a}$$

Offensichtlich gilt, dass bei hoher Zahl von Konkurrenten (großes *N*) der gewinnmaximale Preis *P* niedrig ist und umgekehrt. In Abb. 4.7 wird der Zusammenhang zwischen den Größen *P* und *N* durch die Linie *PP* beschrieben.

[64] Zunächst gilt für den Erlös *E* des Unternehmens mit (4.7)

$$E = P \cdot X = \frac{\left(X_S / N + X_S \cdot a \cdot P_S\right) \cdot X - X^2}{X_S \cdot a}$$

Abgeleitet nach *X* ergibt sich:

$$GE = \frac{dE}{dX} = \frac{X_S / N + X_S \cdot a \cdot P_S - 2X}{X_S \cdot a} = P - \frac{X}{X_S \cdot a}$$

In der Abb. 4.7 stellt der Schnittpunkt G der beiden Kurven $DKDK$ und PP das langfristige Gleichgewicht des Sektors im Hinblick auf die Unternehmenszahl N und dem von allen (symmetrischen) Firmen verlangten Preis $P = P_S$ dar.[65] Im Gleichgewicht G besteht der Sektor aus N_G Unternehmen und ihr einheitlicher gewinnmaximierender Preis beträgt P_G, der ihren Durchschnittskosten DK_G entspricht, so dass letztlich keine **Monopolrenten** entstehen. Dass der Punkt G auch wirklich ein langfristiges Gleichgewicht darstellt, ergibt sich aus den folgenden Überlegungen: Angenommen der Sektor besteht aus weniger als N_G Firmen, z. B. aus N_1. Der von den Unternehmen geforderte Preis P_1 liegt über den Durchschnittskosten DK_1, d. h. für die Unternehmen ergeben sich Monopolgewinne. Dies ist ein Anreiz für weitere Unternehmen in den Markt einzutreten, sodass N steigt, der Preis P sinkt und die Durchschnittskosten DK steigen. Dieser verstärkte Marktzutritt setzt sich fort, bis keine Monopolgewinne mehr zu erzielen sind. Ist umgekehrt die Anzahl der Unternehmen im Sektor größer als N_G, z. B. N_2, so liegt der Preis P_2 unter den Durchschnittskosten DK_2 und die Unternehmen erleiden Verluste. Dies führt zu Austritten einiger Firmen, der Preis P beginnt zu steigen und die Durchschnittskosten DK fallen.

Im Rahmen des beschriebenen monopolistischen Konkurrenzmodells lässt sich nun die Vorteilhaftigkeit des internationalen Handels für die beteiligten Länder zeigen. Die Vorteile entstehen dadurch, dass sich durch Außenhandel der Markt insgesamt vergrößert **(Marktintegration)**. Die positiven Auswirkungen eines vergrößerten Marktes ergeben sich durch die folgenden Überlegungen:

Die Gleichung (4.5) beschreibt den Zusammenhang zwischen der Anzahl der Firmen N und den Durchschnittskosten DK für jedes Unternehmen. Hiernach verringert eine Erhöhung des Gesamtsektorabsatzes X_S bei gegebener Anzahl von N Unternehmen die Durchschnittskosten. Bleibt die Anzahl von Unternehmen konstant, so führt eine Marktvergrößerung zu einer Erhöhung des Absatzes für jedes Unternehmen und die Mehrproduktion reduziert die Durchschnittskosten. Insgesamt führt die Marktvergrößerung also zu einer Rechtsverschiebung der $DKDK$-Kurve, was in der Abb. 4.8 durch den Übergang der Linie DK_0DK_0 nach DK_1DK_1 dargestellt wird.

Demgegenüber bleibt der Zusammenhang zwischen der Anzahl der Firmen und dem gewinnmaximierenden Preis von der Marktvergrößerung unberührt, denn die PP-Kurve ist nach (4.10) unabhängig von X_S. Die Markterweiterung führt somit langfristig aufgrund der zuvor beschriebenen Mechanismen vom Gleichgewichtszustand G_0 zum neuen Gleichgewicht G_1. Dabei erhöht sich die Anzahl der Firmen von N_0 auf N_1, während der Preis von P_0 auf P_1 sinkt. Die Marktvergrößerung stellt für die Konsumenten einen Vorteil dar, weil (a) die Produktvielfalt höher ist als zuvor und (b) die Preise geringer ausfallen.

Das bisherige Modell sagt bislang noch nichts über die **Richtung von Handelsströmen** aus. Wenn ein integrierter Markt in einem Sektor zu N verschiedenen Unternehmen führt, so hängt die Handelsrichtung davon ab, in welchem Land die Unternehmen angesiedelt sind. Realistisch ist, dass es in einem Sektor (z. B.

---

[65] Analytisch ergibt sich die gleichgewichtige Anzahl der produzierenden Firmen zu $N = \sqrt{X_s / (a \cdot F)}$.

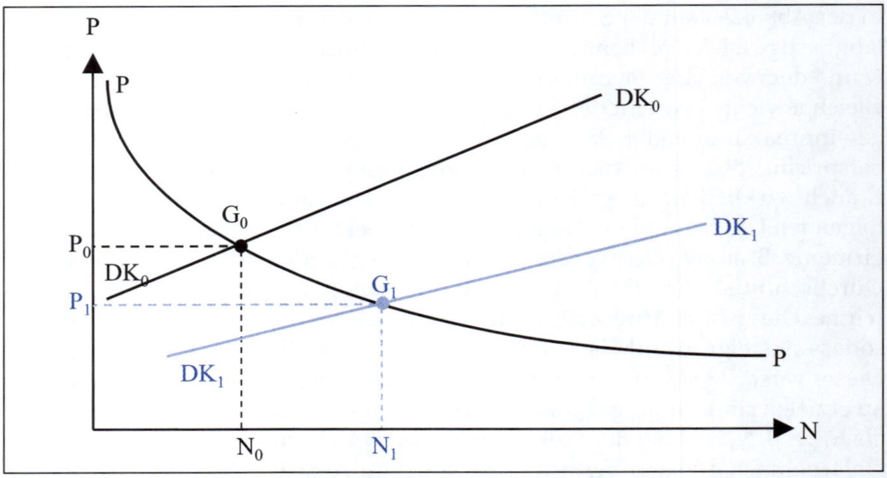

Abb. 4.8: Auswirkungen einer Marktvergrößerung

der Automobilbranche) monopolistische Konkurrenten sowohl im In- als auch im Ausland gibt. Dann ist **intraindustrieller Handel** wahrscheinlich, wenn einige inländische (ausländische) Konsumenten starke Präferenzen für ausländische (inländische) Produktvarianten haben. Die europäische Integration bietet Beispiele dafür, dass auf den vergrößerten Märkten viele vorher nicht oder nur in geringem Umfang gehandelte Güter zu Außenhandelsgütern wurden.

Andererseits sollte klar sein, dass die Gesamtzahl der produzierenden Unternehmen im Allgemeinen sinkt. Angenommen im In- und Ausland bestünden vor Aufnahme des Handels ähnliche Angebots- und Nachfragestrukturen. Dann würde sich in beiden Ländern jeweils die gleiche Anzahl von N_0 Produzenten (vgl. Abb. 4.8) ergeben. Nach Aufnahme des Handels ist die Zahl der Anbieter auf beiden Märkten um den Faktor $\sqrt{2}$ (vgl. letzte Fußnote) höher und damit weniger als doppelt so groß. Mit anderen Worten: Bei den hier getroffenen vereinfachten Annahmen ist mit einem Ausleseprozess zu rechnen, bei dem rund 30 % der Unternehmen ausscheiden.[66] In einem solchen Ausleseprozess sind z. B. in der europäischen Autoindustrie Firmen wie DKW, Borgward, Lloyd, NSU, Simca aus dem Markt ausgeschieden oder haben ihre Selbständigkeit verloren.

Welche Konsequenzen ergeben sich nun für die Handelspolitik? Im beschriebenen Modell wird die **Zahl der Anbieter** eindeutig und endogen bestimmt, nicht aber deren **Nationalität**. Da jede beliebige Aufteilung der gesamten Zahl von Anbietern auf in- und ausländische Unternehmen ein Gleichgewicht darstellt, kann von **multiplen Gleichgewichten** gesprochen werden. Mit anderen Worten: Wenn es einer Regierung gelingt, im Laufe des Anpassungsprozesses möglichst

[66] Zu diesen Annahmen gehört die Existenz zweier zuvor etwa gleich großer Volkswirtschaften. Ferner wird vernachlässigt, dass die im neuen Integrationsraum entstehenden Kostensenkungen zu Wettbewerbsvorteilen gegenüber Drittregionen und somit steigenden Exporten in diese Richtung führen könnten.

viele Unternehmen im Inland zu sichern, so bleibt diese Struktur dauerhaft erhalten. Oder: Wenn eine bestimmte Aufteilung der Produktion auf in- und ausländische Anbieter nicht gefällt und die inländische Regierung über effiziente Maßnahmen erreicht, dass ausländische Firmen durch inländische verdrängt werden, so bleibt diese neue Produktionsaufteilung ein Gleichgewicht, bis gegebenenfalls eine neuer Impuls auf die Struktur (z. B. durch ausländische Reaktionen) erfolgt. Unter rein wohlfahrtstheoretischen Erwägungen ist eine solche Politik nur schwer zu rechtfertigen, weil ein Rent-Shifting nicht möglich ist – die Preise im Gleichgewicht entsprechen den Durchschnittskosten. Wenn jedoch weitere Verletzungen klassischer Annahmen, z. B. auf den Arbeitsmärkten, vorliegen, können handelspolitische Eingriffe eine Wohlfahrtssteigerung bewirken (vgl. Abschnitt 4.5).

4.3 Informations- und Anpassungsmängel

Von den in der Theorie des Marktversagens vorhandenen zahlreichen Argumenten im Hinblick auf Informations- und Anpassungsmängel stehen im Zusammenhang mit der Außenhandelstheorie die Argumente der **Produktunsicherheit** und der **fixen und verlorenen Kosten** (**sunk costs**) im Vordergrund. Der Grund liegt darin, dass diese Argumente einen Erklärungsbeitrag zu sogenannten **hysteretischen** oder **persistenten Anpassungsmustern im Außenhandel** liefern können.

Der Begriff der **Hysterese** stammt aus den Naturwissenschaften, insbesondere aus der Theorie des Magnetismus: Ein hinreichend starkes Magnetfeld magnetisiert ein Metallstück, indem die in ihm enthaltenen Metallteilchen in die gleiche Richtung ausgerichtet werden. Die Struktur des Metallstückes wird also durch einen **Impulsmechanismus** geändert. Nach dem Entfernen des Magnetfeldes bleibt die Magnetisierung des Metallstückes und somit seine (neue) Struktur erhalten. Offensichtlich existiert ein **strukturkonservierender Verharrungsmechanismus**.

Auslöser für die Entwicklung hysteretischer Konzepte war der Außenhandel der USA, Japans und (bis zur Wiedervereinigung) der Bundesrepublik Deutschland, der in den 80er und 90er Jahren entgegen den als normal erachteten Entwicklungsmustern verlief.[67] Es kam zu andauernden US-Defiziten sowie japanischen Überschüssen der Leistungsbilanz in bis dato unbekannten Größenordnungen, ohne dass eine deutlich ausgleichende Tendenz in Richtung des Nullwertes auszumachen war. Ein einmal aufgebautes Defizit (oder ein Überschuss) schien für zumindest längere Zeit anzuhalten. Entsprechend mehrten

[67] Zu den frühen Arbeiten zu Hysterese und Persistenz gehören Baldwin, R., Hysteresis in Import Prices: The Beachhead Effect, American Economic Review 78 (1988), S. 773–785 sowie Baldwin, R., Krugman, P., Persistent Trade Effects of Large Exchange Rate Shocks, Quarterly Journal of Economics 104 (1989), S. 635–654. Einen Überblick über die jüngere Literatur geben u. a. Sanghamitra, D., Roberts, M.J., Tybout, J.R., Market Entry Costs, Producer Heterogeneity, and Export Dynamics, Econometrica 75 (2007), S. 837–873.

sich Befürchtungen über dauerhafte weltwirtschaftliche Ungleichgewichte mit langfristig negativen Folgen (vgl. Kap. 2.2).

Hysterese ist das Fortbestehen eines Phänomens nach Wegfall seiner Entstehungsursache. Im Fall der **Persistenz** findet grundsätzlich eine Anpassung an das alte Gleichgewicht vor der Störung statt, jedoch ist die Anpassung stark verzögert. Hysterese kann deshalb als Grenzfall der Persistenz gesehen werden (unendlich lange Anpassungsverzögerung).

Für die oben beschriebene Episode wird als verantwortliche Störung des Gleichgewichtes oft die starke Dollar-Aufwertung bis Mitte der 80er Jahre gesehen, die zum Eintritt zusätzlicher deutscher und japanischer Unternehmen auf den US-Markt, zur Verdrängung von US-Unternehmen und damit zu einer Strukturänderung geführt hat. Nach Beendigung der Dollar-Überbewertung blieben diese ausländischen Unternehmen dennoch im Markt – die Struktur und somit das Handelsbilanzdefizit wurden konserviert. Diese Überlegungen sollen im Folgenden etwas formaler betrachtet werden.

4.3.1 Grundsätzliches zu Hysterese und Persistenz

Es sei angenommen, dass das Außenhandelsvolumen zum Zeitpunkt t, X_t, von seinem um eine Periode verzögerten Wert und einem Vektor von exogenen Größen, Z_t, abhänge:

(4.11) $X_t = \alpha \cdot X_{t-1} + \beta \cdot Z_t$

(α, β sind konstante Parameter(-vektoren) in geeigneten Dimensionen). Im Vektor Z_t kann z. B. auch der reale Wechselkurs enthalten sein, der unabhängig von der Entwicklung des Handelsbilanzsaldos sei. Die Gleichung (4.11) ist eine denkbar einfache Modellform. Eine allgemeinere Formulierung würde ein Mehrgleichungssystem spezifizieren oder zumindest nicht nur den Außenhandel der Vorperiode, sondern auch weiter verzögerte Perioden berücksichtigen. Der letzte Fall ist auf die Darstellung der Implikationen von Gleichung (4.11) übertragbar, solange die Summen der Koeffizienten der verzögerten Außenhandelswerte gleich α ist ($\Sigma\alpha_i = \alpha$).

Für den langfristigen Gleichgewichtswert des Außenhandels **(steady-state)** muss die Bedingung

(4.12) $X_t = X_{t-1}$

gelten. Je nach Höhe des α-Koeffizienten nimmt der Gleichgewichtswert verschiedene Formen an. Für $\alpha = 0$ ergibt das Einsetzen von (4.12) in (4.11)

(4.13) $\overline{X} = \beta \cdot \overline{Z}$

wobei ein Querbalken die jeweiligen Gleichgewichtswerte bezeichnet. Damit hängt der Gleichgewichtswert von X ausschließlich von den Gleichgewichtswerten der exogenen Variablen Z ab. Vorübergehende einperiodige Störungen der Z-Variablen (wie in Abb. 4.9 zum Zeitpunkt t_0) haben allenfalls in der jeweiligen Periode einen Effekt auf den Wert von X. Der Anpassungspfad von Z_t ist somit irrelevant für den langfristigen Gleichgewichtswert von X. Für die aktive Außenhandelspolitik bedeutet dies, dass sie nur in zwei Fällen sinnvoll sein kann. Erstens, wenn die exogenen Z-Variablen dauerhafte Werte annehmen, die zu unerwünschten Werten von X führen. Zweitens, wenn die exogenen Störungen zwar nicht dauerhaft sind, aber die Kosten der kurzfristigen Abweichungen der X-Werte von ihren Gleichgewichtswerten zu hoch sind.

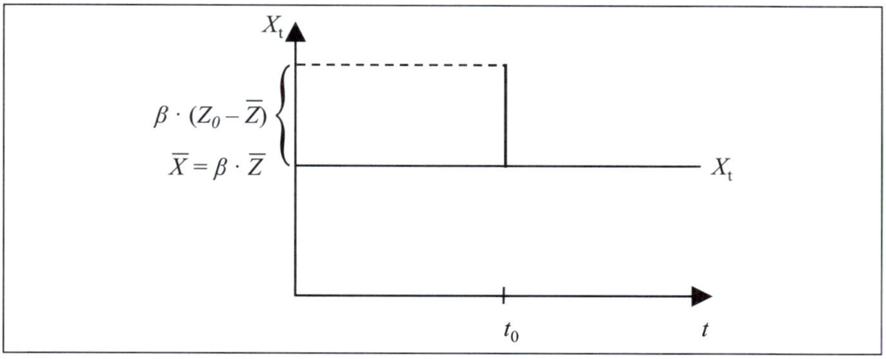

Abb. 4.9: Störungswirkungen für α = 0

Für 0 < α < 1 ergibt sich der Fall der **Persistenz**. Hier liefert das Einsetzen von (4.12) in (4.11)

(4.14) $\overline{X} = \beta \cdot \overline{Z} / (1 - \alpha)$

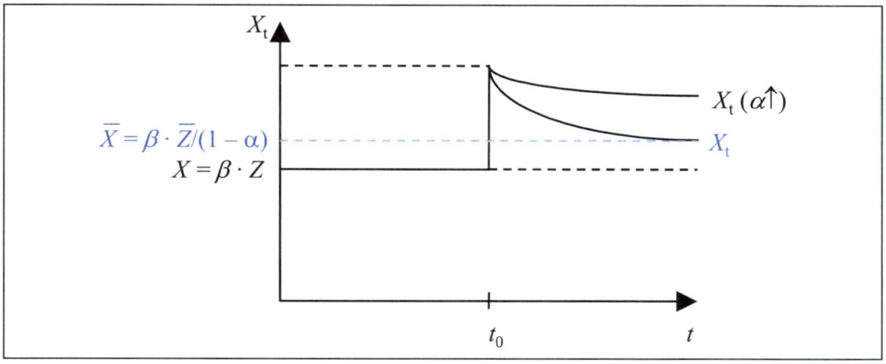

Abb. 4.10: Störungswirkungen für 0 < α < 1 (Persistenz)

Auch hier existiert wieder ein eindeutiger langfristiger Gleichgewichtswert $\overline{X}$, der erneut unabhängig vom Anpassungspfad der Z-Variablen ist. Eine vorübergehende, einperiodige Störung der Z-Variablen wirkt sich nun allerdings nicht ausschließlich in der betreffenden, sondern auch in den nachfolgenden Perioden aus (vgl. Abb. 4.10). Die Anpassung an den steady-state-Wert $\overline{X}$ vollzieht sich umso langsamer, je größer α ist. Für relativ große Werte von α spricht man deshalb von Persistenz. Was die Wirksamkeit einer aktiven Außenhandelspolitik betrifft, so ist sie auch in diesem Fall nur unter ähnlich restriktiven Bedingungen sinnvoll wie im Fall $\alpha = 0$. Allerdings können der notwendige Anpassungszeitraum für α-Werte, die dicht bei Eins liegen, beliebig lang und die damit verbundenen Anpassungskosten entsprechend hoch werden. Sofern effiziente wirtschaftspolitische Instrumente vorliegen, könnten sie die Anpassung beschleunigen.

Beim letzten zu untersuchenden Fall, $\alpha = 1$, der **Hysterese**, ergibt das Einsetzen von (4.12) in (4.11)

(4.15) $$\overline{X} = X_0 + \beta \cdot \sum_{t=1}^{\infty} Z_t$$ [68]

sofern die Existenzbedingung eines Gleichgewichtswertes von X

$$\left| \sum_{t=1}^{\infty} Z_t \right| < \infty$$

erfüllt ist. In diesem Fall genügt eine **einmalige Störung**, die in der laufenden Periode eine Wirkung auf den Außenhandel in einer bestimmten Höhe erzielt, um **gleich hohe und gleich gerichtete Wirkungen** auch in allen folgenden Perioden zu erzielen (vgl. Abb. 4.11). Dabei ist die ursprüngliche Ursache der Störung völlig unbedeutend. Die einmal entstandene **Außenhandelsstruktur** ändert die internationalen Märkte derart, dass z. B. ein Außenhandelsüberschuss auch nach Wegfall der ursprünglichen Ursache weiterbesteht.

In der geschilderten Situation existiert somit kein Gleichgewichtswert des Außenhandels mehr, der in einer eindeutigen Beziehung zum Gleichgewichtswert der exogenen Größen steht. Vielmehr wird der Gleichgewichtswert des Außenhandels durch den **Anpassungspfad der exogenen Störungen** bestimmt. Aus diesem Grund werden entsprechende Modelle auch **„Systeme mit unendlichem Gedächtnis"** bzw. **„historische Modelle"** genannt.

---

[68] Zu (4.15) gelangt man, indem man die Grundgleichung (4.11) für *m* sukzessive Zeitpunkte aufschreibt:
(1) $X_m = X_{m-1} + \beta \cdot Z_m$
(2) $X_{m-1} = X_{m-2} + \beta \cdot Z_{m-1}$
(3) $X_{m-2} = X_{m-3} + \beta \cdot Z_{m-2}$
...
(m) $X_1 = X_0 + \beta \cdot Z_1$
Setzt man nun die rechte Seite von (2) in (1) ein, so erhält man
(m+1) $X_m = X_{m-2} + \beta \cdot (Z_{m-1} + Z_m)$
In (m+1) kann nun X_{m-2} durch die rechte Seite von (3) ersetzt werden. Dieses sukzessive Ersetzen der *X*-Glieder lässt sich fortsetzen bis zur Gleichung (m). Entsprechend ergibt sich
$X_m = X_0 + \beta \cdot (Z_1 + Z_2 + \ldots + Z_m)$
Lässt man *m* gegen unendlich streben, so ergibt sich der Gleichgewichtswert (4.15).

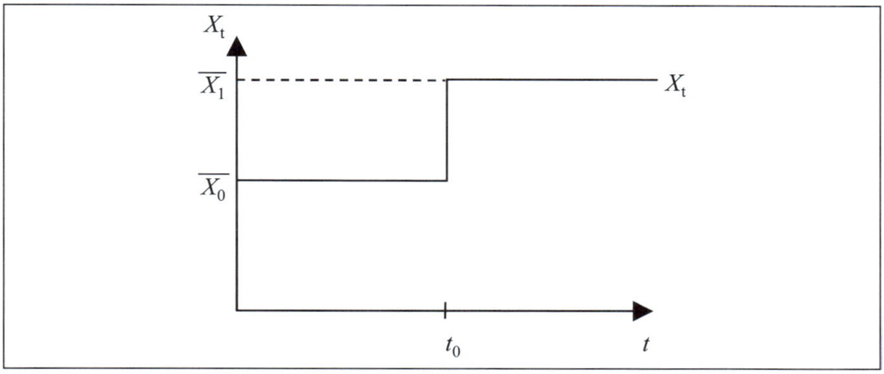

Abb. 4.11: Störungswirkungen für α = 1 (Hysterese)

Zur Verdeutlichung: Ein Land, dessen Außenhandel (und sei es aufgrund einer kurzfristigen Störung) in der laufenden Periode im Ungleichgewicht ist, wird im Fall der Hysterese auch in der nächsten und in späteren Perioden im Ungleichgewicht sein, wenn nicht neue, gegenläufige Störungen erfolgen oder mit entsprechenden wirtschaftspolitischen Maßnahmen gegengesteuert wird. Das fehlende Selbstregulativ in hysteretischen Modellen wird deshalb auch als Argument für eine „**Renaissance der aktiven Wirtschaftspolitik**" gewertet.

4.3.2 Ökonomische Ursachen von Hysterese und Persistenz

Was die ökonomisch inhaltliche Begründung für die Verharrungsmechanismen betrifft, so bezieht sich ein erster, den **Informationsmängeln** zuzuordnender Ansatz auf die Existenz sogenannter **Erfahrungsgüter**. Dieses Konzept geht von nur unvollkommen informierten, risikoscheuen Konsumenten aus, die insbesondere unsicher sind über die Qualität bislang nicht konsumierter Güter. Die Bezeichnung „Erfahrungsgüter" rührt daher, dass die einzige Möglichkeit zur Beseitigung der Unsicherheit im Konsum des Gutes liegt.

Die Konsumenten treffen Verteilungsannahmen über die Qualität eines unbekannten Gutes, wobei der mathematische Erwartungswert der tatsächlichen Qualität des (noch nicht probierten) Gutes entsprechen soll. Wenn z. B. der US-amerikanische Konsument die Wahl zwischen dem bekannten amerikanischen und dem unbekannten deutschen Gut hat, wird bei gleicher (erwarteter) Qualität und gleichem Preis das bekannte amerikanische Gut wegen der geringeren Unsicherheit bevorzugt. Anders ausgedrückt: Zu jedem gegebenen Preis ist die US-Nachfrage nach dem deutschen Gut geringer als nach dem amerikanischen. Entsprechend liegt die Nachfragekurve nach dem deutschen Gut (N_{D0}) links unterhalb derjenigen für das amerikanische Produkt (N_{US}). Bei gegebenem deutschem Importangebot A_{D0} ist die Absatzmenge deutscher Güter geringer als die der amerikanischen Produzenten (vgl. Abb. 4.12). Bei der Interpretation der Abb. 4.12 sei darauf hingewiesen, dass hier im Gegensatz zu Abschnitt 3.3.2.1 nicht davon ausgegangen wird, dass „Nicht-US-Anbieter" auf dem US-Markt nur in dem Umfang zum Zuge kommen können, wie zu den jeweiligen Preisen eine Überschussnachfrage über das US-amerikanische Angebot besteht. Vielmehr soll, z. B. aufgrund von **Produktdifferenzierungen**, eine Nachfrage nach deutschen Produkten auch dann bestehen, wenn die US-Nachfrage vollständig durch das US-Angebot befriedigt werden könnte.

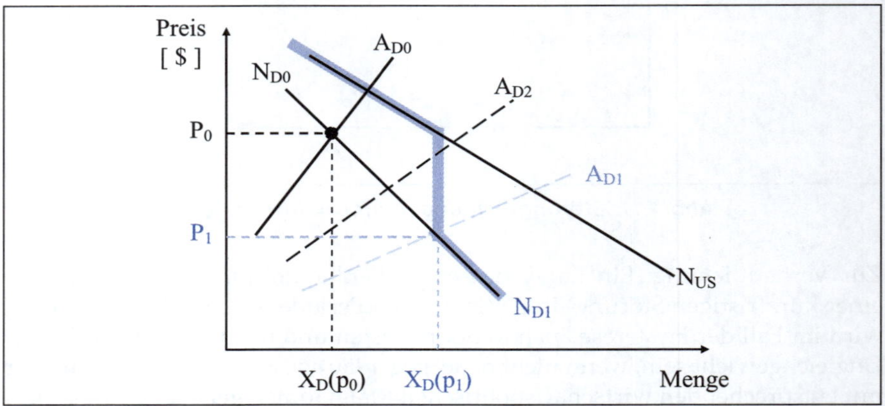

Abb. 4.12: Nachfrage nach und Export von Erfahrungsgütern

Kommt es nun zu einem temporären Impuls wie einer hinreichend starken Abwertung des Euro oder einer deutschen Produktions- oder Exportsubvention, so steigt das deutsche Importangebot auf dem US-amerikanischen Markt. Dabei gibt es zwei Möglichkeiten, wie das deutsche Importangebot sowie die Absatzmenge gesteigert und somit die Unsicherheit über das deutsche Produkt abgebaut werden kann. Erstens kann der $-Preis auf dem Exportmarkt gesenkt werden, ohne dass der Erlös in Euro fallen muss. Dies verschiebt das deutsche Exportangebot nach rechts unten. Zweitens können neue deutsche Anbieter, die erst aufgrund dieser Impulse damit rechnen können, dass die Summen der abdiskontierten, in Euro berechneten Deckungsbeiträge in späteren Perioden die fixen Kosten des Vertriebsaufbaus in den USA übersteigen, sich zum Markteintritt und Angebot entsprechend ihrer Grenzkosten entscheiden. Auch in diesem Fall kommt es zur Rechtsverschiebung der deutschen Exportangebotskurve. Beide Effekte sind in der Bewegung der deutschen Exportangebotskurve von A_{D0} auf A_{D1} visualisiert. Die deutschen Exporteure können aufgrund der Abwertung die US-amerikanischen Anbieter auf dem US-Markt unterbieten und somit bei den Verbrauchern die relativ höhere Unsicherheit über die Qualität des deutschen Produktes ausgleichen. Die Exportmenge steigt von $X_D(p_0)$ auf $X_D(p_1)$. In dem Umfang, wie die Unkenntnis und somit die Unsicherheit über das deutsche Produkt abgebaut wird, steigt die Nachfrage nach dem deutschen Produkt. Selbst wenn der Euro wieder aufwertet und sich das deutsche Angebot wieder verteuert (Verschiebung der Angebotskurve auf A_{D2}), wird die US-Nachfrage nach dem deutschen Produkt nicht auf die alte Absatzmenge zurückgehen. Sofern das deutsche und das amerikanische Produkt die gleiche Qualität haben, wird in dem Umfang, wie das deutsche Gut in der Abwertungsphase konsumiert wurde, die gleiche Zahlungsbereitschaft bzw. Nachfrage bezüglich des deutschen Gutes wie bezüglich des amerikanischen Gutes herrschen. Die Nachfragekurve nach dem deutschen Gut (Kurve N_{D1}, fett eingezeichnet) entspricht bis zu der in der Abwertungsphase abgesetzten Menge der Nachfrage nach den US-Gütern (Kurve N_{US}). Ab dieser Menge entspricht sie der alten Nachfragekurve N_{D0}. Um auf das obige Strukturargument zurückzukommen: Die Störung (Euro-Abwertung) hat die Informationsmenge der US-Konsumenten geändert und somit zu einer **dauerhaften Änderung der Außenhandelsstruktur** geführt.

Ein zweiter Erklärungsansatz basiert auf der Existenz von **fixen und verlorenen Kosten**. Diese entstehen im (Außen)handel, weil der Aufbau eines Vertriebs- und Servicenetzes, die Promotion des Markennamens durch Marketing, die Schulung der Mitarbeiter für den Verkauf im neuen Markt sowie die Anpassung der Produkte an die jeweiligen Gesundheits- und Sicherheitsvorschriften einen erheblichen Aufwand erfordern. Viele der damit verbundenen fixen Kosten fallen insbesondere in der Anfangsphase an, was mit anfänglichen Verlusten verbunden ist. Diese können als Investition interpretiert werden, deren Kosten den später zu erzielenden Dekkungsbeiträgen gegenübergestellt werden.

Besonders wichtig unter dem Investitionsaspekt ist, dass die Markteintrittskosten als verlorene Kosten angesehen werden können, weil die vom Unternehmen beim Markteintritt erworbenen „Vermögensgegenstände" in der Regel bei einem eventuellen Marktaustritt nicht veräußert werden können. Besonders deutlich ist dies bei den Marketingaufwendungen. Wenn der Markenname nicht veräußert werden soll, sind die entsprechenden Aufwendungen bei einem Rückzug vom US-Markt nicht mehr einbringbar.

Diese fixen und verloren Kosten bzw. die „**Irreversibilität**" der Investitionen kann in Verbindung mit Wechselkursschwankungen zu Hysterese bzw. Persistenz führen, was im Folgenden an einem Duopol-Modell mit perfekter Voraussicht erläutert werden soll. Hierbei wird als störender Impuls eine Euro-Abwertung (bzw. Dollar-Aufwertung) angenommen.

Betrachtet werden drei Perioden. In der Anfangsperiode 0 sei die USA ein monopolistischer Markt. In der Periode 0 fällt die Entscheidung des deutschen Unternehmens, welches der einzige potentielle Neuanbieter ist und ein identisches Produkt herstellt, über einen Eintritt auf den US-Markt. Der Wechselkurs stellt in dieser Periode äquivalente Kostenverläufe des amerikanischen und des deutschen Unternehmens sicher. In der Periode 1 kommt es zur (temporären) Aufwertung des Dollars. In der folgenden Periode 2 werde der Wechselkurs der Periode 0 wiederhergestellt. Im Folgenden sollen die Wechselkurseffekte für die Perioden 1 und 2 analysiert werden. Spätere Perioden werden zunächst ausgeschlossen.

Das deutsche Unternehmen hat zu entscheiden, ob es in den US-Markt eintreten soll. Wenn es sich dafür entscheidet, muss es weiter über die in beiden betrachteten Perioden angebotenen Exportmengen befinden. Das US-Unternehmen, welches von Anfang an auf dem Markt ist, hat für beide Perioden die optimalen Ausbringungsmengen zu bestimmen. Nach einem deutschen Markteintritt resultiert Periode für Periode ein sogenanntes **Nash-Gleichgewicht**, falls beide Unternehmen ihre Gewinne unter der Annahme maximieren, dass **das Verhalten des anderen gegeben ist**.

Beide Unternehmen produzieren mit konstanten Grenzkosten c, jeweils gemessen in nationalen Währungen. Zusammen mit den fixen Kosten F (in $), welche der Eintritt in den US-Markt verursacht, ergeben sich damit **degressive Durchschnittskostenverläufe**, welche die Ursache für die hier angenommene Monopol/Duopollösung sein können.

Die Kosten des US-Unternehmens (in Dollar) belaufen sich auf

$$(4.16)\quad K_{US}[\$] = F + \sum_{i=1}^{2} \frac{c \cdot x_i}{R^i}$$

wobei

$R = 1 + r$, r = Diskontierungssatz,
c = Grenzkosten,
x_i = US-amerikanischer Absatz auf US-Markt in Periode i,
F = fixe dauerhafte und verlorene Kosten

darstellen. Die Kosten des deutschen Unternehmens werden in Euro gemessen. Es wird davon ausgegangen, dass die fixen Kosten im Falle einer Eintrittsentscheidung in der Periode 0 anfallen, also bevor Erlöse in der Periode 1 erzielt werden können:

$$(4.17)\quad K_D[€] = w_0 \cdot F + \sum_{i=1}^{2} \frac{c \cdot y_i}{R^i}$$

wobei

y_i = deutscher Absatz auf US-Markt in Periode i,
w_i = Wechselkurs [€/$] in Periode i.

Die Gewinne des US-Unternehmens ergeben sich aus der Maximierung

$$(4.18)\quad G_{US}[\$] = \max_{x_i} \left(\sum_{i=1}^{2} \frac{(p_i - c) \cdot x_i}{R^i} - F \right)$$

die des deutschen Unternehmens aus der Maximierung von

$$(4.19)\quad G_D[€] = \max_{y_i} \left(\sum_{i=1}^{2} \frac{(p_i \cdot w_i - c) \cdot y_i}{R^i} - w_0 \cdot F \right)$$

wobei p_i den Dollar-Preis auf dem US-amerikanischen Markt bei linearer Nachfrage

$$(4.20)\quad p_i = \alpha - \beta \cdot (x_i + y_i)$$

bezeichnet. α und β sind die Parameter der Nachfragekurve.

Die Lösung des vorhandenen Optimierungsproblems erfolgt über die sogenannte **Rückwärtsiteration des Cournot-Nash-Spiels**. Rückwärtsiteration bedeutet in diesem Fall, dass zunächst davon ausgegangen wird, dass es zum Markteintritt des deutschen Unternehmens kommt. Auf dieser Grundlage werden die optimalen US-Absatzmengen in den jeweiligen Perioden berechnet. Schließlich wird mithilfe dieser Absatzmengen überprüft, ob sich der Markteintritt ex-post gelohnt hätte.

Aus dem Einsetzen von (4.20) in (4.18) sowie der Bildung und Gleichsetzung der ersten Ableitung mit Null ergibt sich die optimale Ausbringungsmenge für das US-Unternehmen in den beiden Perioden $i = 1, 2$:

$$(4.21)\quad x_{i\,|\text{US}} = \frac{\alpha - c}{2\beta} - \frac{y_i}{2}$$

Es ist zu erkennen, dass die optimale US-Ausbringungsmenge von der deutschen Exportmenge abhängt, das US-Unternehmen also optimaler Weise auf das deutsche Verhalten reagiert. Deshalb wird (4.21) auch US-**Reaktionsfunktion** bzw. „**optimal response**“ genannt. Die Reaktionsfunktion des deutschen Unternehmens lässt sich auf analoge Weise bestimmen:

$$(4.22)\quad y_{i\,|\text{D}} = \frac{\alpha \cdot w_i - c}{2 \cdot \beta \cdot w_i} - \frac{x_i}{2}$$

Für $w_i = 1$ verhalten sich die beiden Reaktionsfunktionen spiegelbildlich. Zur Vereinfachung der kommenden Schritte kann (4.22) nach x_i aufgelöst werden:

$$(4.23)\quad x_{i\,|\text{D}} = \frac{\alpha \cdot w_i - c}{\beta \cdot w_i} - 2 \cdot y_i$$

Um die Rolle der korrekt antizipierten Wechselkursschwankungen zu analysieren, sei als **Referenzfall** zunächst von einem Wechselkurs ausgegangen, der über die betrachteten Perioden konstant bei 1 bleibt und bei dem beide Unternehmen identische Kostenverläufe aufweisen. Die beiden Reaktionsfunktionen sind für diesen Fall in Abb. 4.13 dargestellt und mit *USUS* und *DD* gekennzeichnet.

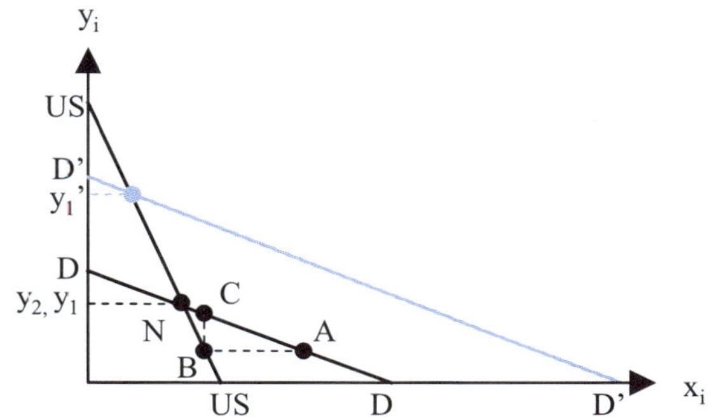

Abb. 4.13: Das Nash-Gleichgewicht im Duopol-Modell

Es wird deutlich, dass das deutsche Unternehmen auf eine Steigerung der Ausbringungsmenge des US-Produzenten optimaler Weise mit einer Reduktion der Exporte reagiert. Der Grund hierfür liegt darin, dass die erhöhte US-Ausbringungsmenge zu einem Preisverfall auf dem US-Markt führt und somit der Grenzerlös des deutschen Unternehmens sinkt. Analoges gilt für das US-Unternehmen.

Ein Gleichgewicht kann sich nur im **Schnittpunkt der beiden Reaktionsfunktionen** ergeben. Angenommen, der Ausgangspunkt sei *A* in Abb. 4.13. In diesem Fall wird das US-Unternehmen seine Produktion optimaler Weise verringern, und zwar bis zum Punkt *B*. Nun ist die deutsche Exportmenge nicht mehr gewinnoptimal. Vielmehr ist auf die US-Reduktion eine Steigerung der deutschen Ausbringung bis zum Punkt *C* angemessen. Die darauf folgenden Reaktionen des US- und des deutschen Unternehmens finden erst im Punkt *N* ihren Abschluss. Dieses ist das **Nash-Gleichgewicht**, das durch die Gleichsetzung der Reaktionsfunktionen (4.21) und (4.22) für $i = 1, 2$ explizit berechnet werden kann:

$$(4.24) \quad x_i = \frac{\alpha \cdot w_i + c \cdot (1 - 2 \cdot w_i)}{3 \cdot \beta \cdot w_i}$$

$$(4.25) \quad y_i = \frac{\alpha \cdot w_i + c \cdot (w_i - 2)}{3 \cdot \beta \cdot w_i}$$

Im angenommenen Referenzfall ($w_0 = w_1 = w_2 = 1$), in dem das Nash-Gleichgewicht symmetrisch ist (d. h. $x_i = y_i$), ist der Gewinn des deutschen Unternehmens nach Markteintritt negativ, wenn

$$(4.26) \quad F > \frac{(\alpha - c)^2}{9 \cdot r^2 \cdot \beta}$$

Angenommen dies sei hier der Fall. Das deutsche Unternehmen antizipiert den Verlust bei einem etwaigen Markteintritt korrekt und entscheidet sich deshalb gegen die Aufnahme des Handels. In diesem Fall bleibt die US-Firma Monopolist und macht positive Gewinne, wenn

$$(4.27) \quad F < \frac{(\alpha - c)^2}{4 \cdot r \cdot \beta}$$

Offensichtlich existieren Werte von α, β, c und r, bei denen es sich zwar für das deutsche Unternehmen nicht lohnt, den Export aufzunehmen, das US-Unternehmen dagegen als Monopolist profitabel am Markt bestehen kann. Dies ist der **Referenzfall**.

Um die Auswirkungen einer korrekt antizipierten temporären Wechselkursänderung zu zeigen, sei nun davon ausgegangen, dass es zu einer Euro-Abwertung in der Periode 1 komme. In den beiden anderen Perioden sei der Wechselkurs weiterhin gleich 1.

In Periode 1 hat das deutsche Unternehmen nun einen Vorteil in Form eines höheren Deckungsbeitrages aufgrund der (in Euro gerechnet) höheren Exportpreise bzw. (in Dollar gerechnet) geringeren Grenzkosten, die den deutschen Marktanteil im Falle eines Markteintrittes erhöhen. Die Abb. 4.13 veranschaulicht die Wirkung: Während im Referenzfall in beiden Perioden das Nash-Gleichgewicht im Punkt *N*, dem Schnittpunkt der beiden Reaktionsfunktionen *USUS* und *DD* liegt, kommt es nun bei der Abwertung zur Verschiebung der deutschen Reaktionsfunktion auf *D'D'*. Der berechnete deutsche Marktanteil steigt von y_1 auf y_1'. Bei nur kleineren Abwertungen wird die Gewinnberechnung nicht hinreichend beeinflusst, um das deutsche Unternehmen zum Markteintritt zu bewegen. Wenn w_1 (und somit der Marktanteil in der Periode 1) hingegen stark steigt, so antizipiert die deutsche Unternehmung eine Gewinnmöglichkeit und entscheidet sich für die Exportaufnahme in Höhe von y_1'.

Das **Nash-Gleichgewicht** in der Periode 2 bleibt prinzipiell unverändert, da der Wechselkurs annahmegemäß auf sein Ausgangsniveau zurückfällt. Dennoch hat sich die Situation gegenüber dem Referenzfall deutlich geändert: Die Berechnung der deutschen Absatzmöglichkeiten mithilfe der Rückwärts-Iteration ohne die temporäre $-Aufwertung kam zu dem Ergebnis, dass sich der Markteintritt nicht lohne. Deshalb unterblieb der Export in beiden betrachteten Perioden. Tatsächlich belief sich der Export also nicht auf y_1, sondern auf Null. Unter Berücksichtigung der temporären $-Aufwertung wird hingegen in Periode 1 y_1', und in Periode 2 die Menge y_2 exportiert. Der Grund für diese Entscheidung liegt darin, dass eine hinreichend starke Euro-Abwertung die Deckungsbeiträge so stark erhöht, dass die Fixkosten des Markteintritts gedeckt sind.

Das vorliegende Modell ist streng genommen nur begrenzt für die Erklärung der Hysterese geeignet. Zwar bleibt die Exporttätigkeit des deutschen Unternehmens dauerhaft auch nach der Abwertungsperiode bestehen, jedoch ist die Exportmenge in der Periode 2 geringer als in der Periode 1. Nur bei einer Interpretation, die aufgrund der auf zwei Perioden begrenzten Analyse die Exportmenge in Periode 2 als dauerhaft ansieht, bleibt die Aussage der Hysterese voll erhalten, wonach ein einmaliger Impuls, hier in Form einer temporären Euro-Abwertung, eine dauerhafte Handelsstrukturänderung herbeiführen kann.

4.3.3 Implikationen für Außenhandel und Außenhandelspolitik

Im Folgenden werden die wichtigsten Implikationen hysteretischer Strukturen im Außenhandel erläutert.

1. **Geringfügige Impulse** wie Wechselkursschwankungen müssen nicht zu Änderungen in den Außenhandelsstrukturen führen. Vielmehr bewirken erst hinreichend große Wechselkursimpulse Verhaltensänderungen. Eine ähnliche Aussage gilt für andere mögliche Impulse, wie z. B. temporär unterschiedliche Produktivitätsentwicklungen, etwaige Dumping-Praktiken in- und ausländischer Anbieter oder Schocks im Zinsniveau, auf die im obigen Modell nicht eingegangen wurde. Diese Erkenntnis ist wichtig für empirische Arbeiten auf dem Gebiet des Außenhandels, da offensichtlich **kein proportionaler Zusammenhang** zwischen Störung und Wirkung bestehen muss. Einfacher ausgedrückt: Eine zehnfach größere Störung hat unter Umständen weit mehr als die zehnfache Wirkung als die kleinere Störung.

2. Bei starken realen Wechselkursänderungen oder anderen starken Impulsen kommt es zu **Veränderungen der Außenhandelsstrukturen**, die ganz oder teilweise erhalten bleiben können, nachdem der Wechselkurs wieder auf sein altes Niveau zurückgegangen ist. Anders ausgedrückt: Das Verhältnis zwischen Wechselkursen und anderen Erklärungsfaktoren auf der einen Seite und den Ex- und Importen auf der anderen kann sich bei hinreichend starken Störimpulsen dauerhaft ändern.
3. Wenn sich (aus Sicht der USA) aufgrund der Hysterese nach einer temporären Aufwertung eine dauerhafte Passivierung der amerikanischen Leistungsbilanz ergibt, weil die deutschen Exporteure auch nach dem Ende der Aufwertungsphase auf dem Markt bleiben, dann kann eine – unter intertemporalen Gesichtspunkten notwendige – anschließende Aktivierung nur einsetzen, wenn entweder die deutschen Produzenten vom amerikanischen Markt verdrängt werden oder amerikanische Produzenten in den deutschen Markt eindringen. Beide Fälle können nicht einfach dadurch herbeigeführt werden, indem der Dollar bis auf sein ursprüngliches Niveau abwertet. Vielmehr muss die Korrekturbewegung bei den Wechselkursen oder den anderen Störungen größer ausfallen. Hysteretische Handelsstrukturen können somit z. B. **korrektive und zyklische Wechselkursschwankungen** induzieren.
4. Üblicherweise wird davon ausgegangen, dass eine temporäre Aufwertung die Austauschverhältnisse (terms-of-trade) temporär verbessert und damit die inländische Wohlfahrt in der betreffenden Periode in der Regel erhöht. So wäre traditionellerweise davon ausgegangen worden, dass die oben genannte temporäre Dollar-Aufwertung eine temporäre Wohlfahrtsverbesserung für die USA bedeutet. In den Perioden nach der Aufwertung stellen sich hier die alten Außenhandelsstrukturen wieder ein. Damit besteht in den Perioden nach der Aufwertung kein Wohlfahrtsunterschied zwischen den beiden Fällen sowohl mit einer vorübergehend starken Aufwertung als auch ohne. Über alle Perioden gerechnet ergibt sich insgesamt bei einer temporären Aufwertung ein inländischer Wohlfahrtsgewinn. Anders im Fall der Hysterese: Im obigen Fall des Duopols wird der **Markteintritt** des deutschen Unternehmens die US-Produzentenrente hingegen verringern und zum **dauerhaften** Abbau von US-Produktionskapazitäten und US-Arbeitsplätzen führen.[69]
5. Die beiden letzten Schlussfolgerungen führen dazu, dass Hysterese und Persistenz teilweise als Argument für eine „**Neuformulierung der Handelspolitik**“ herangezogen werden. So könnte zur Korrektur des US-Handelsbilanzdefizites erwogen werden, die US-Exporte oder die US-Produktion ausgewählter Sektoren temporär zu subventionieren, um Marktanteile auf dem deutschen Markt zu erreichen oder die deutschen Anbieter wieder vom US-Markt zu verdrängen. Eine andere Möglichkeit bestünde in der Erhebung temporärer US-Zölle. Was das Timing dieser Maßnahmen betrifft, könnten sie bereits in der Aufwertungsphase eingesetzt werden, um das Entstehen der Ungleichgewichte von vornherein zu verhindern.

[69] Zwar wird sich die US-Konsumentenrente erhöhen, jedoch kommt es zumindest im vorliegenden Duopol-Modell insgesamt zu US-Wohlfahrtseinbußen.

4.3.4 Kritik

Aufgrund der angedeuteten erheblichen Konsequenzen lohnt es sich, kritische Punkte zum Konzept der Hysterese und Persistenz anzuführen. An dieser Stelle soll nur auf diejenigen Implikationen eingegangen werden, die nicht handelspolitischer Natur sind. Die handelspolitischen Konsequenzen werden in Abschnitt 4.4 einer kritischen Würdigung unterzogen.

Zunächst ist zu betonen, dass Hysterese und Persistenz nur eine Möglichkeit darstellen, dauerhafte Handelsungleichgewichte zu erklären. Auch im Rahmen **traditioneller Zahlungsbilanzansätze** können **dauerhafte Außenhandelssalden** entstehen: Dauerhafte Differenzen zwischen Investition und Ersparnis bzw. zwischen inländischer Produktion und Absorption, beispielsweise aufgrund einer dauerhaft unzureichenden Geldvermögensbildung eines inländischen Sektors (z. B. dem Staat) führen zu entsprechenden Außenhandelssalden (vgl. Abschnitt 2.2). Hintergrund solcher dauerhaft ungleichgewichtigen Wirtschaftspolitiken können ungeeignete Ordnungspolitiken sein, welche die Wettbewerbsposition des Landes laufend verschlechtern. Schließlich sind dauerhafte Leistungsbilanzsalden auch Spiegelbild dauerhaft unausgeglichener Kapitalverkehrsbilanzen. Erfährt z. B. ein Land, das als „**Safe-Haven**" eingestuft wird, einen dauerhaften Kapitalzufluss, der nicht durch permanente Devisenaufkäufe der Zentralbank ausgeglichen wird, so muss die Leistungsbilanz passiv sein.

Ein zweiter Kritikstrang setzt (wie üblich) an den **Annahmen** der Hysterese-Modelle an. Tatsächlich lässt sich zeigen, dass nach teilweise geringen Änderungen in den Hysterese-Modellen einige Aussagen geändert bzw. abgeschwächt werden müssen. So setzt das Nash-Gleichgewicht voraus, dass beide Unternehmen das Verhalten des jeweils anderen als gegeben ansehen. Dies ist auf zweifache Weise unrealistisch: Erstens wird das amerikanische Unternehmen im beschriebenen Modell die Wechselkursentwicklung und die damit verbundenen Verluste an Marktanteilen korrekt antizipieren. Es wird versuchen, das Entstehen temporär höherer Deckungsbeiträge, welche die Ursache für den Markteintritt des deutschen Unternehmens sind, zu verhindern, indem es in der betreffenden Periode seine Preise senkt und seine Absatzmenge erhöht oder diese Strategie zumindest **glaubwürdig androht**. Die in der Rückwärtsiteration berechneten deutschen Gewinne sind dann geringer, was den Markteintritt des deutschen Unternehmens unter Umständen verhindern kann. Zweitens widersprechen die Annahmen des Nash-Gleichgewichts der Existenz **rationaler Erwartungen**, bei deren Vorliegen beide „Spielpartner" wissen, dass ex-post das Verhalten beider Länder von den jeweiligen anderen Reaktionsfunktionen abhängt. Das Verhalten, das zum Nash-Gleichgewicht führt, basiert auf einer naiven, dauerhaften **Fehlprognose** der Reaktion des jeweils anderen Landes.

4.4 Kritische Würdigung von „Neuer" und „Strategischer" Handelspolitik

In den vorigen Abschnitten wurde dargelegt, dass bei Verletzungen der klassischen Annahmen des Freihandelsmodells ein handelspolitisches Eingreifen effizient sein kann. Als Verletzungen der klassischen Annahmen kommen positive und negative externe Effekte, steigende Skalenerträge in verschiedenen Ausprägungen, sowie Informations- und Anpassungsmängel in Frage.

Sollten diese Argumente nun zu einer Abkehr vom **Freihandelsdenken** führen? Oder bleibt der Freihandel dennoch eine geeignete Richtschnur wirtschaftspolitischen Handelns? Letztlich ist dies eine Frage, die – in gewohnter Manier der Ökonomen – nach einer Nutzen/Kosten Abwägung erfolgen muss. Den möglichen Nutzen in Form einer eventuell erhöhten Brutto-Wohlfahrt sind die möglicherweise erheblichen Kosten gegenüberzustellen. Zunächst soll auf die eventuell hohen **Kosten einer neuen bzw. strategischen Handelspolitik** eingegangen werden.

1. Die Minimierung der Kosten hängt von der richtigen **Wahl der Instrumente** ab. Anhand der externen Effekte wurde verdeutlicht, dass häufig eine **Besteuerungs-/Subventionierungslösung** den klassischen handelspolitischen Instrumenten überlegen ist. Allerdings ist selbst bei dieser Politik, die eine Verzerrung der inländischen gegenüber der weltweiten Preisstruktur und einen negativen Konsumeffekt vermeidet, die genaue **Spezifizierung des Instrumenteneinsatzes** (Ausgestaltung, Höhe, Bezugsgröße, Vermeidung von Förderungsmissbrauch) problematisch. Insbesondere bezüglich der Ausgestaltung kann festgehalten werden, dass teilweise relativ geringe Veränderungen in den Analyseannahmen zu deutlichen Änderungen hinsichtlich der auszuwählenden Instrumente führen.[70] Bei einer falsch dosierten Höhe können sich Strukturen einstellen, die mit noch größeren Abweichungen vom Wohlfahrtsmaximum verbunden sind, als dies zuvor der Fall war.
2. Der Instrumenteneinsatz ruft volkswirtschaftliche Kosten hervor. Sofort einsichtig ist dies, sofern Subventionen gezahlt werden sollen, wobei an dieser Stelle darauf hinzuweisen ist, dass die notwendige Dauer der Subventionierung oft unterschätzt wird. Aus einer temporären wird häufig eine **dauerhafte Subvention**. Hinzu kommen die **Kosten der Entscheidungsvorbereitung und -findung**, die in mehrstufig strukturierten Demokratien, in

[70] Z. B. ist eine Exportsubvention optimal, wenn ein in- und ausländisches Unternehmen ein homogenes Produkt ausschließlich für einen dritten Markt fertigen, und jedes der Unternehmen seinen Output unter der Annahme eines gegebenen Outputs seines Konkurrenten optimiert (**Cournot-Nash-Strategie**, die Preise passen sich den Marktverhältnissen an). Wenn die Unternehmen hingegen ihre Preise unter der Annahme eines gegebenen Konkurrentenpreises optimieren **(Bertrand-Strategie)**, ist eine Exportsteuer optimal. Vgl. hierzu Eaton, J., Grossman, G., Optimal trade and industrial policy under oligopoly, Quarterly Journal of Economics 2 (1986), S. 383–406 sowie Kujal, P., Ruiz, J.M., International Trade Policy Towards Monopoly and Oligopoly, Review of International Economics 17 (2009), S. 461–475.

denen womöglich die Mehrheitsverhältnisse je nach gesetzgebendem Organ unterschiedlich sind, hoch sein können.

3. Eine Subventionszahlung an einzelne Branchen muss über Steuern oder staatliche Kreditaufnahme finanziert werden, was **Kosten- und Preissteigerungen in anderen Sektoren** verursachen kann. Wenn z. B. Subventionen im High-Tech-Bereich über eine Erhöhung der Mineralölsteuer („Ökosteuer") finanziert werden, so kann das andere industrieintensive Sektoren treffen. Dies kann allerdings gewünscht sein, wenn die industrieintensiven Sektoren mit negativen externen Effekten verbunden oder diese Industrien ohnehin mit komparativen Kostennachteilen behaftet sind. Dennoch ist angesichts der **Preisstarrheiten** (nach unten) im geförderten Sektor zu erwarten, dass sich das **allgemeine Preisniveau** tendenziell erhöht.
4. Eine Subvention stellt eine Transferzahlung des Staates an einzelne Sektoren dar, ohne dass diese zu Gegenleistungen verpflichtet sind. Für einzelne Unternehmen ist es somit attraktiv, Lobbyisten einzustellen, die Politiker zu möglichst hohen Subventionszahlungen bewegen sollen. Eine Aussage der **Ökonomischen Theorie der Politik** ist, dass Unternehmen oder Sektoren so lange zusätzliche Lobbyisten beschäftigen, bis die Grenzkosten weiterer Lobbyisten dem Grenznutzen aus der erwarteten Subvention entsprechen. Volkswirtschaftlich resultiert hieraus eine suboptimale Allokation qualifizierter Arbeitskraft. Hinzu kommt, dass stimmenmaximierende Entscheidungsträger geneigt sein mögen, kurzfristig Subventionen zuzusprechen, die langfristig wenig effizient sind.

Die **Nutzen einer strategischen Handelspolitik** können dagegen aus den folgenden Gründen unter Umständen kleiner als erwartet ausfallen und nur zu einem kleineren Teil im Inland anfallen:

1. Zur Erreichung der Wohlfahrtssteigerungen sind spezielle **Voraussetzungen** zu erfüllen. Im Falle der strategischen Handelspolitik i. e. S. müssen die Produktionen mit Lerneffekten (ansonsten wäre keine vorübergehende Subvention erforderlich) und intern steigenden Skalenerträgen verbunden sein, die zu einem langfristigen Gleichgewicht in Form monopolistischer, zu mindestens oligopolistischer Marktstrukturen führen (ansonsten ist kein Rent-Shifting möglich). Im Fall der strategischen Handelspolitik i. w. S. müssen sich die augenblicklichen komparativen Kostenvorteile des Inlandes deutlich von denjenigen unterscheiden, die sich nach einer hinreichend langen Lernphase in der inländischen Produktion ergeben würden. Wenngleich in diesem Fall keine internen Skalenerträge notwendig sind, sondern externe Skalenerträge (auf Sektorebene) genügen, sind auch hier Lerneffekte notwendig. Ohne Lerneffekte, weder auf Unternehmens- noch auf Sektorebene, ist eine strategische Handelspolitik von vorneherein schwer zu legitimieren: Wenn ein ausländisches Monopol existiert, so droht die Gefahr, dass Neueintritte anderer Unternehmen zu einer monopolistischen Konkurrenz führen, bei der keinerlei Monopolgewinne existieren.
2. Die **Identifizierung** der entsprechenden Wirtschaftssektoren ist problematisch. Genannt werden häufig die Automobil-, Luftfahrt- und Chipproduktion. So wie im Fall des Listschen Erziehungszolles ist die Eignung dieser In-

dustrien umstritten. Andererseits ist es wahrscheinlich, dass auch eine Reihe anderer (monopolistischer) Industrien Lerngewinne aufweisen. Schließlich ist wie beim Erziehungszoll zu erwähnen, dass die Wirtschaftspolitiker in aller Welt heute stets die gleichen Sektoren als geeignet identifiziert haben und nach dem Muster von Kohle und Stahl, die nach dem 2. Weltkrieg weltweit als förderungswürdig angesehen wurden, in der Zukunft ein weltweites Überangebot zu befürchten ist.

3. Die strategische Handelspolitik setzt voraus, dass trotz der langfristig möglichen Monopolgewinne keine **privaten Kapitalgeber** existieren, über die anfängliche Verluste finanziert werden können. Auf die engen Voraussetzungen hierfür und die wirtschaftspolitischen Konsequenzen ist bereits beim Listschen Erziehungszoll (Abschnitt 3.3.3.2) eingegangen worden.
4. Es wurde bereits auf die Unsicherheit bezüglich der Instrumentenwirkungen eingegangen. Hinzu kommen **unvollkommene Informationen** sowie Probleme bei der **Antizipation der Verhaltensweisen** der **strategischen Spielpartner**. In der Ausgangslage der Boeing-Airbus-Fallstudie zur strategischen Handelspolitik (Boeing produziert, Airbus ist noch nicht auf dem Markt) liegt z. B. eine große Schwierigkeit darin, die Gewinne beider Konkurrenten abzuschätzen, die sich beim Markteintritt von Airbus einstellen. Angenommen die Marktanalytiker haben sich bei der Erstellung der Gewinnmatrix 4.2 nur in der linken oberen Zelle geirrt, und Boeing macht in der Realität beim Markteintritt von Airbus nicht einen Verlust, sondern einen Gewinn von 5, während der Verlust von Airbus nicht 5, sondern 20 beträgt. Nach Zahlung der Subvention von 25 an Airbus hat die tatsächliche Gewinnmatrix dann die Form der Tabelle 4.4:

Tab. 4.4: Tatsächliche Gewinnmatrix in der Ausgangslage mit Subvention

Airbus / Boeing	Produziert	Produziert nicht
Produziert	5/5	100/0
Produziert nicht	0/125	0/0

Trotz des relativ geringen Irrtums der Analytiker wird sich langfristig eine Situation einstellen, die deutlich von der prognostizierten abweicht. Boeing bleibt trotz des Markteintrittes von Airbus auf dem Markt, denn es kann einen Gewinn von 5 erzielen. Das langfristige Gleichgewicht wird sich also in der linken oberen Zelle einstellen. Für Europa ergibt sich jetzt ein negativer Nettonutzen von 20, denn vom privaten Airbusgewinn in Höhe von 5 ist die Subventionszahlung von 25 in Abzug zu bringen. Durch den Irrtum hat Europa auf lange Sicht eine dauerhaft nicht effiziente Industrie groß gezogen. Zwar ist Risiko an sich noch kein geeignetes Gegenargument, solange der erwartete Nutzen der strategischen Handelspolitik positiv ist. Allerdings gilt, dass mit steigender Unsicherheit optimaler Weise das Ausmaß einer aktiven

Wirtschaftspolitik eingeschränkt wird und eine stabile Ordnungspolitik vorzuziehen ist.[71]

5. Junge geschützte Industrien werden erstaunlich oft nicht „erwachsen". Dynamische Skalenerträge werden nicht realisiert. Subventionen werden häufig nicht zu Preissenkungen genutzt, sondern führen zu **Kostenerhöhungen und Ineffizienzen in den geförderten Industrien**. Das angestrebte Ziel wettbewerbsfähiger Industrien wird nicht erreicht. Das Pendant zu den geringen Nutzen sind die bereits genannten dauerhaft hohen Kosten in den protektionierten Wirtschaftszweigen.
6. Auch wenn solche Kosten-Nutzen-Überlegungen regelmäßig ausschließlich aus nationaler Perspektive getätigt werden, sind die Wirkungen auf die Weltwohlfahrt zu beachten. Zwar liegt es nahe, so wie die beiden Lernkurven in Abb. 4.6 (extern steigende Skalenerträge) bzw. in Abb. 4.5 (intern steigende Skalenerträge) gezeichnet wurden, dass durch eine strategische Handelspolitik des bisher nicht produzierenden Landes die Weltwohlfahrt steigt. Wenn sich die in diesen Abbildungen eingezeichneten absoluten Kostenvorteile in entsprechende komparative übersetzen, kann es so wie bei den Listschen Annahmen der Fall sein, dass die „wahren" komparativen Kostenvorteile anders liegen, als dies durch die **geschichtlich gewachsenen Strukturen** ausgedrückt wird. Gelingt es einem Land durch temporäre Unterstützungsmaßnahmen, seine Produktion und den Welthandel entsprechend der wahren komparativen Kostenvorteile auszurichten, so wird die Wohlfahrt sowohl des Landes als auch der Weltwirtschaft erhöht. Wenn sich hingegen auch nach Beendigung des Lernens keine komparativen Kostenvorteile ergeben, können sich weder die Newcomer durchsetzen, noch ist mit Weltwohlfahrtsgewinnen zu rechnen.
7. Eine Bevorteilung der heimischen Wirtschaft durch strategische Maßnahmen führt in der Regel zu **Gegenmaßnahmen** von ausländischer Seite. Im Fall einer Zollpolitik liegt die Möglichkeit eines Handelskrieges auf der Hand. Aber auch im Boeing-Airbus-Beispiel ist mit Retorsionsmaßnahmen zu rechnen, da sich die USA die Verdrängung ihres Unternehmens vom Weltmarkt nicht gefallen lassen werden. Tatsächlich genügt es in einer solchen Ausgangssituation unter Umständen, dass die Regierung des Heimatlandes des bisherigen Monopolisten öffentlich verkündet, dass es jede notwendige Unterstützung für das Heimatunternehmen geben wird. Ist diese Aussage durch eine hinreichende **Glaubwürdigkeit** gekennzeichnet, so wird der potentielle Neuanbieter bzw. seine Regierung den Markteintritt nicht versuchen. Der **Ankündigungspolitik** müssen dann keine entsprechenden realen Maßnahmen folgen.
8. Die Förderung einer inländischen Branche kommt häufig nicht nur dem Inland zugute. Werden Forschung und Entwicklung mit der Absicht gefördert, das **technische Wissen** einer gesamten Region oder Branche zu erhöhen, dann wird das neue Know-how über **spill-over-Effekte** auch in kurzer Zeit anderen Volkswirtschaften zur Verfügung stehen, denn technisches Wissen

[71] Vgl. Brainard, W., Uncertainty and the effectiveness of policy, American Economic Review 57 (1967), S. 411–424.

ist international mobil. In diesem Zusammenhang sind auch **ausländische Beteiligungen** an geförderten Unternehmen zu sehen. Die möglichen **internationalen Verteilungsimplikationen** werden von **Baldwin und Krugman** anhand des Boeing-Airbus-Beispiels verdeutlicht.[72] Sie kommen in ihrer Untersuchung zu dem Ergebnis, dass das europäische Airbus-Projekt für Europa selbst weitgehend wohlfahrtsneutral ist, da den Kostensenkungen der europäischen Luftfahrtunternehmen ungefähr gleich hohe Subventionen der öffentlichen Hand gegenüberstehen. Die USA verlieren, da die Produzentenrentenverluste von Boeing die Kostenvorteile der US-Luftfahrtunternehmen weit übersteigen. Die einzigen klaren Gewinner sind **Drittländer**, die selbst nicht produzieren: Sie haben keine Kosten in Form von Subventionen oder Produzentenrentenverlusten, sondern ausschließlich die Vorteile in Form eines verstärkten Wettbewerbs und verringerter Preise auf dem Flugzeugmarkt.

Was die wirtschaftspolitischen Konsequenzen betrifft, so bietet sich als Alternative zur „Neuorientierung der Handelspolitik", die eindeutig in Richtung eines stärkeren Protektionismus und zum großen Teil in Richtung einer Symptomtherapie zielt, eine **ursachenorientierte Strategie** an. Wenn z. B. trotz absehbarer Monopolrentenmöglichkeiten aufgrund intern dynamisch steigender Skalenerträge die Investoren das Risiko scheuen, so ist nach einer besseren **Informationspolitik** oder nach einer verbesserten **Kapitalmarktpolitik** zu fragen, die explizit die Bildung von Risikokapital fördert. Wenn starke Wechselkursschwankungen, hervorgerufen durch ungeeignete nationale Geld- und Fiskalpolitiken, hysteretische Anpassungsprobleme verursachen, so bietet sich eine Besserung dieser Politiken an, möglicherweise unterstützt durch eine internationale Koordinierung.

Insgesamt scheint sich eine mehrheitliche Meinung unter Ökonomen durchzusetzen, nach der vom Gedankengut der „Neuen" und „Strategischen" Handelspolitik zwar wichtige Impulse für die Handelstheorie ausgehen, letztlich jedoch aufgrund der empirischen und praktischen Schwierigkeiten der Konsens hinsichtlich der **Optimalität des Freihandels** nicht beseitigt worden ist:

> „The new trade theorists are very much aware of the practical limitations of their arguments, and they believe that, as a rule of thumb, free trade is the best policy for countries to follow".[73]

[72] Baldwin, R.E., Krugman, P., Industrial policy in international competition in wide-bodied aircraft, in: R.E. Baldwin (Hg.), Trade Policy Issues and Empirical Analysis, Chicago 1987 und Benkard, C.L., Learning and Forgetting: the Dynamics of Aircraft Production, American Economic Review 90 (2000), S. 1034–1054.

[73] Baldwin, R.E., Are economists' traditional trade policy views still valid?, Journal of Economic Literature, 30 (1992), S. 804–829.

4.5 Wohlfahrtseffekte des Handels bei Faktormarktunvollkommenheiten

Wohlfahrtsmindernde Effekte des Außenhandels können sich auch dann ergeben, wenn man die klassische Vollbeschäftigungsannahme fallen lässt und davon ausgeht, dass aufgrund **starrer Löhne nach unten** und **intersektoraler Immobilität** dauerhafte Unterbeschäftigung auftreten kann. Nimmt die Konkurrenzfähigkeit einer Inlandsbranche im Rahmen des internationalen Wettbewerbs ab, so kommt es nicht zu vollbeschäftigungssichernden Lohnsenkungen, sondern zur Freisetzung von Arbeitskraft. Da die Reallokation der freigesetzten Produktionsfaktoren in andere Verwendungen oft nur in langwierigen Anpassungsprozessen erfolgt, können sich dauerhafte Produktionsrückgänge oder Wachstumsverringerungen ergeben.

Diese Problematik des Freihandels ist in den 80er und 90er Jahren besonders deutlich geworden. Es entstand eine allerdings kontroverse Debatte hinsichtlich der Frage, ob Güterexporte aus sogenannten **Billig-Lohn-Ländern** (im Folgenden abkürzend bezeichnet als NIE = „Newly Industrialized Economies") zu signifikanten **Beschäftigungsverlusten** in den Industrieländern (im Folgenden vereinfachend als OECD bezeichnet) führen können.

Die verschiedenen Effekte, die zwischen Freihandel und Beschäftigung wirksam werden können, sollen im Folgenden anhand eines 2-Länder-2-Güter-2-Faktoren-Modells herausgearbeitet werden.[74] Dazu werden sowohl die **OECD-** als auch die NIE-Länder zu jeweils einem Aggregat zusammengefasst (Länder 1 und 2). Die OECD-Länder konsumieren und produzieren die beiden Güter 1 und 2, wobei für die Herstellung des Gutes 1 ein relativ hoher Anteil an hochqualifizierter Arbeit benötigt wird. Die Gesamtnachfrage nach beiden Gütern bestimmt sich aus einer Nutzenfunktion U, die von den konsumierten Mengen der jeweiligen Güter abhängt:

(4.28) $U = U(C_1, C_2)$

Es werden **homothetische Präferenzen** unterstellt. Somit werden bei Einkommenserhöhungen (und konstanten relativen Güterpreisen) die jeweiligen Konsummengen der Güter in gleichem proportionalem Umfang erhöht.

In Bezug auf die Faktormärkte wird angenommen, dass es nur den Produktionsfaktor Arbeit gibt, der sich wie bereits angedeutet in die Kategorien „hochqualifizierte Arbeit" (L_S = „skilled labor") und „gering qualifizierte Arbeit" (L_U = „unskilled labor") unterteilen lässt. Für die Produktion Q werden konstante Skalenerträge mit den Produktionsfunktionen

(4.29) $Q_1 = F(L_{S1}, L_{U1})$ (Gut 1)

und

[74] Vgl. Krugman, P., Growing World Trade: Causes and Consequences, Brookings Papers on Economic Activity, 1:1995, S. 327–377.

(4.30) $Q_2 = F(L_{S2}, L_{U2})$ (Gut 2)

unterstellt.

Hieraus lassen sich die in Abb. 4.14 dargestellten, auf **P. Samuelson** zurückgehenden, grundsätzlichen Zusammenhänge zwischen relativen Güterpreisen, Faktorpreisen und Faktoreinsatzverhältnissen in einer Volkswirtschaft ableiten.[75]

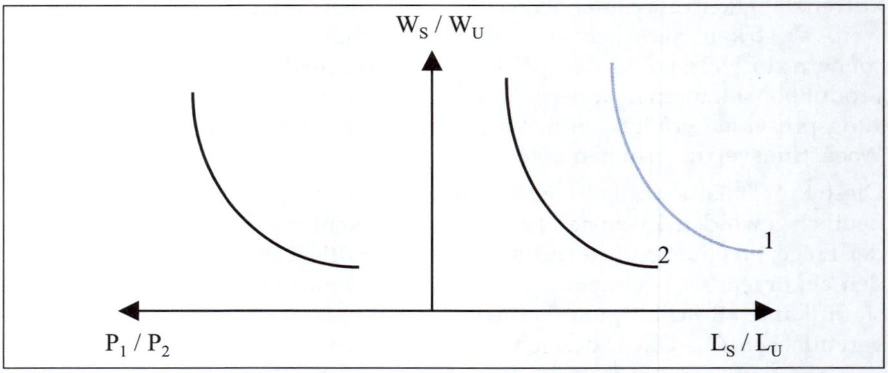

Abb. 4.14: Relative Güter-, Faktorpreise und Faktoreinsatzverhältnisse

Der rechte Teil der Abb. 4.14 veranschaulicht eine Erkenntnis aus der mikroökonomischen Unternehmenstheorie: Bei konstanten Skalenerträgen zeichnen sich die Minimalkostenkombinationen dadurch aus, dass – unabhängig vom Produktionsniveau – zu jedem gegebenem Verhältnis der Entlohnungen der Produktionsfaktoren ein eindeutiges Faktoreinsatzverhältnis besteht. Im vorliegenden Fall existiert also zu einem gegebenen Verhältnis der Löhne für hochqualifizierte und gering qualifizierte Arbeit (W_S/W_U) ein bestimmtes Einsatzverhältnis von hochqualifizierter zu gering qualifizierter Arbeit (L_S/L_U). Der Zusammenhang zwischen Lohnverhältnis und Einsatzverhältnis ist dabei aufgrund des Substitutionseffektes negativ. Dies gilt in jedem der beiden Produktionssektoren 1 und 2.

Der linke Teil des Diagramms beschreibt den bereits beim **Stolper-Samuelson-Theorem** (vgl. Abschnitt 3.3.2.2.2) besprochenen Zusammenhang zwischen den relativen Güterpreisen P_1/P_2 und den relativen Löhnen. Wenn der Preis des Gutes 1 aufgrund von Nachfrageverschiebungen und folglich seine Produktion relativ steigt, muss hierzu hochqualifizierte Arbeit aus dem Sektor 2 relativ stärker abgezogen werden als gering qualifizierte Arbeit. Dies führt zu einer relativen Erhöhung der Entlohnung der hochqualifizierten Arbeit.

Angenommen sei, dass der Relativlohn W_S/W_U starr ist, so dass jede Veränderung der Arbeitsnachfrage auf die Beschäftigung und nicht auf den Lohn wirkt.

[75] Vgl. Samuelson, P., International Factor-Price Equalisation Once Again, Economic Journal 59 (1949), S. 181–197.

Die Abb. 4.15 stellt zunächst die Beschäftigungsanpassung in der OECD dar, die sich aufgrund eines allgemeinen (handelsunabhängigen) Nachfragerückgangs beim Gut 2 ergibt.

Aufgrund der starren Löhne ergibt sich entsprechend dem rechten Teil der Abb. 4.14 ein **konstantes Faktoreinsatzverhältnis** von hochqualifizierter zu gering qualifizierter Arbeit in den beiden Sektoren 1 und 2. Diese konstanten Verhältnisse entsprechen in der Grafik 4.15 den Steigungen der Geraden 1 und 2. Der Punkt E ergibt sich aus der Verknüpfung der beiden sektorspezifischen Beschäftigungsvektoren und kennzeichnet die ursprüngliche Beschäftigung der beiden Faktoren. Da die jeweiligen Beschäftigungsmengen nur über die aus dem fixen Relativlohn resultierenden Faktoreinsatzverhältnisse erreicht werden können, ergeben sich in den Sektoren 1 und 2 die den Koordinaten der Punkte Q_1 und Q_2 entsprechenden Beschäftigungsniveaus.

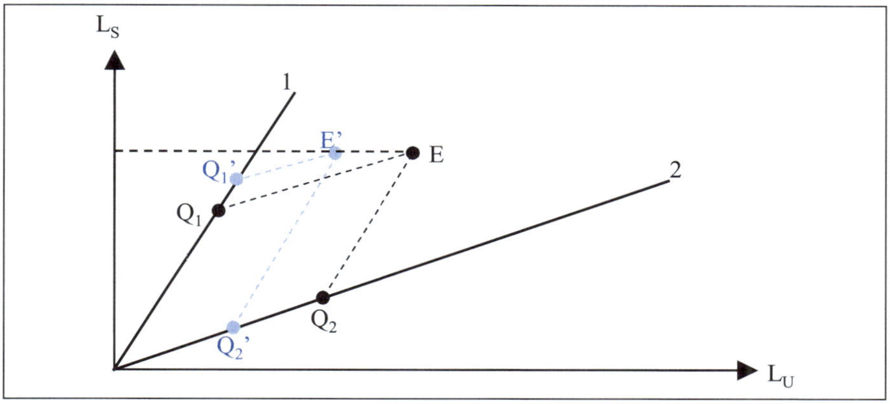

Abb. 4.15: Beschäftigungsanpassung der OECD-Staaten

Nun komme es zu einem **relativen Nachfragerückgang** für das Gut 2, bei dessen Produktion die gering qualifizierte Arbeit intensiv genutzt wird. Hierdurch werden relativ viel gering qualifizierte Arbeit und relativ wenig hochqualifizierte Arbeit freigesetzt. Bei konstanten Faktorpreisen kann zwar die freigesetzte hochqualifizierte Arbeit im Sektor 1 voll eingesetzt werden. Für die gering qualifizierte Arbeit findet sich dort jedoch nur teilweise Verwendung. Die Beschäftigungsniveaus im Sektor 2 gehen auf die Koordinaten des Punktes Q_2' zurück, die des Sektors 1 steigen auf die Koordinaten des Punktes Q_1'. Der neue Beschäftigungspunkt E' zeichnet sich aufgrund der starren Relativlöhne durch einen Beschäftigungsrückgang bei der gering qualifizierten Arbeit bei gleichzeitig konstantem Einsatz von hochqualifizierter Arbeit aus. Die Produktion des Gutes 2 fällt aufgrund des Nachfragerückgangs, die des Gutes 1 kann steigen, weil nun mehr hoch qualifizierte Arbeit verfügbar ist. Dies steht in Analogie zum **Rybczynski-Theorem** (vgl. Abschnitt 3.2.4.3).

Nach dieser vorbereitenden Darstellung von zum Teil bereits aus anderen Kapiteln bekannten Zusammenhängen, die auch für eine autarke Volkswirtschaft gelten, können nun die Handelswirkungen analysiert werden. Zunächst lohnt es, sich Gedanken über die Tauschkurven der OECD und der NIEs zu machen.[76] Für die NIEs ergebe sich, unter der Annahme flexibler Löhne, eine normale Tauschkurve, wie sie in Abb. 4.16 dargestellt wird. Die Abb. 4.16 stellt die OECD-Exporte des Gutes 1 (X_1) und die Importe des Gutes 2 (IM_2) dar. In der Abbildung wird davon ausgegangen, dass die OECD einen komparativen Kostenvorteil bei der Erstellung des Gutes 1 hat, das mit einem relativ hohen Anteil an hochqualifizierter Arbeit erstellt wird.

Die Tauschkurve der OECD verläuft (wie jede Tauschkurve) durch den Ursprung *O*, der den Zustand der Autarkie beschreibt. Im Gegensatz zur Tauschkurve der NIEs muss die Tauschkurve der OECD jedoch eine Gerade sein: Ihre (konstante) Steigung entspricht dem Relativpreis des Gutes 1 bei Autarkie. Solange die OECD beide Güter produziert, wird sich am Relativpreis nichts ändern, denn gemäß dem linken Teil der Abb. 4.14 **impliziert der starre Relativlohn einen starren Relativpreis**. Dieser Relativpreis wird durch die Steigung der Geraden *OA* symbolisiert. Es ergibt sich somit ein Handelsgleichgewicht, das den Koordinaten des Punktes *T* in Abb. 4.16 entspricht.

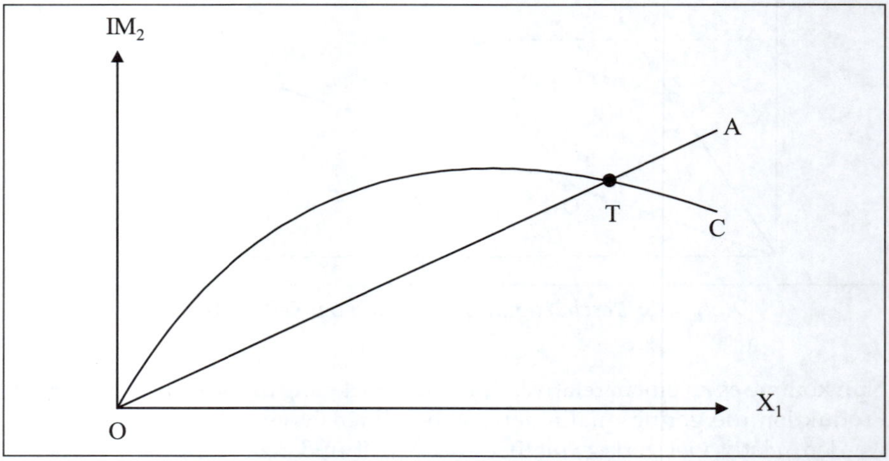

Abb. 4.16: Tauschgleichgewicht zwischen OECD und NIE

Die Abb. 4.17 zeigt die Produktions- und Konsumanpassungen in der OECD, die aus der Aufnahme des Handels mit den NIE-Ländern resultieren. Die Linie *TT* beschreibt die Transformationskurve des OECD-Aggregats bei gegebener ursprünglicher Beschäftigung der beiden Produktionsfaktoren. Der Punkt *A* symbolisiert das Konsum- und Produktionsgleichgewicht bei Autarkie. Der gegebene Relativpreis wird durch die Steigung der durch den Punkt *A* verlaufenden Tangente P_A an die Transformationskurve dargestellt. Der Konsum in *A* hängt vom Einkommen ab. Der Strahl *OA* veranschaulicht den **Einkommensexpansionspfad** bei den angenommenen homothetischen Präferenzen.

[76] Zum Konzept der Tauschkurve vgl. Abschnitt 3.2.1.2.1.

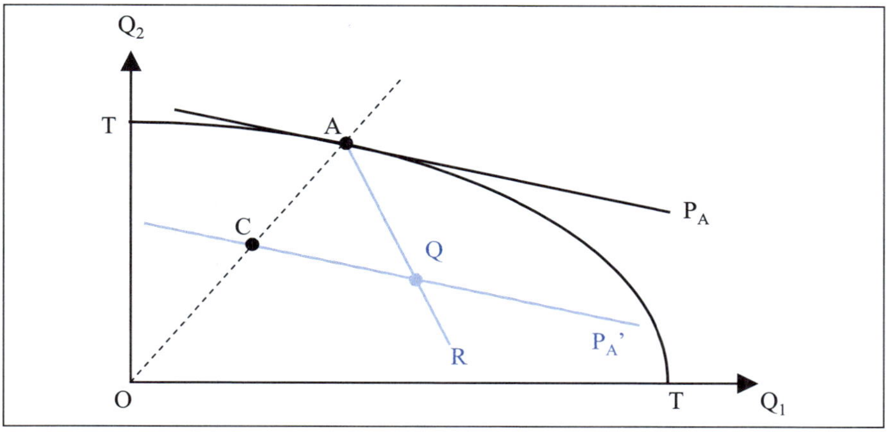

Abb. 4.17: Produktions- und Konsumanpassung in den OECD-Staaten

Nach Aufnahme des Handels exportieren die NIE-Länder das Gut 2 und importieren das Gut 1. Im Vergleich zur Autarkie fällt die OECD-Produktion des Gutes 2, während die des Gutes 1 steigt. Bei unverändertem Relativpreis hält dieser Prozess an, bis der durch die Tauschkurve veranschaulichte Handelsumfang erreicht wird, bei dem die Tauschwünsche der OECD und der NIE-Länder im Gleichgewicht sind. Entsprechend der Erkenntnisse aus Abb. 4.15 wird die im Sektor 2 freigesetzte hoch qualifizierte Arbeitskraft in vollem Umfang im Sektor 1 zur Produktionssteigerung eingesetzt. Die freigesetzte gering qualifizierte Arbeitskraft wird ebenfalls vermehrt dort eingesetzt, und zwar gemäß Abb. 4.14 in einem festen Einsatzverhältnis zur hochqualifizierten Arbeit. Dies bedeutet allerdings, dass die gering qualifizierte Arbeitskraft zum Teil unbeschäftigt bleibt und die Transformationskurve nicht mehr erreicht wird. Aufgrund der konstanten Faktoreinsatzverhältnisse besteht im Übrigen ein linearer Zusammenhang zwischen der Produktionserhöhung im Sektor 1 und der -verringerung in Sektor 2. In der Abb. 4.17 wird dies durch die **Rybczynski-Linie** *AR* verdeutlicht.

Das Nichterreichen der Transformationskurve impliziert einen negativen Realeinkommenseffekt, welcher veranschaulicht werden kann, indem die Autarkiepreisgerade P_A und die neue Preisgerade P_A', die durch den neuen Produktionspunkt Q läuft, ansonsten aber die gleiche Steigung hat wie P_A, bis zu den Achsen verlängert werden. Der Abstand der Schnittpunkte der beiden Preisgeraden mit der Q_2-Achse drückt den Realeinkommensverlust in Einheiten des Gutes 2 aus.

Die weiter am Ursprung gelegene Preisgerade P_A' verdeutlicht die verschlechterten Konsummöglichkeiten der OECD. Der letztendlich von den OECD-Konsumenten gewählte Konsumpunkt verlagert sich entlang des Expansionspfades *OA* nach unten auf den Punkt *C*. Das Außenhandelsgleichgewicht ist erreicht, wenn der von der OECD gewünschte Handelsvektor *CQ* mit dem gleichgewichtigen Handelsvektor *OT* aus Abb. 4.16 übereinstimmt.

Die Analyse verdeutlicht, dass **rigide Relativlöhne** zu Beschäftigungsverlusten infolge der Außenhandelsaufnahme führen können. Falls **Multiplikatoreffekte** vorliegen, können diese die Situation weiter verschlechtern.

Welches sind nun die wirtschaftspolitischen Konsequenzen? Bei Flexibilisierung der Löhne stellen sich die Wohlfahrtsgewinne des Handels so ein, wie dies im Kapitel 3 beschrieben wurde. Ist dies politisch nicht durchsetzbar, so muss dennoch vor protektionistischen Maßnahmen gewarnt werden. Die geschilderten Anpassungsvorgänge der Reallokation der Produktionsfaktoren und die dabei (übrigens auch bei Lohnflexibilität) auftretenden Probleme stellen eine zwingende Voraussetzung für die Verbesserung der internationalen Arbeitsteilung dar. Temporäre Unterbeschäftigung und Produktionseinbußen können daher als unerlässlicher Preis strukturverbessernder Anpassungsprozesse gesehen werden. Die Höhe dieses Preises wird entscheidend dadurch bestimmt, wie schnell sich die Anpassung vollzieht. Werden die erforderlichen Strukturanpassungen durch wirtschaftspolitische Stützungsmaßnahmen hinausgezögert, so entsteht ein Anpassungsstau, dessen Abbau wegen der mitwachsenden Anpassungslasten politisch zunehmend schwieriger wird. Die hohen Anpassungslasten eines außenhandelsbedingten Strukturwandels sind daher oft das Resultat einer **strukturkonservierenden Wirtschaftspolitik**. Eine Wirtschaftspolitik, die nicht auf die Konservierung langfristig nicht haltbarer Produktionsstrukturen setzt, sondern den teilweise schwierigen Anpassungsprozess, den insbesondere der Produktionsfaktor Arbeit durchmachen muss, direkt (z. B. über Umschulungsmaßnahmen, temporäre (Lohn-) Subventionen oder sonstige, jedoch nicht an der Produktion ansetzende soziale Sicherungsmaßnahmen) abfedert, ist sinnvoller.

4.6 Zusammenfassung

- In Analogie zur Theorie des Marktversagens zeigt die neue Handelstheorie die theoretischen Möglichkeiten von Suboptimalitäten bei Aufrechterhaltung des Freihandels auf. Den Ausgangspunkt der Analyse bilden externe Effekte, Unteilbarkeiten sowie Informations- und Anpassungsmängel.
- Das Auftreten externer Effekte kann zu suboptimaler oder ineffizienter Allokation bei Freihandel führen. Zur Internalisierung externer Effekte ist eine Besteuerung/Subventionierung einer Zollerhebung aufgrund der Vermeidung des negativen Konsumeffektes (Inländer orientieren sich an zollverzerrten Preisrelationen) überlegen.
- Bei steigenden Skalenerträgen wird einerseits zwischen statisch und dynamisch, andererseits zwischen intern und extern steigenden Skalenerträge unterschieden. Diese Formen von Skalenerträgen können in verschiedenen Kombinationen auftreten und jeweils unterschiedliche Wohlfahrtswirkungen bzw. unterschiedliche optimale Handelspolitiken implizieren.
- Bei intern steigenden Skalenerträgen können sich bereits im Fall der Autarkie in den nationalen Volkswirtschaften (natürliche) Monopole bilden. In diesem Fall kann Außenhandel selbst bei identischen Produktions- und

Nachfragebedingungen in den beteiligten Ländern aufgrund des besonderen Spezialisierungsvorteils bei steigenden Skalenerträgen vorteilhaft sein. Dabei können Monopolrenten entstehen bzw. weiterexistieren. Sofern das Monopol im eigenen Land arbeitet, ist eine handelspolitische Intervention nicht sinnvoll. Zölle des Landes, das nicht über dieses Monopol verfügt, die zur Korrektur der sich daraus ergebenden terms-of-trade gedacht sind, sind angesichts drohender Retorsionszölle meist wenig erfolgversprechend.

- Allerdings kann es, sofern das Monopol im Ausland liegt, für das Inland sinnvoll sein, über den Versuch einer terms-of-trade-Verbesserung hinauszugehen und zu versuchen, das ausländische Monopol durch ein inländisches abzulösen. Hierzu eignen sich Industrien mit intern dynamisch steigenden Skalenerträgen, die durch eine temporäre Subventionierung ihre Lernnachteile gegenüber dem ausländischen Konkurrenten aufholen sollen. Ist dieses Ziel erreicht, kann ein Verdrängungswettbewerb beginnen, an dessen Ende nur noch das Monopol im Inland existiert. Die entsprechenden Monopolrenten sind ins Inland umgelenkt worden.
- Eine ähnliche handelspolitische Argumentation lässt sich für den Fall extern steigender Skalenerträge (auf Sektorebene) führen, in dem die Stückkosten der Unternehmen mit steigender Größe des gesamten Sektors geringer werden. Starke externe Skalenerträge können dazu führen, dass historisch und zufällig bedingte internationale Handelsmuster entgegen den wahrhaftigen komparativen Kosten erhalten bleiben oder sich sogar verfestigen. Internationaler Handel, der auf starken externen Skalenerträgen beruht, kann im Vergleich zur Autarkie die Wohlfahrt eines Landes vermindern. Ein temporäres Schützen des inländischen Sektors würde nicht nur die inländische, sondern auch die Weltwohlfahrt erhöhen können.
- Zwischen den beiden Marktformen der vollständigen Konkurrenz und des Monopols liegt die Situation der monopolistischen Konkurrenz, zu der es insbesondere bei bereichsweise sinkenden Durchschnittskosten und aufgrund von Produktdifferenzierungen kommen kann. Internationaler Handel ist in diesem Fall für die beteiligten Nationen vorteilhaft. Der Außenhandel wirkt marktvergrößernd (Marktintegration), was den Konsumenten eine höhere Produktvielfalt bei geringeren Preisen beschert. Sind die monopolistischen Konkurrenten sowohl im In- als auch im Ausland angesiedelt, so resultiert intraindustrieller Handel. Eine interventionistische Handelspolitik kann in diesem Fall damit „legitimiert" werden, dass nur die Anzahl, nicht aber die Nationalität der am gemeinsamen Markt teilnehmenden Unternehmen endogen determiniert wird. Derartige multiple Gleichgewichte laden zu temporären Interventionen ein, mit denen dauerhaft die Produktions- und Handelsstruktur geändert wird.
- Ähnliche dauerhafte bzw. hysteretische Wirkungen nach Fortfall des strukturändernden Impulses können bei Erfahrungsgütern, über deren Qualität die Konsumenten unsicher sind, bzw. aufgrund fixer und verlorener Kosten auftreten. Auch hier ist die handelspolitische Konsequenz, dass ein temporärer Eingriff sinnvoll sein kann.
- Den theoretisch wohlfahrtssteigernden Möglichkeiten einer „neuen" bzw. „strategischen" Handelspolitik sind realiter mögliche hohe Kosten gegenüber

zu stellen. Hierzu gehören insbesondere die Kosten des meist auf Subventionen gerichteten Instrumenteneinsatzes, deren notwendige Dauer regelmäßig unterschätzt wird. Die Finanzierung dieser Subventionen belastet regelmäßig andere Sektoren. Auch zeigt eine kritische Untersuchung der möglichen Nutzen, dass sie mit hohen Unsicherheiten belastet sind, weil die Identifizierung der geeigneten Sektoren und die Antizipation der Reaktion des Handelspartners problematisch sind. Die empirische Erfahrung zeigt zudem, dass „temporär" geförderte Industrien selten „erwachsen" werden, sondern zu Ineffizienzen neigen, mit denen sie eine internationale Wettbewerbsfähigkeit nicht erreichen. Insofern ist die anfängliche Euphorie bezüglich der „neuen" und „strategischen" Handelspolitik inzwischen einer Ernüchterung gewichen. Freihandel bleibt ein geeigneter Leitfaden für die Handelspolitik.

- Bei Unvollkommenheiten auf den Faktor- und Gütermärkten kann die Aufnahme des internationalen Handels die inländische Wohlfahrt verringern. Handelspolitische Maßnahmen können dieses Problem lindern. Der maximale Wohlfahrtszuwachs wird jedoch erreicht, indem die Ursachen der Unvollkommenheiten beseitigt werden.

Weiterführende Literatur

Zhelobodko, E., Kokovin, S., Parenti, M., Thiesse, J.-F., Monopolistic Competition: Beyond the Constant Elasticity of Substitution, Econometrica 80 (2012), S. 2765–2784.

Behrens, K., Murata, Y., General Equilibrium Models of Monopolistic Competition: A New Approach, Journal of Economic Theory 136 (2007), S. 776–787.

Chaney, T., Distorted Gravity: The Intensive and Extensive Margins of International Trade, The American Economic Review 98 (2008), S. 1707–1721.

5 Internationale Faktorbewegungen

Kapitelübersicht

Im Mittelpunkt der beiden vorangegangenen Kapitel stand primär der internationale Handel mit Waren und Dienstleistungen. **Grenzüberschreitende Bewegungen der Produktionsfaktoren** wurden ausgeschlossen. In der Realität spielen **internationale Faktorbewegungen** eine wichtige Rolle. Bevor die Wirkungen internationaler Wanderungen und Kapitalströme im Detail erläutert werden, sollen der Handel und die grenzüberschreitenden Wanderungen in ihren grundsätzlichen Wirkungen gegenübergestellt werden.

In Anlehnung an die Tabelle 3.4 wird erneut ein **2-Länder-2-Güter-Fall** betrachtet. Zusätzlich soll davon ausgegangen werden, dass sowohl im Inland als auch im Ausland jeweils 600 Einheiten Arbeit zur Verfügung stehen. Die Tabelle 5.1 nennt die im In- und Ausland erforderlichen Mengen an Arbeitskraft pro erstellte Einheit Weizen bzw. Tuch. Ausgangspunkt ist somit der **Ricardo-Fall** (gleiche Faktorausstattung, unterschiedliche Produktivitäten).

Tab. 5.1: Ricardo-Fall: Erforderliche Arbeitseinsatzmengen im In- und Ausland pro Einheit Weizen bzw. Tuch

	Weizen	Tuch
Inland	12	6
Ausland	6	5

Die zentrale Aussage der Theorie der komparativen Kostenvorteile ist, dass Weltproduktion und Weltwohlfahrt steigen, wenn sich das Inland auf die Produktion von Tuch und das Ausland auf die Produktion von Weizen spezialisieren und beide Länder ihre Güter austauschen. Die Tabelle 5.2 verdeutlicht diese Tatsache: Eine Verringerung der Weizenproduktion im Inland um 1 Einheit setzt 12 Arbeitseinheiten frei, die zu einer inländischen Mehrproduktion von 2 Einheiten Tuch verwendet werden können. Um die verringerte inländische Weizenproduktion auszugleichen, müssen im Ausland 6 Einheiten Arbeit aus der Tuchproduktion in die Weizenproduktion umgelenkt werden. Bei dieser Spezialisierung erhöht sich die Weltproduktion an Tuch um 0,8 Einheiten bei konstanter Weizenproduktion.

Nun sollen **internationale Wanderungen** zugelassen werden. Angenommen das Inland verringert erneut seine Weizenproduktion um 1 Einheit, so dass wiederum 12 Arbeitseinheiten freigesetzt werden. Diese 12 Arbeitseinheiten sollen nun ins Ausland emigrieren, wo die Hälfte von ihnen in der Weizenproduktion eingesetzt wird. Die Weltweizenproduktion bleibt dann insgesamt konstant. Die restlichen 6 Arbeitseinheiten können in der ausländischen Tuchproduktion verwendet werden, wo sie 1,2 zusätzliche Einheiten Tuch produzieren. Es ist also weltwirtschaftlich effizient, wenn die Arbeitskraft vermehrt im Ausland eingesetzt wird. Sofern dies nicht durch „Pendeln", sondern durch eine Änderung des Wohnortes der Arbeitskräfte erfolgt, wird sich der internationale Handel verringern.

Tab. 5.2: Vergleich des Handels und der internationalen Faktorbewegungen

	Inland produziert 1 WE weniger, Ausland 1 WE zusätzlich; Handel zwischen beiden Ländern		**Inland produziert 1 WE weniger, freigesetzte Arbeitskraft wandert ins Ausland**	
	Weizen	**Tuch**	**Weizen**	**Tuch**
Inland	–1	+2,0	–1	0
Ausland	+1	–1,2	+1	+1,2
Welt	0	+0,8	0	+1,2

Als vorläufiges Fazit ergibt sich:

Die Weltproduktion wird erhöht, wenn sich die Produktionsfaktoren in das Land ihrer höchsten Produktivität bewegen. **Die internationalen Faktorbewegungen erhöhen die Weltproduktion sogar stärker als der internationale Handel**. Der Welthandel ist somit nur ein **zweitbestes Instrument** bzw. ein **Substitut** zur Erhöhung der Weltproduktion.

Allerdings darf dieses einfache Beispiel nicht zu der falschen Auffassung führen, dass Faktorbewegungen und Handel stets substitutiv sind. Allein die implizite Annahme, dass inländische Arbeitnehmer im Ausland genauso produktiv sind wie Ausländer, schränkt die praktische Relevanz des Beispiels ein. Wenn die Produktivität der Inländer im Ausland geringer ist oder wenn die Zuwanderungen zu einer sinkenden Produktivität im Ausland führen, dann kommt es nicht zur vollständigen Abwanderung ins Ausland. Verbleiben hinreichend viele Menschen im Inland, dann kann es gleichzeitig mit den Wanderungen zu verstärktem Handel kommen.

5.1 Internationale Wanderungen

Internationale Wanderungen **(Migrationen)** stellen seit Beginn der menschlichen Geschichtsschreibung ein bedeutendes ökonomisches und gesellschaftliches Phänomen dar. Sowohl die Völkerwanderungen in der Frühgeschichte als auch die Migrationen im Römischen Reich, die Besiedelung Nordamerikas zunächst durch Europäer oder die aktuelle Immigration in die USA waren und sind neben ökonomischen Motiven oft durch (Bürger-)Kriege, Verfolgungen und andere nichtökonomische Beweggründe motiviert.

Als ein weiteres wichtiges Beispiel für die internationale Mobilität des Faktors Arbeit können die **Gastarbeiter** in Europa genannt werden. Bedingt durch ein hohes wirtschaftliches Wachstum nach dem 2. Weltkrieg warben Nationen wie Deutschland und die Schweiz zwischen 1950 und Mitte der 70er Jahre Arbeiter aus dem weniger wohlhabenden Süden und Südosten Europas an. Die Box 5.1 beschreibt den Umfang internationaler Wanderungen für Deutschland im Zeitverlauf.

Box 5.1: Umfang der internationalen Wanderungen in Deutschland

Die Bundesrepublik Deutschland gilt neben Staaten wie den USA und Kanada weltweit als typisches Einwanderungsland, obwohl die Regierungen dem häufig widersprechen. Tatsächlich zeigt die folgende Abbildung erhebliche Zuzüge in die Bundesrepublik Deutschland pro Jahr.[77]

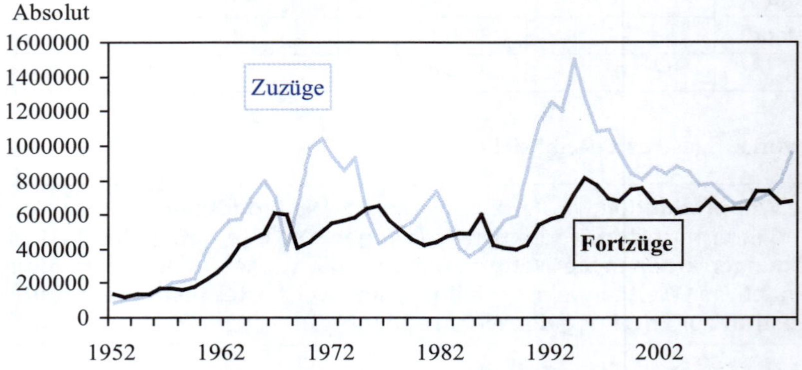

Internationale Wanderungen in der Bundesrepublik Deutschland
Quelle: Statistisches Bundesamt Deutschland, Wanderungsstatistik, Stand 30.05.12.

Besonders hoch war die Zahl der Zuzüge in den Jahren 1969 bis 1973, sowie in der Zeit nach dem Fall des „Eisernen Vorhanges" in Europa, in denen die Millionengrenze teilweise überschritten wurde.[78] Entsprechend hoch war die Quote der relativen Zuzüge, gemessen je 1.000 Einwohner. In diesen Jahren überstieg die Quote die 15 Promille-Marke. Dies ist auch im internationalen Vergleich und unter historischen Gesichtspunkten beachtlich.

Die starke Abnahme der Zuzüge nach 1973 lässt sich durch den Anwerbestopp im November 1973 erklären. Die seit 1955 in den Mittelmeeranrainerstaaten eingerichteten Anwerbe- und Vermittlungsstellen wurden geschlossen. Die Zahl der Nicht-EU-Ausländer in der Bundesrepublik Deutschland erhöhte sich seitdem vornehmlich durch den Zuzug von Ehegatten und Kindern, durch Geburten sowie durch Flüchtlinge, deutschstämmige Um- und Übersiedler und Asylbewerber.

2009 lebten in der Bundesrepublik Deutschland 6,70 Millionen Ausländer, was einem Anteil von 8,2 % an der Gesamtbevölkerung entspricht. Von den Ausländern waren über 3,6 Millionen Erwerbspersonen. Dies entspricht einem Anteil von 9,0 % an den Erwerbspersonen in der Bundesrepublik. Für andere europäische Länder ergeben sich teilweise ähnliche Zahlen. Ein besonders hoher Ausländeranteil ist dabei in der Schweiz zu finden. Hier überstieg der Anteil der ausländischen Erwerbspersonen teilweise die 25 %-Marke.

77 Die Angaben in der Abbildung beziehen sich auf Zu- und Fortzüge von Deutschen und Ausländern.

78 In diesen Zahlen sind auch die Rückzüge Deutscher aus dem Ausland enthalten. Ihre Zahl ist im Vergleich zu den Zuzügen von Ausländern gering.

5.1.1 Die Effekte von Wanderungen

Anhand eines einfachen **2-Länder-Modells** (In- und Ausland, Gast- und Heimatland) sollen die Effekte internationaler Wanderungen untersucht werden. Die Abb. 5.1 verdeutlicht die wesentlichen ökonomischen Wirkungen der Migration.

Die Distanz *OO** entspricht der (als exogen angenommenen) Weltarbeitsmenge. Diese teilt sich in *OA* inländische Arbeit und *O*A* ausländische Arbeit auf, bevor die internationalen Wanderungen einsetzen. Die Linie δY/δA ist die **Grenzproduktivitätsfunktion der Arbeit** im Inland und gleicht damit der inländischen Nachfragekurve nach Arbeit.[79] Die Steigung der δY/δA-Kurve deutet an, dass die Produktivität der letzten eingesetzten Arbeitseinheit mit zunehmendem Arbeitseinsatz abnimmt. Ein zunehmender inländischer Arbeitseinsatz ist in Abbildung 5.1 eine Bewegung in Richtung *O**, ein zusätzlicher Arbeitseinsatz im Ausland dagegen eine Bewegung in Richtung *O*. Die Linie δY*/δA* ist die Grenzproduktivitätskurve der Arbeit im Ausland.

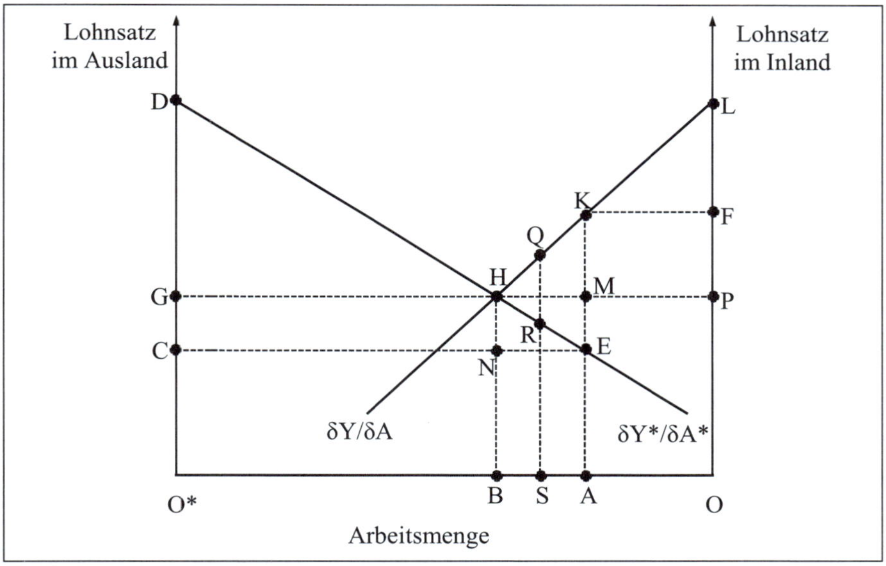

Abb. 5.1: Wirkungen internationaler Wanderungen

Bei **vollständiger Konkurrenz** geben die Linien δY/δA und δY*/δA* die Relation zwischen Reallohn und Arbeitseinsatzmenge an. Vor Beginn der Wanderungen ist der ausländische Reallohn *O*C*. Das ausländische Sozialprodukt entspricht

[79] Die Grenzproduktivitätsfunktion der Arbeit entspricht der Ableitung der Produktionsfunktion nach der Arbeit. Unter Gewinnmaximierungsbedingungen muss die Grenzproduktivität der Arbeit dem Reallohn entsprechen. Deshalb entspricht die Arbeitsnachfragekurve (bezüglich des Reallohnes) der Grenzproduktivitätsfunktion der Arbeit. Im Übrigen bezieht sich die δY/δA -Kurve auf einen gegebenen Kapitalbestand. Kapitalabflüsse führen zu einer Verschiebung nach unten.

der Fläche *O*DEA*,[80] wovon *O*CEA* das Arbeitseinkommen (= Reallohn × Arbeitseinsatzmenge) ist. Der inländische Reallohn ist *OF*, das inländische Sozialprodukt *OAKL*, wovon *OAKF* das Arbeitseinkommen ist.

Da der inländische Reallohn *OF* höher ist als der ausländische, wandern insgesamt *BA* ausländische Arbeitskräfte ins Inland, bis der Reallohn in beiden Ländern gleich hoch ist und *O*G* (bzw. *OP*) entspricht. Der Reallohn im Ausland steigt also, während er im Inland fällt. Das ausländische Sozialprodukt sinkt von *O*DEA* auf *O*DHB*, während das inländische Sozialprodukt von *OAKL* auf *OBHL* steigt. Insgesamt steigt das Weltsozialprodukt aufgrund des effektiveren Arbeitseinsatzes um *EHK*.

Neben diesen **allokativen Effekten** ergeben sich auch **distributive Wirkungen**. Das Einkommen der ausländischen Zuwanderer steigt um *HMEN*, das Einkommen der nicht-wandernden Ausländer um *CGHN*. Den ausländischen Kapitalbesitzern geht Einkommen in Höhe von *CGHE* verloren. Insgesamt steigt das Einkommen aller Ausländer um *HEM*. Im Inland kommt es dagegen zu einer Umverteilung zulasten der Arbeit. Das Arbeitseinkommen der Inländer sinkt um *KFPM*, das Kapitaleinkommen steigt hingegen um *FPHK*. Das Einkommen aller Inländer steigt um *KMH*. Insgesamt ergibt sich daher:

> Aufgrund der allokativen Effekte steigen das Weltsozialprodukt und das Einkommen sowohl der In- als auch der Ausländer. Diese positiven makroökonomischen Wohlfahrtswirkungen können mit Verlusten einzelner Gruppen verbunden sein.[81]

5.1.2 Weitere Wirkungen von Migrationen

Die klassische Analyse des obigen Modells erfasst nicht alle Wirkungen von Migrationen. Es sind einige grundsätzliche Einschränkungen und Erweiterungen vorzunehmen:

1. In der Realität kommt es selten zum **vollständigen Faktorpreisausgleich** (Punkt *H* in Abbildung 5.1). Die Umsiedelung von einem Land in ein anderes ist für die Migranten mit **ökonomischen Kosten** und **sozialem Aufwand** verbunden (Verlust sozialer Bindungen, allgemeine Unsicherheiten in einem fremden Land). Deshalb kommen Wanderungen oft nur bei einer gewissen **Mindestlohndifferenz** zustande. Angenommen diese entspreche der Strecke *QR* in Abb. 5.1. Bei Unterschreitung der Differenz erscheint den Ausländern die Migration nicht mehr lohnenswert. Es ist klar, dass sämtliche zuvor beschriebenen Effekte der internationalen Wanderungen dann geringer ausfallen als bei vollständigem Faktorpreisausgleich (z. B. beträgt der Zuwachs

[80] Das Integral über der Grenzproduktivitätsfunktion entspricht der Produktionsfunktion.

[81] Wanderungen sind somit wohlfahrtssteigernd nach dem Kaldor-Hicks-Kriterium, da die Wohlfahrtszuwächse der Gewinner prinzipiell ausreichen, um den Verlierern Kompensationszahlungen zu leisten. Der Wohlfahrtsgewinn der Gewinner bliebe auch nach solchen Kompensationszahlungen positiv.

des Weltsozialproduktes jetzt nur *QKER* anstatt *HKE*). Prinzipiell bleibt die Wirkungsrichtung erhalten. Ähnlich verhält sich die Situation bei Einwanderungsbeschränkungen des Inlandes (z. B. Beschränkung der Einwanderung auf *AS*).

2. Der Faktor Arbeit ist nicht homogen. Hochqualifizierte Arbeitskräfte haben es in Entwicklungsländern oft schwer, eine ihren Fähigkeiten entsprechende Position zu finden. Für sie ist der Anreiz zur Abwanderung besonders groß. Die Industrieländer neigen dazu, hochqualifizierten Arbeitskräften den Zuzug durch gesetzliche Regelungen zu erleichtern. Dadurch können sich für die Entwicklungsländer per saldo negative Wirkungen ergeben, denn mit der Abwanderung gehen diesen Ländern technisches Know-how und Management-Fähigkeiten verloren, so dass auch die Produktivität der verbleibenden Arbeitskräfte sinkt (Brain Drain). Für das Entwicklungsland ergibt sich durch diese Wanderung nicht nur ein verringerter Arbeitseinsatz, sondern auch eine Verschiebung der Grenzproduktivitätskurve nach unten, was zu einer Senkung des Gesamteinkommens im Entwicklungsland führen kann.
3. Das obige Modell schließt sowohl **starre Reallöhne** als auch die Existenz von **Arbeitslosigkeit** aus. Angenommen es herrscht im Inland ein starrer Reallohn in Höhe von *OF*. Die Beschäftigungsmenge kann damit nicht über *OA* hinauswachsen. Die Zuwanderungen führen dann zur Entstehung von Arbeitslosigkeit in gleicher Höhe. Liegt der Reallohn vor der Migration oberhalb von *OF*, so besteht schon vorher Arbeitslosigkeit, die durch die Zuwanderung verschärft wird.
4. Im Zuge der **Gastarbeiterbewegungen** in Europa warfen die südeuropäischen den mitteleuropäischen Ländern den Export von Konjunkturschwankungen und der damit verbundenen Arbeitslosigkeit vor. Bis Anfang der 70er Jahre herrschte relative Prosperität und Knappheit an Arbeitskräften, so dass die mitteleuropäischen Länder Gastarbeiter anwarben. In den darauffolgenden Jahren mit weltweiter Arbeitslosigkeit versuchten diese, die Gastarbeiter zur Rückkehr in ihre Heimatländer zu bewegen. In ihren Herkunftsländern verschärften die Rückkehrer dann die Arbeitslosigkeit.
5. Migranten nehmen regelmäßig Schenkungen an ihre in der Heimat verbliebenen Angehörigen vor. Diese **unentgeltlichen (laufenden) Übertragungen** passivieren tendenziell die Leistungsbilanz des Gastlandes, während sich die Leistungsbilanz des Heimatlandes tendenziell aktiviert. Die unentgeltlichen Übertragungen waren und sind für einige Länder von großer Bedeutung. In Ländern wie Tonga, Lesotho und Moldavien entsprechen die empfangenen Übertragungen mehr als 20 % des Bruttosozialproduktes.

5.1.3 Zusammenfassung

- Internationale Wanderungen spielen für viele Industrienationen eine erhebliche Rolle. Neben ökonomischen Motiven können Wanderungen auch politisch motiviert sein.

- Unter ökonomischen Gesichtspunkten sind Wanderungen insgesamt sowohl für das Gast- als auch das Heimatland vorteilhaft (allokative Wirkungen). Allerdings können Migrationen für einzelne Gruppen mit Verlusten verbunden sein (distributive Wirkungen).
- Unter weltwirtschaftlichen Gesichtspunkten und für die beteiligten Volkswirtschaften insgesamt sind Wanderungen wohlfahrtserhöhend. Einschränkungen zu dieser Aussage ergeben sich z. B. aufgrund der Inhomogenität des Faktors Arbeit und der Existenz von Arbeitslosigkeit.

5.2 Internationale Kapitalbewegungen

Unter **internationalen Kapitalbewegungen** versteht man den Erwerb und die Veräußerung von inländischen (ausländischen) Forderungen und Vermögensgegenständen durch Ausländer (Inländer). Diese Transaktionen ändern die Höhe und Zusammensetzung der Forderungen und Verbindlichkeiten eines Landes gegenüber dem Ausland.

Zwischen internationalem Handel und internationalem Kapitalverkehr muss streng unterschieden werden. Z. B. stellt der Verkauf von Kapitalgütern wie Maschinen oder Werkzeugen zwischen zwei Nationen internationalen Handel (und keinen Kapitalverkehr) dar, wenn die Güter die internationale Grenze überschreiten. Verbleiben die Güter im verkaufenden Land (z. B. beim Erwerb eines ganzen Unternehmens), so entsteht eine positive Forderungsposition des Käuferlandes und man spricht von internationalem Kapitalverkehr.

Die Abb. 5.2 stellt verschiedene Arten des Kapitalverkehrs dar. Als **Träger** fungieren private Anleger oder offizielle Institutionen (meistens Notenbanken und Regierungen). **Langfristigen Kapitalbewegungen** liegen Forderungen und Verbindlichkeiten mit einer Laufzeit von mehr als einem Jahr (in ausländischen Statistiken teilweise auch zwei Jahren) zugrunde. Hier ergeben sich schnell Abgrenzungsschwierigkeiten, da z. B. fremde Aktienkäufe stets als langfristiger Kapitalverkehr verbucht werden, obwohl sie oft aus spekulativen Gründen nur sehr kurzfristig gehalten werden.

Bei den langfristigen Kapitalbewegungen wird zwischen **Portfolioinvestitionen** und **Direktinvestitionen** unterschieden.[82] Portfolioinvestitionen ergeben sich durch den Aufkauf ausländischen Finanzvermögens, meist in der Form von Aktien oder langfristigen Schuldverschreibungen.

Zu den Direktinvestitionen zählen typischerweise der Aufbau von Tochterunternehmen im Ausland und das Aufkaufen bereits bestehender ausländischer Unternehmen. In beiden Fällen erhält der inländische Investor die Kontrolle über das ausländische Unternehmen. Als Direktinvestitionen werden aber auch die Kreditvergabe an ausländische Unternehmen, die sich unter der Kontrolle des Kreditgebers befinden, oder das Kaufen von Eigentumsanteilen an

[82] Portfolioinvestitionen können auch kurzfristiger Natur sein. Unsere Darstellungen beziehen sich allerdings auf langfristige Portfolioinvestitionen.

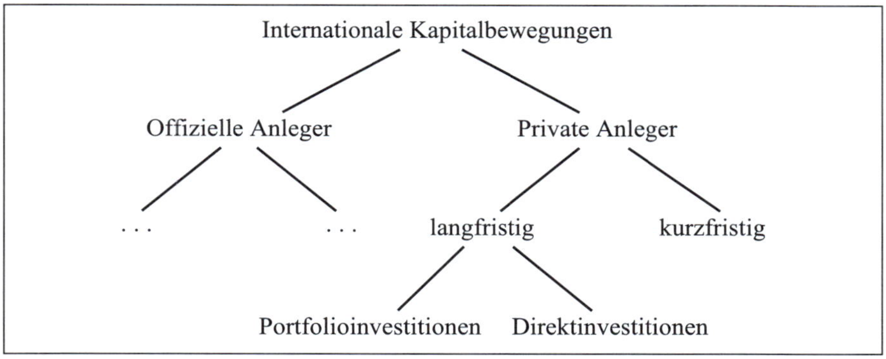

Abb. 5.2: Arten des Kapitalverkehrs

ausländischen Unternehmen verstanden. Beim Kaufen von Eigentumsanteilen gilt als **Abgrenzung zu den Portfoliobewegungen**, dass der Investor durch den Kauf die Kontrolle über oder einen erheblichen **Einfluss auf das ausländische Unternehmen** erlangen muss. Auch hier ergeben sich Abgrenzungsschwierigkeiten: Eine Einflussmöglichkeit besteht sicher bei einem Eigentumsanteil von über 50 %. In der Realität genügen auch geringere Anteile zur Einflussnahme. Die Ermittlung von Direktinvestitionen ist also mit Schwierigkeiten verbunden, denn das eigentliche Unterscheidungskriterium zu den Portfolioinvestitionen ist die **Möglichkeit der Einflussnahme**. Die Statistik beschränkt sich jedoch auf den Kapitalanteil. In der europäischen Statistik zählen Beteiligungen mit mehr als 10 % als Direktinvestition.

5.2.1 Portfolioinvestitionen

In diesem Abschnitt sollen nun Motive und Wirkungen von Portfolioinvestitionen untersucht werden. Die Box 5.2 beschreibt die Entwicklung von Portfolioinvestitionen für Deutschland im Zeitverlauf.

5.2.1.1 Motive der Portfolioinvestitionen

Das Hauptmotiv für internationale Portfolioinvestitionen ist die Möglichkeit, das Risiko zu streuen und die Rendite auf das eingesetzte Kapital zu erhöhen.

Der Kauf ausländischer Finanzvermögen ist attraktiv, wenn die ausländische Rendite höher ist als die inländische. Allerdings ist nicht nur die momentane, sondern auch die erwartete Differenz zwischen in- und ausländischen Renditen maßgebend.[83]

[83] Voraussetzung für das Zustandekommen von derartigen Portfolioinvestitionen ist, dass die Renditedifferenz die Transaktionskosten übersteigt. Im Folgenden soll der Aspekt der Transaktionskosten vernachlässigt werden.

Allerdings kann das Motiv der **Zins- und Renditearbitrage** die in der Realität zu beobachtenden Kapitalströme nicht vollständig erklären. Real existierende Kapitalimporte in Niedrigzinsländer können durch sie nur begrenzt begründet werden. Einen bedeutenden Erklärungsansatz hierfür liefert die von **H. Markowitz** und **J. Tobin** entwickelte **Portfoliotheorie**.[84] Diese setzt neben dem Arbitrageargument auf das Motiv der **Risikodiversifizierung**. Die Tatsache, dass Finanzanlagen risikobehaftet sind, erklärt sich aus der schwankenden Ertragslage von Unternehmen (aufgrund von Konjunkturschwankungen, Strukturveränderungen, Nachfrageverschiebungen etc.). Dieses Risiko ist neben der erwarteten Rendite ein Hauptbestimmungsgrund für den Umfang von Portfolioinvestitionen. Ein Investor maximiert seine erwartete Rendite bei gegebenem Risiko und wird risikoreichere Finanzaktiva zunächst nur bei höherer Rendite akzeptieren.

Die beiden folgenden Unterabschnitte sollen die Portfolioentscheidungen eines Investors am Beispiel einer inländischen Aktie *A* sowie einer ausländischen Aktie *A** erläutern. Zunächst wird davon ausgegangen, dass beide Anlageformen dieselbe erwartete Rendite aufweisen.

Box 5.2: Umfang von Portfolioinvestitionen in Deutschland

Für die Bundesrepublik Deutschland hat die Bedeutung der Portfolioinvestitionen in der jüngsten Vergangenheit erheblich zugenommen. Die nachfolgende Abbildung zeigt, dass seit Beginn der 80er Jahre sowohl der Umfang von ausländischen Portfolioinvestitionen in Deutschland als auch der Umfang deutscher Portfolioinvestitionen im Ausland deutlich ausgeweitet wurde.

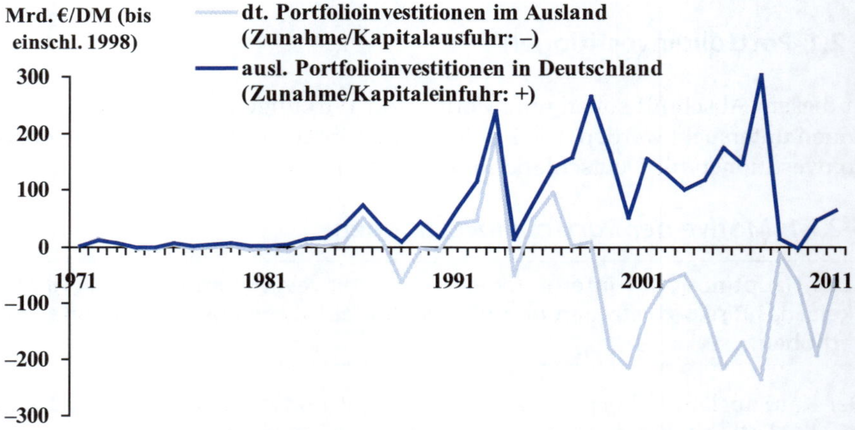

Internationale Portfolioinvestitionen mit deutscher Beteiligung
Quelle: Deutsche Bundesbank, Zahlungsbilanzstatistik, Mai 2012

84 Vgl. Markowitz, H., Portfolio Selection: Efficient Diversification of Investments, New York 1959. Tobin, J., A General Equilibrium Approach to Monetary Theory, Journal of Money Credit and Banking, Vol 1 (1969).

Bis Mitte der 90er Jahre waren die deutschen Portfolioinvestitionen regelmäßig dann besonders hoch, wenn die Portfolioinvestitionen der Ausländer in der Bundesrepublik besonders gering waren und umgekehrt. Seitdem laufen die Portfolioinvestitionen „synchroner". Die möglichen ökonomischen Gründe werden im Folgenden näher erläutert.

5.2.1.1.1 Risikominimierung bei gleichen erwarteten Renditen

Die Renditen der Aktien *A* und *A** (bezeichnet mit *R* und *R**) seien zufällige Größen mit gleichen Erwartungswerten *m* und *m**, d. h. es gilt

(5.1) $\mu = \mu^*$

Das Risiko einer Anlage soll durch die Varianz der Rendite, d. h. die durchschnittliche quadratische Abweichung der Rendite von ihrem Erwartungswert, gemessen werden. Die Varianzen der beiden Anlagen seien mit σ^2 und σ^{*2} bezeichnet. Ein Investor stellt nun sein Portfolio *PF* zusammen, indem er sein Gesamtvermögen auf beide Finanzanlagen verteilt. Die Anteile beider Aktiva am Gesamtvermögen des Investors seien x und x^*, wobei natürlich

(5.2) $x + x^* = 1$

gelten muss. Die erwartete Rendite des aus beiden Aktien bestehenden Portfolios beträgt dann

(5.3) $\mu_{PF} = x \cdot \mu + x^* \cdot \mu^* \overset{\text{wegen (5.1)}}{=} (x + x^*) \cdot \mu \overset{\text{wegen (5.2)}}{=} \mu = \mu^*$

Für das Risiko (die Varianz) des Portfolios ergibt sich nach einer bekannten Formel aus der Wahrscheinlichkeitsrechnung

(5.4) $\sigma_{PF}^2 = x^2 \cdot \sigma^2 + (x^*)^2 \cdot \sigma_*^2 + 2 \cdot x \cdot x^* \cdot \text{cov}(R, R^*)$

Hier bezeichnet cov(*R*, *R**) die Kovarianz, die ein Maß für den (linearen) Zusammenhang der Renditen der beiden Finanzaktiva darstellt:

(5.5) $\text{cov}(R, R^*) = E\big((R - \mu) \cdot (R^* - \mu^*)\big)$ [85]

Aus der Gleichung (5.3) ist ersichtlich, dass die erwartete Rendite des Portfolios unter der Annahme (5.1) unabhängig von der Verteilung des Gesamtvermögens auf die beiden Aktien ist, denn sie beträgt stets $\mu = \mu^*$. Der Investor hat also durch seine Wahl der Anteile x und x^* keinerlei Einfluss auf die erwartete Rendite seines Portfolios. Dagegen kann er aber durch eine geschickte Mischung der Finanzaktiva das Risiko seines Portfolios minimieren. Das zugehörige Minimierungsproblem lautet somit nach Gleichung (5.4):

(5.6) $\min_x x^2 \cdot \sigma^2 + (1 - x)^2 \cdot \sigma_*^2 + 2 \cdot x \cdot (1 - x) \cdot \text{cov}(R, R^*)$

---

[85] In der Gleichung (5.5) bezeichnet $E(\cdot)$ den mathematischen Erwartungswert.

Als risikominimierende Anteile ergeben sich

(5.7) sowie $x^*_{\min} = 1 - x_{\min}$

Der geschilderte Sachverhalt kann durch ein einfaches Beispiel verdeutlicht werden. Die Tabelle 5.3 beschreibt die (hypothetischen) erwarteten Renditen und Risiken der beiden Aktien *A* und *A**:

*Tab. 5.3: Erwartete Renditen und Varianzen der Aktien A und A**

	Erwartete Rendite	**Varianz**
Aktie *A*	10	12,5
Aktie *A**	10	50,0

Offensichtlich ist die Auslandsaktie wesentlich risikoreicher als die Inlandsaktie. Weiterhin soll davon ausgegangen werden, dass die beiden Anlagen unkorreliert sind, d. h.

$$\text{cov}(R, R^*) = 0$$

Aus Gleichung (5.7) ergeben sich die risikominimierenden Anteile für das Gesamtportfolio zu

$$x_{\min} = \frac{50}{12,5 + 50} = 0,8 \quad \text{sowie } x^*_{\min} = 1 - 0,8 = 0,2$$

Die minimale Varianz des Gesamtportfolios errechnet sich mit Gleichung (5.4) zu

$$x^*_{\min} = 1 - 0,8 = 0,2$$

Bei geringeren Anteilen der inländischen Aktie erhöht sich die Gesamtvarianz, weil der zu den ausländischen Renditeschwankungen kompensierende Einfluss der inländischen Renditeschwankungen schwindet. Bei einem Anteil der inländischen Aktie von 0 % entspricht die Varianz des Gesamtportfolios selbstverständlich derjenigen der ausländischen Aktie. Analog gilt auch bei einem Anteil der inländischen Aktie, der über 0,8 hinauswächst, dass die Gesamtvarianz des Portfolios steigt, weil die gegenseitig kompensierende Wirkung der Renditeschwankungen geringer wird. Die nachstehende Abbildung stellt den Zusammenhang zwischen der Varianz des Gesamtportfolios und dem Anteil der inländischen Aktie *x* dar.

Durch **Diversifikation** kann also das Risiko des Portfolios unter das Risiko der inländischen Aktie gesenkt werden. Voraussetzung ist allerdings, dass die in- und ausländischen Aktienrenditen nicht perfekt (positiv) korrelieren, d. h. der Korrelationskoeffizient zwischen *R* und *R**

$$\text{corr}(R, R^*) = \frac{\text{cov}(R, R^*)}{\sqrt{\sigma^2 \cdot \sigma^2_*}}$$

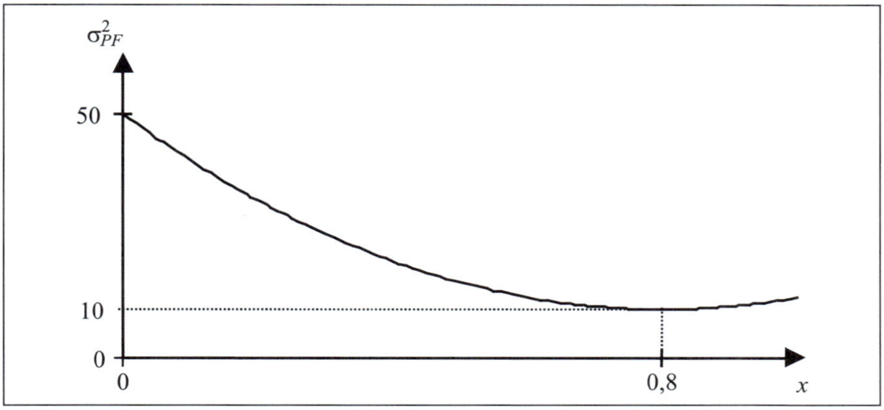

Abb. 5.3: Risiko des Gesamtportfolios

muss kleiner als 1 sein. Wenn beide Aktienrenditen perfekt (positiv) korreliert sind (d.h. corr(R, R^*) = 1), dann entfällt der kompensierende Effekt. Je höher die Korrelation zwischen in- und ausländischer Rendite, desto geringer ist bei identischen erwarteten Renditen der Anreiz zur Diversifizierung.

5.2.1.1.2 Portfolioselektion bei ungleichen erwarteten Renditen

Es soll nun angenommen werden, dass die beiden erwarteten Renditen voneinander abweichen, d.h. $\mu \neq \mu^*$. Für die erwartete Rendite des Portfolios ergibt sich dann

(5.8) $$\mu_{PF} = x \cdot \mu + x^* \cdot \mu^*$$

während für die Varianz unverändert (5.4) gilt. Der Investor sieht sich nun einem Zielkonflikt gegenüber. Ideal wäre sicherlich eine Mischung beider Aktiva, welche die erwartete Rendite des Portfolios maximiert bei gleichzeitiger Minimierung des Risikos. Dieses lässt sich meistens nicht gleichzeitig erreichen. Vielmehr zeigen die Gleichungen (5.4) und (5.8), dass der Investor zwischen einer Vielzahl von Kombinationen (μ_{PF}, σ_{PF}^2) wählen kann, indem er die Anteile der inländischen und ausländischen Wertpapiere an seinem Vermögen variiert. Entscheidet sich der Investor für eine bestimmte erwartete Portfoliorendite μ_{PF} (zwischen μ und μ^*), so legt er nach Gleichung (5.8) automatisch auch die Mischungsanteile zu

(5.9) $$x = \frac{\mu_{PF} - \mu^*}{\mu - \mu^*} \text{ sowie } x^* = 1 - x$$

fest. Setzt man diese Anteile in die Gleichung (5.4) ein, so erhält man eine funktionale Abhängigkeit des Portfoliorisikos von der erwarteten Portfoliorendite. Es ist zu erkennen, dass es sich dabei um eine quadratische Funktion der Form

(5.10) $$\sigma^2_{PF} = a \cdot \mu^2_{PF} + b \cdot \mu_{PF} + c$$

handelt, wobei die Konstanten *a, b, c* explizit zu bestimmen sind.[86] Diese Funktion heißt **Portfoliolinie** und ist beispielhaft in der Abb. 5.4 skizziert.

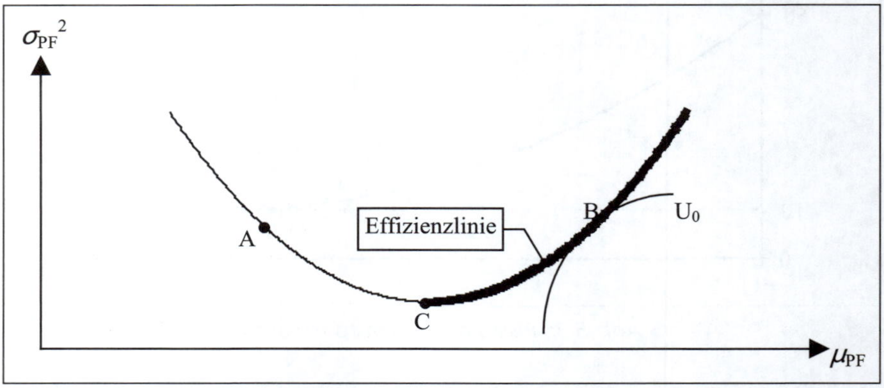

Abb. 5.4: Portfolio- und Effizienzlinie

Zu jeder erwarteten Portfoliorendite existiert also ein eindeutiges **Portfoliorisiko**. Allerdings können verschiedene Mischungen mit dem gleichen Risiko verbunden sein (Punkte *A* und *B* in Abb. 5.4). In diesem Fall wird sich der Investor natürlich für das Portfolio *B* entscheiden, denn es liefert bei gleichem Risiko eine höhere erwartete Rendite.

Unter der **Effizienzlinie** eines Portfolios versteht man den geometrischen Ort aller (μ_{PF}–σ_{PF}^2)-Kombinationen, die nicht durch andere Mischungsverhältnisse der gleichen Aktiva dominiert werden, d. h. dass bei gegebenem σ_{PF}^2 kein höheres μ_{PF} erreicht werden kann. In der Abb. 5.4 beginnt die Effizienzlinie im Punkt C und entspricht dem nach rechts aufsteigenden Ast der Portfoliolinie.

5.2.1.1.3 Konsequenzen für die internationale Portfolioselektion

In der Realität weisen internationale Anlagen meist unterschiedliche erwartete Renditen auf. Der vorige Abschnitt zeigte, dass ein Investor dann durch unterschiedliche Mischungsverhältnisse der beiden Aktiva zwischen verschiedenen Rendite-Risiko-Kombinationen entlang der Effizienzlinie wählen kann. Seine endgültige Entscheidung hängt von seinen **individuellen Präferenzen** hinsichtlich des Rendite- bzw. Risikomotivs ab. Diese Präferenzen lassen sich durch individuelle Indifferenzkurvensysteme veranschaulichen. In der Abb. 5.4 ist eine Indifferenzkurve (U_0) aus dem Indifferenzkurvensystem eines Investors

---

86 Explizit ergeben sich die Konstanten *a, b, c* zu

$$\sigma_{PF}^2 = a \cdot \mu_{PF}^2 + b \cdot \mu_{PF} + c, \quad b = \frac{2 \cdot cov(R,R^*) \cdot (\mu + \mu^*) - 2 \cdot (\mu \cdot \sigma_*^2 + \mu^* \cdot \sigma^2)}{(\mu - \mu^*)^2}$$

$$c = \frac{\mu^2 \cdot \sigma_*^2 + (\mu^*)^2 \cdot \sigma^2 - 2 \cdot cov(R,R^*) \cdot \mu \cdot \mu^*}{(\mu - \mu^*)^2}$$

eingezeichnet. Höhere Nutzenniveaus wären durch weiter rechts unten liegende Indifferenzkurven zu veranschaulichen. Die Krümmung der Indifferenzkurve zeigt an, dass steigende Risiken vom Investor nur bei überproportional steigenden erwarteten Renditen akzeptiert werden. Der Investor erreicht sein Nutzenmaximum im Punkt *B*. Hieraus ergibt sich direkt die **optimale Portfoliozusammensetzung** des Investors.

Aus der Gleichung (5.4) ist ersichtlich, dass die Kovarianz der Renditen für das Portfoliorisiko eine wichtige Rolle spielt. Sind die Renditen der Aktiva wenig oder gar **negativ korreliert**, so ist eine **Verringerung des Gesamtrisikos** möglich. Im Extremfall nur zweier Anlagealternativen mit einer Renditekorrelation von −1 kann das Risiko gänzlich ausgeschaltet werden. Aufgrund verschiedener Konjunkturverläufe oder Wechselkurseinflüsse sind die Renditen von Wertpapieren aus verschiedenen Nationen eher negativ korreliert als verschiedene Wertpapiere einer Nationalität. Daher kommt es häufig zu Vermögensbeständen, in denen Wertpapiere **verschiedener Nationalität** enthalten sind. Beim Aufbau derartiger diversifizierter Portfolios müssen Inländer ausländische Finanzaktiva kaufen **(Kapitalexport)** bzw. Ausländer inländische Finanzaktiva erwerben **(Kapitalimport)**. Die **Risikodiversifizierung** kann damit **bidirektionale** Kapitalbewegungen und somit auch Kapitalimporte in Niedrigzinsländer erklären.

Im Rahmen der Portfoliotheorie leitet sich der **Umfang internationaler Kapitalbewegungen** zunächst anhand von vier Bestimmungsfaktoren ab:

1. x und x^* sind Anteile am Gesamtvermögen. Der internationale Kapitalverkehr nimmt also mit absolut steigendem (Geld-)**Vermögen** der Anleger zu.
2. Eine größere erwartete **Renditedifferenz** zwischen In- und Ausland (zugunsten des Inlands) führt c. p., also bei konstanten Risiken etc., zu verstärktem Kapitalimport und verringertem Kapitalexport.
3. Hohe **Risikounterschiede** zwischen aus- und inländischen Wertpapieren führen zu einem geringeren Kapitalexport in das risikoreichere Land bzw. zu einem erhöhten Kapitalimport in das risikolosere Land, unter Umständen selbst bei Renditevorteilen des risikoreicheren Landes.
4. Eine geringe, möglichst gar **negative Kovarianz** der Renditen führt zu einem größeren Anteil der fremden Wertpapiere in allen beteiligten internationalen Vermögensbeständen, weil hiermit das Gesamtrisiko verringert werden kann.

Nicht unmittelbar aus den bisherigen Überlegungen zur Portfoliotheorie, wohl aber aus dem tatsächlichen Verhalten vieler Kapitalanleger, ist weiterhin ein deutlicher Einfluss der **Präferenzen** ableitbar. Hierbei sind zum einen mögliche regionale Präferenzen zu beachten, die durchaus auch politische und/oder ethische Hintergründe haben mögen. Zum anderen sind Verschiebungen der Präferenzen zwischen den Zielen der Renditemaximierung und der Risikoverringerung zu beachten, die zu Kapitalbewegungen führen können, auch wenn alle anderen Faktoren konstant bleiben.

Bei den bisherigen Überlegungen wurde stets davon ausgegangen, dass alle Investoren die gleichen Erwartungen im Hinblick auf Renditen und Risiken hegen. Tatsächlich können diese individuellen Erwartungen zwischen In- und

Ausländern (aber auch in den jeweiligen nationalen Gruppen) z. B. aufgrund unvollkommener Information recht unterschiedlich sein. Erwarten etwa In- und Ausländer jeweils, dass im fremden Land die Renditen höher sein werden als im eigenen, so werden In- und Ausländer vermehrt fremde Wertpapiere kaufen. **(Unterschiedliche) Erwartungen** und deren Änderungen bei In- und Ausländern über die Renditen von in- und ausländischen Wertpapieren bieten somit eine weitere Erklärung für (bidirektionale) Kapitalbewegungen.

5.2.1.2 Wirkungen von Portfolioinvestitionen im Modell

Die Abb. 5.5 verdeutlicht die wichtigsten Effekte von Portfolioinvestitionen (vgl. Abb. 5.1), welche sich im Übrigen analog zu den Wirkungen der internationalen Bewegungen des Produktionsfaktors Arbeit (Abschnitt 5.1) ableiten lassen.

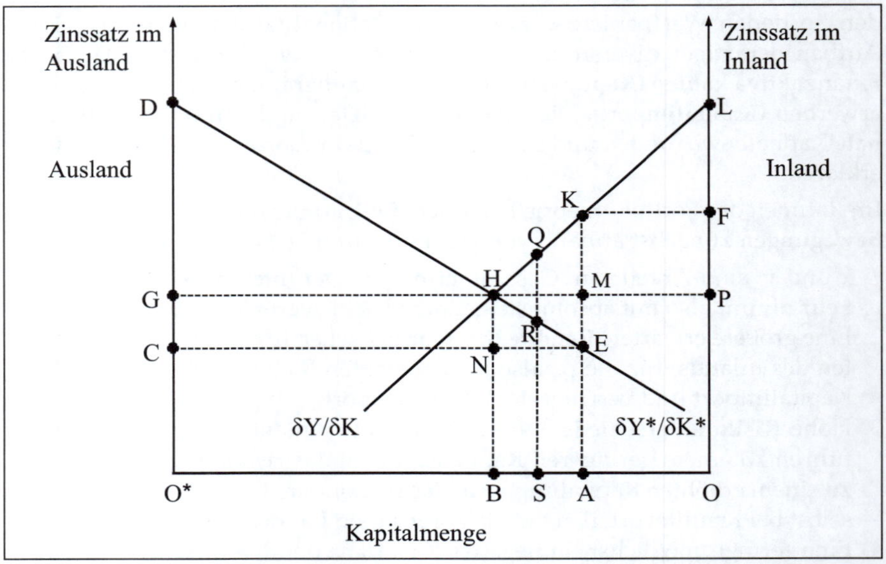

Abb. 5.5: Wirkungen des internationalen Kapitalverkehrs

Die Distanz OO^* entspricht der Weltkapitalmenge, wobei vor Beginn der internationalen Kapitalbewegungen OA Kapitaleinheiten im Inland und O^*A im Ausland produktiv verwendet werden. Die Linien $\Delta Y/\delta K$ und $\Delta Y^*/\delta K^*$ stellen die **Grenzproduktivität des Kapitals**, also die erste Ableitung der Produktionsfunktion nach dem Kapitaleinsatz im In- und Ausland dar. Aufgrund der **vollständigen Konkurrenz auf den Kapitalmärkten** gleicht der Zinssatz der Grenzproduktivität des Kapitalstocks. Der Zins beträgt im Inland OF und im Ausland O^*C. Vor Beginn der Kapitalbewegungen ist das inländische Sozialprodukt $KLOA$, das ausländische $DEAO^*$.

Werden nun internationale Kapitalbewegungen zugelassen, so wird – sofern Risikoerwägungen dies nicht konterkarieren – Kapital aus dem Niedrigzinsland in das Hochzinsland strömen. Diese Kapitalzuflüsse in das Inland enden, wenn in- und ausländisches Zinsniveau gleich hoch sind. Es kommt zu internationalen Kapitalbewegungen in Höhe von *BA*. Das neue internationale und nationale Zinsniveau ist *OP* bzw. *O*G*. Der inländische Kapitalzuwachs ermöglicht eine inländische Produktionszunahme um *HKAB*, die ausländische Produktion bzw. das ausländische Inlandsprodukt fällt um *HEAB*. Insgesamt steigt das Weltsozialprodukt um *HKE* aufgrund der effizienteren Allokation des Kapitals. Das Ausland erhält vom Inland Zinszahlungen in Höhe von *HMAB*. Insgesamt steigt das Einkommen bzw. das „Inländerprodukt" des Auslandes um *HME* und das des Inlandes um *KMH*.

Es gibt in beiden Ländern Gewinner und Verlierer. Während ausländische Kreditgeber erhöhte Zinsen auch für Kredite an Ausländer erhalten (die ausländischen Zinsen steigen um *GC*) und sich entsprechend ihre Einkommenssituation verbessert, verschlechtert sich die Einkommensposition der Kreditnehmer. Die inländischen Kreditgeber bevorzugen eine Situation ohne internationalen Kapitalverkehr, denn die Verzinsung ihrer Kredite verringert sich um *FP*. Hingegen werden die inländischen Kreditnehmer durch den internationalen Kapitalverkehr besser gestellt, da ihnen eine größere Kapitalmenge zu geringeren Zinsen zur Verfügung steht.

Ähnliche Überlegungen lassen sich auch für die Arbeitnehmer anstellen: Das inländische Arbeitseinkommen betrug vor Beginn der internationalen Kapitalbewegungen *LFK*. Aufgrund der erhöhten Produktion (und der zunehmenden relativen Knappheit des Produktionsfaktors Arbeit) wächst es durch die Kapitalbewegungen auf *LPH*. Das Arbeitseinkommen der Ausländer verringert sich hingegen von *DEC* auf *DHG*. Damit wird verständlich, warum Gewerkschaften gegen hohe Kapitalexporte sind.

Ähnlich wie im Migrationsmodell ergibt sich also zusammenfassend:

> Aufgrund der mit den Kapitalbewegungen verbundenen effizienteren Allokation des Kapitals steigen das Weltsozialprodukt und das Einkommen aller beteiligten Volkswirtschaften. Allerdings können sich Wohlfahrtsverluste für einzelne Gruppen ergeben.

5.2.1.3 Einschränkungen des Modells

Nach der obigen Analyse sind **internationale Kapitalbewegungen** unter weltwirtschaftlichen Gesichtspunkten vorteilhaft, weil die Weltproduktion steigt. Allerdings sind zu dieser einfachen, klassischen Analyse wie im Falle der Wanderungen einige Einschränkungen und Ergänzungen angebracht:

1. Kapitalübertragungen ziehen Nachfrageveränderungen im In- und Ausland nach sich. Der geschilderte inländische Kapitalimport (Aktivierung der Kapitalverkehrsbilanz) kann zu einem teilweisen oder gar vollständigen **Realtransfer**, d.h. zu einer gleich hohen Passivierung der Leistungsbilanz führen (vgl. Abschnitt 2.3.3.4). Die Passivierung der inländischen Leistungsbilanz bedeutet in der Regel eine Verringerung (Erhöhung) der Nachfrage nach inländischen (ausländischen) Produkten. Dies führt dazu, dass die

inländische Kapitalproduktivität zurückgeht (und die des Auslandes steigt). In Abb. 5.5 verschiebt sich die Linie δY/δK nach unten, die Linie δY*/δK* nach oben. Die geschilderten Effekte auf das in- und ausländische Bruttoinlandsprodukt fallen in der Folge im Allgemeinen schwächer aus.

2. In der Realität kommt es aufgrund von **Auf- oder Abwertungserwartungen** der Währungen oder aufgrund von **Risikoprämien**, die das unterschiedliche **Länderrisiko** ausgleichen sollen, regelmäßig zu internationalen **Zinsdifferenzen**. Angenommen die zum Ausgleich der beiden genannten Einflussgrößen erforderliche Zinsdifferenz entspricht *QR* in Abb. 5.5, so kommen internationale Kapitalbewegungen nur im Umfang *AS* zustande. Die Effekte der Kapitalbewegungen verringern sich entsprechend, beispielsweise beträgt der Zuwachs an Weltsozialprodukt nur *KERQ*.
3. Der Kapitalverkehr ist sowohl im In- als auch im Ausland mit negativen Konsequenzen zumindest für einzelne Gruppen verbunden. Deshalb kommt es in der Realität immer wieder zu ertragsbeeinflussenden und/oder mengenkontrollierenden Eingriffen des Staates oder der Notenbanken. **Ertragsbeeinflussende Maßnahmen** zielen darauf ab, den Zinsertrag einer internationalen Anlage zu verringern, indem ein Teil des Zinsertrages vom in- oder ausländischen Staat, z. B. in Form einer Steuer, abgeschöpft wird. Beträgt eine solche Steuer in Abb. 5.5 *QR* % pro Jahr auf inländische Anlagen von Ausländern, so gleicht der Effekt dem oben geschilderten Effekt einer Risikoprämie: Der Kapitalimport wird verringert.
   Mengenmäßige Beschränkungen legen hingegen den Umfang des Kapitalverkehrs direkt fest. Beträgt der maximal zulässige Kapitalimport z. B. *AS* in Abb. 5.5, so entspricht diese Festlegung der oben geschilderten Zinsminderung für Ausländer in Höhe von *QR* %.
   Insgesamt erweisen sich Kapitalverkehrskontrollen und -beschränkungen als zunehmend ungeeignet. Zu groß sind die Umgehungsmöglichkeiten z. B. durch internationale Kapitalmärkte und für multinationale Unternehmen.
4. Von besonderer Aktualität ist das mit einseitigen Kapitalbewegungen verbundene **Verschuldungsproblem**. Die Entwicklungsländer haben über Jahre hinweg große Kapitalmengen importiert. Kurzfristig führen derartige Kapitalimporte zu einer Aktivierung der Zahlungsbilanz und sind deshalb für die Entwicklungsländer unproblematisch, ja sogar vorteilhaft, weil mit ihnen Investitionsgüterimporte finanziert werden können. Langfristig führt der Schuldendienst, der sich aus Zins- und Tilgungszahlungen zusammensetzt, zu einer Passivierung der Zahlungsbilanz: Der Schuldendienst muss dabei von den Entwicklungsländern in „harten" Währungen vorgenommen werden. Die Fähigkeit der Entwicklungsländer, ihren Schuldendienst zu leisten, hängt somit von der Devisenverfügbarkeit ab. Auf dieses Problem wird in Abschnitt 5.3 näher eingegangen.

Box 5.3: Kapitalverkehrsbeschränkungen in der Weltwirtschaft

Aus dem internationalen Kapitalverkehr können Verluste einzelner Gruppen resultieren. Zu diesen Effekten können weitere, möglicherweise unerwünschte politische Wirkungen treten. Bekannt ist die Furcht vor einer „Überfremdung" der heimischen Wirtschaft. Beispiele für solche Ängste sind Frankreich in den 60er Jahren,[87] die deutsche und britische Angst vor einer arabischen Überfremdung in den 70er Jahren, die amerikanische Sorge vor den japanischen Investoren in den 80er Jahren, die Angst verbreiteter Kreise in Osteuropa Anfang der 90er Jahre vor der „Überfremdung" durch „westdeutsche" Investoren und derzeit die Angst in Mitteleuropa vor den Investitionen der **„Staatsfonds"** aus China und arabischen Ländern.

Zur Abwehr der mit den Kapitalbewegungen verbundenen (vermeintlichen) Probleme werden Kapitalverkehrsbeschränkungen eingesetzt. Zu den meist genutzten gehören Verbote oder Limitierungen für Kapitalim- und -exporte oder bestimmter Formen hiervon (z. B. Direktinvestitionen), Höchstgrenzen für Beteiligungen, Bardepotpflichten für internationale Kapitalgeschäfte, bei denen proportional zum Volumen zinslose Einlagen bei der inländischen Zentralbank zu halten sind, verschärfte Mindestreservepflichten für Einlagen von Ausländern oder eine gesonderte Kapitalertragsbesteuerung für ausländisches Kapital im Inland. Auch die Devisenbewirtschaftung, bei der im Extremfall sämtliche Devisenerlöse an die Zentralbank abzuliefern sind bzw. Devisen nur von ihr beschafft werden dürfen, kann zum Zwecke der Kapitalverkehrskontrolle eingesetzt werden.

Solche Kapitalverkehrsbeschränkungen sind auch in relativ modernen Volkswirtschaften häufig anzutreffen. In der Bundesrepublik Deutschland wurde der internationale Kapitalverkehr insbesondere in der Zeit um das Ende des Systems von Bretton Woods beschränkt. So bestand von März 1972 bis August 1974 eine Bardepotpflicht für Kredite von Ausländern an inländische Nichtbanken, nachdem bei der Bundesbank zinslose Guthaben proportional zum Kreditvolumen gehalten werden mussten. Sowohl die Höhe des Mindestvolumens, ab dem diese Verpflichtung galt, als auch der Bardepotsatz, wurden mehrfach variiert. Von Juni 1972 bis Januar 1974 war der Kauf von inländischen festverzinslichen Wertpapieren, teilweise auch von Aktien durch Ausländer, nur nach vorheriger Genehmigung durch die Bundesbank möglich, was einem Verbot von derartigen Kapitalimporten gleich kam. Bis 1994 wurden ferner Sichteinlagen von Gebietsfremden bei deutschen Geschäftsbanken mit einer höheren Mindestreserve belastet. Nach der Regierungsübernahme Mitterands in Frankreich Anfang der 80er Jahre wurde die maximale Devisenmenge, die Franzosen für Reisen oder andere Verwendungen eintauschen durften, limitiert.

Aufgrund der vielfachen Umgehungsmöglichkeiten, die mit dem technischen Fortschritt im Zahlungsverkehr und in der Kommunikation weiter zunehmen, ist die Wirksamkeit solcher Kapitalverkehrskontrollen begrenzt. Dies gilt

[87] Vgl. Servan-Schreiber, J.J., Die amerikanische Herausforderung, Hamburg 1969.

insbesondere dann, wenn ausschließlich einige Transaktionen verhindert werden sollen. Die Ausnutzung der Gestaltungsmöglichkeiten im internationalen Zahlungsverkehr führt regelmäßig dazu, dass der Regulierungsbedarf bis zu einem Punkt ansteigt, wo die volkswirtschaftlichen (Grenz-)Kosten offensichtlich größer werden als die Nutzen.[88]

5.2.2 Direktinvestitionen

Das entscheidende Merkmal einer Direktinvestition ist die Kontrolle bzw. der unmittelbare Einfluss des Investors auf das entsprechende Unternehmen.

Üblicherweise besteht eine Direktinvestition im Aufbau eines Tochterunternehmens oder im Aufkauf eines ausländischen Unternehmens. Somit sind Direktinvestitionen komplexer als Kapitalexporte via Portfolioinvestitionen, denn das Gastland empfängt neben dem Kapital zusätzlich **technisches Know-how** und **Managementfähigkeiten**.

Obwohl sie als „internationale Kapitalbewegung" interpretiert werden, kommen Direktinvestitionen oft ohne einen Nettokapitalzufluss für das Gastland zustande. Der Investor nimmt dann zur Finanzierung der Direktinvestition Kredite auf dem Kapitalmarkt des Gastlandes auf und fügt selbst nur seine Fähigkeiten und seinen Firmennamen hinzu. Hintergrund ist oft die Angst vor Enteignungen ohne entsprechende Entschädigungen. Die Verbindlichkeiten im Gastland stellen dann für den Investor ein Faustpfand dar, denn bei einer Enteignung wird er die Bedienung seiner Verbindlichkeiten einstellen. Die Box 5.4 beschreibt den Umfang weltweiter Direktinvestitionen im Zeitverlauf.

5.2.2.1 Motive für Direktinvestitionen

Für den Kapitalanleger existiert als **Alternative zu Direktinvestitionen** die Möglichkeit zu Portfolioinvestitionen im Ausland. Prinzipiell erscheinen Portfolioinvestitionen zunächst vorteilhafter:

1. Die **Risikodiversifikation** lässt sich durch Portfolioinvestitionen besser umsetzen, weil kleinere Anteile an vielen verschiedenen Risiken erworben werden können.
2. Auch hinsichtlich des Einnahmemotives erscheint eine Kreditvergabe an Ausländer (Portfolioinvestition) zunächst sinnvoller, weil Ausländer in der Regel über genauere **Kenntnisse der Auslandsmärkte verfügen** und so das Kapital effizienter einsetzen können.

Der erstgenannte Vorteil der Risikodiversifikation ist nicht zu widerlegen. Im Folgenden sind Argumente zusammenzutragen, die das zweite Argument einschränken und aufzeigen, dass Inländer unter Umständen eine höhere Ef-

[88] Einen guten Überblick über Kapitalverkehrsbestimmungen der einzelnen Staaten gibt Price Waterhouse, Foreign Exchange Information – A Worldwide Summary (jährliche Erscheinungsweise).

fizienz des Kapitaleinsatzes auf ausländischen Märkten erreichen können als Ausländer (**überlegener Direktinvestor**). Dieser Effizienzvorteil muss zudem hinreichend groß sein, um den Nachteil einer geringeren Möglichkeit zur Risikodiversifizierung zu kompensieren.

Box 5.4: Umfang und Struktur weltweiter Direktinvestitionen

Der Umfang der Direktinvestitionen hat in den vergangenen 30 Jahren deutlich zugenommen. Die erste der beiden nachfolgenden Tabellen beschreibt die Zu- und Abflüsse von Direktinvestitionen in Industrie- sowie Schwellen- und Entwicklungsländern für den Zeitraum von 2005 bis 2009. Die Tabelle nennt für den betrachteten Zeitraum ein durchschnittliches weltweites Wachstum von ca. +4 % pro Jahr, welches statistisch auf der Zufluss-Seite nicht in gleichem Umfang erfasst wurde. Aus den Zahlen erkennt man zudem, dass ein großer Teil der weltweiten Direktinvestitionen von den Industrienationen abgewickelt wird. Zwischen 2005 und 2009 fanden 67 % der Direktinvestitionen ihr Ziel in Industrieländern. Weniger verwunderlich ist dagegen die Tatsache, dass 88 % der Direktinvestitionen von Industrieländern getätigt wurden.

Zu- und Abflüsse von Direktinvestitionen, 2005–2009

	Absolute Höhe (in Mrd. US-$)					**Anteil (in %)**	**jährl. Wachstum (in %)**
Ländergruppe	2005	2006	2007	2008	2009	2005–2009	2005–2009
Industrieländer							
Zuflüsse	827	1.088	1.682	1.115	711	67	–3,5
Abflüsse	992	1.330	2.235	1.777	1.095	88	2,6
Schwellen- und Entwicklungsländer							
Zuflüsse	331	437	684	761	407	33	5,8
Abflüsse	76	173	251	314	157	11	26,8
Alle Länder							
Zuflüsse	1.158	1.525	2.366	1.876	1.118	100	–1,0
Abflüsse	1.068	1.503	2.485	2.091	1.251	100	4,0

Die folgende Tabelle weist die in- und ausländischen Bestände an Direktinvestitionen (Kapitalimporte, -exporte) für die größten Marktwirtschaften im Jahre 1989 aus.

Die größten Bestände an Direktinvestitionen im Ausland wiesen im Jahre 1989 die USA auf, gefolgt von Großbritannien, Japan, Deutschland und Frankreich. Auffällig ist auch der hohe Bestand an japanischen Direktinvestitionen im Ausland im Vergleich zum Bestand an ausländischen Direktinvestitionen in Japan selbst. Der Grund liegt darin, dass es zwischen 1950 und 1980 eine Reihe von staatlich verfügten Hindernissen für Direktinvestitionen in Japan gab. In den kommenden Jahren ist zu erwarten, dass China seine via Leistungsbilanzüberschüsse erwirtschafteten Währungsreserven nutzen wird, um vermehrt Direktinvestitionen vorzunehmen. In den letzten Jahren hatten hierbei Direktinvestitionen, mit denen die Rohstoffversorgung gesichert werden kann. eine besondere Bedeutung.

In- und ausländischer Bestand an Direktinvestitionen für 2010 (in Mrd. US-$)

	China	USA	GB	Japan	Deutschland	Frankreich
Bestand an DI im Inland	658	2.583	1.076	199	1.102	1.197
Weltanteil (in %)	3,7	14,3	6,0	1,1	6,1	6,7
Bestand an DI im Ausland	290	3.610	1.675	796	1.576	1.821
Weltanteil (in %)	1,5	19,2	8,9	4,2	8,4	9,7
Verhältnis Auslands- zu Inlandsbestand	0,4	1,4	1,6	4,0	1,4	1,5

Quelle: CIA: The World Factbook, Stand 15.09.11.

Zudem besteht für den Investor als weitere Alternative zu Direktinvestitionen die Möglichkeit zur Investition im Inland, wobei der Zugang zu den ausländischen Märkten durch Im- und Exporte erreicht werden könnte.[89] Insofern müssen Argumente zusammengetragen werden, die eine mögliche Überlegenheit der Direktinvestition gegenüber der inländischen Investition über die zuvor behandelten allgemeinen Einflussgrößen bei internationalen Kapitalbewegungen erklären: Die Rendite der Direktinvestition im Ausland muss höher sein als die der Investition im Inland **(überlegene Direktinvestition)**.

Im Folgenden werden einige Motive für Direktinvestitionen genannt, die sich sowohl auf beschaffungs- als auch absatzorientierte Investitionen beziehen. Ziel der **beschaffungsorientierten Investitionen** ist es, das investierende Unternehmen mit Rohstoffen oder Vorprodukten zu beliefern, die im Inland nicht ausreichend oder nicht hinreichend preiswert zur Verfügung stehen. **Absatzorientierte Direktinvestitionen** zielen dagegen auf eine Absatzsteigerung, und zwar sowohl im Ausland (Gastland) als auch teilweise im Inland (Herkunftsland).

5.2.2.1.1 Unvollkommenheiten auf Produktmärkten

Industrieprodukte sind nur selten **homogene Güter** und weisen meistens technische Unterschiede auf. Diese können unter anderem durch einen andauernden Entwicklungsvorsprung (z. B. Computerindustrie), durch unterschiedliche Ausgestaltung des Produktes (z. B. Automobilindustrie) oder eine marketingbegründete Produktdifferenzierung entstehen. Erlangt der Produzent dadurch Marktmacht, so kann er auch auf ausländischen Märkten tätig werden.

Eine Alternative zur Direktinvestition bestünde in diesem Fall im **Export** des betreffenden Produktes. Abgesehen davon, dass es heute zu einem Kaufargument geworden ist, dass das jeweilige Produkt zumindest teilweise im Land des Käufers erstellt worden ist, sprechen oft Importrestriktionen des Auslandes, Transportkosten und die Notwendigkeit von Kundendienst- und Serviceleis-

[89] Weitere Alternativen im Spektrum der Internationalisierungsstrategien sind Lizenzvergaben und Joint Ventures.

tungen für die Direktinvestition. Dieses Argument allein begründet jedoch im Allgemeinen nur, weshalb eine Direktinvestition einer Investition im Inland vorgezogen wird. Die zweite notwendige Bedingung, die höhere Effizienz der Inländer gegenüber den Ausländern, kann hierdurch nicht erklärt werden.

5.2.2.1.2 Unvollkommenheiten auf Faktormärkten

Unvollkommene Kapitalmärkte können dazu führen, dass zwar dem international bekannten Unternehmen, nicht aber dem relativ unbekannten, auf dem Auslandsmarkt heimischen Anbieter Kredite zur Finanzierung einer Investition zur Verfügung gestellt werden.

Was den internationalen **Arbeitsmarkt** betrifft, so existieren teilweise Unvollkommenheiten in Form von **Nicht-Verfügbarkeiten** von technischem Know-how und Managementfähigkeiten. Theoretisch können diese Fähigkeiten gekauft werden (Lizenzen, Beraterverträge). Abgesehen davon, dass dies oft nicht möglich ist, weil in Teilbereichen die technische Entwicklung sehr schnell ist oder weil die Hersteller die Kontrolle über ihre Patente, Produktions- und Betriebsgeheimnisse behalten wollen, resultieren aus diesem Kauf erhöhte Kosten z. B. für den Anbieter aus einem Entwicklungsland. Vergleichbare Anbieter aus Industrieländern verfügen hingegen über die genannten Fähigkeiten und können sie auch auf ausländischen Märkten zu sehr geringen Grenzkosten einsetzen. Aufgrund beider Phänomene kann ein inländischer Direktinvestor insbesondere in Entwicklungsländern „effizienter" sein als ein ausländischer Investor.

Schließlich hat der bisherige Umfang des Welthandels und der Faktorbewegungen noch nicht zum Faktorpreisausgleich auf den internationalen Arbeitsmärkten geführt. Vielmehr existieren erhebliche Lohndifferenzen. Ein wichtiges Argument für Direktinvestitionen sind damit **niedrigere Produktionskosten** im Ausland. Diese führen dazu, dass eine ausländische Investition rentabler ist als eine heimische.

5.2.2.1.3 Produktions- und verwertungstechnische Gründe

Durch Direktinvestitionen kann mitunter die Summe aus Produktions- und Transaktionskosten gesenkt, bzw. noch genauer: die Differenz zwischen den Erträgen und den Gesamtkosten eines ausländischen Engagements erhöht werden. Auf die möglicherweise höheren Erträge ist zuvor hingewiesen worden. Die möglichen Kostensenkungen beziehen sich zunächst auf die Transaktionskosten (Anbahnungs-, Vereinbarungs-, Kontroll- und Anpassungskosten), die bei einer unternehmensinternen Abwicklung unter Umständen geringer sind.[90] Sodann können teilweise **economies of scale** oder **economies of scope** realisiert werden, wenn die Direktinvestition die Einführung von Massenproduktionsverfahren, eine günstigere Beschaffung von Produktionsfaktoren oder eine günstige Fertigung von Kuppelprodukten ermöglicht. Aufgrund dieser Produktionsvorteile kann der Investor auf dem Auslandsmarkt rentabler produzieren als der (kleinere) ausländische Anbieter. Direktinvestitionen können

[90] Vgl. Williamson, O., The Economic Institutions of Capitalism, New York 1985.

Transportkosten senken. Dies gilt insbesondere für absatzorientierte Direktinvestitionen, weil die Produktion näher am Verbrauchsort vollzogen wird. Hier ist die Auslandsinvestition rentabler als die Inlandsinvestition.

Bei beschaffungsorientierten Direktinvestitionen steht die Sicherung des Rohstoffbezuges im Vordergrund. Die Gefahr kurzfristiger Lieferengpässe aufgrund politischer Turbulenzen oder wirtschaftlicher Fluktuation kann durch eigene Gewinnungsanlagen zumindest verringert werden. Kostenüberlegungen können dabei die Entscheidung für die Direktinvestition erleichtern. Die Einbeziehung der Rohstoffgewinnung in den Unternehmensbereich **(vertikale Integration)** kann die Kosten senken, weil der Zwischenhandel ausgeschaltet wird und die Rohstoffgewinnung auf die Bedürfnisse des Unternehmens ausgerichtet werden kann.

5.2.2.1.4 Administrative Eingriffe

Zunächst sind an dieser Stelle **Einfuhrbeschränkungen** und **Einfuhrzölle** zu nennen, mit denen die Importe verringert werden sollen. Sind die Einfuhrzölle hinreichend hoch, so kann es für den Investor lohnend sein, die Zollmauern durch eine Direktinvestition zu umgehend. Die Direktinvestition wird insbesondere dann rentabel sein, wenn dadurch Zugang auch zu anderen Ländern gefunden wird, die sich in einem Zollverbund mit dem Gastland befinden.

Box 5.5: Wenig ausländische Direktinvestitionen in Deutschland – Indikator für mangelnde Standortqualität?

Die nachstehende Abbildung verdeutlicht, dass seit Mitte der 70er Jahre Deutsche in weit größerem Ausmaß im Ausland investieren als Ausländer dies in Deutschland tun. In der öffentlichen Diskussion wird dies vornehmlich auf restriktive Genehmigungsverfahren und Umweltschutzbestimmungen, ein vergleichsweise rigides Arbeitsrecht, hohe Reallöhne und sonstige Produktionskosten (kurz: eine mangelnde Wettbewerbsfähigkeit) zurückgeführt.

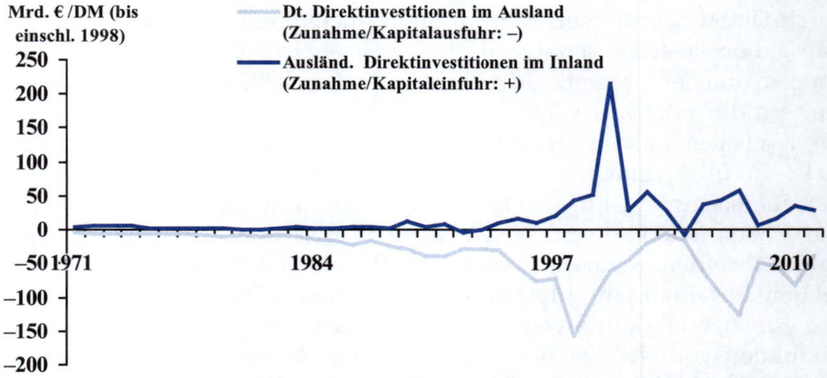

Entwicklung deutscher Direktinvestitionen im Ausland und der des Auslands in Deutschland von 1970 bis 2011
Quelle: Deutsche Bundesbank, Zahlungsbilanzstatistik Mai 2012.

Ohne die genannten Argumente für nichtig zu halten, ist auch eine positivere Interpretation möglich: Deutsche Unternehmen haben besser als andere erkannt, dass Direktinvestitionen ihre Marktanteile (und Exportaussichten) sichern bzw. die Produktionskosten senken helfen (Bezug günstiger Vorprodukte). Sie agieren also besonders aktiv und international wettbewerbsorientiert. Oder: Selbst wenn in anderen Ländern eine ähnliche Orientierung vorhanden ist, mag die finanzielle Stärke (z.B. in Form der Eigenkapitalausstattung) bei deutschen Unternehmen besser geeignet sein, um diese Orientierung auch in die Praxis umzusetzen.

Hinzu kommen **Subventionen**, die insbesondere Entwicklungsländer fremden Investoren in Form von Steuerermäßigungen, Abschreibungserleichterungen, günstiger Grundstücksbeschaffung etc. anbieten. Diese Subventionen können erstens dazu führen, dass die Direktinvestition für einen Investor günstiger sein kann als eine Investition auf dem heimischen Markt. Zweitens kann ein Investor auf dem Auslandsmarkt möglicherweise günstiger produzieren als ein ausländischer Anbieter. In diesem Zusammenhang sind auch international **unterschiedliche Steuersysteme** zu nennen. Auch ohne besondere Förderung fremder Investoren kann es Niedrigsteuerländern gelingen, Investoren anzuziehen.

Eine Rolle spielen weiterhin administrative **Wechselkursmanipulationen**. Die permanente Unterbewertung der Währung eines Landes fördert seine Exporte und mindert seine Importe und wirkt damit protektionistisch. Der Anreiz zur Direktinvestition in einem Land mit unterbewerteter Währung entspricht dem oben genannten Beispiel von Importrestriktionen. Gespaltene Wechselkurse oder ähnliche Eingriffe können in die gleiche Richtung wirken.

Zusammenfassend kann festgehalten werden, dass – mit Ausnahme der Subventionen nur für fremdländische Investoren – keines der vorgebrachten Argumente beide notwendige Bedingungen für die Vorteilhaftigkeit der Direktinvestitionen, nämlich die Überlegenheit des Direktinvestors und die Überlegenheit der Direktinvestition, erfüllt. Es müssen deshalb mindestens zwei, in der Praxis sogar mehrere der vorgebrachten Argumente greifen.

Was die zu beobachtende **Bidirektionalität der Direktinvestitionen** betrifft, so kann diese über Produktunvollkommenheiten, bilateralen Protektionismus oder Unterschiede im technischen Know-how (Vorsprünge der US-Mikroelektronik bei gleichzeitigen Vorteilen der deutschen Chemieindustrie) erklärt werden.

5.2.2.2 Wirkungen von Direktinvestitionen

Bei den Direktinvestitionen erscheint es sinnvoll, zwischen den Wirkungen für das empfangende Zielland einerseits und das sendende Herkunftsland andererseits zu unterscheiden. Natürlich sind diese Wirkungen nicht unabhängig voneinander.

Wichtige Effekte können aus dem Abschnitt zu den Wirkungen der Portfolioinvestitionen abgeleitet werden:

Durch Direktinvestitionen erhöht sich die Effizienz des Kapitaleinsatzes. Die Weltproduktion und die Produktion des Ziellandes steigen. Das Einkommen steigt sowohl im Zielland als auch im Herkunftsland. Die Einkommenssteigerung des Herkunftslandes ergibt sich durch die Zins- und Renditezahlungen des Ziellandes. Das Arbeitseinkommen des Herkunftslandes sinkt, das des Ziellandes steigt.

Allerdings gibt es zu allen Aussagen gewisse Einschränkungen und spezifische Erweiterungen für die Direktinvestitionen. Die wichtigsten werden im Folgenden getrennt für Ziel- und Herkunftsländer beschrieben.

5.2.2.2.1 Wirkungen auf die Zielländer

Wachstum und Beschäftigung

Gibt man die restriktive Annahme ständiger Vollbeschäftigung auf, so kann bei Direktinvestitionen mit einer Zunahme der Beschäftigung im Zielland gerechnet werden. Die Wachstums- und Beschäftigungseffekte lassen sich in primäre und sekundäre Wirkungen unterscheiden.

Positive primäre Effekte ergeben sich, wenn zur Errichtung zusätzlicher Fertigungsanlagen Arbeitskräfte des Ziellandes beschäftigt werden und die Produktion von Waren und Dienstleistungen steigt. Stellt eine Direktinvestition lediglich den Erwerb oder die Beteiligung an bereits bestehenden Unternehmen dar, so entfallen derartig positive Effekte. Gleiches gilt natürlich auch, wenn zur Errichtung neuer Produktionsstätten ausschließlich Arbeitskräfte sowie Waren und Dienstleistungen des Herkunftslandes verwendet werden. Das Zielland kann sich in diesem Fall nur durch Steuern, Einfuhrzölle oder andere Zwangsabgaben einen Teil der Wertschöpfung sichern.

Positive sekundäre Wirkungen werden erzielt, wenn der Investor bei der Produktion Arbeitskräfte des Ziellandes bzw. Rohstoffe, Vorprodukte und Dienstleistungen von anderen Unternehmen des Ziellandes nachfragt. Die Nachfrageerhöhung nach Arbeitskräften wird umso höher ausfallen, je arbeitsintensiver die Produktion ist.

Die positiven sekundären Effekte auf die Produktion des Ziellandes sind gering, wenn der Investor ohne nennenswerte Verflechtung mit der heimischen Wirtschaft produziert, also eine **Enklave** bildet. Diese Gefahr ist in Entwicklungsländern groß, wenn der Investor technisch komplizierte Produkte herstellt, für die Vorleistungen von der heimischen Wirtschaft nicht bezogen werden können.

Zu beachten ist, dass Direktinvestitionen auch **negative Beschäftigungswirkungen** hervorrufen können, wenn durch die Direktinvestition bereits bestehende Unternehmen des Ziellandes verdrängt oder beeinträchtigt werden, die arbeitsintensiver produzieren.

Zahlungsbilanz

Die Kapitalverkehrsbilanz des Ziellandes **aktiviert sich kurzfristig**. Neben den Ausgleichstendenzen, die sich aufgrund der automatischen Zahlungsbilanzausgleichsmechanismen (vgl. Abschnitt 2.3) ergeben, ist ein Ausgleich dieser kurzfristigen Aktivierungstendenz möglich, wenn zur Errichtung der neuen Fertigungsanlagen ausschließlich Arbeitnehmer, Waren und Dienstleistungen des Herkunftslandes verwendet werden. Dann passiviert sich die Waren- und Dienstleistungs- bzw. Leistungsbilanz und kompensiert die aktive Kapitalverkehrsbilanz vollständig.

Mittel- und langfristig sind für die Leistungsbilanz positive Effekte zu erwarten. Die Exporte steigen, wenn die neue Produktion nicht vollständig vom Zielland absorbiert wird. Die Importe verringern sich, sofern die im Zielland produzierten Güter vorher aus dem Herkunftsland importiert wurden. Passivierend können Importe wirken, die als Vorprodukte benötigt werden. Eine weitere Passivierung der Leistungsbilanz des Ziellandes ergibt sich aus den Gewinntransfers in das Herkunftsland. Insgesamt dürften also vor allem **exportorientierte Direktinvestitionen**, bei denen ein großer Teil des Gewinnes nicht transferiert, sondern reinvestiert wird, im Interesse der Zielländer sein.

Ausbeutung

Oft wird die Frage diskutiert, ob die Industrieländer durch Direktinvestitionen die Entwicklungsländer ausbeuten. Direktinvestoren wird erstens vorgeworfen, dass sie die Rohstoffressourcen der Entwicklungsländer erschöpfen und damit den zukünftigen Generationen die Grundlagen wirtschaftlichen Wachstums entziehen. Zweitens würden Direktinvestoren die Bewohner der Entwicklungsländer nicht angemessen an den Erlösen beteiligen: Die Löhne der oft gering qualifizierten Arbeitnehmer sind wesentlich niedriger als die der Arbeitnehmer in den Industrieländern.

Was den **ineffizienten Abbau der Ressourcen** anbelangt, muss festgestellt werden, dass sich die Abbaurate von erschöpfbaren Ressourcen in einem einfachen 2-Perioden-Modell nach der Höhe des jetzigen Rohstoffpreises p und des zukünftigen Rohstoffpreises p^e sowie nach der Zinshöhe z richtet **(Hotelling-Regel)**. Die Abbaurate ist gleichgewichtig, wenn gilt:

(5.11) $$p \cdot (1+z) = p^e$$

Wenn der abdiskontierte zukünftige Preis geringer ist als der gegenwärtige Preis ($p^e/(1 + z) < p$), so lohnt sich der Abbau des Rohstoffes. Ein Direktinvestor verhält sich also rational und effizient, wenn er bei einem Preis von $p = 100$, einem Zinssatz von 5 % und einem erwarteten Preis $p^e = 104$ den Rohstoff verstärkt abbaut, und die Erlöse beispielsweise zum geltenden Zinssatz anlegt. Gilt $p < p^e/(1 + z)$, so wird der Rohstoff nicht abgebaut bzw. der Abbau so lange reduziert, bis aufgrund der dann steigenden Preise die Hotelling-Regel erfüllt ist.

Die „Ausbeutungs"-Kritik müsste daran ansetzen, dass mindestens einer der drei Parameter p, p^e, z oder der Zeithorizont „falsch" ist. Tatsächlich existiert eine derartige Kritik: Aufgrund der unvollkommenen Information, der Risikoaversion und der politischen Eingriffe, die eine reine Marktpreisbildung verhindern, komme es zur ineffizienten Allokation der Ressourcen. Selbst wenn es zur reinen Marktpreisbildung kommt, so könnten **externe Effekte** eine effiziente Signalfunktion des Preises p verhindern. Das **zukünftige Preisniveau** p^e ist unbekannt, Terminmärkte erfüllen ihre Prognosefunktion oft schlecht. Sofern sie den zukünftigen Preis unterschätzen, kommt es zu einem ineffizient hohen Abbau der Ressourcen. Die Unsicherheit über künftige Entwicklungen führt in der Praxis oft dazu, dass der **Planungshorizont** relativ klein ist. Dies bedeutet, dass die Interessen zukünftiger Generationen nicht hinreichend berücksichtigt werden, die Ressourcen also zu schnell abgebaut werden. Hinzu kommt, dass das internationale Zinsniveau nicht unbedingt der **sozialen Präferenzrate** der Entwicklungsländer zwischen gegenwärtigem und zukünftigem Konsum entsprechen muss. Ist der **internationale Zinssatz** höher als die Präferenzrate der Entwicklungsländer, so ist die Abbaurate für die Entwicklungsländer zu hoch.

In der Realität muss davon ausgegangen werden, dass die Präferenz für den gegenwärtigen Konsum in den Entwicklungsländern höher ist als in den Industrieländern. Der „wahre" Zinssatz z der Entwicklungsländer wäre dann höher als der internationale Zinssatz, entsprechend größer wäre die optimale Abbaurate für die Entwicklungsländer: Der Rohstoffabbau durch den Direktinvestor erfolgt folglich zu langsam. Insofern führen nicht alle der genannten Einwände tatsächlich in Richtung eines zu hohen Abbaus der Ressourcen.

Zur Frage nach einer **ungerechten Entlohnung der Entwicklungsländer** soll zunächst auf die Höhe der **Entlohnung der Arbeitnehmer** des Ziellandes eingegangen werden. Dabei ist festzuhalten, dass in der marxistischen Terminologie jeder Kapitalbesitzer (Kapitalist) ausbeutet, der dem Arbeitnehmer nur die Reproduktionskosten seiner Arbeitskraft als Arbeitslohn zahlt und sich den Rest der Warenwerte als Mehrwert aneignet. Unter dieser Wortbelegung ist der Begriff der Ausbeutung in der Diskussion um die Direktinvestitionen kaum sinnvoll verwendbar: Auch ein Investor (Kapitalist), der aus dem Zielland stammt, beutet die Arbeitnehmer des Ziellandes aus. „Ausbeutung" muss im Folgenden verstanden werden als „ungerechte" Entlohnung des Ziellandes und der dort lebenden Menschen.

Bezüglich der Entlohnung ist festzuhalten, dass ein kleiner Direktinvestor auf dem Arbeitsmarkt stets entsprechend der **Grenzproduktivität der Arbeit** entlohnen muss. Insofern besteht kein qualitativer Unterschied zwischen der „Ausbeutung" der Arbeitnehmer des Ziellandes und der des Herkunftslandes. Verfügt der Direktinvestor hingegen als Nachfrager über **Marktmacht** auf dem Arbeitsmarkt des Ziellandes, so ist eine andere Konstellation denkbar. In der Realität kann von einer derartigen Marktmacht in den Entwicklungsländern durchaus ausgegangen werden. Dem kann entgegengehalten werden, dass in der Realität die (für Industrieländerverhältnisse) geringen Löhne, die von den Direktinvestoren in den Entwicklungsländern gezahlt werden, häufig über dem Niveau der Löhne von Unternehmen des Ziellandes liegen.

Zum **Anteil der Entwicklungsländer an der Wertschöpfung** muss festgestellt werden, dass dieser Anteil davon abhängt, wie stark Produktionsfaktoren (Arbeit, Kapital, Boden) des Ziellandes verwendet werden. Die Produktionsfaktoren des Ziellandes können umso besser eingesetzt werden, je mehr die Art der Direktinvestition den jeweiligen komparativen Vorteilen entspricht. Eine Investitionspolitik von Entwicklungsländern, die zu Direktinvestitionen führt, die nicht den komparativen Kostenvorteilen entsprechen, induziert automatisch einen geringen Anteil an der Wertschöpfung. Dies gilt insbesondere dann, wenn dauerhafte Steuervorteile oder andere Subventionen geboten werden müssen, um den Investor zu halten.

Selbstverständlich sind Situationen denkbar, in denen der Vorwurf einer Ausbeutung naheliegt: Der Investor bezieht die Produktionsfaktoren (vom Kauf des Bodens abgesehen) ausschließlich aus dem Herkunftsland. Es werden keine Arbeitnehmer des Ziellandes beschäftigt. Auch die Materialien, die zur Errichtung der Produktionsstätten bzw. als Vormaterialien in der Produktion dienen, werden aus dem Herkunftsland bezogen. Im Zielland entsteht dann kein zusätzliches Einkommen bzw. keine zusätzliche Wertschöpfung, obwohl sich der Rohstoffvorrat des Ziellandes verringert.

Tatsächlich hat es ähnliche Direktinvestitionen in der Vergangenheit gegeben, so dass es verschiedene Versuche gab, einen **international verbindlichen Verhaltenskodex für Direktinvestitionen** zu erarbeiten. 1976 nahm der Rat der OECD eine „International Investment Declaration" an, deren Verhaltensregeln die Mitgliedsregierungen ihren multinationalen Unternehmen nahelegen sollen. Allerdings stellt der geschilderte Extremfall nicht die Regel dar. Da sich die Entwicklungsländer prinzipiell mehr und mehr für Direktinvestitionen interessieren, dürften die möglichen Ausbeutungseffekte in den meisten Fällen nicht überwiegen.

Spezielle Wirkungen von Direktinvestitionen in Entwicklungsländern

Bereits der vorige Unterabschnitt bezog sich primär auf die Wirkungen von Direktinvestitionen in Entwicklungsländern. Einige weitere sollen hier nur kurz genannt werden.

Direktinvestitionen können die **Konzentration** auf dem Ziellandmarkt erhöhen. Waren ursprünglich nur relativ kleine Anbieter auf dem Ziellandmarkt vorhanden, so kommt es zu einer Konzentrationserhöhung, wenn die Direktinvestitionen im Aufkaufen mehrerer kleiner Anbieter des Ziellandes bestehen. Daneben besteht die Möglichkeit, dass Direktinvestoren Unternehmer des Ziellandes vom Kapitalmarkt des Ziellandes verdrängen, weil sie als erfolgversprechendere Unternehmer gelten. Die Unternehmer des Ziellandes erhalten Kredite nur noch zu schlechteren Konditionen (z. B. einem höheren Zins).

Box 5.6: Charakteristika von Entwicklungsländern

Obwohl intuitive Vorstellungen mit den Begriffen „Entwicklungsland" oder „Unterentwicklung" naheliegen, bereitet eine kompakte ökonomische Charakterisierung Schwierigkeiten. Diese ergeben sich daraus, dass der Zustand oder die Phase wirtschaftlicher Unterentwicklung nicht durch ein einziges, sondern durch eine Vielzahl unterschiedlicher Merkmale gekennzeichnet sind. Häufig beobachtbare sozio-ökonomische Probleme in Entwicklungsländern sind

- eine geringe Wirtschaftsleistung,
- ein hohes Bevölkerungswachstum,

- ein niedriges Bildungsniveau,
- eine unzureichende medizinische Versorgung,
- eine unzureichende Nahrungsmittelversorgung,
- eine unausgewogene Produktionsstruktur,
- eine hohe Arbeitslosigkeit verbunden mit niedriger Arbeitsproduktivität,
- ein ausgeprägter Kapitalmangel,
- eine verbreitete Schattenwirtschaft sowie teilweise Korruptionsprobleme,
- eine ungleiche Einkommensverteilung und Armut.

Als grobe Orientierung für einen Vergleich der wirtschaftlichen Situation in den betreffenden Ländern wird oft das **Volkseinkommen pro Kopf der Bevölkerung** zugrunde gelegt. Die Volkswirtschaften der Welt werden von der Weltbank in vier Kategorien eingeteilt: **Länder mit niedrigem Einkommen** (die meisten Sahara-Staaten); **Länder mit unterdurchschnittlichem Einkommen** (kleinere lateinamerikanische und karibische Staaten, die meisten Länder Afrikas); **Länder mit überdurchschnittlichem Einkommen** (die meisten größeren lateinamerikanischen Staaten, ärmere europäische Staaten) und **Länder mit hohem Einkommen** (reiche Industrienationen). Die nachstehende Tabelle zeigt das durchschnittliche BSP-Pro-Kopf sowie die mittlere Lebenserwartung dieser vier Ländergruppen für das Jahr 2008 bzw. 2007.

BSP-Pro-Kopf und Lebenserwartung der vier Ländergruppen

Ländereinkommensgruppe	BSP-Pro-Kopf in PPP U.S.-$ – 2008	Lebenserwartung in Jahren – 2007
Niedrige Einkommen	1.407	60f/57m
Unterdurchschnittl. Einkommen	4.592	70f/66m
Überdurchschnittl. Einkommen	12.297	75f/68m
Hohe Einkommen	37.141	82f/77m

Quelle: World Bank, World Development Report 2010, f = Frauen, m = Männer.

Die Zahlen verdeutlichen den hohen Einkommensvorsprung der Industrienationen vor den Ländern aller drei anderen Gruppen. Selbst die Länder der 3. Gruppe (überdurchschnittliche Einkommen) verfügen durchschnittlich nur über ca. ein Drittel des Pro-Kopf-BSPs der Industrienationen.

Der Grund für das Bestreben vieler Entwicklungsländer, Direktinvestitionen anzuziehen, besteht in der Hoffnung auf einen **Technologietransfer** und dadurch induziertem **technischem Fortschritt**. Allerdings sind diese Wirkungen in der Realität sehr gering, weil das technische Niveau und die Kapitalintensität der Direktinvestitionen in Entwicklungsländern oft zu hoch sind. Die Fertigungsanlagen des fremden Investors bilden häufig eine Enklave, die nur wenige Verflechtungen mit der Wirtschaft des Ziellandes aufweist.

Schließlich kann die **Einkommensverteilung** des Ziellandes in Richtung größerer Einkommensdisparitäten verändert werden. Direktinvestoren zahlen häufig für vergleichbare Tätigkeiten höhere Löhne als Unternehmen des Ziellandes, so dass es zu einer Privilegierung der in ausländischen Unternehmen Beschäftigten kommt.

5.2.2.2.2 Wirkungen auf die Herkunftsländer

Beschäftigungswirkungen

Als Ausgangspunkt der Analyse kann das Modell zu den Wirkungen von Portfolioinvestitionen (Abb. 5.5) herangezogen werden. Dieses ging von Vollbeschäftigung aus und zeigte, dass durch Kapitalexporte das Arbeitseinkommen im Herkunftsland sinkt. Wird die strikte Vollbeschäftigungsannahme aufgehoben, so liegt der Schluss nahe, dass im Herkunftsland zusätzliche Arbeitslosigkeit durch Direktinvestitionen im Ausland entstehen kann. Denn die mit der Errichtung von Produktionsanlagen im Ausland geschaffenen Arbeitsplätze gehen dem Inland verloren, wenn die Produktion verlagert wird.

Allerdings stellt die Verlagerung von Arbeitsplätzen im zeitlichen Zusammenhang mit Direktinvestitionen noch keinen Beweis für negative Beschäftigungswirkungen der Direktinvestitionen dar: Ein Unternehmen, das die Wettbewerbsfähigkeit verliert, baut zumindest langfristig sämtliche Arbeitsplätze ab. Wird der Verlust der Wettbewerbsfähigkeit durch eine effizienzsteigernde Direktinvestition im Ausland verhindert, so führt dies zwar durch die Produktionsverlagerung zur Vernichtung einiger inländischer Arbeitsplätze, jedoch besteht das Unternehmen weiter. Die Zahl der verbleibenden inländischen Arbeitsplätze verringert sich also sowohl mit als auch ohne Direktinvestitionen, ist aber absolut mit Direktinvestitionen unter Umständen höher als ohne.

Aus diesen Überlegungen wird deutlich, dass eine allgemeine Aussage über die Wirkungen der Direktinvestitionen auf die inländische Beschäftigung kaum möglich ist. Vielmehr hängen die Wirkungen stark von der **konkreten Ausgestaltung** der Direktinvestition ab. Empirische Untersuchungen kommen folglich teils zu positiven, teils zu negativen Ergebnissen.

Zahlungsbilanzwirkungen

Kurzfristig (zum Zeitpunkt der Vornahme der Direktinvestition) kommt es zu einer **Passivierung der Kapitalverkehrsbilanz**. Eine **kompensierende, tendenziell aktivierende Wirkung auf die Leistungsbilanz** ergibt sich, wenn zur Errichtung der Produktionsanlagen Ausrüstungsgüter aus dem Herkunftsland in das Zielland exportiert werden.

Mittel- und langfristig kann es aufgrund der Direktinvestitionen zur **Passivierung der Leistungsbilanz** kommen, wenn die Produktion ins Ausland verlegt wird. Allerdings muss auch hier wieder zum Vergleich die Situation ohne Direktinvestitionen herangezogen werden, so dass die Effekte letztlich erneut von der konkreten Ausgestaltung der Direktinvestitionen abhängen.

Wichtige positive Wirkungen auf die Leistungsbilanz können allerdings auch von den **Nettokapitalerträgen** aus Direktinvestitionen in der Form von Dividenden und sonstigen Gewinnen ausgehen. Bedeutend sind derartige Einkommensströme für Länder, die einen hohen Nettobestand an Direktinvestitionen aufweisen.

Box 5.7: Die Bedeutung multinationaler Unternehmen

Multinationale Unternehmen sind Unternehmen, die in mehreren Staaten Tochtergesellschaften oder Zweigniederlassungen haben. Ihre Planung orientiert sich daher nicht ausschließlich an nationalen, sondern an internationalen Maßstäben. Zur Gründung ausländischer Tochtergesellschaften sind Direktinvestitionen notwendig. Dies begründet den engen Zusammenhang der Direktinvestitionen mit den multinationalen Unternehmen.

Ein häufig genanntes **Problem** im Zusammenhang mit multinationalen Unternehmen ist die Gefahr der **Einbuße der Souveränität** der beteiligten Staaten. Wenn z. B. die USA einen Handelsboykott für bestimmte Güter gegenüber einem Staat oder einer Staatengruppe beschließen, dann könnten europäische Tochtergesellschaften von den amerikanischen Führungszentralen der „Multis" angehalten werden, sich anzuschließen, obwohl die europäischen Regierungen einen Handelsboykott ablehnen. Umgekehrt wäre es denkbar, dass im Falle eines solchen Boykottes die bisherigen Exporte der amerikanischen Niederlassungen durch europäische Niederlassungen substituiert werden, wodurch die amerikanische Politik unterlaufen wird.

Die größten multinationalen Unternehmen (2011)

Rang	Unternehmen	Sitz der Zentrale	Umsatz (Mrd. US-$)	Beschäftigte
1	Wal-Mart Stores	USA	421,8	2.100.000
2	Royal Dutch Shell	NL	378,2	97.000
3	Exxon Mobil	USA	354,7	103.700
4	BP	GB	308,9	80.300
5	Sinopec	China	273,4	633.383
6	China N. Petroleum	China	240,2	1.649.992
7	State Grid	China	226,3	1.564.000
8	Toyota Motor	Japan	221,7	320.590
9	Japan Post Holdings	Japan	203,9	229.134
10	Chevron	USA	196,3	64.132
11	Total	Frankreich	186,1	96.387
12	ConocoPhillips	USA	184,9	30.000
13	Volkswagen	Deutschland	168,0	399.500
14	AXA	Frankreich	162,2	102.000
15	Fannie Mae	USA	153,8	7.300
16	General Electric	USA	151,6	287.000
17	ING Group	NL	147,1	106.139
18	Glencore Internat.	Schweiz	144,9	57.656
19	Berkshire Hathaway	USA	136,2	260.519
20	General Motors	USA	135,6	202.000

Quelle: CNN Money, Global 500, Stand 31.05.12.

Weiter wird den multinationalen Unternehmen angelastet, sie würden die **internationale Währungsordnung gefährden und nationale Geldpolitiken unterlaufen**. Da sie leicht Zugang zu den internationalen Geld- und Kapitalmärkten haben, würden sie in Zeiten einer restriktiven nationalen Geldpolitik Kredite im Ausland aufnehmen. Dagegen würden im Falle einer expansiven nationalen Geldpolitik auch für die ausländischen Niederlassungen Inlandskredite aufgenommen. Die damit verbundenen Kapitalimporte und -exporte gefährdeten insbesondere bei festen Wechselkursen die geldpolitischen Ziele. Hinzu komme, dass die „Multis" – wie andere Unternehmen auch – ihre liquiden Mittel in „sicheren" Währungen anlegten, um Abwertungsverluste zu vermeiden bzw. Aufwertungsgewinne zu erwirtschaften. Da ihre liquiden Mittel groß sind und die Währungssubstitutionen der einzelnen nationalen Niederlassungen koordiniert würden, könne die destabilisierende Währungsspekulation zunehmen.

Multinationale Unternehmen haben besonders gute Möglichkeiten der **Gewinnkaschierung** und **Steuerverkürzung**, indem für unternehmensinterne Vorleistungen für Niederlassungen in Hochsteuerländern überzogen hohe **Transferpreise** berechnet würden, während umgekehrt für Exporte an Niederlassungen in Länder mit geringen Steuersätzen untertrieben geringe Transferpreise verbucht würden. Dadurch würden die zu versteuernden Gewinne im Hochsteuerland bilanztechnisch verringert, im Niedrigsteuerland erhöht. Der Gewinn nach Steuern des gesamten multinationalen Unternehmens erhöhte sich.

Abschließend ist zu vermerken, dass Multinationale Unternehmen die Interpretation der Handelsbilanzen erschweren. So basieren schätzungsweise 40 % der US-Importe auf Transaktionen zwischen amerikanischen Unternehmen und ihren Tochtergesellschaften im Ausland und stellen damit in der Interpretation einiger Ökonomen einen inneramerikanischen Handel dar.

5.2.3 Zusammenfassung

- Unter internationalen Kapitalbewegungen versteht man den Erwerb oder die Veräußerung von inländischen (ausländischen) Forderungen und Vermögensgegenständen durch Ausländer (Inländer).
- Portfolioinvestitionen ergeben sich durch den Erwerb ausländischen Finanzvermögens in der Form von Kreditvergaben, Aktien oder langfristigen Schuldverschreibungen. Neben der Zins- und Renditeerhöhung stellt die Risikodiversifizierung ein wichtiges Motiv für Portfolioinvestitionen dar.
- Bei vollständiger Konkurrenz auf den Kapitalmärkten führen Portfolioinvestitionen aufgrund einer effizienteren Allokation des Kapitals zu einer Erhöhung des Weltsozialproduktes und des Einkommens der beteiligten Länder. Allerdings ist die Steigerung der Weltwohlfahrt verbunden mit Verlusten einzelner Gruppen.
- Das entscheidende Merkmal einer Direktinvestition ist die Kontrolle bzw. der unmittelbare Einfluss des inländischen Investors auf das ausländische Unternehmen. Als Motive für Direktinvestitionen können Unvollkommenheiten

auf Produkt- und Faktormärkten, produktions- und verwertungstechnische Gründe sowie staatliche Eingriffe angeführt werden.

5.3 Von der Entwicklungsländerverschuldungs- über die Subprime- zur Finanzkrise

Seit Beginn der 70er Jahre haben die Entwicklungsländer über einen langen Zeitraum hinweg große **Kapitalmengen importiert**, d.h. sich im Ausland verschuldet. Die Abb. 5.6 stellt neben den absoluten Werten die Zuwachsraten der Entwicklungsländerverschuldung zwischen 1970 und 2009 dar.

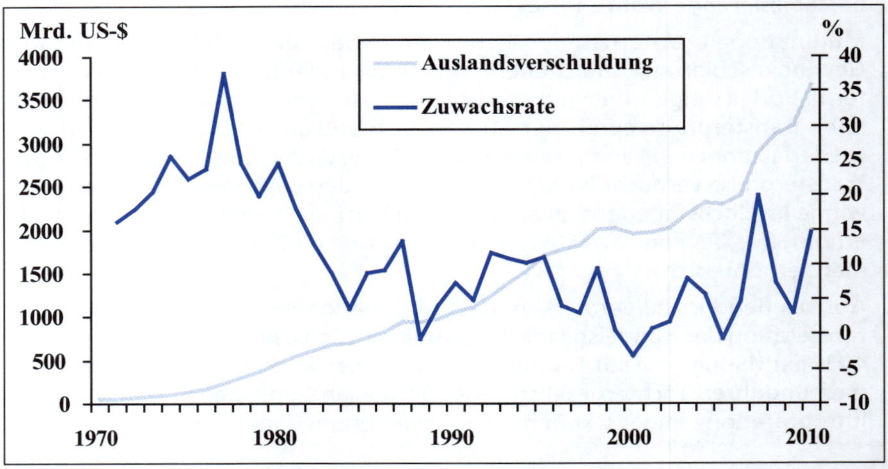

Abb. 5.6: Auslandsverschuldung der Entwicklungsländer zwischen 1970 und 2010 (absolute und proz. Zuwächse)
Quelle: World Bank, World Development Indicators 2011, 31.05.12.

Kurzfristig führen derartige Kapitalimporte zu einer Aktivierung der Zahlungsbilanz und sind deshalb für die Entwicklungsländer vorteilhaft, weil dadurch beispielsweise Investitionsgüterimporte finanziert werden können. Langfristig kann die Auslandsverschuldung jedoch problematisch werden: Der Schuldendienst (Zins- und Tilgung) führt tendenziell zu einer Passivierung der Leistungsbilanz.

Da die Möglichkeit der Entwicklungsländer, ihren Schuldendienst zu leisten, von der Fähigkeit abhängt, zusätzliche Kapitalimporte zu akquirieren oder Deviseneinkommen durch Exporte zu erzielen, ist ein weiterer üblicher Gradmesser für die Verschuldungssituation eines Landes die **Schuldendienstquote**, die den (nominellen) Schuldendienst zu den nominellen Exporterlösen in Beziehung setzt.

Bezeichnet man die Auslandsverschuldung mit *V*, Zins- und Tilgungssätze mit *z* bzw. *t* sowie die nominellen Exporterlöse mit *E*, so ergibt sich

(5.12) **Schuldendienstquote** $= \frac{(z+t) \cdot V}{E}$

Weitere Indikatoren für die Fähigkeit eines Landes, seinen Verpflichtungen aus dem Schuldendienst nachzukommen, sind die

(5.13) **Zinsendienstquote** $= \frac{z \cdot V}{E}$

sowie die

(5.14) **Verschuldungsquote** $= \frac{V}{Y}$ (Y = nominales BSP)

Die Entwicklung der Schuldendienst- und Verschuldungsquoten für die Entwicklungsländer sind in der Abb. 5.7 dargestellt. Es wird deutlich, dass diese Quoten bis Ende der 90er Jahre anstiegen und seitdem wieder deutlich sanken. Diese durchschnittlichen Quoten dürfen nicht darüber hinwegtäuschen, dass in einigen Fällen die Verpflichtungen so groß wurden, dass die Länder die Bedienung der Schulddienste einstellten (z. B. Mexiko Anfang der 80er Jahre, Argentinien Anfang des 21. Jahrhunderts).[91] [92]

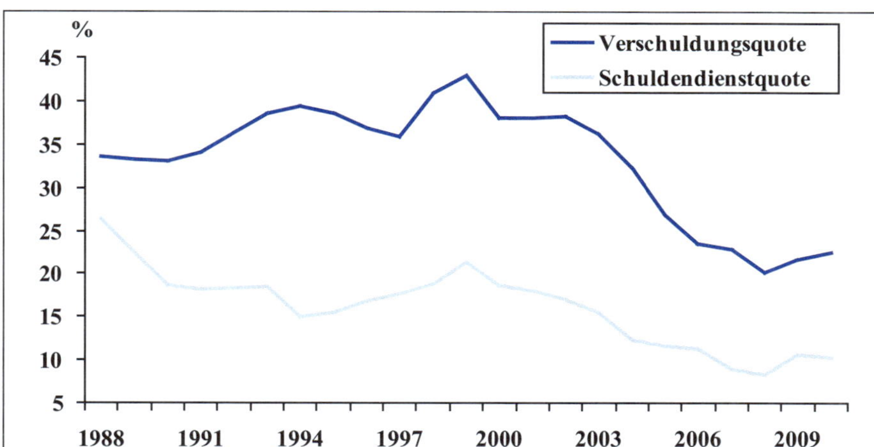

Abb. 5.7: Schuldendienst- und Verschuldungsquoten der Entwicklungsländer
Quelle: World Bank, World Development Indicators 2011, 31.05.12.

[91] Die Erklärung der Zahlungsunfähigkeit ist kein neues Phänomen. In der jüngeren Geschichte sind seit 1830 des Öfteren solche Fälle aufgetreten. Vgl. Pringle, R., Foreign lending revisted 1880–1980, in: Donald E. Fair and Christian de Boissieu (eds.), The international adjustment process, Dordrecht 1989.

[92] Das Verschuldungsproblem ist streng genommen eher ein **Liquiditäts-** als ein **Verschuldungsproblem**, da die Verschuldung im Vergleich zum Vermögen der Entwicklungsländer (Anlagevermögen, Infrastruktur) relativ gering ist. Allerdings haben die Gläubiger keinen Zugriff auf das Vermögen der Entwicklungsländer.

In vielen Ländern Lateinamerikas und Afrikas liegen die Zinsendienstquoten noch immer zwischen 20 % und 30 %. Um die Zahlungsunfähigkeit zu vermeiden, müssen diese Länder entsprechend hohe Anteile ihrer Exporterlöse für den Zinsendienst aufwenden und die Güterimporte reduzieren. Hierdurch kann die ökonomische Entwicklung eines Landes gefährdet werden.

Die Verschuldungskrise stellt nicht nur für die Schuldnerländer, sondern auch für die Gläubigerländer ein Problem dar, da sich häufig für einzelne Banken aufgrund jahrelanger Engagements ein hohes Kreditvolumen gegenüber einzelnen Entwicklungsländern ergibt. Die Folge davon können Glaubwürdigkeitskrisen zunächst für die betroffenen Banken sein, die sich zu einer allgemeinen Glaubwürdigkeitskrise des Bankensystems auswachsen können.

5.3.1 Entwicklungsländerverschuldung

5.3.1.1 Ursachen der Entwicklungsländerverschuldung

Die Gründe für das Entstehen der Schuldenkrise sind vielschichtig, so dass im Folgenden zwischen **internen** und **externen Ursachen** unterschieden wird. Insgesamt handelt es sich um eine grobe Analyse, die sich auf eine größere Anzahl von Entwicklungsländern bezieht. Auf länderspezifische Gegebenheiten wird nicht näher eingegangen.

5.3.1.1.1 Interne Ursachen

Außenhandel in den Entwicklungsländern

Einigen Entwicklungs- und Schwellenländern ist es aufgrund eines Investitions- und Innovationsprozesses seit den 70er Jahren gelungen, ihre internationale Wettbewerbsposition erheblich zu verbessern. In den meisten Entwicklungsländern ist der Außenhandel jedoch noch immer durch **Importabhängigkeiten** und **Exportschwächen** gekennzeichnet. Die Ursachen hierfür sind in erster Linie in der geringen Industrialisierung der Entwicklungsländer zu sehen. Viele Entwicklungsländer sind zum Import von Industrie- und Investitionsgütern (und zum Teil auch von lebensnotwendigen Konsumgütern) gezwungen. Die Importabhängigkeit von Industrie- und Konsumgütern äußert sich in einer geringen **Preiselastizität** der Nachfrage nach diesen Gütern. Ein Anstieg der Importpreise kann dann leicht zu einer Erhöhung des Importwertes führen, was die Leistungsbilanz des Entwicklungslandes passiviert.

Der Export beschränkt sich dagegen oft auf eine **enge Produktpalette**. Nicht selten werden lediglich Güter aus primären Produktionssektoren (Rohstoffe, Kaffee, Reis) exportiert, die auf dem Weltmarkt einer geringen **Einkommenselastizität** der Nachfrage und einem starken Preiswettbewerb ausgesetzt sind. Ein Wachstum der Weltwirtschaft zieht daher nur eine relativ geringe Zunahme der Nachfrage nach Exportgütern der Entwicklungsländer nach sich. Ferner werden die Chancen für eine stetige Ausdehnung der Exporte durch protektionistische Maßnahmen der Industrieländer gegen viele dieser Produkte geschmälert.

Als weiterer Nachteil kommt eine **Instabilität der Preise und Exporterlöse** hinzu, die sich aus den häufig geringen Preiselastizitäten von Angebot und Nachfrage ergeben. Instabile Deviseneinnahmen können die Finanzierung der für die Entwicklung benötigten Importe behindern, wenn sie nicht durch eine anderweitige, ausgleichende Kreditaufnahme ausgeglichen werden. Dies führt zu einer tendenziellen Erhöhung der Auslandsverschuldung, wenn in Zeiten hoher Devisenerlöse die Verschuldung nicht abgebaut wird.

Budgetdefizite und Kreditbedarf

In vielen Entwicklungsländern kann der **private und öffentliche Kreditbedarf** nicht durch den inländischen Kapitalmarkt gedeckt werden. Der Grund liegt darin, dass die **privaten Ersparnisse** infolge von Armut und ineffizienten Bankensystemen oft nicht ausreichen, um das erforderliche Kapital bereitzustellen. Verschärft wird diese Situation weiter dadurch, dass ein großer Teil des privaten Vermögens in ausländische Anlagen fließt und dem inländischen Kapitalmarkt dauerhaft entzogen wird. Dies gilt, obwohl in vielen Entwicklungsländern Verbote von Kapitalexporten existieren.

Zu einem Verschuldungsproblem kommt es für das betreffende Entwicklungsland insbesondere dann, wenn die zum Ausgleich aufgenommenen Auslandskredite ineffizient verwendet werden **(Kreditverwendungskrise)**. Sinnvoll sind Investitionen in aussichtsreiche Projekte (Infrastruktur, Telekommunikation, Forschung und Entwicklung), welche die für den Schuldendienst erforderlichen Erträge abwerfen könnten. Teilweise wurden Auslandskredite für konsumtive Ausgaben absorbiert (Militär, Prestigeobjekte, aufgeblähter Verwaltungsapparat).

Geld- und Währungspolitik

Neben der Kreditaufnahme im Ausland betrieben viele Entwicklungsländer in den 70er und zu Beginn der 80er Jahre eine expansive Geldpolitik zur Finanzierung ihrer Staatsdefizite. Als Konsequenz aus dem hohen Geldmengenwachstum ergaben sich teilweise erhebliche Inflationsraten. Gleichzeitig wurde oft eine Abwertung der eigenen Währung verhindert oder verzögert, um die Inlandspreise der Importgüter nicht steigen zu lassen. Die daraus resultierenden Preiserhöhungen der Exportgüter in ausländischer Währung führten zu einer Abnahme der Exportmenge und des Exportwertes (Passivierung der Leistungsbilanz). Die **inflationäre Geldpolitik** der Entwicklungsländer ist somit als eine wichtige interne Ursache für Leistungsbilanzdefizite zu sehen, die nur über eine erhöhte Auslandsverschuldung zu decken sind (vgl. Kapitel 2).

5.3.1.1.2 Externe Ursachen

Der Ölpreisboom von 1973 zog eine Verschlechterung der **terms-of-trade** sowie eine Passivierung der Leistungsbilanz vieler (nicht erdölexportierender) Entwicklungsländer nach sich. Beides ergab sich als Folge erhöhter Aufwendungen für Ölimporte sowie der Verringerung der Exporterlöse aufgrund der sich einstellenden Rezession in den Industrieländern. Insgesamt führte der Preisschock somit zu einer erhöhten Nachfrage nach Auslandskrediten seitens der meisten Entwicklungsländer.

Die OPEC-Staaten konnten ihre hohen zusätzlichen Erträge nur teilweise direkt investieren, so dass sie einen großen Teil bei Banken in den Industriestaaten anlegten. Das Bankensystem sah sich gleichzeitig aufgrund der Rezession einer relativ geringen Kreditnachfrage in den westlichen Ländern gegenüber, wodurch das Problem der Wiederverwendung auftrat **(Petrodollar-Recycling)**. Viele Banken schätzten zu diesem Zeitpunkt die Wachstumsaussichten der Entwicklungsländer als besonders gut ein, weil die scheinbare Knappheit des Erdöls auch auf andere Rohstoffe ausstrahlte. So prognostizierte 1972 der **Club of Rome** in seinem „Grenzen des Wachstums“ eine dramatische Verknappung (und dies heißt Preissteigerung) wichtiger Rohstoffe wie Zinn, bei denen gerade Entwicklungsländer oft Nettoexporteure waren. Deshalb war die Bereitschaft zur Kreditvergabe an diese Länder hoch.

Auf den ersten Ölpreisschock folgte eine Rezession in den Industriestaaten, auf die diese Länder mit einer expansiven Geld- und Finanzpolitik reagierten. Hieraus ergaben sich eine hohe Inflation und niedrige (zum Teil negative) Realzinsen zwischen 1974 und 1979, was eine Kreditaufnahme günstig erscheinen ließ. In dieser Niedrigzinsphase begannen die Banken der Industrienationen, die Vergabe von Auslandskrediten an **variable Zinssätze** zu koppeln, bei denen das Zinsrisiko auf die Schuldner(länder) verlagert wird.

1979 kam es zu einem **zweiten Ölpreisschock**, der erneut Leistungsbilanzdefizite und eine Zunahme der Auslandsverschuldung vieler ölimportierender Staaten nach sich zog. Im Gegensatz zur ersten Ölkrise reagierten die Industriestaaten nun mit einer strengen restriktiven Geldpolitik zur Bekämpfung der mit der Ölpreiserhöhung einhergehenden Inflationstendenz. Diese restriktive Geldpolitik führte zu einem weltweiten Anstieg der Realzinsen zu Beginn der 80er Jahre.

Dies war gleichbedeutend mit einem deutlichen **Anstieg** des LIBOR, Londoner Interbanken-Angebotszinssatz, im Jahre 1979, der die Bedienung alter bzw. die Aufnahme neuer Auslandskredite für die Entwicklungsländer verteuerte. Zusätzlich verschärft wurde das Schuldendienstproblem durch die starke Aufwertung des US-Dollars zu Beginn der 80er Jahre: Für viele Entwicklungsländer war der zu leistende Schuldendienst in US-Dollar nominiert, während sie ihre Deviseneinnahmen nicht nur in Dollar, sondern auch in anderen Währungen erzielten. Mit der Aufwertung nahm der Dollarwert dieser Devisen ab, was eine höhere Belastung durch den Schuldendienst bedeutete. In Abb. 5.8 ist der US-LIBOR, an dem sich die Zinssätze der meisten Auslandskredite für Entwicklungsländer orientieren, für den Zeitraum von 1988 bis 2010 dargestellt. Der Zusammenhang zwischen der Schuldendienstquote in Abb. 5.7 und dem LIBOR in Abb. 5.8 wird deutlich.

Auch den privaten Banken der westlichen Länder ist eine Teilschuld an der Entstehung der Schuldenkrise zu Beginn der 80er Jahre zuzuschreiben. Wie bereits oben erwähnt, vollzog sich der größte Teil des **Petrodollar-Recycling** über den freien internationalen Kapitalmarkt, so dass dem Privatbankensektor große Summen aus den OPEC-Ländern zuflossen. Natürlich suchten die Banken in der Folge nach zinsbringenden Anlagemöglichkeiten, was zu einer erhöhten

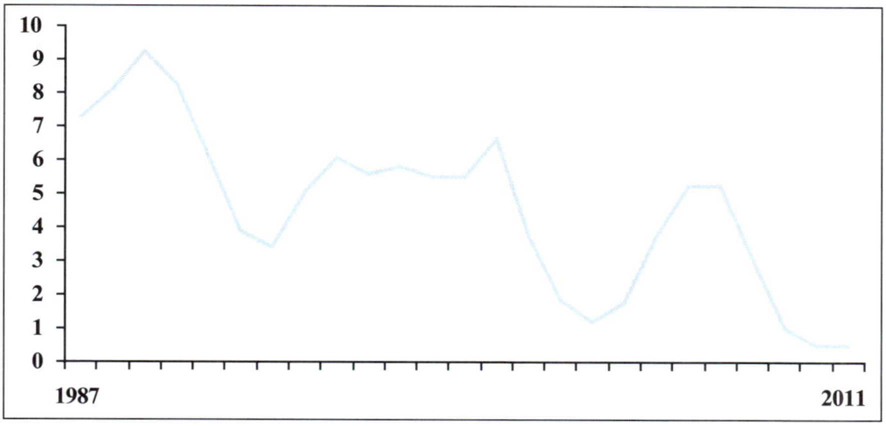

Abb. 5.8: 6-Monats-US-Dollar LIBOR (Jahresdurchschnitt in %)
Quelle: EconStats.com, Stand 31.05.12.

Kreditvergabebereitschaft führte. Dabei wurden teilweise Kredite ohne ausreichende **Bonitätsprüfungen** vergeben.

5.3.1.2 Lösungsansätze zum Verschuldungsproblem

5.3.1.2.1 Direkte Lösungsansätze

Direkte Strategien sind finanztechnische Ansätze, die sich unmittelbar an bestehenden Schulden orientieren und zur Reduzierung der Belastungen beitragen sollen. Zu diesen Maßnahmen zählen **Umschuldungen**, der **Schuldentausch** sowie der **Schuldenerlass**.

Umschuldungen

Unter **Umschuldung (rescheduling)** versteht man die Neustrukturierung bestehender Schulden mit dem Ziel, die Begleichung der Schuldendienstverpflichtungen zu ermöglichen.

Typische Umschuldungsmaßnahmen sind die Stundung von Tilgungsraten, die Verlängerung von Kreditlaufzeiten oder die Gewährung neuer Kredite **(Refinanzierungskredite)**, die meist mit tilgungsfreien Zeiten **(Grace Periods)** vereinbart werden. Refinanzierungskredite an die Schuldnerländer werden häufig nicht von den Gläubigern selbst vergeben. Vielmehr haben in diesem Zusammenhang internationale Institutionen wie die Weltbank und besonders der IWF (vgl. Box 5.8) eine wichtige Rolle übernommen, so dass sich neben der Laufzeit- auch die Gläubigerstruktur der Verschuldung ändert. Die Gewährung neuer Kredite durch den IWF oder öffentliche und private Geber hängt im Allgemeinen von der Bereitschaft der Schuldnerländer ab, bestimmte Auflagen wie die Durchführung von Stabilisierungs- und Strukturanpassungsprogrammen zu akzeptieren.

Insgesamt ist die langfristige Wirksamkeit der beschriebenen Maßnahmen mit Skepsis zu betrachten. Auch wenn Liquiditätsengpässe durch Umschuldungen kurzfristig überwunden werden können, so nimmt die generelle Schuldenlast keineswegs ab. Es handelt sich vielmehr um eine **Verschiebung der Belastung** in die Zukunft.

Schuldentausch

Allgemein versteht man unter **Schuldentausch** die Umwandlung von Kreditverpflichtungen in andere Verbindlichkeiten, die für das Schuldnerland leichter zu erfüllen sind.

Eine Möglichkeit des direkten Schuldentausches bieten die sogenannten **Debt-Debt-Swaps** (auch **Debt-for-Bonds-Swaps**). Dabei werden gebündelte Kredite in Anleihen umgewandelt, deren Nominalwert unter dem der eingetauschten Kreditforderung liegt. Die marktgängigen Wertpapiere werden dann an risikobereite Investoren verkauft.[93] Auf diese Weise konnte Mexiko 1988 rund 3,7 Mrd. US-$ Altschulden in festverzinsliche Wertpapiere mit einem Nominalwert von 2,6 Mrd. US-$ umwandeln. Allerdings kam in diesem Fall eine besondere Rückzahlungsgarantie hinzu, da die neuen Schuldtitel durch das US-Schatzamt abgesichert wurden.

Eine weitere Möglichkeit des Schuldentausches bieten die sog. **Debt-Equity-Swaps**. Dabei werden Kreditforderungen in Beteiligungen bzw. Direktinvestitionen in den Schuldnerländern umgewandelt **(Schulden-Eigenkapital-Tausch)**. Dabei veräußern die Gläubigerbanken ihre Kreditforderungen an Investoren, welche diese bei der Zentralbank des Schuldnerlandes gegen Beteiligungen oder Direktinvestitionen umtauschen.

Aus der Sicht des Schuldnerlandes ist zu beachten, dass eine signifikante Verringerung der Auslandsschulden über die Swaps zu einer **drastischen Verschiebung der Eigentumsverhältnisse** zugunsten von Ausländern führen kann. Für die Gläubiger (Investoren) bringt der Tausch oft ein zukünftiges **Währungs- und Länderrisiko** mit sich (z. B. Enteignungen). Aus diesen Gründen ist der

---

[93] Oft liegen diese Anleihen auch, je nach Einschätzung der Zahlungsfähigkeit des entsprechenden Schuldners, deutlich unter pari. In diesem Fall scheint es mit dem Rückkauf der Schuldentitel **(Debt-Buy-Back)** eine einfache Möglichkeit für den Schuldner zu geben, seine Schuldenlast zu verringern. Allerdings werden die Probleme dadurch nur teilweise gelöst. Der Grund liegt darin, dass aufgrund des Rückkaufs die künftige Zahlungsfähigkeit des Schuldners positiver eingeschätzt wird und der Marktwert für die Restschulden steigt. Ein Beispiel: Angenommen ein Land mit Schuldendienstproblemen hat eine Gesamtschuld (in Swap-Anleihen) von 100 Mill. US-$, die auf dem Kapitalmarkt mit 25 % (25 Mill. US-$) bewertet werden. Jetzt stelle der Schuldner 10 Mill. US-$ aus eigenen Devisenbeständen zur Verfügung und kauft dafür 40 Mill. US-$ seiner Schulden zurück. Es verbleiben Schulden von 60 Mill US-$. Die scheinbar verbesserte Zahlungsfähigkeit des Schuldners lässt nun den Marktwert der Swap-Anleihen steigen, z. B. auf 40 Cents pro Dollar-Schuld. Die verbleibenden Schulden werden dann am Markt mit 24 Mill. US-$ bewertet. Insgesamt hat der Schuldner also 10 Mill. US-$ aufgewendet, um seine Marktschulden um 1 Mill. US-$ zu senken. Allerdings sichert sich der Schuldner per Fälligkeit eine geringere Rückzahlungspflicht.

Schulden-Eigenkapital-Tausch in der Praxis auf eine relativ geringe Resonanz gestoßen.

Schuldenerlass

Die bisher besprochenen direkten Ansätze der Umschuldung bzw. des Schuldentausches haben nur einen bedingten Erfolg bei der Bekämpfung der Verschuldungskrise gebracht. Gegen Ende der 80er Jahre setzte sich die Einsicht durch, dass die **Liquiditätsengpässe** vieler Entwicklungsländer langfristiger Natur sind. Vor diesem Hintergrund entstand die Diskussion über die Möglichkeiten partieller oder totaler Schuldenerlässe, die im März 1989 in einem entsprechenden Vorschlag des US-Finanzministers **Nicholas Brady** mündete.[94] Sein Plan sah vor, die Banken zu Schuldenerlässen zu bewegen und für eine Ausweitung der **Sekundärmarkttransaktionen** zu sorgen.

Selbstverständlich kann ein Schuldenerlass den betroffenen Ländern kurzfristige Erleichterung bringen. Dennoch sind auch hier Probleme zu beachten. Zum einen tragen Schuldenerlasse nicht gerade dazu bei, die langfristige **Kreditwürdigkeit** der Schuldner zu erhöhen. Zum anderen kommt es zu einer gewissen **Willkür**, wenn nur einigen, nicht aber allen Ländern die Schulden erlassen werden. Beim selektiven Schuldenerlass droht die Gefahr, dass die höchstverschuldeten Länder bevorzugt werden – in der Regel sind dies nicht die ärmsten. Ferner wird den betroffenen, aber auch anderen Ländern für ihr zukünftiges Verhalten ein **falsches Anreizsignal** gesetzt, was die Bereitschaft zur Bekämpfung der internen ökonomischen Probleme durch Anpassungsmaßnahmen dämpfen mag. Was die **Finanzierung** betrifft, so erfolgt diese letztlich aus Steuergeldern in den westlichen Industrieländern: Entweder, indem die öffentliche Hand den Geschäftsbanken die Forderungen abkauft und sie dann erlässt, oder aber indem die Geschäftsbanken gewinn- und steuerkürzende Abschreibungen auf die Forderungen vornehmen.

5.3.1.2.2 Indirekte Lösungsansätze

Im Gegensatz zu den direkten Maßnahmen setzen die **indirekten Strategien** nicht unmittelbar an den Schulden eines betroffenen Landes an. Vielmehr handelt es sich hierbei um Maßnahmen zur Veränderung weltwirtschaftlicher und landesinterner Rahmenbedingungen, mit dem Ziel, die allgemeine ökonomische Position der Schuldnerländer auf mittel- und langfristige Sicht zu verbessern. Klar ist, dass keine allgemeine Stabilisierungsstrategie existiert, die für alle Schuldner gleichermaßen anwendbar ist. Die jeweiligen Anpassungsmaßnahmen müssen im Einzelfall unter Berücksichtigung spezifischer nationaler Gegebenheiten getroffen werden.

---

[94] Der **Brady-Plan** ist als Erweiterung des 1985 vorgebrachten Vorschlages des damaligen US-Finanzministers **Baker** zu sehen, wonach den Schuldnerländern zusätzliche Kredite **(fresh money)** gegeben werden sollten. Die Quantität der daraufhin zusätzlich bereit gestellten Kredite war jedoch zu gering.

Veränderung weltwirtschaftlicher Rahmenbedingungen

Die Bedienung von Auslandskrediten ist für den Schuldner mit der Notwendigkeit verbunden, Devisenerlöse zu erzielen. Insofern ist der **Abbau tarifärer und nichttarifärer Handelshemmnisse** der Industrieländer in den Sektoren, in denen die Entwicklungsländer durchaus wettbewerbsfähig sind (Agrarprodukte, Textil-, Stahlindustrie, Schiffbau) notwendig, um den Schuldnern die Möglichkeit zur Schuldenbedienung zu eröffnen. Auch eine Erhöhung des **Wachstums** in den Industrieländern kann einen Beitrag zur Problemlösung leisten.

Verbesserung der Außenhandelsposition

Als eine Ursache für die Verschuldung wurde weiter oben die für viele Entwicklungsländer typische, von **Exportschwächen** sowie **Importabhängigkeiten** gekennzeichnete Außenhandelsstruktur beschrieben. Was die Ausfuhr betrifft, so ist häufig eine Konzentration auf wenige Güter des primären Sektors (Agrarprodukte, mineralische Rohstoffe) mit geringer Einkommenselastizität der Exportnachfrage festzustellen. Eine Förderung der Produktion von Fertigprodukten könnte helfen, an einem Wachstum der Weltwirtschaft besser zu partizipieren.

Bei der oft propagierten **Importsubstitution**, bei welcher die Nachfrage nach Importgütern durch inländisches Angebot befriedigt werden soll, ist zunächst als Vorteil zu vermerken, dass sich viele importsubstituierende Güter mit erheblich einfacherer Technologie produzieren lassen als Exportgüter, die auf dem Weltmarkt einem scharfen Qualitätswettbewerb ausgesetzt sind. Auch ist ein Erfolg, insbesondere wenn die Produktionsstützung durch inländischen Protektionismus begleitet wird, relativ schnell erreichbar. Allerdings ist zu beachten, dass für den Aufbau der entsprechenden Produktion Importe von Investitions- bzw. Vorleistungsgütern notwendig sind. Wird eine Politik der Importsubstitution zu Lasten der Exportförderung gefahren, so sind ferner **Einbußen hinsichtlich der internationalen Wettbewerbsfähigkeit** im Exportbereich die Folge.

Interne wirtschaftliche Stabilisierung

Unbestritten ist, dass sich die wirtschaftliche und soziale Situation der Entwicklungsländer auf lange Sicht nur durch interne Reformen verbessern lässt. Für die erforderlichen Anpassungsmaßnahmen gibt es kein generelles Konzept, da sie sich an den spezifischen nationalen Gegebenheiten des einzelnen Landes orientieren müssen. Dennoch gibt es einige typische politische und wirtschaftliche Defizite, die in vielen Entwicklungsländern zu beobachten sind und somit Ansatzpunkte für mögliche Strukturverbesserungen darstellen.

Eine **Etablierung demokratischer Strukturen** könnte die in vielen Ländern vorhandene Machtkonzentration beim Militär oder bei wenigen Familien lösen und die wirtschaftspolitischen Zielsetzungen vom Machterhalt auf die Erhöhung der gesamtgesellschaftlichen Wohlfahrt ausrichten. Als wichtigste Instrumente hierfür werden meist die Etablierung eines **stabilen Rechtssystems, freie Wahlen, Pressefreiheit** sowie die **Institutionalisierung demokratischer Kontrollorgane** genannt. Von zentraler Bedeutung ist auch die systematische

Bekämpfung einer etwaigen Korruption. Als Finanzierungsquelle dieses Umbaus könnten dabei verbesserte Steuersysteme dienen.

Eine Reihe wirtschaftspolitischer Anpassungsmaßnahmen ergeben sich beinahe zwangsläufig aus den in den vorhergehenden Abschnitten beschriebenen (internen) Ursachen für die Auslandsverschuldung. In diesem Sinne knüpfen der IWF und die Weltbank die Gewährung neuer Kredite an bestimmte Auflagen, die einen Stabilisierungsprozess innerhalb des betroffenen Landes einleiten sollen (vgl. Box 5.8). Im Vordergrund stehen zunächst Maßnahmen zur Beseitigung von Leistungsbilanzdefiziten (durch die Einführung realistischer Wechselkurse, Exportförderung) und die Sanierung des Staatshaushaltes (Reduzierung öffentlicher Ausgaben, Erhöhung der Staatseinnahmen). Als wichtiges geldpolitisches Ziel ist die Verringerung der Inflation anzustreben. Zusätzlich sollen durch eine Stabilisierung des inländischen Kapitalmarktes (durch verstärkte Sparförderung) günstigere Investitionsbedingungen geschaffen werden. Der gezielte Abbau von Handelshemmnissen und Kapitalverkehrsbeschränkungen sowie die Überführung staatlicher Unternehmen in privaten Besitz können einen Anreiz für ausländische Direktinvestoren darstellen und möglicherweise zu einer **Repatriierung von Fluchtkapital** führen.

Entwicklungshilfe

Unter dem Begriff **Entwicklungshilfe** versteht man alle Maßnahmen privater und öffentlicher Institutionen eines Landes oder internationaler Organisationen, die darauf gerichtet sind, die wirtschaftliche Entwicklung in den Entwicklungsländern zu fördern. Allerdings müssen diese Maßnahmen ein merkbares Transferelement enthalten. Der normale Außenhandel oder die Gewährung von Krediten zu Marktkonditionen stellen keine Entwicklungshilfe dar.

Die allgemeinen Ziele der Entwicklungspolitik der Industrieländer gehen über rein wirtschaftliche Zielsetzungen hinaus (außenpolitische, humanitär-karitative Zielsetzungen). An dieser Stelle soll betrachtet werden, inwiefern Entwicklungshilfe zur Überwindung von Zahlungsbilanz- und Verschuldungsproblemen der Entwicklungsländer beiträgt. Zunächst ist festzuhalten, dass unentgeltliche Transfers in Form von Geld- oder Sachgeschenken die Übertragungsbilanz des Entwicklungslandes aktivieren. Die Vergabe zinsgünstiger Kredite führt für das Entwicklungsland zu einer Entlastung des Zinsendienstes und wirkt somit ebenfalls aktivierend auf die Leistungsbilanz. All diese Transaktionen haben also **kurzfristig eine positive Wirkung auf die Zahlungsbilanz** und damit die Verschuldungssituation des Entwicklungslandes.

Box 5.8: Die Rolle des IWF

Nach der Erklärung der Zahlungsunfähigkeit mehrerer Schuldnerländer im Jahre 1982 hat der Internationale Währungsfond (IWF) eine federführende Rolle bei der Bewältigung der Entwicklungsländerverschuldung übernommen. Das Ziel des IWF ist es, die Kreditnehmer zu einer Bekämpfung ihrer Zahlungsbilanzprobleme zu bewegen, um allmählich zu einer Lösung des

Verschuldungsproblems zu gelangen. Deshalb macht der IWF die Vergabe neuer Kredite an die Schuldner von wirtschaftspolitischen Auflagen abhängig **(Konditionalität)**, die in der Regel makroökonomische Stabilisierungsprogramme darstellen. Die Auflagen sollen dabei auf die nationalen institutionellen, wirtschaftlichen und sozialen Verhältnisse des einzelnen kreditnehmenden Landes zugeschnitten sein. Trotz der beabsichtigten individuellen Ausgestaltung der Auflagen weisen die meisten IWF-Stabilisierungsprogramme einige typische Kernelemente auf. Hierzu gehören insbesondere Maßnahmen zur Kontrolle der nominellen aggregierten Nachfrage sowie eine adäquate Geld- und Währungspolitik (Verringerung der Inflation, Abwertung der heimischen Währung). Darüber hinaus werden meist auch eine Begrenzung der inländischen Kreditexpansion und die Verringerung der öffentlichen Budgetdefizite durch staatseinnahmensteigernde Maßnahmen gefordert.

Viele Schuldner empfinden die strengen IWF-Auflagen als einen Eingriff in ihre nationale Souveränität. Deshalb ziehen „potente" Schuldner häufig private Kreditquellen den Mitteln des IWF (trotz höherer Kosten) vor. Eine zusätzliche Diskrepanz zwischen dem IWF und den Schuldnern äußert sich auch in der Ursachendiagnose der Defizite. Nach Einschätzung des IWF können die Zahlungsbilanzprobleme der Schuldner von diesen selbst durch angemessene interne Maßnahmen, wie sie in den IWF-Auflagen zum Ausdruck kommen, gelöst werden. Die Entwicklungsländer weisen hingegen auf die Ursachen ihrer Zahlungsbilanzprobleme hin, die außerhalb ihres Einflussbereichs liegen.

Die vom IWF geforderten internen Anpassungsmaßnahmen haben politische und soziale Konsequenzen. Die strengen Auflagen zur Sanierung des Staatshaushaltes (Begrenzung des staatlichen Personalbudgets, selektive Kreditrestriktionen etc.) können zu sozial-ökonomisch problematischen Maßnahmen der Regierung führen. Der Fortfall von Preiskontrollen sowie die Streichung bzw. der Abbau von Subventionen für Grundnahrungsmittel trifft besonders die Gruppe der Bezieher niedriger Einkommen. Dieses war oft Anlass für soziale Unruhen.

Besonders in der Anfangsphase des IWF-Schuldenmanagements zu Beginn der 80er Jahre wurden die sozialpolitischen Konsequenzen der Auflagen nicht genügend berücksichtigt, was sicherlich auch auf fehlende Erfahrungen zurückzuführen ist. Mittlerweile hat jedoch ein Lernprozess eingesetzt, so dass neuere Stabilisierungsprogramme (insbesondere in Zusammenarbeit mit der Weltbank) Komponenten zur Abfederung sozialer Folgen enthalten. Insgesamt ist es schwierig, die IWF-Politik generell zu beurteilen. Vielmehr müssten in jedem Einzelfall die vom IWF empfohlenen Zahlungsbilanzanpassungsmaßnahmen gesondert auf ihre Auswirkungen und Ergebnisse analysiert werden. Positiv ist anzumerken, dass die IWF-Politik, trotz aller Kritik, viele Entwicklungsländer angeregt hat, ernsthaft über notwendige wirtschaftspolitische Reformen nachzudenken.

Ob sich die kurzfristig positiven Effekte der Entwicklungshilfe in einen langfristigen Abbau der Verschuldung umsetzen lassen, hängt von verschiedenen Faktoren ab. Ähnlich wie bei dem bereits beschriebenen Problem der Kreditverwendung ist auch hier eine **adäquate, zielgerichtete Verwendung der Hilfen** entscheidend. Langfristig sind positive Effekte z. B. dann zu erwarten, wenn die Leistungen in den Ausbau exportfördernder Produktionsstrukturen investiert werden, um die internationale Wettbewerbsfähigkeit zu erhöhen. Werden die Leistungen für rein **konsumtive Zwecke** ausgegeben (z. B. in Form von Rüstungskäufen etc.), so verpufft ihre positive Wirkung sehr schnell.

5.3.2 Subprime- und Finanzkrise

Die im Jahr 2007 offenkundig werdende US- Immobilienkrise rührt aus Entscheidungen, welche teilweise viele Jahre zuvor getroffen wurden. So wurde In den USA 1980 die Abschaffung staatlich fixierter Zinsobergrenzen 1982 die Möglichkeit von variablen Zinssätzen sowie negativer Amortisation bei Hypothekendarlehen, und 1986 die steuerliche Abzugsfähigkeit Zinszahlungen auf Hypothekendarlehen eigengenutzter Immobilien eingeführt. Dies machte es attraktiv, sogenannte **Home Equity Loans** aufzunehmen, bei denen mit steigenden Immobilienwerten zusätzliche Kredite gewährt wurden, um damit anderweitigen Zahlungsverpflichtungen nachzukommen.

Hinzu kam der politische Druck insbesondere auf Banken, Kreisen mit geringerer Bonität **(„subprime")** den Erwerb eines Eigenheimes zu ermöglichen, ohne dass das damit verbundene Risiko voll durch höhere Zinsen kompensiert wurde.

Diese Mischung von bank-, steuer- und vermögenspolitischen Entscheidungen erwies sich zunächst als scheinbar positiv, die Nachfrage nach US-Immobilien stieg – und die Immobilienpreise stiegen ebenfalls. Nachdem die „Dotcom-Blase" im Jahr 2000 geplatzt war (und ohnehin eine Renaissance der Investition in „reale" Werte anstand), senkte die US- amerikanische Notenbank den Leitzins nach dem Terroranschlag vom 11. September 2001 zur Stabilisierung der US- Konjunktur auf rd. 1 %. Die Finanzierung von Immobilien wurde günstiger, was die Nachfrage nach Wohneigentum und zinsvariablen Hypothekendarlehen weiter steigerte.

Zwecks Refinanzierung verkauften die Hypothekenbanken die Hypothekendarlehen an Investmentbanken, welche diese zu Wertpapieren („**Mortgage Backed Securities**, MBS") bündelten, aus denen dann teilweise Fonds („**Collateralised Mortgage Obligations,** CMO") gebildet wurden. Die so erreichten Volumina bei erhöhten Zinserträgen machten Investitionen in solche (Re)Finanzierungen des US-Immobilienmarktes auch für Banken und andere Kapitalanleger außerhalb für USA attraktiv. Das erhöhte Risiko wurde von den Investoren nicht erkannt, weil sie sich auf die Qualitäts-Einstufungen der **Ratingagenturen** verließen.

Die zwecks Inflationsbekämpfung ab 2004 sukzessive erhöhten Leitzinsen, welche mit steigenden Benzinpreisen und einem schwächelndem US-Arbeitsmarkt zusammenfielen, änderten die Situation grundsätzlich. Viele der Subprime-Kreditnehmer waren nicht mehr in der Lage, ihre Kredite zu bedienen. Die großen US- Hypothekenbanken Fannie Mae und Freddi Mac wurden verstaatlicht. Ein erheblicher Teil der „subprime"- Immobilien gerieten in die Zwangsverwertung, was das Immobilienangebot erhöhte- bei gleichzeitig drastisch nachlassender Nachfrage aufgrund der erheblich erschwerten Finanzierungsbedingungen. Die Immobilienpreise, die sich in den 10 Jahren zuvor durchschnittlich fast verdoppelt hatten, fielen. Für die Halter von MBS und CMO bedeuteten die ausbleibenden Zins- und Tilgungszahlungen Wertminderungen ihrer Aktiva. Ihren eigenen Zahlungsverpflichtungen konnten sie teilweise nur eingeschränkt nachkommen. Die US-Investmentbank Lehman Brothers, unter anderem spezialisiert auf den Handel von Kreditausfallrisiken **(„Credit Default Swaps", CDS)**[95], ging am 15. September 2008 insolvent.

Aufgrund der Komplexität der MBS-, CMO- und CDS-Strukturen war der Umfang der bedrohten Aktiva selbst für die einzelnen Bestandshalter kaum noch ersichtlich. Es breitete sich große Unsicherheit auf den Finanzmärkten aus, verstärkt durch eine nunmehr einsetzende Bonitäts-Herabstufung vieler Finanzinstitutionen durch die führenden Rating-Agenturen. Folge waren massive Aktienkursverluste, welche zu Abschreibungsbedarfen in den Bilanzen auch bislang unbeteiligter Institute führten.

Noch schneller betroffen war der **Geldmarkt**. Aufgrund der Unsicherheit auf den Finanzmärkten horteten die Institute ihre etwaigen Liquiditätsüberschüsse. Die zuvor üblichen Interbankengeschäfte auf den Geldmärkten kamen wenn, dann nur noch zu erheblichen Risikoaufschlägen zustande. Die Immobilienkrise war zur Bankenkrise geworden. Dies galt nicht nur in den USA. Da MBS und CMO auch von Banken in anderen Kontinenten gehalten wurden, wurde die Bankenkrise zu einem internationalen Phänomen. Die verschlechterte Vermögens- und Liquiditätssituation der Banken führte zur eingeschränkten Kreditvergabe für Haushalte und Unternehmen. Die Arbeitslosigkeit stieg an. Haushalte und Unternehmen reagierten mit Konsum- und Investitionszurückhaltung, die Produktion brach ein. Aus der US-Immobilienkrise war eine weltweite Konjunkturkrise geworden.

Der Insolvenz der Lehmann Bank wurde eine große Signalwirkung für den allgemeinen Vertrauensverlust im Finanzsektor zugeschrieben. Folglich bestanden kurzfristige politische Maßnahmen darin, weitere Insolvenzen von (großen) Finanzakteuren zu vermeiden. Die Maßnahmen reichten von Verstaatlichungen über staatliche Kapitaleinlagen bis hin zur praktisch unbegrenzten Liquiditätsversorgung durch die Notenbanken zu äußerst geringen Zinssätzen.

Die Realwirtschaften wurden durch Konjunkturprogramme gestützt, die meistens die Investitionen ankurbeln sollten, aber auch bis zur deutschen „Abwrackprämie" zwecks Konsumanregung bei gleichzeitiger Arbeitsmarktstützung durch Kurzarbeitergeldregelungen reichten.

[95] Bei Credit Default Swaps verpflichtet sich der Emittent bei Zahlungsausfälligkeit des Schuldners des zugrunde liegenden Papieres den ausstehenden Betrag zu bezahlen. Das Besondere im Vergleich zu herkömmlichen Versicherungsgeschäften ist, dass weder der Emittent noch der Käufer solcher CDS-Wertpapiere Eigentümer der zugrunde liegenden Wertpapiere sein müssen. Es ergibt sich somit eine Möglichkeit, von den Zahlungsausfällen Dritter zu profitieren.

Allerdings gerieten einige Staaten aufgrund der hierdurch erhöhten Neuverschuldung durch die Stützung von Konjunktur und Finanzintermediären selber in Glaubwürdigkeitsprobleme, welche mit deutlichen Risiko-Zinsaufschlägen für ihre Neuverschuldung verbunden waren.

Insofern engte sich der Spielraum für expansive Wirtschaftspolitiken zunehmend ein. In der (oft nordeuropäischen Staaten zugeordneten) Sichtweise folgt hieraus, dass gerade eine Konsolidierung der öffentlichen Haushalte das allgemeine Vertrauen erhöhe und damit eine Voraussetzung der Stabilisierung ist. Entgegengesetzte Auffassungen halten eine Konsolidierung zumindest in Zeiten akuter Wachstums- und Arbeitsmarktprobleme für falsch und fordern, dass die notwendigen Maßnahmen in den Ländern, die besonders betroffen sind (und welche häufig auch besondere Probleme mit ihren Staatsfinanzen haben) durch stärkere Staaten unterstützt werden. Der (ordnungspolitisch problematische) Kauf von Anleihen kriselnder Staaten beispielsweise durch die Europäische Zentralbank genüge dabei nicht. „**Eurobonds**", welche durch alle EU-Staaten garantiert würden, könnten die Zinskonditionen für die schwächelnden Länder verbessern – freilich auf Kosten eines erhöhten Risikos für die stärkeren Länder.

Schon über die kurzfristigen Maßnahmen besteht somit nur bedingt Konsens. Für die mittel- und langfristigen Lösungen und Konsequenzen gilt diese Begrenzung ebenso. Dies liegt auch daran, dass – anders als zu Zeiten der Entwicklungsländerverschuldung der achtziger Jahre – nunmehr auch in westlichen Industrienationen und konservativen Kreisen verstärkt grundsätzliche Zweifel an der Funktionsfähigkeit der Märkte aufkamen. Und der Volkswirtschaftslehre mit ihren meist auf der Annahme rationaler Wirtschaftssubjekte basierenden Modellen wurde – auch von herausragenden Vertretern der Ökonomik – zunehmend die Fähigkeit abgesprochen, sinnvolle Handlungsempfehlungen abzuleiten.

Es lohnt in diesem Zusammenhang, nach Parallelen und Unterschieden zur Entwicklungsländerverschuldung zu suchen. Zunächst lagen in beiden Fällen ein wohl übersteigerter Glaube an die Gestaltbarkeit wirtschaftspolitischer Prozesse, eine Überforderung der vorhandenen Instrumente und eine Unterschätzung derer Kosten vor. Im Falle der Entwicklungsländer wurde die Möglichkeit überschätzt, volkswirtschaftliche Wachstumsprozesse relativ kurzfristig über (kreditfinanzierte) Ausgabepolitiken zu induzieren. Zu wenig wurde differenziert, durch welche Ausgaben nachhaltige Wachstumsprozesse ausgelöst werden können. Und es wurden die mittelfristigen Kosten in Form wachsender Schuldendienste unterschätzt. Im Falle der Subprime-Krise wurden die Grenzen der Möglichkeit überschätzt, über kreditgesteuerte Eigenheimerwerbe Vermögenspolitik betreiben zu können.

Bei beiden Krisen gab es innerhalb der Banken **Anreizsysteme**, welche kurzfristige Erfolge einzelner Personen und Abteilungen mit Anreizen belobigten, ohne für den Fall eines mittel- und langfristigen Schadens gleich wirksame Abschreckungsmaßnahmen vorzusehen. Dies ist sicherlich zunächst ein Management-Problem. Im Vorfeld der jüngsten Krise hatten die Erfahrungen aus der Entwicklungsländerverschuldungskrise jedoch hinreichend Hinweise gegeben, dass die obersten Entscheidungsgremien der Banken häufig nicht in der Lage sind, für angemessene und mittelfristig orientierte Anreizsystem zu sorgen – und sei es aus Eigeninteresse. Auch war klar, dass Informationsasymmetrien vorliegen, welche es den Anteilseignern oft verwehren, angemessene Kontrolle auszuüben.

Schließlich haben bei beiden Krisen die internationalen **Ratingagenturen** wenig erfolgreich gearbeitet. Die Risiken wurden nicht hinreichend erkannt bzw. in rechtzeitig verringerte Ratings umgemünzt. Möglich war dies unter anderem aufgrund eines erneut verfehlten Anreizsystems: Die privaten Ratingagenturen wurden und werden von den Emittenten bezahlt – und nicht etwa von den Investoren, deren Anlageerfolg von der Korrektheit der Ratings profitieren. Strenge Ratingagenturen würden ggf. von den Emittenten nicht mehr beauftragt. Die Haftung der Ratingagenturen selbst bei offenkundigen Fehlanalysen ist bislang ungenügend. Eine erhöhte Transparenz zu den Analyseprozessen könnte auch bei solch problematischen Finanzierungs- und Anreizstrukturen die Probleme lindern, wurde aber bislang nicht geschaffen.

Tatsächlich spricht aus Sicht des Autors vieles dafür, dass in beiden Fällen in erheblichem Umfang **Staatsversagen** vorlag. Ob neben den Argumenten der fehlorientierten Wirtschaftspolitiken, der ungeeigneten Bankenregulierung und der unzureichenden Rahmenbedingungen zur Schaffung von Transparenz bei Anlageprodukte noch Platz bleibt für das Argument des Marktversagens, ist zum Teil Frage der Semantik: Was beispielsweise die angebliche Irrationalität der Bankmanager betrifft, kann entgegnet werden, dass sie sich im Rahmen der ihnen vorgegebenen Strukturen konsequent – den eigenen Nutzen maximierend – verhalten haben. Die Entscheider in den Banken etc. haben sich demnach eben gerade nicht irrational, sondern vollkommen rational verhalten. Ausschließlich aufgrund der ungeeigneten Strukturen und Rahmenbedingungen war das Ergebnis ihrer Aktivitäten sodann unbefriedigend, habe „der Markt versagt“. Marktanhänger würden ergänzen, dass Markt und (effizienter) Staat kein Widerspruch sind, sondern Märkte ohne angemessene Ordnungspolitik grundsätzlich nie funktionieren können. In dieser Sicht lag in beiden Krisen praktisch ausschließlich Staatsversagen vor. „Semantisch“ wird die Diskussion insofern, als dass in der letztgenannten Sichtweise praktisch jedes unbefriedigendes Marktergebnis als Ergebnis eines Staatsversagens interpretiert werden kann.

Abschließend soll auf Gefahren hingewiesen werden, welche aus der in der Volkswirtschaftslehre zurzeit modernen Richtung resultieren, Abweichungen menschlichen Verhaltens vom Modell des **homo oeconomicus** aufzuzeigen. So sehr es hilfreich sein mag, die eine oder andere Abweichung nachzuweisen – eine Schlussfolgerung, dass die Menschen überwiegend nicht rational entscheiden, bereitet den Grund für politische Systeme, die auf der Annahme überlegener, dauerhaft besser handelnder (rationaler?) Eliten basieren und Grund für autoritäre Regime legen können.

5.3.3 Zusammenfassung

- Zu Beginn der 80er Jahre kam es zu einer deutlichen Verschärfung der Entwicklungsländerverschuldung, gemessen an Schuldendienst-, Verschuldungs- und die Zinsendienstquoten. Zu den wichtigsten internen Ursachen für die Verschuldung vieler Entwicklungsländer zählten eine ungünstige Außenhandelsposition (Importabhängigkeiten, Exportschwächen) sowie Fehler in der nationalen Wirtschaftspolitik (Budgetdefizite, falsche Kreditverwendung, inflationäre Geldpolitik).
- Als externe Ursachen können die beiden Ölpreisschocks von 1973 und 1979 sowie eine für die Schuldner nachteilige Weltkonjunktur- und Zinsentwicklung gesehen werden. Auch die Kreditvergabepraxis vieler westlicher Banken darf in diesem Zusammenhang nicht unterschätzt werden.
- Bei den Lösungsansätzen des Verschuldungsproblems ist zwischen direkten und indirekten Strategien zu unterscheiden. Direkte Ansätze orientieren sich unmittelbar an den bestehenden Schulden. Zu diesen Maßnahmen zählen Umschuldungen, der Schuldentausch sowie der Schuldenerlass. Bei den indirekten Strategien handelt es sich um Maßnahmen zur Verbesserung weltwirtschaftlicher und landesinterner Rahmenbedingungen, um die allgemeine ökonomische Position der Schuldnerländer auf mittel- und langfristige Sicht zu stabilisieren.
- Die 2007 in den USA auftretende Krise auf dem Immobilien- und Hypothekenmarkt wurde ebenfalls durch eine Vielzahl von deutlich früher gesetzten Fehlanreizen verursacht. Wesentlich waren die Abschaffung der Zinsobergrenzen, die Einführung von variablen Zinsen sowie die Einräumung der Steuerabzugsfähigkeit von Immobiliendarlehen in den 80er Jahren und mangelhafte Regulierungen der Banken. Auch die darauf folgende Welt-Finanzkrise war wesentlich verursacht durch einen Mangel an geeigneten Regulierungen, insbesondere bezüglich des Abbaus von Informationsasymmetrien. Interpretationen der Krise, welche einseitig auf „Marktversagen" und irrationalem Verhalten der Wirtschaftssubjekte basieren, laufen Gefahr, den Grund für politische Systeme zu bereiten, die auf der Annahme überlegener, dauerhaft besser handelnder Eliten basieren.

Weiterführende Literatur

Dooley, M., Hutchison, M., Transmission of the U.S. subprime crisis to emerging markets: Evidence on the decoupling-recoupling hypothesis, Journal of International Money and Finance 28 (2009), S. 1331–1349.

Reinhart, C., Rogoff, K., This Time ist Different: Eight Centuries of Financial Folly, Princeton 2009.

Calvo, G.A., Mishkin, F.S., The Mirage of Exchange Rate Regimes for Emerging Market Countries, Journal of Economic Perspectives 17 (2003), S. 99–118.

Devisenmärkte und Wechselkurse 6

Kapitelübersicht

Der Wechselkursbegriff sowie der Devisenmarkt und dessen grundsätzliche Wirkungszusammenhänge sind bereits im 2. Kapitel im Rahmen des Zahlungsbilanzausgleichs dargestellt worden. Im Folgenden wird nun systematischer auf den institutionellen Rahmen und die Transaktionen auf den Devisenmärkten eingegangen.

6.1 Devisenmärkte: Arten, Akteure und Interdependenzen

Auf dem **Devisenmarkt** werden Forderungen in ausländischer Währung gegen inländische Währung angeboten oder nachgefragt. Auf der Angebotsseite finden sich z. B. Exporteure oder Kapitalanleger, die ihr (Auslands-) Geld im Inland anlegen wollen. Dementsprechend kommen als Nachfrager Importeure oder Anleger in Betracht, die ihr (Inlands-) Geld im Ausland verwenden möchten. Neben diesen Motiven gibt es eine Vielzahl weiterer politischer, humanitärer oder familiärer Gründe für ein Wechseln von Währungen.[96]

Die auf dem Devisenmarkt gehandelten Forderungen bestehen aus Sichtguthaben in ausländischer Währung.[97] In Kapitel 2 wurde bereits der Begriff **Wechselkurs** (in Preisnotierung) definiert als der Preis, der in Inlandswährung für den Erwerb einer Einheit Auslandswährung gezahlt bzw. für den Verkauf erlöst wird.[98]

Institutionell spielt sich der Devisenhandel ganz überwiegend zwischen den Banken ab. Zum einen fungieren die Banken als Vermittler ihrer Auftraggeber,

[96] Voraussetzung für das Zustandekommen solcher Transaktionen ist dabei stets die **Konvertibilität** (Recht zum Eintauschen) der Währungen.

[97] Für Banknoten und Münzen wird der Begriff **Sorten** verwendet.

[98] Preisnotierung für den Dollar in Deutschland, z. B. $w = 0{,}80$ (€/$); entsprechende Mengennotierung für den Dollar in Deutschland: $w_{me} = 1/w = 1{,}25$ ($/€).

indem sie Kauf- und Verkaufsaufträge für Devisen von ihren Kunden entgegennehmen. Die Banken tätigen jedoch am Devisenmarkt auch sogenannte **Eigengeschäfte**, bei denen sie für eigene Rechnung tätig werden (vgl. Box 6.1).

6.1.1 Devisenkassa- und Devisenterminmarkt

In der Praxis vollzieht sich der Devisenhandel auf zwei unterschiedlichen Märkten, dem **Kassa-** und dem **Terminmarkt**. Die Trennung der Märkte ergibt sich aus der Unterschiedlichkeit der Zeitpunkte, auf die sich die Geschäfte beziehen.

Box 6.1: Zur Struktur der Devisenmärkte

Trotz erheblicher Umsatzsteigerungen ist der deutsche Devisenmarkt nur relativ klein. So betrugen nach einer Erhebung der Bank für Internationalen Zahlungsausgleich die Umsätze auf den deutschen Devisenkassa- und Devisenterminmärkten (ohne Währungsswaps, Devisenoptionen und Devisenfutures) im April 2010 pro Geschäftstag ca. 108 Mrd. US-$ – eine ca. 6 %-ige Steigerung gegenüber April 2007. Der Finanzplatz London weist jedoch einen Tagesumsatz von 1854 Mrd. US-$ auf (+25 % gegenüber 2007), New York von 817 Mrd. US-$ (+23 %) und Tokio von 301 Mrd. US-$ (+26 %). Auch Singapur und die Schweiz weisen größere Volumina auf als Deutschland.

Auf den deutschen Märkten betrug der Anteil der Devisenkassageschäfte, der 1992 noch überwog, im Jahr 2010 fast nur noch ein Viertel. Über 80 % der Handelsumsätze entfielen dabei auf Geschäfte mit ausländischen Kreditinstituten.

Bei rund 44 % aller Umsätze in Deutschland wurden Euro gegen US-$ getauscht, ein Fünftel bezog sich auf den Tausch Euro gegen Nicht-Dollar-Währungen. fast der gesamte Rest auf den Tausch von US-$ gegen andere Fremdwährungen. Die dominierende Position des $/€-Tausches gilt übrigens auch für einige andere Märkte. In London entfielen 32 % hierauf, nur 13 % auf Geschäfte mit dem britischen Pfund.

Literatur:

Deutsche Bundesbank, Pressenotiz vom 01.09.2010; Bank für Internationalen Zahlungsbilanzausgleich, Pressemitteilung vom 01.09.2010.

Auf dem Devisenkassamarkt werden **Sofort-Geschäfte** zum **Kassakurs** getätigt, deren Erfüllung unverzüglich (in der Praxis innerhalb von zwei Tagen) erfolgt. Vertragsschluss und -erfüllung fallen zeitlich zusammen. Auf dem Devisenterminmarkt hingegen werden Geschäfte getätigt, bei denen der Vertragsabschluss samt Festlegung des Wechselkurses **(Terminkurs)** zwar in der Gegenwart, die Erfüllung jedoch in der Zukunft liegt. Typisch ist z. B. ein Geschäft, bei dem ein Exporteur, der zu einem bestimmten späteren Zeitpunkt eine Zahlung in Devisen erwartet, diesen Devisenbetrag per Termin (üblich sind 30, 60 oder 90 Tage) zu einem heute fixierten Preis verkauft. Sinnvoll ist dies zur **Absicherung gegen das Wechselkursrisiko**. Da es üblich ist, dass ein Exporteur seinem Abnehmer ein Zahlungsziel von mehreren Monaten einräumt, ist es bei Fakturierung in Auslandswährung für den inländischen Exporteur oft wichtig, gegen ein Absinken der Auslandswährung gesichert zu sein. Eine Kurssenkung würde eine Verminderung seines Erlöses in Inlandswährung bedeuten. Vor ähnlichen Problemen steht auch der inländische Importeur. Bei Fakturierung in Auslandswährung besteht für ihn das Risiko, dass sich die in der Zukunft fällige Devisenverbindlichkeit durch Steigen des Wechselkurses (in Inlandswährung gerechnet) verteuert.

Termin- und Kassakurs stimmen gewöhnlich nicht überein. Den Prozentsatz, um den der Terminkurs w_t vom Kassakurs w_k abweicht, nennt man **Swapsatz** (*SW*):

(6.1) $$SW = \frac{w_t - w_k}{w_k}$$

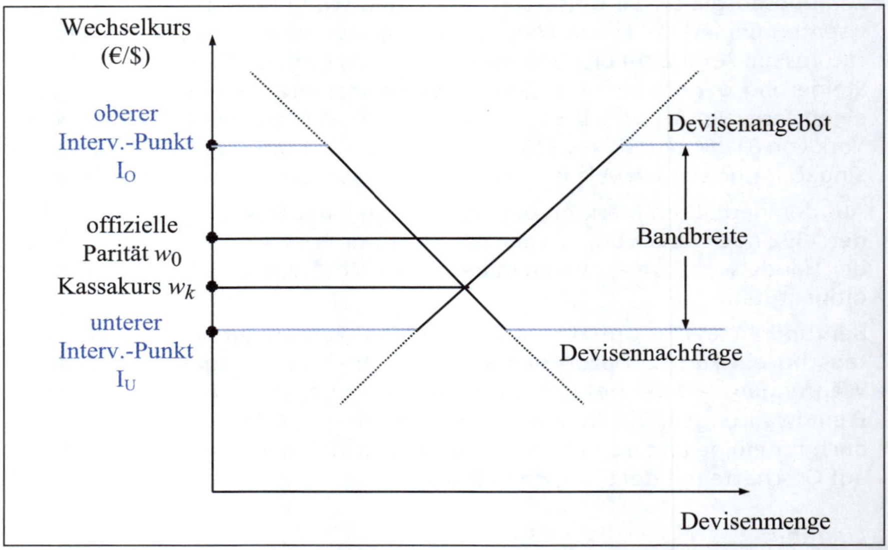

Abb. 6.1: Devisenmarkt bei festen (bandfixierten) Wechselkursen

Beträgt z. B. der Kassakurs für Dollar 2,50 €/$ und der Terminkurs 2,55 €/$, so ergibt sich ein Swapsatz von 2 %.

Ist der Terminkurs höher als der Kassakurs (der Termindollar also teurer), so nennt man den Swapsatz **Report** (oder Prämie). Liegt der Terminkurs unter dem Kassakurs, so heißt der Swapsatz **Deport** (oder Discount).

Die Kursfindung erfolgt über die Gleichgewichtsbildung zwischen Angebot und Nachfrage. Die Abb. 6.1 zeigt die prinzipielle Angebots- und Nachfragestruktur auf dem Markt für Devisen in einem System fester (bandfixierter) Wechselkurse. Geht man von normal verlaufenden Devisenangebots- und Nachfragekurven aus, so stellt sich ein stabiler Gleichgewichtswechselkurs

w_k ein. Bei bandfixierten Wechselkursen wird der Verlauf der Angebots- und Nachfragekurven an den **Interventionspunkten** durch die Bereitschaft der Notenbanken bestimmt, zu diesen Kursen je nach Marktlage beliebige Devisenbeträge zu kaufen oder zu verkaufen. Die Devisenangebots- und Nachfragekurven verlaufen nach Erreichen der Interventionspunkte völlig elastisch. Der Wechselkurs kann nur innerhalb der Bandbreite schwanken. Bei flexiblen Wechselkursen ist die Schwankungsbreite dagegen im Prinzip unbegrenzt.

6.1.2 Arbitragegeschäfte

In diesem Abschnitt sollen die hauptsächlichen Geschäftstypen im kurzfristigen internationalen Geldverkehr behandelt werden, die einen Währungsumtausch erfordern und so zu einer Inanspruchnahme der Devisenmärkte führen. Im Mittelpunkt stehen dabei zunächst die sogenannten Arbitragegeschäfte.

Arbitragegeschäfte sind alle Geschäfte, die darauf angelegt sind, tatsächlich bestehende Preisdifferenzen auszunutzen. Dabei kann es sich um Warenpreise, Wertpapierkurse, Devisenkurse oder Kreditzinsen handeln. Arbitragegeschäfte haben keinerlei spekulativen Charakter.

6.1.2.1 Devisenarbitrage

Hat z. B. ein deutscher Importeur eine Verbindlichkeit in US-Dollar zu begleichen, so wird er den Umtausch in die fremde Währung möglichst dort vornehmen, wo er den geringsten Preis für den Dollar zu zahlen hat. Dabei wird vorausgesetzt, dass der Importeur die Dollardevisen in Deutschland, den USA oder auch an einem dritten Platz kaufen kann. Diesen Vorgang, der dem Suchen nach der günstigsten Einkaufs- oder Verkaufsgelegenheit auf dem Gütermarkt entspricht, nennt man **Devisenausgleichsarbitrage**.

Eine Eigenheit der Devisenausgleichsarbitrage besteht darin, dass sie sich nicht nur auf zwei Plätze (Währungen) beschränkt **(direkte Arbitrage)**, sondern auch zwischen drei oder noch mehr Währungen vorgenommen werden kann **(indirekte Arbitrage)**. So kann es für jemanden, der Dollardevisen benötigt, lohnend sein, seine Inlandswährung (z. B. Euro) nicht direkt in Dollar zu transferieren, sondern über eine dritte Währung zu gehen, z. B. über Schweizer Franken.

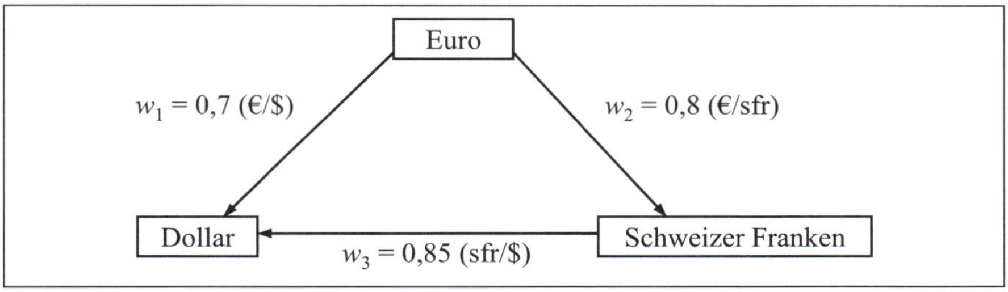

Abb. 6.2: Möglichkeit zur Dreiecksarbitrage

Dieses Vorgehen lohnt sich dann, wenn der indirekte oder **Kreuzwechselkurs** zwischen Euro (in Frankfurt) und Schweizer Franken (in Zürich) und Dollar (in New York) niedriger ist als der direkte Wechselkurs zwischen Euro und Dollar. Der Kreuzwechselkurs ergibt sich in unserem Beispiel aus der Multiplikation des Wechselkurses zwischen € und Schweizer Franken (w_2) sowie zwischen Schweizer Franken und Dollar (w_3).

Bei den angenommenen Wechselkursen gilt offensichtlich

(6.2) $w_1 = 0{,}7\ (€/\$) > 0{,}80\ (€/\text{sfr}) \times 0{,}85\ (\text{sfr}/\$) = w_2 \times w_3$

Beim Umweg über den Schweizer Franken müssen nur 0,68 Euro pro Dollar gegenüber 0,70 Euro pro Dollar in Frankfurt oder New York aufgewendet werden.

In der heutigen Zeit genügen kleine Abweichungen, damit derartige – durch automatische, computergestützte Signale ausgelöste – Arbitragegeschäfte innerhalb von Sekunden vorgenommen werden. Diese Geschäfte werden so häufig und in so großem Umfang ausgeführt, dass die in Abb. 6.2 skizzierten **Wechselkursungleichheiten** sofort beseitigt werden. In offiziellen ex-post Statistiken oder Tageszeitungen sind deshalb derartige Ungleichheiten in der Regel nicht festzustellen (bis auf geringfügige, deren Beseitigung sich aufgrund der Transaktionskosten nicht lohnt).

6.1.2.2 Zinsarbitrage

Bei **Zinsarbitragegeschäften** sollen Zinsdifferenzen zwischen In- und Ausland ausgenutzt werden, womit eine Tendenz zur Zinsangleichung zwischen beiden Ländern entsteht. Allerdings spielt hier im Gegensatz zur Devisenarbitrage der **Zeitfaktor** eine wesentliche Rolle.

Soll ein positives Zinsgefälle zwischen Aus- und Inland ausgenutzt werden, so müssen die Finanzmittel für eine gewisse Zeit im Ausland angelegt werden. Ein reines, d.h. spekulationsfreies Arbitragegeschäft kann nur abgewickelt werden, wenn die Auslandsanlage gegen zwischenzeitlich mögliche Wechselkursänderungen abgesichert ist. Der Zinsarbitrageur braucht deshalb sowohl einen Kassa- als auch einen funktionierenden Devisenterminmarkt. Er muss die im Ausland anzulegenden Devisen per Kasse kaufen und sie per Termin nach Ablauf der Anlagezeit verkaufen **(Swapgeschäft)**. Ob sich die Anlage im Ausland lohnt, hängt bei gegebener Zinsdifferenz vom Swapsatz ab.

Wird z.B. der Termindollar für ein Jahr mit einem Deport (Abschlag) von 1 % gegenüber dem Kassadollar gehandelt, so lohnt sich eine Auslandsanlage nur, wenn der Dollarzinssatz für die gleiche Fristigkeit um mehr als 1 % über dem Inlandszins liegt. Dabei ist zu beachten, dass Swapsatz und Zinssätze nur dann unmittelbar vergleichbar sind, wenn sie sich auf den gleichen Zeitraum beziehen – im Folgenden wird von einem Zeitraum von einem Jahr ausgegangen.

Die präzise **Bedingung für kurzfristige Kapitalexporte** ist, dass der erwirtschaftete Gesamtbetrag aus einer Auslandsanlage KG^* höher ist als der erwirtschaftete Gesamtbetrag aus einer gleich großen Inlandsanlage KG:

(6.3) $KG^* > KG$

Mit den Bezeichnungen

G = angelegte Kapitalmenge (in €),
w_k = Kassakurs (in €/$),
w_t = Terminkurs (in €/$) für 12-Monats-Devisen,
Z = Zinssatz für 12-Monats-Geld im Inland,
Z^* = Zinssatz für 12-Monats-Geld im Ausland

erhält man für die erwirtschafteten Gesamtbeträge nach Inlands- bzw. Auslandsanlage (nominiert in $ bzw. €) die folgenden Ausdrücke:

(6.4) $$KG = G \cdot (1 + Z)$$

(6.5) $$KG^*_{\$} = \frac{G}{w_k} \cdot (1 + Z^*)$$

(6.6) $$KG^*_{€} = G \cdot \frac{w_t}{w_k} \cdot (1 + Z^*)$$

Setzt man (6.4) und (6.6) in (6.3) ein, so ergibt sich

(6.7) $$G \cdot \frac{w_t}{w_k} \cdot (1 + Z^*) > G \cdot (1 + Z)$$

Durch Division durch $G \times (1 + Z^*)$ lässt sich die letzte Ungleichung überführen in

(6.8) $$\frac{w_t}{w_k} > \frac{1 + Z}{1 + Z^*}$$

Werden nun noch beide Seiten um 1 vermindert, so erhält man

(6.9) $$\frac{w_t - w_k}{w_k} > (Z - Z^*) \cdot \frac{1}{1 + Z^*}$$

Da Z^* relativ klein und somit der Ausdruck $1/(1 + Z^*)$ nur unwesentlich von 1 verschieden ist, wird er häufig vernachlässigt. Für überschlägige Rechnungen gilt dann

(6.10) $$(Z^* - Z) > -\frac{w_t - w_k}{w_k}$$

Aus der Bedingung (6.10) ergibt sich das folgende Fazit:

Bei höherer Verzinsung im Ausland lohnen sich Geldanlagen nur dann, wenn die Zinsdifferenz größer ist als der negative Swapsatz.

Bei ($Z^* > Z$) lohnt sich eine Auslandsanlage immer, wenn die Auslandswährung per Termin mit einem Report (Aufschlag) gehandelt wird (positiver Swapsatz). Für den Fall, dass die Inlandsverzinsung größer ist als die Auslandsverzinsung ($Z > Z^*$) ist bei Vernachlässigung des Swapsatzes klar, dass ein Anreiz zu Kapitalimporten gegeben wäre, denn Ausländer würden höher verzinsliche Anlagen im Inland vornehmen und Inländer würden niedrig verzinsliche

Auslandskredite aufnehmen. Allerdings müsste der inländische Zins um so viel über dem ausländischen liegen, dass er durch den Swapsatz nicht kompensiert wird. Denn die importierten und per Kasse verkauften Devisen müssen per Termin wieder gekauft werden. Wenn sie per Termin mehr kosten, als man per Kasse dafür bekommen hat (positiver Swapsatz = Report), so geht ein Teil des Zinsvorteils verloren. Die Bedingung für das Zustandekommen von Kapitalimporten zu Arbitragezwecken lautet daher:

$$(6.11) \quad (Z^* - Z) < -\frac{w_t - w_k}{w_k}$$

Die Gleichungen (6.10) und (6.11) lassen sich zu einer Bedingung für ein internationales Kapitalmarktgleichgewicht uminterpretieren, bei dem aus den bisherigen Zins- und Wechselkurserwägungen weder ein Anreiz zu Kapitalimporten noch -exporten besteht. Ein solches Gleichgewicht entsteht bei

$$(6.12) \quad (Z^* - Z) = -\frac{w_t - w_k}{w_k}$$

Die Bedingung (6.12) wird **gedeckte internationale Zinsparität** genannt. Der Ausdruck „gedeckt" weist in diesem Zusammenhang darauf hin, dass internationale Zinsunterschiede spekulations- bzw. risikofrei genutzt werden können, weil eine Absicherung über den Terminmarkt möglich ist.

Die Bedingungen (6.10) und (6.11) zeigen, dass Zinsarbitragegeschäfte nicht nur von der „richtigen" Zinsdifferenz abhängen, sondern ebenso vom Swapsatz. So kann es z. B. zu **Kapitalimporten** kommen, obwohl der Inlandszins niedriger als der Auslandszins ist. Bei $Z^*–Z > 0$ wäre nämlich die Bedingung für den Kapitalimport (6.11) auch erfüllt, wenn der Swapsatz negativ (Deport) und absolut größer als die Zinsdifferenz wäre. Dann würde nämlich die niedrigere Verzinsung im Inland überkompensiert durch den Vorteil, per Termin die Devisen billiger kaufen zu können, als man sie per Kasse verkauft hat. Für Kapitalexporte gilt Entsprechendes.

Was die **Wirkungen der Zinsarbitrage** betrifft, so sind die folgenden Punkte festzuhalten:

1. Wie jede Arbitrage wirkt sie in Richtung auf einen **Preisausgleich**, hier also auf einen Zinsausgleich zwischen In- und Ausland. Wenn z. B. die Dollarzinsen die Euro-Zinsen deutlich überschreiten und dies nicht voll durch einen entsprechenden Deport des Dollars kompensiert wird, so werden viele Anleger versuchen, Euro auf dem Kassamarkt gegen Dollar zu tauschen, um diese rentierlich anzulegen und gleichzeitig den Rücktausch in Euro per Termin abzusichern. Das verringerte Angebot auf dem Euro-Kapitalmarkt erhöht die Euro-Zinsen, während das erhöhte Angebot auf dem Dollarkapitalmarkt die Dollarzinsen verringert. Voraussetzung für diese Ausgleichstendenz ist jedoch die **Freiheit des internationalen Geld- und Kapitalverkehrs**.
2. Dieser Anpassungsprozess kommt erst dann zum Stillstand, wenn der Zinsvorteil (-nachteil) des Auslandes durch einen gleich hohen Deport (Report) der ausländischen Währung ausgeglichen wird. Mit anderen Worten: Die Zinsausgleichstendenz findet ihre Grenzen in den **Kurssicherungskosten**,

dauerhafte Zinsunterschiede sind ausschließlich in Höhe der Auf- bzw. Abwertungserwartungen der beteiligten Währungen möglich. Ist die Angleichung zwischen Zinsdifferenz und Swapsatz vollzogen, so herrscht aus der Sicht des potentiellen Anlegers Zinsparität zwischen In- und Ausland, obwohl die Zinssätze im In- und Ausland unterschiedlich sein können.

3. Wie bereits bei der Wechselkursarbitrage, werden Abweichungen von der internationalen Zinsparität heute innerhalb kürzester Zeit von Arbitrageuren genutzt, sofern sie groß genug sind, um die Transaktionskosten zu finanzieren. Regelmäßig sind deshalb anhand der veröffentlichten Statistiken keine Abweichungen von der internationalen Zinsparität festzustellen.

6.1.3 Devisenspekulation

Die in den vorhergehenden Abschnitten behandelten Arbitragegeschäfte basieren auf der **risikolosen Ausnutzung tatsächlich vorhandener Preisdifferenzen**. Eine andere Transaktionsform auf den Devisenmärkten sind die sogenannten **Spekulationsgeschäfte**. Diese lassen sich wie folgt charakterisieren:

> Das allgemeine Ziel von Spekulationsgeschäften besteht in der **Ausnutzung erwarteter Preisdifferenzen** durch bewusstes Halten, d. h. Nichtabsichern ungedeckter Positionen. Die Spekulation ist mit dem **Risiko der Nichterfüllung der Erwartungen** behaftet.

Spekulation kann als Neben- oder Begleiterscheinung anderer Geschäfte auftreten. So liegt z. B. Spekulation vor, wenn ein Exporteur eine in drei Monaten fällig werdende Devisenforderung ohne Absicherung lässt, weil er eine Erhöhung des Devisenkurses in diesem Zeitraum erwartet und damit einen Kursgewinn zu realisieren erhofft. Ein solch spekulatives Verhalten der Exporteure erscheint besonders dann plausibel, wenn sich bei bandfixierten Wechselkursen der Kassakurs am unteren Interventionspunkt befindet. Der Wechselkurs kann dann nicht weiter absinken und den Wert der Devisenforderung weiter verringern. Eine Absicherung der Forderung erscheint daher unnötig. Dennoch ist dieses Vorgehen für den Exporteur nicht risikolos. Das Risiko besteht nämlich in einer zwischenzeitlichen Neufestsetzung der Paritäten (sogenannte **Realignments**), die zu einer Abwertung der Auslandswährung führt. Entsprechende Überlegungen gelten für inländische Importeure, wenn sich der Kassakurs an der oberen Bandgrenze befindet.

Spekulation ist selbstverständlich ebenfalls möglich, wenn ein Absinken des Devisenkurses erwartet wird. Diejenigen, die im Besitz von Devisenguthaben sind, können per Kasse Forderungen in Inlandswährung erwerben, um dann, wenn der Devisenkurs gefallen ist, Devisen billiger zurückzukaufen, als sie sie vorher verkauft haben. Oder es werden von Spekulanten Kredite in der abwertungsverdächtigen Währung aufgenommen und die so erhaltenen Devisen unmittelbar in inländische Währung umgetauscht. Nach der erfolgten Abwertung kann dann der aufgenommene Fremdwährungskredit mit verbleibendem Gewinn zurückgezahlt werden.

6.1.3.1 Kassaspekulation

Die bisher genannten Spekulationsgeschäfte nennt man **Kassaspekulationen**, weil ausschließlich am Devisenkassamarkt operiert wird. Die Transaktionen (Devisenkäufe und -verkäufe) der Kassaspekulanten hängen bei einer bestimmten **erwarteten Entwicklung** des Kassakurses (w_{ke}) von der Höhe des tatsächlichen gegenwärtigen Kassakurses (w_k) ab. Dabei wird es zu spekulativen Verkäufen von Devisen (steigendes Devisenangebot) kommen, wenn der erwartete Kurs unter dem gegenwärtigen Kassakurs liegt ($w_{ke} < w_k$). Umgekehrt kann es lohnen, Devisen nachzufragen, sobald der Kassakurs unter den erwarteten Kurs sinkt, um sie nach Eintreffen der Kurssteigerung mit Gewinn zu verkaufen.

Zu beachten ist, dass die Erwartungen der Individuen unterschiedlich sein können. Bei beliebigem gegenwärtigem Wechselkurs w_k werden die erwarteten Kurse w_{ke} der Individuen teils über und teils unter dem Gegenwartskurs liegen. D. h. bei diesem Kurs werden Devisen zu Spekulationszwecken sowohl angeboten als auch nachgefragt.

Das Wechselkurssystem kann im Übrigen einen deutlichen Einfluss auf das Transaktionsverhalten der Spekulanten ausüben. Bei **festen (bandfixierten) Wechselkursen** und unter der Voraussetzung, dass **keine Auf- oder Abwertung** erwartet wird (w_{ke} liegt also innerhalb der Bandbreite), wird die Nettonachfrage bzw. das Nettoangebot der Spekulanten umso größer, je mehr sich der Kassakurs einer der Interventionsgrenzen nähert. Denn der Spielraum für eine noch stärkere Abweichung des Kassakurses vom erwarteten Wechselkurs sinkt mit zunehmender Annäherung des Kassakurses an einen der Interventionskurse. Die Möglichkeit einer weiteren Steigerung des erwarteten Spekulationsgewinnes wird also immer geringer, so dass es sich immer weniger lohnt, verfügbare Spekulationsfonds zurückzuhalten.

Wird hingegen mit einer **Paritätsänderung (Aufwertung oder Abwertung)** gerechnet, so liegt der erwartete Wechselkurs w_{ke} außerhalb der Bandbreite. Ergebnis ist, dass eine Nachfrageerhöhung seitens der Kassaspekulanten zu verzeichnen ist, weil sie eine wesentliche Verteuerung der Devisen (durch Abwertung) erwarten.

Der genaue Umfang der spekulativen Devisennachfrage hängt dabei einerseits vom erwarteten Abwertungssatz der inländischen Währung und andererseits von der Abwertungswahrscheinlichkeit ab. Wenn z. B. ein hoher Abwertungssatz erwartet und die Abwertungserwartungen als völlig sicher eingeschätzt werden, wird eine hohe spekulative Devisennachfrage schon bei Kassakursen auftreten, die in der Nähe der oberen Interventionsgrenze liegen.

6.1.3.2 Terminspekulation

Neben der Kassaspekulation werden auch spekulative Operationen am Terminmarkt, sogenannte **Terminspekulationen**, in erheblichem Umfang vorgenommen. Wenn die Spekulanten beispielsweise erwarten, dass der zukünftige Kassakurs (etwa der in 3 Monaten) über dem gegenwärtigen 3-Monats-Terminkurs liegen wird, lohnt es sich, Devisen per Termin zu kaufen und diese bei Fälligkeit per Kasse zum höheren Kassakurs mit Gewinn zu verkaufen. Das Risiko liegt darin, dass sich die Erwartungen hinsichtlich der Entwicklung des Kassakurses nicht oder nicht im erwarteten Umfang erfüllen. In verkürzter Schreibweise lautet die Regel:

> Wie bei der **Kassaspekulation** können die individuellen Erwartungen hinsichtlich der Terminkursentwicklung unterschiedlich sein, woraus sich bei gegebenen Wechselkursen sowohl individuelle Kapitalex- als auch -importe ergeben können.

Zum anderen ist klar, dass nicht schon bei jeder beliebig kleinen Differenz zwischen erwartetem Kassa- und gegenwärtigem Terminkurs spekuliert wird. Vielmehr gibt es individuell unterschiedliche, transaktionskostenabhängige Gewinnschwellen (Mindestgewinn), die überschritten werden müssen, damit es überhaupt zur Spekulation kommt.

Zu berücksichtigen ist auch, dass Terminspekulationen auch den Kassamarkt berühren, weil die Spekulanten die per Termin gekauften Devisen per Kasse wieder verkaufen bzw. die per Termin verkauften Devisen bei Fälligkeit des Geschäftes per Kasse kaufen müssen. Allerdings ist festzustellen, dass die Transaktionen der Terminspekulanten am Kassamarkt nicht vom aktuellen Kassakurs bestimmt werden. Vielmehr ergeben sie sich als zwangsläufige Folge der früher abgeschlossenen Termingeschäfte. Überwiegen z. B. bei den zu einem bestimmten Zeitpunkt fällig werdenden spekulativen Termingeschäften per Saldo die Terminverkäufe, so muss genau in Höhe dieses Saldos eine Nettonachfrage der Terminspekulanten nach Kassadevisen auftreten, die unabhängig vom gegebenen Kassakurs ist.

Die Terminspekulation weist eine Besonderheit gegenüber der Kassaspekulation oder der Zinsarbitrage auf: **Die Terminspekulation erfordert und bindet wenig liquiden Mittel**. Denn der Spekulant braucht sich die Devisen, die er per Termin verkauft hat, erst zum Erfüllungszeitpunkt per Kasse zu besorgen, bzw. er braucht die per Termin gekauften Devisen erst zum Termin zu bezahlen (die Summe kann er durch Kassa-Verkauf der erworbenen Termindevisen erlösen). Allerdings ist in der Regel eine Sicherheit (Kaution) zu hinterlegen.

Wie bei der Kassaspekulation werden auch die Transaktionswünsche der Terminspekulanten vom **Wechselkurssystem** beeinflusst.

Erreicht z. B. der Terminkurs die obere Interventionsgrenze I_O (vgl. Abb. 6.1), so bieten die Spekulanten beliebig viel Termindevisen an, weil sie sicher sind, dass bei Fälligkeit der Kontrakte der Kassakurs, zu dem sie die Devisen beschaffen müssen, sehr wahrscheinlich unterhalb I_O, auf keinen Fall jedoch darüber liegen wird. Ein Spekulationsverlust ist also ausgeschlossen. Erreicht der Terminkurs die untere Interventionsgrenze I_U, so kaufen die Spekulanten beliebig viel Termindevisen, weil bei Fälligkeit die Kassakurse wahrscheinlich über I_U, auf keinen Fall jedoch darunter liegen werden.

6.1.4 Sonstige Devisentransaktionen

Bisher wurden alle erfassten Devisentransaktionen als von den Wechselkursen oder dem Swapsatz abhängig dargestellt. In der Realität gibt es jedoch einen nicht unerheblichen Teil von Devisentransaktionen, für die eine solche Abhängigkeit nicht unterstellt werden kann. Hierzu werden in gewissem Umfang die durch den **langfristigen Kapitalverkehr** bedingten Devisenkäufe oder -verkäufe sowie **politisch bedingte Kapitalströme** gezählt. So werden die privaten Direktinvestitionen und die staatlichen Kredite an das Ausland, aber auch die privaten und staatlichen Transfers von einer Reihe von Motiven bestimmt, die von Wechselkursveränderungen kaum oder gar nicht berührt werden. Wohl aber beeinflussen die durch sie ausgelösten Devisentransaktionen den Wechselkurs, und zwar insbesondere den Kassakurs. Als Folge ergibt sich ein veränderter Swapsatz, der seinerseits wiederum die Arbitragewünsche und -möglichkeiten berührt. Das entstehende Gleichgewicht unterscheidet sich von dem, das bei Fehlen dieser wechselkursunabhängigen Transaktionen entsteht. Auf diese Einflüsse wird im Folgenden nicht weiter eingegangen.

6.1.5 Interdependenzen und Ansätze für die Wechselkurspolitik

Im Folgenden werden einige Fälle dargestellt, die aufgrund einer Veränderung einer einzigen Variablen einen recht komplizierten Anpassungsprozess auf den Devisenmärkten hin zu einem neuen Gleichgewicht in Gang bringen. Diese Zusammenhänge sind wirtschaftspolitisch interessant, weil sie Ansatzpunkte für eine **Wechselkurspolitik** aufzeigen.

Eine **inflationsbedingte Passivierungstendenz der inländischen Leistungsbilanz** (steigende Importe, sinkende Exporte) führt zu einem Nachfrageüberschuss nach Kassadevisen und damit zu einem Anstieg der Kassakurse. Werden durch diesen Prozess die Erwartungen und damit die Transaktionen der Spekulanten nicht beeinträchtigt und nimmt die Nachfrage der Importeure nach Termindevisen nicht oder nicht in gleichem Umfang zu wie die nach Kassadevisen, so ergibt sich eine Veränderung des Swapsatzes. Diese Swapsatzänderung beeinflusst wiederum die Handlungen der Arbitrageure. Mit sinkendem Report (bzw. steigendem Deport) steigen bei Konstanz der internationalen Zinsdifferenz die Kapitalimportwünsche der Arbitrageure. Für die Wechselkurspolitik bedeutet dies, dass für eine Verringerung der Auslandsverschuldung (d.h. Verringerung der Kapitalimporte) und für eine Vermeidung einer inländischen Abwertung eine Passivierungstendenz der Leistungsbilanz (in diesem Fall durch eine erhöhte Inflation im Inland) zu vermeiden ist.

Eine Änderung der Gesamtkonstellation auf dem Devisenmarkt und ein Anpassungsprozess hin zu einem neuen Gleichgewicht werden auch ausgelöst, wenn sich die **Zinsrelation zwischen In- und Ausland** ändert. Das Ergebnis ist, dass c.p. bei einer zugunsten des Inlandes erhöhten Zinsdifferenz auf dem Gesamtmarkt ein höherer Gleichgewichtsswapsatz zustande kommt. Schließlich kann es zu Kapitalexporten kommen, wenn die Zinsdifferenz hinreichend klein wird oder sich gar umkehrt. Entsprechend bietet es sich an, über inländische Zinssatzvariationen die Kapitalbewegungen und den Wechselkurs zu beeinflussen.

Wenn sich die **Kurserwartungen** der Spekulanten ändern, kommt es regelmäßig zu einer gleich gerichteten Änderung der Kurse, obwohl der Anteil der spekulativen Transaktionen auf den Kassamärkten zumeist kleiner ist als auf den Terminmärkten und sich deshalb unterschiedliche Kursentwicklungen auf beiden Märkten ergeben können. Entsprechend zielt die aktuelle Wechselkurspolitik häufig darauf ab, die Erwartungen der Marktteilnehmer zu beeinflussen. Über Presseverlautbarungen der Zentralbanken, Reden der Zentralbankratsmitglieder, in denen die Erwartungen (teilweise auch nur Wünsche) dieser Institutionen und Persönlichkeiten kommuniziert werden, können zumindest zeitweise und für einen begrenzten Zeitraum die Erwartungen beeinflusst werden.

Bei der Formulierung der Wechselkurspolitik muss allerdings beachtet werden, dass die Interdependenzen zwischen den Bestimmungsgrößen häufig komplizierter sind als es in den obigen ceteris-paribus-Überlegungen zum Ausdruck kommt. So kann z. B. eine Veränderung der Differenz zwischen Inlands- und Auslandszins die Wechselkurserwartungen der Spekulanten beeinflussen. Denn Zinsänderungen signalisieren wirtschaftliche Entwicklungen, die sich auch auf dem Devisenmarkt niederschlagen können, z. B. als Folge von Veränderungen im Außenhandel.

6.1.6 Zusammenfassung

- Auf dem Devisenmarkt werden Forderungen in ausländischer Währung gegen inländische angeboten oder nachgefragt. Der Devisenhandel vollzieht sich auf zwei unterschiedlichen Märkten, dem Kassa- und dem Terminmarkt. Auf dem Kassamarkt werden Sofort-Geschäfte (zum Kassakurs) getätigt, auf dem Terminmarkt fallen Vertragsabschluss und Vertragserfüllung zeitlich auseinander.
- Arbitragegeschäfte sind darauf angelegt, tatsächlich bestehende Preisdifferenzen auszunutzen. Sie haben keinerlei spekulativen Charakter. Typische Arbitragegeschäfte am Devisenmarkt sind die Devisen- und die Zinsarbitrage.
- Das Ziel von Spekulationsgeschäften besteht in der Ausnutzung erwarteter Preisdifferenzen durch bewusstes Halten ungedeckter Positionen. Die Spekulation ist mit dem Risiko der Nichterfüllung der Erwartungen behaftet. Typische Spekulationsgeschäfte am Devisenmarkt sind die Kassa- und Terminspekulation.

6.2 Wechselkursdeterminanten

Die Kassa- und Terminkurse, die ein **simultanes Gleichgewicht auf beiden Devisenmärkten** gewährleisten, resultieren aus der jeweiligen Übereinstimmung von Devisenangebot und -nachfrage. Diese entstehen ihrerseits aus internationalen Güter- und Kapitaltransaktionen sowie aus Ausgleichsoperationen der Notenbanken in Systemen fester oder bandfixierter Wechselkurse. Allerdings sind die Zusammenhänge zwischen der Wechselkurshöhe und dem Volumen der Güter- und Kapitaltransaktionen bidirektional. Denn die Ausführungen der vorigen Abschnitte verdeutlichen auch, dass das Transaktionsverhalten der Außenhändler und Spekulanten von der Höhe der Wechselkurse (Kassa-, Terminkurs, Swapsatz) abhängen. Jedoch ist nicht der Wechselkurs allein für das Volumen internationaler Güter- und Kapitaltransaktionen entscheidend. Andere Determinanten, wie **Preisverhältnisse**, **Zinsdifferenzen** und **Wechselkurserwartungen**, müssen in der Analyse berücksichtigt werden.

Das folgende Kapitel versucht, die wichtigsten Erklärungsansätze für kurz-, mittel- und langfristige Wechselkursschwankungen zu verdeutlichen. Gemäß der herrschenden Wechselkurstheorien erfolgt eine Beschränkung auf die Erklärung des Kassakurses. Es wird von **flexiblen Wechselkursen** ausgegangen.

6.2.1 Die Kaufkraftparitätentheorie

6.2.1.1 Die absolute Kaufkraftparitätentheorie

Die absolute Kaufkraftparitätentheorie wurde in den 20er Jahren vom schwedischen Nationalökonomen **Gustav Cassel** formalisiert, obwohl die gedanklichen Ursprünge dieser Theorie bis ins 17. Jahrhundert zurückreichen.[99]

> Nach der **absoluten Kaufkraftparitätentheorie** entspricht der Wechselkurs zwischen zwei Währungen dem **umgekehrten Verhältnis der inneren Kaufkraft** dieser beiden Währungen.

Angenommen in zwei Ländern, Deutschland und den USA, würde nur ein einziges Gut produziert. Der Preis des Gutes betrage in Deutschland 0,8 Euro pro Einheit, in den USA 1 $ pro Einheit. Gemäß der Kaufkraftparitätentheorie ergibt sich ein Wechselkurs von

$$w = \frac{0{,}8\ €}{1\ \$} = 0{,}8 \frac{€}{\$}$$

In der Realität werden natürlich viele Güter gehandelt. Das Verhältnis der Kaufkraft zweier Währungen wird dann über das Verhältnis zwischen allgemeinem Inlandspreisniveau in Inlandswährung (P) und Auslandspreisniveau in Auslandswährung (P^*) ermittelt:

$$(6.13) \quad w = \frac{P}{P^*}$$

Ein derartiger Wechselkurs bewirkt, dass der Kaufkraftunterschied zwischen den beiden Währungen durch den Wechselkurs ausgeglichen wird. Man kann für einen bestimmten Betrag an Inlandswährung im Ausland (nach Umtausch

[99] Vgl. Cassel, G., Post-War Monetary Stabilization, New York 1928.

in Auslandswährung) genau dieselbe Warenmenge erwerben wie im Inland (bei Bezahlung in Inlandswährung).

Gemäß der Kaufkraftparitätentheorie werden bei **Abweichungen des Wechselkurses** vom Verhältnis P/P^* automatische Anpassungen induziert. Angenommen, es komme z. B. im Ausland zu einer stärkeren Inflation als im Inland, so dass sich das Preisniveauverhältnis von $P/P^* = 0{,}8/1$ auf $0{,}8/1{,}25$ verändert. Die Inländer werden jetzt weniger im Ausland und die Ausländer mehr im Inland kaufen. Dies löst zweierlei Anpassungen aus: Zum einen werden die Preise im Inland tendenziell steigen, während auf die Preise im Ausland eine dämpfende Wirkung ausgeht. Damit bewegt sich das Preisverhältnis tendenziell zurück auf das Ausgangsniveau. Zum anderen bedeuten die – aus der Sicht des Inlandes – steigenden Exporte und sinkenden Importe, dass auf dem Devisenmarkt das Devisenangebot zu- und die Devisennachfrage abnimmt. Der Preis für Auslandswährung (Wechselkurs) muss also fallen. Unter Außerachtlassung der beschriebenen Preisanpassung auf den Gütermärkten verändert sich der Wechselkurs zu

$$w_1 = \frac{0{,}8\ €}{1{,}25\ \$} = 0{,}64 \frac{€}{\$}$$ [100]

Als Konsequenz ergibt sich:

> **Veränderungen der Preisniveaurelationen** zwischen zwei Ländern ziehen nach der absoluten Kaufkraftparitätentheorie automatisch eine entsprechende **Anpassung des Wechselkurses** nach sich.

Die Kaufkraftparitätentheorie beruht auf einer Reihe expliziter oder impliziter Annahmen, die in der Realität nur eingeschränkt gegeben sind. Ihre Aussage entspricht in der geschilderten strikten Form daher nur bedingt der realen Entwicklung. Die Einschränkungen ergeben sich insbesondere daraus, dass eine erhebliche Anzahl von **international nicht handelbaren Gütern** existiert (Immobilien und Immobiliennutzung, öffentlicher Nahverkehr und viele andere Dienstleistungen). Diese Güter können aber das Preisniveau und damit die innere Kaufkraft der Währung des jeweiligen Landes stark beeinflussen.

Internationaler Handel kommt auch dann nicht zustande, wenn die Preisdifferenz zwischen In- und Ausland geringer ist als die beim internationalen Handel entstehenden zusätzlichen Transaktionskosten (insbesondere Transport- und Versicherungskosten, Zollbelastungen etc.).

Die Wirkungen von Preisveränderungen auf den Außenhandel können auch durch bewusste **wirtschaftspolitische Manipulation** der Handelsbelastungen

---

[100] Dies gilt so nur unmittelbar, wenn die Ex- und Importe in ausländischer Währung fakturiert werden. Werden sie in inländischer Währung fakturiert, bleiben aus der Sicht der Inländer Devisenangebot und -nachfrage unverändert. Allerdings kommt es in diesem Fall aus der Sicht des Auslandes zu einer steigenden Nachfrage nach und einem verringerten Angebot an Devisen. Für die Wechselkursrelation zwischen den beiden beteiligten Währungen ist dies ohne Belang. Auch hier ergibt sich eine Aufwertung der inländischen Währung.

kompensiert werden. So kann z. B. das inflationierende Inland versuchen, die zu erwartende Erhöhung seiner Importe und die Minderung seiner Exporte durch eine Erhöhung der **Importzölle**, durch **Exportsubventionen** oder gar **Export- und Importverbote** zu verhindern. In allen drei Fällen führen eventuell eintretende Preisveränderungen zu keinerlei zusätzlichen Außenhandelsströmen. Der Veränderung der Kaufkraftrelationen folgt also keine Wechselkursanpassung. Somit kann sich eine Abweichung des Wechselkurses von der Kaufkraftrelation ergeben.

Viel größere Bedeutung als die rein nationalen Güter haben in der weltwirtschaftlichen Wirklichkeit jedoch die vielen Güter, deren **Gewicht in den nationalen Güterkörben** höchst unterschiedlich ist. Reis kann hier als ein Beispiel gelten. Reis ist in vielen Ländern ein wichtiges Grundnahrungsmittel mit hohem Gewicht im nationalen Güterkorb. In anderen Ländern spielt er nur eine untergeordnete Rolle. Wenn z. B. in einem Land *A* mit starkem Reisverbrauch aufgrund einer Missernte der Preis für Reis steigt, so wird das Preisniveau dieses Landes auch bei Konstanz der übrigen Preise spürbar erhöht. Nach der Kaufkraftparitätentheorie müssten jetzt die Reisexporte dieses Landes schrumpfen, so dass wegen des sinkenden Devisenangebots der Außenwert seiner Währung sinkt (der Devisenpreis steigt). Durch die Devisenverteuerung sind für das Land *A* auch die Güter des Auslandes teurer geworden. Die **Auslandskaufkraft** der Währung *A* hat sich ebenso wie die **Binnenkaufkraft** verringert. Wenn jedoch im Partnerland *B* der im Land *A* verteuerte Reis nur eine untergeordnete Rolle spielt, ist die folgende Importeinschränkung ohne großen Einfluss auf den Devisenmarkt. Die dadurch verursachte Wechselkursänderung ist zu klein, um die durch Erhöhung des Reispreises entstandene Diskrepanz der Preisniveauentwicklung in den Ländern *A* und *B* auszugleichen.

Aufgrund **nicht handelbarer Güter**, erheblicher **Transaktionskosten** oder **handelspolitischer Beschränkungen** ergeben sich regelmäßig **Abweichungen von der absoluten Kaufkraftparität**. Bei deutlich unterschiedlichen nationalen Verbrauchsgewohnheiten ist es sinnvoll, ein Kaufkraftparitätenband zu berechnen.

Bei deutlich unterschiedlichen nationalen Konsumgewohnheiten bzw. Zusammensetzungen der Preisindizes reagiert die statistische Praxis darauf, indem nicht eine, sondern zwei Kaufkraftparitäten, jeweils auf der Basis der nationalen Zusammensetzungen der repräsentativen Warenkörbe berechnet werden. Hieraus lässt sich ein **Kaufkraftparitätenband** ableiten. Üblicherweise ist dabei die auf der Basis des ausländischen Warenkorbes berechnete Kaufkraftparität aus der Sicht der Inländer höher. So wäre z. B. der US-amerikanische Warenkorb, der einen relativ hohen Benzinverbrauch beinhaltet, aufgrund der in Deutschland vorliegenden Benzinpreise in Euro relativ deutlich teurer als der deutsche.

6.2.1.2 Die relative Kaufkraftparitätentheorie

Einem Teil der Einwände kann durch eine Modifizierung der Kaufkraftparitätentheorie Rechnung getragen werden. Die sogenannte **relative Kaufkraftpa-**

ritätentheorie akzeptiert die Existenz dauerhafter Kaufkraftunterschiede einer Währung im In- und Ausland, so dass der Wechselkurs nicht dem Verhältnis der Preisniveaus von Inland und Ausland entsprechen muss. Allerdings wird unterstellt, dass sich der Wechselkurs im Zeitverlauf analog zum Preisniveauverhältnis zwischen den Ländern verändert:

$$w_1 : w_0 = \frac{P_1}{P_1^*} : \frac{P_0}{P_0^*} = \frac{P_1}{P_0} : \frac{P_1^*}{P_0^*} \qquad (6.14)$$

Inflationiert also das Inland stärker als das Ausland, so dass

$$\frac{P_1}{P_0} > \frac{P_1^*}{P_0^*}$$

so steigt auch der Wechselkurs ($w_1 > w_0$). Die Entwicklung des Wechselkurses wird also von **den Unterschieden der Inflationsraten** der beteiligten Länder bestimmt. Er bewirkt aber nicht den Ausgleich der Kaufkraftunterschiede einer Währung im In- und Ausland.

Auch gegen die relative Form der Kaufkraftparitätentheorie gibt es Einwände.[101] Zum einen müssen unterschiedliche Inflationsraten nicht zu entsprechenden Wechselkursanpassungen führen, weil dies unter Umständen durch die bei der absoluten Kaufkraftparität genannten Hemmnisse verhindert werden kann. Deutlich wird dies z. B. dann, wenn die inländische Inflation auf Mietpreissteigerungen oder administrative Preise (im Nahverkehr etc.) zurückgeht. Zum anderen ergeben sich Wechselkursänderungen aufgrund anderer Einflussfaktoren, ohne dass sich die Preise (oder die Inflationsraten) ändern. So können aufgrund von **Präferenzänderungen** zugunsten des ausländischen Gutes, **verringerter Importbarrieren** oder aufgrund eines wachsenden inländischen Volkseinkommens die inländischen Importe steigen, ohne dass es bei elastischem Importangebot zu Preisniveauänderungen kommt. Eine Vielzahl von möglichen Einflussfaktoren ergibt sich, wenn die Sicht nicht auf Gütermarkttransaktionen beschränkt wird. Zusätzliche Kapitalexporte (z. B. aufgrund politischer Einflüsse) erhöhen wie die anderen Beispiele die Devisennachfrage des Inlandes und dürften zu einem steigenden Wechselkurs führen.

Selbst wenn diese Einschränkungen nicht greifen sollten, ist zu beachten, dass Güterströme auf Veränderungen der internationalen Preisverhältnisse träge reagieren. Der Kaufkraftparitätentheorie wird deshalb nur eine langfristige Relevanz bei der Bestimmung von Wechselkursen zugeschrieben.

6.2.2 Finanzmarkttheorien des Wechselkurses

Die **Finanzmärkte** weisen heute ein deutlich größeres Volumen auf als die Gütermärkte. Aufgrund hoher Transparenz passen sich zudem die Finanz-

[101] Für eine ausführliche Auseinandersetzung mit der Kaufkraftparitätentheorie siehe Balassa, B., The Purchasing-Power Parity Doctrine: A Reappraisal, Journal of Political Economy 72 (1964), S. 584 ff.

märkte sehr schnell an und befinden sich ständig im Gleichgewicht. Von daher liegt es nahe, dass der **internationale Kapitalverkehr** für die Erklärung **kurzfristiger Wechselkursentwicklungen** von Bedeutung ist. Die entsprechenden Erklärungsansätze werden unter dem Begriff der Finanzmarkttheorien des Wechselkurses zusammengefasst.

6.2.2.1 Der Portfolioansatz

Im Rahmen der Kaufkraftparitätentheorie wurden Abweichungen des Wechselkurses vom Verhältnis des in- und ausländischen Preisniveaus automatisch durch induzierte Außenhandelsströme beseitigt **(Stromgrößenkontext)**. Beim **Portfolioansatz (Asset-Market-Approach)** wird der Wechselkurs dagegen über **Bestandsgleichgewichte** auf den Märkten für Finanzaktiva ermittelt (Geld, in- und ausländische Finanzaktiva). Es wird vorausgesetzt, dass keine Kapitalverkehrsbeschränkungen existieren und auch keinerlei Kosten bei der Umstrukturierung der Portfolios entstehen **(uneingeschränkte Kapitalmobilität)**. Der Portfolioansatz wird in einer Vielzahl von Modifikationen verwendet.[102] Die folgenden Ausführungen beziehen sich auf das Grundmodell von **W.H. Branson**.[103]

Das Gesamtvermögen *WE* (Wealth) der privaten Wirtschaftssubjekte (private Haushalte und Unternehmungen) einer Volkswirtschaft teilt sich in drei Bestandskomponenten auf:

- inländisches Geld *M*,
- inländische zinstragende Wertpapiere *B* (Bonds),
- ausländische zinstragende Wertpapiere *B** (bewertet in Auslandswährung).

Eine Eigenschaft des Portfolioansatzes besteht in der Annahme, dass die **in- und ausländischen Wertpapiere keine perfekten Substitute** sind, so dass die erwarteten Renditen – im Widerspruch zur internationalen Zinsparität[104] – nicht notwendigerweise identisch sein müssen. Es gilt die **Budgetbeschränkung**

$$(6.15)\quad WE = M + B + w \cdot B^*$$

Die Größen *WE*, *M* und *B* sind in inländischer Währung nominiert, während die in Auslandswährung bewertete Größe *B** durch Multiplikation mit dem Wechselkurs *w* in inländische Währung umgerechnet wird. Dividiert man beide Seiten der Gleichung (6.15) durch *WE*, so erhält man

$$(6.16)\quad 1 = \frac{M}{WE} + \frac{B}{WE} + \frac{w \cdot B^*}{WE} = m + b + b^*$$

[102] Eine ausführliche Darstellung des Portfolioansatzes findet sich in Branson, W.H., Henderson, D.W., The Specification and Influence of Asset Markets, in R.W. Jones and P.B. Kenen (eds.) Vol. 2 (1985), S. 749–805 ff. sowie in Hau, H., Rey, H., Can Portfolio Rebalancing Explain the Dynamics of Equity Returns, Equity Flows, and Exchange Rates?, American Economic Review Papers & Proceedings 94 (2004), S. 126–133.

[103] Vgl. Branson, W.H., Asset Markets and Relative Prices in Exchange Rate Determination, Sozialwissenschaftliche Annalen des Instituts für Höhere Studien, Bd. 1 (1977).

[104] Das Portfolio-Modell und die Zinsparität können in Einklang gebracht werden, wenn eine Risikoprämie in die Zinsparitätengleichung inkludiert wird.

Dabei bezeichnen *m, b, b** die Anteile der drei Vermögensarten am Gesamtvermögen. Diese Anteile beschreiben die von den Wirtschaftssubjekten gewünschte Struktur des Portfolios. Die Marktgleichgewichte für die drei Vermögenstitel *M, B, B** können durch die folgenden Gleichungen beschrieben werden:

(6.17) $M = m(\underset{(-)}{Z}, \underset{(-)}{Z^* + \hat{w}_e}) \cdot WE$ (Geldmarkt)

(6.18) $B = b(\underset{(+)}{Z}, \underset{(-)}{Z^* + \hat{w}_e}) \cdot WE$ (Markt für inländ. Wertpapiere)

(6.19) $w \cdot B^* = b^*(\underset{(-)}{Z}, \underset{(+)}{Z^* + \hat{w}_e}) \cdot WE$ (Markt für ausländ. Wertpapiere)

Die linken Seiten der obigen Gleichungen stellen die tatsächlichen Bestände **(Bestandsangebot)**, die rechten Seiten die von den Wirtschaftssubjekten gewünschten Bestände **(Bestandsnachfrage)** dar. Alle drei Nachfragefunktionen hängen zunächst von der in- und ausländischen Verzinsung *Z* bzw. *Z** der jeweiligen Wertpapiere ab. Bei einer Anlage in ausländischen Finanzaktiva ist allerdings das Wechselkursrisiko zu beachten. Der ausländische Zinssatz *Z** ist daher um die erwartete Änderungsrate des Wechselkurses zu korrigieren, wobei w_e den erwarteten Wechselkurs bezeichnet. Für die ausländischen Finanzaktiva gilt daher eine in inländischer Währung gerechnete Rendite von

$Z^* + \hat{w}_e$ [105]

Die Plus- und Minuszeichen unter den Argumenten der Nachfragefunktionen geben die Vorzeichen ihrer partiellen Ableitungen wider. Insgesamt weisen die Nachfragefunktionen die folgenden Eigenschaften auf:

1. Mit steigendem Vermögen *WE* nimmt die Nachfrage sowohl nach Geld als auch nach in- und ausländischen Finanzaktiva zu. Die Portfoliostruktur ist unabhängig vom Gesamtvermögen.
2. Die Nachfrage nach Geld sinkt, wenn die Verzinsung der in- und ausländischen Wertpapiere steigt (Gleichung (6.17)).
3. Die Nachfrage nach in- und ausländischen Wertpapieren steigt, wenn der Zinssatz des jeweiligen Finanzaktivums bei konstanter Verzinsung der alternativen Anlage steigt (Gleichungen (6.18), (6.19)).

---

[105] Der Zinssatz von $Z^* + \hat{w}_e$ für ausländische Finanzaktiva ist als Approximation zu verstehen. Die exakte Berechnung ergibt sich wie folgt: Der inländische Kapitalanleger plant einen Betrag von *G* (GE in inländischer Währung) im Ausland anzulegen. Beim Wechselkurs *w* erhält er dafür $G \times 1/w$ ausländische Währungseinheiten, die zum Satz *Z** verzinst werden. Bei Fälligkeit der Anlage erhält er also den Betrag $(1 + Z^*) \times G \times 1/w$. Diesen muss er nun in inländische Währung umtauschen und zwar zum erwarteten Wechselkurs w_e. Er erhält dafür $(1 + Z^*) \times G \times w_e/w$ Geldeinheiten. Sein Zinsgewinn beträgt dann:
$(1+Z^*) \times G \times w_e/w - G = G \times ((1 + Z^*) \times w_e/w - 1)$.
Durch einige einfache Umformungen lässt sich der letzte Ausdruck schreiben als
$G \cdot (Z^* + \hat{w}_e + Z^* \cdot \hat{w}_e)$.
In der Regel ist das Produkt $Z^* \cdot \hat{w}_e$ sehr klein, so dass der Zins für ausländische Anlagen durch $Z^* + \hat{w}_e$ ausreichend genau beschrieben wird.

4. Die Nachfrage nach in- und ausländischen Wertpapieren sinkt, wenn die Verzinsung des alternativen Finanzaktivums bei konstantem Zinssatz der jeweiligen Anlage steigt (Gleichungen (6.18), (6.19)).

Im Modell von Branson werden nun die folgenden Größen als **exogen** angenommen:

- das Geldangebot *M*,
- das Angebot an in- und ausländischen Wertpapieren *B* und *B**,
- die erwartete Kursänderungsrate $\hat{w}_e$ sowie
- der ausländische Zinssatz *Z**.

Als **endogene Variable** verbleiben zunächst der inländische Zinssatz Z und der Wechselkurs *w*. Da der Wechselkurs endogen bestimmt wird, ist aufgrund der Vermögensrestriktion (6.15) auch das Vermögen *WE* der privaten Wirtschaftssubjekte eine endogene Modellgröße. *Z* und *w* bestimmen sich nun über die Gleichgewichtsbedingungen (6.17) bis (6.19), die ein System von drei Gleichungen in zwei Unbekannten darstellen. Es reicht aus, sich bei der Ermittlung von *Z* und *w* auf die beiden Finanzmärkte (6.18) und (6.19) zu konzentrieren. Die explizite Einbeziehung des Geldmarktes in die Analyse ist nicht erforderlich, denn aufgrund der Vermögensrestriktion (6.15) bzw. (6.16) folgt mit dem **Gesetz von Walras**, dass ein Gleichgewicht auf den beiden Finanzmärkten auch ein Gleichgewicht auf dem verbleibenden Geldmarkt sicherstellt.

Grafisch lässt sich das Modell von Branson in einem (*w*, *Z*)-Schaubild wie in Abb. 6.3 darstellen. Die Kurven *MM*, *BB* und *B*B** beschreiben dabei Gleichgewichtskombinationen auf den Märkten für Geld sowie für in- und ausländische Wertpapiere. D. h. die Kurven stellen den geometrischen Ort aller Kombinationen von Wechselkurs und inländischem Zins dar, die einen Ausgleich von Angebot und Nachfrage auf den entsprechenden Bestandsmärkten gewährleisten.

Die Steigung der *MM*-Kurve ist positiv, denn eine Abwertung der inländischen Währung (Anstieg von *w*) bedeutet eine Erhöhung des Wertes der in fremder Währung nominierten ausländischen Wertpapiere ($w \times B^*$), so dass mit Gleichung (6.15) das Vermögen der privaten Wirtschaftssubjekte steigt. Diese Vermögenszunahme erhöht die Geldnachfrage. Bei konstantem Geldangebot kann ein Gleichgewicht auf dem Geldmarkt nur durch eine Beseitigung der Überschussnachfrage mittels einer Zinserhöhung aufrechterhalten bleiben.

Die *BB*-Gleichgewichtskurve für inländische Wertpapiere weist eine negative Steigung auf. Ein Anstieg von *w* führt nach (6.15) zu einer Erhöhung des Vermögens *WE* und mit (6.18) übersteigt dann die Nachfrage nach inländischen Wertpapieren das Bestandsangebot. Zur Wiederherstellung des Gleichgewichts muss deshalb *Z* sinken, um die Nachfrage nach inländischen Finanzaktiva entsprechend zu vermindern.

Die *B*B**-Kurve als **Gleichgewichtslokus auf dem Markt für ausländische Finanzaktiva** weist ebenfalls eine negative Steigung auf. Hier induziert ein Anstieg von *w* zweierlei: (a) eine Expansion des wertmäßigen Angebots an ausländischen Wertpapieren und (b) über den Vermögenseffekt einen Nachfrageanstieg nach diesen Vermögenstiteln. Aus den Gleichungen (6.15) und (6.19) ist zu erkennen, dass der Nachfrageeffekt geringer ausfällt als der Ange-

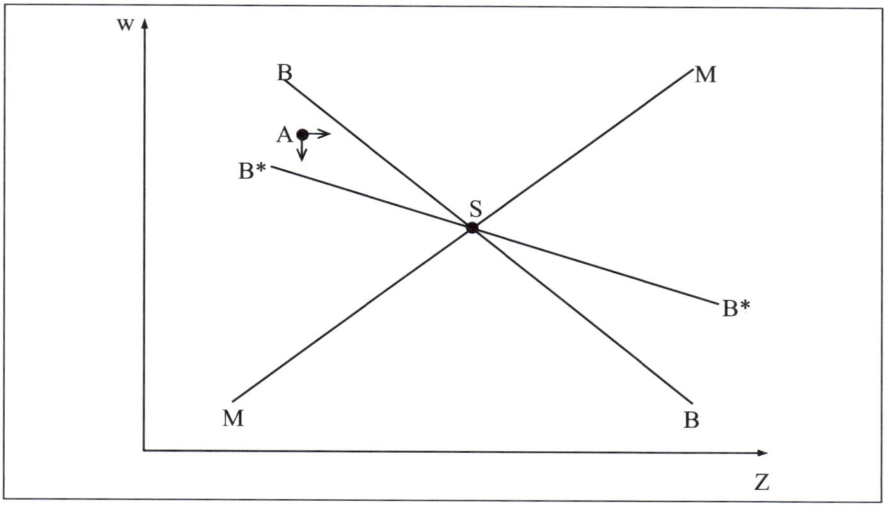

Abb. 6.3: Marktgleichgewichte im Portfoliomodell

botseffekt, so dass sich aus der Abwertung insgesamt ein Angebotsüberschuss ergibt.[106] Um zum Gleichgewicht zurückzukehren, muss die Nachfrage nach ausländischen Wertpapieren durch die Senkung des Zinses auf inländische Wertpapiere erhöht werden.

Die *BB*-Kurve verläuft steiler als die *B*B**-Kurve, da der *B*-Markt stärker auf Veränderungen des inländischen Zinses und schwächer auf Wechselkursänderungen reagiert als der *B**-Markt.[107] Diese Feststellung ist wichtig für die **Stabilität des Gleichgewichtes** (vgl. Abb. 6.3). Es stellt sich die Frage, ob sich der Gleichgewichtspunkt *S* einstellt, wenn in der Ausgangssituation eine beliebige Kombination von Zins und Wechselkurs vorliegt.

Ausgangspunkt sei *A* in Abb. 6.3. Hier ist bei gegebenem Wechselkurs der Zinssatz *Z* für ein Gleichgewicht auf dem *B*-Markt (inländische Finanzaktiva) zu niedrig. Es besteht ein Angebotsüberschuss an inländischen Wertpapieren,

---

[106] Dass bei einem Anstieg des Wechselkurses w der Nachfrageeffekt auf dem B^*-Markt geringer ausfällt als der Angebotseffekt kann anhand der Gleichungen (6.15) und (6.19) wie folgt erklärt werden: Angenommen der Wechselkurs w erhöht sich um $x\%$, d. h. $w_1 = (1 + x\%) \times w_0$. Hieraus folgt unmittelbar, dass auch das Bestandsangebot $w \times B^*$ um $x\%$ steigt. Aufgrund der Budgetrestriktion (6.15) und den bekannten Rechenregeln für Veränderungsraten von Summen und Produkten steigt das private Vermögen WE durch die Wechselkurserhöhung um $(w_0 \times B^*)/WE \times x\%$. Nach (6.19) ergibt sich die Bestandsnachfrage nach ausländischen Finanzaktiva als $b^*(\times,\times,\times) \times WE$. Wird neben dem exogenen ausländischen Zinssatz und der erwarteten Wechselkursveränderungsrate zunächst auch der Inlandszins Z konstant gehalten, so ist auch der Faktor $b^*(\times,\times,\times)$ konstant. Aus diesem Grund erhöht sich die Nachfrage nach ausländischen Finanzaktiva genau wie das Vermögen WE um $(w_0 \times B^*)/WE \times x\%$. Wegen $(w_0 \times B^*)/WE < 1$ fällt die prozentuale Erhöhung der Nachfrage somit geringer aus als die Erhöhung des Bestandsangebots.

[107] Vgl. hierzu Brainard, W.C., Tobin, J., Pitfalls in Financial Model Building, American Economic Review, Papers and Proceedings 58 (1968), S. 99–122.

d. h. die Kurse für Wertpapiere sind zu hoch. Das überschüssige Angebot lässt den Kurs sinken und der Zins steigt (Pfeil nach rechts). Gleichzeitig liegt der Punkt *A* oberhalb der *B*B**-Kurve, d. h. der Wechselkurs ist bei gegebenem Zins für ein Gleichgewicht auf dem Markt für ausländische Wertpapiere zu hoch. Die Inhaber ausländischer Wertpapiere versuchen ihre Bestände zu verkaufen und bieten Devisen an, so dass der Wechselkurs sinkt (Pfeil nach unten). Die Zins- und Wechselkursanpassung endet erst, wenn beide Märkte im Gleichgewicht sind. Nach dem bereits erwähnten Gesetz von Walras ist dann auch der Geldmarkt im Gleichgewicht. Insgesamt ergibt sich also ausgehend vom Punkt *A* eine Bewegung in Richtung *S*. Auch für andere Ausgangssituationen als die im Punkt *A* lassen sich durch analoge Überlegungen jeweils Bewegungen in Richtung des Gleichgewichtes *S* herleiten.

Im Rahmen des Portfolioansatzes ist es interessant, die **Wirkungen von Änderungen der exogenen Variablen auf den Wechselkurs und den inländischen Zins** zu analysieren. Beispiele für Datenänderungen in den exogenen Variablen wären die Erhöhung der Geldmenge *M* oder der Bestände *B* oder *B** an in- und ausländischen Wertpapieren sowie eine Erhöhung der Rendite ausländischer Finanzaktiva. Als Beispiel sollen hier die Wirkungen einer **expansiven Offenmarktpolitik** demonstriert werden (vgl. Abb. 6.4). Die Analyse beschränkt sich dabei erneut auf die beiden Finanzmärkte.

Im Zuge einer expansiven Offenmarktpolitik kauft die Zentralbank inländische Wertpapiere vom privaten Sektor. Somit wird die inländische Geldmenge im gleichen Umfang ausgeweitet wie der Umfang des Bestandes an inländischen Finanzaktiva im Portfolio der privaten Wirtschaftssubjekte sinkt. Kurzfristig ändert sich also nur die Vermögensstruktur, nicht aber der private Vermögensbestand *WE*. Unter der gegebenen Annahme, dass sowohl der ausländische

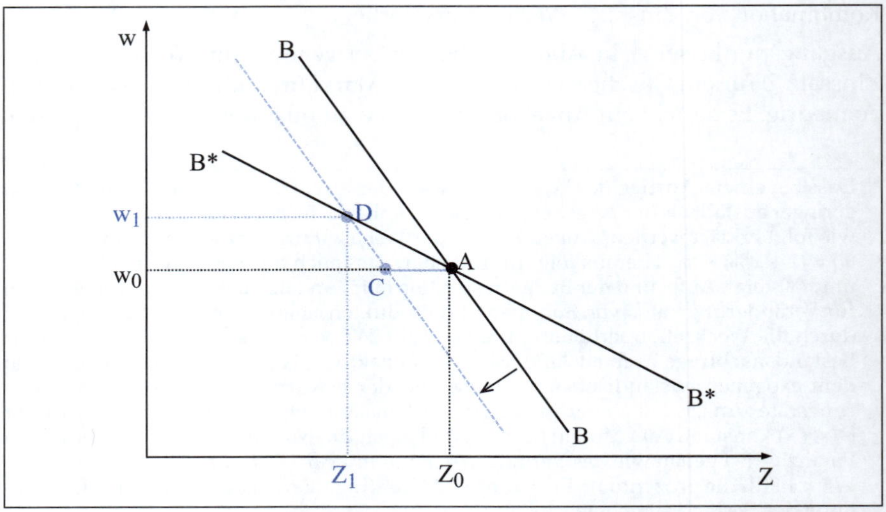

Abb. 6.4: Wirkungen einer expansiven Offenmarktpolitik mit inländischen Wertpapieren

Zinssatz Z^* als auch die erwartete Wechselkursveränderungsrate konstant bleiben, ändert die B^*B^*-Kurve ihre Lage nicht (vgl. Gleichung 6.19).

Auf dem B-Markt entsteht dagegen ein Nachfrageüberschuss. Die Substitution von inländischen Wertpapieren gegen Geld seitens der privaten Wirtschaftssubjekte ist nur über eine Senkung des inländischen Zinssatzes Z möglich (um die Strecke AC in Abb. 6.4). Diese Zinssenkung macht die ausländischen Wertpapiere attraktiver und löst über die Substitution zugunsten ausländischer Finanzaktiva eine Erhöhung der B^*-Nachfrage und damit einen Anstieg des Wechselkurses w aus. Die Abwertung der inländischen Währung erhöht das private Vermögen WE, so dass auf dem B- (und M-)Markt zusätzliche Nachfrage entsteht. Die Wechselkursänderung verringert somit das inländische Zinsniveau weiter (Bewegung von C nach D in Abb. 6.4). Im Punkt D ist schließlich das neue Gleichgewicht erreicht und zwar beim höheren Wechselkurs w_1 und niedrigeren Inlandszins Z_1.

Vor dem Hintergrund der inländischen Abwertung erscheint die erwähnte Annahme gegebener Wechselkursänderungen, die für eine konstante Lage der B^*B^*-Linie notwendig war, zweifelhaft. Allerdings wird die grundsätzliche Wirkungsrichtung der Offenmarktpolitik nicht geändert, wenn die Wirtschaftssubjekte die inländische Abwertung erwarten. Die Nachfrage nach ausländischen Finanzaktiva steigt dann bei jedem gegebenen inländischen Zinssatz an. Die B^*B^*-Linie verschiebt sich aufgrund der damit erhöhten Devisennachfrage nach oben. Die beschriebene Entwicklung des Wechselkurses wird somit verstärkt. Die beschriebene Entwicklung auf den inländischen Zinssatz wird gemindert, jedoch nicht ins Gegenteil verkehrt.

6.2.2.2 Die Zinsparitätentheorie

Beim Portfolioansatz des vorigen Abschnittes wurde davon ausgegangen, dass die Wirtschaftssubjekte zwischen in- und ausländischen Wertpapieren unterscheiden (z. B. aus Risikoerwägungen), so dass die Renditen der beiden Anlageformen nicht unbedingt übereinstimmen müssen. Diese Annahme wird nun fallen gelassen, indem man in- und ausländische Wertpapiere als **perfekte Substitute** ansieht. In Verbindung mit der uneingeschränkten internationalen Kapitalmobilität spricht man dann von einem **vollkommenen internationalen Kapitalmarkt**. Vor diesem Hintergrund ergibt sich die Kernaussage des **Zinsparitätentheorems**:

Bei Vorliegen eines vollkommenen internationalen Kapitalmarktes müssen die Ertragsraten für in- und ausländische Finanzaktiva gleich sein, d. h. es gilt

$$(6.20)\quad Z = Z^* + \frac{w_e - w}{w} = Z^* + \hat{w}_e$$

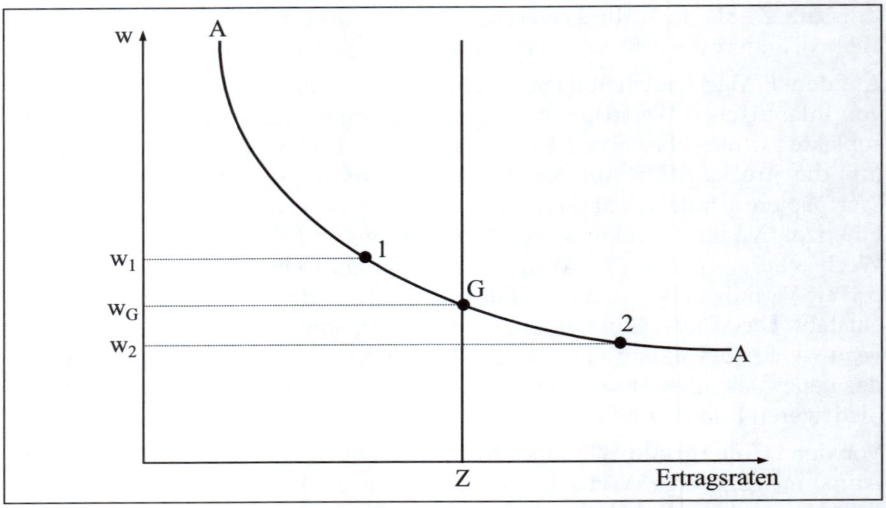

Abb. 6.5: Bestimmung des gleichgewichtigen Wechselkurses

Das Zinsparitätentheorem drückt die Idee aus, dass die erwartete Kursänderungsrate $\hat{w}_e$ die internationalen Zinsunterschiede ausgleicht.[108] Zur Bestimmung des gleichgewichtigen Wechselkurses werden in der Beziehung (6.20) die Zinssätze Z und Z^* sowie der erwartete Wechselkurs w_e als **exogen** angenommen. Die Abb. 6.5 zeigt, wie sich der Wechselkurs w_G einstellt, um die Zinsparität zu gewährleisten.

Die Ertragsrate für ausländische Finanzaktiva ist gegeben durch

$$(6.21) \quad Z^* + \hat{w}_e = Z^* + \frac{w_e - w}{w} = Z^* - 1 + \frac{w_e}{w}$$

Da Z^* und w_e vorgegeben sind, muss nach (6.21) die Ertragsrate für ausländische Finanzaktiva bei steigendem Wechselkurs w sinken. Dieser negative Zusammenhang wird in der Abb. 6.5 durch die Kurve *AA* dargestellt. Die vertikale Linie beschreibt den gegebenen Zins Z für inländische Anlagen. Der gleichgewichtige Wechselkurs wird durch den Schnittpunkt G der beiden Kurven festgelegt. Beim Wechselkurs w_G ist die Zinsparität erfüllt.

Angenommen es liege zunächst kein Gleichgewicht vor und der ursprüngliche Wechselkurs sei w_1. Der Punkt 1 auf der *AA*-Kurve zeigt an, dass die Rendite ausländischer Anlagen geringer ist als der Zins Z auf inländische Finanzaktiva. Die Halter ausländischer Aktiva möchten ihr Portfolio zugunsten inländischer Anlagen umschichten. Zu diesem Zweck bieten sie ausländische Anlagen und

[108] In der Gleichung (6.20) wird davon ausgegangen, dass der erwartete Wechselkurs w_e für die Anlageentscheidung der Investoren eine Rolle spielt. In diesem Fall spricht man von der **offenen (ungedeckten) Zinsparität**. Lässt sich das Währungsrisiko am Devisenterminmarkt absichern, d.h. der zukünftige erwartete Wechselkurs w_e wird ersetzt durch den Terminkurs w_t und die erwartete Kursänderungsrate durch den Swapsatz, so spricht man von der **gedeckten Zinsparität**. (vgl. Abschnitt 6.1.2.2).

damit Devisen an und fragen inländische Währung zum Erwerb inländischer Aktiva nach. Die Inlandswährung wird damit aufgewertet, d.h. der Wechselkurs sinkt. Dieser Prozess endet beim Wechselkurs w_G. Analoge Überlegungen ergeben eine Bewegung hin zum Gleichgewichtskurs w_G, wenn in der Ausgangslage der Kurs w_2 vorliegt. Der Punkt 2 auf der *AA*-Kurve zeigt einen Ertragsvorteil der ausländischen Aktiva an. Die Halter inländischer Aktiva möchten diese gegen ausländische Anlagen substituieren, was eine Abwertung der inländischen Währung und damit einen Anstieg des Wechselkurses impliziert.

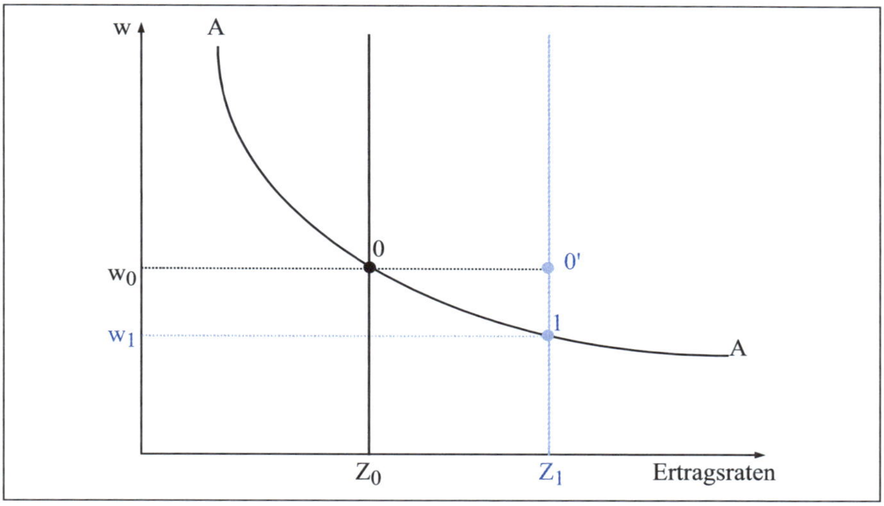

Abb. 6.6: Wirkung einer Erhöhung des Inlandszinses

Zu klären bleibt, wie der gleichgewichtige Wechselkurs auf eine **Veränderung der exogenen Variablen** Z, Z^* und w_e reagiert. Die Abb. 6.6 zeigt eine **Erhöhung des inländischen Zinsniveaus** von Z_0 auf Z_1. Beim ursprünglichen Wechselkurs w_0 ist die Ertragsrate auf inländische Anlagen um die Strecke *00'* höher als auf ausländische Aktiva. Diese Renditedifferenz führt wie eben geschildert zu einer Aufwertung der inländischen Währung zum Wechselkurs w_1 (Punkt 1).

Die Abb. 6.7 zeigt die Wirkung einer **Erhöhung des ausländischen Zinssatzes** Z^*. Nach Gleichung (6.21) führt dies zu einer Rechtsverschiebung der *AA*-Kurve nach *A'A'* um ΔZ^*. Beim ursprünglichen Wechselkurs w_0 übersteigt die erwartete Ertragsrate für ausländische Anlagen den Zinssatz für inländische Aktiva. Der Wechselkurs muss von w_0 auf w_1 steigen, um das Überschussangebot an inländischen Anlagen abzubauen (Punkt 1).

Insgesamt ergibt sich das folgende Fazit:

Ein Anstieg der Ertragsrate auf Anlagen, die in einer bestimmten Währung denominiert sind, führt ceteris paribus zu einer Aufwertung dieser Währung gegen die andere.

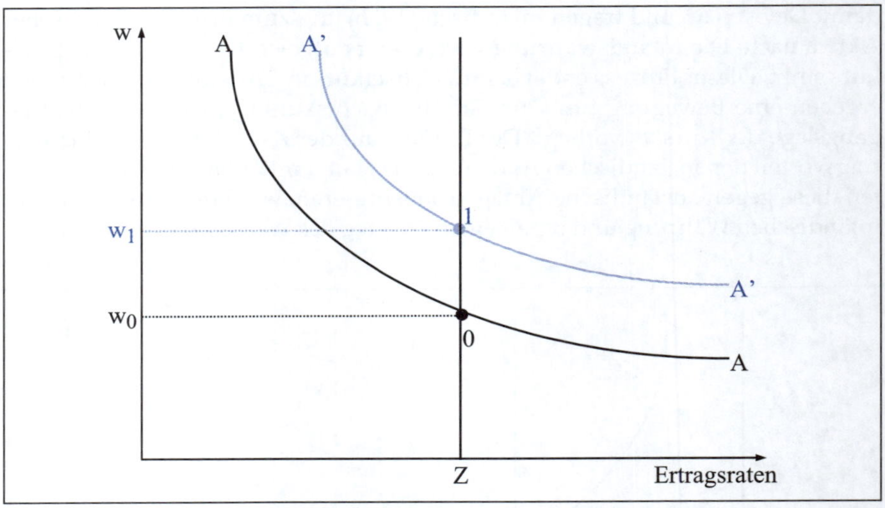

Abb. 6.7: Wirkung einer Erhöhung des Auslandszinses

Als letzte Möglichkeit einer Veränderung der exogenen Variablen verbleibt die **Veränderung des erwarteten Wechselkurses** w_e. Nach Gleichung (6.21) führt eine Erhöhung von w_e ebenfalls zu einer Rechtsverschiebung der *AA*-Kurve (vgl. Abb. 6.7). Es treten also im Prinzip die gleichen Wirkungen auf wie bei einer Zinserhöhung im Ausland:

Eine Erhöhung (Verringerung) des erwarteten Wechselkurses führt ceteris paribus zu einer Erhöhung (Verringerung) des Kassakurses.

6.2.3 Monetäre Wechselkurstheorie

Die **monetären Modelle zur Wechselkursbestimmung** betonen die Rolle der **Geldmärkte** im In- und Ausland. In diesem Abschnitt werden zwei monetäre Ansätze vorgestellt, die sich hinsichtlich der **Beweglichkeit der allgemeinen Güterpreisniveaus** unterscheiden. Beide Modelle unterstellen **stabile Geldnachfragefunktionen** in den betreffenden Volkswirtschaften und die **Gültigkeit der Kaufkraftparität** auf lange Sicht:

$$(6.22) \quad w = \frac{P}{P^*}$$

Ferner setzen die monetären Modelle **uneingeschränkte Kapitalmobilität** voraus. In den einfacheren Modellen dieses Abschnittes gibt es nur jeweils ein inländisches und ein ausländisches Wertpapier, die **perfekte Substitute** darstellen. Die Anleger orientieren sich nur an den erwarteten Ertragsraten beider Wertpapiere, d. h. es gilt die **ungedeckte Zinsparität**

(6.23) $Z = Z^* + \frac{w_e - w}{w} = Z^* + \hat{w}_e$

Der Zins für ein inländisches Wertpapier entspricht also dem Auslandszins zuzüglich der erwarteten Änderungsrate des Wechselkurses.

6.2.3.1 Ein monetäres Modell mit flexiblen Preisen

Die **monetäre Wechselkurstheorie** stellt monetäre Einflussfaktoren auf die Wechselkurse und deren Entwicklung in den Vordergrund. Grundsätzlich ist nach ihr der Wechselkurs ein Indikator für die relative Knappheit auf den Geldmärkten der beiden beteiligten Ökonomien. Die Währung eines Landes, bei dem es aufgrund der Veränderungen von Angebot und Nachfrage auf dem Geldmarkt zu einer größeren Erhöhung der relativen Knappheit kommt, wird aufgewertet.

Das folgende monetäre Wechselkursmodell geht von vollkommen **flexiblen Güterpreisen** (P bzw. P^*) in den betreffenden Volkswirtschaften aus. Für die Geldmärkte im In- und Ausland werden jeweils **stabile Geldnachfragefunktionen** unterstellt, welche die Nachfrage nach Realkasse zum heimischen Volkseinkommen (Y bzw. Y^*) und zum nominalen heimischen Zinssatz (Z bzw. Z^*) in Beziehung setzen. Dabei sollen die partiellen Ableitungen der Geldnachfragefunktionen die üblichen Vorzeichen aufweisen. Das jeweilige nominale **Geldangebot** (M bzw. M^*) wird als **exogen** angesehen. Unter der Annahme der Geldmarkträumung im In- und Ausland ergeben sich die Geldmarktgleichgewichtsbedingungen

(6.24) $\frac{M}{P} = L(Y, Z)$, mit $\frac{\partial L}{\partial Y} > 0, \frac{\partial L}{\partial Z} < 0$

sowie

(6.25) $\frac{M^*}{P^*} = L(Y^*, Z^*)$, mit $\frac{\partial L}{\partial Y^*} > 0, \frac{\partial L}{\partial Z^*} < 0$

Man beachte, dass zur Vereinfachung der Darstellung die Geldnachfragefunktionen für das In- und Ausland als formal identisch gesetzt wurden (L). Im Weiteren soll aus Notationsgründen die folgende spezifische Form für L gewählt werden:

(6.26) $L(Y, Z) = Y^{\eta} \cdot \exp(-\sigma \cdot Z)$, mit $\eta, \sigma > 0$ [109]

Die Parameter η und σ in der Geldnachfragefunktion (6.26) können ökonomisch interpretiert werden:

- η ist die **Einkommenselastizität der Geldnachfrage**: $\eta = \frac{\partial L / L}{\partial Y / Y}$
- σ ist die **Semizinselastizität der Geldnachfrage**: $-\sigma = \frac{\partial L / L}{\partial Z}$

[109] Diese Form der einkommens- und zinsabhängigen Geldnachfragefunktion wird in der Literatur häufig verwendet. Die explizite Darstellung von L führt zu keinerlei Einschränkung hinsichtlich der Allgemeinheit des Modells.

Die analytische Form der Geldnachfragefunktion L aus (6.26) kann nun in die Gleichungen (6.24) und (6.25) eingesetzt werden. Dadurch ergeben sich zunächst recht komplexe multiplikative Darstellungen für die Geldmarktgleichgewichtsbedingungen im In- und Ausland. Durch den Übergang zu natürlichen Logarithmen werden diese in additive, lineare Formen überführt, ohne den qualitativen Gehalt des Modells zu verändern:

$$(6.27)\quad \ln(M) - \ln(P) = \eta \cdot \ln(Y) - \sigma \cdot Z$$

$$(6.28)\quad \ln(M^*) - \ln(P^*) = \eta \cdot \ln(Y^*) - \sigma \cdot Z^*$$

Subtrahiert man (6.28) von (6.27), so ergibt sich nach geringfügiger Umformung

$$(6.29)\quad \ln(P) - \ln(P^*) = \ln(M) - \ln(M^*) - \eta \cdot \left[\ln(Y) - \ln(Y^*)\right] + \sigma \cdot \left(Z - Z^*\right)$$

Eine grundlegende Voraussetzung des monetären Modells mit flexiblen Preisen ist die ständige Gültigkeit der absoluten Kaufkraftparität. Durch Logarithmieren der Gleichung (6.22) lässt sich diese ausdrücken als

$$(6.30)\quad \ln(w) = \ln(P) - \ln(P^*)$$

Setzt man die letzte Gleichung in (6.29) ein, so ergibt sich die **Grundgleichung des Wechselkurses** in der monetären Theorie bei flexiblen Preisen:

$$(6.31)\quad \ln(w) = \ln(M) - \ln(M^*) - \eta \cdot \left[\ln(Y) - \ln(Y^*)\right] + \sigma \cdot \left(Z - Z^*\right)$$

Grundlegend für die Wechselkursbestimmung sind demnach die **Unterschiede der Geldbestände, der Volkseinkommen** sowie **der Zinsen** zwischen In- und Ausland. Aus der Gleichung (6.31) lassen sich ferner die Reaktionen des Wechselkurses auf Veränderungen der Geldbestände, Volkseinkommen und Zinsen beschreiben.

Eine **Ausdehnung des inländischen Geldbestandes** (Erhöhung von M) führt ceteris paribus zu einer Erhöhung von w, d.h. zu einer Abwertung der inländischen Währung. Durch leichte Algebra lässt sich zeigen, dass eine Erhöhung des inländischen Geldbestandes um $x\%$ eine Abwertung der inländischen Währung um $x\%$ nach sich zieht. Die **ökonomische Ratio** liegt nach der **monetären Wechselkurstheorie** darin, dass das steigende inländische Geldangebot die relative Knappheit auf dem inländischen Geldmarkt verringert. Entsprechend muss der „Preis" der Währung fallen, also der Wechselkurs (in Preisnotierung) steigen. Der Transmissionsmechanismus, der dies sicherstellt, basiert letztlich auf der Kaufkrafttheorie. Die erhöhte Geldmenge führt zu einer Erhöhung des inländischen Preisniveaus, was die bei der Schilderung der Kaufkraftparität dargestellten Anpassungen in Richtung einer inländischen Abwertung auslöst.

Eine **Erhöhung des inländischen realen Volkseinkommens** Y führt ceteris paribus zu einer Abnahme des Wechselkurses w und somit zu einer Aufwertung der inländischen Währung. Dieser Sachverhalt lässt sich ökonomisch wie folgt begründen: Nach (6.24) bewirkt eine Erhöhung von Y c.p. eine Überschussnachfrage nach inländischer Realkasse. Bei gegebener inländischer Geldmenge kann sich ein neues Gleichgewicht auf dem Geldmarkt nur einstellen, wenn die

Preise fallen. Da die Kaufkraftparität (6.22) gilt, kommt es zur Aufwertung der Inlandswährung.

Eine **Erhöhung des inländischen Zinssatzes** Z, die sich bei gegebenem Geldangebot und gegebener Geldnachfrage aufgrund einer Verringerung der inländischen Geldumlaufgeschwindigkeit – ebenfalls ein monetäres Phänomen – ergeben kann, führt nach Gleichung (6.31) unter sonst unveränderten Bedingungen ebenfalls zu einer Erhöhung des Wechselkurses w und somit zu einer Abwertung der inländischen Währung gegenüber der Auslandswährung. Offensichtlich steht dieses Resultat des monetären Modells im Widerspruch zu den Ausführungen der Wechselkursbestimmung im Rahmen des Zinsparitätentheorems. Dort führte eine Erhöhung des inländischen Zinsniveaus c. p. zu einer Aufwertung der inländischen Währung (vgl. Abschnitt 6.2.2.2). Eine ökonomische Erklärung für das zunächst unplausibel erscheinende Resultat des monetären Modells lautet wie folgt: Auch im monetären Modell mit flexiblen Preisen wird die ungedeckte Zinsparität gemäß Gleichung (6.23) vorausgesetzt. Diese lässt sich umschreiben zu

(6.32) $\hat{w}_e = Z - Z^*$

Eingesetzt in die Grundgleichung des Wechselkurses (6.31) ergibt sich

(6.33) $\ln(w) = \ln(M) - \ln(M^*) - \eta \cdot \left[\ln(Y) - \ln(Y^*)\right] + \sigma \cdot \hat{w}_e$

Das bedeutet aber, dass eine Erhöhung der erwarteten Abwertungsrate $\hat{w}_e$ zu einer Erhöhung des aktuellen Kassakurses w und somit zu einer Abwertung der inländischen Währung führt. Die Logik dieses Effektes leuchtet unmittelbar ein: Erwarten die Investoren in der Zukunft eine stärkere Abwertung der inländischen Währung, so besteht für sie ein Anreiz, jetzt in ausländische Anlagen zu wechseln. Eine sofortige Umstrukturierung ihres Portfolios zugunsten ausländischer Aktiva führt dann zu einer postwendenden Abwertung der inländischen Währung. Im monetären Modell wird daher ein hoher aktueller Inlandszins als Anzeichen für eine schwache Währung verstanden.

Auf eine letzte Implikation des monetären Modells sei hingewiesen: Das Modell betont den relativen Charakter des Wechselkurses. Damit wird klar, dass z. B. eine expansive inländische Geldpolitik nicht zu einer Abwertung führen muss, wenn im Ausland eine ähnlich expansive Politik gefahren wird, oder wenn andere Einflussfaktoren auf dem ausländischen Geldmarkt die dortige Knappheit in ähnlichem Umfang verringern. Schließlich muss eine inländische expansive Geldpolitik dann nicht zur Abwertung führen, wenn das erhöhte Geldangebot gleichzeitig durch eine Nachfrageerhöhung auf dem Geldmarkt (ausgelöst durch reale Einkommenssteigerungen oder eine Verringerung der Umlaufgeschwindigkeit des Geldes) ausgeglichen wird.

6.2.3.2 Monetäres Modell mit starren Güterpreisen: Der Fall des Overshooting

Das monetäre Modell mit flexiblen Preisen des vorigen Abschnittes eignet sich in erster Linie zur Beschreibung langfristiger Wechselkursveränderungen. Im Gegensatz zu langfristigen sind **kurzfristige Wechselkursentwicklungen** in der Realität oft durch starke **Volatilitäten** gekennzeichnet. Das folgende, auf **R. Dornbusch** zurückgehende dynamische Modell kombiniert Elemente der Kaufkraftparitätentheorie, der Zinsparitätentheorie sowie des monetären Modells und liefert einen Erklärungsansatz für volatile Wechselkurse.[110] Das Modell zeigt auf, wie es aufgrund monetärer Störungen zu einem **kurzfristigen Überschießen** des Wechselkurses **(Overshooting)** über sein langfristiges Gleichgewichtsniveau kommen kann.

Die folgenden Annahmen liegen dem Ergebnis zugrunde, das hier für den **2-Länder-Fall** am Beispiel einer **expansiven geldpolitischen Störung im Inland** erläutert wird:[111]

1. Das **Inland ist klein**. Die entsprechenden Größen des Auslands fließen somit **exogen** in das Modell ein.
2. Die **Preise** auf den Gütermärkten sind **kurzfristig starr**, reagieren also nur langsam auf Nachfrage- und Angebotsveränderungen. Langfristig entwickeln sie sich entsprechend der **Quantitätstheorie**. Es herrsche Vollbeschäftigung, so dass eine expansive Geldpolitik ausschließlich (langfristig) das Preisniveau, nicht jedoch die Produktion erhöht.[112]
3. Die **Kaufkraftparität** gilt nur auf lange Sicht.
4. Die Finanzmärkte reagieren unmittelbar. Die Geld- und Kapitalmärkte der beiden beteiligten Volkswirtschaften befinden sich ständig im Gleichgewicht. Die **internationale Zinsparität** (6.23) gilt zu jeder Zeit.

Es wird also unterstellt, dass sich Güter- und Finanzmärkte unterschiedlich schnell an exogene Störungen anpassen. Die Notation der folgenden Ausführungen lehnt sich weitestgehend an das monetäre Modell mit flexiblen Preisen an.

Im unteren Teil der Abb. 6.8 ist zunächst der inländische Geldmarkt dargestellt. Hierbei ist zu beachten, dass dieser Markt gegenüber der sonst üblichen Darstellung um 90° im Uhrzeigersinn gedreht abgebildet wurde. Auf der Waagerechten ist der inländische Zinssatz Z, auf der Senkrechten (nach unten) die reale Geldmenge abgetragen. In der Ausgangslage (Zeitpunkt 0) führt die reale Geldnachfrage $L(Y_0, Z)$ bei gegebenem realen Geldangebot M_0/P_0 zum gleichgewichtigen inländischen Zinssatz Z_0. Es wird davon ausgegangen, dass

---

[110] Vgl. Dornbusch, R., Expectations and Exchange Rate Dynamics, Journal of Political Economy 84 (1976), S. 1161–76.

[111] Zur formalen Ableitung des allgemeinen Overshooting-Modells vgl. den Anhang A6.

[112] Kernstück der Quantitätstheorie ist die Quantitätsgleichung $M \times v = P \times Y$, wobei v die Umlaufgeschwindigkeit des Geldes bezeichnet. In dieser Gleichung werden die Geldmenge M, die Umlaufgeschwindigkeit v sowie das reale Einkommen Y als exogen angesehen. Als einzig freie Variable verbleibt damit das Preisniveau P. Hieraus ergibt sich die Quintessenz der Quantitätstheorie: Eine Erhöhung der Geldmenge um x% zieht eine x%-ige Erhöhung der Preise nach sich.

die in- und ausländischen Gütermärkte mit den jeweiligen Preisniveaus zum Ausgangszeitpunkt im Gleichgewicht sind. Dieses Gleichgewicht bestehe bereits hinreichend lange, um die Kaufkraftparität wirksam werden zu lassen. Der gleichgewichtige Wechselkurs in der Ausgangssituation ergibt sich nach (6.22) somit zu $w_0 = P_0/P^*$. Es wird ferner vereinfachend vorausgesetzt, dass die in- und ausländischen Zinssätze in der Ausgangslage gleich hoch sind, d.h. $Z_0 = Z^*$. Nach (6.32) ist dann die Abwertungserwartung der inländischen Währung gleich Null.

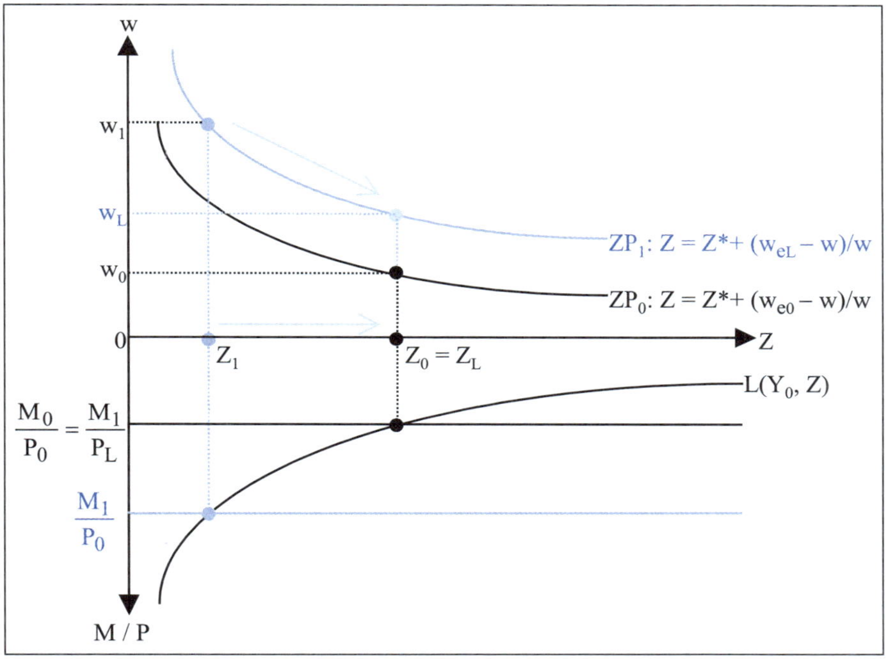

Abb. 6.8: Modell überschießender Wechselkurse

Im oberen Teil der Abb. 6.8 ist die **Zinsparitätentheorie** dargestellt (vgl. Abb. 6.5, Kurve *AA*). Aus dem Verlauf der ZP_0-Kurve wird deutlich, dass bei der anfänglich gegebenen Erwartung hinsichtlich des zukünftigen Wechselkurses ($w_{e0} = w_0$) eine inländische Zinssenkung zu einer inländischen Abwertung führen würde.

Das inländische Geldmarktgleichgewicht werde nun durch eine Erhöhung der inländischen Geldmenge von M_0 auf M_1 gestört. Da das inländische Preisniveau kurzfristig starr ist, ergibt sich die folgende **kurzfristige Reaktion**: Die inländische reale Geldmenge steigt auf M_1/P_0. Bei gegebener Geldnachfrage muss der Inlandszins auf Z_1 sinken. Allein hieraus würde sich bei konstanter Wechselkurserwartung eine Abwertung der inländischen Währung entlang der ZP_0-Linie ergeben. Allerdings geht die Abwertung über das Maß hinaus, das sich ergibt, wenn der neue Zinssatz Z_1 über die ZP_0-Linie einem Wechselkurs zugeordnet wird. Dies liegt daran, dass die Wirtschaftssubjekte aufgrund der **expansiven Geldpolitik** für die Zukunft erwarten, dass sich das inländische Preisniveau langfristig in gleichem prozentualem Umfang wie die Geldmenge auf P_L erhöht (der Index „L" steht hier für langfristiges Gleichgewicht). Da sie wissen, dass langfristig die Kaufkraftparität gilt, erwarten sie einen langfristigen Wechselkurs w_{eL}, der ebenfalls in gleichem prozentualem Umfang steigt wie die Geldmenge und das Preisniveau. Mit anderen Worten: sie erwarten eine inländische Abwertung. Aufgrund der neuen langfristigen Wechselkurserwartung gilt nicht mehr die Zinsparität ZP_0, sondern ZP_1. Jeder denkbare inländische Zinssatz kann nach der veränderten Erwartungshaltung in Richtung eines langfristig höheren Wechselkurses nur noch bei einem höheren Kassakurs zu einem internationalen Kapitalmarktgleichgewicht führen. Bei dem neuen kurzfristigen Zinssatz Z_1 springt der Wechselkurs deshalb auf w_1.

Das **langfristige Gleichgewicht**, auf das sich die Finanzmärkte kontinuierlich zu bewegen, sieht jedoch anders aus. Auf dem inländischen Gütermarkt steigt das Preisniveau kontinuierlich bis auf P_L an, d.h. es erhöht sich so lange, bis es in gleichem prozentualem Umfang wie die Geldmenge gestiegen ist. Langfristig entspricht das reale inländische Geldangebot damit dem Geldangebot in der Ausgangssituation: $M_0/P_0 = M_1/P_L$. Diese Bewegung wird durch den Pfeil entlang der Zinsachse in Abb. 6.8 symbolisiert. Langfristig ist deshalb der inländische Zinssatz genauso hoch wie in der Ausgangssituation: $Z_L = Z_0$. Bei steigenden inländischen Zinsen, d.h. einem kontinuierlich verringerten inländischem Zinsnachteil, sinkt jedoch – ausgehend von w_1 – der Wechselkurs ebenfalls kontinuierlich: Je kleiner der inländische Zinsnachteil ist, desto weniger muss er durch eine Aufwertungserwartung für die inländische Währung kompensiert werden. Der Wechselkurs bewegt sich deshalb stetig von w_1 in Richtung w_L, bei dem wieder die Kaufkraftparität herrscht. Die Kombination M_1/P_L, Z_L und w_L stellen das langfristige Gleichgewicht dar.

Die zeitliche Entwicklung des Wechselkurses wird in der Abb. 6.9 verdeutlicht. Nach der monetären inländischen Expansion zum Zeitpunkt t_0 springt der Wechselkurs von w_0 auf w_1 und damit über das langfristige Gleichgewicht w_L. Die Differenz zwischen w_1 und w_L kann als „Überschießen" interpretiert werden.

Zur Verdeutlichung: Das Überschießen des Wechselkurses kommt nur dadurch zustande, dass aufgrund unterschiedlicher Reaktionszeiten von Finanz- und Gütermärkten ein inländischer Zinsnachteil entsteht. Dieser Zinsnachteil muss durch eine gleich hohe **Aufwertungserwartung** für die inländische Währung kompensiert werden. Damit eine solche Aufwertungserwartung entstehen kann, muss die kurzfristige inländische Abwertung besonders heftig und deutlicher als die langfristige Abwertung ausfallen. Erst wenn die kurzfristige Abwertung die langfristig erwartete so stark übersteigt, dass die daraus folgende Aufwertungserwartung für die inländische Währung den Zinsnachteil kompensiert, ist das kurzfristige Gleichgewicht erreicht.

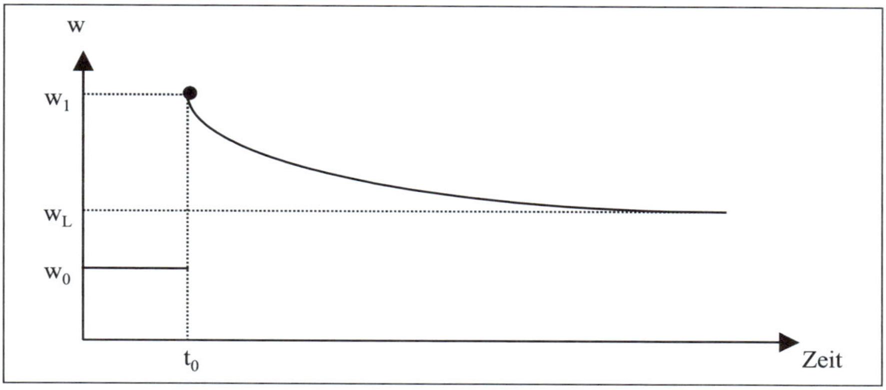

Abb. 6.9: Wechselkursdynamik im Modell überschießender Kurse

6.2.4 Neuere Wechselkurstheorien mit rationalen Erwartungen

Die bisher beschriebenen Wechselkurstheorien lassen sich grob in drei Kategorien gliedern: Reine Gütermarktansätze (Kaufkraftparitätentheorie), reine Finanzmarktansätze (Portfoliomodelle, Zinsparitätentheorie) sowie Ansätze einer Verbindung von Güter- und Finanzmärkten (monetäre Wechselkurstheorie). All diesen Modellen liegt die gemeinsame Vorstellung zugrunde, dass in erster Linie beobachtbare makroökonomische Größen die Wechselkursentwicklung bestimmen. Zu diesen ökonomischen Einflussfaktoren **(Fundamentalvariablen)** zählen insbesondere Preise, Realeinkommen, Zinsen oder die Geldmenge.

Obwohl auch in den zuvor beschriebenen Modellen Erwartungen eine gewisse Rolle spielen, unterscheiden sich die folgenden Modelle dadurch, dass sie den **Erwartungen** (hinsichtlich der Veränderung von Fundamentalvariablen oder Wechselkursänderungen) eine zentrale Bedeutung für die tatsächliche Wechselkursentwicklung beimessen.

6.2.4.1 Rationale Erwartungen und effiziente Devisenmärkte

Zur Integration der Erwartungen der Wirtschaftssubjekte in ein Wechselkursmodell muss zunächst die Art der Erwartungsbildung genauer spezifiziert werden. Die meist verwendete Art ist das Konzept der **rationalen Erwartungen**.[113] Ausgangspunkt ist dabei erstens die Annahme, dass die Wirtschaftssubjekte alle momentan verfügbaren Informationen zur Prognose des zukünftigen Wechselkurses nutzen. Zweitens wird unterstellt, dass die Wirtschaftssubjekte die „wahren" ökonomischen Zusammenhänge kennen und für die Prognose des Wechselkurses das „beste" Modell benutzen. Gemeinsam implizieren beide Annahmen, dass die Wirtschaftssubjekte bei rationaler Erwartungsbildung aus ihren Fehlern der Vergangenheit lernen und **keine systematischen Prognose-**

[113] Die Hypothese rationaler Erwartungen wurde erstmals vorgeschlagen von Muth, J.F., Rational Expectations and the Theory of Price Movements, Econometrica 29 (1961), S. 315–335.

fehler begehen. Im Folgenden soll die rationale Erwartungsbildung wie folgt notiert werden:

$$(6.34)\quad w_{i+1}^{e} = E(w_{i+1} \mid \phi_i) \equiv E_i(w_{i+1})$$

In (6.34) bezeichnet w_{i+1}^{e} den Wechselkurs, den die Wirtschaftssubjekte zum aktuellen Zeitpunkt *i* für die Folgeperiode *i*+1 erwarten. Dieser entspricht dem mathematischen Erwartungswert *E* des Wechselkurses in *i*+1 (w_{i+1}), bei dessen Ermittlung **alle in Periode** i **verfügbaren Informationen** ϕ_i genutzt werden. Der dritte Teil der Gleichung (6.34) ist eine Notationsvereinfachung, wonach der (bedingte) Erwartungswert unter Nutzung der Informationsmenge ϕ_i verkürzt als $E_i(\times)$ geschrieben werden soll.

Bilden die Wirtschaftssubjekte ihre Wechselkurserwartungen rational gemäß (6.34) und ist der Devisenmarkt vollkommen (vollständige Konkurrenz, vernachlässigbare Transaktionskosten), so wird sich zum Zeitpunkt *i* ein **Terminkurs** w_i^t ergeben, der dem für den Zeitpunkt *i*+1 erwarteten Kassakurs entspricht:

$$(6.35)\quad w_i^t = w_{i+1}^{e} = E_i(w_{i+1})$$

Der Grund hierfür ist klar: Liegt der Terminkurs zum aktuellen Zeitpunkt *i* unter (über) dem für die Folgeperiode *i* + 1 erwarteten Kassakurs, so bietet der Kauf (Verkauf) von Devisen am Terminmarkt systematische Möglichkeiten für Spekulationsgewinne. Gemäß (6.35) bildet sich der Terminkurs also unter Verwendung aller zum Zeitpunkt *i* verfügbaren Informationen. In diesem Fall spricht man von **Markteffizienz am Devisenterminmarkt**.

Die allgemeine Definition von **Markteffizienz** lautet wie folgt:

> Ein Markt heißt effizient, wenn sich alle relevanten Informationen vollständig und unmittelbar in den Marktpreisen niederschlagen.

Markteffizienz führt im Ergebnis dazu, dass keine systematischen Gewinne gemacht werden können. Dieses Prinzip lässt sich formal auch auf den Devisenkassamarkt übertragen. Dazu bezeichne

$$(6.36)\quad IRR_i = w_i - E_{i-1}(w_i)$$

die Abweichung des tatsächlichen Kassakurses zum Zeitpunkt *i* von der rationalen Erwartung dieses Kurses aus der Vorperiode *i*–1. Die Größe IRR_i heißt **Erwartungsirrtum**. Effizienz am Kassamarkt ist gegeben, wenn die *IRR*-Werte über alle Perioden **im Durchschnitt gleich Null** sind und **keine Autokorrelation** aufweisen, d. h. unsystematisch um 0 schwanken. Für die Devisenspekulanten sind dann zwar unerwartete Gewinne (Verluste) möglich, doch diese sind rein zufällig und treten keinesfalls fortdauernd auf.

Bei effizienten Devisenmärkten ergibt sich ein wichtiger Zusammenhang zwischen dem aktuellen Kassakurs w_i und dem Terminkurs der Vorperiode $w_{i-1}{}^t$. Ausgangspunkt ist dabei zunächst die um einen Zeitpunkt nach hinten verschobene Gleichung (6.35):

$$
(6.37)\quad
\begin{aligned}
& & E_{i-1}(w_i) &= w_{i-1}^t \\
&\Leftrightarrow & w_i + E_{i-1}(w_i) &= w_{i-1}^t + w_i \\
&\Leftrightarrow & w_i &= w_{i-1}^t + w_i - E_{i-1}(w_i) \\
&\Leftrightarrow & w_i &= w_{i-1}^t + IRR_i
\end{aligned}
$$

Der aktuelle Kassakurs ergibt sich also aus dem Terminkurs der Vorperiode korrigiert um den Erwartungsirrtum. Bei Devisenmarkteffizienz schwankt der Irrtum aber unsystematisch um 0. Der aktuelle Kassakurs und der Terminkurs der Vorperiode müssten sich also von rein zufälligen Überlagerungen abgesehen entsprechen. Das gleiche gilt für den aktuellen Kassakurs w_i und dem in der Vorperiode für den Zeitpunkt i erwarteten Kassakurs $E_{i-1}(w_i)$, der ja mit dem Terminkurs der Vorperiode übereinstimmt. **Devisenmarkteffizienz und rationale Erwartungen** implizieren also, dass es lediglich **unsystematische** (d. h. unvorhersehbare) **Abweichungen** zwischen dem aktuellen Kassakurs und dem in der Vorperiode (für diesen aktuellen Kurs) erwarteten Kassakurs geben kann. Es kann nicht zu vorhersehbaren Abweichungen kommen, denn diese würden sofort antizipiert und in den aktuellen Kurs einfließen.

6.2.4.2 News-Ansatz und Vermögenspreistheorie

Im Folgenden wird weiterhin von rationalen Erwartungen und effizienten Devisenmärkten ausgegangen, d. h. es gelten die Gleichungen (6.34) bis (6.37). Es soll nun untersucht werden, wie sich **neue Informationen** (**News**) auf die Wechselkursentwicklung auswirken können. Die Grundidee des **News-Ansatzes** lässt sich zunächst anschaulich an einem einfachen Modell erläutern.

Angenommen der Wechselkurs w_i ergibt sich als Produkt aus der Ausprägung einer **makroökonomischen Fundamentalvariablen** FU_i (Preise, Zinsen, Realeinkommen usw.) und einem Koeffizienten α:

(6.38) $w_i = \alpha \cdot FU_i$ [114]

Bei **rationaler Erwartungsbildung** ist die Wechselkurserwartung der Vorperiode i–1 an die Erwartung über die zukünftige Entwicklung des Fundamentalfaktors FU gekoppelt:

(6.39) $E_{i-1}(w_i) = \alpha \cdot E_{i-1}(FU_i)$

Für den **Erwartungsirrtum** gemäß (6.36) gilt dann:

(6.40) $IRR_i = w_i - E_{i-1}(w_i) = \alpha \cdot [FU_i - E_{i-1}(FU_i)]$

Ein Erwartungsirrtum entsteht demnach dadurch, dass die Entwicklung der Fundamentalvariablen falsch eingeschätzt wurde. Substituiert man (6.40) in (6.37), so ergibt sich:

(6.41) $w_i = w_{i-1}^t + \alpha \cdot [FU_i - E_{i-1}(FU_i)]$

[114] Dieses Modell lässt sich sofort erweitern, wenn man FU und α als Vektoren von Fundamentalvariablen und Koeffizienten auffasst.

Aus (6.41) folgt sofort, dass der aktuelle Wechselkurs auf eine Erwartungsänderung hinsichtlich der *FU*-Variablen zum Zeitpunkt *i*–1 ($E_{i-1}(FU_i)$) reagiert, ohne dass sich die Fundamentalvariable *FU* beim Übergang von *i*–1 auf *i* ändern muss. Als Fazit dieses Ansatzes ergibt sich:

Auf effizienten Devisenmärkten beeinflussen neue Informationen (News) über die erwartete Entwicklung der Fundamentalfaktoren die Wechselkurse.

Da Neuigkeiten über zukünftige Ausprägungen der Fundamentalfaktoren im Wirtschaftsleben oft stark schwanken und schneller verbreitet sind als sich die Fundamentalgrößen wirklich ändern, kommt es häufig zu unerwarteten Wechselkursveränderungen. Der News-Ansatz kann somit die oft zu beobachtende starke Volatilität von Wechselkursen zumindest teilweise erklären.

Der News-Ansatz soll jetzt auf das von **J.A. Frenkel** und **M.L. Mussa** entwickelte **Vermögenspreis-Modell (Asset-Price-Approach)** übertragen werden.[115] Als Ausgangspunkt dient dabei die Grundgleichung (6.33) der monetären Wechselkurstheorie bei flexiblen Preisen:

$$(6.33)\quad \ln(w) = \ln(M) - \ln(M^*) - \eta \cdot \left[\ln(Y) - \ln(Y^*)\right] + \sigma \cdot \hat{w}_e$$

Der aktuelle Wechselkurs (logarithmiert) wird demnach beeinflusst durch Geldmengen- und Realeinkommensdifferenzen zwischen In- und Ausland sowie der erwarteten Wechselkursänderungsrate. Diese lässt sich approximativ darstellen als

$$\hat{w}_e \approx \ln(w_e) - \ln(w)$$ [116]

Setzt man ferner

$$FU \equiv \ln(M) - \ln(M^*) - \eta \cdot \left[\ln(Y) - \ln(Y^*)\right]$$

als zusammenfassende Fundamentalgröße, so geht (6.33) über in

$$(6.42)\quad \ln(w) = FU + \sigma \cdot \left[\ln(w_e) - \ln(w)\right]$$

Im Folgenden sollen zur Vereinfachung der Schreibweise die logarithmierten Wechselkurse ohne das ln-Symbol notiert werden. Geht man ferner von rationaler Erwartungsbildung aus und führt die entsprechenden Zeitindizes ein, so geht (6.42) über in

---

[115] Vgl. Frenkel, J.A., Mussa, M.L., Asset Markets, Exchange Rates and the Balance of Payments, in: R. Jones, P.B. Kenen (Hrsg.), Handbook of International Economics, Vol. 2, Amsterdam 2006 (1. Auflage), S. 679–740.

[116] Man beachte, dass bei moderaten Veränderungen einer Größe die Veränderung des Logarithmus der Variablen approximativ der Veränderungsrate entspricht. D.h. für die erwartete Wechselkursveränderung gilt

$$\hat{w}_e = \frac{w_e - w}{w} \approx ln(w_e) - ln(w)$$

$$(6.43)\quad w_i = FU_i + \sigma \cdot \left[E_i(w_{i+1}) - w_i\right]$$

Die Gleichung (6.43) ist die **Grundgleichung der Vermögenspreistheorie**. Aufgelöst nach w_i ergibt sich

$$(6.44)\quad w_i = \frac{1}{1+\sigma} \cdot FU_i + \frac{\sigma}{1+\sigma} \cdot E_i(w_{i+1})$$

Der aktuelle Wechselkurs w_i hängt demnach ab von der aktuellen Ausprägung der Fundamentalvariablen FU_i und der Erwartung über den Wechselkurs in Periode i+1. Die letzte Gleichung besagt ferner, dass eine in der Zukunft erwartete Abwertung der Inlandswährung (Anstieg des Wechselkurses) bereits heute zu einer Abwertung führt.

Die Gleichung (6.44) kann nun weiter umgeformt werden. Zur Ermittlung der Größe $E_i(w_{i+1})$ verschiebt man (6.44) zunächst um eine Periode nach vorne:

$$(6.45)\quad w_{i+1} = \frac{1}{1+\sigma} \cdot FU_{i+1} + \frac{\sigma}{1+\sigma} \cdot E_{i+1}(w_{i+2})$$

Bildet man auf beiden Seiten von (6.45) die rationale Erwartung mit dem Informationsstand der aktuellen Periode i, so erhält man:

$$(6.46)\quad E_i(w_{i+1}) = \frac{1}{1+\sigma} \cdot E_i(FU_{i+1}) + \frac{\sigma}{1+\sigma} \cdot E_i(w_{i+2})$$

(6.46) eingesetzt in (6.44) ergibt:

$$(6.47)\quad w_i = \frac{1}{1+\sigma} \cdot \left[FU_i + \frac{\sigma}{1+\sigma} \cdot E_i(FU_{i+1})\right] + \left(\frac{\sigma}{1+\sigma}\right)^2 \cdot E_i(w_{i+2})$$

In der letzten Gleichung kann man nun erneut den mit dem aktuellen Informationsstand für die Periode i+2 erwarteten Wechselkurs $E_i(w_{i+2})$ analog zur Herleitung von $E_i(w_{i+1})$ durch (6.45) und (6.46) berechnen und in (6.47) einsetzen. Es ist klar, dass dann in der sich ergebenden neuen Bestimmungsgleichung für w_i der Term $E_i(w_{i+3})$ auftreten wird. Die Wiederholung der Schritte aus den Gleichungen (6.45) und (6.46), d. h. die fortgesetzte Substitution der entsprechenden Ausdrücke für den erwarteten Wechselkurs, führt nach n-maliger Iteration zu

$$(6.48)\quad w_i = \frac{1}{1+\sigma} \cdot \sum_{j=0}^{n}\left(\frac{\sigma}{1+\sigma}\right)^j \cdot E_i(FU_{i+j}) + \left(\frac{\sigma}{1+\sigma}\right)^{n+1} \cdot E_i(w_{i+n+1})$$

Bei unendlich vielen derartigen Iterationen ($n \to \infty$) geht der letzte Term des Ausdrucks (6.48) gegen Null und man erhält als Lösung dieses allgemeinen Vermögenspreisansatzes

$$(6.49)\quad w_i = \frac{1}{1+\sigma} \cdot \sum_{j=0}^{\infty}\left(\frac{\sigma}{1+\sigma}\right)^j \cdot E_i(FU_{i+j})$$

Aus der Gleichung (6.49) lässt sich das folgende Fazit ziehen:

> Nach dem **Vermögenspreisansatz** wird der aktuelle Wechselkurs w_i vom gesamten erwarteten Entwicklungspfad der Fundamentalgröße *FU* beeinflusst. Je weiter eine Erwartungsänderung von *FU* in der Zukunft liegt (großes *j*), desto geringer wird ihr Einfluss auf den aktuellen Wechselkurs w_i (wegen der abnehmenden Gewichte).

Schließlich muss noch der Erwartungsirrtum IRR_i bestimmt werden, der beim News-Ansatz von Bedeutung ist. Bildet man die rationale Erwartung hinsichtlich des aktuellen Wechselkurses mit dem Informationsstand zum Zeitpunkt *i*-1, so ergibt sich aus (6.49) zunächst:

$$E_{i-1}(w_i) = \frac{1}{1+\sigma} \cdot \sum_{j=0}^{\infty} \left(\frac{\sigma}{1+\sigma} \right)^j \cdot E_{i-1}(FU_{i+j})$$

Für den **Erwartungsirrtum** folgt somit

$$(6.50) \quad IRR_i = w_i - E_{i-1}(w_i) = \frac{1}{1+\sigma} \cdot \sum_{j=0}^{\infty} \left(\frac{\sigma}{1+\sigma} \right)^j \cdot \left[E_i(FU_{i+j}) - E_{i-1}(FU_{i+j}) \right]$$

Nach (6.50) entstehen Erwartungsirrtümer immer bei Erwartungsänderungen hinsichtlich des kompletten Zeitpfades der Fundamentalvariablen *FU*. Erwartungsdifferenzen für weit in der Zukunft liegende Ausprägungen des Fundamentalfaktors *FU* werden dabei jedoch gemäß ihrer zeitlichen Gewichtung abdiskontiert. Dennoch können im Vermögenspreismodell, da alle zukünftigen Perioden in den Erwartungsirrtum einfließen, die Einflüsse von News auch bezüglich weit in der Zukunft liegender Perioden bedeutsam sein.

6.2.4.3 Spekulative Blasen (Bubbles)

Wie bereits erwähnt ist die Entwicklung **nominaler** und **realer Wechselkurse**[117] in der Praxis oft von starken kurz- und längerfristigen Schwankungen geprägt. Neben der schon genannten **Volatilität**, die zeitlich und umfangmäßig begrenz-

---

[117] Der reale Wechselkurs w_r liefert einen Vergleich der Kaufkraft zwischen in- und ausländischer Währung. Mit einer Einheit inländischer Währung kann man im Inland den *P*-ten Teil eines Konsumgüterbündels erwerben, d. h. der Realwert einer Einheit Inlandswährung beträgt im Inland $1/P$. Für eine Einheit Inlandswährung erhält man $1/w$ Einheiten Auslandswährung und kann damit im Ausland den ($w \times P^*$)-ten Teil des gleichen Güterbündels kaufen. Mit anderen Worten beträgt der Realwert einer Einheit Inlandswährung im Ausland $1/(w \times P^*)$. Ein Kaufkraftvergleich (Realwertvergleich) liefert den realen Wechselkurs:

$$w_r = \frac{1/P}{1/(w \cdot P^*)} = w \cdot \frac{P^*}{P}$$

Der Kehrwert des realen Wechselkurses wird oft als **terms-of-trade** bezeichnet. Der reale Wechselkurs w_r dient als Indikator für die Wettbewerbsfähigkeit eines Landes. Z. B. bedeutet ein Anstieg des realen Wechselkurses, dass sich die ausländischen Preise, ausgedrückt in Inlandswährung ($w \times P^*$), in Relation zu den Inlandspreisen erhöht haben. Dies impliziert c. p. eine Verbesserung der inländischen Wettbewerbsfähigkeit.

te, unsystematische Abweichungen vom mittelfristigen Trend bezeichnet, spielt das **Misalignment** seit den 80er Jahren eine größere Rolle in der wirtschaftspolitischen Diskussion. Unter Misalignment versteht man die (länger anhaltende) Fehlbewertung (Über- bzw. Unterbewertung) einer Währung mit Blick auf den langfristigen Gleichgewichtswechselkurs.

Die bisher beschriebenen Wechselkursmodelle (z. B. der News-Ansatz, das Wechselkursüberschießen) erklären diese Schwankungen nur teilweise. Dieses Erklärungsdefizit hat zur Entwicklung der sogenannten **Seifenblasentheorie** (**Bubbles**) geführt:

Unter einer **spekulativen Blase** versteht man eine sich selbst verstärkende Wechselkursentwicklung, die den Kassakurs infolge spekulativer Übertreibungen immer weiter von dem Niveau entfernt, das sich aufgrund makroökonomischer Fundamentaldaten ergeben müsste. Ein **Platzen der Blase (Crash)** führt dann schlagartig zur Rückkehr des Kassakurses in Richtung seines Fundamentalniveaus.

Die zeitliche Entwicklung eines Bubbles kann man sich wie folgt vorstellen: Angenommen der Kassakurs ist seit geraumer Zeit stetig über sein **Fundamentalniveau** gestiegen. Obwohl den Devisenspekulanten die Abweichung des Kassakurses von seinem Fundamentalniveau bekannt ist, erwarten sie möglicherweise einen weiteren Kursanstieg. Falls sie ferner glauben, den Zeitpunkt des Crashs richtig einschätzen zu können, werden sie Devisen kaufen, mit der Absicht, durch den Verkauf der Devisen kurz vor dem Crash einen maximalen Gewinn zu erzielen. Der Kauf von Devisen zum aktuellen Zeitpunkt treibt aber den Kassakurs weiter in die Höhe.

Die Bubble-Theorie wurde ursprünglich für andere spekulative Märkte als den Devisenmarkt entwickelt, so z. B. für die Beschreibung exzessiver Aktienkursbewegungen. Die starke Aufwertung des US-Dollars gegenüber vielen Währungen (z. B. dem Yen und dem Euro (vgl. Box 6.2)) in der 1. Hälfte der 80er Jahre führte zur Übertragung der Seifenblasenmodelle auf den Devisenmarkt. Obwohl in den Jahre 1984–85 viele Marktteilnehmer von einer Überbewertung des US-Dollars überzeugt waren, kam es in diesem Zeitraum zu einem hohen Nettokapitalzufluss in die USA. Viele Nichtamerikaner waren also gewillt, US-$ nominierte Finanzanlagen zu halten.

Das folgende auf **O. J. Blanchard** und **R. Dornbusch** zurückgehende Modell beschreibt die Entwicklung spekulativer Blasen bei rationalen Erwartungen.[118] Eine wichtige Voraussetzung hierbei ist, dass der Zeitpunkt des Crashs nicht mit Sicherheit bekannt ist. Vielmehr erwarten die Spekulanten einen Crash in der Folgeperiode mit einer Wahrscheinlichkeit von α bzw. eine Weiterentwicklung des Kassakurses entlang des Bubble-Pfades mit Wahrscheinlichkeit $1-\alpha$.

[118] Vgl. Blanchard, O.J., Speculative Bubbles, Crashes and Rational Expectations, Economics Letters 3 (1979), S. 387–389 bzw. Dornbusch, R., Equilibrium and Disequilibrium Exchange Rates, Zeitschrift für Wirtschafts- und Sozialwissenschaften 102 (1982), S. 573–599.

Die folgenden Darstellungen gehen erneut von logarithmierten Wechselkursen aus, wobei aus Notationsgründen auf das ln-Symbol verzichtet wird.

Das Modell besteht aus den beiden folgenden Gleichungen:

$$(6.51)\quad w_{i+1}^{e} - w_i = Z - Z^*$$

$$(6.52)\quad w_{i+1}^{e} = \alpha \cdot \overline{w_i} + (1-\alpha) \cdot w_{i+1}^{B}$$

Die Gleichung (6.51) beschreibt die ungedeckte Zinsparität. Die erwartete Wechselkursänderungsrate zwischen heute (Zeitpunkt *i*) und morgen (Zeitpunkt *i*+1) entspricht der Zinsdifferenz zwischen In- und Ausland. Die Gleichung (6.52) muss etwas genauer erläutert werden: Der für morgen erwartete Wechselkurs ist ein gewichtetes Mittel zwischen dem heutigen Fundamentalkurs $\overline{w_i}$ und dem Kurs auf dem Bubble-Pfad für morgen (w_{i+1}^{B}). Sind sich die Spekulanten z. B. absolut sicher, dass es morgen zu einem Crash kommt (also $\alpha = 1$), so gilt:

$$w_{i+1}^{e} = \overline{w_i}$$

d. h. man erwartet eine Rückkehr des Wechselkurses auf sein Fundamentalniveau. Wird ein Crash für morgen dagegen mit Sicherheit ausgeschlossen (d. h. $\alpha = 0$), so ergibt sich

$$w_{i+1}^{e} = w_{i+1}^{B}$$

man erwartet also eine Wechselkursentwicklung entlang des Bubble-Pfades.

Die Gleichung (6.52) kann nun wie folgt umgeschrieben werden:

$$\begin{aligned}
& & w_{i+1}^{e} &= \alpha \cdot \overline{w_i} + (1-\alpha) \cdot w_{i+1}^{B} \\
(6.53) & \Leftrightarrow & w_{i+1}^{e} - w_i &= \alpha \cdot \overline{w_i} + (1-\alpha) \cdot w_{i+1}^{B} - w_i \\
& \Leftrightarrow & w_{i+1}^{e} - w_i &= \alpha \cdot \left(\overline{w_i} - w_i\right) + (1-\alpha) \cdot \left(w_{i+1}^{B} - w_i\right)
\end{aligned}$$

Setzt man das Zinsdifferential aus der ungedeckten Zinsparität (6.51) für die linke Seite der Gleichung (6.53) ein, so folgt schließlich

$$\begin{aligned}
(6.54) & & Z - Z^* &= \alpha \cdot \left(\overline{w_i} - w_i\right) + (1-\alpha) \cdot \left(w_{i+1}^{B} - w_i\right) \\
& \Leftrightarrow & w_{i+1}^{B} - w_i &= \frac{Z - Z^*}{1-\alpha} + \frac{\alpha}{1-\alpha} \cdot \left(w_i - \overline{w_i}\right)
\end{aligned}$$

Die Gleichung (6.54) beschreibt die **zeitliche Entwicklung eines rationalen Bubbles**. Diese hängt ab vom Zinsdifferential, der Crash-Wahrscheinlichkeit α sowie der prozentualen Abweichung des heutigen Wechselkurses von seinem Fundamentalniveau. Aus (6.54) ergeben sich die folgenden Implikationen für die Wechselkursentwicklung:

1. Besteht absolute Sicherheit darüber, dass die Blase in der nächsten Periode nicht platzt (d. h. $\alpha = 0$), so entspricht die Veränderungsrate des Wechselkurses dem Zinsdifferential.
2. Angenommen es besteht Zinsgleichheit zwischen In- und Ausland, d. h. $Z = Z^*$. Für die Entwicklung der Blase gilt dann:

$$(6.55)\quad w_{i+1}^{B} - w_i = \frac{\alpha}{1-\alpha} \cdot \left(w_i - \overline{w_i}\right)$$

Besteht nun eine positive Wahrscheinlichkeit für das Platzen der Blase in der Folgeperiode (also $\alpha > 0$), so wertet die Inlandswährung weiter ab, falls die Inlandswährung bereits unterbewertet ist ($w_i - \overline{w_i} > 0$), und zwar umso stärker, **je höher die Crash-Wahrscheinlichkeit** ist (denn $\alpha/(1-\alpha) \rightarrow \infty$ für $\alpha \rightarrow 1$). Auch die Höhe der aktuellen Unterbewertung hat einen Einfluss auf die nachfolgende Abwertung. Für eine bestehende Überbewertung der Inlandswährung ($w_i - \overline{w_i} < 0$) lassen sich analoge Schlussfolgerungen ziehen. Als Fazit ergibt sich:

Bestehende Fehlbewertungen der Inlandswährung halten in einem Bubble an, wenn Unsicherheit über das Platzen der Blase besteht. Je höher die aktuelle Unterbewertung (Überbewertung) der inländischen Währung und je höher die Crash-Wahrscheinlichkeit, desto stärker wertet die Inlandswährung zukünftig ab (auf), d. h. die Fehlbewertungen können sich verstärken.

3. Lässt man Zinsunterschiede zwischen In- und Ausland zu, so kann der Wechselkurs im Bubble unverändert bleiben, obwohl die Inlandswährung bereits vom Fundamentalkurs abweicht. Zur Verdeutlichung kann die Wechselkursänderungsrate auf der linken Seite von (6.54) gleich 0 gesetzt werden:

$$(6.56)\quad \overline{w_i} - w_i = \frac{Z - Z^{*}}{\alpha}$$

Ein positives (negatives) Zinsdifferential zugunsten des Inlands kann somit eine Überbewertung (Unterbewertung) auf gleich bleibendem Niveau erhalten. Z. B. erhalten eine Crash-Wahrscheinlichkeit von 20 % und ein Zinsdifferential von 5 % eine Überbewertung von 25 %.

Die Abb. 6.10 zeigt die zeitlichen Verläufe zweier **Bubble-Pfade**, die sich hinsichtlich des Crash-Zeitpunktes unterscheiden. Zum Ausgangszeitpunkt i_0 befinde sich der Wechselkurs w_{i_0} über seinem langfristigem Gleichgewichtsniveau $\overline{w}$. Die Linie *AB* beschreibt den Pfad eines Bubbles, der im betrachteten Zeitraum nicht platzt. Die Linie *ACDE* zeigt dagegen einen Bubble-Pfad mit einem Crash zum Zeitpunkt i_1. Der Wechselkurs fällt dort auf sein Fundamentalniveau $\overline{w}$ zurück. Dass die bei i_1 platzende Blase *ACDE* zwischen i_0 und i_1 explosiver verläuft als der nicht platzende Pfad *AB* lässt sich anhand der zeitlichen Entwicklungsgleichung (6.54) erklären, wenn man dort ein positives Zinsdifferential (Z–Z^*) unterstellt. Schätzen nämlich die Marktteilnehmer das Risiko des Platzens für die beiden alternativen Bubble-Pfade richtig ein, so weisen sie dem Pfad *ACDE* über dem gesamten Zeitbereich stets eine höhere Crash-Wahrscheinlichkeit α als dem Pfad *AB* zu. Es ist leicht zu überprüfen, dass die Wechselkursveränderungsrate (6.54) mit höherer Crash-Wahrscheinlichkeit α ceteris paribus stetig zunimmt, was den explosiveren Verlauf begründet. Diese Überlegungen verdeutlichen, dass eine unsichere Seifenblase in der Regel schneller wächst als ein sicherer, länger anhaltender Bubble.

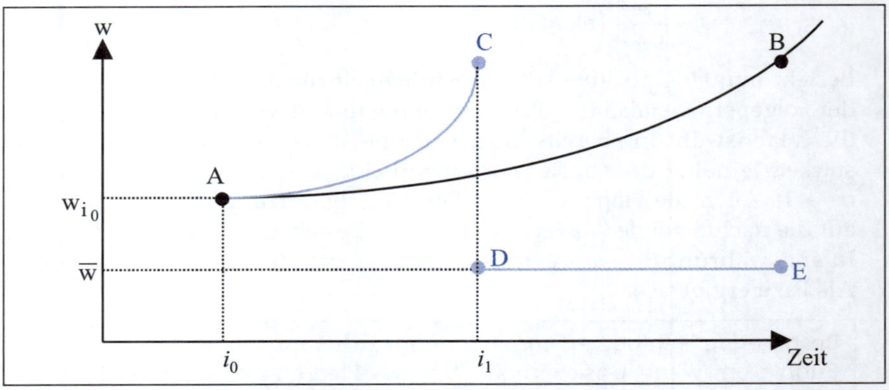

Abb. 6.10: Platzender und nicht platzender Bubble-Pfad

Trotz des positiv zu bewertenden Erklärungsbeitrages, den die Bubble-Theorie für systematische Abweichungen der Wechselkurse von ihren Gleichgewichtswerten zu leisten vermag, sind gewisse Schwächen nicht zu übersehen. Eine Unzulänglichkeit des Bubble-Ansatzes besteht darin, dass er sowohl für den Beginn als auch für das Platzen der Blase (also für die beiden zentralen Phasen der beschriebenen Wechselkursentwicklung) eine nur begrenzt ökonomisch fundierte Erklärung bereitstellt. So wird aus (6.54) deutlich, dass die Theorie eine von der Zinsparität abweichende Wechselkursentwicklung nur für den Fall einer gegebenen Abweichung des aktuellen Wechselkurses von seinem Fundamentalniveau und einer von Null verschiedenen Wahrscheinlichkeit für die Beseitigung dieser Abweichung erklären kann. Die Entstehung der Abweichung und die Bestimmung der Crash-Wahrscheinlichkeit wird nicht erklärt. Die zukünftigen Abweichungen erklären sich somit im Wesentlichen aus gegenwärtigen Abweichungen. Und schließlich ist für das Platzen festzuhalten, dass der Crash-Zeitpunkt i_1 durch das Modell ex ante nicht bestimmbar ist.

6.2.5 Stilisierte empirische Fakten und Modellbeurteilung

In den vorangegangenen Abschnitten wurde eine Auswahl verschiedener Wechselkursmodelle vorgestellt. Trotz einiger Gemeinsamkeiten führen die jeweiligen Modelle die Bildung und zeitliche Entwicklung flexibler Wechselkurse auf unterschiedliche ökonomische Gegebenheiten und Verhaltensweisen der Wirtschaftssubjekte zurück. Hieraus ergibt sich zwangsläufig die Frage nach dem empirischen Gehalt der einzelnen Theorien. Die zur Validierung der verschiedenen Wechselkursmodelle erforderlichen ökonometrischen Methoden sind allerdings zum Teil recht kompliziert, so dass hier nur eine stilisierte Darstellung der bisher erzielten Erkenntnisse erfolgen kann.[119] Um dennoch einen Eindruck vom Stand der empirischen Forschung zu erhalten, wird im

[119] Eine ausführliche Darstellung findet sich z. B. in Baillie, R.T., MacMahon, P.C., The Foreign Exchange Market: Theory and Econometric Evidence, Cambridge 1990.

Folgenden in zwei Schritten verfahren. Losgelöst von jeglichem Modell werden zunächst einige stilisierte Fakten von tatsächlich beobachteten Wechselkursentwicklungen dargestellt. Anschließend erfolgt ein kurzer Abriss der Literatur, in der die verschiedenen Wechselkursmodelle auf ihre empirische Evidenz überprüft werden.

6.2.5.1 Stilisierte empirische Fakten

Zwischen 1945 und 1973 waren die bilateralen Wechselkurse im Rahmen des Währungssystems von **Bretton Woods** an den US-Dollar gekoppelt. Für die Mitgliedsländer des Systems bestand die Pflicht, die Wechselkurse in einer Bandbreite von ±1 % um die Parität zu halten. Der faktische Zusammenbruch des Systems im Frühjahr 1973 markierte den Übergang zu flexiblen Wechselkursen zwischen den bedeutenden Handelswährungen. Vor diesem Hintergrund wird klar, dass die meisten empirischen Untersuchungen zu Wechselkursentwicklungen auf bilateralen Kursen nach 1973 basieren.

6.2.5.1.1 Hohe Volatilität nominaler Wechselkurse

Als erster empirischer Befund ist hervorzuheben, dass bilaterale Kassakurse in kurzen Zeitabständen (von Tag zu Tag und kürzer) stark schwanken können. Insbesondere das visuelle Erscheinungsbild von zentralen Wechselkursentwicklungen (vgl. Box 6.2) hat zu der Hypothese geführt, dass Wechselkurse weniger von fundamental und systematisch zu erklärenden Faktoren abhängen, sondern sich zufallsbedingt entwickeln (**Random-Walk-Hypothese**). Ein einfacher Random-Walk liegt vor, wenn für den aktuellen Wechselkurs w_i die Beziehung

(6.57) $w_i = w_{i-1} + u_i$

gilt. Dabei ist u_i eine zufällige Störgröße mit Erwartungswert Null und konstanter Varianz. Weiterhin wird angenommen, dass die zufälligen Störungen u_i im Zeitverlauf unabhängig voneinander sind. Der aktuelle Wechselkurs ergibt sich somit aus dem Kurs der Vorperiode zuzüglich eines unsystematischen Schocks. Tatsächlich kamen mehrere Untersuchungen zu dem Ergebnis, dass das Random-Walk-Modell bessere Prognosen liefert als kompliziertere Modelle, die den Wechselkurs durch makroökonomische Variablen erklären.

Dennoch lässt sich eine Verbindung zu den zuvor dargestellten Wechselkurstheorien ziehen. So lässt sich der Zufallsschock u_i in (6.57) als Einfluss von News auf die Wechselkurserwartung zum Zeitpunkt i-1 und damit auf den Wechselkurs w_i interpretieren. News müssen ex definitione unsystematisch „schwanken" – jegliche Systematik könnte ex ante erkannt werden und hätte keinen Neuigkeitswert. Das Random-Walk-Modell kann auf diese Weise mit dem News-Ansatz in Einklang gebracht werden.

6.2.5.1.2 Hohe Korrelation zwischen aktuellen Kassa- und Terminkursen

Die meisten empirischen Untersuchungen belegen einen engen Zusammenhang zwischen aktuellen Kassa- und Terminkursen (oft mit Korrelationskoeffizienten von über +0,9), d.h. die Kurse bewegen sich in die gleiche Richtung. Dieser Befund erklärt sich daraus, dass zu einem bestimmten Zeitpunkt auf Kassa- und Terminmärkten der gleiche Informationsstand vorliegt: Der heutige Kassakurs spiegelt den erwarteten zukünftigen Kassakurs wider. Jede neue Information induziert eine Veränderung des zukünftig erwarteten Kassakurses, was sich wiederum auf die Höhe des aktuellen Kassakurses auswirkt. Da auf dem Terminmarkt die gleichen Informationen zur Verfügung stehen und der erwartete zukünftige Kassakurs den aktuellen Terminkurs bestimmt, ergeben sich zwangsläufig gleich gerichtete Reaktionen von Kassa- und Terminkurs.

6.2.5.1.3 Der aktuelle Terminkurs ist ein schlechter Schätzer für den Kassakurs von morgen

Dieser empirische Befund verwundert zunächst im Hinblick auf den zuvor geschilderten hoch korrelierten Zusammenhang zwischen aktuellen Termin- und Kassakursen. Die beiden Fakten widersprechen sich jedoch keineswegs. Der feine Unterschied zwischen beiden Befunden liegt in folgendem: Zuvor wurden Kassa- und Terminkurse der gleichen Periode (d.h. bei gleichem Informationsstand) betrachtet. Treten zwischen den Zeitpunkten i und i+1 neue Informationen oder nicht vorherzusehende Ereignisse auf, so fließen diese wohl in den künftigen Kassakurs (Periode i+1) ein, nicht aber in den aktuellen Terminkurs (Periode i), denn zum Zeitpunkt seiner Bildung sind die News noch nicht bekannt. Die Diskrepanz zwischen Terminkurs und Kassakurs der Folgeperiode führt teilweise dazu, dass der Terminkurs noch nicht einmal die Veränderungsrichtung des Kassakurses richtig prognostiziert.

Box 6.2: Volatilität und Misalignment von Wechselkursen

Die Wechselkursvolatilität hat seit dem Ende des Systems von Bretton Woods zugenommen. Diese Aussage gilt, auch wenn unterschiedliche Messverfahren zu unterschiedlichen Aussagen hinsichtlich des Volatilitätsausmaßes kommen. Die beiden Grafiken in dieser Box verdeutlichen dies: Die erste Abbildung stellt die jährliche prozentuale Veränderung des Schweizer Franken zum US-Dollar in der Zeit zwischen 1980 und 2011 dar. Die zweite Abbildung vermittelt einen Eindruck der Volatilität anhand der Euro-/US-Dollar-Wechselkurse im gleichen Zeitraum. Zur Relativierung der Volatilität von Wechselkursen ist jedoch anzumerken, dass sie nicht höher liegt als die Volatilität des Preises von Gold, ausgewählten Rohstoffen oder Aktien.

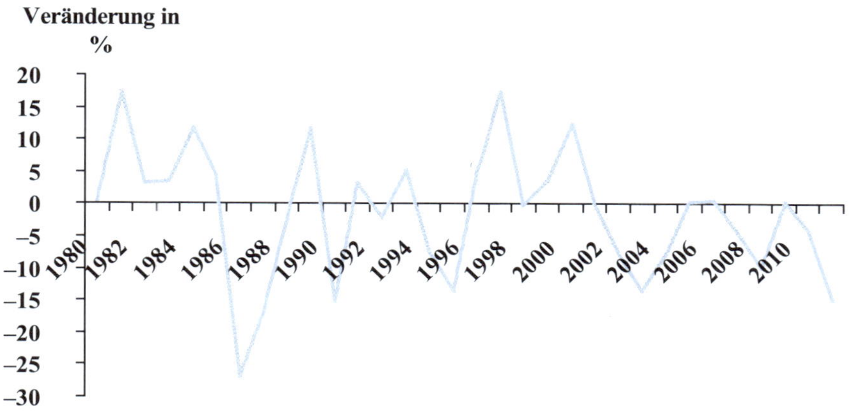

Jährliche Veränderung des (Sfr/US-$)-Wechselkurses zwischen 1980 und 2011
Quelle: Federal Reserve Bank, Statistics, Stand 07.11.12.

Die Kosten bzw. Nachteile dieser erhöhten Volatilität sind empirisch nur schwierig zu erfassen. Tendenziell dürfte die gestiegene Volatilität (insbesondere die **Intra-Tages-Volatilität**) zu erhöhten Spannen zwischen Geld- und Briefkursen führen. Damit wirkt die gestiegene Volatilität zunächst ähnlich wie erhöhte Transaktionskosten und somit handelsdämpfend. Zunehmend umstritten ist jedoch, ob sich dieser handelsverringernde Effekt über die Finanzmärkte hinaus auf den realen Bereich in Richtung eines verringerten internationalen Handelsvolumens von Waren und Dienstleistungen oder einer verringerten Direktinvestitionstätigkeit fortpflanzt. Die erhöhte Unsicherheit lässt sich nämlich – wenn auch nicht kostenlos – durch diverse **Hedging-Methoden** abbauen. Zu solchen Hedging-Methoden zählen z. B. für einen deutschen Exporteur **Devisentermingeschäfte**, die Aufnahme eines Fremdwährungskredites mit Tilgungstermin zum erwarteten Datum des ausländischen Zahlungseinganges oder die Fakturierung in inländischer Währung.

Bei Misalignments können sich gar handelsschaffende Wirkungen ergeben. So wird argumentiert, dass nur aufgrund des starken Dollars Anfang bis Mitte der 80er Jahre viele europäische und asiatische Exporteure den Handel mit den USA begonnen haben. Die in dieser Zeit hohen Deckungsbeiträge aus den Exporten (jeweils in inländischer Währung) deckten die fixen und verlorenen **Kosten des Markteintritts** (PR-Kosten, Aufbau eines Vertriebs- und Servicenetzes, Mitarbeiterschulung). Nachdem diese Brückenköpfe **(beachheads)** aufgebaut waren, zogen sich diese Exporteure auch nach dem Dollarverfall nicht zurück. Es genügte nun, dass die variablen Kosten (gerechnet in jeweils inländischer Währung) gedeckt wurden (vgl. hierzu die Hysterese-Abschnitte 4.3.1 bis 4.3.3).

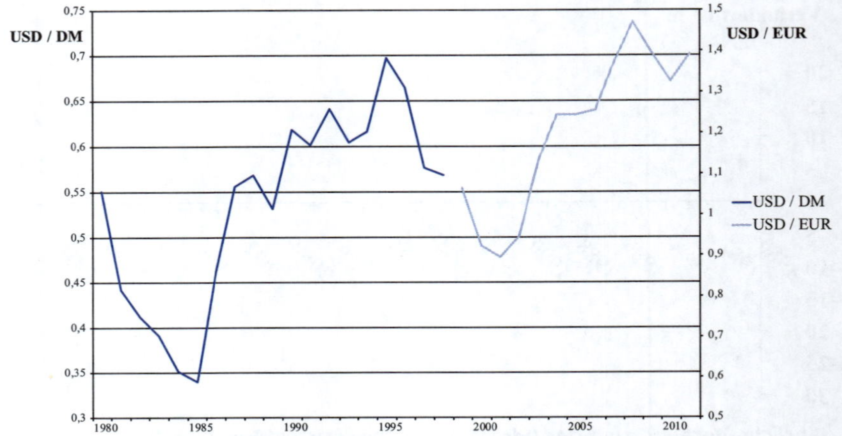

Nominaler Wechselkurs (US-$/DM bzw. US-$/€) zwischen 1980 und 2011
Quelle: Deutsche Bundesbank, Zahlungsbilanzstatistik, Stand 08.11.12.

6.2.5.1.4 Hohe Korrelation zwischen nominalem und realem Wechselkurs

Der **reale Wechselkurs** ist definiert als

$$(6.58)\quad w_r = w \cdot \frac{P^*}{P}$$

also als Produkt aus nominalem Wechselkurs und Verhältnis zwischen ausländischem und inländischem Preisniveau (vgl. Abschnitt 6.2.4.3). Zwischen nominalen und realen Wechselkursen lassen sich oft hohe positive Korrelationen feststellen. Dieser Befund lässt sich gut erklären, wenn man von starren Güterpreisen ausgeht. Wenn Inlands- und Auslandspreise träge (d. h. kurzfristig konstant) sind, dann ist der reale Wechselkurs nach (6.58) eine lineare Funktion des nominalen Wechselkurses, was eine hohe Korrelation zwischen den beiden Größen sichert. Die hohe Korrelation lässt sich auch so interpretieren, dass nominale Wechselkurse volatiler sind als Güterpreise.

6.2.5.2 Empirische Evidenz der Wechselkursmodelle

Die dargestellten stilisierten empirischen Fakten ergeben sich aus der reinen Analyse von Wechselkursdaten. Einige Befunde lassen sich mit mehreren **Wechselkursmodellen** erklären, was für deren Stärke spricht. Darüber hinaus sind Untersuchungen interessant, die die einzelnen Wechselkursmodelle auf ihren expliziten Erklärungsgehalt testen.

6.2.5.2.1 Die Kaufkraftparität

Die **absolute Kaufkraftparität** unterstellt, dass sich der Wechselkurs an das Preisverhältnis zwischen In- und Ausland anpasst, d. h.

$$w = \frac{P}{P^*}$$

Insbesondere muss demnach die Veränderungsrate des Wechselkurses der Differenz der Inflationsraten entsprechen:

$$\frac{dw}{w} = \frac{dP}{P} - \frac{dP^*}{P^*} = \pi - \pi^*$$

mit π und π^* als in- bzw. ausländischer Inflationsrate. Stimmen in- und ausländische Inflationsraten überein, so ist die Veränderungsrate des Wechselkurses gleich Null, d.h. der Wechselkurs w bleibt konstant. Inflationiert das Inland stärker (schwächer) als das Ausland, so ist die Wechselkursveränderungsrate positiv (negativ), d.h. die Inlandswährung wertet ab (auf). Verschiedene Untersuchungen haben nun gezeigt, dass Länder mit hohen Inflationsraten relativ zu denen ihrer Handelspartner tendenziell eine Abwertung ihrer Währung erfahren. Dies bestätigt den **qualitativen Gehalt der Kaufkraftparitätentheorie**. Allerdings treten insbesondere kurz- und mittelfristig zum Teil erhebliche Abweichungen der Wechselkurse vom Verhältnis der Preisniveaus auf, so dass bezüglich derartiger Perioden die Prognosequalität der Kaufkraftparität häufig sehr schlecht ist. Langfristig ist jedoch festzustellen, dass Anpassungstendenzen in Richtung der Kaufkraftparität existieren. Zur Prognose von Wechselkursen ist die Kaufkraftparität zumindest bei Währungen, die als internationale Anlagemedien eine große Rolle spielen, dennoch nicht geeignet, weil der Zeitraum, innerhalb dessen eine Anpassung erfolgt, nur schwer abgeschätzt werden kann.

Die Frage, wie viel Zeit benötigt wird, um eine Abweichung von der Kaufkraftparität in spürbarem Ausmaß zu verringern, ist in der jüngsten Vergangenheit anhand moderner ökonometrischer Verfahren intensiv untersucht worden. So gelangt **Y. Wu** in einer Studie, in der die bilateralen realen Wechselkurse von 18 OECD-Staaten zum US-Dollar analysiert werden, zu der Schätzung, dass eine Zeit von zweieinhalb Jahren benötigt wird, um eine bestehende Abweichung von der Kaufkraftparität zu halbieren **(Halbwertzeit)**.[120] Zu einem ähnlichen Ergebnis kommen **J.A. Frankel** und **A.K. Rose** in einer umfassenderen Studie hinsichtlich der realen Wechselkurse des US-Dollars zu den Währungen von 150 Ländern zwischen 1948 und 1992.[121] Sie schätzen eine durchschnittliche Halbwertzeit von vier Jahren.

6.2.5.2.2 Der Portfolioansatz und die Zinsparität (Finanzmarkttheorien)

Im Vergleich zu den meisten anderen Wechselkursmodellen gibt es verhältnismäßig wenige empirische Tests für den **Portfolioansatz**. Ausschlaggebend hierfür sind erhebliche Datenerfassungs- und methodische Probleme, die eine

[120] Vgl. Wu, Y., Are Real Exchange Rates Nonstationary? Evidence from a Panel-Data Test, Journal of Money, Credit and Banking 28 (1996), S. 54–63.

[121] Vgl. Frankel, J.A., Rose, A.K., A panel project on purchasing power parity: Mean reversion within and between countries, Journal of International Economics 40 (1996), S. 209–224.

Anpassung direkter Portfoliomodelle an reale Finanzdaten verhindern. Allerdings liegen eine Reihe von Untersuchungen für modifizierte und zum Teil stark vereinfachte Portfolioansätze vor, deren Ergebnisse insgesamt jedoch eine starke Skepsis an der Validität des Gesamtansatzes aufkommen lassen.[122]

Relativ leicht zu testen ist dagegen das strukturell einfache **Zinspäritätentheorem**. Gemäß der Gleichung (6.20) ist die erwartete Wechselkursveränderungsrate mit den Zinsdifferenzen der beteiligten Länder zu vergleichen:

$$Z - Z^* = \hat{w}_e = \frac{w_e - w}{w}$$

Als gute Annäherung an den in der Praxis unbekannten erwarteten Wechselkurs w_e lässt sich der Terminkurs setzen, so dass die erwartete Veränderungsrate des Wechselkurses durch den Swapsatz dargestellt wird. Die Zinsparität erfährt eine hohe empirische Bestätigung. Für die Prognose zukünftiger Kassakurse ist die Zinsparität dennoch nur bedingt hilfreich: Die Terminkurse erweisen sich als schlechte Prognosen der zukünftigen Kassakurse (vgl. Abschnitt 6.2.5.1.3). Allerdings sind die Abweichungen zwischen Termin- und zukünftigen Kassakursen in den meisten Studien für Länder mit freiem internationalem Kapitalverkehr unsystematisch und zufällig. Insofern wird häufig geschlossen, dass – trotz der insgesamt schlechten Performance – für die zukünftigen Kassakurse keine besseren Prädiktoren als die Terminkurse existieren.

6.2.5.2.3 Monetäre Wechselkurstheorie

Zum **monetären Wechselkursmodell** mit flexiblen Preisen ergeben sich je nach Datenlage stark voneinander abweichende Schlüsse hinsichtlich des Erklärungsgehaltes. So liefert das Modell z. B. eine gute Erklärung für die Entwicklung des Euro-€-/US-$-Wechselkurses während der deutschen Hyperinflation in den 20er Jahren.[123] Auch für die frühen 70er Jahre lassen sich die Wechselkursentwicklungen bedeutender Handelswährungen zufriedenstellend beschreiben. Allerdings nimmt der Erklärungsgehalt für Daten der späten 70er und der darauf folgenden Jahre ab. Ein ähnliches datenabhängiges Verhalten wurde von mehreren Autoren für das monetäre Modell mit starren Preisen beobachtet. Beide Modelle liefern offensichtlich je nach Datensatz unterschiedliche Ergebnisse.

6.2.5.2.4 Der News-Ansatz

Die empirische Validierung des **News-Ansatzes** ist mit einer Reihe datentechnischer Probleme behaftet. Besonders schwierig gestaltet sich die Erfassung und Quantifizierung relevanter **neuer Informationen**. Obwohl verschiedene Studien den Schluss nahelegen, dass News die Wechselkursentwicklung beeinflussen,

[122] Vgl. Taylor, M.P., The Economics of Exchange Rates, Journal of Economic Literature 33 (1995), S. 13–47 und Evans, M.D.D., Lyons, R.K., Order Flow and Exchange Rate Dynamics, Journal of Political Economy 110 (2002), S. 170–180.

[123] Vgl. Frenkel, J.A., A Monetary Approach to the Exchange Rate: Doctrinal Aspects and Empirical Evidence, Scandinavian Journal of Economics 78 (1976), S. 200–224.

ist eine quantitative Abschätzung hinsichtlich des Erklärungsgehaltes dieses Ansatzes bisher nicht gelungen. Allerdings ergibt sich ein Zusammenhang mit der obigen Feststellung der rein zufälligen Abweichungen der zukünftigen Kassakurse von den Terminkursen: Solche Abweichungen können durch Informationen induziert werden, die im Zeitintervall zwischen der Feststellung des Terminkurses und des zukünftigen Kassakurses anfallen. Da News in ihrer Wirkung auf die Wechselkurse ex definitione rein zufällig sind, müssen auch die News-induzierten Wechselkursabweichungen von der Prognose via Terminkurs zufällig sein.

6.2.5.2.5 Spekulative Blasen

Auch die Theorie **spekulativer Blasen** ist empirisch schwer zu testen. Das hauptsächliche Problem besteht in der Identifikation der **Bubbles**.[124] Häufiger beobachtet wurden bereits Wechselkursentwicklungen, die der Entstehung von Blasen gleichen. Dagegen gibt es bisher kaum tatsächliche Wechselkursbewegungen, die eindeutig als Crash (Platzen des Bubbles) gedeutet werden könnten. Insgesamt gibt es nur wenig überprüfbare Hinweise darauf, dass Bubbles eine ausschlaggebende Rolle für in der Realität auftretende Wechselkursentwicklungen spielen.

6.2.6 Zusammenfassung

- Die wichtigsten Erklärungsansätze für die zeitliche Entwicklung flexibler Wechselkurse sind die Kaufkraftparität, verschiedene Finanzmarktansätze, monetäre Wechselkursmodelle sowie neuere Wechselkurstheorien mit rationalen Erwartungen.
- Nach der **(absoluten) Kaufkraftparität** entspricht der Wechselkurs zweier Währungen dem umgekehrten Verhältnis der inneren Kaufkraft beider Währungen. In abgeschwächter Form **(relative Kaufkraftparität)** entwickelt sich der Wechselkurs im Zeitablauf analog zum Preisverhältnis beider Länder.
- Die **Finanzmarkttheorien des Wechselkurses** stellen den internationalen Kapitalverkehr für die Erklärung eher kurzfristiger Wechselkursentwicklungen in den Vordergrund. Beim **Portfolioansatz** wird der Wechselkurs über Bestandsgleichgewichte auf den Märkten für Finanzaktiva ermittelt. Die **Zinsparitätentheorie** geht davon aus, dass die erwartete Wechselkursveränderungsrate die internationalen Zinsunterschiede ausgleicht.
- Die **monetären Wechselkursmodelle** betonen die Rolle der in- und ausländischen Geldmärkte. Hierbei kann zwischen flexiblen und kurzfristig starren Güterpreisen unterschieden werden. Unter der Voraussetzung starrer Preise ergibt sich das Modell kurzfristig (über das langfristige Gleichgewichtsniveau) überschießender Wechselkurse **(Dornbusch-Overshooting-Modell)**.

[124] Vgl. Flood, R.P., Hodrick, R.J., On Testing for Speculative Bubbles, Journal of Economic Perspectives 4 (1990), S. 63–68 sowie Chen, J.D., Hong, H., Stein, Y.C., Forecasting crashes: trading volume, past returns, and conditional skewness in stock prices, Journal of Financial Economics 61 (2001), S. 345–381.

- Zentrale Bestandteile neuerer Wechselkurstheorien sind die **Konzepte der rationalen Erwartungen** sowie die **Devisenmarkteffizienz**. Gemäß des **News-Ansatzes** beeinflussen neue **Informationen** hinsichtlich der Fundamentalgrößenentwicklung auf effizienten Devisenmärkten die Wechselkurse. Unter einer **spekulativen Blase (Bubble)** versteht man eine sich selbst verstärkende Wechselkursentwicklung, die den Kassakurs infolge spekulativer Übertreibungen immer weiter von dem Niveau entfernt, das sich aufgrund makroökonomischer Fundamentaldaten ergeben müsste. Ein Crash (Platzen der Blase) führt dann schlagartig zur Rückkehr des Kassakurses auf sein Fundamentalniveau.
- Die empirische Prognose von Wechselkursen bleibt trotz umfangreicher methodischer Forschung problematisch. Mittel- bis langfristig gibt die Kaufkraftparität für wichtige Währungsrelationen brauchbare Hinweise über die zu erwartende Richtung der Wechselkursänderungen. Zur kurzfristigen Prognose von Wechselkursbewegungen eignet sie sich hingegen weniger. Die Terminkurse erweisen sich im Allgemeinen als schlechte Prädiktoren der zukünftigen Kassakurse. Allerdings sind die Abweichungen zwischen Termin- und zukünftigen Kassakursen in den meisten Studien für Länder mit freiem internationalem Kapitalverkehr unsystematisch und zufällig. Insofern wird häufig argumentiert, dass (trotz schlechter Performance) keine besseren Prognosen für die zukünftigen Kassakurse als die Terminkurse existieren.

Anhang A6: Das Dornbusch-Modell überschießender Wechselkurse

Im Folgenden wird das **monetäre Wechselkursmodell mit kurzfristig starren Preisen** aus Abschnitt 6.2.3.2 formalisiert. Die Notation lehnt sich weitestgehend an den Abschnitt 6.2.3 der monetären Wechselkurstheorie an.

1. Das Finanzmarktgleichgewicht

Wie im monetären Modell mit flexiblen Preisen gelte die Gleichgewichtsbedingung für den inländischen Geldmarkt (vgl. Gleichung (6.27)):

(A6.1) $\ln(M) - \ln(P) = \eta \cdot \ln(Y) - \sigma \cdot Z$

Zunächst wird erneut von **vollkommener Kapitalmobilität** ausgegangen, d. h. aufgrund der vollkommenen Substituierbarkeit zwischen in- und ausländischen Wertpapieren gilt das Zinsparitätentheorem:

(A6.2) $Z = Z^* + \hat{w}_e$

Die Kaufkraftparität soll auf lange Sicht gelten, so dass sich der langfristige Gleichgewichtswechselkurs $\overline{w}$ aus den langfristigen in- und ausländischen Preisniveaus $\overline{P}$ und $\overline{P^*}$ gemäß (6.22) ergibt als

(A6.3) $\ln(\overline{w}) = \ln(\overline{P}) - \ln(\overline{P^*})$

Für die von den Wirtschaftssubjekten erwartete Wechselkursveränderungsrate gelte

(A6.4) $\hat{w}_e = \theta \cdot \left(\ln(\overline{w}) - \ln(w)\right)$ mit $\theta > 0$

Diese Erwartungsbildung wird als **regressiv** bezeichnet. Es wird also vorausgesetzt, dass die Wirtschaftssubjekte den langfristigen Gleichgewichtswechselkurs $\overline{w}$ kennen und erwarten, dass sich der Kassakurs w im Laufe der Zeit an $\overline{w}$ anpasst. Der Parameter θ kann in diesem Fall als **Anpassungsgeschwindigkeit** von w und $\overline{w}$ interpretiert werden.

Setzt man (A6.2) und (A6.4) in (A6.1) ein und löst nach ln(w) auf, so erhält man

(A6.5) $\ln(w) = \ln(\overline{w}) - \frac{1}{\sigma \cdot \theta} \cdot \left(\ln(P) - \ln(M) + \eta \cdot \ln(Y) - \sigma \cdot Z^*\right)$

Das inländische Geldangebot M, das Volkseinkommen Y und der ausländische Zinssatz Z^* in Gleichung (A6.5) sind **exogene Größen**. Der langfristige Wechselkurs $\overline{w}$ bildet sich gemäß der Kaufkraftparität (A6.3) aus den langfristigen in- und ausländischen Preisniveaus. Die Gleichung (A6.5) beschreibt somit eine **kurzfristige** Beziehung zwischen dem aktuellen Kassakurs w und dem inländischen Preisniveau P. (A6.5) repräsentiert ein **simultanes Gleichgewicht auf den Finanzmärkten** (Geld- und Kapitalmarkt), denn bei den gegebenen (P,w)-Kombinationen ist der inländische Geldmarkt geräumt und die Zinsparität gültig.

Nach (A6.5) muss eine Zunahme der inländischen Geldmenge M zu einer Erhöhung des Kassakurses w, d.h. zu einer Abwertung der inländischen Währung führen. Zur ökonomischen Begründung sei darauf hingewiesen, dass auf dem inländischen Geldmarkt ein Überschussangebot entsteht. Um den Geldmarkt zu räumen, muss der Zins Z sinken. Der gesunkene Inlandszins macht die ausländischen Wertpapiere attraktiv. Die Wirtschaftssubjekte schichten ihr Portfolio zugunsten ausländischer Finanzaktiva um, was den Wechselkurs

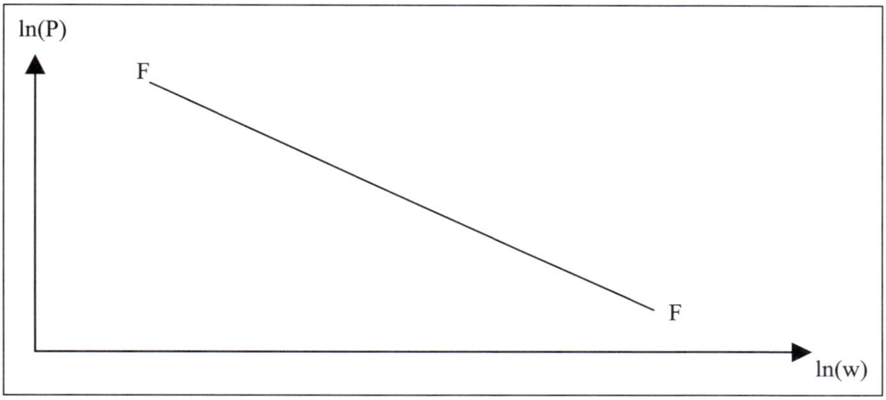

Abb. A.1: Gleichgewichtsbedingung auf den Finanzmärkten

steigen lässt. Dieser Prozess hält an, bis die erwartete Wechselkursveränderungsrate das Zinsdifferential zwischen In- und Ausland ausgleicht, d.h. die Zinsparität wiederhergestellt ist. In der Abb. A.1 repräsentiert die *FF*-Kurve die Gleichgewichtsbedingung (A6.5).

2. Das Gütermarktgleichgewicht

Für die aggregierte Nachfragefunktion auf dem inländischen Gütermarkt (*N*) werden im **Modell von Dornbusch** die folgenden Abhängigkeiten unterstellt:

(A6.6) $N = N(\underset{(+)}{w \cdot P^* / P}, \underset{(+)}{Y}, \underset{(-)}{Z})$

In (A6.6) bezeichnet die Größe

(A6.7) $w \cdot \dfrac{P^*}{P} \equiv w_r$

den realen Wechselkurs. Die aggregierte inländische Güternachfrage *N* hängt nach (A6.6) also positiv vom realen Wechselkurs w_r sowie dem inländischen Volkseinkommen *Y* und negativ vom inländischen Zins *Z* ab. Eine algebraische Spezifikation der aggregierten Nachfragefunktion (in Logarithmen) erfolgt im Modell von Dornbusch wie folgt:

(A6.8) $\ln(N) = \alpha + \beta \cdot \big(\ln(w) + \ln(P^*) - \ln(P)\big) + \varphi \cdot \ln(Y) - \gamma \cdot Z$

wobei die Parameter α, β, φ und γ allesamt positiv sein sollen. Die Konstante α umfasst dabei den Einfluss des ausländischen Volkseinkommens *Y** sowie weiterer exogener Variablen auf die inländische Güternachfrage.

Weiterhin muss genauer festgelegt werden, wie sich das Preisniveau *P* an eine Überschussnachfrage bzw. an ein Überschussangebot auf dem inländischen Gütermarkt anpasst. Im Modell wird hierfür die folgende **Preisänderungsrate** unterstellt:

(A6.9) $\hat{P} = \tau \cdot (\ln(N) - \ln(Y))$, mit $0 < \tau < 1$

Der Anpassungsparameter τ ist also positiv, aber kleiner als 1. Die Preise sind daher in dem Sinne starr, als dass sie sich nicht sofort anpassen, um den Gütermarkt zu räumen.

Wird die aggregierte Nachfragefunktion *N* aus (A6.8) in (A6.9) eingesetzt, so ergibt sich nach einigen leichten Umformungen

(A6.10) $\hat{P} = \tau \cdot \big[\alpha + \beta \cdot \big(\ln(w) + \ln(P^*) - \ln(P)\big) + (\varphi - 1) \cdot \ln(Y) - \gamma \cdot Z\big]$

Für den Zins *Z*, der für die sofortige Räumung des inländischen Geldmarktes sorgt, gilt wegen der Gleichgewichtsbedingung (A6.1)

(A6.11) $Z = \dfrac{1}{\sigma} \cdot (\eta \cdot \ln(Y) - \ln(M) + \ln(P))$

Setzt man den Term auf der rechten Seite von (A6.11) für Z in die Gleichung (A6.10) ein, so ergibt sich mit einiger Algebra

$$\text{(A6.12)}\quad \begin{aligned} \hat{P} = \tau \cdot \Bigg[& \alpha + \beta \cdot \ln(w) + \beta \cdot \ln(P^*) - \left(\beta + \frac{\gamma}{\sigma} \right) \cdot \ln(P) \\ & + \left(\varphi - 1 - \frac{\gamma \cdot \eta}{\sigma} \right) \cdot \ln(Y) + \frac{\gamma}{\sigma} \cdot \ln(M) \Bigg] \end{aligned}$$

Der Gütermarkt befindet sich im Gleichgewicht, wenn die Preisveränderungsrate $\hat{P}$ gleich 0 ist, denn dann entsprechen sich aggregierte Nachfrage und aggregiertes Angebot. Setzt man die rechte Seite der Gleichung (A6.12) gleich 0, so erhält man die folgende **Gleichgewichtsbedingung für den inländischen Gütermarkt**:

$$\text{(A6.13)}\quad \begin{aligned} \ln(P) = & \frac{1}{\beta + \frac{\gamma}{\sigma}} \\ & \times \left[\alpha + \beta \cdot \ln(w) + \beta \cdot \ln(P^*) + \left(\varphi - 1 - \frac{\gamma \cdot \eta}{\sigma} \right) \cdot \ln(Y) + \frac{\gamma}{\sigma} \cdot \ln(M) \right] \end{aligned}$$

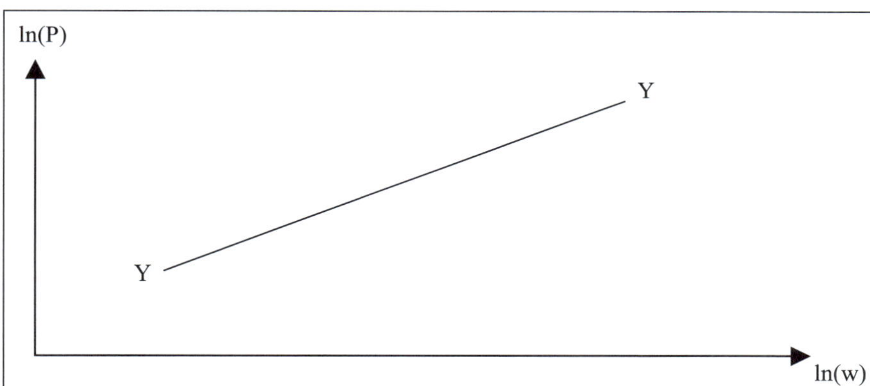

Abb. A.2: Gleichgewichtslokus auf dem Gütermarkt

Aus der Gleichgewichtsbedingung (A6.13) ist ersichtlich, dass ein Anstieg des Kassakurses w das inländische Preisniveau P anhebt. Dies erklärt sich daraus, dass eine Abwertung der Inlandswährung die Exportnachfrage seitens des Auslandes erhöht. Da die inländische Produktion Y auf dem Vollbeschäftigungsniveau fixiert ist, entsteht auf dem inländischen Gütermarkt eine Überschussnachfrage. Ein Anstieg des Preisniveaus P führt zur entsprechenden Verringerung der Nachfrage. Die Preiserhöhung regt ferner die nominale Geldnachfrage an, was zu einem Zinsanstieg führt. Aus Gleichung (A6.8) ist ersichtlich, dass die Erhöhung von Z die aggregierte Güternachfrage weiter senkt.

Die Kurve *YY* in Abb. A.2 zeigt die **Gleichgewichtskombinationen auf dem Gütermarkt**. Bei allen Punkten oberhalb der *YY*-Kurve ist beim entsprechenden Wechselkurs der inländische Preis für ein Gleichgewicht zu hoch, so dass ein Angebotsüberhang auf dem Gütermarkt besteht. Entsprechend markieren alle Punkte unterhalb der *YY*-Kurve einen Nachfrageüberschuss.

3. Das langfristige Modellgleichgewicht

Die Abb. A.3 verdeutlicht die Gleichgewichtssituation im monetären Modell mit kurzfristig rigiden Preisen. Der Schnittpunkt zwischen *FF*- und *YY*-Kurve bestimmt zunächst das **kurzfristige Gleichgewicht**, bei dem die Finanzmärkte und der inländische Gütermarkt simultan geräumt sind.

Im **langfristigen Gleichgewicht** muss jedoch die Kaufkraftparität gelten, d.h. der langfristige Gleichgewichtswechselkurs $\overline{w}$ bestimmt sich aus den langfristigen in- und ausländischen Preisniveaus gemäß

$$\begin{aligned} & \ln(\overline{w}) = \ln(\overline{P}) - \ln(\overline{P^*}) \\ \Leftrightarrow \quad & \ln(\overline{P}) = \ln(\overline{w}) + \ln(\overline{P^*}) \end{aligned}$$

In Abb. A3 wird dieser Zusammenhang durch die Gerade *KP* dargestellt. Die *KP*-Kurve verläuft steiler als die *YY*-Kurve. Dies wird deutlich, wenn man die Steigungen der beiden Kurven miteinander vergleicht. Die Steigung der *KP*-Kurve bezüglich $\ln(\overline{w})$ beträgt 1, während für die Steigung der *YY*-Kurve nach (A6.13) gilt:

$$\frac{\partial \ln(P)}{\partial \ln(w)} = \frac{\beta}{\beta + \frac{\gamma}{\sigma}} < 1$$

Das **langfristige Gleichgewicht** verlangt sowohl die simultane Räumung der Finanz- und des Gütermarktes als auch die Geltung der Kaufkraftparität. Im Punkt *G* der Abb. A.3 liegt ein solches langfristiges Gleichgewicht vor, denn er liegt gleichzeitig auf der *FF*-, *YY*- und *KP*-Linie. Das inländische Preisniveau und der Wechselkurs nehmen dort ihre langfristigen Gleichgewichtswerte P_0 bzw. w_0 an.

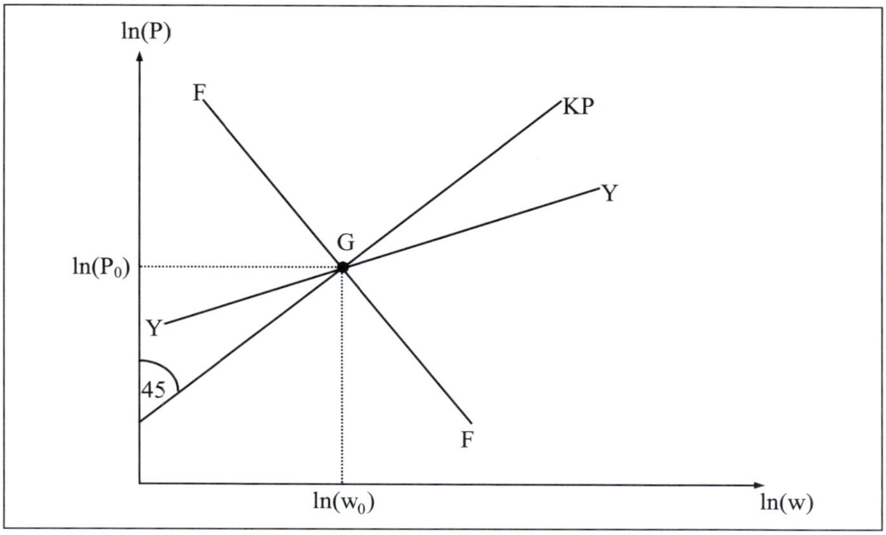

Abb. A.3: Langfristiges Gleichgewicht im Dornbusch-Modell

4. Überschießen des Wechselkurses aufgrund monetärer Störungen

Im Ausgangspunkt der Analyse befinde sich das Inland im Gleichgewichtspunkt *A* der Abb. A.4. Hier gelten die langfristigen Gleichgewichtswerte $\ln(P_0)$ bzw. $\ln(w_0)$ für das inländische Preisniveau und den Wechselkurs.

Dieses Gleichgewicht soll nun durch eine plötzliche Erhöhung des monetären Geldangebots *M* gestört werden. Aus Gleichung (A6.5) folgt, dass sich die *FF*-Kurve parallel nach rechts verschiebt und zwar von F_0F_0 auf F_1F_1. Wie gleich noch zu sehen ist, kann im **Modell von Dornbusch langfristig quantitätstheoretisch** argumentiert werden. Da der Output *Y* auf dem Vollbeschäftigungsniveau fixiert ist, führt die Geldmengenexpansion langfristig zu einer proportionalen Erhöhung des inländischen Preisniveaus *P* (**Neutralität des Geldes**). Wegen der Geltung der Kaufkraftparität wird sich das neue langfristige Gleichgewicht im Schnittpunkt *C* der F_1F_1- und *KP*-Linie einstellen. Auch die *YY*-Kurve kann langfristig nicht in ihrer ursprünglichen Lage Y_0Y_0 verharren. Denn bei der neuen **Preiswechselkurskombination** (P_1,w_1) würde auf dem Gütermarkt ein Angebotsüberschuss bestehen. Über die Preisänderungsrate in den Gleichungen (A6.9) und (A6.10) verschiebt sie sich langfristig nach Y_1Y_1. Langfristig werden sich also die neuen höheren Gleichgewichtswerte $\ln(P_1)$ und $\ln(w_1)$ einstellen.

In der **kurzen Frist** sind die Preise auf dem Gütermarkt jedoch starr. Während die Finanzmärkte sofort auf die Geldmengenexpansion reagieren (Verschiebung von F_0F_0 auf F_1F_1), verharrt das inländische Preisniveau zunächst auf $\ln(P_0)$. Die Erhöhung des Geldangebots bewirkt bei konstanten Preisen und Volkseinkommen eine Senkung des nominalen Zinses *Z*. Diese Zinssenkung macht ausländische Wertpapiere attraktiv. Der sich anschließende Kapitalex-

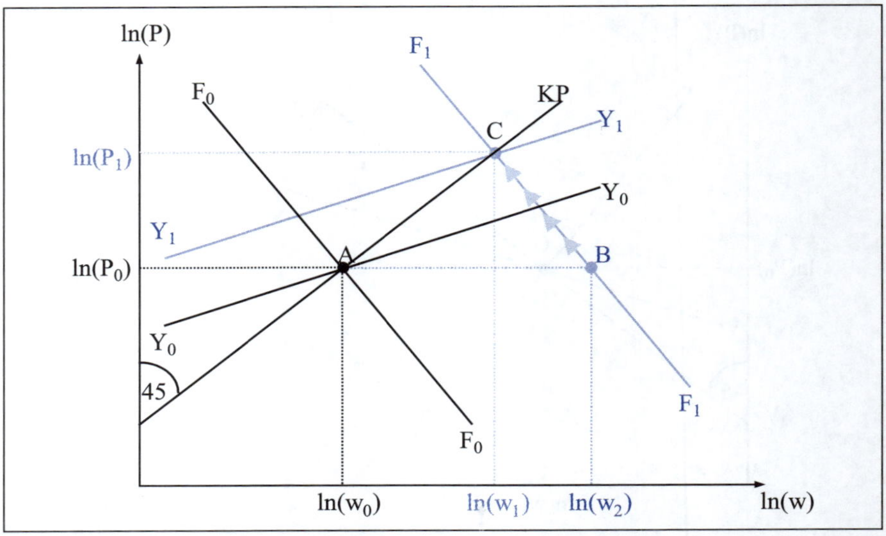

Abb. A.4: Überschießen des Wechselkurses bei monetärer Störung

port führt zu einer Abwertung der Inlandswährung. Der Wechselkurs w steigt solange, bis die erwartete Wechselkursveränderung das Renditedifferential zwischen in- und ausländischen Anlagen wieder ausgleicht, d. h. die ungedeckte Zinsparität erfüllt ist. Das ist im Punkt B beim Wechselkurs $\ln(w_2)$ der Fall. Als Fazit ergibt sich demnach:

> Kurzfristig fällt die Abwertung der Inlandswährung stärker aus als in der langen Frist.

Dieses Phänomen wird als **Überschießen des Wechselkurses** bezeichnet. Der Wechselkurs überschießt sein langfristiges Gleichgewichtsniveau um $w_2 – w_1$. Zu klären bleibt, wie der Wechselkurs letztendlich sein langfristiges Niveau w_1 erreicht (Bewegung von B nach C). Zunächst erhöht der niedrige Inlandszins die Ausgaben der Inländer. Ferner führt die Abwertung der Inlandswährung einerseits zu einer gesteigerten Exportnachfrage seitens des Auslands. Andererseits werden die Inländer die im Preis gestiegenen Importgüter soweit wie möglich durch Inlandsgüter substituieren. All das steigert die aggregierte Nachfrage auf dem inländischen Gütermarkt. Im Laufe der Zeit passt sich das inländische Preisniveau an die veränderte Situation an und die YY-Kurve verschiebt sich stetig nach oben, bis sie durch den Schnittpunkt C verläuft.

Weiterführende Literatur

Asplund, M., Friberg, R., The Law of One Price in Scandinavian Duty-Free Stores, American Economic Review 91 (2001), S. 1072–1083.

Bjørnland, H. C., Monetary policy and the exchange rate overshooting: Dornbusch was right after all, Journal of International Economics 70 (2009), S. 64–77.

Cheung, Y.-W., Chinn, M. D., Pascual, A. G., Empirical exchange rate models of the nineties: Are any fit to survive? Journal of International Money and Finance 24 (2005), S. 1150–1175

Chinn, M. D., The (partial) rehabilitation of interest rate parity in the floating rate era: Longer horizons, alternative expectations, and emerging markets, Journal of International Money and Finance 25 (2005), S. 7–21.

Cuddington, J. T., Liang, H., Purchasing power parity over two centuries? Journal of International Money and Finance 19 (2000), 753–757.

7 Internationale Transmission und Koordinierung der Wirtschaftspolitik

Kapitelübersicht

Das folgende Kapitel beschäftigt sich mit den Wirkungen **aktiver Wirtschaftspolitik (Geld-** und **Fiskalpolitik)** in offenen Volkswirtschaften. Im Gegensatz zur Autarkiesituation sind dabei die Interdependenzen zwischen den einzelnen Ländern zu beachten, die sich aus **Handelsbeziehungen** und **Finanzverflechtungen** ergeben. Ein hoher Grad internationaler Verflechtung kann in der Realität zu einer Übertragung von Wirkungen wirtschaftspolitischer Maßnahmen von einem Land auf das andere führen. Steigt z. B. im Inland das Einkommen aufgrund erhöhter Staatsausgaben, so wird ein Teil des Einkommensanstiegs für Importe ausgegeben. Dadurch erhöht sich auch das Einkommen im Ausland. Möglicherweise erhöht der Anstieg des ausländischen Einkommens die ausländische Nachfrage nach inländischen Gütern, was die inländische Einkommenserhöhung weiter verstärkt.

Der Gedanke der **internationalen Transmission der Wirtschaftspolitik (Spill-Over-Effekte)** bzw. des **internationalen Konjunkturzusammenhangs** ist in der Wirtschaftspolitik fest verankert. Eine zeitlich recht frühe Abschätzung solcher **Rückwirkungseffekte** zeigt die Tabelle 7.1. Diese stellt den prozentualen Anstieg des BSPs in verschiedenen Ländern dar, der aus einer Erhöhung der Staatsausgaben in einem initiierenden Land in Höhe von 1 % des entsprechenden BSPs resultiert. Allerdings sei bereits an dieser Stelle auf die Box 7.1 hingewiesen, in der (a) jüngere Schätzungen für Rückwirkungseffekte beschrieben und (b) das Wissen um eindeutige internationale Spill-Over-Effekte kritisch hinterfragt werden.

Tab. 7.1: Abschätzungen des prozentualen BSP-Anstiegs in verschiedenen Ländern aufgrund erhöhter Staatsausgaben im anderen Land (in Höhe von 1 % des BSPs)

	Initiierendes Land	
Effekt auf	**Frankreich**	**Deutschland**
UK	0,04	0,06
Italien	0,06	0,09
Spanien	0,10	0,08
Niederlande	0,12	0,37

Quelle: Beetsma et al. (2008).

Unter internationaler Transmission wird im Folgenden eine solche Übertragung wirtschaftlicher Impulse von einem Land auf das andere verstanden, wobei hier vereinfachend davon ausgegangen wird, dass die Impulse aus (Änderungen) der Geld- oder Fiskalpolitik herrühren.[125] Der Abschnitt 7.2 beschreibt mögliche Transmissionskanäle und -mechanismen. Das Kapitel 7.3 geht der Frage nach, ob durch eine Koordinierung der Wirtschaftspolitiken einzelner Länder generell Wohlfahrtsgewinne (für alle) erzielt werden können. Zunächst muss jedoch der modelltheoretische Rahmen gesetzt werden, auf dem speziell die Analyse der internationalen Transmission beruht. Der Abschnitt 7.1 beschreibt deshalb das **Mundell-Fleming-Modell**, das eine Erweiterung des **IS-LM-Konzeptes** auf eine offene Volkswirtschaft darstellt.[126]

[125] Andere wichtige Impulse, die auf ausländische Staaten oder Regionen wirken können, sind z. B. technische Innovationen, Änderungen in der Handelspolitik oder (De-) Regulierungspolitiken.

[126] Vgl. Fleming, J.M., Domestic Financial Policies Under Fixed and Floating Exchange Rates, IMF Staff Papers 9 (1962), S. 369–380 sowie Mundell, R.A., Capital Mobility and Stabilization Policy Under Fixed and Floating Exchange Rates, Canadian Journal of Economic and Political Science 29 (1963), S. 475–485.

7.1 Das Mundell-Fleming-Modell

Das **Mundell-Fleming-Modell** ist in seiner Grundversion ein statisches 2-Länder-2-Güter-Modell, welches das ***IS-LM-Konzept*** einer geschlossenen auf eine offene Volkswirtschaft überträgt. Neben den Gleichgewichten auf Güter- und Geldmärkten wird dabei das **externe Gleichgewicht** durch die **Zahlungsbilanz** explizit in die Analyse einbezogen. Die Zahlungsbilanz setzt sich zusammen aus der **Leistungs-** und der **Kapitalverkehrsbilanz.**[127] Die Höhe des Leistungsbilanzsaldos erklärt sich aus dem in- und ausländischen Einkommen sowie dem Wechselkurs. Höhe und Richtung des Kapitalverkehrs hängen von der Differenz zwischen in- und ausländischem Zinssatz ab.

Des Weiteren werden einige vereinfachende Annahmen getroffen. So soll **Unterbeschäftigung** bestehen und das **Güterangebot völlig preiselastisch** sein. **Preise und Löhne** werden als **starr** unterstellt. Um auf eine Unterscheidung zwischen nominalen und realen Modellgrößen verzichten zu können, werden die Preisniveaus P und P^* des In- und Auslands gleich 1 gesetzt. Weiterhin bleiben Wechselkurserwartungen und Vermögenseffekte unberücksichtigt.

In den folgenden Unterabschnitten werden zunächst die ***IS***- und ***LM*-Kurve** für eine offene Volkswirtschaft dargestellt. Anschließend wird die ***ZB*-Kurve** (Zahlungsbilanz) unter verschiedenen Annahmen für den Grad der Kapitalmobilität hergeleitet.

7.1.1 Der Gütermarkt und die *IS*-Kurve

Die vollkommene Preiselastizität des Güterangebots (horizontale Angebotskurve) impliziert stets die vollständige Anpassung des Angebots an die Güternachfrage. Das Einkommen Y des Inlands (real und nominal, wegen $P = 1$) ergibt sich deshalb bei Vernachlässigung unentgeltlicher Übertragungen zu

(7.1) $$Y = AB + LB$$

mit AB als heimischer **Absorption** und LB als **Leistungsbilanzsaldo** (vgl. 2. Kapitel, Gleichung (2.6)). Die heimische Absorption wird nun in zwei Komponenten zerlegt. Eine erste Komponente, die **autonome Absorption** $\overline{AB}$, sei einkommens- und zinsunabhängig. Die zweite Komponente wird dagegen als einkommens- und zinsabhängig unterstellt. So werden insbesondere die private Nachfrage nach Konsumgütern vom Einkommen Y und die privaten Investitionen vom Inlandszins Z abhängen:

(7.2) $$AB = \overline{AB} + AB(\underset{(+)}{Y}, \underset{(-)}{Z})$$

[127] Im Folgenden werden die Begriffe Leistungsbilanz(-saldo), Handelsbilanz(-saldo) sowie Außenbeitrag synonym verwendet. Von laufenden Dienstleistungen und Übertragungen wird abgesehen.

Durch partielle Differentiation der heimischen Absorption AB nach Y bzw. Z ergeben sich die **marginalen Absorptionsraten** in Bezug auf das Einkommen bzw. hinsichtlich des Zinssatzes:

$$(7.3) \quad AB_Y \equiv \frac{\partial AB}{\partial Y} \quad AB_Z \equiv \frac{\partial AB}{\partial Z}$$

Für beide Größen werden die folgenden plausiblen Wertebereiche unterstellt:

$$(7.4) \quad 0 \leq AB_Y \leq 1 \quad \text{und} \quad AB_Z \leq 0$$

Während AB_Y immer nicht-negativ und in der Regel kleiner als 1 ist, ist AB_Z negativ oder gleich Null. $AB_Z = 0$ bedeutet, dass weder die private noch die staatliche Nachfrage nach Investitions- oder Konsumgütern vom Inlandszins abhängen.

Der Leistungsbilanzsaldo LB des Inlands hängt von den folgenden Größen ab:

- dem inländischen Einkommen Y, das die Importausgaben des Inlands beeinflusst,
- dem ausländischen Einkommen Y^*, das die ausländische Nachfrage nach inländischen Gütern beeinflusst
- sowie dem Wechselkurs W:[128]

$$(7.5) \quad LB = LB(\underset{(-)}{Y}, \underset{(+)}{Y^*}, \underset{(+)}{W})$$

Gemäß (7.5) wird somit davon ausgegangen, dass die Leistungsbilanz „normal" auf eine Wechselkursänderung reagiert, d.h., dass z.B. eine Abwertung der inländischen Währung die Leistungsbilanz aktiviert. Im **Mundell-Fleming-Modell** wird demnach unterstellt, dass die **Marshall-Lerner-** bzw. die **verallgemeinerte Robinson-Bedingung** stets erfüllt sind (vgl. Abschnitt 2.3.3.1.3). Durch partielle Differentiation nach den Variablen erhält man:

$$(7.6) \quad LB_Y \equiv \frac{\partial LB}{\partial Y} < 0 \quad LB_{Y^*} \equiv \frac{\partial LB}{\partial Y^*} > 0 \quad LB_W \equiv \frac{\partial LB}{\partial W} > 0$$

Die partiellen Ableitungen in (7.6) können als **marginale Importneigungen** des In- und Auslands sowie als **Veränderungsrate des Leistungsbilanzsaldos hinsichtlich des Wechselkurses** interpretiert werden.

Das Einkommen des Inlandes ergibt sich durch Einsetzen der Gleichungen (7.2) und (7.5) in (7.1):

$$(7.7) \quad Y = \overline{AB} + AB(Y, Z) + LB(Y, Y^*, W)$$

Die Gleichung (7.7) enthält einen impliziten Zusammenhang zwischen dem inländischen Einkommen Y und dem Zinsniveau Z. Sie beschreibt den geometrischen Ort aller Kombinationen von inländischem Einkommen und Zins,

[128] Man beachte, dass hier der Wechselkurs zunächst mit W anstelle des sonst üblichen Kleinbuchstabens w bezeichnet wird. An späterer Stelle dieses Kapitels wird mit Logarithmen gerechnet und das Symbol $w = \ln(W)$ für den logarithmierten Wechselkurs benutzt.

die eine Räumung des inländischen Gütermarktes bewirken. Die Gleichung (7.7) kann somit als ***IS*-Kurve** einer offenen Volkswirtschaft aufgefasst werden.

Die Steigung der *IS*-Kurve erhält man über die Differentiationsregel für implizite Funktionen.[129] Setzt man

$$F(Y,Z) \equiv Y - \overline{AB} - AB(Y,Z) - LB(Y,Y^*,W)$$

so lässt sich die *IS*-Kurve (7.7) schreiben als

$$F(Y,Z)=0$$

Für ihre Steigung gilt dann

$$(7.8) \quad \frac{dY}{dZ} = -\frac{\partial F/\partial Z}{\partial F/\partial Y} = -\frac{-AB_Z}{1-AB_Y-LB_Y} = \frac{AB_Z}{1-AB_Y-LB_Y} \leq 0$$ [130]

Die Abb. 7.1 zeigt typische Verläufe von *IS*-Kurven. Bei IS_0' ist der Zinskoeffizient AB_Z konstant gleich Null, d. h. die inländische Absorption ist zinsunabhängig.

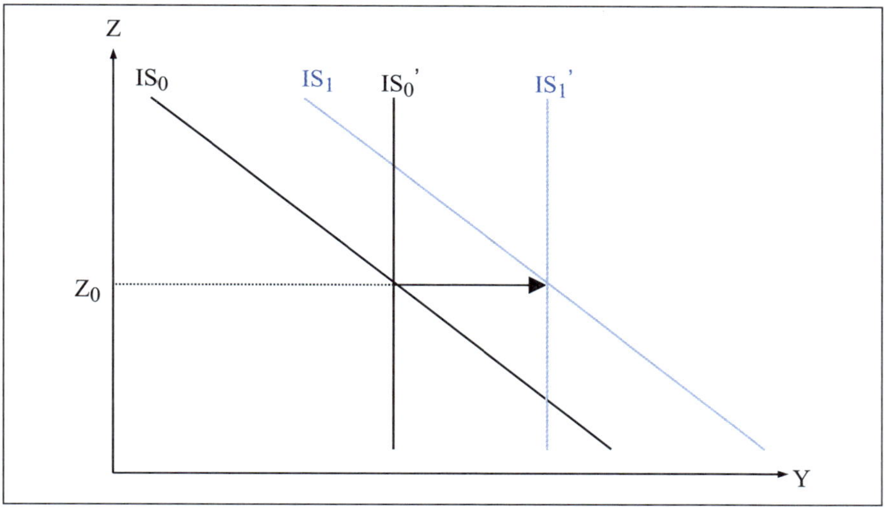

Abb. 7.1: IS-Kurven im Mundell-Fleming-Modell

Wichtig ist weiterhin die Unterscheidung zwischen **endogenen** und **exogenen Größen** des Modells. Endogene Größen sind das inländische Einkommen *Y* sowie der Zins *Z*. Der **Einkommenseffekt einer Zinsänderung** ergibt sich aus einer Bewegung entlang der *IS*-Kurve. Die exogenen Größen sind der autonome

[129] Zur Differentiation impliziter Funktionen, vgl. z. B. Chiang, A., Fundamental Methods of Mathematical Economics, 4. Auflage, Singapore 2009.

[130] Die Tatsache, dass der letzte Term und damit die Steigung der *IS*-Kurve kleiner oder gleich Null sind, folgt aus (7.4) und (7.6).

Bestandteil der Absorption $\overline{AB}$, das ausländische Einkommen Y^* und der Wechselkurs W. Ihre Veränderungen führen zu einer Verschiebung der IS-Kurve. Höhe und Verschiebungsrichtung ergeben sich aus dem totalen Differential der Funktion (7.7):

$$(7.9) \quad dY = \frac{1}{1 - AB_Y - LB_Y} \cdot (d\overline{AB} + AB_Z dZ + LB_{Y^*} dY^* + LB_W dW)$$

Hält man den Zins Z konstant (d. h. $dZ = 0$), so ergibt sich für die Veränderung von Y:

$$dY = \frac{1}{1 - AB_Y - LB_Y} \cdot (d\overline{AB} + LB_{Y^*} dY^* + LB_W dW)$$

Offensichtlich führt eine Erhöhung von $\overline{AB}$, Y^* oder W (also eine Abwertung der inländischen Währung) zu einer Rechtsverschiebung der IS-Kurve (von $IS_0 \rightarrow IS_1$ bzw. von $IS_0' \rightarrow IS_1'$), solange $1 - AB_Y - LB_Y > 0$ gilt, was allerdings nach (7.4) und (7.6) stets gegeben ist. Für ein gegebenes Zinsniveau Z_0 erhöht sich dann das inländische Einkommen Y.

Bei den bisherigen Überlegungen zur IS-Kurve (7.7) wurden für deren Komponenten AB (inländische Absorption) und LB (inländischer Leistungsbilanzsaldo) allgemeine, bis auf die Vorzeichen der partiellen Ableitungen nicht näher spezifizierte Funktionen unterstellt. Es ist für das Verständnis hilfreich, hier und in den weiteren Ausführungen spezielle funktionale Formen zu betrachten. In der einschlägigen Literatur ist es dabei üblich, solche Funktionen zu wählen, aus denen sich nach einer Logarithmierung linear additive Zusammenhänge ergeben. Diese Vorgehensweise weist verschiedene Vorteile auf. Zunächst einmal wird hierdurch die Notation erleichtert. Zum anderen ist die logarithmische Schreibweise üblich, weil oft weniger die absoluten Werte der Variablen von wirtschaftspolitischem Interesse sind, sondern vielmehr die prozentualen Veränderungen. Die Differenzen von Logarithmen können als solche prozentualen Veränderungsraten interpretiert werden. Ferner sei darauf hingewiesen, dass sich auch für empirische Überprüfungen Logarithmen in vielerlei Hinsicht methodisch anbieten.

In gewisser Ähnlichkeit zur Spezifikation der Geldnachfragefunktion (6.26) aus Kapitel 6 bietet sich z. B. eine Spezifikation der IS-Kurve (7.7) in der Form

$$(7.10) \quad Y = \overline{AB} \cdot Y^{\phi} \cdot \exp(-\lambda \cdot Z) \cdot (Y^*)^{\varepsilon} \cdot W^{\varphi}$$

an. Hierbei bezeichnen φ die **Einkommenselastizität der Absorption** und λ die **Semizinselastizität des Einkommens.** ε ist die Elastizität des inländischen Einkommens bezüglich des ausländischen Einkommens, die aus ökonomischer Sicht aus der Importverflechtung resultiert. ϕ benennt die Wechselkurselastizität des inländischen Einkommens. Analog zu den vorangegangenen Ausführungen kann hier von den Parameterrestriktionen λ, ε, $\phi \geq 0$ sowie $0 \leq \varphi \leq 1$ ausgegangen werden.

Zugegebenermaßen fällt eine konkrete ökonomische Begründung für die *IS*-Kurven-Spezifikation (7.10) zunächst schwer. Diese wird aber deutlich, wenn man beide Seiten von (7.10) logarithmiert:

(7.11) $\ln(Y) = \ln(\overline{AB}) + \phi \cdot \ln(Y) - \lambda \cdot Z + \varepsilon \cdot \ln(Y^*) + \varphi \cdot \ln(W)$

Unter der Konvention, dass die Logarithmen der Größen $\overline{AB}$, Y, Z, Y^* und W mit Kleinbuchstaben bezeichnet werden, lässt sich (7.11) auch schreiben als

(7.12) $y = \overline{ab} + \phi \cdot y - \lambda \cdot Z + \varepsilon \cdot y^* + \varphi \cdot w$

Die Interpretation der Gleichung (7.12) ähnelt der der *IS*-Kurve (7.7). Die Gleichung beschreibt den geometrischen Ort aller Kombinationen von inländischem (logarithmiertem) Einkommen und Zins, die eine Räumung des inländischen Gütermarktes bewirken und kann somit als *IS*-Kurve einer offenen Volkswirtschaft aufgefasst werden. Eine Bewegung entlang dieser *IS*-Kurve, z.B. aufgrund einer Zinssenkung, zeigt nun das daraus folgende, gleichgewichtige prozentuale Einkommenswachstum an. Aus (7.7) wurde dagegen die absolute Zunahme des Einkommens ersichtlich.

Die Steigung der *IS*-Kurve (7.12) kann anhand ihres totalen Differentials berechnet werden:

(7.13) $dy = d\overline{ab} + \phi \cdot dy - \lambda \cdot dZ + \varepsilon \cdot dy^* + \varphi \cdot dw$

bzw.

(7.14) $dy = \frac{1}{1-\phi} \cdot \left(d\overline{ab} - \lambda \cdot dZ + \varepsilon \cdot dy^* + \varphi \cdot dw\right)$

Damit beträgt die Steigung der *IS*-Kurve (7.12)

(7.15) $\frac{dy}{dZ} = -\frac{\lambda}{1-\phi} \leq 0$

Das totale Differential (7.14) hat eine eigenständige Interpretation. Diese ergibt sich aufgrund des bereits erwähnten Umstands, dass die Differenzen logarithmierter Variablen als prozentuale Wachstumsraten aufgefasst werden können. Damit hängt das inländische Einkommenswachstum dy vom Wachstum der autonomen Absorption ($d\overline{ab}$), des ausländischen Einkommens (dy^*), von der prozentualen Veränderung des Wechselkurses dw und von der Veränderung des inländischen Zinssatzes (dZ) ab, wobei alle Variablen mit ihren zugehörigen Verhaltensparametern gewichtet werden. Die Gleichung (7.14) ist also eine **dynamisierte Fassung der traditionellen IS-Kurve**. Sie beschreibt den geometrischen Ort aller Kombinationen von Zinsänderungen und gleichgewichtigem inländischem Einkommenswachstum. Sie hat prinzipiell den gleichen Verlauf (und die gleiche Steigung) wie die *IS*-Kurve in Abb. 7.1.

Es stellt sich die Frage, wie Bewegungen auf der dynamisierten *IS*-Kurve (7.14) zu interpretieren sind. Derartige Bewegungen spiegeln letztendlich Veränderungen von Veränderungen wider. Wenn an den Achsen der Abb. 7.1 anstelle von Y und Z die Größen dy und dZ abgetragen werden, so würde (bei Verlängerung der eingezeichneten *IS*-Kurven) der Schnittpunkt einer *IS*-Kurve mit der dy-Achse dasjenige gleichgewichtige Wachstum abbilden, das sich bei konstanten Zinsen ($dZ = 0$) sowie konstanten Wechselkursen und konstantem Wachstum der autonomen Absorption und des ausländischen Einkommens ergeben würde. Der Schnittpunkt der *IS*-Kurve mit der dZ-Achse veranschaulicht dagegen, um wie viel Prozentpunkte das Zinsniveau erhöht werden muss, um bei gegebenen anderen Einflussfaktoren das inländische Wachstum auf Null zu reduzieren. Diese Interpretation der dynamisierten *IS*-Kurve (7.14) als geometrischer Ort aller gleichgewichtigen Kombinationen von Wachstumsraten und Zinssatzänderungen steht in gedanklichem Einklang mit der Deutung der statischen *IS*-Kurve (7.7).

7.1.2 Der Geldmarkt und die *LM*-Kurve

Der (inländische) **Geldmarkt** befindet sich im Gleichgewicht, wenn das Geldangebot M der Geldnachfrage L entspricht:[131]

$$(7.16)\quad M = L(\underset{(+)}{Y}, \underset{(-)}{Z})$$

Die Geldnachfrage L wird dabei üblicherweise als einkommens- und zinsabhängig unterstellt. Für die partiellen Ableitungen gilt

$$(7.17)\quad L_Y \equiv \frac{\partial L}{\partial Y} > 0 \quad \text{und} \quad L_Z \equiv \frac{\partial L}{\partial Z} \leq 0$$ [132]

Die Gleichgewichtsbedingung (7.16) lässt sich grafisch durch die ***LM*-Kurve** einer offenen Volkswirtschaft darstellen. Die *LM*-Kurve stellt alle Kombinationen von Y und Z dar, die bei gegebenem Geldangebot M zu einer Räumung des inländischen Geldmarktes führen. Über die Differentiationsregel für implizite Funktionen ergibt sich die Steigung der *LM*-Kurve zu

$$(7.18)\quad \frac{dY}{dZ} = -\frac{L_Z}{L_Y} \geq 0$$ [133]

Über die Höhe der *Einkommens*elastizität der Geldnachfrage besteht ein relativ breiter Konsens. Die meisten Arbeiten gehen von einer Elastizität von eins oder der Nähe davon aus. Dennoch ist der Steigung der *LM*-Kurve aufgrund der recht unterschiedlichen Auffassungen zur *Zins*elastizität der Geldnachfrage umstritten. Die Abb. 7.2 zeigt einige typische Verläufe von *LM*-Kurven. Die Kurven LM_0 und LM_1 beschreiben die beiden Extremfälle $L_Z = 0$ und $L_Z = -\infty$.

---

131 Wegen $P = 1$ wird erneut nicht zwischen nominalen und realen Größen unterschieden.

132 In der Regel ist $L_Z < 0$, da sich bei steigendem Zins die Opportunitätskosten der Geldhaltung erhöhen und die Wirtschaftssubjekte tendenziell Geld durch Kapitalmarktanlagen substituieren. Eine zinsunabhängige Geldnachfrage ($L_Z = 0$) korrespondiert mit der klassischen Geldnachfragetheorie, in der Geld lediglich zu Transaktionszwecken gehalten wird.

133 Vgl. die Herleitung der Steigung für die *IS*-Kurve in (7.8).

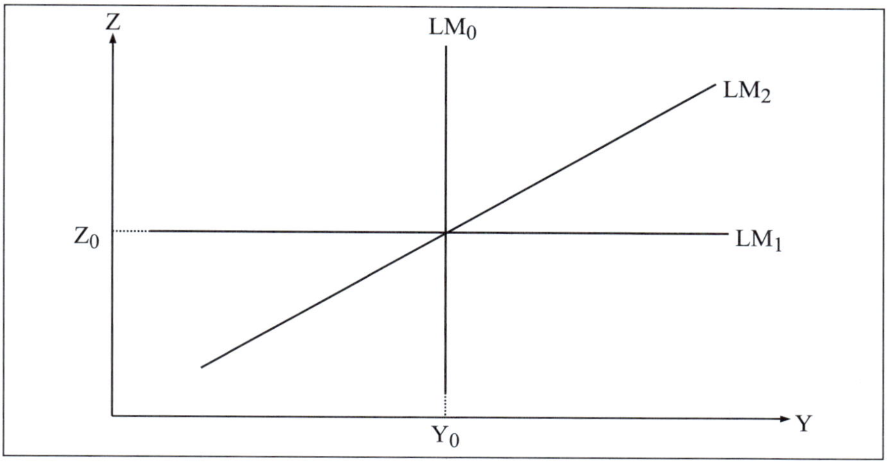

Abb. 7.2: LM-Kurven im Mundell-Fleming-Modell

Der „Normalfall" $-\infty < L_Z < 0$ ist durch die Kurve LM_2 dargestellt. LM_1 spiegelt den **keynesianischen Fall der Liquiditätsfalle**, LM_0 entspricht dem „klassischen" Fall einer zinsunelastischen Geldnachfrage.

Eine **Veränderung des Geldangebotes *M*** führt im Normalfall zu einer **Verschiebung der *LM*-Kurve**. Die Verschiebungsrichtung ergibt sich aus dem totalen Differential der Funktion (7.16):

(7.19) $dM = L_Y dY + L_Z dZ$

Hält man den Zins bzw. das Einkommen konstant (d.h. $dZ = 0$ bzw. $dY = 0$), so ergibt sich

(7.20) $dY = \frac{1}{L_Y} \cdot dM$ bzw. $dZ = \frac{1}{L_Z} \cdot dM$

Eine **Erhöhung des Geldangebotes** führt somit im (*Y*, *Z*)-Diagramm bei unverändertem Einkommen zu einem niedrigeren Zins, d.h. es resultiert eine **Rechtsverschiebung der *LM*-Kurve**.

Wie bei der *IS*-Kurve in Abschnitt 7.1.1 soll auch für die *LM*-Kurve eine konkrete Spezifikation der allgemeinen Funktionszusammenhänge erfolgen. Für die Geldnachfrage *L* bietet sich dabei die bereits in Kapitel 6 verwendete funktionale Form

(7.21) $L(Y,Z) = Y^{\eta} \cdot \exp(-\sigma \cdot Z)$, mit $\eta, \sigma \geq 0$

an (vgl. Formel (6.26)). Durch den Übergang zu natürlichen Logarithmen geht die Geldnachfragefunktion (7.21) über in

(7.22) $l \equiv \ln(L(Y,Z)) = \eta \cdot \ln(Y) - \sigma \cdot Z = \eta \cdot y - \sigma \cdot Z$ [134]

[134] Man beachte erneut die Konvention, dass Kleinbuchstaben bei den Variablen (aber nicht bei den Verhaltensparametern) natürliche Logarithmen bezeichnen.

Hierbei beschreiben $\eta = \partial l/\partial y$ die Einkommenselastizität und $\sigma = -\partial l/\partial Z$ die Semizinselastizität der Geldnachfrage. Mit (7.22) lässt sich die Geldmarktgleichgewichtsbedingung (7.16) schreiben als

(7.23) $m = \eta \cdot y - \sigma \cdot Z$

Für das totale Differential ergibt sich

(7.24) $dm = \eta \cdot dy - \sigma \cdot dZ$

Die Gleichgewichtsbedingung (7.23) lässt sich grafisch in einem (y,Z)-Diagramm darstellen und kann als ***LM*-Kurve einer offenen Volkswirtschaft** interpretiert werden. Für die Steigung dieser *LM*-Kurve ergibt sich aufgrund von (7.24) bei konstantem Geldangebot (d. h. $dm = 0$)

(7.25) $\frac{dy}{dZ} = \frac{\sigma}{\eta} \geq 0$

Rein formal unterscheiden sich die *LM*-Kurven (7.16) bzw. (7.23) einer offenen Volkswirtschaft zunächst nicht von der einer geschlossenen Volkswirtschaft. Ein wesentlicher Unterschied besteht jedoch in der Art und Weise, wie es zu Veränderungen des Geldangebotes *M* kommen kann. Beim ***LM*-Modell einer geschlossenen Volkswirtschaft** wird davon ausgegangen, dass die Geldmenge *M* im Wesentlichen durch die inländische Zentralbank kontrolliert und gesteuert wird.[135] In einer **offenen Volkswirtschaft** ist jedoch – je nach **Wechselkurssystem** – ein ausländischer Einfluss über die Veränderung der Devisenreserven (*RES*) denkbar: Bei **flexiblen Wechselkursen** greift die Zentralbank grundsätzlich nicht am Devisenmarkt ein, so dass die Währungsreserven der Zentralbank von außenwirtschaftlichen Transaktionen unberührt bleiben und somit keine direkten Geldmengeneffekte auftreten. Bei **festen Wechselkursen** ist die Zentralbank hingegen bei Abweichungen von der Parität zu Interventionen am Devisenmarkt und somit zu (teilweise ungewollten) Bestandsänderungen ihrer Währungsreserven verpflichtet. Zu solchen Abweichungen von der Parität kommt es, wenn sich die Salden der Leistungs- und Kapitalverkehrsbilanz nicht ausgleichen.[136] Die Veränderung von *RES* ist per definitionem gleich dem Zahlungsbilanzsaldo *ZB* (Saldo der Devisenbilanz) im jeweiligen Betrachtungszeitraum:

(7.26) $dRES = ZB$

Bei einem Zahlungsbilanzüberschuss(-defizit) vergrößern (verkleinern) sich die Währungsreserven der Zentralbank, was über die veränderte monetäre Basis zu einem Anstieg (einer Abnahme) des Geldangebotes *M* führt. Insgesamt ergibt sich ein direkter Zusammenhang zwischen inländischer Geldmenge und Reservebildung:

---

[135] Das Geldangebot ergibt sich aus dem Produkt von Geldschöpfungsmultiplikator und monetärer Basis. Unterstellt man einen konstanten Multiplikator, so wird die monetäre Basis zum entscheidenden Faktor des Geldangebots *M*.

[136] Unberücksichtigt bleiben im Folgenden erneut Vermögensübertragungen sowie der Restposten (vgl. Kapitel 2).

(7.27) $\frac{dM}{dRES} = 1$

Der Vollständigkeit halber sei noch darauf hingewiesen, dass auch beim **schmutzigen Float** (kursbeeinflussende Interventionen der Zentralbank ohne rechtliche Verpflichtung) Veränderungen der monetären Basis entstehen können.

7.1.3 Zahlungsbilanz und die *ZB*-Kurve

Der Schnittpunkt zwischen *IS*- und *LM*-Kurve im (*Y*,*Z*)-Diagramm beschreibt die Gleichgewichtskombination von Einkommen und Zins, die zu einer gleichzeitigen Räumung des inländischen Güter- und Geldmarktes führt. Dieses simultane Gleichgewicht stellt das sogenannte **interne Gleichgewicht** dar.

In den vorangegangenen Abschnitten wurde bereits klar, dass dieses Gleichgewicht von den außenwirtschaftlichen Verflechtungen beeinflusst wird. Die güterwirtschaftlichen Transaktionen zwischen In- und Ausland gehen über die Leistungsbilanz in die *IS*-Kurve ein. Eine unausgeglichene Zahlungsbilanz hat bei festen Wechselkursen über ihre Auswirkungen auf die Devisenreserven **Rückwirkungen** auf die *LM*-Kurve. Aufgrund dieser Auswirkungen auf die *LM*-Kurve kann ein internes Gleichgewicht nicht stabil sein, wenn die Zahlungsbilanz nicht ausgeglichen ist. So verschiebt z. B. eine dauerhaft überschüssige Zahlungsbilanz die *LM*-Kurve kontinuierlich nach rechts unten.

Abgesehen von der Bedeutung für das interne Gleichgewicht kann eine ausgeglichene Zahlungsbilanz ein eigenständiges wirtschaftspolitisches Ziel sein (vgl. Kapitel 2). Von einem **externen Gleichgewicht** spricht man bei ausgeglichener Zahlungsbilanz, d. h. bei $ZB = 0$. Der Zahlungsbilanzsaldo (*ZB*) ergibt sich dabei aus der Summe der Salden von Leistungsbilanz (*LB*) und Kapitalverkehrsbilanz (*KB*).

Im Folgenden wird vereinfachend unterstellt, dass die Höhe des aggregierten Kapitalverkehrs neben einem zinsunabhängigen, autonomen Kapitalverkehr ($\overline{KB}$) von der Differenz zwischen In- und Auslandszins abhängt:

(7.28) $KB = \overline{KB} + KB(\underset{(+)}{Z - Z^*})$ [137]

Hierbei bedeutet $KB > 0$ ($KB < 0$) einen Überschuss (Defizit) in der Kapitalverkehrsbilanz, bei $KB = 0$ ist die Bilanz ausgeglichen.

Die Reagibilität des inländischen Kapitalbilanzsaldos auf marginale Veränderungen des Zinsdifferentials ist gegeben durch

(7.29) $KB_{ZD} \equiv \frac{\partial KB}{\partial (Z - Z^*)}$

[137] In Kapitel 6 wurde deutlich, dass die Höhe und Richtung des internationalen Kapitalverkehrs nicht nur vom Zinsdifferential ($Z - Z^*$) abhängt, sondern auch von der erwarteten Wechselkursänderungsrate oder internationalen Finanztransaktionskosten. Auf die Modellierung derartiger Einflüsse wird an dieser Stelle der Einfachheit halber verzichtet.

Es wird unterstellt, dass eine Erhöhung des Zinsdifferentials tendenziell zu steigenden Kapitalimporten (sinkenden Kapitalexporten) des Inlands führt, also ein positiver Zusammenhang zwischen Kapitalbilanzsaldo und Zinsdifferential besteht:

$$(7.30) \quad 0 \leq KB_{ZD} \leq \infty$$

Die absolute Höhe des Koeffizienten KB_{ZD} hängt zum einen von der durch die technischen Möglichkeiten und das Verhalten der Wirtschaftssubjekte bedingten **internationalen Kapitalmobilität** ab. Zum anderen wird er beeinflusst von etwaigen **internationalen Kapitalverkehrsbeschränkungen.** Bei strikten Kapitalverkehrsbeschränkungen ist KB_{ZD} klein, im Extremfall bei einem Verbot sogar gleich Null, denn das Zinsdifferential spielt bei den Anlageentscheidungen zwischen in- und ausländischen Aktiva keine Rolle mehr. Aber auch bei Freizügigkeit kann der Wert von KB_{ZD} klein werden, nämlich dann, wenn das internationale Finanzkapital recht immobil ist. Gründe für eine geringe Kapitalmobilität können z.B. darin liegen, dass inländische Investoren ausländische Finanzaktiva für risikoreicher einschätzen oder den institutionellen Gegebenheiten ausländischer Finanzmärkte skeptisch gegenüberstehen. Im anderen Extremfall kann KB_{ZD} unendlich groß werden, nämlich dann, wenn Freizügigkeit besteht und die Wirtschaftssubjekte in- und ausländische Finanzanlagen als perfekte Substitute ansehen, mit anderen Worten vollständige Kapitalmobilität besteht.

Mit den Strukturen des Leistungsbilanz- und Kapitalverkehrsbilanzsaldos aus (7.5) bzw. (7.28) folgt für den Zahlungsbilanzsaldo

$$(7.31) \quad ZB = LB(Y, Y^*, W) + \overline{KB} + KB(Z - Z^*)$$

Eine ausgeglichene inländische Zahlungsbilanz ist bei $ZB = 0$ gegeben (externes Gleichgewicht), wodurch sich ein impliziter Zusammenhang zwischen inländischem Einkommen Y und inländischem Zins Z ergibt. Die zugehörige Kurve im (Y, Z)-Diagramm wird im Folgenden als ***ZB*-Kurve** bezeichnet. Mittels der Differentiationsregel für implizite Funktionen ergibt sich für ihre Steigung

$$(7.32) \quad \frac{dY}{dZ} = -\frac{\partial ZB/\partial Z}{\partial ZB/\partial Y} = -\frac{KB_{ZD}}{LB_Y} \geq 0$$ [138]

Die Abb. 7.3 zeigt drei verschiedene ZB-Kurven. ZB_0 hat eine positive, endliche Steigung (Normalfall), d.h. die marginale Importneigung LB_Y ist kleiner als Null und der Zinskoeffizient KB_{ZD} größer als Null und endlich. Für $KB_{ZD} = 0$ (zinsunelastischer Kapitalverkehr, keine Kapitalmobilität) verläuft die Kurve ZB_1 parallel zur Zinsachse. Bei vollkommener Kapitalmobilität, also $KB_{ZD} = \infty$, genügt dagegen bei beliebigen Einkommensänderungen bereits eine marginale Zinsänderung für den Zahlungsbilanzausgleich, so dass die Kurve ZB_2 parallel zur Y-Achse verläuft.

[138] Die positive Steigung folgt mit $KB_{ZD} \geq 0$ und $LB_Y < 0$ (vgl. Gleichung (7.6)).

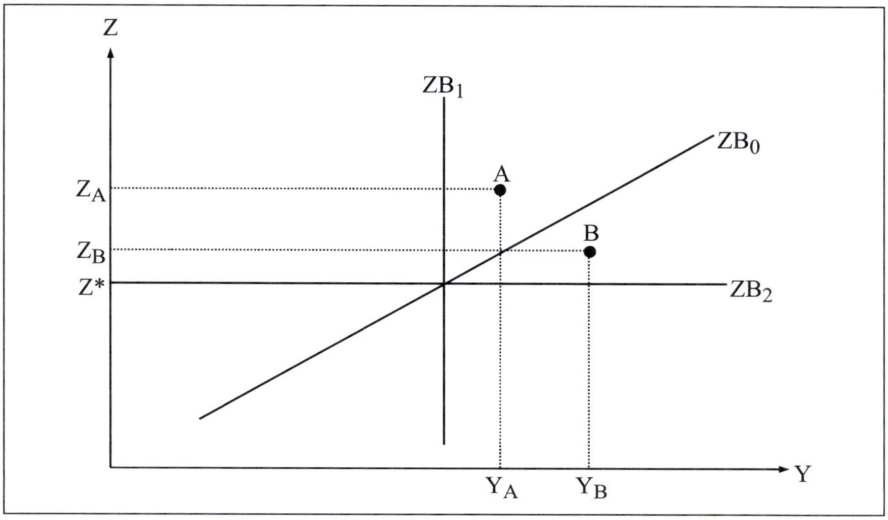

Abb. 7.3: ZB-Kurven im Mundell-Fleming-Modell

Um Aussagen über die **Lage der *ZB*-Kurve** treffen zu können, wird das totale Differential der Funktion (7.31) unter Berücksichtigung der Gleichgewichtsbedingung ($ZB = 0$) für die Veränderung von Y gebildet:

(7.33) $$dY = -\frac{1}{LB_Y} \cdot (LB_{Y^*} dY^* + LB_W dW + d\overline{KB}) - \frac{KB_{ZD}}{LB_Y} dZ + \frac{KB_{ZD}}{LB_Y} dZ^*$$

Aus (7.33) ist zu erkennen, dass bei $KB_{ZD} < \infty$ das inländische Einkommen Y steigt, wenn

- sich das ausländische Einkommen Y^* erhöht (zusätzliche Exporte des Inlandes),
- der Wechselkurs W steigt (Aktivierung der Leistungsbilanz unter „normalen" Bedingungen),
- sich der autonome Kapitalbilanzsaldo $\overline{KB}$ erhöht.

Alle diese Veränderungen führen zu einer Rechtsverschiebung der *ZB*-Kurve.

Auch eine Verringerung des ausländischen Zinses Z^* hat in der Regel eine Rechtsverschiebung der *ZB*-Kurve zur Folge: Jedem gegebenem inländischen Zinssatz entspricht nun ein geringerer Kapitalexport (bzw. erhöhter Kapitalimport). Dieser zahlungsbilanzaktivierende Effekt muss ceteris paribus über den leistungs- bzw. zahlungsbilanzpassivierenden Effekt einer Einkommenssteigerung ausgeglichen werden.

Der Einfluss der ausländischen Zinsen kann übrigens noch wesentlich weiter gehen: Bei **vollständiger Kapitalmobilität** ($KB_{ZD} = \infty$) stimmen Inlands- und Auslandszins stets überein. Denn eine Zinsdifferenz bewirkt einen so großen Kapitalstrom in das Land mit höherem Zins, dass es dort zu einem Zinssenkungsdruck kommt, während im anderen Land die Zinsen stark steigen. Für den Fall eines kleinen Inlandes und vollständiger Kapitalmobilität passt sich der inländische Zinssatz stets dem ausländischen an. Der ausländische Zinssatz hingegen bleibt von dem durch die Inländer induzierten Kapitalverkehr unberührt, da dieser nur ein relativ kleines Volumen aufweist. In diesem Fall wird die Lage der *ZB*-Kurve nur noch vom ausländischen Zinsniveau Z^* bestimmt. Die inländische *ZB*-Kurve ist eine Parallele zur *Y*-Achse auf der Höhe des ausländischen Zinssatzes.

Ein Einfluss der Zinssätze auf die Lage der *ZB*-Kurve entfällt jedoch vollständig bei dem (unrealistischen) Fall eines zinsunelastischen Kapitalverkehrs ($KB_{ZD} = 0$). In diesem Fall ist die *ZB*-Kurve eine Senkrechte und die Zinsen haben keine Bedeutung für den Zahlungsbilanzausgleich.

Alle Punkte, die nicht auf der *ZB*-Kurve liegen, repräsentieren eine unausgeglichene Zahlungsbilanz. (*Y*, *Z*)-Kombinationen, die „rechts unterhalb" der *ZB*-Kurve liegen, repräsentieren ein Zahlungsbilanzdefizit (z. B. der Punkt *B* in Abb. 7.3). Dort ist nämlich bei gegebenem inländischem Einkommen Y_B der Inlandszins Z_B zu niedrig, so dass der zinsinduzierte Kapitalexport (-import) für eine ausgeglichene Zahlungsbilanz zu hoch (zu gering) ist.[139] Kombinationen „links oberhalb" der *ZB*-Kurve repräsentieren hingegen einen Zahlungsbilanzüberschuss (z. B. der Punkt *A*).

7.1.4 Internes und externes Gleichgewicht

In der Abb. 7.4 sind die *IS*-, *LM*- und *ZB*-Kurve einer offenen Volkswirtschaft in einem Diagramm zusammengefügt worden, wobei realistischer Weise angenommen wurde, dass die *ZB*-Kurve (ZB_1 bzw. ZB_2) flacher verläuft als die *LM*-Kurve.[140]

Der Schnittpunkt zwischen *IS*- und *LM*-Kurve beschreibt das **interne Gleichgewicht**, bei dem die inländischen Güter- und Geldmärkte gleichzeitig geräumt sind. Die *ZB*-Kurve zeigt die (*Y*, *Z*)-Kombinationen, die zu einer ausgeglichenen Zahlungsbilanz führen. Läuft sie, wie ZB_1, durch den Punkt *A*, stimmen das interne und das **externe Gleichgewicht** überein. Ist die *ZB*-Kurve dagegen durch ZB_2 gegeben, so stellt *A* lediglich das interne Gleichgewicht dar, die Zahlungsbilanz ist dagegen unausgeglichen. Der horizontale Abstand *AB* zwischen internem Gleichgewicht und ZB_2-Kurve zeigt, um wie viel das inländische Einkommen zur Erreichung eines Zahlungsbilanzgleichgewichtes zu verändern

[139] Alternativ kann man argumentieren, dass bei gegebenem Zins Z_B das inländische Einkommen Y_B zu hoch ist, so dass der einkommensinduzierte (passive) Leistungsbilanzsaldo für eine ausgeglichene Zahlungsbilanz zu hoch ist.

[140] Trotz allen empirischen Streits dürften unter normalen Umständen für die Zinselastizität der Geldnachfrage ein Wert in der Nähe von Null ($L_Z \approx 0$) und für die Einkommenselastizität der Geldnachfrage ein Wert in der Nähe von 1 ($L_Y \approx 1$) robuste Ausgangswerte sein. Die *LM*-Kurve verläuft somit gemäß (7.18) relativ steil. Für die Einkommenselastizität des Leistungsbilanzsaldos LB_Y dürfte ein betraglicher Wert in der Nähe der durchschnittlichen Importquote (für Deutschland ca. 0,3), für die Zinselastizität des Kapitalbilanzsaldos bei der hohen internationalen Kapitalmobilität hingegen ein relativ hoher Wert realistisch sein. Nach (7.32) verläuft die *ZB*-Kurve somit relativ flach.

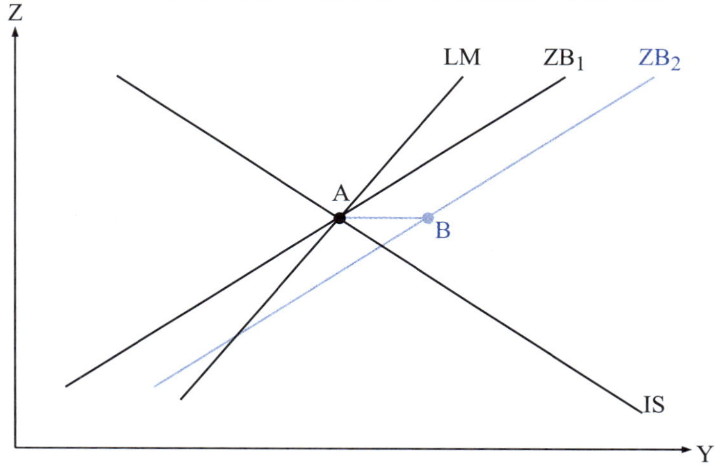

Abb. 7.4: Gleichgewicht im Mundell-Fleming-Modell

wäre. Ist die Einkommenselastizität des Leistungsbilanzsaldos bekannt, kann daraus auf die Höhe des Zahlungsbilanzüberschusses geschlossen werden.

In den Ausführungen des folgenden Kapitels 7.2 wird stets eine Ausgangssituation unterstellt, in der das interne und das externe Gleichgewicht zusammenfallen, sich die drei Kurven also in einem Punkt schneiden. In einem System **flexibler Wechselkurse** ist das immer der Fall, denn jedes Zahlungsbilanzungleichgewicht wird durch angemessene Wechselkursänderungen eliminiert (Verschiebungen der *IS*- und *ZB*-Kurve). Bei **festen Wechselkursen** können dagegen das interne und externe Gleichgewicht durchaus voneinander abweichen.

7.1.5 Zusammenfassung

- Das **Mundell-Fleming-Modell** erweitert das *IS-LM*-Konzept für geschlossene auf offene Volkswirtschaften. Hierbei ist neben dem internen Gleichgewicht (simultane Räumung des inländischen Güter- und Geldmarktes) das Zahlungsbilanzgleichgewicht (externes Gleichgewicht) in die Analyse einzubeziehen.
- Die ***IS*-Kurve** ist der geometrische Ort aller Kombinationen von inländischem Einkommen und Zins, der eine Räumung des inländischen Gütermarktes bewirkt. Im Mundell-Fleming-Modell spielt dabei der inländische Leistungsbilanzsaldo eine Rolle, der negativ vom inländischen Einkommen und positiv vom ausländischen Einkommen und vom Wechselkurs abhängt. Die Steigung der *IS*-Kurve ist negativ (oder gleich 0). Eine Erhöhung der autonomen inländischen Absorption, des ausländischen Einkommens sowie des Wechselkurses (Abwertung der Inlandswährung) verschiebt die *IS*-Kurve nach rechts.

- Die ***LM*-Kurve** ist der geometrische Ort aller Kombinationen von inländischem Einkommen und Zins, der eine Räumung des inländischen Geldmarktes bewirkt. Die Steigung der *LM*-Kurve ist positiv (oder gleich 0). Eine Erhöhung des inländischen Geldangebotes verschiebt die *LM*-Kurve bei unverändertem Einkommen nach rechts. Rein formal unterscheidet sich die *LM*-Kurve im Mundell-Fleming-Modell nicht von der einer geschlossenen Volkswirtschaft. Der wesentliche Unterschied zwischen beiden Konzepten besteht im Zustandekommen von Geldangebotsveränderungen.
- Die ***ZB*-Kurve** ist der geometrische Ort aller Kombinationen von inländischem Einkommen und Zins, bei dem die Zahlungsbilanz (Leistungsbilanz + Kapitalverkehrsbilanz) ausgeglichen ist (externes Gleichgewicht). Die Steigung der *ZB*-Kurve ist positiv (oder gleich 0). Bei völlig immobilem Kapitalverkehr verläuft die *ZB*-Kurve parallel zur Zinsachse, bei vollkommener Kapitalmobilität parallel zur Einkommensachse. Erhöhungen des ausländischen Einkommens, des Wechselkurses sowie des autonomen Kapitalverkehrssaldos verschieben die *ZB*-Kurve nach rechts.
- Bei **flexiblen Wechselkursen** fallen internes und externes Gleichgewicht stets zusammen (automatischer Zahlungsbilanzausgleich). Bei **festen Wechselkursen** können beide Gleichgewichte voneinander abweichen.

7.2 Internationale Transmission der Geld- und Fiskalpolitik

Das im Abschnitt 7.1 beschriebene Mundell-Fleming-Modell bezog sich bislang nur auf die Analyse der Wirkungen inländischer Geld-, Fiskal- oder Wechselkurspolitik auf das inländische Einkommen und Zinsniveau sowie die Zahlungsbilanz. Das Modell eignet sich auch, um mögliche **Effekte inländischer Stabilitätspolitik** auf das ausländische Einkommen bzw. Zinsniveau zu analysieren, aus denen sich wiederum Rückwirkungen auf inländische Makrogrößen ergeben können. In den folgenden Abschnitten sollen deshalb die **Wirkungen inländischer Geld-** und **Fiskalpolitik** unter Berücksichtigung außenwirtschaftlicher Interdependenzen diskutiert werden.

7.2.1 Modellbeschreibung

Zur Erfassung internationaler Rückwirkungen ist das Mundell-Fleming-Modell aus Abschnitt 7.1 um den ausländischen Güter- und Geldmarkt zu erweitern. Im Hinblick auf die Kapitalmobilität wird im Folgenden von eventuellen Kapitalverkehrsbeschränkungen abstrahiert und – abgesehen von einigen kurzen Anmerkungen – der wohl praxisrelevanteste Fall eines **absolut zinselastischen Kapitalverkehrs (vollkommene Kapitalmobilität)** unterstellt. Es wird somit von der Zinsgleichheit zwischen In- und Ausland ausgegangen:

(7.34) $Z = Z^*$

Zusätzlich wird angenommen, dass das **Inland groß** und das **Ausland klein** ist, so dass sich das ausländische Zinsniveau dem inländischen anpasst und deshalb durch dieses ersetzt werden kann.

Zur Ableitung der Gleichgewichte auf den inländischen und ausländischen Gütermärkten **(*IS*-Kurven)** sei zunächst an die Gleichung (7.12) erinnert. Wird diese nach y aufgelöst, so ergibt sich:

(7.35) $y = -\theta \cdot Z + \Psi \cdot y^* + \Theta \cdot w + \Omega \cdot \overline{ab}$ (inländische IS-Kurve)

mit

$$\theta \equiv \frac{\lambda}{1-\phi} \geq 0 \text{ , } \Psi \equiv \frac{\varepsilon}{1-\phi} \geq 0 \text{ , } \Theta \equiv \frac{\varphi}{1-\phi} \geq 0 \text{ , } \Omega \equiv \frac{1}{1-\phi} \geq 0$$

Unter der Annahme, dass es sich beim In- und Ausland um **symmetrische Länder**, d.h. zwei Länder mit identischen Verhaltensparametern handelt, ergibt sich für die ausländische *IS*-Kurve

(7.36) $y^* = -\theta \cdot Z + \Psi \cdot y - \Theta \cdot w + \Omega \cdot \overline{ab}^*$ (ausländische IS-Kurve)

wobei der Stern (*) wie gewohnt ausländische Variablen kennzeichnet und ansonsten die Notation des Abschnittes 7.1 beibehalten wird. Bei der weitgehenden Symmetrie der Gleichungen (7.35) und (7.36) ist zu beachten, dass der Wechselkurs das ausländische Einkommen negativ beeinflusst: Eine Erhöhung des Wechselkurses bedeutet eine Aufwertung der ausländischen Währung, was die ausländische Leistungsbilanz tendenziell passiviert.

Die ***LM*-Kurven** des In- und Auslands (Geldmarktgleichgewichte) ergeben sich analog der Gleichung (7.23) aus der Gleichsetzung von jeweiligem Geldangebot und einkommens- und zinsabhängiger Geldnachfrage:

(7.37) $m = \eta \cdot y - \sigma \cdot Z$ (inländische LM-Kurve)

(7.38) $m^* = \eta \cdot y^* - \sigma \cdot Z$ (ausländische LM-Kurve)

Mit dem um die ausländischen Güter- und Geldmärkte erweiterten Mundell-Fleming-Modell lassen sich nun die Effekte inländischer Geld- und Fiskalpolitik unter Berücksichtigung wechselseitiger außenwirtschaftlicher Abhängigkeiten analysieren. Grad und Ausprägung der **internationalen Transmission** hängen dabei im Wesentlichen ab

- vom Wechselkurssystem (feste oder flexible Wechselkurse),
- vom Grad der internationalen Kapitalmobilität sowie
- von der Größe des Landes, in dem die wirtschaftspolitische Maßnahme ergriffen wird.

7.2.2 Internationale Transmission bei festen Wechselkursen

Im Rahmen des beschriebenen Modells sind in einem **System fester Wechselkurse** grundsätzlich zwei Wirkungsmechanismen zu beachten: **güterwirtschaft-**

liche Effekte auf das Einkommen über Veränderungen der Leistungsbilanz sowie **Geldmengeneffekte** über Reserveänderungen. Zwar kann hiergegen eingewendet werden, dass sich derartige Geldmengeneffekte von der Zentralbank eines Landes neutralisieren lassen, indem sie durch eine entgegengesetzte Variation des autonomen Teils $\overline{M}$ des Geldangebots kompensiert werden. Allerdings ist bei **vollkommener Kapitalmobilität** (absolut zinselastischer Kapitalverkehr) eine solche Neutralisierungspolitik nicht möglich, weil dadurch das Zahlungsbilanzdefizit zementiert würde, was schließlich den vollständigen Verlust an Währungsreserven nach sich zöge.

Da im **Festkurssystem** der Wechselkurs W keine Variable mehr ist und der Einfachheit halber auf eins (und der logarithmische Wechselkurs w damit auf Null) normiert werden kann, vereinfacht sich das Gleichungssystem (7.35) bis (7.38). Die Lösung des Gleichungssystems wird weiter durch die zusätzliche Annahme vereinfacht, dass die inländische Währung den „Anker" im Festkurssystem darstellt und die ausländische Notenbank ihre Geldpolitik danach ausrichtet, die Wechselkursvorgaben einzuhalten. Die ausländische (logarithmische) Geldmenge m^* wird damit zur **endogenen Größe**. Diese Situation war nach Meinung einiger Beobachter im **Europäischen Währungssystem** (EWS) gegeben: Während die Bundesbank eine autonome Geldpolitik betrieb, mussten sich die anderen Notenbanken in ihrer Geldmengensteuerung an den Wechselkursvorgaben ausrichten.

Im System der 4 Gleichungen (7.35) bis (7.38) ergeben sich somit als **endogene Variablen** y, y^*, Z und m^*. Als **exogene Politikvariablen** verbleiben $m, \overline{ab}$ sowie $\overline{ab}^*$. Hinter den beiden letzten Größen verbirgt sich die Möglichkeit, über eine expansive Fiskalpolitik das Einkommen zu beeinflussen. Eine Erhöhung der Staatsausgaben erhöht die einkommensunabhängige, autonome Absorption $\overline{ab}$. Das durch die Gleichungen (7.35) bis (7.38) beschriebene **Grundmodell der internationalen Transmission** lässt sich für den Fall fester Wechselkurse also wie folgt umformulieren:

$$(7.39)\quad 1 \cdot y - \Psi \cdot y^* + \theta \cdot Z + 0 \cdot m^* = \Omega \cdot \overline{ab}$$

$$(7.40)\quad -\Psi \cdot y + 1 \cdot y^* + \theta \cdot Z + 0 \cdot m^* = \Omega \cdot \overline{ab}^*$$

$$(7.41)\quad \eta \cdot y + 0 \cdot y^* - \sigma \cdot Z + 0 \cdot m^* = m$$

$$(7.42)\quad 0 \cdot y + \eta \cdot y^* - \sigma \cdot Z - 1 \cdot m^* = 0$$

In dieser Formulierung des Gleichungssystems stehen alle endogenen Variablen auf den linken, alle exogenen Variablen auf den rechten Seiten der Gleichungen. Die jeweiligen Wirkungen der exogenen Variablen auf die endogenen Größen lassen sich anhand der Lösung des Gleichungssystems relativ leicht bestimmen. Im Anhang A7 wird das Gleichungssystem (7.39) bis (7.42) durch einfache Matrixalgebra gelöst. Die in den folgenden Unterabschnitten benutzten expliziten Lösungen sind den Komponenten der inversen Matrix (A7.9) zu entnehmen.

7.2.2.1 Geldpolitik bei vollkommener Kapitalmobilität

Wie wirkt für den Fall, dass das **große Inland** die Ankerwährung bereitstellt, eine **expansive Geldpolitik des kleinen Auslands** auf das in- und ausländische Einkommen? Die autonome Erhöhung des ausländischen Geldangebots bewirkt zunächst einen tendenziellen Senkungsdruck auf das ausländische Zinsniveau. Hieraus resultiert ein extremer, nicht zu neutralisierender Kapitalabfluss ins Inland, der zu einer ausländischen Geldmengenkontraktion führt **(außenwirtschaftlich bedingter Geldmengeneffekt)** und somit die autonome Erhöhung des ausländischen Geldangebotes voll ausgleicht. Zu einer ausländischen Zinssenkung kann es somit nicht kommen. Das Zinsniveau wird voll durch das große Inland bestimmt, welches jedoch von der Politik des kleinen Auslandes unberührt bleibt. Da sich der geschilderte Prozess sehr schnell vollzieht, kommt die vorgesehene Geldmengenausdehnung im Grenzfall nicht zustande. Dies verdeutlicht die zuvor getroffene Feststellung, dass die Geldmenge eines kleinen Landes, das sich bei festen Wechselkursen an der Ankerwährung eines großen anderen Landes orientiert, nicht mehr als Politikinstrument zur Verfügung steht, sondern eine endogene Variable ist. Somit ergibt sich also auch keinerlei Effekt auf das Auslandseinkommen. Im Inland kommt es zwar zu einem Kapitalzufluss. Dieser hat jedoch aufgrund der Annahme eines kleinen Auslands keinen Einfluss auf das inländische Zinsniveau. Somit ändert sich also auch das inländische Einkommen nicht, so dass es auch über die Leistungsbilanz keine güterwirtschaftlichen Effekte geben kann.

In einer grafischen Darstellung würde sich die ausländische *LM*-Kurve allenfalls kurzzeitig nach rechts unten verschieben, um dann sofort in ihre Ursprungslage zurückzukehren. Auch die inländische *LM*-Kurve sowie die in- und ausländischen *IS*-Kurven bleiben unberührt. Die *ZB*-Kurve des Inlandes bleibt schon aufgrund der Größe des Landes unverändert. Die (waagerechte) *ZB*-Kurve des Auslandes bleibt starr auf dem Niveau, das durch das inländische Zinsniveau vorgegeben wird. Aufgrund dieser Nicht-Änderungen wird auf eine grafische Darstellung verzichtet.

Als nächstes soll davon ausgegangen werden, dass das **große Inland** eine **expansive Geldpolitik** betreibe. Eine autonome Geldmengenerhöhung im Inland führt über eine tendenzielle Zinssenkung erneut zu einem Kapitalabfluss. Dieser stellt jetzt aber einen erheblichen Liquiditätstransfer ins Ausland dar, der auch dort über eine merkliche Geldmengenausweitung zu einem verringerten Zinsniveau führt. Die Zinssenkung in beiden Ländern erhöht sowohl das in- als auch das ausländische Einkommen, so dass wechselseitig positive güterwirtschaftliche Effekte auftreten. Das gestiegene ausländische Einkommen aktiviert über erhöhte inländische Exporte die inländische Leistungsbilanz (weitere Zunahme des inländischen Einkommens). Wenn das Ausland allerdings „klein" ist im obigen Sinne des „nicht Spürbaren", entfällt dieser Effekt. Ebenso steigen die einkommensabhängigen Importe des Inlands, was das ausländische Einkommen weiter erhöht. Insgesamt ergibt sich somit eine in ihrer Stärke abklingende Sequenz einkommenserhöhender Rückwirkungen zwischen In- und Ausland.

Formal lassen sich die Effekte über die Lösung des Gleichungssystems (7.39) bis (7.42) bestimmen (vgl. die Matrix (A7.9) im Anhang A7). Das inländische Einkommen steigt aufgrund der expansiven inländischen Geldpolitik:

$$(7.43) \quad \frac{\partial y}{\partial m} = \frac{\theta}{\Delta_2}$$ [141]

wobei $\Delta_2 \equiv \eta\theta + \sigma(1 - \Psi)$ ist. Im Folgenden soll von $\Psi \leq 1$ ausgegangen werden, so dass (7.43) größer oder gleich Null ist. Der positive Effekt auf das ausländische Einkommen ergibt sich als

$$(7.44) \quad \frac{\partial y^*}{\partial m} = \frac{\theta}{\Delta_2} \geq 0$$ [142]

und ist somit genauso groß wie auf das inländische Einkommen. Die Ursache liegt darin, dass das kleine Ausland gezwungen ist, seine Geldmenge m^* in genau dem gleichen Umfang auszudehnen wie das Inland, um die **Wechselkursparität** aufrechtzuerhalten.[143] In beiden Ländern sinken deshalb die Zinsen in gleichem Umfang[144], was zu den entsprechenden gleich hohen Einkommenseffekten führt. Die Abb. 7.5 verdeutlicht die Wirkungen der Geldmengenerhöhung des großen Inlands.

In der Ausgangssituation befinden sich das In- bzw. Ausland in den jeweils simultanen internen und externen Gleichgewichtspunkten *A* bzw. *A**. Die autonome Geldmengenerhöhung verschiebt die *LM*-Kurve des Inlands kurzfristig zunächst weit nach rechts, nämlich von LM_0 nach LM_2. Der einsetzende Kapitalabfluss bewirkt nun zweierlei: Erstens eine Erhöhung der Geldmenge im Ausland, zweitens eine Reduktion des zuvor autonom ausgeweiteten Geldangebots im Inland. Durch diesen Geldmengeneffekt verschiebt sich die *LM*-Kurve des Auslands von LM_0^* nach LM_1^*, während sich die *LM*-Kurve des Inlands tendenziell zurück nach links bewegt. In beiden Ländern kommt es jedoch, verglichen mit der Ausgangssituation vor der inländischen Geldmengenexpansion, zu einer Zinssenkung, die in beiden Ländern zu primären Einkommenserhöhungen führt (Bewegung auf den *IS*-Linien). Im Gleichgewicht sind die Zahlungsbilanzen der beiden Länder ausgeglichen. Da dies bei vollkommener Kapitalmobilität mit gleich hohen Zinsen in beiden Ländern verbunden ist, verändern sich auch die Kapitalverkehrsbilanzen der beiden Länder nicht. Folglich bleiben auch die Leistungsbilanzsalden unberührt.

Die neuen simultanen Gleichgewichte der nationalen Geld- und Gütermärkte liegen in den Punkten *B* und *B**. Da hier auch in beiden Ländern ein Zahlungsbilanzgleichgewicht herrscht, müssen sich in beiden Ländern die (waagerechten) *ZB*-Kurven gleich stark nach unten verschieben. Die Zinsen verändern sich um

---

[141] Dies entspricht dem Eintrag in der 1. Zeile, 3. Spalte der Matrix (A7.9).
[142] Dies entspricht dem Eintrag in der 2. Zeile, 3. Spalte der Matrix (A7.9).
[143] Aus der 4. Zeile, 3. Spalte der Matrix (A7.9) ergibt sich $\partial m^*/\partial m = 1$.
[144] Aus der 3. Zeile, 3. Spalte der Matrix (A7.9) ergibt sich $\partial Z/\partial m = (\Psi - 1)/\Delta_2 \leq 0$.

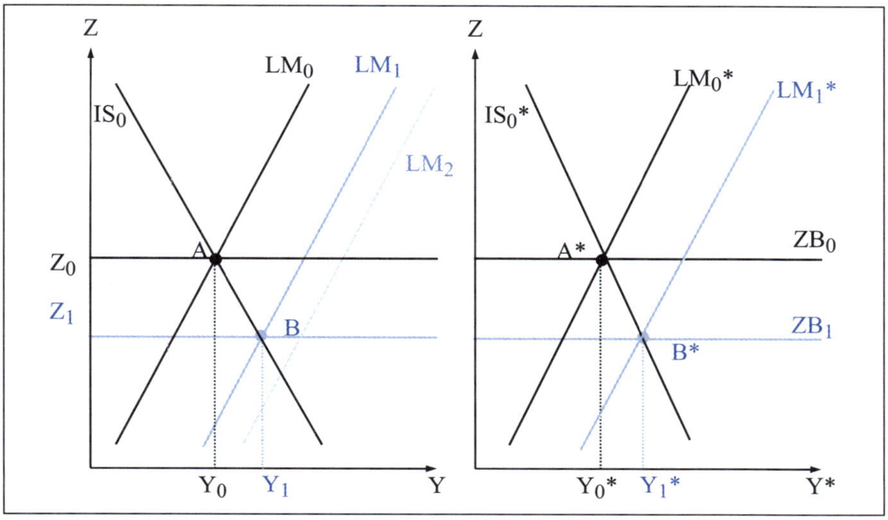

Abb. 7.5: Wirkungen einer Geldmengenausweitung in einem großen Land

$$\frac{\partial Z}{\partial m} = \frac{\partial Z^*}{\partial m} = \frac{\Psi - 1}{\Delta_2} \leq 0$$

Insgesamt lassen sich die Wirkungen einer expansiven Geldpolitik bei festen Wechselkursen und vollständiger Kapitalmobilität wie folgt zusammenfassen:

1. Eine expansive Geldpolitik eines kleinen Landes hat keinerlei Einkommenswirkung im Land selbst oder im Partnerland.
2. Eine expansive Geldpolitik eines großen Landes führt zu Einkommenssteigerungen sowohl im Land selbst als auch im Partnerland.

7.2.2.2 Fiskalpolitik bei vollkommener Kapitalmobilität

Eine **fiskalische Expansion** führt zunächst tendenziell zu einem Zinsanstieg im ausführenden Land (die *IS*-Linie des Landes verschiebt sich nach rechts oben). Da das Kapital international vollkommen mobil ist, kommt es zu einem Kapitalzufluss aus dem anderen Land, der durch Devisenankäufe der Notenbank des fiskalisch expansiven Landes ausgeglichen werden muss. Deshalb nimmt die Geldmenge des expandierenden Landes zu (die *LM*-Linie des expandierenden Landes verschiebt sich nach rechts unten).

Bei einem **kleinen Land** (in diesem Fall das Ausland), das keinen Einfluss auf das internationale Zinsniveau und auf das Einkommen des großen Inlandes hat, wird der Kapitalzufluss so lange anhalten, bis sich der Auslandszins wieder dem internationalen Niveau angeglichen hat. Die fiskalische Expansion und der dadurch induzierte Geldmengenzuwachs führen also eindeutig zu einer Einkommenserhöhung im kleinen Ausland. Aufgrund der geringen Bedeutung des Auslands ergeben sich für das **große Inland** keine nennenswerten Wirkungen.

Die Wirkungen einer expansiven Fiskalpolitik des **großen Inlands** sind positiv für das Inland. Für das Ausland ist die Wirkungsrichtung jedoch unsicher. Aus der Matrix (A7.9) des Anhangs A7 ergibt sich

(7.45) $$\frac{\partial y}{\partial \overline{\overline{ab}}} = \frac{\sigma\Omega}{\Delta_1} \geq 0$$ [145]

mit $\Delta_1 \equiv (\eta\theta + \sigma(1 - \Psi)) \times (1 + \Psi)$ und

(7.46) $$\frac{\partial y^*}{\partial \overline{\overline{ab}}} = \frac{(\sigma\Psi - \eta\theta)\Omega}{\Delta_1} \gtreqless 0$$

In Richtung eines positiven **Spill-Over-Effektes** wirken

- eine hohe Importneigung des großen Inlandes[146] (die *IS**-Linie verschiebt sich aufgrund der steigenden Exporte deutlich nach rechts),
- eine geringe Zinselastizität der Güternachfrage des kleinen Auslandes (die *IS**-Linie ist steil; Zinssteigerungen führen nur zu geringen Einkommensverlusten),
- eine geringe Einkommenselastizität der Geldnachfrage des großen Inlandes (die durch die inländischen Einkommenssteigerungen ausgelösten (Welt)-Zinssteigerungen sind gering)
- sowie eine hohe Zinselastizität der Geldnachfrage des Inlandes (die *LM*-Linie ist flach, die durch die inländischen Einkommenssteigerungen ausgelösten (Welt-)Zinssteigerungen sind gering).

Die beiden letzten Effekte würden bedeuten, dass die ausländische Geldmenge nur relativ schwach von der inländischen Expansion betroffen ist, das heißt, dass sich die ausländische *LM**-Kurve nur wenig nach links verschieben muss.

Die beiden gegenläufigen Effekte auf das Einkommen des Auslandes (Rechtsverschiebung der *IS**-Kurve und Linksverschiebung der *LM**-Kurve) lassen sich anhand der Abb. 7.6 verdeutlichen.

Vor der fiskalpolitischen Maßnahme befinden sich die beiden Länder in den jeweiligen internen und externen Gleichgewichtszuständen *A* und *A**. Durch die expansive fiskalische Maßnahme verschiebt sich die *IS*-Kurve des Inlands kurzfristig von IS_0 auf IS_k. Die damit verbundene Zinssteigerung induziert einen Kapitalzufluss aus dem Ausland, der zu einer Rechtsverschiebung der inländischen *LM*-Kurve führt (von LM_0 auf LM_1).

Aufgrund der Größe des Inlands führen der Kapitalabfluss vom Ausland ins Inland und die somit notwendigen Devisenverkäufe der ausländischen Notenbank zu einer spürbaren Verringerung der ausländischen Geldmenge. Die *LM*-Kurve des Auslands bewegt sich durch diesen Geldmengeneffekt nach

145 Zur Erinnerung: Die Positivität des Ausdrucks folgt mit $\Psi \leq 1$ und $\Omega \geq 0$ (vgl. Formel (7.35)).

146 Die im Text wiedergegebenen Berechnungen beziehen sich auf symmetrische Volkswirtschaften. Die Matrix (A7.8) des Anhangs A7, in der Berechnungen auch für asymmetrische Volkswirtschaften enthalten sind, lässt erkennen, ob die für die Wirkungsrichtung ausschlaggebenden Verhaltensparameter die des In- oder des Auslands sind.

links oben (von LM_0* auf LM_1*), wodurch sich ein negativer Effekt auf das ausländische Einkommen ergibt.

Andererseits führt die Einkommenserhöhung im Inland zu einer Steigerung der ausländischen Exporte und somit zu einer Erhöhung des ausländischen Einkommens. Offensichtlich zieht die fiskalische Expansion im Inland zwei entgegengesetzte Wirkungen auf das ausländische Einkommen nach sich: Eine Einkommensreduktion aufgrund der (Welt-)Zinssteigerungen, die durch die Einkommenssteigerungen im großen Inland ausgelöst wurden sowie eine Einkommenserhöhung durch den güterwirtschaftlichen Zusammenhang. Ob und in welche Richtung sich das ausländische Einkommen verändert, hängt vom Nettoeffekt der beiden gegensätzlichen Wirkungen (bzw. von den Verhaltensparametern) ab.

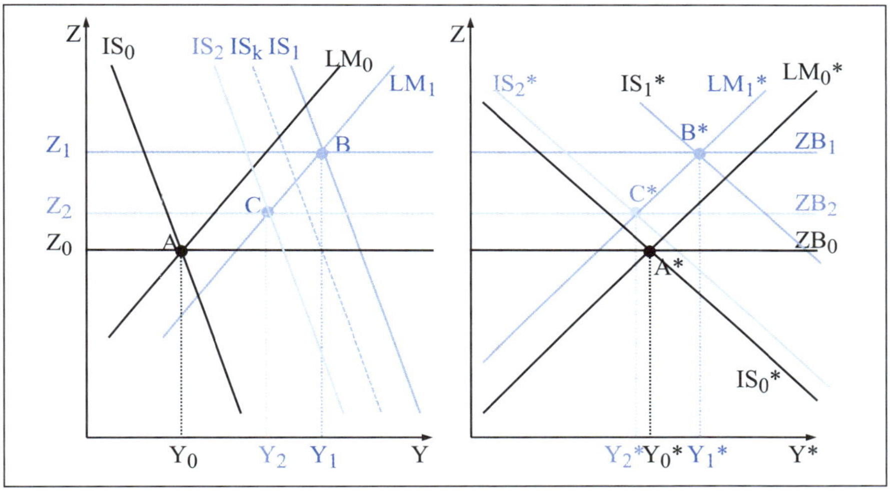

Abb. 7.6: Wirkungen einer expansiven Fiskalpolitik in einem großen Land

Die beiden ausländischen *IS*-Kurven IS_1* (starker positiver Effekt aus zunehmenden Exporten) und IS_2* (nur schwacher Effekt aus zunehmenden Exporten) verdeutlichen die möglichen Gesamteffekte auf das ausländische Einkommen (Steigerung des Einkommens von Y_0* auf Y_1* bzw. Reduktion auf Y_2*).

Die jeweilige Veränderung des ausländischen Einkommens führt dann wiederum zu entsprechenden güterwirtschaftlichen Rückwirkungen auf das Inland (Zu- oder Abnahme der inländischen Exporte), die durch die *IS*-Kurven IS_1 und IS_2 gekennzeichnet sind. Ein eventuell negativer güterwirtschaftlicher Effekt aus einer verringerten ausländischen Importnachfrage (IS_2) kann jedoch den primären positiven Einkommenseffekt der fiskalischen Expansion nicht überkompensieren.

Insgesamt führt der erhöhte inländische Geldbedarf zu einer Erhöhung des in- und ausländischen Zinsniveaus, so dass sich die *ZB*-Kurven beider Länder nach oben verschieben (von ZB_0 in Richtung ZB_2 oder ZB_1).

Zusammenfassend ergeben sich bei einer expansiven Fiskalpolitik bei festen Wechselkursen und vollständiger Kapitalmobilität die folgenden Wirkungen:

1. Ein kleines Land erreicht mittels expansiver Fiskalpolitik eine eigene Einkommenserhöhung, aber keine registrierbare Erhöhung im Partnerland.
2. In einem großen Land führt eine expansive Fiskalpolitik zu eindeutigen Einkommenssteigerungen im Land selbst, während das Einkommen des Partnerlandes steigen, fallen oder gleich bleiben kann.

7.2.2.3 Geld- und Fiskalpolitik bei völlig immobilem Kapital

Bei völlig immobilem internationalem Kapitalverkehr können geld- und fiskalpolitische Maßnahmen eines Landes lediglich über die Leistungsbilanz auf das andere Land wirken. Angenommen in einem Land herrscht ein internes und externes Gleichgewicht. Durch eine expansive Geld- oder Fiskalpolitik erhöht sich kurzfristig sein Einkommen Y, so dass sich seine Leistungsbilanz aufgrund steigender Importe passiviert. Zu beachten ist ferner, dass die erhöhten Importe des Landes von entsprechenden **Devisentransaktionen** zwischen In- und Ausland begleitet werden.

Beim expansiven Land handele es sich im ersten Schritt um das **kleine Ausland**. Im **großen Inland** führen dann weder die zusätzlichen ausländischen Importe noch die aus den Devisentransaktionen resultierende Geldmengenausweitung zu einer spürbaren Einkommenserhöhung. Im Ausland führt die expansive Maßnahme zunächst zu einer Einkommenserhöhung. Allerdings verursachen die daraus resultierenden erhöhten Importe des Auslandes eine Geldmengenkontraktion, die wiederum negativ auf das Einkommen wirkt. Die durch die Devisentransaktionen bedingte Geldmengenverknappung im Ausland kann nur durch einen **Leistungsbilanzausgleich** gestoppt werden. Da sich jedoch das Einkommen des großen Inlandes und annahmegemäß auch der Wechselkurs nicht verändern, wird dieser Ausgleich nur durch ein ausländisches Einkommensniveau realisiert, das dem der Ausgangssituation entspricht. Die expansive Maßnahme hat somit unter diesen Umständen keine längerfristige Einkommenserhöhung im Ausland zur Folge. Eine Möglichkeit, das ausländische Einkommen langfristig zu erhöhen, besteht allerdings darin, dass die Zentralbank die mit den Devisentransaktionen einsetzende Geldmengenverknappung (zumindest bis zum Zeitpunkt der Erschöpfung der Devisenreserven) durch eine **permanente Erhöhung des autonomen Geldangebots neutralisiert**.

Expansive Maßnahmen im **großen Inland** führen aus zweierlei Gründen zu einer deutlichen Erhöhung des ausländischen Einkommens. Erstens aktivieren die steigenden inländischen Importe die ausländische Leistungsbilanz. Zweitens bewirken die entsprechenden Devisentransaktionen eine Geldmengenausweitung im Ausland, so dass sich dort über eine Zinssenkung eine weitere Einkommenserhöhung ergibt.[147] Die ausländische Einkommenssteigerung

[147] Hierbei ist allerdings vorauszusetzen, dass die ausländische Zentralbank der außenwirtschaftlich bedingten Geldmengenerhöhung nicht durch eine entsprechende Neutralisierungspolitik entgegenwirkt.

impliziert positive Rückwirkungen auf das Inland. Steigende ausländische Importe aktivieren tendenziell die inländische Leistungsbilanz, so dass sich der Leistungsbilanzausgleich im Inland bei einem höheren Einkommen Y als in der Ausgangssituation vollziehen lässt. Im Gegensatz zum Fall des kleinen Auslandes sind also auch **ohne Neutralisierungspolitik** langfristige Einkommenserhöhungen im Inland realisierbar.

Zusammenfassend ergeben sich bei völlig immobilem internationalem Kapitalverkehr und festem Wechselkurs die folgenden Wirkungen auf eine expansive geld- und/oder fiskalische Maßnahme:

1. Ist das expansive Land klein, so führt die Maßnahme zu keiner nennenswerten Einkommenserhöhung im Partnerland. Im expansiven Land selbst ist eine Einkommenserhöhung nur in Begleitung einer Neutralisierungspolitik der Zentralbank möglich.
2. Ist das expansive Land groß, so führt die Maßnahme auch ohne neutralisierungspolitische Eingriffe seitens der Zentralbank in beiden Ländern tendenziell zu Einkommenserhöhungen.

7.2.3 Internationale Transmission bei flexiblem Wechselkurs

Ein **flexibler Wechselkurs** garantiert eine kontinuierlich ausgeglichene Zahlungsbilanz. Die Währungsreservebestände der Zentralbanken werden durch außenwirtschaftliche Transaktionen nicht verändert. Somit folgt, dass Geldangebotsveränderungen im In- und Ausland nur noch aus Veränderungen der autonomen heimischen Geldmengenbestände resultieren und **keine außenwirtschaftlich bedingten Geldmengeneffekte** mehr auftreten.

Im Gegensatz zum Festkurssystem ist bei flexiblen Wechselkursen die ausländische Geldmenge m^* eine exogene Größe. Obwohl es bei flexiblem Wechselkurs keine „Ankerwährung" mehr gibt, bleibt die Unterscheidung in kleine und große Länder sinnvoll. So wird weiterhin davon ausgegangen, dass sich das Zinsniveau des (kleinen) Auslandes stets dem des (großen) Inlandes anpasst.

Das in (7.35) bis (7.38) beschriebene **Grundmodell der internationalen Transmission** enthält somit im Fall flexibler Wechselkurse als **endogene Variablen** y, y^*, Z und w. Als **exogene Politikvariablen** verbleiben $m, m^*, \overline{ab}$ sowie $\overline{ab}^*$:

(7.47) $1 \cdot y - \Psi \cdot y^* + \theta \cdot Z - \Theta \cdot w = \Omega \cdot \overline{ab}$

(7.48) $-\Psi \cdot y + 1 \cdot y^* + \theta \cdot Z + \Theta \cdot w = \Omega \cdot \overline{ab}^*$

(7.49) $\eta \cdot y + 0 \cdot y^* - \sigma \cdot Z + 0 \cdot w = m$

(7.50) $0 \cdot y + \eta \cdot y^* - \sigma \cdot Z + 0 \cdot w = m^*$

Im Gleichungssystem (7.47) bis (7.50) stehen erneut alle endogenen Variablen auf den linken, alle exogenen Variablen auf den rechten Gleichungsseiten. Die Lösung des Gleichungssystems wird im Anhang A7 im Wesentlichen durch die

Matrix (A7.14) beschrieben. Die im Folgenden verwendeten expliziten Lösungen sind den Komponenten dieser Matrix entnommen worden.

7.2.3.1 Geldpolitik bei vollkommener Kapitalmobilität

Eine monetäre Expansion (Verschiebung der *LM*-Kurve nach rechts unten) senkt den Zins des expansiven Landes unter das internationale Niveau. Hieraus resultiert ein (im Extremfall unendlich hoher) Kapitalabfluss in das andere Land, eine Passivierung der eigenen Kapitalverkehrsbilanz und eine Abwertung der eigenen Währung.

Wie gehabt soll von einem **kleinen Ausland** und einem **großen Inland** ausgegangen werden. Da das Ausland klein ist, können die Wirkungen seiner monetären Expansion auf das große Inland erneut vernachlässigt werden. Weder der Zins noch das Einkommen des großen Inlandes verändern sich. Die Anpassung des Zinses des kleinen Auslandes an den höheren Welt- bzw. Inlandszins der Ausgangssituation vollzieht sich über die wechselkursinduzierte Einkommenserhöhung des Auslands: Der Kapitalabfluss in das große Inland hält so lange an, bis die daraus folgende Abwertung der eigenen Währung die Güternachfrage im expansiven Ausland so stark erhöht (Rechtsverschiebung der ursprünglichen ausländischen *IS**-Kurve), dass das alte Zinsniveau wieder erreicht ist. Die Geldpolitik ist somit bei flexiblen Wechselkursen effizient.

Aufgrund der Größe des Inlands bedeutet eine **inländische Geldmengenexpansion** eine spürbare internationale Liquiditätsausweitung, die zu einer Zinssenkung in beiden Ländern führen muss. Während diese Zinssenkung jedoch im Inland mit einem positiven Effekt auf das Einkommen verbunden ist, kann sie im Ausland bei gegebener ausländischer Geldpolitik (konstante *LM**-Linie) nur mit einer Einkommensreduktion einhergehen: Auf dem Geldmarkt des Auslandes führt die Zinssenkung zu einer zinsinduzierten Erhöhung der Geldnachfrage, die bei gegebener Geldmenge nur durch eine gegenläufige einkommensinduzierte Verringerung der Geldnachfrage ausgeglichen werden kann:

$$(7.51) \quad \frac{\partial y^*}{\partial m} = -\frac{\sigma(1-\Psi)}{\eta\Delta_5} \leq 0$$ [148]

wobei $\Delta_5 \equiv 2(\eta\theta + \sigma(1-\Psi))$.

Ist die Zinselastizität der ausländischen Geldnachfrage gering ($\sigma \to 0$, die *LM**-Kurve ist steil), so entfällt im Grenzfall die Notwendigkeit einer ausländischen Einkommensverringerung zur Wiederherstellung des ausländischen Geldmarktgleichgewichtes. Grundsätzlich gilt: Je geringer die Zinssenkung, desto kleiner muss der entsprechende negative Einkommenseffekt im Ausland ausfallen.

Falls diese beiden Extremfälle nicht gegeben sind, wird die Verringerung des ausländischen Einkommens über die Aufwertung der Auslandswährung er-

[148] Der Ausdruck ergibt sich aus der 2. Zeile, 3. Spalte der Matrix (A7.14). Dass er kleiner oder gleich Null ist, folgt wegen $\sigma, \eta, \Delta_5 > 0$ und $\Psi \leq 1$.

reicht, die eine passivierte ausländische Leistungsbilanz induziert (Verschiebung der ausländischen IS*-Kurve nach links unten).[149]

Die Wirkungen einer expansiven Geldpolitik bei flexiblem Wechselkurs und völliger Kapitalmobilität lassen sich wie folgt zusammenfassen:

1. Ist das expansive Land klein, so führt die Maßnahme zu einer Einkommenserhöhung im eigenen Land, während das Einkommen des Partnerlandes unberührt bleibt.
2. Ist das expansive Land groß, so führt die Maßnahme zwar zu einer Einkommenserhöhung im eigenen Land, gleichzeitig aber zu einer Einkommensverringerung im Partnerland.

7.2.3.2 Fiskalpolitik bei vollkommener Kapitalmobilität

Eine fiskalische Expansion eines Landes führt zu einer Zinserhöhung des Landes (die entsprechende *IS*-Kurve verschiebt sich nach rechts oben). Als Konsequenz ergibt sich ein Kapitalzufluss aus dem anderen Land, begleitet von einer Währungsaufwertung des fiskalisch expandierenden Landes.

Versucht das **kleine Ausland** eine **fiskalische Expansion**, so hat die Maßnahme erneut keinerlei nennenswerte Wirkungen auf den Zins oder das Einkommen des **großen Inlands**. Der erhöhte ausländische Zinssatz kann nicht von Dauer sein. Ansonsten würde ein dauerhafter, bei hoher Kapitalmobilität unendlich großer Kapitalzufluss eintreten und zu einer nicht endenden Aufwertungstendenz der Auslandswährung führen. Genau diese Aufwertung führt jedoch zurück zu einem Gleichgewicht. Aufgrund der Aufwertung und der daraus folgenden Passivierungstendenz der ausländischen Leistungsbilanz verschiebt sich die *IS**-Kurve wieder zurück nach links bis auf ihr Ausgangsniveau. Die Verschiebung auf das alte Ausgangsniveau (und damit die Wirkungslosigkeit der ausländischen Fiskalpolitik) ist sicher. Nur wenn der **kontraktive Effekt der Leistungsbilanzpassivierung** auf das Auslandseinkommen dem **expansiven Effekt der fiskalischen Maßnahme** entspricht, verbleibt per Saldo kein Effekt auf das ausländische Zinsniveau. Und nur in diesem Fall versiegen die Kapitalzuflüsse, was Voraussetzung für ein neues Gleichgewicht ist.

Bei einer **fiskalischen Expansion des großen Inlands** führt sowohl die Aufwertung seiner Währung als auch seine fiskalisch bedingte Einkommenserhöhung[150] zu einer Aktivierung der ausländischen Leistungsbilanz und somit zu einer Einkommenserhöhung im Ausland (Verschiebung der *IS**-Kurve nach rechts oben). Die ausländische Einkommenssteigerung führt dazu, dass sich das ausländische Zinsniveau dem gestiegenen Zinsniveau des Inlandes vollständig anpasst. Gesichert wird dies dadurch, dass bei Zinsnachteilen des Auslandes die Aufwertungstendenz des Inlandes und somit eine anhaltende Aktivierung

[149] Die Wechselkursveränderung beträgt $\partial w/\partial m = (1+\Psi)/(2\eta\Theta) \geq 0$, was einer Aufwertung der ausländischen Wä̲h̲rung entspricht (vgl. 4. Zeile, 3. Spalte der Matrix (A7.14)).

[150] Aus (A7.14) folgt $\partial y / \partial \overline{ab} = \sigma\Omega/\Delta_5 \geq 0$ mit $\Delta_5 \equiv 2(\eta\theta + \sigma(1-\Psi))$

der ausländischen Leistungsbilanz bestehen bleibt. Es ergibt sich ein höherer internationaler Zins als in der Ausgangssituation.[151]

Der expansive Effekt auf das Auslandseinkommen infolge der fiskalischen Maßnahme des Inlandes dominiert den zinsinduzierten kontraktiven Effekt. Insgesamt erhöht sich das ausländische Einkommen. Bei vollständiger Symmetrie beider Länder ist der Einkommenszuwachs im In- und Ausland sogar gleich groß.[152] Ursache ist, dass bei gegebenen nationalen Geldmengen, identischen Zinselastizitäten der Geldnachfrage (und damit identisch hohen zinsinduzierten Geldnachfragerückgängen) und identischen Einkommenselastizitäten der Geldnachfrage die zur Wiederherstellung der beiden Geldmarktgleichgewichte erforderlichen Einkommenserhöhungen identisch sein müssen.

Zusammenfassend ergeben sich bei flexiblem Wechselkurs und vollständiger Kapitalmobilität die folgenden Wirkungen aus einer fiskalischen Expansion:

1. Ist das fiskalisch expandierende Land klein, so führt die Maßnahme weder zu einer Einkommenserhöhung im eigenen Land noch im Partnerland.
2. Ist das expandierende Land groß, so führt die Maßnahme sowohl im Land selbst als auch im Partnerland zu einer Einkommenserhöhung.

Box 7.1: Zur Empirie internationaler Spill-Over-Effekte

In einem groß angelegten Forschungsprojekt evaluierte die **Brookings Institution** 1986 die **internationalen Spill-Over-Effekte** zwischen den westlichen Industrieländern. Hierzu wurden Institutionen oder Autoren eingeladen, die als Vertreter der zwölf führenden empirischen Mehr-Länder-Modelle galten. Den jeweiligen Vertretern wurde die Aufgabe gestellt, in ihren Modellen die Reaktionen einer Reihe von endogenen Variablen auf insgesamt acht verschiedene, standardisierte Politikänderungen zu berechnen. Das Projekt liegt zugegebener Maßen eine Weile zurück. Leider gibt es keine jüngeren, ähnlichen Untersuchungen, mit denen verschiedene empirische Modelle verglichen werden. Dies mag unter anderem daran liegen, dass (zu) viel Konsens darüber herrscht, wie beispielsweise die US-amerikanische Wirtschaftspolitik in den neunziger Jahren des 20. Jahrhunderts und in den „Nuller"-Jahren des 21. Jahrhunderts auf den Rest der Welt gewirkt hat. In Europa findet sich ein Pendant: Es scheint ein weitgehender Konsens vorhanden zu sein, wie die deutsche Lohn- und Haushaltsdisziplin auf die süd-europäischen Nachbarländer gewirkt hat, was schon angesichts der Erkenntnisse aus Abschnitt 7.2.2.2. durchaus erstaunen mag. Noch erstaunlicher ist die Tatsache, dass das Experiment nicht längst wiederholt wurde, angesichts der äußerst widersprüchlichen Ergebnisse:

Wichtige Simulationen betrafen die **Wirkungen der Geld- und Fiskalpolitik** in den USA und dem Rest der OECD-Länder (ROECD). Die Änderung der Fiskalpolitik wurde als eine gegenüber dem Kontrollpfad dauerhafte 1 %-ige Veränderung der Staatsausgaben bei gleich bleibender Kontrollpfad-Geldpolitik

[151] Aus (A7.14) folgt $\partial Z / \partial \overline{ab} = \eta\Omega/\Delta_5 \geq 0$ mit $\Delta_5 \equiv 2(\eta\theta + \sigma(1 - \Psi))$
[152] Aus (A7.14) folgt $\partial y^* / \partial \overline{ab} = \sigma\Omega/\Delta_5 = \partial y / \partial \overline{ab} \geq 0$ mit $\Delta_5 \equiv 2(\eta\theta + \sigma(1 - \Psi))$

definiert. Unter expansiver Geldpolitik wurde die Erhöhung der Geldmenge M1 bzw. des ähnlichsten Geldmengenaggregates in allen folgenden Perioden um 4 % über der Höhe des Geldmengenaggregates des Referenzpfades verstanden. Es wurden flexible Wechselkurse angenommen.

Die Wirtschaftspolitik des jeweiligen Auslandes wurde als gegeben angenommen, endogene wirtschaftspolitische Reaktionen des Auslandes auf die inländische Wirtschaftspolitik wurden also vernachlässigt. Die endogenen Variablen, deren Reaktionen auf die Politikänderungen abgefragt wurden, bestanden aus makroökonomischen Variablen wie dem Preisniveau, dem Einkommen, der Leistungsbilanz und dem Wechselkurs.

Die zu testenden Simulationsmodelle wiesen wesentliche Unterschiede bezüglich der Erwartungsbildung, der Berücksichtigung von Vermögens- und Risikoaspekten, der angenommenen Kapitalmobilität sowie dem Grad der Endogenisierung der Variablen (teilweise wurden Parameter aus anderen Schätzungen übernommen) auf. Auch hielten sich einige Modellbauer nicht an die Vorgaben hinsichtlich des Referenzpfades und/oder an die vorgegebenen Politikänderungen. Aufgrund dieser Unterschiede war und ist die Vergleichbarkeit der Modelle durchaus eingeschränkt. Dennoch lohnt eine Betrachtung der Ergebnisse, um ein Gefühl für das empirische Ausmaß der internationalen **Spill-Over-Effekte** zu erhalten, die das **Mundell-Fleming Modell** theoretisch ableitet.

Was die **Einkommenswirkungen der Fiskalpolitik** in der jeweiligen Partnerregion betrifft, bestand zwischen den Modellen Uneinigkeit über die Richtung einer **kontraktiven US-Fiskalpolitik.** Mit Ausnahme eines einzelnen Modells prognostizierten alle anderen Modelle eine Wirkung nach sechs Jahren zwischen +0,4 % und –1 % auf das Einkommen der ROECD, ohne dass eine klare Mehrheit für positive bzw. negative Spill-Over-Effekte auszumachen ist. Im Fall einer **fiskalischen Expansion der ROECD** und deren Wirkungen auf das Einkommen in den USA besteht allerdings mehr Einigkeit bezüglich der Wirkungsrichtung: Das US-Einkommen wird positiv und zwar im Bereich zwischen 0 und +0,4 % berührt.

Bezüglich einer **expansiven US-Geldpolitik** können sich die 12 Modelle erneut nicht einigen. Sieben Modelle sagen positive Spill-Over-Effekte voraus, fünf dagegen negative. Die Wirkungen bewegen sich zumeist zwischen ±0,5 %. Die Simulation einer **expansiven Geldpolitik der ROECD** ergab ähnlich uneinheitliche Ergebnisse.

Es muss also festgehalten werden, dass die empirischen Schätzungen zu den Spill-Over-Effekten der Geld- und Fiskalpolitik mit großen Unsicherheiten behaftet sind. Dies betrifft nicht nur das **Ausmaß der Wirkungen**, sondern auch ihre **Wirkungsrichtung**. Das einfache Mundell-Fleming-Modell, das bei flexiblen Wechselkursen der expansiven Geldpolitik eines großen Landes eindeutig negative, der expansiven Fiskalpolitik eines großen Landes dagegen eindeutig positive Spill-Over-Effekte zuordnet, wird damit in Frage gestellt.

Natürlich müssten die damaligen vergleichenden Experimente im Falle einer Wiederholung der Studie verfeinert werden. Es macht inzwischen wenig Sinn, eine „1 %-ige Veränderung der Staatsausgaben“ zu simulieren

Es kommt darauf an, wofür die staatlichen Mittel verwendet werden; zusätzliche staatliche Investitionen haben beispielsweise andere Wirkungen als erhöhte Transfers. Und es ist von großem Einfluss, wie die zusätzlichen Ausgaben finanziert werden (Coenen et al. 2012). Und es wäre wichtig, ordnungspolitische Maßnahmen wie zum Beispiel die Veränderung der Immobilien-Kreditgewährungspolitik und in der Bankenregulierung in den Neunziger Jahren auf ihre internationalen Wirkungen zu untersuchen. Alles in allem wäre es an der Zeit, die Frage der **internationalen Transmission** neu anzugehen.

Literatur:

Bryant, R.C. et al., Empirical Macroeconomics for Interdependent Economies, Vol. I + II, Washington 1988.

Coenen, G. et al., Effects of Fiscal Stimulus in Structural Models, in: American Economic Journal: Macroeconomics 4 (2012), S. 22–68.

7.2.3.3 Geld- und Fiskalpolitik bei völlig immobilem Kapital

Bei völlig immobilem Kapitalverkehr zwischen In- und Ausland ziehen Zinsänderungen aufgrund **geldpolitischer oder fiskalischer Maßnahmen im Inland** keinerlei internationale Kapitalströme nach sich. Somit bleibt die inländische Kapitalverkehrsbilanz von den wirtschaftspolitischen Maßnahmen völlig unberührt. Per definitionem ist bei flexiblem Wechselkurs jedoch auch die Zahlungsbilanz stets ausgeglichen. Hieraus kann nur folgen, dass jegliche Geld- oder Fiskalpolitik auch keinerlei Einfluss auf die Leistungsbilanz haben kann. Die Unveränderlichkeit der Leistungsbilanz erklärt sich natürlich daraus, dass einkommensinduzierte Nachfrageveränderungen nach ausländischen Gütern sofort entgegengesetzt wirkende Wechselkursanpassungen nach sich ziehen, welche die Nettoexportveränderungen exakt ausgleichen.

Da die inländische Geld- und Fiskalpolitik im genannten modelltheoretischen Rahmen also keinen Einfluss auf die Leistungsbilanz beider Länder ausübt, kann sie somit auch keinen Einfluss auf das ausländische Einkommen haben. Völlig unabhängig von der Größe des Inlands ist deshalb eine internationale Transmission ausgeschlossen. Die Einkommenswirkungen im Inland gleichen exakt denen, die sich aus einer entsprechenden Politik in einer geschlossenen Volkswirtschaft ergeben.

Bei völlig immobilem Kapitalverkehr und flexiblem Wechselkurs haben expansive geld- oder fiskalpolitische Maßnahmen eines Landes unabhängig von dessen Größe einkommenssteigernde Wirkungen im Land selbst, aber keine Wirkung auf das Einkommen im Partnerland.

7.2.4 Zusammenfassung

- Zur Analyse der Wirkungen inländischer Geld- und Fiskalpolitik unter Berücksichtigung internationaler Rückwirkungen ist das Mundell-Fleming-Modell um die ausländischen Güter- und Geldmärkte zu erweitern. Weiterhin ist zwischen dem bestehenden Wechselkurssystem, der Größe des expansiven Landes sowie dem **Grad der internationalen Kapitalmobilität** zu unterscheiden.
- Bei festem Wechselkurs und vollständiger Kapitalmobilität hat die expansive Geldpolitik eines kleinen Landes keinerlei Einkommenswirkungen im Land selbst oder im Partnerland. Ist das expansive Land groß, so führt die expansive Geldpolitik zu Einkommenssteigerungen sowohl im Land selbst als auch im Partnerland.
- Bei festen Wechselkursen und vollständiger Kapitalmobilität führt eine expansive Fiskalpolitik eines kleinen Landes zu einer Einkommenserhöhung im Land selbst, jedoch zu keiner wesentlichen Einkommenserhöhung im Partnerland. Ist das Land groß, so führt die expansive fiskalische Maßnahme zu einer Einkommenssteigerung im eigenen Land. Die Einkommensveränderung im Partnerland bleibt dagegen unbestimmt.
- Bei festem Wechselkurs und völlig immobilem Kapitalverkehr führen expansive geldpolitische und/oder fiskalische Maßnahmen eines kleinen Landes zu keiner nennenswerten Einkommenssteigerung im Partnerland. Eine Einkommenserhöhung im expansiven Land selbst ist nur in Begleitung einer **Neutralisierungspolitik** der Zentralbank möglich. Ist das Land groß, so führt die Maßnahme auch ohne neutralisierungspolitische Eingriffe der Zentralbank sowohl im eigenen als auch im Partnerland zu Einkommenserhöhungen.
- Bei flexiblem Wechselkurs und vollkommener Kapitalmobilität führt eine expansive geldpolitische Maßnahme eines kleinen Landes zu einer Einkommenserhöhung im eigenen Land, während das Einkommen des Partnerlandes unberührt bleibt. Ist das expansive Land groß, so führt die Maßnahme zu einer Einkommenserhöhung im eigenen Land, jedoch gleichzeitig zu einer Einkommensverringerung im Partnerland.
- Bei flexiblen Wechselkursen und vollkommener Kapitalmobilität führt eine expansive fiskalische Maßnahme eines kleinen Landes weder zu Einkommenserhöhungen im eigenen noch im Partnerland. Ist das expansive Land groß, so führt die Maßnahme in beiden Ländern zu Einkommenserhöhungen.
- Bei völlig immobilem Kapitalverkehr und flexiblen Wechselkursen haben expansive geld- oder fiskalpolitische Maßnahmen eines Landes unabhängig von dessen Größe einkommenssteigernde Wirkungen im Land selbst, aber keine Wirkung auf das Einkommen des Partnerlandes.

7.3 Internationale Koordinierung der Wirtschaftspolitik

In den vorigen Abschnitten wurde zum einen aufgezeigt, dass eine aktive nationale **Stabilisierungspolitik** ihre Wirksamkeit teilweise oder vollständig verlieren kann, wenn das Ausland seine Politik unverändert lässt. Schon deshalb mag der Wunsch aufkommen, die nationalen Wirtschaftspolitiken international zu koordinieren. Zum anderen zeigte sich, dass das Ausland von der inländischen Wirtschaftspolitik betroffen sein kann (positiv oder negativ), die inländische Wirtschaftspolitik also **externe Effekte** hervorruft.

Der Begriff der externen Effekte löst sofort Assoziationen zur **Theorie des Marktversagens** und ihrer Implikationen aus. Danach wird z. B. von einem Gut, das positive externe Effekte hervorruft, über das freie Spiel der Marktkräfte zu wenig bereitgestellt. Übertragen auf den Fall der nationalen Stabilisierungspolitiken würde dies für den Fall einer Unterbeschäftigung im In- und Ausland bedeuten, dass ein Land diejenigen Stabilisierungspolitiken, die im In- und Ausland richtungsgleich wirken, nicht hinreichend expansiv ausführt.

7.3.1 Wohlfahrtsgewinne aus einer koordinierten Wirtschaftspolitik

Im Folgenden sollen die Wohlfahrtsgewinne analysiert werden, die aus einer Koordinierung der Wirtschaftspolitik der beteiligten Länder unter expliziter Berücksichtigung der internationalen Politikrückwirkungen entstehen können. Hierzu wird das **Koordinierungsgleichgewicht** mit dem nach seinem „Entdecker" (und Nobelpreisträger) benannten **Nash-Gleichgewicht** verglichen.[153] Das Nash-Gleichgewicht resultiert daraus, dass jedes Land seine Wirtschaftspolitik selbständig, ohne Rücksicht auf internationale Spill-Over-Effekte und unter der Annahme eines gegebenen Verhaltens der anderen Länder optimiert. Dabei soll von einem einfachen **2-Länder-Fall** ausgegangen werden, bei dem beide Länder über die **Geldpolitik** das Ziel verfolgen, die Abweichung des Einkommens und des Preisniveaus von ihren Zielwerten zu minimieren. Explizit werden die folgenden Wirkungszusammenhänge unterstellt:

(7.52) $y = \gamma_1 \cdot m + \gamma_2 \cdot m^* + u$ wobei $\gamma_1 > \gamma_2 > 0$

(7.53) $y^* = \gamma_1 \cdot m^* + \gamma_2 \cdot m + u$

(7.54) $p = m$

(7.55) $p^* = m^*$

wobei y und p die Abweichungen des realen Einkommenswachstums und der Inflationsrate von ihren Zielwerten, m die (Abweichungen von den normalen) Wachstumsraten der inländischen Geldmenge und u eine exogene (weltwirtschaftliche) Nachfragestörung bezeichnen sollen. Die Nachfragestörung soll

[153] Vgl. Nash, J.F., Non-Cooperative Games, Annals of Mathematics 54 (1951), S. 286–295.

hier vereinfachend auf das Einkommenswachstum und die Inflationsrate gleich gerichtet und gleich stark wirken. Die entsprechenden ausländischen Variablen sind wie gewohnt mit einem Stern (*) gekennzeichnet. $\gamma_1 > \gamma_2$ stellt sicher, dass eine Geldmengenexpansion im jeweiligen Land eine größere Wirkung hat als im fremden Land. $\gamma_1, \gamma_2 > 0$ kennzeichnet eine klassische **Lokomotiven-Welt**, in der Störungen oder Politikänderungen im In- und Ausland die gleiche Wirkungsrichtung haben. Für den Fall der **Beggar-My-Neighbour-Welt**, in der die Instrumente im eigenen Land positiv, im Ausland jedoch negativ wirken, oder für nicht eindeutig klassifizierbare Fälle lassen sich jedoch die folgenden Ergebnisse entsprechend ableiten.

Beide Länder weisen nach dem Gleichungssystem (7.52) bis (7.55) der Einfachheit halber identische Strukturen auf. Diese Vereinfachung gestattet im Folgenden, sich zunächst ausschließlich auf die Betrachtung des Inlands zu konzentrieren. Das Ausland verhält sich nach diesem Modell völlig symmetrisch.

In die Nutzenfunktion der Entscheidungsträger gehen die beiden Ziele der Einkommens- und Inflationsoptimierung gewichtet ein. Dabei soll davon ausgegangen werden, dass Abweichungen von den Optimalwerten nach oben und unten gleiches Gewicht erhalten. Eine solche Annahme ist insbesondere dann sinnvoll, wenn von der Existenz bestimmter Optimalwerte für Wachstum und Inflation ausgegangen werden kann. Abweichungen von den Optimalwerten bedeuten dann in beiden Richtungen einen Nutzenverlust.[154] Streng genommen minimieren die Entscheidungsträger also **Verlustfunktionen**. Hierfür bieten sich quadratische Verlustfunktionen der Form

$$(7.56)\quad VF = \frac{1}{2} \cdot \left(y^2 + \varphi \cdot p^2\right) \rightarrow \min$$

an, wobei *VF* (bzw. *VF**) den inländischen (ausländischen) Nutzenverlust und φ ($\varphi > 0$) das relative Gewicht, das dem Inflationsziel beigemessen wird, darstellen. Mit der expliziten Wahl von φ wird gleichzeitig eine relative Gewichtung zwischen den beiden wirtschaftspolitischen Zielen vorgenommen. Ist $\varphi > 1$ ($\varphi < 1$), so wird die Abweichung vom Inflationsziel stärker (schwächer) gewichtet als die vom Einkommensziel.

Setzt man die Gleichungen (7.52) und (7.54) in (7.56) ein, so erhält man

$$(7.57)\quad VF = \frac{1}{2}\left((\gamma_1 \cdot m + \gamma_2 \cdot m^* + u)^2 + \varphi \cdot m^2\right)$$ [155]

Die inländischen (ausländischen) Entscheidungsträger haben zur Minimierung ihrer Verluste zunächst ausschließlich das Instrument der inländischen (ausländischen) Geldmenge zur Verfügung. Sie werden diese so variieren, dass keine weitere Verringerung der Verluste möglich ist. Als notwendige Bedingung zur Minimierung der Verluste ergibt sich somit

[154] Selbstverständlich ist auch eine Spezifikation denkbar, nach der z. B. Abweichungen vom Inflationswert nach unten geringer gewichtet werden als Abweichungen nach oben. Die Analyse würde dadurch allerdings komplizierter, ohne dass die im Folgenden abgeleiteten, grundsätzlichen Aussagen verloren gehen.

[155] Für das Ausland ergibt sich natürlich eine entsprechende Verlustfunktion *VF**.

$$(7.58) \quad \frac{\partial VF}{\partial m} = \gamma_1 \cdot (\gamma_1 \cdot m + \gamma_2 \cdot m^* + u) + \varphi \cdot m \overset{!}{=} 0$$

Nach wenigen Umformungen erhält man zu jeder gegebenen ausländischen Geldpolitik die bestmögliche inländische geldpolitische Verhaltensweise:

$$(7.59) \quad m = -\frac{\gamma_1 \cdot \gamma_2}{\gamma_1^2 + \varphi} \cdot m^* - \frac{\gamma_1}{\gamma_1^2 + \varphi} \cdot u$$

(7.59) wird auch **Reaktionsfunktion** (*RF*) oder **Best Response** (teilweise auch: **Rational Response**) genannt. Über die Schritte, die in den Gleichungen (7.56) bis (7.59) zur Reaktionsfunktion *RF* des Inlandes geführt haben, lässt sich analog die des Auslandes ableiten (*RF**). Diese muss in diesem einfachen Modell symmetrisch aussehen:

$$(7.60) \quad m^* = -\frac{\gamma_1 \cdot \gamma_2}{\gamma_1^2 + \varphi} \cdot m - \frac{\gamma_1}{\gamma_1^2 + \varphi} \cdot u$$

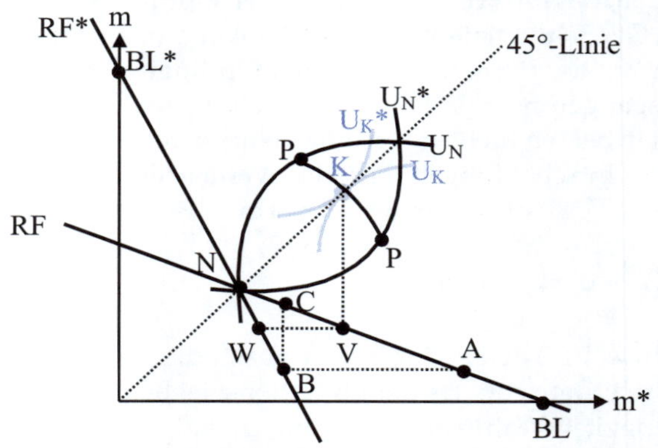

Abb. 7.7: Nash- und Koordinierungsgleichgewicht

Die Abb. 7.7 stellt die beiden Reaktionsfunktionen *RF* und *RF** unter der Annahme einer rezessiven Störung ($u < 0$) grafisch dar. Für die Möglichkeit von Wohlfahrtsgewinnen einer Koordinierung sind Steigung und Lage der Reaktionsfunktionen von Bedeutung. Deshalb soll auf diese ausführlicher eingegangen werden.

Die Steigungen der in- und ausländischen Reaktionsfunktionen *RF* und *RF** lauten

$$(7.61) \quad \left(\frac{dm}{dm^*}\right)_{RF} = -\frac{\gamma_1 \cdot \gamma_2}{\gamma_1^2 + \varphi}$$

bzw.

$$(7.62) \quad \left(\frac{dm}{dm^*}\right)_{RF^*} = -\frac{\gamma_1^2 + \varphi}{\gamma_1 \cdot \gamma_2}$$

und hängen von den Vorzeichen der Koeffizienten in den Gleichungen (7.52) bis (7.55) (d. h. vom zugrundeliegenden makroökonomischen Modell) sowie von den Präferenzen in den Verlustfunktionen vom Typ (7.56) ab. Unter der Annahme einer Lokomotiv-Welt ($\gamma_1 > \gamma_2 > 0$) sind die Steigungen der Reaktionsfunktionen negativ. Die inländische Notenbank reagiert kontraktiv auf eine ausländische Geldmengenexpansion, weil letztere das inländische Preisniveau und Einkommen erhöht.[156] Sofern auf der vertikalen Achse die inländische Geldmenge abgetragen wird, ist die inländische Reaktionsfunktion flacher geneigt als die ausländische: Bei einer gegebenen Aktion des jeweiligen Auslandes reicht eine relativ kleine Reaktion der jeweils inländischen Notenbank, da das Instrument in Bezug auf die inländischen Variablen stärker wirkt ($\gamma_1 > \gamma_2 > 0$).

Im **Nash-Gleichgewicht** minimiert jeder Wirtschaftspolitiker seine Verlustfunktion unter der Annahme, dass das **Verhalten des Auslandes fest vorgegeben** ist. Es herrscht eine Situation, in der keines der beteiligten Länder durch eine einseitige Maßnahme seinen Nutzen erhöhen kann ($\partial VF/\partial m = \partial VF^*/\partial m^* = 0$). Dieses Nash-Gleichgewicht wird im Punkt N erreicht. Zur Verdeutlichung sei angenommen, dass zunächst der Punkt A realisiert worden sei. Dann ist es entsprechend der ausländischen Reaktionsfunktion unter der Annahme einer gegebenen inländischen Geldpolitik rational, eine restriktive Geldpolitik einzuleiten und sich zum Punkt B zu bewegen. In B ist es nun jedoch für das Inland unter der Annahme einer gegebenen ausländischen Geldpolitik rational, eine expansivere Geldpolitik zu betreiben und damit den Punkt C zu erreichen. Dieser Anpassungsprozess endet erst in N, also im Schnittpunkt der beiden Reaktionsfunktionen. Hier kann keines der beteiligten Länder seine Wohlfahrt durch eine einseitige geldpolitische Änderung erhöhen.

Zur formalen Bestimmung des Nash-Gleichgewichtes wird die Gleichung (7.60) nach m aufgelöst. Anschließend werden die beiden rechten Seiten dieser neuen Gleichung und der Gleichung (7.59) gleichgesetzt. Aufgrund der Symmetrieannahme $m = m^*$ folgt nach einigen leichten Umformungen

$$(7.63) \quad m_N = m_N^* = -\frac{\gamma_1}{\gamma_1^2 + \varphi + \gamma_1 \cdot \gamma_2} \cdot u > 0$$

Zum Vergleich dieses Nash-Gleichgewichtes mit den Wohlfahrtsmaxima beider Länder ist festzuhalten, dass letztere dadurch gekennzeichnet wären, dass sowohl die Abweichung vom Einkommen als auch vom Inflationsziel gleich Null wäre ($p = y = 0$ bzw. $p^* = y^* = 0$). Die entsprechenden **Sättigungs-** bzw. **„Blisspunkte"** (dies sind die Punkte auf den Reaktionsfunktionen, in denen die jeweilige Verlustfunktion gleich Null ist) sind in unserem einfachen Modell

[156] Die Steigung der Reaktionskurven kann unter anderen Annahmen auch positiv sein. Möglich wäre dies insbesondere in der Beggar-My-Neighbour-Welt, in welcher der Spill-Over-Effekt einer expansiven Geldpolitik auf das jeweils ausländische Einkommen negativ ist ($\gamma_2 < 0$).

schnell bestimmt. Für das Inland folgt aus (7.54) $m = 0$. Setzt man $m = 0$ und $y = 0$ in (7.52) ein, so ergibt sich der inländische Blisspunkt als

$$BL = -\frac{u}{\gamma_2}$$

(Punkt *BL* in Abb. 7.7). Analog lässt sich der ausländische Blisspunkt bestimmen als

$$BL^* = -\frac{u}{\gamma_2}$$

(Punkt *BL** in Abb. 7.7).

Bei der angenommenen Parameterkonstellation wünscht das Inland also im Vergleich zum Nash-Gleichgewicht eine expansivere ausländische Geldpolitik, um dann gleichzeitig selbst restriktiver vorgehen zu können. Jedes Land würde sich gerne darauf konzentrieren, über eine restriktive Geldpolitik (im Inland $m = 0$) das gewünschte Inflationsziel vollständig zu erreichen, während das jeweils andere Land über eine expansive Geldpolitik einen Beitrag zum Einkommensziel leisten soll.

Um die Sättigungspunkte herum liegen **konzentrische Indifferenzkurven** des In- und Auslandes, die mit zunehmendem Abstand vom jeweiligen Sättigungspunkt abnehmende Nutzenniveaus bzw. steigende Verlustniveaus darstellen.[157] In Abb. 7.7 sind für das Inland beispielhaft die Indifferenzkurve U_N, für das Ausland die Indifferenzkurve $U_N{}^*$ dargestellt. Die inländischen Indifferenzkurven sind in den Punkten, in denen sie die inländische Reaktionsfunktion schneiden, senkrecht, da der Grenznutzen des Einsatzes der inländischen Geldpolitik bei gegebener ausländischer Geldpolitik gleich Null ist. Umgekehrt sind die ausländischen Indifferenzkurven in den Punkten waagerecht, in denen sie die ausländische Reaktionsfunktion schneiden. Es kann also festgehalten werden, dass im Nash-Gleichgewicht keines der beiden Länder sein maximales Nutzenniveau erreicht. Das **Nash-Gleichgewicht** ist folglich **nicht Pareto-optimal**.

Hierin liegt der Ansatzpunkt **strategischer Überlegungen**, nach denen es möglich ist, durch ein international koordiniertes Vorgehen in der Geldpolitik Pareto-optimale Nutzengewinne zu erzielen. In Abb. 7.7 lassen sich die Wirtschaftspolitiken mit möglichen Nutzengewinnen durch die Fläche zwischen den beiden Indifferenzkurven U_N und $U_N{}^*$ veranschaulichen, die das Nash-Nutzenniveau bestimmen.

Pareto-optimal sind alle Geldmengenkombinationen, bei denen sich die Indifferenzkurven der beiden Länder tangieren. Die entsprechende **Paretolinie** bzw. **Kontraktkurve** ist in der Abb. 7.7 durch die Linie *PP* gekennzeichnet. Im Prinzip kann jeder dieser Punkte realisiert werden. Je näher das Koordinierungsgleichgewicht jedoch an einem der beiden Sättigungspunkte liegt, desto

---

[157] Dies gilt bei quadratischen Verlustfunktionen. Vgl. Canzonieri, M.B., Gray, J.A., Monetary Policy Games and the Consequences of Non-Cooperative Behaviour, International Economic Review 26 (1985), S. 547–564 sowie die dort angegebene Literatur.

ungleicher ist die Verteilung der Nutzengewinne. Welches Ergebnis tatsächlich realisiert wird, ist eine Frage der Verhandlungsstrategien beider Länder bzw. der Gewichte, mit denen die Nutzengewinne der Länder in die gemeinsame Nutzenfunktion eingehen. Im vorliegenden Fall zweier symmetrischer Länder erscheint es sinnvoll, von einer Koordinierung mit $m = m^*$ (und damit $VF = VF^*$) auszugehen, so dass das **Koordinierungsgleichgewicht** auf der 45°-Linie, also im Punkt K in Abb. 7.7, liegt.

Formal ergibt sich das Koordinierungsgleichgewicht durch Einsetzen von $m = m^*$ in (7.57)

$$(7.64) \quad m_K = m_K^* = -\frac{\gamma_1 + \gamma_2}{(\gamma_1 + \gamma_2)^2 + \varphi} \cdot u$$

Aus der Abb. 7.7 lässt sich erkennen (und durch Umformungen formal zeigen), dass die optimal koordinierte Geldpolitik der beiden Länder im Falle einer Rezession in einer **gemeinsamen monetären Expansion** besteht. Beide Länder erzielen dann Wohlfahrtsgewinne, was daraus ersichtlich wird, dass im Koordinierungsgleichgewicht die Indifferenzkurven dichter an den nationalen Blisspunkten liegen als im Nash-Gleichgewicht.

Die gemeinsame Expansion ist optimal, weil beide Länder im Koordinierungsfall (im Gegensatz zum Nash-Gleichgewicht) die „Externalitäten" einer expansiven Geldpolitik in Form positiver Spill-Over-Effekte auf das andere Land berücksichtigen. Zur Verdeutlichung: Die Ausdehnung der Geldpolitik hat positive Wirkungen auf das in- und ausländische Einkommen, dagegen negative (da inflationäre) Wirkungen auf das in- und ausländische Preisniveau. Jeder Entscheidungsträger wird die Geldmenge nur soweit ausdehnen, bis „sein" Grenznutzen (in Form höheren inländischen Einkommens) „seinen" Grenzkosten (in Form eines höheren inländischen Preisniveaus) gleicht. Die Berücksichtigung des ausländischen Grenznutzens, der die ausländischen Grenzkosten (die hier gleich Null sind, weil das ausländische Preisniveau von der inländischen Geldmenge unabhängig ist) übersteigt, unterbleibt. Unter weltwirtschaftlichen Gesichtspunkten ist die in- (und auch die ausländische) Geldmenge deshalb im Nash-Gleichgewicht zu gering.

7.3.2 Kritik

Zum formal überzeugenden Gedanken, durch eine explizite internationale Koordinierung der Geld-, Fiskal- und sonstigen Wirtschaftspolitik Wohlfahrtsgewinne erzielen zu können, sind krititsche Anmerkungen angebracht. Dabei ist zunächst an die **grundsätzliche Kritik zur diskretionären Wirtschaftspolitik** zu erinnern.

1. Es müssen signifikante und hinreichend identifizierbare **Störungen** vorliegen. Ohne Störungen (im obigen Modell $u = 0$) lässt sich aus (7.63) und (7.64) sofort erkennen, dass die Geldpolitiken im Nash-Gleichgewicht ($m_N = m_N^* = 0$) denen entsprechen, die sich bei expliziter Koordinierung ergeben würden. Wenn Störungen vorliegen, müssen sie **mit hinreichend starken Wirkungen**

verbunden sein, was bei **rationalen Erwartungen** und **Lohn- und Preisflexibilität** nur eingeschränkt der Fall ist. Sind die Störungen klein, wenig wirksam oder aufgrund **automatischer Anpassungsprozesse** nur von vorübergehender Dauer, so könnten die **Kosten einer Koordinierung** höher ausfallen als deren Nutzen.

2. Die **Ziele der Entscheidungsträger** können unangemessen gewählt sein. So kann erstens die Zielfunktion der Entscheidungsträger von den gesellschaftlichen Präferenzen abweichen. Ein Grund hierfür könnte z. B. der Wunsch nach politischen Konjunkturzyklen zwecks Stimmenmaximierung sein. Wird aber eine Koordinierung an der „falschen" Zielfunktion ausgerichtet, sind Wohlfahrtsverluste der privaten Wirtschaftssubjekte möglich.
   Zweitens können die Ziele insofern unangemessen sein, als dass nach Störungen unter Umständen das Anspruchsniveau bei der Zielsetzung in einer angemessenen Weise reduziert werden sollte. Noch deutlicher: Als Alternative zu wirtschaftspolitischem Eingreifen nach Störungen existiert die Möglichkeit, eine (koordinierte) Anpassung in der Zielsetzung vorzunehmen, die ein Eingreifen entweder völlig überflüssig macht oder aber dessen Umfang erheblich reduziert. Bei der zuvor angenommenen rezessiven Nachfragestörung lautet die einfachste Zielanpassungsmöglichkeit $y' = y^{*\prime} = u$. Die neuen Zielwerte entsprechen damit den tatsächlichen Werten nach der Störung. Die Einkommensziele würden einfach den neuen, rezessiven Gegebenheiten angepasst. Die Geldpolitik würde im Vergleich zurzeit vor der Rezession nicht geändert. Die (neuen) Verlustminima würden auch ohne Koordinierung nach wie vor erreicht.
   Allerdings funktioniert dies nur, wenn die Länder ihre Ziele koordiniert anpassen. Wenn z. B. nur das Inland seine Ziele wie beschrieben anpasst, verschiebt sich in Abb. 7.7 nur die inländische **Reaktionsfunktion** (parallel) nach unten, bis sie durch den Ursprung verläuft. Das daraus resultierende Nash-Gleichgewicht würde sich durch eine „super-restriktive" inländische Geldpolitik auszeichnen, bei der sich das Inland von seiner ursprünglichen Zielsetzung aus der Zeit vor der Zielrevision noch weiter entfernt. Politisch dürfte dies kaum durchzuhalten sein.
   Hieran zeigt sich explizit der Wert eines Informationsaustausches, in dem nicht über konkrete wirtschaftspolitische Aktionen verhandelt, sondern ausschließlich über weltwirtschaftliche Zielsetzungen und Zusammenhänge diskutiert wird. Sofern aus diesen Gesprächen eine Änderung im „Weltbild" (oder auch in den Zielsetzungen und Präferenzen) der Gesprächspartner resultiert, können daraus ähnliche Wohlfahrtszuwächse erreicht werden wie durch eine Koordinierung im engeren Sinne.
3. Nicht nur bezüglich der Störungen, sondern auch hinsichtlich anderer Modellparameter müssen gewisse Mindestwerte erreicht werden. Was die Existenz eines **Zielkonfliktes** betrifft ist festzustellen, dass für $\varphi = 0$ die Nutzenverluste sowohl im Nash- als auch im Koordinierungs-Gleichgewicht gleich Null sind. Entsprechend kann eine Koordinierung keine Wohlfahrtsgewinne erzeugen. Ein Zielkonflikt liegt nicht mehr vor, da für jedes Ziel ein Instrument zur Verfügung steht.

Geeignete internationale Spill-Over-Effekte sind wesentlich, da nur durch sie die jeweils ausländische Wirtschaftspolitik Wirkungen im Inland hat und Einfluss auf den inländischen Zielkonflikt ausüben kann. Noch weitergehender: Der Wohlfahrtsgewinn der Koordinierung ist umso größer, je mehr ein Land internationalen Spill-Over-Effekten ausgesetzt ist. Offene Länder haben deshalb ein höheres Interesse an einer Koordinierung als geschlossene oder sehr große Länder. Zudem müssen die Spill-Over-Effekte nicht nur ungleich Null sein, sondern müssen sich auch von den **Multiplikatoren der heimischen Instrumente** unterscheiden. Sind die Spill-Over-Effekte und die Multiplikatoren der heimischen Instrumente gleich groß, so stellt die jeweils fremde Geldpolitik letztlich kein zusätzliches Instrument zur Bekämpfung des Trade-Offs dar.

4. Die **Exogenität und Verfügbarkeit** der wirtschaftspolitischen Instrumente für eine internationale Koordinierung ist aufgrund von innenpolitischen Zwängen, gesetzlichen Regeln (Unabhängigkeit der Notenbanken) und konjunkturellen Einflüssen nur begrenzt. Insofern ist eine kurzfristig orientierte internationale Koordinierung mit diesen Instrumenten nur eingeschränkt realisierbar.
5. Die wirtschaftspolitischen Instrumente müssen einen signifikanten Einfluss auf die Zielvariablen haben ($\gamma_1 > \gamma_2 \neq 0$). Bei **rationalen Erwartungen** ist dies nur eingeschränkt der Fall. Das **Ricardo-Barro-Theorem** macht für die Fiskalpolitik, die **„senkrechte Phillipskurve"** für die Geldpolitik entsprechende Einschränkungen. Die **Lucas-Kritik** ergänzt, dass die Wirtschaftspolitik nicht unter der Annahme eines gegebenen Modells optimiert werden kann, sondern nach einer Implementierung der Politik aufgrund einer Änderung der (rationalen) Erwartungshaltung der Wirtschaftssubjekte mit einem **Strukturbruch in den Modellparametern** gerechnet werden muss. Bei **langen und variablen Lags** kommt die Gefahr hinzu, dass die Instrumente aufgrund einer unerwarteten Verzögerung pro- statt antizyklisch wirken.[158]

Insgesamt muss bei einer **diskretionär ausgerichteten Koordinierung der Wirtschaftspolitik** mit ähnlichen Problemen gerechnet werden wie bei der diskretionären, national orientierten Wirtschaftspolitik:

> „... policy coordination ... will turn out to have all the disadvantages of fine tuning times seven".[159]

Die angeführten grundsätzlichen Argumente gegen die Idee, diskretionäre Wirtschaftspolitik international zu koordinieren, werden ergänzt durch einige Argumente, die sich kritisch mit der Koordinierung an sich befassen. Diese gelten somit auch, wenn keine diskretionäre Wirtschaftspolitik, sondern z. B. die **Ordnungspolitik** koordiniert werden soll.

---

158 Vgl. hierzu die üblichen makroökonomischen Lehrbücher.

159 Vgl. Lipsey, R.G., Agenda for the 1988 and future summits, Canadian Public Policy, XV Supplement, Feb. 1989, S. 87.

1. Zunächst wäre als gewichtiges, spezifisches Argument gegen die internationale Koordinierung der Wirtschaftspolitik der damit verbundene **Verlust an nationalstaatlicher Autonomie** zu nennen.
2. In einer Volkswirtschaft mit klassischen Eigenschaften führen dezentrale Entscheidungen zu einem sozialen Optimum. Für eine Weltwirtschaft mit klassischen Eigenschaften sollten entsprechend die dezentralisierten Entscheidungen der nationalen Entscheidungsträger die Weltwohlfahrt maximieren. Die internationale Koordinierung der Wirtschaftspolitik gleicht jedoch der Bildung eines internationalen **Kartells der Wirtschaftspolitiker**, die zu Lasten der privaten Wirtschaftssubjekte gehen kann. Die Kartellbildung impliziert zumeist eine **Konvergenz der Wirtschaftspolitiken**. Dies führt dazu, dass die **Auswahlmöglichkeiten** der Wirtschaftssubjekte bezüglich des Rahmens, in dem sie wirtschaften wollen, beschränkt werden, was deren Wohlfahrt verringert. Diese Annäherung der Wirtschaftspolitik beschränkt darüber hinaus die **Informationsbasis**, aus der heraus besonders effiziente Politiken gefunden werden können. Insofern verringern derartige internationale Absprachen den (permanenten) **Hayekschen Wettbewerb** der nationalen Entscheidungsträger um die beste nationale Wirtschaftspolitik. Der mangelnde Wettbewerb aufgrund der internationalen Absprachen kann schließlich dazu führen, dass ineffiziente Politiken längere Zeit aufrecht erhalten werden als dies ohne solche Absprachen möglich wäre.
3. Spätestens bei Erreichen des Koordinierungsgleichgewichts besteht ein **Anreiz zum Vertragsbruch**. Die Abb. 7.7 veranschaulicht dies: Befinden sich die beiden Länder im Koordinierungsgleichgewicht *K*, dann ist es für das Inland vorteilhaft, die Geldmenge solange zu reduzieren, bis es sich im Punkt *V* befindet. Allerdings würde jedes vertragsbrechende Land nur kurzfristig Wohlfahrtsgewinne erzielen. Angenommen das Inland sei zuerst vertragsbrüchig geworden (Punkt *V* in Abb. 7.7). Das Ausland wird darauf mit einer restriktiven Geldpolitik bis zum Punkt *W* reagieren. Der Anpassungsprozess setzt sich fort bis die beiden Länder das (dauerhafte) Nash-Gleichgewicht erreicht haben. Sehr wesentlich für die Möglichkeit zur Erreichung von Wohlfahrtsgewinnen ist also die **internationale Glaubwürdigkeit der Wirtschaftspolitiker**.

Box 7.2: Zur Empirie von Wohlfahrtsgewinnen durch internationale Koordinierung

Zur Durchführung einer **internationalen Koordinierung** genügen rein theoretische Erwägungen heutzutage nicht mehr. Vielmehr ist es üblich geworden, sämtliche öffentliche Maßnahmen zuvor auf ihre Nutzen und Kosten zu untersuchen. Was die Kosten betrifft, so ist ein Teil in Form der Reise- und Kommunikationskosten zwar leicht messbar, aber letztlich vernachlässigbar gering. Andere Kosten, wie z. B. das oft genannte Risiko, bei Entscheidungen unter der Annahme falscher Modellparameter **Koordinierungsverluste** anstatt **-gewinne** zu realisieren, sind streng genommen keine Kostenkategorie. Vielmehr reduziert das Risiko, das im Übrigen jeder wirtschaftlichen Entscheidung zugrundeliegt, den erwarteten Nutzen aus der wirtschaftlichen Aktivität.

Von besonders großem Interesse waren deshalb in der empirischen Wirtschaftsforschung die möglichen Nutzen aus einer Koordinierung. In einer ersten Kalkulation konnten **G. Oudiz** und **J.D. Sachs** (1984) Nutzengewinne zwischen 0,03 % und 0,99 % des BSP für die USA, Japan und die Bundesrepublik nachweisen.[160] Signifikante Gewinne (die allerdings nicht gereicht hätten, um die Weltwirtschaft aus der Rezession Anfang/Mitte der 80er Jahre zu befreien) wären ausschließlich Japan zugekommen. Die wichtigsten Gründe für die nur geringen Wohlfahrtsgewinne liegen nach Oudiz und Sachs in der hohen Präferenz der Wirtschaftspolitiker gegen die Inflation und in den letztlich geringen Spill-Over-Effekten einer aktiven Geld- und Fiskalpolitik gerade auf die ausländische Inflation.

Obwohl diese Spill-Over-Effekte innerhalb der stärker integrierten Staaten der Europäischen Union größer ausfallen, zeigten **G. Oudiz** und **J.D. Sachs** (1985), dass die unbefriedigenden Ergebnisse einer weltweiten Koordinierung auch auf eine regional begrenzte Koordinierung in der EU übertragen werden können.[161] Deutliche Wohlfahrtsgewinne fielen vor allem Frankreich (in Höhe von 1 % des BSP) zu, während für Deutschland und Großbritannien die Wohlfahrtsgewinne mit je 0,2 % kaum spürbar sind. Deutlich spürbare Wohlfahrtsgewinne werden auch in diesem Fall durch die starke Präferenz gegen eine Inflation verhindert.

Zu den beiden genannten Arbeiten existiert eine Reihe von Erweiterungen, die teilweise zu ähnlich geringen, teilweise zu deutlich höheren Nutzengewinnen kommen. Eine wesentliche Erweiterung liegt in der dynamischen Analyse der Wohlfahrtsgewinne. Zu anderen Ergebnissen kommen **N.J. Carlozzi** und **J.B. Taylor** (1983) sowie **J.B. Taylor** (1984) anhand von Modellen mit neoklassischen Annahmen und rationalen Erwartungen, bei denen langfristig keine realen Effekte (insbesondere keine Spill-Over-Effekte) möglich sind.[162] Sie gehen bei ihren Untersuchungen davon aus, dass die Entscheidungsträger bei einer Koordinierung einfachen Politikregeln zu folgen haben, damit die Erfolgswahrscheinlichkeit hoch ist. Da reale Effekte im Sinne von Oudiz und Sachs unter ihren Modellannahmen nicht möglich sind, analysieren sie, inwiefern eine Koordinierung die Varianz von Einkommen und Preisniveau in den G-7 Ländern verringern kann. Die von ihnen konstruierte **Welt-Verlustfunktion** verringert sich bei Taylor (1984) von $358{,}8 \times 10^{-4}$ auf $264{,}0 \times 10^{-4}$. Dies entspricht einem Wohlfahrtsgewinn von 26 %. Wichtig ist allerdings ihre Erkenntnis, dass an solchen Weltwohlfahrtsgewinnen nicht

[160] Vgl. Oudiz, G., Sachs, J.D., Macroeconomic Policy Coordination Among the Industrial Economies, Brooking Papers on Economic Activities 1 (1984).

[161] Vgl. Oudiz, G., Sachs, J.D., International Policy Coordination in Dynamic Macroeconomic Models, in: W.H. Buiter, R.C. Marston (Eds.), International Economic Policy Coordination, Cambridge 1985, S. 274–319.

[162] Vgl. Carlozzi, N.J., Taylor, J.B., International Capital Mobility and the Coordination of Monetary Rules, in: J.S. Bhandari, B. Putnam (Eds.), Economic Interdependence and Flexible Exchange Rates, Cambridge 1983 sowie Taylor, J.B., International Coordination in the Design of Macroeconomic Policy Rules, European Economic Review 28 (1984), S. 53–81.

alle Länder partizipieren müssen. Die Verlustfunktion der Bundesrepublik Deutschland erhöht sich von $92{,}7 \times 10^{-4}$ auf $121{,}0 \times 10^{-4}$.

Die Rolle der Dauer und Wirksamkeit der Störungen sowie der Glaubwürdigkeit auf nationaler und internationaler Ebene analysieren **D. Currie, P. Levine** und **N. Vidalis** (1987).[163] Bei transitorischen Störungen sind die Wohlfahrtsänderungen nach einer Koordinierung stets gering. Bei permanenten weltweiten Angebots- oder Nachfragestörungen führt eine glaubwürdige **internationale Koordinierung** gegenüber einem glaubwürdigen **Nash-Gleichgewicht** zu Wohlfahrtsgewinnen um 30 %. Dies entspricht bei der von den Autoren gewählten Verlustfunktion einem BSP-Äquivalent von mehr als 5 %. Ohne Reputation sind die Wohlfahrtsgewinne allerdings klein.

7.3.3 Zusammenfassung

- Der Wunsch nach einer internationalen Koordinierung der Wirtschaftspolitik begründet sich im Wesentlichen aus zwei Fakten: Erstens ist es möglich, dass eine aktive nationale Stabilitätspolitik ihre Wirksamkeit teilweise oder vollständig verliert, falls das Ausland seine Politik unverändert lässt. Zweitens existieren internationale Spill-Over-Effekte, so dass das Ausland von der inländischen Wirtschaftspolitik (positiv oder negativ) betroffen sein kann (externe Effekte).
- Zur Analyse der Wohlfahrtsgewinne aus einer international koordinierten Wirtschaftspolitik unter Berücksichtigung eventueller Interdependenzen wird das Koordinierungsgleichgewicht mit dem Nash-Gleichgewicht (Gleichgewicht bei Nicht-Koordinierung) verglichen. Das Nash-Gleichgewicht resultiert daraus, dass jedes Land seine Wirtschaftspolitik selbständig, ohne Rücksicht auf internationale Spill-Over-Effekte und unter der Annahme eines gegebenen Verhaltens der anderen Länder optimiert.
- Anhand eines stark vereinfachenden 2-Länder-Modells, in dem beide Länder über die Geldpolitik das Ziel verfolgen, die Abweichung des Einkommens und des Preisniveaus von vorgegebenen Zielwerten zu minimieren, kann folgendes gezeigt werden: Erstens ist das Nash-Gleichgewicht bei Nicht-Koordinierung nicht Pareto-optimal. Zweitens sind Pareto-optimale Nutzengewinne aus einem international koordinierten Vorgehen in der Geldpolitik realisierbar. Die optimal koordinierte Geldpolitik der beiden Länder im Falle einer Rezession besteht in einer gemeinsamen monetären Expansion. Beide Länder erzielen durch die Koordinierung Wohlfahrtsgewinne.
- Es gibt verschiedene kritische Argumente zum formal überzeugenden Konzept, durch explizite internationale Koordinierung der Wirtschaftspolitik Wohlfahrtsgewinne erzielen zu können. Zu diesen Kritikpunkten gehören unter anderem die grundsätzliche Kritik zur diskretionären Wirtschaftspolitik, mögliche unangemessene Zielsetzungen der Entscheidungsträger,

---

[163] Vgl. Currie, D., Levine, P., Vidalis, N., International Cooperation and Reputation in an Empirical Two-Block-Model, in: R.C. Bryant, R. Portes (Eds.), Global Macroeconomics: Policy Conflict and Cooperation, New York 1988.

das womöglich zu hoch eingeschätzte Ausmaß internationaler Spill-Over-Effekte, die Exogenität und Verfügbarkeit geeigneter wirtschaftspolitischer Instrumente für eine internationale Koordinierung sowie die Möglichkeit zum Vertragsbruch.

Anhang A7: Internationale Transmission

Im Folgenden wird das **Grundmodell der internationalen Transmission** aus Abschnitt 7.2.1 für feste und flexible Wechselkurse formal präzisiert. Auf die Herleitungen dieses Anhangs wird bei den Ausführungen in den Abschnitten 7.2.2 und 7.2.3 verstärkt zurückgegriffen.

Das Grundmodell der internationalen Transmission besteht aus den folgenden vier Gleichungen (vgl. die Gleichungen (7.35) bis (7.38) in Abschnitt 7.2.1):

(A7.1) $y = -\theta \cdot Z + \Psi \cdot y^* + \Theta \cdot w + \Omega \cdot \overline{ab}$ (inländische *IS*-Kurve)

(A7.2) $y^* = -\theta^* \cdot Z + \Psi^* \cdot y - \Theta^* \cdot w + \Omega^* \cdot \overline{ab}^*$ (ausländische *IS*-Kurve)

(A7.3) $m = \eta \cdot y - \sigma \cdot Z$ (inländische *LM*-Kurve)

(A7.4) $m^* = \eta^* \cdot y^* - \sigma^* \cdot Z$ (ausländische *LM*-Kurve)

Die Verhaltensparameter θ, Ψ, Θ, Ω, η, σ wurden im Abschnitt 7.2.1 definiert und sind allesamt positiv. Gleiches gilt für die ausländischen Parameter θ^*, Ψ^*, Θ^*, Ω^*, η^*, σ^*. Man beachte, dass im Transmissionsmodell (A7.1) bis (A7.4) im Gegensatz zu den Ausführungen im Abschnitt 7.2 zunächst nicht von symmetrischen Ländern ausgegangen wird, d. h. die Verhaltensparameter des Auslands können sich prinzipiell von denen des Inlands unterscheiden.

1. Feste Wechselkurse

Bei **festen Wechselkursen** entfällt definitionsgemäß der Wechselkurs als Variable. Wird der Wechselkurs *W* auf eins normiert (d. h. der im Modell auftauchende logarithmierte Wechselkurs w ist Null) und wird ferner unterstellt, dass das Ausland seine Währung an die „Ankerwährung" des Inlands bindet und somit seine Geldmenge derart ausrichtet, dass der Wechselkurs eingehalten wird, so verbleiben als **exogene bzw. Politikvariablen** $m, \overline{ab}, \overline{ab}^*$ bzw. als **endogene Variablen** y, y^*, Z, m^*.

Das Gleichungssystem (A7.1) bis (A7.4) lässt sich wie folgt in Matrixschreibweise darstellen:

(A7.5) $A_{\text{Fest}} \cdot E_{\text{Fest}} = X_{\text{Fest}}$

wobei A_{Fest} die Parametermatrix, E_{Fest} den Vektor der endogenen Variablen und X_{Fest} den Vektor der exogenen Größen symbolisiert. Ausgeschrieben ergibt sich (A7.5) als

$$(A7.6)\quad \begin{pmatrix} 1 & -\Psi & \theta & 0 \\ -\Psi^* & 1 & \theta^* & 0 \\ \eta & 0 & -\sigma & 0 \\ 0 & \eta^* & -\sigma^* & -1 \end{pmatrix} \cdot \begin{pmatrix} y \\ y^* \\ Z \\ m^* \end{pmatrix} = \begin{pmatrix} \Omega \cdot \overline{ab} \\ \Omega^* \cdot \overline{ab}^* \\ m \\ 0 \end{pmatrix}$$

Aus (A7.6) erhält man den Vektor der endogenen Variablen durch die Prämultiplikation der inversen Matrix von A_{Fest} auf beiden Seiten der Matrixgleichung:

$$(A7.7)\quad E_{\text{Fest}} = A_{\text{Fest}}^{-1} \cdot X_{\text{Fest}}$$ [164]

Die Inverse A_{Fest}^{-1} berechnet sich zu

$$(A7.8)\quad A_{\text{Fest}}^{-1} = \begin{pmatrix} \sigma/\Delta_3 & \sigma\Psi/\Delta_3 & (\Psi\theta^* + \theta)/\Delta_3 & 0 \\ (\sigma\Psi^* - \eta\theta^*)/\Delta_3 & (\eta\theta + \sigma)/\Delta_3 & (\Psi^*\theta + \theta^*)/\Delta_3 & 0 \\ \eta/\Delta_3 & \eta\Psi/\Delta_3 & (\Psi\Psi^* - 1)/\Delta_3 & 0 \\ \alpha/\Delta_3 & \beta/\Delta_3 & \chi/\Delta_3 & -1 \end{pmatrix}$$

wobei

$$\alpha \equiv -\eta(\eta^*\theta^* + \sigma^*) + \eta^*\Psi^*\sigma$$
$$\beta \equiv -\eta(\psi\sigma^* - \eta^*\theta) + \eta^*\sigma$$
$$\chi \equiv \eta^*(\Psi^*\theta + \theta^*) + \sigma^*(1 - \Psi\Psi^*)$$
$$\Delta_3 \equiv \eta(\Psi\theta^* + \theta) + \sigma(1 - \Psi\Psi^*)$$

Es gilt zu beachten, dass mit der Lösung (A7.8) die im Abschnitt 7.2 beschriebenen Fälle des „kleinen Landes" nicht nachvollzogen werden können, da im vorliegenden Gleichungssystem das Einkommen des im Text als klein behandelten Auslands einen Einfluss auf die güterwirtschaftliche Nachfrage des großen Inlands hat.

Im Falle zweier symmetrischer Volkswirtschaften, bei denen die Verhaltensparameter identisch sind, reduziert sich die Inverse auf

$$(A7.9)\quad A_{\text{Fest, sym}}^{-1} = \begin{pmatrix} \sigma/\Delta_1 & \sigma\Psi/\Delta_1 & \theta/\Delta_2 & 0 \\ (\sigma\Psi - \eta\theta)/\Delta_1 & (\eta\theta + \sigma)/\Delta_1 & \theta/\Delta_2 & 0 \\ \eta/\Delta_1 & \eta\Psi/\Delta_1 & (\Psi - 1)/\Delta_2 & 0 \\ -\eta/(\Psi + 1) & \eta/(\Psi + 1) & 1 & -1 \end{pmatrix}$$

wobei

$$\Delta_1 \equiv \left(\eta\theta + \sigma(1 - \Psi)\right) \cdot \left(1 + \Psi\right)$$
$$\Delta_2 \equiv \eta\theta + \sigma(1 - \Psi)$$

[164] Zur Inversion von Matrizen, vgl. Chiang, A., Fundamental Methods of Mathematical Economics, 3. Auflage, Singapore 1994, S. 103 ff.

2. Flexible Wechselkurse

Bei **flexiblen Wechselkursen** stehen sowohl im In- als auch im Ausland die Geldmengen als Politikvariable zur Verfügung. Der Wechselkurs ist hingegen endogen. Insgesamt verbleiben als **exogene bzw. Politikvariablen** m, m^*, $\overline{ab}, \overline{ab}^*$ bzw. als **endogene Variablen** y, y^*, Z, w.

Analog zum Fall der festen Wechselkursen lässt sich das Gleichungssystem (A7.1) bis (A7.4) auch bei flexiblen Wechselkursen in Matrixschreibweise darstellen als

$$\text{(A7.10)} \quad A_{\text{Flex}} \cdot E_{\text{Flex}} = X_{\text{Flex}}$$

mit A_{Flex} als Parametermatrix, E_{Flex} als Vektor der endogenen Variablen und X_{Flex} als Vektor der exogenen Größen. Ausgeschrieben ergibt sich (A7.10) als

$$\text{(A7.11)} \quad \begin{pmatrix} 1 & -\Psi & \theta & -\Theta \\ -\Psi^* & 1 & \theta^* & \Theta^* \\ \eta & 0 & -\sigma & 0 \\ 0 & \eta^* & -\sigma^* & 0 \end{pmatrix} \cdot \begin{pmatrix} y \\ y^* \\ Z \\ w \end{pmatrix} = \begin{pmatrix} \Omega \cdot \overline{ab} \\ \Omega^* \cdot \overline{ab}^* \\ m \\ m^* \end{pmatrix}$$

Den Vektor der endogenen Variablen erhält man durch Prämultiplikation der zu A_{Flex} inversen Matrix auf beiden Seiten der letzten Matrixgleichung:

$$\text{(A7.12)} \quad E_{\text{Flex}} = A_{\text{Flex}}^{-1} \cdot X_{\text{Flex}}$$

A_{Flex}^{-1} berechnet sich zu

$$\text{(A7.13)} \quad A_{\text{Flex}}^{-1} = \frac{1}{\Delta_4} \cdot \begin{pmatrix} \Theta^*\eta^*\sigma & \Theta\eta^*\sigma & \Omega_1 & -\sigma(\Theta - \Theta^*\Psi) \\ \Theta^*\eta\sigma^* & \Theta\eta\sigma^* & -\sigma^*(\Theta^* - \Theta\Psi^*) & \Omega_2 \\ \Theta^*\eta^*\eta & \Theta\eta^*\eta & -\eta^*(\Theta^* - \Theta\Psi^*) & -\eta(\Theta - \Theta^*\Psi) \\ \Omega_3 & \Omega_4 & \Omega_5 & \Omega_6 \end{pmatrix}$$

mit

$$\Delta_4 \equiv \eta\left(\eta^*(\Theta\theta^* + \Theta^*\theta) + \sigma^*(\Theta - \Theta^*\Psi)\right) + \eta^*\sigma(\Theta^* - \Theta\Psi^*)$$

$$\Omega_1 \equiv \sigma^*(\Theta - \Theta^*\Psi) + \eta^*(\Theta\theta^* + \Theta^*\theta)$$

$$\Omega_2 \equiv \eta(\Theta\theta^* + \Theta^*\theta) + \sigma(\Theta^* - \Theta\Psi^*)$$

$$\Omega_3 \equiv \eta^*\Psi^*\sigma - \eta(\sigma^* + \eta^*\theta^*)$$

$$\Omega_4 \equiv -\eta\Psi\sigma^* + \eta^*(\sigma + \eta\theta)$$

$$\Omega_5 \equiv \eta^*(\theta^* + \Psi^*\theta) + \sigma^*(1 - \Psi^*\Psi)$$

$$\Omega_6 \equiv -\eta(\theta + \Psi\theta^*) - \sigma(1 - \Psi^*\Psi)$$

Im Falle zweier symmetrischer Volkswirtschaften mit identischen Verhaltensparametern im In- und Ausland reduziert sich die Inverse auf

$$A_{\text{Flex, sym}}^{-1} =$$

$$\text{(A7.14)} \quad \begin{pmatrix} \sigma/\Delta_5 & \sigma/\Delta_5 & (2\eta\theta + \sigma(1-\Psi))/(\eta\Delta_5) & -\sigma(1-\Psi)/(\eta\Delta_5) \\ \sigma/\Delta_5 & \sigma/\Delta_5 & -\sigma(1-\Psi)/(\eta\Delta_5) & (2\eta\theta + \sigma(1-\Psi))/(\eta\Delta_5) \\ \eta/\Delta_5 & \eta/\Delta_5 & -(1-\Psi)/\Delta_5 & -(1-\Psi)/\Delta_5 \\ -1/(2\Theta) & 1/(2\Theta) & (1+\Psi)/(2\eta\Theta) & -(1+\Psi)/(2\eta\Theta) \end{pmatrix}$$

mit

$$\Delta_5 \equiv 2(\eta\theta + \sigma(1-\Psi))$$

Weiterführende Literatur

Darius, R., The Macroeconomic Effects of Monetary Policy in a Small Open Economy: Does the Exchange Rate Regime matter? Journal of International Money and Finance 29 (2010), S. 1506–1528.

Delias, H., Monetary policy in open economies, European Economic Review 50 (2006), S. 1471–1486.

De Paol, B., Monetary policy and welfare in a small open economy, Journal of International Economics 77 (2009), S. 11–22.

Mundell, R., The Case for a World Currency, Journal of Policy Modeling 34 (2012), S. 568–578.

Neri, S., Noblii, A., The Transmission of US Monetary Policy to the Euro Area, International Finance 13 (2010), S. 55–78.

Personen- und Stichwortverzeichnis